Der nicht rechtzeitig leistende Sachschuldner
zwischen Primär- und Schadensersatzhaftung

Europäische Hochschulschriften
Publications Universitaires Européennes
European University Studies

Reihe II
Rechtswissenschaft

Série II Series II
Droit
Law

Bd./Vol. 4476

PETER LANG
Frankfurt am Main · Berlin · Bern · Bruxelles · New York · Oxford · Wien

Michael Schüttlöffel

Der nicht rechtzeitig leistende Sachschuldner zwischen Primär- und Schadensersatzhaftung

Materiell-rechtliche und prozessuale Probleme des erleichterten Übergangs auf Schadensersatz nach § 281 n.F. BGB

PETER LANG
Europäischer Verlag der Wissenschaften

Bibliografische Information der Deutschen Nationalbibliothek
Die Deutsche Nationalbibliothek verzeichnet diese Publikation in der Deutschen Nationalbibliografie; detaillierte bibliografische Daten sind im Internet über <http://www.d-nb.de> abrufbar.

Zugl.: Siegen, Univ., Diss., 2006

D 467
ISSN 0531-7312
ISBN 3-631-55922-4

www.peterlang.de

Für Kerstin

Vorwort

Diese Arbeit wurde vom Fachbereich Wirtschaftswissenschaften, Wirtschaftsinformatik und Wirtschaftsrecht der Universität Siegen, Fachrichtung Deutsches und Europäisches Wirtschaftsrecht, als Dissertation angenommen. Tag der Promotion war der 28. Juni 2006. Literatur und Rechtsprechung sind bis Ende Juni 2006 berücksichtigt.

Die Arbeit entstand in den Jahren 2004 und 2005 während meiner Tätigkeit am Lehrstuhl von Frau Prof. Dr. Christina Eberl-Borges an der Universität Siegen. Frau Prof. Dr. Eberl-Borges bin ich für die hervorragende Betreuung zu tiefem Dank verpflichtet. Sie stand mir auf Wunsch stets mit ihrem fachlichen Rat zur Seite, gab zahlreiche fruchtbare Denkanstösse und half mir, den Überblick zu bewahren, wenn eine Vielzahl an Einzelproblemen die Sicht auf mögliche Lösungen zu versperren drohte. Das gesamte Promotionsverfahren ruhte bei ihr in guten Händen, die schnelle Verwirklichung des Projekts ist daher zu einem guten Teil auch ihr Verdienst. Besonders hervorheben möchte ich in diesem Zusammenhang die sehr zügige Erstellung des Erstgutachtens.
Herrn Prof. Dr. Peter Krebs bin ich für die Erstellung des Zweitgutachtens und die wertvollen Hinweise dankbar, insbesondere zum europarechtlichen Bezug.

Großen Dank schulde ich ferner der Familie Oyda, die mir durch ihre Ermunterung und Anteilnahme geholfen hat, selbst problematische Phasen zu bewältigen.

Köln, im Juli 2006 *Michael Schüttlöffel*

Inhaltsverzeichnis:

Literaturverzeichnis:

Abschlussbericht der Kommission zur Überarbeitung des Schuldrechts, Köln 1992, hrsg. vom Bundesminister der Justiz (zitiert: Abschlussbericht)

Ackermann, Thomas, Die Nacherfüllungspflicht des Stückverkäufers, JZ 2002, 378 ff.

Althammer, Christoph, Bindendes Erfüllungsverlangen des Gläubigers nach Ablauf der Nachfrist?

ders., Ius Variandi und Selbstbindung des Leistungsgläubigers, NJW 2006, 1179 ff.

Altmeppen, Holger, Schadensersatz wegen Pflichtverletzung – Ein Beispiel für die Überhastung der Schuldrechtsreform, DB 2001, 1131 ff.

ders., Untaugliche Regeln zum Vertrauensschaden und Erfüllungsinteresse im Schuldrechtsmodernisierungsentwurf, DB 2001, 1399 ff.

ders., Nochmals: Schadensersatz wegen Pflichtverletzung, anfängliche Unmöglichkeit und Aufwendungsersatz im Entwurf des Schuldrechtsmodernisierungsgesetzes, DB 2001, 1821 ff.

Anders, Monika/Gehle, Burkhard, Das Assessorexamen im Zivilrecht, 6. Auflage, Düsseldorf 1999 (zitiert: Anders/Gehle, 6. Auflage), 7. Auflage, Düsseldorf 2002 (zitiert: Anders/Gehle)

Anson's Law of Contract, 26. Edition, Oxford 1984

AnwaltKommentar BGB, Teilband Schuldrecht, hrsg. von Dauner-Lieb, Barbara/Heidel, Thomas/Lepa, Manfred/Ring, Gerhard, 1. Auflage, Bonn 2002 (zitiert: AnwKomm/Bearbeiter, 1. Auflage); Teilband Schuldrecht Band 1: §§ 241 bis 610, 2. Auflage, Bonn 2005 (zitiert: AnwKomm/Bearbeiter)

AnwaltKommentar BGB, Teilband Sachenrecht, hrsg. von Dauner-Lieb, Barbara/Heidel, Thomas/Lepa, Manfred/Ring, Gerhard, Bonn 2004 (zitiert: AnwKomm/Bearbeiter)

Arnold, Arnd, Die vorübergehende Unmöglichkeit nach der Schuldrechtsreform, JZ 2002, 866 ff.

ders., Miete und Leasing nach der Schuldrechtsreform, in: Das neue Schuldrecht in der Praxis, hrsg. von Dauner-Lieb, Barbara/Konzen, Horst/Schmidt, Karsten, Köln 2003, 589 ff. (zitiert: Arnold, in: Dauner-Lieb/Konzen/Schmidt)

Bamberger, Heinz, Georg/Roth, Herbert (Hrsg.), Kommentar zum Bürgerlichen Gesetzbuch, Band 1, §§ 1 – 610; Band 2, §§ 611 – 1296, München 2003 (zitiert: Bamberger/Roth/Bearbeiter)

Bardo, Ulrike, Die „abstrakte" Berechnung des Schadensersatzes wegen Nichterfüllung beim Kaufvertrag, Berlin 1989

Baumbach, Adolf/Lauterbach, Wolfgang/Albers, Jan/Hartmann, Peter, Zivilprozessordnung, 63. Auflage, München 2005 (zitiert: Baumbach/Lauterbach/Albers/Hartmann)

Baumgärtel, Gottfried, Handbuch der Beweislast im Privatrecht, Band I, 2. Auflage, Köln 1991
Baur, Jürgen F./Stürner, Rolf, Sachenrecht, 17. Auflage, München 1999
Begründung zum Vorschlag der Kommission für eine Richtlinie des Europäischen Parlaments und des Rates über den Verbrauchsgüterkauf und -garantien, Dok KOM (95) 520, abgedruckt in ZIP 1996, 1845 (1850)
Becker-Eberhard, Ekkehard, Anmerkung zu BGH, Urt. v. 14.12.1998 – II ZR 330/97, LM, § 283 BGB Nr. 7
Blomeyer, Arwed, Allgemeines Schuldrecht, 4. Auflage, Berlin 1969
Blumenwitz, Dieter, Einführung in das anglo-amerikanische Recht, 7. Auflage, München 2003
Brauer, Markus, Zwangskauf à la BGB? Zur Anwendung von § 281 BGB auf den mietrechtlichen Herausgabeanspruch (§ 546 BGB), NotBZ 2002, 402 ff.
Braun, Johann, Zahlungsansprüche des Käufers bei Schlechtleistung des Verkäufers, ZGS 2004, 423 ff.
Brehm, Wolfgang, Der Anspruch auf die Primärleistung bei nachträglich zu vertretender Unmöglichkeit, JZ 1974, 573 ff.
ders., Der Begriff des Unvermögens – Bemerkungen zum Wert der Dogmatik in der Jurisprudenz, JZ 1987, 1089 ff.
ders., Grundfälle zum Recht der Leistungsstörungen, JuS 1988, 957 ff.
ders., Rechtsschutzbedürfnis und Feststellungsinteresse, in: 50 Jahre Bundesgerichtshof, Festgabe aus der Wissenschaft, Band III, München 2000, 89 ff. (zitiert: Brehm, FG 50 Jahre BGH)
Bressler, Stefan, Selbstvornahme im „Schwebezustand" nach Ablauf der Nacherfüllungsfrist, NJW 2004, 3382
Brox, Hans, Allgemeiner Teil des BGB, 29. Auflage, München 2005 (zitiert: Brox, Allgemeiner Teil)
ders., Allgemeines Schuldrecht, 27. Auflage, München 2000 (zitiert: Brox, Allgemeines Schuldrecht)
ders./Walker, Wolf-Dietrich, Allgemeines Schuldrecht, 30. Auflage, München 2004 (zitiert: Brox/Walker)
Büdenbender, Ulrich, Der Nacherfüllungsanspruch des Käufers – Wahlschuld oder elektive Konkurrenz?, AcP 205 (2005), 386 ff.
Bunte, Klaus, Verbindung von Herausgabeanspruch und eventualem Schadensersatzanspruch in einer Klage – OLG Schleswig NJW 1966, 1929, JuS 1967, 206
Bydlinski, Franz, Juristische Methodenlehre und Rechtsbegriff, Wien 1982 (zitiert: F. Bydlinski)
Bydlinski, Peter, Die Konsequenzen voreiliger Selbstverbesserung, entwickelt aus den zentralen gesetzlichen Wertungen, ZGS 2005, 129 ff.

Caemmerer, Ernst von, Das Problem der überholenden Kausalität im Schadensersatzrecht, in: Gesammelte Schriften, Band I, Rechtsvergleichung und Schuldrecht, Tübingen 1968, 411 ff. (zitiert: v. Caemmerer, Ges.Schr. I)
Canaris, Claus-Wilhelm, Die Feststellung von Lücken im Gesetz, 2. Auflage, Berlin 1983 (zitiert: Canaris, Die Feststellung von Lücken im Gesetz)
ders., Die Reform des Rechts der Leistungsstörungen, JZ 2001, 499 ff.
ders., Das allgemeine Leistungsstörungsrecht im Schuldrechtsmodernisierungsgesetz, ZRP 2001, 329 ff.
ders., Schuldrechtsmodernisierung 2002, München 2002 (zitiert: Canaris, Schuldrechtsmodernisierung)
ders., Die Neuregelung des Leistungsstörungs- und des Kaufrechts – Grundstrukturen und Problemschwerpunkte –, in: Karlsruher Forum 2002, Karlsruhe 2003 (zitiert: Canaris, Karlsruher Forum 2002)
ders., Die Behandlung nicht zu vertretender Leistungshindernisse nach § 275 Abs. 2 BGB beim Stückkauf, JZ 2004, 214 ff.
Chitty on Contracts, Volume I, General Principles, 29. Edition, London 2004
Coester-Waltjen, Dagmar, Die Bedeutung des § 279 BGB für Leistungsverzögerungen, AcP 183 (1983), 279 ff.
Coing, Helmut, Europäisches Privatrecht, Band I und II, München 1985 bzw. 1989
Däubler, Wolfgang, Die vorübergehende Unmöglichkeit der Leistung, in: Festschrift für Andreas Heldrich, München 2005, 55 ff.
Däubler-Gmelin, Herta, Die Entscheidung für die so genannte Große Lösung bei der Schuldrechtsreform, NJW 2001, 2281 ff.
Dauner-Lieb, Barbara, Das neue Schuldrecht, Fälle und Lösungen, Bonn 2002 (zitiert: Dauner-Lieb, Fallbuch)
dies., Die Schuldrechtsmodernisierung in Wissenschaft und Praxis – Versuch einer Bestandsaufnahme, in: Das neue Schuldrecht in der Praxis, hrsg. von Dauner-Lieb, Barbara/Konzen, Horst/Schmidt, Karsten, Köln 2003, 3 ff. (zitiert: Dauner-Lieb, in: Dauner-Lieb/Konzen/Schmidt)
dies., Nochmals: Selbstvornahme im Kaufrecht?, ZGS 2003, 455 ff.
dies./Arnold, Arnd, Dauerthema Selbstvornahme, ZGS 2005, 10 ff.
dies./Arnold, Arnd/Dötsch, Wolfgang/Kitz, Volker, Anmerkungen und Fragen zur konsolidierten Fassung des Diskussionsentwurfs eines Schuldrechtsmodernisierungsgesetzes, abrufbar unter www.dauner-lieb.de, zuletzt abgerufen am 17.06.2005 (zitiert: Dauner-Lieb/Arnold/Dötsch/Kitz, Anmerkungen und Fragen)
dies. /Dötsch, Wolfgang, Selbstvornahme im Kaufrecht?, ZGS 2003, 250 ff.
Davies, F.R., Contract, 5. Auflage, London 1986, (zitiert: Davies, Contract)
Dedek, Helge, Die Konsumtion des § 283 a.F. BGB durch § 281 BGB, in: Das neue Schuldrecht in der Praxis, hrsg. von Dauner-Lieb, Barbara/Konzen,

Horst/Schmidt, Karsten, Köln 2003, 183 ff. (zitiert: Dedek, in: Dauner-Lieb/Konzen/Schmidt)
Derleder, Peter, Zum Herausgabeanspruch des Eigentümers gegen den mittelbaren Besitzer, NJW 1970, 929 ff.
ders./Hoolmans, Fabian, Vom Schuldnerverzug zum Gläubigerverzug und zurück, NJW 2004, 2787 ff.
ders./Zänker, Leif, Der ungeduldige Gläubiger und das neue Leistungsstörungsrecht, NJW 2003, 2777 ff.
Dieckmann, Albrecht, Zur Rechtskraftwirkung eines Zug-um-Zug-Urteils, Gedächtnisschrift für Peter Arens, München 1993, 43 ff., (zitiert: Dieckmann, GS Arens)
Doderer, Hans-Joachim, Auswirkungen materieller Rechtskraft auf Einwendungen und Einreden, NJW 1991, 878 ff.
Doehner, Rupert, Die Schuldrechtsreform vor dem Hintergrund der Verbrauchsgüterkauf-Richtlinie, Baden-Baden 2004
Dötsch, Wolfgang, Rechte des Käufers nach eigenmächtiger Mangelbeseitigung, MDR 2004, 975 ff.
Donou, Antonios, Erfüllung und Nacherfüllung, Frankfurt am Main 2005
Eberl-Borges, Christina, Die Leistungsverzögerung bei mehrseitigen Vertragsverhältnissen, AcP 203 (2003), 633 ff.
Ebert, Ina, Das Recht des Verkäufers zur zweiten Andienung und seine Risiken für den Käufer, NJW 2004, 1761 ff.
Ehmann, Horst/Kley, Britta, Unmöglichkeitslehre, JuS 1998, 481 ff.
ders./Sutschet, Holger, Modernisiertes Schuldrecht, München 2002
Eisenhardt, Ulrich, Die Beendigung des Schuldnerverzugs und die daraus erwachsenden Folgen, JuS 1970, 489 ff.
Emmerich, Volker, Das Recht der Leistungsstörungen, 3. Auflage, München 1991 (zitiert: Emmerich, Leistungsstörungen, 3. Auflage), 4. Auflage, München 1997 (zitiert: Emmerich, Leistungsstörungen, 4. Auflage), 5. Auflage, München 2003 (zitiert: Emmerich, Leistungsstörungen, 5. Auflage), 6. Auflage, München 2005 (zitiert: Emmerich, Leistungsstörungen)
ders., Anmerkung zu BGH NJW 1998, 2901, in: JuS 1998, 1058
ders., Neues Mietrecht und Schuldrechtsmodernisierung, NZM 2002, 362 ff.
Engelhard, Hans A., Zu den Aufgaben einer Kommission für die Überarbeitung des Schuldrechts, NJW 1984, 1201 ff.
Enneccerus, Ludwig/Nipperdey, Hans Carl, Allgemeiner Teil des Bürgerlichen Rechts, 15. Auflage, Tübingen 1959
Erler, Joachim, Wahlschuld mit Wahlrecht des Gläubigers und Schuld mit Ersetzungsbefugnis des Gläubigers, Köln 1964
Erman, Bürgerliches Gesetzbuch, Band 1, 9. Auflage, Köln 1993 (zitiert: Erman/Bearbeiter, 9. Auflage), 10. Auflage, Band 1 und 2, Köln 2000 (zitiert: Er-

man/Bearbeiter, 10. Auflage), 11. Auflage, Band 1 und 2, Köln 2004 (zitiert: Erman/Bearbeiter)
Ernst, Wolfgang, Kernfragen der Schuldrechtsreform, JZ 1994, 801 ff.
ders./Gsell, Beate, Kaufrechtsrichtlinie und BGB, ZIP 2000, 1410 ff.
ders./dies., Kritisches zum Stand der Schuldrechtsmodernisierung, ZIP 2001, 1389 ff.
Farnsworth, E. Allan, Farnsworth on Contracts, Volume III, 2. Edition, New York, 1998, (zitiert: Farnsworth on Contracts, Vol. III)
Fehre, Andrea, Unmöglichkeit und Unzumutbarkeit der Leistung, Berlin 2005
Ferid, Murat, Das Französische Zivilrecht, Erster Band, Frankfurt am Main, 1971
Fikentscher, Wolfgang, Schuldrecht, 9. Auflage, Berlin 1997
Finn, Markus, Kann der Gläubiger die (Nach-)Erfüllung zwischen Fristablauf und Schadensersatzverlangen zurückweisen?, ZGS 2004, 32 ff.
Flach, Julius Albert, Die Anwendung der §§ 281 und 283 BGB auf den dinglichen Herausgabeanspruch des § 985 BGB, Kallmünz 1928
Flume, Werner, Allgemeiner Teil des Bürgerlichen Rechts, Zweiter Band, Das Rechtsgeschäft, 3. Auflage, Berlin 1979
Fritzsche, Jörg, Fälle zum Schuldrecht I, München 2003
Gebauer, Peer, Naturalrestitution beim Schadensersatz wegen Nichterfüllung, Berlin 2002
Gebauer, Martin/Huber, Stefan, Schadensersatz statt Herausgabe?, ZGS 2005, 103 ff.
Gebauer, Martin/Wiedmann, Thomas (Hrsg.), Zivilrecht unter europäischem Einfluss, 1. Auflage, Stuttgart 2005 (zitiert: Bearbeiter, in Gebauer/Wiedmann)
Geiger, Rudolf, EUV/EGV-Kommentar, 4. Auflage, München 2004
Gerhardt, Walter, Mobiliarsachenrecht, 5. Auflage, München 2000
Gernhuber, Joachim, Handbuch des Schuldrechts: Das Schuldverhältnis, Tübingen 1989 (zitiert: Gernhuber, Schuldverhältnis)
ders./Coester-Waltjen, Dagmar, Lehrbuch des Familienrechts, 4. Auflage, München 1994
Götzmann, P, Zum § 283 BGB, JR 1931, 43 ff.
Goldmann, Anmerkung zu RG JW 1924, 463, JW 1924, 463 ff.
Goubeaux, Gilles/Bihr, Philippe/Henry, Xavier, Code Civil, 97. Auflage, Paris 1997-1998
Grigoleit, Hans Christoph/Riehm, Thomas, Die Kategorien des Schadensersatzes im Leistungsstörungsrecht, AcP 203 (2003), 727 ff.
Gruber, Urs Peter, Mietrecht und Schuldrechtsreform, WuM 2002, 252 ff.
Grünbuch über Verbrauchsgütergarantien und Kundendienst vom 15.11.1993, Dok KOM (93) 509 endg., S. 1-120 (zitiert: Grünbuch)
Grundmann, Stefan/Bianca, Cesare Massimo (Hrsg.), EU-Kaufrechts-Richtlinie, Köln 2002 (zitiert: Bearbeiter, in Grundmann/Bianca)

Grunsky, Wolfgang, Die Veräußerung der streitbefangenen Sache, Tübingen 1968
Gsell, Beate, Der Schadensersatz statt der Leistung nach dem neuen Schuldrecht, in: Jahrbuch Junger Zivilrechtswissenschaftler 2001, Stuttgart 2001, S. 105 ff.
dies., Kaufrechtsrichtlinie und Schuldrechtsmodernisierung, JZ 2001, 65 ff.
dies., Rechtskräftiges Leistungsurteil und Klage auf Schadensersatz statt der Leistung, JZ 2004, 110 ff.
Gürtler, Franz, Verurteilung zur Herausgabe bei verschuldeter nachträglicher Unmöglichkeit im Rahmen der rei vindicatio, München 1993
Gursky, Karl-Heinz, Bereicherungsausgleich bei Selbsterfüllung?, NJW 1971, 782 ff.
ders., Der Vindikationsanspruch und § 281 BGB, JURA 2004, 433 ff.
Gutachten und Vorschläge zur Überarbeitung des Schuldrechts, Band I und II, Köln 1981, Band III, Köln 1983, hrsg. durch den Bundesminister der Justiz (zitiert: Gutachter, in: Gutachten und Vorschläge zur Überarbeitung des Schuldrechts)
Hager, Günter, Die Rechtsbehelfe des Verkäufers wegen Nichtabnahme der Ware nach amerikanischem, deutschem und Einheitlichem Haager Kaufrecht, Frankfurt am Main 1975
Hallermann, Hermann, Ist ein im Urkundenprozess ergangenes rechtskräftiges Vorbehaltsurteil ein rechtskräftiges Urteil i. S. des § 283 BGB?, JW 1920, 1018 ff.
Handkommentar BGB, Baden-Baden 2001 (zitiert: Hk-BGB/Bearbeiter, 1. Auflage), 4. Auflage, Baden-Baden 2005 (zitiert: Hk-BGB/Bearbeiter)
Harke, Jan Dirk, Schadensersatz und Nacherfüllung, ZGS 2006, 9 ff.
Hau, Wolfgang, Schuldrechtsmodernisierung 2001/2002 – Reformiertes Mietrecht und modernisiertes Schuldrecht, JuS 2003, 130 ff.
Heck, Phillip, Anmerkung zu RG JW 1916 ff., in: JW 1916, 831
ders., Grundriss des Schuldrechts, Tübingen 1929 (zitiert: Heck, Schuldrecht)
ders., Grundriss des Sachenrechts, Tübingen 1930 (zitiert: Heck, Sachenrecht)
Heinrichs, Helmut, Die Transformation des Erfüllungsanspruchs in einen Schadensersatzanspruch, in: Festschrift für Peter Derleder, Baden-Baden 2005, 87 ff.
Heinsheimer, Karl (Hrsg.), Die Zivilgesetze der Gegenwart, Frankreich, Code Civil, Mannheim 1932
Helm, Andreas, Die Einordnung wirtschaftlicher Leistungserschwerungen in das Leistungsstörungsrecht nach der Schuldrechtsreform, Frankfurt am Main 2005
Henssler, Martin, Die Auswirkungen der Schuldrechtsreform auf das Arbeitsrecht, in: Das neue Schuldrecht in der Praxis, hrsg. von Dauner-Lieb, Barbara/Konzen, Horst/Schmidt, Karsten, Köln 2003, 615 ff. (zitiert: Henssler, in: Dauner-Lieb/Konzen/Schmidt)

ders./Graf von Westphalen, Friedrich (Hrsg.), Praxis der Schuldrechtsreform, 2. Auflage, Köln 2003 (zitiert: Henssler/Graf von Westphalen/Bearbeiter)

Hertel, Christian, Neues Verzugsrecht – Folgen für die notarielle Vertragsgestaltung, DNotZ 2001, 910 ff.

Heß, Burkhard, Schuldrechtsreform und Zivilprozess, in: Dauner-Lieb, Barbara/Konzen, Horst/Schmidt, Karsten: Das neue Schuldrecht in der Praxis, München 2003, 665 ff. (zitiert: Heß, in: Dauner-Lieb/Konzen/Schmidt)

Himmelschein, Juri, Erfüllungszwang und Lehre von den positiven Vertragsverletzungen, AcP 135 (1932), 255 ff.

Hirsch, Christoph, Schadensersatz statt der Leistung, JURA 2003, 289 ff.

Höffe, Sibylle, Die Verbrauchsgüterkaufrichtlinie 1999/44/EG und ihre Auswirkungen auf den Schadensersatz beim Kauf, Frankfurt am Main 2002

Holdsworth, W.S., A History of English Law, Volume I, London 1903, Volume V, 3. Edition, London 1978, (zitiert: Holdsworth, History I oder V)

Holmes, Oliver Wendell, The Common Law, Boston 1881, (zitiert: Holmes, The Common Law)

Horstmann, Horst, Untersuchungen über die Anwendbarkeit schuldrechtlicher Normen auf dingliche Ansprüche, Stuttgart 1938

Huber, Ulrich, Die Rechtsbehelfe der Parteien, insbesondere der Erfüllungsanspruch, die Vertragsaufhebung und ihre Folgen nach UN-Kaufrecht im Vergleich zu EKG und BGB., in: Schlechtriem, Peter (Hrsg.): Einheitliches Kaufrecht und nationales Obligationenrecht, Baden-Baden 1987, 199 ff. (zitiert: Huber, in: Einheitliches Kaufrecht und nationales Obligationenrecht)

ders., Zur Auslegung des § 275 BGB, in: Festschrift für Gaul, Bielefeld 1997, 217 ff.

ders., Handbuch des Schuldrechts: Leistungsstörungen, Band I und II, Tübingen 1999 (zitiert: Huber, Band I oder II)

ders., Allgemeine Haftungsprinzipien des Rechts der Leistungsstörungen in der höchstrichterlichen Rechtsprechung, in: 50 Jahre Bundesgerichtshof, Festgabe aus der Wissenschaft, Band 1, München 2000, 251 ff. (zitiert: Huber, FG 50 Jahre BGH)

ders., Das geplante Recht der Leistungsstörungen, in: Ernst, Wolfgang/Zimmermann, Reinhard (Hrsg.), Zivilrechtswissenschaft und Schuldrechtsreform, Tübingen 2001, 31 ff.

ders., Die Schadensersatzhaftung des Verkäufers wegen Nichterfüllung der Nacherfüllungspflicht und die Haftungsbegrenzung des § 275 Abs. 2 BGB neuer Fassung, in: Festschrift für Peter Schlechtriem, Tübingen 2003, 521 ff.

Huber, Peter/Faust, Florian, Schuldrechtsmodernisierung, München 2002

Huth, Tobias, Die Frist zur Erfüllung und zur Nacherfüllung und ihre Entbehrlichkeit §§ 281, 323, 637 BGB, Dissertation, veröffentlicht im Internet, Hamburg 2006

Jakobs, Horst Heinrich, Unmöglichkeit und Nichterfüllung, Bonn 1969 *ders./Schubert, Werner (Hrsg.)*, Die Beratung des Bürgerlichen Gesetzbuchs in systematischer Zusammenstellung der unveröffentlichten Quellen, Recht der Schuldverhältnisse, §§ 241 – 432, Berlin 1978

Jauernig, Othmar, Bürgerliches Gesetzbuch, 9. Auflage, München 1999 (zitiert: Jauernig/Bearbeiter, 9. Auflage), 11. Auflage, München 2004 (zitiert: Jauernig/Bearbeiter)

ders., Zivilprozessrecht, 28. Auflage, München 2003

Jones, Gareth/Goodhart, William, Specific Performance, London 1986, (zitiert: Jones/Goodhart, Specific Performance)

Josef, Eugen, Klagen auf Leistung von Sachen oder auf Zahlung des Werts, JW 1910, 919 ff.

Jost, Fritz, Zwangskauf als Schadensersatz?, in: Festschrift für Gerhard Otte zum 70. Geburtstag, München 2005, 145 ff.

Jud, Brigitta, Die Rangordnung der Gewährleistungsbehelfe, Jahrbuch Junger Zivilrechtswissenschaftler 2001, Stuttgart 2001, S. 205 ff.

Juris-Praxiskommentar zum BGB, 2. Auflage, 2004, abrufbar unter www.juris.de, zuletzt abgerufen am 02.08.2005 (zitiert: jurisPK-BGB/Bearbeiter)

Kaiser, Dagmar, Zeitweilige Unmöglichkeit, in: Festschrift für Walther Hadding, Berlin 2004, 221 ff.

Kaiser, Jan, Schuldrechtsreform – Der „Einwand des Unvermögens“ und der „unechte Hilfsantrag“ nach Wegfall des § 283 BGB a.F., MDR 2004, 311 ff.

Kaser, Max, Das Römische Privatrecht, Erster Abschnitt, 2. Auflage, München 1971, Zweiter Abschnitt, 2. Auflage, München 1975

ders./Hackl, Karl, Das Römische Zivilprozessrecht, 2. Auflage, München 1996 (zitiert: Kaser/Hackl, Das Römische Zivilprozessrecht)

Katzenstein, Matthias, Kostenersatz bei eigenmächtiger Selbstvornahme der Mängelbeseitigung nach § 326 Abs. 2 Satz 2 BGB?, ZGS 2004, 144 ff.

ders., Kostenersatz bei eigenmächtiger Selbstvornahme der Mängelbeseitigung – ein Plädoyer für die Abkehr von einer verfestigten Rechtspraxis, ZGS 2004, 300 ff.

ders., Nochmals: Ersatz ersparter Aufwendungen bei eigenmächtiger Selbstvornahme der Mängelbeseitigung, ZGS 2004, 349 ff.

ders., Die Systematik des Schadenshaftungsrechts in der Sonderverbindung nach modernisiertem Schuldrecht, JURA 2004, 584 ff.

ders., Der Schadensersatz statt der Leistung nach §§ 280 Abs. 1 und 3, 281 bis 283 BGB, JURA 2005, 217 ff.

ders., Übergang vom vindikatorischen Herausgabeanspruch auf Schadensersatz nach § 281 BGB?, AcP 206 (2006), 96 ff.

ders./Hüftle, Ilka, „Zwangskauf“ im Mietrecht? – Schadensersatz statt der Leistung bei Verletzung der Rückgabepflicht des Mieters, NZM 2004, 601 ff.

Keuk, Brigitte, Vermögensschaden und Interesse, Bonn 1972

Kion, Hans-Jürgen, Eventualverhältnisse im Zivilprozess, Berlin 1971

Kittner, Michael, Schuldrecht, 3. Auflage, München 2003

Kitz, Volker, Die Dauerschuld im Kauf, Köln 2004

Klaholt, Franz, Kann die Klage auf eventuelle Interesseleistung aus § 283 BGB mit der Klage auf Erfüllung verbunden werden, Gruchot 58 (1903), 778 ff.

Klausch, Sebastian, Unmöglichkeit und Unzumutbarkeit im System des allgemeinen Leistungsstörungsrechts nach der Schuldrechtsmodernisierung 2002, Frankfurt am Main 2004

Knütel, Christian, Tätige Reue im Zivilrecht, Berlin 2000 (zitiert: Christian Knütel)

ders., Zur Gleichstellung von zu vertretender und nicht zu vertretender Unmöglichkeit in § 275 BGB im Regierungsentwurf zur Schuldrechtsmodernisierung, JR 2001, 353 ff.

ders., Die Schwächen der „konkreten" und „abstrakten" Schadensberechnung und das positive Interesse bei der Nichterfüllung, AcP 202 (2002), 555 ff.

Knütel, Rolf, Verfallsbereinigung, nachträglicher Verfall und Unmöglichkeit bei der Vertragsstrafe, AcP 175 (1975), 44 ff.

ders., Verfallklausel, verspätetes Angebot und Verzugsbereinigung – BGH NJW 1980, 1043, JuS 1981, 875 ff.

Köhler, Helmut, BGB Allgemeiner Teil, 28. Auflage, München 2004

Kohler, Jürgen, § 283 BGB im Prozess, JuS 1991, 943 ff. sowie JuS 1992, 58 ff.

ders., Das Vertretenmüssen beim verzugsrechtlichen Schadensersatz, JZ 2004, 961 ff.

ders., Bestrittene Leistungsunmöglichkeit und ihr Zuvertretenhaben bei § 275 BGB – Prozesslage und materielles Recht, AcP 2005 (205), 93 ff.

Kompaktkommentar – Das neue Schuldrecht, Neuwied 2003 (zitiert: Kompakt-Kom-BGB/Bearbeiter)

Krause, Rüdiger, Die Leistungsverzögerung im neuen Schuldrecht (Teil II), JURA 2002, 299 ff.

Krebs, Peter, Sonderverbindung und außerdeliktische Schutzpflichten, München 2000

ders., Die große Schuldrechtsreform, DB 2000, Beilage 14, 1 ff.

Krieger, Kai, Die gemeinschaftsrechtskonforme Auslegung des deutschen Rechts, Münster 2005

Kühne, Gunther, Anmerkung zu BGH, Urteil v. 17.12.1969, JZ 1970, 189 ff.

Kuttner, Georg, Die privatrechtlichen Nebenwirkungen der Zivilurteile, München 1908

Lange, Hermann, Eigentumsvorbehalt und Verjährung der Kaufpreisforderung – BGHZ 34, 191, JuS 1963, 59 ff.

ders./Schiemann, Gottfried, Handbuch des Schuldrechts: Schadensersatz, 3. Auflage, Tübingen 2003

Larenz, Karl, Lehrbuch des Schuldrechts, Erster Band, Allgemeiner Teil, 14. Auflage, München 1987
ders., Methodenlehre der Rechtswissenschaft, 6. Auflage, Berlin 1991 (zitiert: Larenz, Methodenlehre)
ders., Methodenlehre der Rechtswissenschaft, 5. Auflage, Berlin 1983 (zitiert: Larenz, Methodenlehre, 5. Auflage)
ders./Wolf, Manfred, Allgemeiner Teil des Bürgerlichen Rechts, 9. Auflage, München 2004
Lehmann, Heinrich/Hübner, Heinz, Allgemeiner Teil des Bürgerlichen Gesetzbuches, 16. Auflage, Berlin 1966
Lent, Friedrich, Welcher Zeitpunkt ist für die Bemessung des Schadensersatzes maßgebend, DJ 1941, 770 ff.
Leser, Hans G., Der Rücktritt vom Vertrag, Tübingen 1975
ders., Die Erfüllungsweigerung, in: Festschrift für Max Rheinstein, Band II, Tübingen 1969, 643 ff.
Lindacher, Walter F., Definität und Revisibilität der Gläubigerentscheidungen nach § 326 BGB, JZ 1980, 48 ff.
Lobinger, Thomas, Die Grenzen rechtsgeschäftlicher Leistungspflichten, Tübingen 2004
Löhning, Martin, Die Voraussetzungen des Leistungsverweigerungsrechts nach § 275 Abs. 2 BGB, ZGS, 459 ff.
Looschelders, Dirk, Schuldrecht Allgemeiner Teil, 3. Auflage, Köln 2005
Lopau, Eberhard, Buchbesprechung zu Jakobs: Unmöglichkeit und Nichterfüllung, AcP 174 (1974), 78 ff.
Lorenz, Stephan, Rücktritt, Minderung und Schadensersatz wegen Sachmängeln im neuen Kaufrecht: Was hat der Verkäufer zu vertreten?, NJW 2002, 2497 ff.
ders., Selbstvornahme und Mängelbeseitigung im Kaufrecht, NJW 2003, 1417 ff.
ders., Anmerkung zu AG Daun, ZGS 2003, 397, in: ZGS 2003, 398 ff.
ders., Voreilige Selbstvornahme der Nacherfüllung im Kaufrecht: Der BGH hat gesprochen und nichts ist geklärt, NJW 2005, 1321 ff.
ders., Schuldrechtsreform 2002: Problemschwerpunkte drei Jahre danach, NJW 2005, 1889 ff.
ders., Nacherfüllungsanspruch und Obliegenheiten des Käufers: Zur Reichweite des „Rechts zur zweiten Andienung“, NJW 2006, 1175 ff.
ders./Riehm, Thomas, Lehrbuch zum neuen Schuldrecht, München 2002
Lüderitz, Alexander, Familienrecht, 27. Auflage, München 1999
Lüke, Gerhard, Die Vollstreckung des Anspruchs auf Arbeitsleistung, in: Festschrift für E. Wolf, Köln 1985, 459 ff.
Maier-Reimer, Georg, Totgesagte leben länger? Die Unmöglichkeit aus der Sicht der Praxis, in: Das neue Schuldrecht in der Praxis, hrsg. von Dauner-Lieb,

Barbara/Konzen, Horst/Schmidt, Karsten, Köln 2003, 291 ff. (zitiert: Maier-Reimer, in: Dauner-Lieb/Konzen/Schmidt)

Mansel, Heinz-Peter, Kaufrechtsreform in Europa und die Dogmatik des deutschen Leistungsstörungsrechts, AcP 204 (2004), 396 ff.

Mansel, Heinz-Peter, Budzikiewicz, Christine, Das neue Verjährungsrecht, Bonn 2002

Marotzke, Wolfgang, BGB und InsO: zwei neue Leistungsstörungsrechte im Widerstreit, KTS 63 (2002), 1 ff.

Marquardt, Der Antrag bei Klagen auf Herausgabe, JW 1909, 37 ff.

Materialien zu den Reichs-Justizgesetznovellen, 1897 – 1898; Erster Band, Berlin 1898 (zitiert: Materialien zur ZPO)

Mattheus, Daniela, Schuldrechtsmodernisierung 2001/2002 – die Neuordnung des allgemeinen Leistungsstörungsrechts, JuS 2002, 209 ff.

Medicus, Dieter, Besitzschutz durch Ansprüche auf Schadensersatz, AcP 1965 (165), 115 ff.

ders., Bürgerliches Recht, 18. Auflage, Köln 1999 (zitiert: Medicus, BR, 18. Auflage), 20. Auflage, Köln 2004 (zitiert: Medicus, BR)

ders., Leistungsstörungsrecht, in: Haas, Lothar/Medicus, Dieter/Rolland, Walter/Schäfer, Carsten/Wendtland, Holger (Hrsg.): Das neue Schuldrecht, München 2002, 3. Kapitel, 79 ff.

ders., Schuldrecht I, Allgemeiner Teil, 15. Auflage, München 2004

ders., Bemerkung zur „vorübergehenden Unmöglichkeit“, in: Festschrift für *Andreas Heldrich*, München 2005, 347 ff.

Meincke, Jens Peter, Rechtsfolgen nachträglicher Unmöglichkeit der Leistung beim gegenseitigen Vertrag, AcP 171 (1971), 19 ff.

Mühl, Otto, Die Lehre von Gutachten und Urteil, JuS 1964, 108 ff.

Müller, Klaus, Sachenrecht, 4. Auflage, Köln 1996

ders., Die Ansprüche des Vorbehaltsverkäufers aus dem Eigentumsvorbehalt nach Verjährung der Kaufpreisforderung, DB 1970, 1209 ff.

Müller, Werner G., Das Verhältnis der Herausgabe- zur Handlungsvollstreckung, Tübingen 1978

Müller-Chen, Markus, Der Erfüllungsanspruch – primärer Inhalt der Obligation, in: Jahrbuch Junger Zivilrechtswissenschaftler 1996, Stuttgart 1996, S. 23 ff.

Münch, Joachim, Die „nicht wie geschuldet“ erbrachte Leistung und sonstige Pflichtverletzungen, JURA 2002, 361 ff.

Münchener Kommentar zum Bürgerlichen Gesetzbuch, Band 2, Schuldrecht Allgemeiner Teil, 3. Auflage, München 1994 (zitiert: MüKo/Bearbeiter, Band 2, 3. Auflage), 4. Auflage, München 2001 (zitiert: MüKo/Bearbeiter, Band 2, 4. Auflage); Band 2a, Schuldrecht Allgemeiner Teil, 4. Auflage, München 2003 (zitiert: MüKo/Bearbeiter, Band 2a, 4. Auflage); Band 3, Schuldrecht Besonderer Teil I, 4. Auflage, München 2004 (zitiert: MüKo/Bearbeiter, Band 3, 4. Auflage); Band 4, Schuldrecht Besonderer Teil II, 4. Auflage, München 2005 (zitiert: MüKo/Bearbeiter, Band 4, 4. Auflage); Band 6, Sachenrecht, 4. Auflage, München 2004 (zitiert: MüKo/Bearbeiter, Band 6, 4. Auflage); Band 7, Familienrecht I, 4. Auflage, München 2000 (zitiert: MüKo/Bearbeiter, Band 7, 4. Auflage)

Münchener Kommentar zur Zivilprozessordnung, Band 1, §§ 1 – 354, 2. Auflage, München 2000; Band 3, §§ 803 – 1066, 2. Auflage, München 2001 (zitiert: MüKo/Bearbeiter, ZPO)

Mugdan, Benno, Die gesammelten Materialien zum Bürgerlichen Gesetzbuch für das deutsche Reich, Band II und Band III, Berlin 1899 (zitiert: Motive/Protokolle bei Mugdan, Band)

Musielak, Hans-Joachim, Kommentar zur Zivilprozessordnung, 4. Auflage, München 2005

ders., Der rechtskräftig entschiedene Lebenssachverhalt, NJW 2000, 3593 ff.

Nastelski, Karl, Die Zeit als Bestandteil des Leistungsinhalts, JuS 1962, 289 ff.

Nehlsen-von Stryk, Karin, Grenzen des Rechtszwangs: Zur Geschichte der Naturalvollstreckung, AcP 193 (1993), 529 ff.

Neufang, Paul, Erfüllungszwang als „remedy“ bei Nichterfüllung, Baden-Baden 1998

Oberheim, Rainer, Zivilprozessrecht für Referendare, 6. Auflage, Düsseldorf 2004

Oechsler, Jürgen, Praktische Anwendungsprobleme des Nacherfüllungsanspruchs, NJW 2004, 1825 ff.

ders., Schadensersatzansprüche im Mietverhältnis nach §§ 280, 281, 311a II BGB, NZM 2004, 881 ff.

Oertmann, Paul, Die Vorteilsausgleichung beim Schadensersatzanspruch im römischen und deutschen Recht, Berlin 1901 (zitiert: Oertmann, Vorteilsausgleichung)

ders., Beiträge zur Lehre von der Abtretung des Eigentumsanspruchs, AcP 113 (1915), 51 ff.

ders., Bürgerliches Gesetzbuch, Zweites Buch, Recht der Schuldverhältnisse, Erste Abteilung §§ 241 – 432, 5. Auflage, Berlin 1928 (zitiert: Oertmann)

Oetker, Hartmut, Ablehnungserklärung bei verzugsbedingtem Interessewegfall i. S. von § 326 Abs. 2 BGB – überflüssiger Formalismus oder dogmatische Selbstverständlichkeit?, JZ 1999, 1030 ff.

ders./Maultzsch, Felix, Vertragliche Schuldverhältnisse, Berlin 2002

Oppermann, Rainer, Die Kollision der Vindikation mit schuldrechtlichen Besitzübertragungsansprüchen, Berlin 2003

Oppermann, Thomas, Europarecht, 3. Auflage, München 2005

Otto, Hansjörg, Die Präklusion, Berlin 1970

ders., Die Grundstrukturen des neuen Leistungsstörungsrechts, JURA 2002, 1 ff.

Palandt, Bürgerliches Gesetzbuch, 61. Auflage, München 2002 (zitiert: Palandt/Bearbeiter, 61. Auflage), 62. Auflage, München 2003 (zitiert: Palandt/Bearbeiter, 62. Auflage), 63. Auflage, München 2004 (zitiert: Palandt/Bearbeiter, 63. Auflage), 64. Auflage, München 2005 (zitiert: Palandt/Bearbeiter, 64. Auflage), 65. Auflage, München 2006 (zitiert: Palandt/Bearbeiter)

Pantle, Norbert/Kreissl, Stephan, Die Praxis des Zivilprozesses, 3. Auflage, Stuttgart 2002

Pawlowski, Hans-Martin, Methodenlehre für Juristen, 2. Auflage, Heidelberg 1991

Peters, Frank, Schadensersatz wegen Nichterfüllung und Verzug beim gegenseitigen Vertrag, NJW 1979, 688 ff.

ders., Die eigene Mängelbeseitigung des Käufers, JR 2004, 353 ff.

Pfeiffer, Thomas, Unkorrektheiten bei der Umsetzung der Verbrauchsgüterkaufrichtlinie in das deutsche Recht, ZGS 2002, 390 ff.

Piekenbrock, Andreas/Schulze, Götz, Die Grenzen richtlinienkonformer Auslegung – autonomes Richterrecht oder horizontale Direktwirkung, WM 2002, 521 ff.

Picker, Eduard, Der vindikatorische Herausgabeanspruch, in: 50 Jahre Bundesgerichtshof, Festgabe aus der Wissenschaft, Band 1, München 2000, 693 ff. (zitiert: Picker, FG 50 Jahre BGH)

ders., Der „dingliche" Anspruch, in: Festschrift für Franz Bydlinski, Wien 2002, 269 ff.

ders., Schuldrechtsreform und Privatautonomie, JZ 2003, 1035 ff.

Planck's Kommentar zum Bürgerlichen Gesetzbuch, II. Band, 1. Hälfte, §§ 241 – 432, 4. Auflage, Berlin 1914; Band III, §§ 854 – 1017, 5. Auflage, Berlin 1938 (zitiert: Planck/Bearbeiter)

Planck, Julius Wilhelm, Lehrbuch des Deutschen Civilprozessrechts, Zweiter Band, Besonderer Teil, München 1896 (zitiert: Planck, Lehrbuch, Band II)

Pohlmann, Petra, Vom Verzug zur verspäteten Leistung?, in: Dauner-Lieb, Barbara/Konzen, Horst/Schmidt, Karsten: Das neue Schuldrecht in der Praxis, 273 ff., Köln 2003 (zitiert: Pohlmann, in: Dauner-Lieb/Konzen/Schmidt)

Popper, Siegfried, Die Verbindung der Leistungs- mit der Schadensersatzklage, Frankfurt 1918

Preuss, Manfred, Vertragsbruch als Delikt im anglo-amerikanischen Recht, Heidelberg 1977

Pünder, Werner, Die Verbindung der durch Nichterfüllung eines rechtskräftig festgestellten Anspruchs bedingten Ersatzklage mit der primären Leistungsklage, ZZP 41 (1911), 47 ff.

Rabel, Ernst, Das Recht des Warenkaufs, Band I, Berlin 1936, Band II, Berlin 1958 (zitiert: Rabel, Band I oder II)

ders., Gesammelte Aufsätze, Band I, Tübingen 1965 (zitiert: Rabel, GesAufs, I)

Ramming, Klaus, Wechselwirkungen bei den Voraussetzungen der gesetzlichen Kündigungs- und Rücktrittsrechte nach allgemeinem Schuldrecht (§§ 314, 323, 324 BGB), ZGS 2003, 113 ff.
ders., Die Aufforderung zur Bestätigung der Leistungsbereitschaft und -fähigkeit als weiterer vorzeitiger „Rechtsbehelf" des Gläubigers, ZGS 2003, 209 ff.
Recker, Wilfried, Schadensersatz statt der Leistung – oder: Mangelschaden und Mangelfolgeschaden, NJW 2002, 1247 ff.
Reichenbach, Sandy Bernd, Das Tatbestandsmerkmal der Pflichtverletzung im neuen Leistungsstörungsrecht, JURA 2003, 512 ff.
Reimann, Mathias, Einführung in das US-amerikanische Privatrecht, 2. Auflage, München 2004
Remien, Oliver, Rechtsverwirklichung durch Zwangsgeld, Tübingen 1992
RGRK, Das Bürgerliche Gesetzbuch mit besonderer Berücksichtigung der Rechtsprechung des Reichsgerichts und des Bundesgerichtshofes, Kommentar herausgegeben von Mitgliedern des Bundesgerichtshofes, I. Band, 2. Teil, §§ 241 – 432, 11. Auflage, Berlin 1960 (zitiert: RGRK/Bearbeiter, 11. Auflage); Band II, 1. Teil, §§ 241 – 413, 12. Auflage, Berlin 1976 (zitiert: RGRK/ Bearbeiter)
Rheinstein, Max, Die Struktur des vertraglichen Schuldverhältnisses im angloamerikanischen Recht, Berlin/Leipzig 1932
Riehm, Thomas, Aktuelle Fälle zum Bürgschaftsrecht, JuS 2000, 241 ff.
Rimmelspacher, Bruno, Materiellrechtlicher Anspruch und Streitgegenstandsprobleme im Zivilprozess, Göttingen 1970
Romeick, Fristbestimmung, DJZ 1901, 493 ff.
Rosenberg, Leo/Schwab, Karl Heinz/Gottwald, Peter, Zivilprozessrecht, 16. Auflage, München 2004
Roth, Wulf-Henning, Die Schuldrechtsmodernisierung im Kontext des Europarechts, in: Ernst, Wolfgang/Zimmermann, Reinhard (Hrsg.), Zivilrechtswissenschaft und Schuldrechtsreform, Tübingen 2001, 225 ff.
Rüfner, Thomas, Anmerkung zu OLG Hamm JZ 2001, 764, in: JZ 2001, 768 ff.
Rütten, Wilhelm, Zur Entstehung des Erfüllungszwanges im Schuldverhältnis, in: Festschrift für Joachim Gernhuber, Tübingen 1993, 939 ff.
Rütter, Peter M., Die „uneigentliche" Eventualklagenhäufung, VersR 1989, 1241 ff.
Schäfer, Theodor, Die Verbindung des Schadensersatzanspruchs aus § 283 BGB mit anderen Ansprüchen, Frankfurt am Main 1972
Schapp, Jan/Schur, Wolfgang, Sachenrecht, 3. Auflage, München 2002
Schimmel, Roland/Buhlmann, Dirk, Frankfurter Handbuch zum neuen Schuldrecht, Frankfurt 2002
Schermaier, Martin Josef (Hrsg.), Verbraucherkauf in Europa, München 2003

Schlechtriem, Peter, Schuldrecht, Allgemeiner Teil; 4. Auflage, Tübingen 2000 (zitiert: Schlechtriem), 5. Auflage, Tübingen 2003 (zitiert: Schlechtriem, 5. Auflage)
ders., Das geplante Gewährleistungsrecht im Licht der europäischen Richtlinie zum Verbrauchsgüterkauf, in: Ernst, Wolfgang/Zimmermann, Reinhard (Hrsg.), Zivilrechtswissenschaft und Schuldrechtsreform, Tübingen 2001, 205 ff.
ders., Die Unmöglichkeit – ein Wiedergänger, in: Festschrift für Hans Jürgen Sonnenberger, München 2004, 125 ff.
ders./Schwenzer, Ingeborg (Hrsg.), Kommentar zum Einheitlichen UN-Kaufrecht – CISG – , 4. Auflage, München 2004 (zitiert, Schlechtriem/Schwenzer/Bearbeiter)
Schlegelberger, Franz/Vogels, Werner, Erläuterungswerk zum Bürgerlichen Gesetzbuch, Band II, Allgemeines Schuldrecht, 6. Lieferung, Berlin 1939 (zitiert: Schlegelberger/Vogels/Bearbeiter)
Schmidt, Karsten, Zivilprozessuale und materiellrechtliche Aspekte des § 283 BGB, ZZP 87 (1974), 49 ff.
ders., Zum Prozessstoff bei Herausgabeklagen aus Rücktritt, Wandlung und ungerechtfertigter Bereicherung, MDR 1973, 973 ff.
Schneider, Egon, Der Zivilrechtsfall in Prüfung und Praxis, 6. Auflage, München 1974
Schopp, Heinrich, Verurteilung zur Erfüllung bei Unmöglichkeit oder Unvermögen, JuS 1984, 281 ff.
Schroeter, Ulrich Gerd, UN-Kaufrecht und Europäisches Gemeinschaftsrecht, München 2005
ders., Das Wahlrecht des Käufers im Rahmen der Nacherfüllung, NJW 2006, 1761 ff.
Schubert, Werner (Hrsg.), Die Vorlagen der Redaktoren für die erste Kommission zur Ausarbeitung des Entwurfs eines Bürgerlichen Gesetzbuchs, Recht der Schuldverhältnisse, Teil 1, Allgemeiner Teil, Berlin 1980, (zitiert: Schubert)
Schürholz, Martina, Die Nacherfüllung im neuen Kaufrecht, Köln 2004
Schultz, Michael, Schadensfortentwicklung und Prozessrecht, AcP 191 (1991), 433 ff.
ders., Leistungsstörungsrecht, in: Westermann, Harm Peter: Das Schuldrecht 2002, Stuttgart 2002, 17 ff. (zitiert: M. Schultz, in: Westermann)
Schulz, Rudolf, Anmerkung zu RG JW 1919, 188, in JW 1919, 188 ff.
Schulze, Götz, Grundfragen zum Umgang mit modernisiertem Schuldrecht – Wandel oder Umbruch im Methodenverständnis, in: Jahrbuch Junger Zivilrechtswissenschaftler 2001, Stuttgart 2001, S. 167 ff.
Schulze, Reiner/Ebers, Martin, Streitfrage im neuen Schuldrecht, JuS 2004, 265 ff.

Schulze, Reiner/Schulte-Nölke, Hans (Hrsg.), Die Schuldrechtsreform vor dem Hintergrund des Gemeinschaftsrechts, Tübingen 2001 (zitiert: Bearbeiter in Schulze/Schulte-Nölke)
Schumann, Ekkehard, Die materiellrechtsfreundliche Auslegung des Prozessgesetzes, in: Festschrift für Karl Larenz zum 80. Geburtstag, München 1983, 571 ff.
Schur, Wolfgang, Schadensersatz nach rechtskräftiger Verurteilung zur Leistung NJW 2002, 2518 ff.
Schwab, Karl Heinz/Prütting, Hanns, Sachenrecht, 31. Auflage, München 2003
Schwab, Martin, Schadensersatzverlangen und Ablehnungsandrohung nach der Schuldrechtsreform, JR 2003, 133 ff.
ders., Neues Schuldrecht: Ende des Mieterschutzes, NZM 2003, 50 ff.
ders./Novokmet, Andjelka, Ungelöste Fragen des „Zwangsverkaufs" vermieteter Immobilien, ZGS 2004, 187 ff.
ders./Witt, Carl-Heinz (Hrsg.), Examenswissen zum neuen Schuldrecht, 2. Auflage, München 2003 (zitiert: Bearbeiter, in: Schwab/Witt)
Schwenker, Hans Christian, Anmerkung zu BGH, Urteil v. 27.02.2003 – VII ZR 338/01, EWiR 2004, 439 ff.
Schwerdtner, Eberhard, Verzug im Sachenrecht, Berlin 1973
Seidel, Hans-Jürgen, Das „Nachbesserungsrecht" des Unternehmers beim Werkvertrag, JZ 1991, 391 ff.
Siegburg, Peter, Einführung in die Urteilstechnik, 5. Auflage, München 2003
ders., Einführung in die Urteils- und Relationstechnik, 2. Auflage, Düsseldorf 1982 (zitiert: Siegburg, 2. Auflage)
Siegel, Michael, Zur prozessualen Geltendmachung der Eigentümeransprüche, JW 1910, 55 ff.
Simpson, A.W.B., A History of the Common Law of Contract, Oxford 1975, (zitiert: Simpson, History)
Soergel, Bürgerliches Gesetzbuch, Band 2, Schuldrecht I, 12. Auflage, Stuttgart 1990 (zitiert: Soergel/Bearbeiter, 12. Auflage); Band 3, Schuldrecht II, 12. Auflage, Stuttgart 1991 (zitiert: Soergel/Bearbeiter, 12. Auflage); Band 6, Sachenrecht, 12. Auflage, Stuttgart 1990 (zitiert: Soergel/Bearbeiter, 12. Auflage); Band 7, Familienrecht I, 12. Auflage, Stuttgart 1989 (zitiert: Soergel/Bearbeiter, 12. Auflage); Band 5/2, Schuldrecht 3/2, §§ 320-327, 13. Auflage, Stuttgart 2005 (zitiert: Soergel/Bearbeiter, 13. Auflage); Band 13, Schuldrechtliche Nebengesetze 2: CISG, 13. Auflage, Stuttgart 2000 (zitiert: Soergel/Bearbeiter, 13. Auflage); Band 14, Sachenrecht 1, §§ 854 – 984, 13. Auflage, Stuttgart 2002 (zitiert: Soergel/Bearbeiter, 13. Auflage)
Spickhoff, Andreas, Der Nacherfüllungsanspruch des Käufers: Dogmatische Einordnung und Rechtsnatur, BB 2003, 589 ff.
Stake, Christian, Die Pflichten aus der ehelichen Lebensgemeinschaft und ihre gerichtliche Durchsetzung, JA 1994, 115 ff.

Stathopoulos, Michael, Probleme der Vertragsbindung und Vertragslösung in rechtsvergleichender Betrachtung, AcP 194 (1994), 543 ff.
Staudinger, Kommentar zum Bürgerlichen Gesetzbuch mit Einführungsgesetz und Nebengesetzen, II. Band, Recht der Schuldverhältnisse, Teil 1 c, §§ 249 – 327, 10./11. Auflage, Berlin 1967 (zitiert: Staudinger/Bearbeiter, 10./11. Auflage); Buch 2, Recht der Schuldverhältnisse, §§ 249 – 254, 13. Auflage, Neubearbeitung 2005, Berlin (zitiert: Staudinger/Bearbeiter, Neubearbeitung 2005); Zweites Buch, Recht der Schuldverhältnisse, §§ 255 – 292, 13. Auflage, Bearbeitung 1995, Berlin (zitiert: Staudinger/Bearbeiter, Bearbeitung 1995); Zweites Buch, Recht der Schuldverhältnisse, §§ 255 – 314, 13. Auflage, Neubearbeitung 2001, Berlin (zitiert: Staudinger/Bearbeiter, Neubearbeitung 2001); Buch 2, Recht der Schuldverhältnisse, §§ 255 – 304, 13. Auflage, Neubearbeitung 2004, Berlin (zitiert: Staudinger/Bearbeiter, Neubearbeitung 2004); Zweites Buch, Recht der Schuldverhältnisse, §§ 315 – 327, 13. Auflage, Neubearbeitung 2001, Berlin (zitiert: Staudinger/Bearbeiter, Neubearbeitung 2001); Buch 2, Recht der Schuldverhältnisse, §§ 315 – 326, 13. Auflage, Neubearbeitung 2004, Berlin (zitiert: Staudinger/Bearbeiter, Neubearbeitung 2004); Buch 2, Recht der Schuldverhältnisse, §§ 328 – 359, 13. Auflage, Neubearbeitung 2004, Berlin (zitiert: Staudinger/Bearbeiter, Neubearbeitung 2004); Buch 2, Recht der Schuldverhältnisse, §§ 433 – 487, 13. Auflage, Neubearbeitung 2004, Berlin (zitiert: Staudinger/Bearbeiter, Neubearbeitung 2004); Zweites Buch, Recht der Schuldverhältnisse, §§ 631 – 651, 13. Auflage, Neubearbeitung 2000, Berlin (zitiert: Staudinger/Bearbeiter, Neubearbeitung 2000); Zweites Buch, Recht der Schuldverhältnisse, §§ 631 – 651, 13. Auflage, Neubearbeitung 2003, Berlin (zitiert: Staudinger/Bearbeiter, Neubearbeitung 2003); Drittes Buch, Sachenrecht, §§ 985 – 1011, 13. Auflage, Neubearbeitung 1999, Berlin (zitiert: Staudinger/Bearbeiter, Neubearbeitung 1999); Drittes Buch, Sachenrecht, §§ 925 – 984, 13. Auflage, Bearbeitung 2000, Berlin (zitiert: Staudinger/Bearbeiter, Bearbeitung 2000); Viertes Buch, Familienrecht, Einleitung zu §§ 1297 ff.; 1297 – 1302; Nichteheliche Lebensgemeinschaft, §§ 1303 – 1362; 13. Auflage, Bearbeitung 1995, Berlin (zitiert: Staudinger/Bearbeiter, Bearbeitung 1995);
Stein/Jonas, Zivilprozessordnung, 21. Auflage, Band 3, §§ 253 – 299a, Tübingen 1997; Band 4, Teilband 1, §§ 300 – 347, Tübingen 1998; Band 5 Teilband 2, §§ 592 – 703d Tübingen 1993; Band 7, Teilband 1, §§ 864 – 945, Tübingen 1996 (zitiert: Stein/Jonas/Bearbeiter); 22. Auflage, Band 1, Einleitung und §§ 1 – 40, Tübingen 2003; Band 2, §§ 44 – 127a, Tübingen 2004; Band 7, §§ 704 – 827, Tübingen 2002; Band 8, §§ 828 – 915h, Tübingen 2004 (zitiert: Stein/Jonas/Bearbeiter, 22. Auflage)
Steindorff, Ernst, Gewinnentgang und Schadensberechnung des Verkäufers, JZ 1961, 12 ff.
Stoll, Hans, Notizen zur Neuordnung des Rechts der Leistungsstörungen, JZ 2001, 589 ff.

Teichmann, Arndt, Strukturveränderungen im Recht der Leistungsstörungen nach dem Regierungsentwurf eines Schuldrechtsmodernisierungsgesetzes, BB 2001, 1485 ff.
Tettenborn, A.M., An Introduction to the Law of Obligations, London 1984, (zitiert: Tettenborn, Law of Obligations)
Teubner, Gunther, Gegenseitige Vertragsuntreue, Tübingen 1975
Thomas, Heinz/Putzo, Hans, Zivilprozessordnung, 26. Auflage, München 2004
Tiedtke, Klaus, Verzugsschaden und Rücktritt vom Vertrag, NJW 1984, 767 ff.
Treitel, G.H., The Law of Contract, 4. Edition, London 1975, (Treitel, The Law of Contract)
ders., Remedies for Breach of Contract, Oxford 1989, (zitiert: Treitel, Remedies)
Unberath, Hannes, Mietrecht und Schuldrechtsreform, ZMR 2004, 309 ff.
Verhandlungen des 60. Deutschen Juristentages, stattgefunden in Münster 1994, Band II/2, München 1994 (zitiert: Verhandlungen des 60. DJT, Band II/2)
Vieweg, Klaus/Werner, Almuth, Sachenrecht, München 2003
Wältermann, Frank, Die Mängelhaftung im neuen Schuldrecht, Frankfurt am Main 2004
Wagner, Gerhard, Ansprüche auf Unmögliches?, JZ 1998, 482 ff.
Wahl, Friedrich, Schuldnerverzug, Berlin 1998
Wallerath, Maximilian, Zur Anwendbarkeit des § 283 BGB auf den Herausgabeanspruch nach § 985 BGB, JR 1970, 161 ff.
Wank, Rolf, Grenzen richterlicher Rechtsfortbildung, Berlin 1978
Werner, Olaf, Die Vindikationsklage des Nichteigentümers als Fall der gewillkürten Prozessstandschaft – BGH NJW-RR 1986, 158, JuS 1987, 855 ff.
Westermann, Harm Peter, Das neue Kaufrecht, NJW 2002, 241 ff.
ders./Bydlinski, Peter/Weber, Ralph, BGB-Schuldrecht Allgemeiner Teil, 5. Auflage, Heidelberg 2003
Westermann, Harry, Sachenrecht, 5. Auflage, Karlsruhe 1966
Wieczorek, Bernhard/Schütze, Rolf, A., Zivilprozessordnung und Nebengesetze, Erster Band, 1. und 2. Teilband, 3. Auflage, Berlin 1994; Dritter Band, 2. Teilband, 3. Auflage, Berlin 1998 (zitiert: Wieczorek/Schütze/Bearbeiter)
Wiedemann, Herbert, Das System der Leistungsstörungen im deutschen Vertragsrecht, in: Festschrift der Rechtswissenschaftlichen Fakultät zur 600-Jahr-Feier der Universität zu Köln, Köln 1988, 367 ff.
Wieling, Hans Josef, Sachenrecht, Berlin 1990
Wieser, Eberhard, Prozessrechtskommentar zum BGB, Köln 1999
ders., Eine Revolution des Schuldrechts, NJW 2001, 121 ff.
ders., Schuldrechtsreform – Die Unmöglichkeit der Leistung nach neuem Recht, MDR 2002, 858 ff.
ders., Gleichzeitige Klage auf Leistung und auf Schadensersatz aus § 281 BGB, NJW 2003, 2432 ff.

ders., Bedingtes Schadensersatzverlangen nach § 281 BGB, NJW 2003, 3458 f.
Wilhelm, Jan, Schuldrechtsreform 2001, JZ 2001, 861 ff.
ders., Sachenrecht, 2. Auflage, Berlin 2002
ders., Einrede des Verkäufers gegen die Leistungspflicht gem. § 275 Abs. 2, § 439 BGB bei nachträglichem Verlust oder Beschädigung der Kaufsache: Vorrang der schuldvertraglichen Vereinbarung, DB 2004, 1599 ff.
ders./Deeg, Peter, Nachträgliche Unmöglichkeit und nachträgliches Unvermögen, JZ 2001, 223 ff.
Wilmowsky, Peter von, Pflichtverletzungen im Schuldverhältnis, JuS 2002, Beilage Heft 1, 3 ff.
Windscheid, Bernhard, Lehrbuch des Pandektenrechts, Band I und II, bearbeitet von Theodor Kipp, 9. Auflage, Frankfurt am Main 1906 (zitiert: Windscheid/Kipp I oder II)
Wittig, Solms Ubbo, Verurteilung zur Herausgabe einer Sache trotz behaupteter Unmöglichkeit, NJW 1993, 635 ff.
Wolf, Manfred, Sachenrecht, 20. Auflage, München 2004
Wolff, Martin/Raiser, Ludwig, Sachenrecht, 10. Auflage, Tübingen 1957
Wollschläger, Christian, Die Entstehung der Unmöglichkeitslehre, Köln 1970
Wolter, Udo, Das Prinzip der Naturalrestitution in § 249 BGB, Berlin 1985
Würthwein, Susanne, Zur Schadensersatzpflicht wegen Vertragsverletzungen im Gemeinen Recht des 19. Jahrhunderts, Berlin 1990
Zeuner, Albrecht, Zur Rechtskraftwirkung des Unterlassungsurteils für den nachfolgenden Schadensersatzprozess – BGHZ 42, 340, JuS 1966, 147 ff.
Ziegler, Karl-Heinz, Die Wertlosigkeit der allgemeinen Regeln des BGB über die sog. Wahlschuld (§§ 262 – 265 BGB), AcP 171 (1971), 193 ff.
Zimmer, Daniel, Das neue Recht der Leistungsstörungen, NJW 2002, 1 ff.
Zimmermann, Reinhard, The Law of Obligations, Cape Town 1990, (zitiert: Zimmermann, Law of Obligations)
ders., Konturen eines Europäischen Vertragsrechts, JZ 1995, 477 ff.
ders., Schuldrechtsmodernisierung?, in: Ernst, Wolfgang/Zimmermann, Reinhard (Hrsg.), Zivilrechtswissenschaft und Schuldrechtsreform, Tübingen 2001, 1 ff.
Zippelius, Reinhold, Auslegung als Legitimationsproblem, in: Festschrift für Karl Larenz zum 80. Geburtstag, München 1983, 739 ff.
Zöller, Zivilprozessordnung, Kommentar, 25. Auflage, Köln 2005 (zitiert: Zöller/Bearbeiter)
Zöllner, Wolfgang/Loritz, Karl-Georg, Arbeitsrecht, 5. Auflage, München 1998
Zweigert, Konrad, Leistungsklage bei verschuldeter Unmöglichkeit, Recht 1908, 416
ders./Kötz, Hein, Einführung in die Rechtsvergleichung, 3. Auflage, Tübingen 1996

Einführung

Zum 01.01.2002 trat das Schuldrechtsmodernisierungsgesetz in Kraft und veränderte das BGB in größerem Maße als alle vorherigen Reformen. Dabei wurden auch die Übergangsmöglichkeiten des Gläubigers vom Primäranspruch auf einen Schadensersatzanspruch statt der Leistung bei einer nicht rechtzeitigen Leistung neu gestaltet. Diese finden sich nun einheitlich in § 281.[*] Ergänzt wird dies für den Rücktritt bei gegenseitigen Verträgen durch § 323, der bis auf das Erfordernis eines Vertretenmüssens ähnliche Voraussetzungen hat.

Die Reform hat dabei schon rein äußerlich eine Vereinfachung gebracht. Anders als nach den differenzierenden Regelungen der §§ 283, 286 Abs. 2, 326 a.F. wird nun der Übergang allein durch die Norm des § 281 bestimmt. Daneben ist aber auch eine sachliche, d.h. inhaltliche Vereinfachung des Übergangs eingetreten: § 281 erlaubt dem Gläubiger in weitaus großzügigerem Maße das Überwechseln vom Primäranspruch auf den diesen ersetzenden Schadensersatzanspruch.[1] Dies wird schon bei einer ersten flüchtigen Betrachtung der Übergangserfordernisse nach altem und neuem Recht offenbar. Dabei lassen sich sowohl Änderungen bei den materiell-rechtlichen als auch den prozessualen Erfordernissen für einen Übergang feststellen.

Hinsichtlich der ersteren kennt § 281 anders als §§ 326, 283 a.F. nicht mehr die Notwendigkeit einer Ablehnungsandrohung. Diese wurde im alten Recht oft falsch ausgesprochen und erwies sich so als Hindernis für einen ordnungsgemäßen Übergang.[2] Konsequent erlischt der Primäranspruch nun nicht mehr automatisch mit Fristablauf, sondern gemäß § 281 Abs. 4 erst mit dem Verlangen nach Schadensersatz statt der Leistung. Dennoch scheint nach § 281 Abs. 1 schon vorher mit Fristablauf ein Schadensersatzanspruch zu entstehen, ebenso wie eine eventuelle Rücktrittsbefugnis nach § 323 Abs. 1. Dadurch erhält der Gläubiger die Möglichkeit, noch nach Fristablauf zwischen den verschiedenen Primär- und Sekundärrechten zu wählen.[3] Die Ausübung dieses Wahlrechts scheint dabei zeitlich unbeschränkt möglich zu sein. Außerdem ist die leichte Übergangsmöglichkeit nach erfolgloser Fristsetzung durch § 281 noch auf alle Pflichtenverhältnisse ausgeweitet worden. Hingegen galt die vergleichbare Norm des

---

[*] §§ ohne Gesetzesangabe beziehen sich auf das BGB.

[1] Henssler/Graf von Westphalen/Dedek, § 281 Rn 10; Dedek, in: Dauner-Lieb/Konzen/Schmidt, S. 183 (201); Gursky JURA 2004, 433 (434); Schwab NZM 2003, 50 (51); Unberath ZMR 2004, 309 (310).

[2] Vgl. Heinrichs, FS Derleder, S. 87 (89); Pohlmann, in: Dauner-Lieb/Konzen/Schmidt, S. 273 (276); Schwab JR 2003, 133; Staudinger/Otto, Neubearbeitung 2001, § 326 Rn 101; Wilmowsky JuS 2002/Beilage Heft 1, S. 10 mit Fn 24.

[3] Die Zeitspanne zwischen Fristablauf und Ausübung des Sekundärrechts wird in der Literatur vielfach als „Schwebelage“ oder „Schwebezustand“ bezeichnet, vgl. Bressler NJW 2004, 3382; Erman/Westermann, § 281 Rn 20; MüKo/Ernst, Band 2a, 4. Auflage, § 281 Rn 71 und § 323 Rn 158; Westermann/Bydlinski/Weber, Rn 8/60. Für diese Untersuchung soll der erstere Begriff übernommen werden.

§ 326 a.F. nur für synallagmatische Pflichtenverhältnisse, während ansonsten ein Übergang gemäß §§ 283, 286 Abs. 2 a.F. nur nach einem rechtskräftigen Primärleistungsurteil oder verzugsbedingtem Interessefortfall möglich war. Diese Voraussetzungen waren schwerer zu erfüllen als das Fristsetzungserfordernis des heutigen § 281.

Die Reform hat aber auch Änderungen bei den prozessualen Erfordernissen für einen Übergang mit sich gebracht. So erlaubte § 283 Abs. 1 a.F. diesen nur bei Vorhandensein eines rechtskräftigen Primärleistungsurteils. § 281 fehlt nun jeglicher prozessualer Anknüpfungspunkt, welches wiederum den Übergang für den Gläubiger vereinfacht.

Aus der aufgezeigten Erleichterung des Übergangs auf eine Schadensersatzforderung durch Veränderung der materiell-rechtlichen und prozessualen Erfordernisse ergibt sich gleichsam spiegelbildlich eine Vielzahl materiell-rechtlicher und prozessualer Fragestellungen. Diese sollen später genauer dargestellt werden.[4] Beispielhaft sei hier nur angedeutet, dass das freie Gläubigerwahlrecht zwischen den Primär- und Sekundäransprüchen nach Fristablauf zunächst eine Spekulation auf Kosten des Schuldners zu erlauben scheint und diesen zusätzlich in eine große Unsicherheit hinsichtlich seines Schuldinhalts stürzt. So mag der Schuldner zunächst seine Bemühungen zur Erbringung der Primärleistung weiterführen, die dann aber jederzeit und unvorhergesehen wegen eines Übergangs auf die Sekundärrechte durch den Gläubiger sinnlos werden können.

In prozessualer Hinsicht können von § 281 mangels einschlägiger Anknüpfung keine genuin prozessualen Wirkungen mehr ausgehen. Demgegenüber gab es im alten Recht mit § 283 a.F. eine Norm, die auf der Schnittstelle zwischen dem materiellen Recht und dem Verfahrensrecht lag.[5] Damit werden nun aber alle prozessualen Begründungen unsicher, die auf § 283 a.F. fußten.[6] Dies gilt etwa für die im alten Recht von der herrschenden Meinung bejahte Frage, ob der Gläubiger ungeachtet des bestrittenen, jedenfalls aber zu vertretenden Unmöglichkeitseinwandes ein Primärleistungsurteil ohne einschlägige Beweisaufnahme erhalten kann. Auch die Begründung der allgemein anerkannten Ausschlusswirkungen eines Ersturteils hinsichtlich aller alten, schon im Erstprozess erheblichen Einwendungen ist durch den Wegfall der Regelung des § 283 Abs. 1 Satz 3 a.F. fraglich geworden.

Die so aufgeworfenen Fragen durch die Veränderung der materiell-rechtlichen und prozessualen Übergangserfordernisse werden nachfolgend erörtert. Dabei soll jeweils auch ein Augenmerk auf einen Kritikpunkt gerichtet werden, der die

---

[4] Siehe unten, S. 86 ff.

[5] Kohler JuS 1991, 943; K. Schmidt ZZP 87 (1974), 49; Schur NJW 2002, 2518.

[6] Ebenso Dedek, in: Dauner-Lieb/Konzen/Schmidt, S. 183 (190 ff.); Gsell JZ 2004, 110 (112 ff.). Zu den einzelnen prozessualen Fragen ausführlich später, S. 279.

Neugestaltung der einschlägigen Übergangsregelung begleitete.[7] Ihr hat *Huber* eine prinzipielle Schlechterstellung des Schuldners und eine dementsprechende ungerechtfertigte Besserstellung des Gläubigers vorgeworfen.[8] Seine Kritik entzündete sich dabei am Diskussionsentwurf eines Schuldrechtsmodernisierungsgesetzes (im Folgenden: BGB-DiskE), muss aber auch für die nunmehrige Gesetzesfassung gelten, da sich dort die angegriffene Regelung wieder findet. Nach dem Inkrafttreten der neuen Gesetzesfassung ist es nun müßig, über deren allgemeine rechtspolitische Rechtfertigung weiter zu diskutieren.[9] Möglich bleibt aber eine Untersuchung der konkreten Auswirkungen und der resultierenden Probleme unter Beachtung einer Veränderung der Position des Schuldners. Dabei wird sich zeigen, ob die Interessen und Belange des Schuldners vom Gesetzgeber vernachlässigt oder ausreichend berücksichtigt wurden und ob bzw. wie dem bei der Gesetzesanwendung Rechnung getragen werden kann. Da sich eine Schlechterstellung des Schuldners nur im Vergleich zum alten Recht wird feststellen lassen können, wird dieses als maßgebliche Alternativregelung immer hinzugezogen. Bei der Erörterung der Folgen aus der erleichterten Übergangsmöglichkeit nach § 281 werden auch Gesichtspunkte der Unmöglichkeitslehre eine Rolle spielen, sei es bei der Frage nach den Folgen einer Unmöglichkeit während der Schwebelage, der Zulässigkeit eines Primärleistungsurteils ohne einschlägige Beweisaufnahme bei bestrittener, aber jedenfalls zu vertretender Unmöglichkeit oder schließlich bei der Bestimmung der Ausschlusswirkungen eines Ersturteils hinsichtlich des Unmöglichkeitseinwandes. Daher sollen die Regelungen über die Unmöglichkeit zu Beginn ausführlicher dargestellt werden. Die Schlechtleistung soll dagegen gänzlich außer Betracht bleiben.

Der Untersuchung geht als Grundlage in Teil A eine allgemeine Darstellung der Haftungsverfassung nach altem und neuem Recht sowie eine erste entwicklungsgeschichtliche und sachliche Einordnung und Konkretisierung der Übergangsregelung des § 281 voraus. Die sich aus der Erleichterung der Übergangserfordernisse ergebenden materiell-rechtlichen und prozessualen Fragestellungen sollen in den Hauptteilen B und C näher untersucht werden.

---

[7] Zu der generellen Kontroverse über die Neuerungen durch die Schuldrechtsreform vergleiche exemplarisch die Beiträge auf der Regensburger Tagung in: Ernst/Zimmermann; außerdem die Beiträge in Schulze/Schulte-Nölke; ferner die Kritik von Altmeppen DB 2001, 1131 ff.; 1399 ff. und 1821 ff.

[8] Huber, in: Ernst/Zimmermann, S. 31 (42 ff. und 149 ff.).

[9] Ebenso Palandt/Heinrichs, 63. Auflage, Einleitung Rn 19.

A. Grundlagen

I. Überblick über die Schuldrechtsreform

1) Diskussion um das alte Leistungsstörungsrecht und Reformhistorie

Auslöser der Reform[10] war die Notwendigkeit, europarechtliche Richtlinien, die das Schuldrecht in einigen abgrenzbaren Bereichen berührten, bis zum 01.01.2002 umzusetzen.[11] Dies wurde zum Anlass genommen, das gesamte Schuldrecht einer grundlegenden Reform zu unterziehen (große Lösung). Dabei hatten derartige Bemühungen eine lange Vorgeschichte. Schon Anfang der 80-igerJahre hatte das Justizministerium insgesamt 24 Gutachten in Auftrag gegeben, in denen Reformvorschläge für einzelne als problematisch angesehene Regelungskomplexe erarbeitet werden sollten. Diese wurden zwischen 1981 und 1983 angefertigt.[12] Hinsichtlich des Leistungsstörungsrechts erstattete *Ulrich Huber* ein einflussreiches Gutachten.[13] Die Ergebnisse wurden bald kontrovers diskutiert.[14] 1984 wurde dann eine Kommission zur Überarbeitung der Gutachtervorschläge zusammengerufen.[15] Ihr gehörten namhafte Wissenschaftler, Praktiker und Ministerialbeamte an. Unter dem Vorsitz von *Schmidt-Räntsch* und *Rolland* veröffentlichte die Kommission 1992 einen Abschlussbericht, in welchem neue Gesetzesvorschläge gemacht wurden.[16] Diese wurden 1994 vom 60. Deutschen Juristentages grundsätzlich positiv aufgenommen.[17] Eine gesetzgeberische Umsetzung unterblieb jedoch zunächst.

Erst im Zuge der Umsetzung der EU-Richtlinien nahm das Bundesjustizministerium eine grundlegende Reform des Schuldrechts wieder in Angriff. Im August 2000 veröffentlichte es den BGB-DiskE,[18] der hinsichtlich des hier interessieren-

---

[10] Der genaue Ablauf der Reform wird andernorts ausführlich beschrieben und soll hier nur überblicksweise dargestellt werden, vgl. dazu: AnwKomm/Dauner-Lieb, 1. Auflage, Einführung, S. 21 ff.; MüKo/Ernst, Band 2a, 4. Auflage, Vor § 275 Rn 2 ff.; Zimmermann, in: Ernst/Zimmermann, S. 1 ff.

[11] Richtlinie zu bestimmten Aspekten des Verbrauchsgüterkaufs und der Garantien für Verbrauchsgüter: RL 1999/44 EG ABl. EG Nr. L 171, S. 12; Zahlungsverzugsrichtlinie: RL 2000/35/EG ABl. EG Nr. L 200, S. 35; E-commerce-Richtlinie: RL 2000/31/EG ABl. EG Nr. L 178, S. 1.

[12] Gutachten und Vorschläge zur Überarbeitung des Schuldrechts, Bände I-III.

[13] Huber, in: Gutachten und Vorschläge zur Überarbeitung des Schuldrechts, Band I, S. 647 ff.

[14] Vgl. etwa die Beiträge in AcP 182 (1982), 80 ff., 101 ff., 453 ff. und AcP 183 (1983), 327 ff., 367 ff., 525 ff., 568 ff., sowie die umfassende Bibliographie bei Ernst/Zimmermann, S. 727 ff.

[15] Zu den Aufgaben der Kommission: Engelhard NJW 1984, 1201 ff.

[16] Abschlussbericht, S. 13 ff.

[17] Verhandlungen des 60. DJT, Band II/2, S. K232 ff., wobei beachtet werden muss, dass zu diesem Zeitpunkt mit einer Umsetzung politisch nicht mehr zu rechnen war.

[18] Die meisten Texte zur Schuldrechtsreform finden sich bei Canaris, Schuldrechtsmodernisierung, S. 3 ff.; sie können auch unter www.dauner-lieb.de herunter geladen werden.

den Leistungsstörungsrechts maßgeblich auf dem Abschlussbericht von 1992 beruhte.[19] Zuständiger Referatsleiter war *Schmidt-Räntsch*. Seitens der Rechtswissenschaft wurde an diesem Entwurf viel Kritik geübt.[20] Dabei wurde neben den inhaltlichen Regelungen auch die beabsichtigte Umsetzung schon zum 01.01.2002 bemängelt, die eine sorgfältige Ausarbeitung der Reform unmöglich mache. Es wurde vorgeschlagen, stattdessen nur die EU-Richtlinien umzusetzen, was nur Neuerungen in einzelnen Randbereichen notwendig gemacht hätte („kleine Lösung"). Dies wurde vom Bundesjustizministerium aber stets abgelehnt.

Aufgrund der teils heftigen Kritik rief dieses am 17.01.2001 eine Kommission „Leistungsstörungsrecht" zusammen, die sich aus neuen, zum Teil auch aus alten Mitgliedern der Schuldrechtskommission zusammensetzte. Unter dem erneuten Vorsitzenden *Rolland* gehörten dieser Kommission namhafte Wissenschaftler, Praktiker und Ministerialbeamte wie *Canaris, Däubler, Ernst, Medicus, Westermann, Brambring, Heinrichs* und *Haas* an.[21] Am 06.03.2001 veröffentliche das Bundesjustizministerium dann eine Konsolidierte Fassung des Diskussionsentwurfs (im Folgenden: DiskE-KF). Zur besseren Steuerung des Gesetzgebungsverfahrens wurde ein identischer Entwurf des Gesetzes zur Modernisierung des Schuldrechts sowohl als Gesetzentwurf der Bundesregierung in den Bundesrat (BR-Drucks. 338/01) als auch als Fraktionsentwurf von SPD und Bündnis 90/Die Grünen in den Bundestag eingeführt (BT-Drucks. 14/6040). Am 13.07.2001 beschloss der Bundesrat eine Stellungnahme (Anlage 2 zu BT-Drucks. 14/6857). Diese wurde dem Bundestag am 29.08.2001 zusammen mit der Gegenäußerung und Erwiderung der Bundesregierung zugeleitet (BT-Drucks. 14/6857). Der Rechtsausschuss des Bundestages beriet den Gesetzentwurf abschließend am 25.09.2001 und erstellte eine „Beschlussempfehlung und Bericht" (BT-Drucks. 14/7052). Der Bundestag verabschiedete am 11.10.2001 den Gesetzentwurf der Koalitionsfraktionen in der Fassung der Beschlussempfehlung des Rechtsausschusses. Zugleich wurde der im Bundesrat eingebrachte Gesetzentwurf der Bundesregierung für erledigt erklärt. Der Bundesrat beriet letztmalig am 09.11.2001 und verzichtete auf eine Anrufung des Vermittlungsausschusses. Am 26.11.2001 wurde das Schuldrechtsmodernisierungsgesetz ausgefertigt und trat zum 01.01.2002 in Kraft.

2) Motive der Reform und Überblick über die inhaltlichen Änderungen

Neben der notwendigen Umsetzung der EU-Richtlinien war die Kritik am alten Rechtszustand der Grund für die Reform des Schuldrechts. Der BGB-DiskE übernahm insoweit fast wörtlich die Begründungen des Abschlussberichts der

---

[19] Vgl. dazu Krebs DB 2000, Beilage 14, 1 (2).

[20] Vgl. nur die Beiträge zum Regensburger Symposium bei Ernst/Zimmermann, S. 1 ff. und zum Symposium in Münster bei Schulze/Schulte-Nölke, S. 1 ff.

[21] Vgl. Canaris JZ 2001, 499 in Fn 1.

Schuldrechtskommission von 1992.[22] Das Leistungsstörungsrecht könne in weiten Teilen nicht als gelungen bezeichnet werden.[23] Es stelle sachwidrig den Begriff der Unmöglichkeit in den Mittelpunkt und ignoriere die praktisch viel bedeutendere positive Vertragsverletzung. Auch der Rechtsprechung sei es mit den ihr zu Gebote stehenden Mitteln nicht gelungen, die daraus resultierenden Mängel auf überzeugende Weise zu beseitigen. Insbesondere das Nebeneinander von gesetzlich geregelten Gewährleistungsansprüchen und den ungeschriebenen, von der Rechtsprechung entwickelten Ansprüchen aus positiver Vertragsverletzung mit z. T. ganz unterschiedlichen Verjährungsfristen, führe zu schwierigen, für die Praxis nicht hinnehmbaren Abgrenzungsproblemen. Die Entwicklung der ungeschriebenen Rechtsinstitute der culpa in contrahendo, der positiven Vertragsverletzung und des Wegfalls der Geschäftsgrundlage habe dazu geführt, dass das Schuldrecht in zentralen Teilen für den Normalbürger unverständlich sei. Durch die Reform sollte an den zentralen Begriff der Pflichtverletzung angeknüpft werden und die ungeregelten Rechtsinstitute der culpa in contrahendo, der positiven Vertragsverletzung und des Wegfalls der Geschäftsgrundlage im Gesetz selbst geregelt werden. Ferner sollten das AGBG und die Verbraucherschutzgesetze in das BGB zurückgeführt werden.[24]

Nach vielfachen Korrekturen an den ursprünglichen Vorschlägen wurden schließlich die Kernvorschriften des Schuldrechts grundlegend geändert. Unter anderem ordnet nun § 275 Abs. 1 für die Fälle der subjektiven und objektiven, anfänglichen und nachträglichen, zu vertretenden und nicht zu vertretenden Unmöglichkeit einheitlich die Befreiung von der Primärleistungspflicht an. Eine anfänglich objektiv unmögliche Leistung führt also nicht mehr zur Nichtigkeit des Vertrages. In § 275 Abs. 2 und 3 sind Befreiungsregelungen für den Fall unzumutbarer Leistungspflichten niedergelegt. Die Haftung auf Schadensersatz ist in den §§ 280 – 283, sowie in § 311a geregelt. Es wird dabei an eine Pflichtverletzung angeknüpft und nach einem Schadensersatz neben der Leistung und einem die Primärleistungspflicht ersetzenden Schadensersatz statt der Leistung unterschieden.

II. Die Haftungsverfassung des allgemeinen Leistungsstörungsrechts im alten Recht

1) Nichtleistung wegen Unmöglichkeit der Leistung

a) Begriffliche Einteilung

Kennzeichnen für eine Unmöglichkeit ist grundsätzlich ein dauerhaftes, unbehebbares Leistungshindernis.[25] Eine objektive Unmöglichkeit liegt vor, wenn die

---

[22] AnwKomm/Dauner-Lieb, 1. Auflage, Einführung, S. 21.
[23] Vgl. zum Folgenden: BGB-DiskE, S. 175 ff. und Abschlussbericht, S. 16 ff.
[24] Däubler-Gmelin NJW 2001, 2281 (2283).
[25] Vgl. nur Palandt/Heinrichs, § 275 Rn 1 und 13.

Leistung von niemandem erbracht werden kann, eine subjektive Unmöglichkeit, im Folgenden Unvermögen genannt, wenn die Leistung nur vom Schuldner nicht erbracht werden kann.

Ein unbehebbares Leistungshindernis liegt vor, wenn die Leistung etwa wegen der Zerstörung der geschuldeten Sache schon naturgesetzlich ausgeschlossen ist (tatsächliche Unmöglichkeit)[26] oder sie aus rechtlichen Gründen nicht erbracht werden kann (rechtliche Unmöglichkeit).[27] Zur Unmöglichkeit wurden im alten Recht von einigen als faktische (praktische) Unmöglichkeit auch die Fälle gezählt, in denen der Leistung Hindernisse entgegenstanden, deren Überwindung nach der Anschauung des Lebens schlechterdings von niemandem erwartet werden konnte.[28] Ein Beispiel dafür war die Bergung eines auf den Grund des Meeres gesunkenen Ringes. Andere hingegen wollten diese Kategorie als Anwendungsfall des Wegfalls der Geschäftsgrundlage behandeln.[29] Daneben war der Begriff der „wirtschaftlichen" Unmöglichkeit geläufig, wenn die Leistung zwar möglich war, aber mit Blick auf den Schuldner nur mit unverhältnismäßig hohen Opfern erbracht werden konnte.[30] Diese Fälle waren dadurch gekennzeichnet, dass die Leistungserbringung gerade bei Beachtung der individuellen Situation des Schuldners erschwert war, ohne aber die Grenze der tatsächlichen Unmöglichkeit zu erreichen. Nach allgemeiner Meinung sollten insoweit die Regeln über den Wegfall der Geschäftsgrundlage Anwendung finden, die flexiblere Lösungen ermöglichten.[31]

Wann ein Unvermögen des Schuldners angenommen werden sollte, war nicht ganz zweifelsfrei. Während die einen dafür schon den bloßen Verlust der Dispositionsbefugnis ausreichen lassen wollten, forderte die wohl herrschende Meinung das Fehlen einer Wiedererlangungsmöglichkeit.[32]

Daneben haben sich verschiedene Differenzierungen hinsichtlich des Umfeldes der Unmöglichkeit herausgebildet, die zum Teil für die Befreiung von der Primärpflicht, zum Teil für eine eventuelle Schadensersatzverpflichtung von Bedeutung waren. So unterschied man zwischen anfänglicher oder nachträglicher Unmöglichkeit und danach, ob die Unmöglichkeit vom Schuldner zu vertreten war. Von Bedeutung war auch die Einteilung, ob die Unmöglichkeit im synallagmatischen oder nicht-synallagmatischen Pflichtenverhältnis eintrat. Ers-

---

[26] Vgl. nur Erman/Battes, 10. Auflage, Vor § 275 Rn 11-16.
[27] Dazu Staudinger/Löwisch, Neubearbeitung 2001, § 275 Rn 22.
[28] Larenz, § 21 I e) in Fn 48; Staudinger/Löwisch, Neubearbeitung 2001, § 275 Rn 9.
[29] Huber, Band I, S. 118/119; Erman/Battes, 10. Auflage, Vor § 275 Rn 27.
[30] Vgl. zur Abgrenzung von der faktischen Unmöglichkeit nur Larenz, § 21 I e) in Fn 48.
[31] Huber, Band I, S. 118, Staudinger/Löwisch, Neubearbeitung 2001, § 275 Rn 10. Auch die Rechtsprechung bediente sich nach anfänglicher Anwendung des § 275 a.F. der Regeln über den Wegfall der Geschäftsgrundlage, grundlegend RGZ 103, 177 ff.; RGZ 103, 328 ff.; ferner BGH MDR 1953, 282.
[32] Dazu sogleich, S. 9.

teres ist der Fall, wenn ein Gegenseitigkeitsverhältnis besteht, wenn also die eigene Verpflichtung von der gegnerischen Verpflichtung abhängt (do ut des).[33]

b) Die Folgen der Unmöglichkeit für die Primärleistungspflicht

aa) Nachträgliche Unmöglichkeit oder Unvermögen

Nach altem Recht wurde die nachträgliche nicht zu vertretende Unmöglichkeit von § 275 Abs. 1 a.F. geregelt. Dem war nach Abs. 2 das nicht zu vertretende Unvermögen gleichgestellt. Als Rechtsfolge ordnete § 275 Abs. 1 a.F. ein Freiwerden von der Leistungspflicht an. Hingegen waren die Folgen einer nachträglichen zu vertretenden Unmöglichkeit oder eines Unvermögens im Gesetz nicht ausdrücklich geregelt und ihre Auswirkungen auf die Primärleistungspflicht daher äußerst umstritten.

(1) Ansicht der wortlautgenauen Interpretation des § 275 a.F.

Eine maßgeblich von *Jakobs* und *Huber* erneuerte Ansicht verneinte ein Erlöschen der Primärleistungspflicht.[34] Sie führte dafür den Wortlaut des § 275 Abs. 1 a.F. an, der ein Erlöschen der Leistungspflicht nur bei fehlendem Vertretenmüssen vorsah. Damit wurde § 275 Abs. 1 a.F. als Befreiungs- und Haftungsnorm verstanden, da eine Primärschuldbefreiung nur dann eintreten sollte, wenn auch eine Sekundärhaftung ausgeschlossen war. Trotzdem sollte jedenfalls eine gerichtliche Verurteilung des Schuldners zu einer unstreitig objektiv unmöglichen Leistung ausscheiden, da dem Kläger dann mangels Leistungsmöglichkeit das Rechtsschutzbedürfnis fehle. Weiterhin wurde dies damit begründet, eine Zwangsvollstreckung sei wegen der feststehenden Unmöglichkeit sinnlos, der Erlass eines Leistungsurteils also widersinnig.[35] Bei feststehendem nachträglichen zu vertretenden Unvermögen hingegen sollte eine Verurteilung zur Primärpflicht grundsätzlich möglich bleiben.[36] Davon sollten aber Ausnahmen gelten, wenn das Unvermögen offensichtlich unbehebbar war oder wenn die Behebung mit unverhältnismäßigen Aufwendungen verbunden wäre.[37] Ein Rechtsschutzbedürfnis fehle anders also bei der objektiven Unmöglichkeit nicht, da ei-

[33] BGHZ 15, 102 (105); RGZ 147, 340 (342); Eberl-Borges, AcP 203 (2003), 633 (637); MüKo/Emmerich, Band 2a, 4. Auflage, Vor § 320 Rn 5. Zu den verschiedenen Arten des Synallagmas vgl. nur Palandt/Heinrichs, Einf v § 320 Rn 12-15.

[34] Jakobs, S. 74 und 232 ff.; Huber, Band I, S. 73; Band II, S. 772 und S. 807; Huber, in: Ernst/Zimmermann, S. 31 (53 in Fn 59); so ferner auch Kohler JuS 1991, 943, (945); Brehm, FG 50 Jahre BGH, S. 89 (97); K. Schmidt ZZP 87 (1974), 49 (61); Stoll JZ 2001, 589 (590/591); Wahl, S. 100 und 118; Wagner JZ 1998, 482 (490); Wilhelm/Deeg JZ 2001, 223 (225). Davor wurde diese Ansicht zuletzt von Blomeyer, § 28 I 5 b vertreten, sehr viel früher schon u. a. von Zweigert, Recht 1908, S. 416 und Rabel, GesAufs. I S. 1 (8 und 11).

[35] Huber, Band II, S. 779; Wahl, S. 92; vgl. auch BGHZ 97, 178 (181) und RGZ 107, 15 (17), wobei sich die Rechtsprechung nicht explizit zum Erlöschen der Primärpflicht äußert.

[36] Brehm JZ 1974, 573 (576); Huber, Band II, S. 805 ff.; MüKo/Emmerich, Band 2, 4. Auflage, § 275 Rn 86; wohl auch Planck/Siber, § 280 Anm. 2 b) β.

[37] Huber, Band II, S. 811ff.; MüKo/Emmerich, Band 2, 4. Auflage, § 275 Rn 86.

ne Erfüllung, wenn auch nur bei Mitwirkung eines Dritten, tatsächlich möglich bleibe. An das Vorliegen eines Unvermögens wurden dementsprechend von dieser Ansicht keine großen Anforderungen gestellt, der Verlust der Dispositionsbefugnis sollte trotz Wiedererlangungsmöglichkeit ausreichen.[38]

(2) Ansicht der Primärschuldbefreiung bei jedweder Unmöglichkeit

Die bis zuletzt wohl herrschende Ansicht ging auch bei zu vertretender nachträglicher objektiver oder subjektiver Unmöglichkeit von einem Erlöschen der Leistungspflicht aus.[39] Der Wortlaut des § 275 a.F. sei insofern missverständlich. Zu einer Leistung, die objektiv unmöglich sei, könne niemand verpflichtet sein, auch wenn er die Unmöglichkeit zu vertreten habe. Der Gläubiger sei mit seiner Klage auf die Leistung bei feststehender Unmöglichkeit abzuweisen. Dies gelte auch beim nachträglichen zu vertretenden Unvermögen. Jedoch wurden von den Vertretern dieser Ansicht im Allgemeinen strengere Anforderungen an das Vorliegen eines Unvermögens gestellt.[40] Die vorsätzliche Weggabe der zu leistenden Sache allein sollte nicht befreien.

(3) Gemeinsamkeiten der unterschiedlichen Meinungen

Ungeachtet der dogmatischen Streitigkeiten war also der Gläubiger bei feststehender objektiver Unmöglichkeit mit seiner Klage auf die Primärleistung abzuweisen.[41] Bei Geltendmachung eines Unvermögens war jedoch eine Verurteilung zumeist möglich, entweder weil man annahm, der materielle Anspruch und ein Rechtsschutzbedürfnis für eine Erfüllungsklage bestehe fort, oder weil schon an das Vorliegen eines Unvermögens strengste Anforderungen gestellt wurden, so dass dieses in concreto nicht angenommen wurde. Auf den Streit soll hier nicht weiter eingegangen werden.

---

[38] Vgl. Huber, Band II, S. 839/840; Brehm JZ 1987, 1089 (1089 und 1091); Jakobs, S. 156; Wagner JZ 1998, 482 (490 und 494); Wilhelm/Deeg JZ 2001, 223 (226/227).

[39] Brox, Allgemeines Schuldrecht, Rn 248; Ehmann/Kley JuS 1998, 481 (490); Fikentscher Rn 337; Gebauer, S. 77 ff.; Grunsky, S. 205; Gürtler, S. 40; Heck, Schuldrecht, § 33, 5; Larenz, § 22 I; Lopau, AcP 174 (1974), 78 (80); Oertmann, § 275 Anm. 4 a); Palandt/Heinrichs, 61. Auflage § 275 a.F. Rn 24; Planck/Siber, § 280 Anm. 2 b); RGRK/Alff, § 275 Rn 30; Schlechtriem, Rn 293; Schopp JuS 1984, 281; Soergel/Wiedemann, 12. Auflage, § 280 Rn 30; Staudinger/Löwisch, Neubearbeitung 2001, § 275 Rn 58; auch Brehm JZ 1974, 573 (575) für die objektive Unmöglichkeit.

[40] Soergel/Wiedemann, § 280 Rn 33; Oertmann, § 275 Anm. 4 b); Staudinger/Löwisch, Neubearbeitung 2001, § 275 Rn 52; der BGH entscheidet hier nicht ganz eindeutig, vgl. BGHZ 136, 283 (286) zu BGH ZIP 1999, 790 (791).

[41] BGH NJW 1999, 2034 (2035); BGH DB 1976, 573; RGZ 88, 76 (78); RG SeuffArch 67, S. 131; Blomeyer, § 28 I 5 b; Brehm JZ 1974, 573 (575): Erman/Battes, 10. Auflage, § 275 Rn 13; MüKo/Emmerich, Band 2, 4. Auflage, § 275 Rn 84; Rabel, GesAufs. I, S. 1 (7); RGRK/Alff, § 275 Rn 32; Schlechtriem, Rn 293; Schopp JuS 1984, 281; Staudinger/Löwisch, Neubearbeitung 2001, § 275 Rn 61; Wittig NJW 1993, 635 (637).

bb) Anfängliche Unmöglichkeit oder Unvermögen

Die Folgen einer anfänglichen Unmöglichkeit regelte § 306 a.F. Danach war ein auf eine unmögliche Leistung gerichteter Vertrag nichtig. Auf ein Vertretenmüssen kam es insoweit für das Bestehen einer Primärverpflichtung nicht an. Das anfängliche Unvermögen war nicht geregelt. Aus dem Umkehrschluss zur Nichtigkeitsanordnung des § 306 a.F. und zu § 275 Abs. 1 a.F. wurde aber geschlossen, dass eine Primärverpflichtung entstand. Der Gläubiger hatte die Möglichkeit, diese im Prozess geltend zu machen und so an einen Titel auf die Primärleistung zu gelangen.[42]

c) Die Folgen der Unmöglichkeit hinsichtlich der Sekundärpflichten

Hinsichtlich der Folgen der Unmöglichkeit musste nach dem Pflichtenverhältnis und dem Eintrittszeitpunkt unterschieden werden. Bei einer nicht-synallagmatischen Leistungspflicht haftete der Schuldner bei nachträglicher zu vertretender Unmöglichkeit oder Unvermögen auf Schadensersatz wegen Nichterfüllung nach § 280 Abs. 1 a.F.[43] Das Vertretenmüssen wurde gemäß § 282 a.F. vermutet, während die Unmöglichkeit vom Gläubiger zu beweisen war.

Bei anfänglicher Unmöglichkeit statuierte § 307 Abs. 1 a.F. einen Schadensersatzanspruch auf das negative Interesse, falls der Schuldner die Unmöglichkeit bei Vertragsschluss kannte oder kennen musste. Im Falle anfänglichen Unvermögens vertrat die herrschende Meinung im Grundsatz eine Garantiehaftung auf das positive Interesse. Der Schuldner, der sich zu einer Leistung verpflichte, hafte verschuldensunabhängig dafür, dass er bei Vertragsschluss seine Pflicht auch erfüllen könne.[44]

Im synallagmatischen Pflichtenverhältnis bestimmten sich die Folgen einer nicht zu vertretenden nachträglichen Unmöglichkeit oder eines Unvermögens nach § 323 Abs. 1 a.F. Danach erlosch bei Befreiung von der Leistungspflicht der Anspruch auf die Gegenleistung. Eine Schadensersatzverpflichtung entstand mangels Vertretenmüssens nicht. Im Falle des Vertretenmüssens bestimmten sich die Sekundärverpflichtungen nach § 325 Abs. 1 a.F. Danach konnte der Gläubiger Schadensersatz wegen Nichterfüllung verlangen oder vom Vertrag

---

42 RGZ 80, 247 (250); RGZ 69, 355 (357); Huber, Band II, S. 826; MüKo/Emmerich, Band 2, 4. Auflage, Vor § 275 Rn 13; Soergel/Wolf, 12. Auflage, § 306 Rn 25; Staudinger/Löwisch, Neubearbeitung 2001, § 306 Rn 55.

43 Ob der Erfüllungsanspruch fortbestand, war wie erwähnt umstritten. Er sollte jedenfalls erlöschen, wenn der Gläubiger Schadensersatz wegen Nichterfüllung forderte, damit sich der Schuldner nicht um die Erbringung des Schadensersatzes und die Primärleistung bemühen müsse, Huber, Band II, S. 818/819.

44 Ständige Rechtsprechung, vgl. BGHZ 129, 103 (105); RGZ 69, 355 (357); ferner Erman/Battes, 10. Auflage, § 306 Rn 22; Huber, Band I, S. 531/532; Soergel/Wolf, § 306 Rn 26; Palandt/Heinrichs, 61. Auflage, § 306 a.F. Rn 9. Nur vereinzelt wurde vertreten, auch beim anfänglichen Unvermögen müsse das Vertretenmüssen eine Rolle spielen. Dies soll hier nicht weiter vertieft werden, vergleiche dazu Huber, Band I, S. 534/535.

zurücktreten. Des Weiteren konnte er gemäß § 325 Abs. 1 Satz 3 a.F. auch die Rechte aus § 323 a.F. wahrnehmen, also seine Befreiung von der ihm obliegenden Gegenleistungspflicht geltend machen oder das stellvertretende commodum nach § 281 a.F. herausverlangen. Hinsichtlich der anfänglichen Unmöglichkeit und des Unvermögens ergaben sich identische Folgen wie bei den nichtsynallagmatischen Forderungen, es kam also zu einer Schadensersatzpflicht nach § 307 Abs. 1 a.F. oder zu einer Garantiehaftung.

d) Sonderfall der vorübergehenden Unmöglichkeit

Abseits der eigentlichen Unmöglichkeit als dauerhaftem unbehebbarem Leistungshindernis gibt es noch die vorübergehende Unmöglichkeit, bei der die Leistung zeitweise unbehebbar gehindert ist.

aa) Nicht zu vertretende vorübergehende Unmöglichkeit

Hatte der Schuldner die vorübergehende Unmöglichkeit nicht zu vertreten, war er nach ganz herrschender Meinung zum alten Recht für die Dauer des Hindernisses von der Leistungspflicht befreit.[45] Dies lag meist bei äußeren Leistungshindernissen vor, wie bei der vorübergehenden Unterbrechung von Verkehrswegen, Krankheit des Schuldners oder hoheitlichen Maßnahmen.[46] Die zeitweilige Primärschuldbefreiung sollte sich nach einigen aus § 275 Abs. 1 a.F. direkt ergeben, während andere dies aus dessen Rechtsgedanken folgern oder dem Schuldner ein Leistungsverweigerungsrecht einräumen wollten.[47] Richtiger Ansicht nach war § 275 a.F. sowohl bei der dauerhaften als auch bei der vorübergehenden Unmöglichkeit anwendbar.[48] Dafür sprach schon die Gesetzgebungshistorie, da im ersten Entwurf der spätere § 275 Abs. 1 a.F. in der Weise gefasst gewesen war, dass der Schuldner nicht zur Leistung verpflichtet sei, „so lange die Leistung (...) unmöglich ist; soweit die Leistung dauernd unmöglich geworden ist, wird der Schuldner von seiner Verbindlichkeit befreit".[49] Durch die spätere, anders lautende Fassung des § 275 Abs. 1 a.F. sollte daran nichts geändert werden. Ein Fortbestand der Primärleistungspflicht und die dann mögliche Verurteilung zur Primärleistung hätte über § 283 a.F. auch eine Schadensersatzpflicht ohne Verschuldenserfordernis und trotz Fortbestandes der vorübergehen-

---

[45] RGZ 117, 127 (130); Erman/Battes, 10. Auflage, § 275 Rn 10; Huber, Band I, S. 66 ff.; Huber, FS Gaul, S. 217 (221); Jakobs, S. 83; Kohler JuS 1992, 58 (58/59); Palandt/Heinrichs, 61. Auflage, § 275 a.F. Rn 17; Soergel/Wiedemann, 12. Auflage, § 275 Rn 42; Staudinger/Löwisch, Neubearbeitung 2001, § 275 Rn 33; a. A. nur Coester-Waltjen, AcP 183 (1983), 279 (281/282).

[46] Gsell JZ 2004, 110 (114); Huber, Band I, S. 663; Soergel/Wiedemann, 12. Auflage, § 285 Rn 6.

[47] Vgl. ausführlich zum Meinungsstand Lobinger, S. 304/305.

[48] So Huber, Band I, S. 66; Huber, FS Gaul, S. 217 (223); Jakobs, S. 83; Kohler JuS 1992, 58 (58/59); Soergel/Wiedemann, 12. Auflage, § 275 Rn 42; Staudinger/Löwisch, Neubearbeitung 2001, § 275 Rn 33.

[49] Vgl. den ersten Entwurf, E I § 237 Abs. 1 bei Mugdan, Band II, S. VII und S. 24/25.

den Leistungsunmöglichkeit ermöglicht.[50] Denn der Tatbestand des § 283 a.F. sah eine Prüfung des Vertretenmüssens nicht vor. Dies konnte aber nicht überzeugen.

Allein *Coester-Waltjen* nahm den Fortbestand der Primärleistungspflicht im alten Recht an, wollte dann aber die Anwendbarkeit des § 283 a.F. ausschließen.[51] Dieser Ansatz soll im neuen Recht näher untersucht werden, bei dem nun Ähnliches vertreten wird.[52] Nach der ganz herrschenden Meinung zum alten Recht wurde eine Primärleistungsklage bei einer vorübergehenden nicht zu vertretenden Unmöglichkeit als zurzeit unbegründet abgewiesen. Nur bei sicher voraussehbarem Ende des Hindernisses kam unter den Voraussetzungen der §§ 257 – 259 ZPO eine Verurteilung zu künftiger Leistung in Betracht.[53]

bb) Zu vertretende vorübergehende Unmöglichkeit

Bei einer zu vertretenden vorübergehenden Unmöglichkeit trat keine zeitweilige Befreiung von der Primärleistungspflicht ein und es wurden die Verzugsregeln angewandt.[54] Der Schuldner haftete auf den Verzögerungsschaden nach § 286 Abs. 1 a.F. und den Nichterfüllungsschaden nach § 326 Abs. 1 a.F. Trotz des fehlenden Einflusses auf die Primärleistungspflicht, war eine Klage bei feststehender, zu vertretender vorübergehender Unmöglichkeit mangels Rechtsschutzbedürfnis abzuweisen.[55] Denn der Gläubiger konnte kein Interesse daran haben, den Schuldner zu einer Leistung verurteilen zu lassen, die er nachweislich zurzeit nicht erfüllen konnte. In vielen Fällen wurde auch ein vorübergehendes Leistungshindernis einem dauerhaften Leistungshindernis gleichgestellt.[56] Diese Fälle interessieren hier nicht weiter.

Die Nichtbefreiung bei zu vertretender vorübergehender Unmöglichkeit erscheint vom Ergebnis her sachgerecht, wird doch dadurch der angemessen erscheinende Ersatz der Verzögerungsschäden des Gläubigers ermöglicht. Jedoch steht dies prima facie im Widerspruch zu der früher herrschenden Meinung, die eine Befreiung wegen Unmöglichkeit nach § 275 Abs. 1 a.F. unabhängig von einem Vertretenmüssen annahm. Dies hätte konsequenterweise auf die zu vertretende vorübergehende Unmöglichkeit übertragen werden müssen, da man den § 275 a.F. oder dessen Rechtsgedanken auch bei der nicht zu vertretenden vorü-

---

50 Huber, Band I, S. 68; Jakobs, S. 84/85.

51 Coester-Waltjen, AcP 183 (1983), 279 (281/282).

52 Siehe unten, S. 31 ff.

53 MüKo/Emmerich, Band 2, 4. Auflage, Vor § 275 Rn 28; Planck/Siber, § 283 Anm. 1 c) γ); K. Schmidt ZZP 87 (1974), 49 (62/63).

54 Arnold JZ 2002, 866 (867); Huber, Band II, S. 787; Lobinger, S. 305; MüKo/Emmerich, Band 2, 4. Auflage, § Vor § 275 Rn 27; Nastelski JuS 1962, 289 (293); Palandt/Heinrichs, 61. Auflage, § 275 a.F. Rn 17; Soergel/Wiedemann, 12. Auflage, § 275 Rn 42.

55 RG JW 1919, 188; RGZ 168, 321 (324); Arnold JZ 2002, 866 (867); Huber, Band II, S. 790/791.

56 BGHZ 47, 48 (50/51); Erman/Battes, 10. Auflage, § 275 Rn 11; Soergel/Wiedemann, 12. Auflage, § 275 Rn 42; Staudinger/Löwisch, Neubearbeitung 2001, § 275 Rn 34.

bergehenden Unmöglichkeit anwandte. Dabei hilft es nicht viel, sich die Begründung für die weite Auslegung des § 275 Abs. 1 a.F. nochmals ins Gedächtnis zu rufen. Diese ging dahin, dass der Schuldner unabhängig vom Vertretenmüssen in keinem Fall zu einer Leistung verpflichtet sei, die ihm erweislich unmöglich sei.[57] Dies macht die Annahme des Fortbestandes der Leistungspflicht bei der zu vertretenden vorübergehenden Unmöglichkeit nur auf den ersten Blick verständlich. Denn das nahe liegende Argument, eine Befreiung werde eben deshalb versagt, weil noch keine endgültige Unmöglichkeit vorliege, müsste ja ebenso bei der nicht zu vertretenden vorübergehenden Unmöglichkeit zählen.

Es blieb damit bei einer Inkonsequenz, wenn man der weiten Auslegung des § 275 a.F. folgen wollte. Richtigerweise erklärte sich diese Abweichung wohl mit einem Blick auf die Rechtsfolgen: Die ermöglichte Verzugshaftung störte wegen des Vertretenmüssens nicht, und eine im Einzelfall unbillige Verurteilung zur erwiesenermaßen zurzeit unmöglichen Primärleistung konnte durch die Verneinung des Rechtsschutzbedürfnisses bei feststehender vorübergehender Unmöglichkeit und durch Ausweitung der endgültigen Unmöglichkeit in den Bereich der vorübergehenden Unmöglichkeit hinein vermieden werden.

2) Nichtleistung aus anderen Gründen und die Rechtsfolgen nicht rechtzeitiger Leistung

Lag kein Fall der dauerhaften oder vorübergehenden Unmöglichkeit vor, so trat keine Befreiung des Schuldners von seiner Primärleistungspflicht ein. Leistete er dennoch nicht, so hatte er die Nichtleistung mangels Befreiungsgrund grundsätzlich zu vertreten. Dieser Zusammenhang soll später genauer dargestellt werden.[58] Wurde der Schuldner dann vom Gläubiger gemahnt, so befand er sich regelmäßig in Verzug. Dies hatte seine Haftung für den Verzögerungsschaden nach § 286 Abs. 1 a.F. zur Folge. Daneben war unter bestimmten Voraussetzungen auch eine Auflösung des Schuldverhältnisses möglich.

a) Synallagmatische Forderungen

Bei Verzug mit einer synallagmatischen Pflicht konnte der Gläubiger über § 326 Abs. 1 a.F. nach erfolgloser Fristsetzung und Ablehnungsandrohung zu einer Totalliquidation kommen. Er hatte dann das Recht zum Rücktritt oder auf Schadensersatz wegen Nichterfüllung. Die Primärleistungsforderung war nach § 326 Abs. 1 Satz 2, 2. Hs. a.F. automatisch mit Fristablauf ausgeschlossen. Die angemessene Frist musste den Schuldner in die Lage versetzen, eine bereits begonnene Erfüllungshandlung zu vollenden. Sie musste nicht so beschaffen sein,

---

[57] Palandt/Heinrichs, 61. Auflage § 275 a.F. Rn 24; Staudinger/Löwisch, Neubearbeitung 2001, § 275 Rn 58.

[58] Siehe unten bei S. 40 ff.

dass der Schuldner nunmehr erst mit der Leistung beginnen konnte.[59] Eine unangemessen kurze Frist setzte eine angemessene Frist in Gang.[60] Verweigerte der Schuldner die Leistung ernsthaft und endgültig, so war die Fristsetzung entbehrlich.[61] Gleiches sah § 326 Abs. 2 a.F. für den Interessefortfall infolge des Verzuges vor. Der Übergang wurde dann durch die Erklärung der Ablehnung der Primärleistung bewirkt.[62]

b) Nicht-synallagmatische Forderungen

Bei Verzug mit einer nicht-synallagmatischen Pflicht hatte der Gläubiger nicht die einfache Möglichkeit, eine Totalliquidation nach erfolgloser Fristsetzung und Ablehnungsandrohung herbeizuführen. Der Gläubiger war grundsätzlich auf den Ersatz des Verzögerungsschadens nach § 286 Abs. 1 a.F. verwiesen, ohne Schadensersatz wegen Nichterfüllung verlangen zu können. Davon machte § 286 Abs. 2 a.F. eine Ausnahme, falls der Gläubiger gerade infolge des Verzugs kein Interesse mehr an der Leistung hatte.[63] Gründe, die schon vor Verzugseintritt vorlagen, waren damit irrelevant.[64] Grob zusammengefasst ließen sich drei Fälle eines Interessefortfalls nennen.[65] Zum einen konnte durch den Verzug der Zweck des Geschäfts entfallen, z.B. wenn ein Anschlussgeschäft nun nicht mehr stattfinden konnte. Zum zweiten konnte sich das Gleichgewicht von Leistung und Gegenleistung während des Verzugs verschieben und drittens konnte sich der Gläubiger anderweitig Ersatz beschafft haben. Die letzte Fallgruppe war nicht ganz unstrittig, was hier nicht weiter verfolgt werden soll.[66] Es waren auch Fälle denkbar, bei denen ein Interessefortfall generell nicht angenommen werden konnte, so z. B. bei einem Vermieter, dessen Mieter sich mit der Rückgabepflicht in Verzug befand, aber weiterhin seinen Mietzins entrichtete, da er die Kündigung für rechtswidrig hielt. Hier konnte der Gläubiger regelmäßig nicht nach § 286 Abs. 2 a.F. vorgehen, sondern musste seinen Rückgabeanspruch durch Klage und anschließende Räumung verfolgen. Eine Totalliquidation war über § 286 Abs. 2 a.F. also sehr viel schwieriger als nach § 326 Abs. 1 a.F.

---

[59] MüKo/Emmerich, Band 2, 4. Auflage, § 326 Rn 56; Soergel/Wiedemann, 12. Auflage, § 326 Rn 37.

[60] Erman/Battes, 10. Auflage, § 326 Rn 21; Soergel/Wiedemann, 12. Auflage, § 326 Rn 39.

[61] BGH NJW-RR 1995, 1327 (1329); Erman/Battes, 10. Auflage, § 326 Rn 31; MüKo/Emmerich, Band 2, 4. Auflage, § 326 Rn 80; Soergel/Wiedemann, 12. Auflage, § 326 Rn 65.

[62] BGH NJW-RR 1995, 1327 (1329); Erman/Battes, 10. Auflage, § 326 Rn 40; MüKo/Emmerich, Band 2, 4. Auflage, § 326 Rn 91; Soergel/Wiedemann, 12. Auflage, § 326 Rn 60.

[63] Erman/Battes, 10. Auflage, § 286 Rn 15; Huber, Band II, S. 513.

[64] RGZ 70, 127 (131); Erman/Battes, 10. Auflage, § 286 Rn 15; Huber, Band II, S. 500.

[65] Nach Huber, Band II, S. 513/514.

[66] Vgl. dazu Huber, Band II, S. 508 und insbesondere S. 511 mit Fn 115.

c) Sonderfall des § 283 a.F.

Neben diesen verzugsspezifischen Regelungen eröffnete jedoch § 283 a.F. einen weiteren Weg zur Auflösung des Schuldverhältnisses. Dies galt für jegliche Pflichtenverhältnisse. Der Gläubiger konnte nach einem ersten rechtskräftigen Urteil auf die Primärleistung und erfolgloser Nachfristsetzung und Ablehnungsandrohung Schadensersatz wegen Nichterfüllung verlangen. Der Primäranspruch erlosch mit erfolglosem Fristablauf, § 283 Abs. 1 Satz 2 a.F. Bei nichtsynallagmatischen Forderungen entstand damit der Schadensersatzanspruch automatisch, bei synallagmatischen Forderungen hatte der Gläubiger gemäß § 325 Abs. 2 a.F. die Rechte wie bei nachträglicher zu vertretender Unmöglichkeit und konnte daher insbesondere noch den Rücktritt wählen.[67] Für die Fristlänge und ihre Entbehrlichkeit galt das gleiche wie bei § 326 a.F.[68] § 283 Abs. 1 Satz 3 a.F. bestimmte zudem, dass sich der Schuldner gegen den Schadensersatzanspruch nur mit dem Einwand nachträglicher nicht zu vertretender Unmöglichkeit verteidigen konnte. Der Schuldner war mit sämtlichen Einwendungen präkludiert, die vor der letzten mündlichen Verhandlung in der letzten Tatsacheninstanz des ersten Prozesses entstanden waren.[69] Danach entstandene neue Einwendungen konnte er noch geltend machen. Jedoch waren sie gegenüber der Schadensersatzhaftung selten materiell-rechtlich erfolgreich, da sich der Schuldner spätestens mit dem rechtskräftigen Urteil des Erstprozesses in Verzug befand und damit nach § 287 Satz 2 a.F. auch für Zufall haftete.[70] Dies soll später genauer dargestellt werden.[71]

§ 283 a.F. war damit die einzige Übergangsnorm im alten Recht, die dem Gläubiger unabhängig vom Pflichtenzusammenhang zustand.[72] Sie erlangte für synallagmatische Forderungen keinen großen Anwendungsbereich, da hier der Gläubiger nach § 326 a.F. weitaus einfacher zu einer Totalliquidation gelangen konnte.[73] Demgegenüber musste die vorrangige Erlangung eines Primärleistungstitels bei § 283 a.F. umständlich, langwierig und kostspielig erscheinen.[74]

---

[67] Huber, Band II, S. 157.

[68] RGZ 96, 20 (21); MüKo/Emmerich, Band 2, 4. Auflage, § 283 Rn 15; Soergel/Wiedemann, 12. Auflage, § 283 Rn 20; Staudinger/Löwisch, Neubearbeitung 2001, § 283 Rn 22.

[69] MüKo/Emmerich, Band 2, 4. Auflage, § 283 Rn 25; Soergel/Wiedemann, 12. Auflage, § 283 Rn 23; Staudinger/Löwisch, Neubearbeitung 2001, § 283 Rn 27.

[70] Erman/Battes, 10. Auflage, § 283 Rn 15; Huber, Band II, S. 545; Kohler JuS 1992, 58 (61); MüKo/Emmerich, Band 2, 4. Auflage, § 283 Rn 26; Schlegelberger/Vogels/Weitnauer, § 283 Rn 22; K. Schmidt ZZP 87 (1974), 49 (57); Soergel/Wiedemann, 12. Auflage, § 283 Rn 23; Staudinger/Löwisch, Neubearbeitung 2001, § 283 Rn 28.

[71] Siehe unten bei S. 329 ff.

[72] Heinrichs, FS Derleder, S. 87 (93).

[73] Huber, Band II, S. 157; MüKo/Emmerich, Band 2, 4. Auflage, § 325 Rn 135.

[74] So die Begründung für die Abschaffung des § 283 a.F.: BT-Drucks. 14/6040, S. 137; BGB-DiskE, S. 322; ebenso schon der Abschlussbericht, S. 134; so auch Heinrichs, FS Derleder, S. 87 (90); Palandt/Heinrichs, 63. Auflage, Vorb v § 281 Rn 1.

Bei einer nicht-synallagmatischen Forderung konnte hingegen § 283 a.F. bei Fehlen eines Interessefortfalls die einzige Möglichkeit zur Totalliquidation sein. Der Gläubiger war damit auf die Erlangung eines Primärleistungstitels angewiesen, bevor er nach Fristsetzung letztlich Schadensersatz wegen Nichterfüllung verlangen durfte. Dies konnte es mitunter notwendig machen, zwei Prozesse zu führen,[75] zunächst zur Erlangung des Primärleistungstitels und danach zur Titulierung des Schadensersatzes, falls der Schuldner auch dessen Erfüllung verweigerte. Dabei war aber nahezu allgemein anerkannt, dass der Gläubiger die Primärleistungsklage mit dem Schadensersatzanspruch nach § 283 a.F. in einem Prozess verbinden konnte.[76] Die Fristsetzung konnte nach § 255 ZPO vom Gericht im Ersturteil ausgesprochen werden. Da der Schadensersatzanspruch zunächst hinsichtlich des Vorliegens eines rechtskräftigen Primärleistungsurteils und dem nachfolgenden Fristablauf bedingt war, mussten auch die analog anzuwendenden Voraussetzungen des § 259 ZPO vorliegen.[77] Diese Möglichkeit der Klageverbindung wurde nur ganz vereinzelt verneint.[78]

Trotz dieser Verbindungsmöglichkeit wurde der Weg über § 283 a.F. von vielen als umständlich, langwierig und kostspielig angesehen, obwohl sich doch bei Weigerung des Schuldners auch sonst nicht die Führung wenigstens eines Prozesses vermeiden ließ. Infolge dieser Einschätzung und dem Vorhandensein der einfacher zu erfüllenden Übergangsnorm des § 326 a.F., fand sich in der Praxis verbreitet das Bestreben, zu einer Anwendbarkeit des § 326 a.F. zu gelangen.[79] Den Weg dazu bot die großzügige Annahme von synallagmatischen Pflichten, wie dies etwa für die Pflicht des Mieters zur Vornahme von Schönheitsreparaturen geschah.[80]

---

[75] MüKo/Emmerich, Band 2, 4. Auflage, § 283 Rn 2; Soergel/Wiedemann, 12. Auflage, § 283 Rn 2.

[76] BGH NJW 1999, 954 (955); OLG Köln NJW-RR 1998, 1682 (1683); Baumbach/Lauterbach/Albers/Hartmann, § 255 Rn 8; Huber, Band II, S. 551; MüKo/Emmerich, Band 2, 4. Auflage, § 283 Rn 29; MüKo/Lüke, ZPO, § 255 Rn 14; K. Schmidt ZZP 87 (1974), 49 (69); Staudinger/Löwisch, Neubearbeitung 2001, § 283 Rn 36; sehr ausführlich Schäfer, S. 72 ff. (121) mit Hinweisen auf die ältere Rechtsprechung auf S. 72 in Fn 1 und die ältere Literatur auf S. 73 in Fn 2.

[77] Neben den zuvor genannten noch Becker-Eberhard, LM § 283 BGB Nr. 7; Bunte JuS 1967, 206 (209); Kion, S. 37; Kohler JuS 1992, 58 (62); Marquardt JW 1909, 37 (38); Mühl JuS 64, 108 (111); Pünder ZZP 41 (1911), 47 (53); Rütter VersR 1989, 1241 (1244).

[78] OLG München OLGZ 65, 10 (10/11); OLG Stuttgart Recht 1912, Nr. 379; OLG Posen SeuffArch 63, Nr. 59; OLG Hamburg SeuffArch 47 Nr. 235; Josef JW 1910, 919 (920); Popper, S. 45/46; Romeick, DJZ 1901, 493 (495); Siegel JW 1910, 55 (56); neuerdings OLG Koblenz AnwBl 1990, 107 für den Fall, dass der Schadensersatzanspruch noch nicht entscheidungsreif ist, anders aber die bei juris veröffentlichte Entscheidung des OLG Düsseldorf, 11. Zivilsenat, Urteil vom 28. April 1999, Az: 11 U 75/98.

[79] Heinrichs, FS Derleder, S. 87 (89); Lorenz/Riehm Rn 186; Pohlmann, in: Dauner-Lieb/Konzen/Schmidt, S. 273 (276).

[80] Staudinger/Otto, Neubearbeitung 2001, § 326 Rn 51.

III. Die Haftungsverfassung des allgemeinen Leistungsstörungsrechts nach neuem Recht

1) Nichtleistung wegen Unmöglichkeit oder Unzumutbarkeit

a) Einführung

Ein Hauptkritikpunkt am alten Leistungsstörungsrecht war die zentrale Stellung des Begriffs der Unmöglichkeit.[81] Damit werde ein Fall zum Ausgangspunkt der gesetzlichen Regelung gewählt, der nicht nur selten auftrete, sondern überhaupt nur bei ganz bestimmten Schuldverhältnissen auftreten könne, so etwa beim Spezieskauf, wenn das verkaufte Einzelstück zerstört werde, oder bei Dienst- und Werkverträgen, wenn die Erbringung der geschuldeten Dienst- oder Werkleistung „unmöglich" werde, etwa weil der Schuldner erkrankt sei oder sein Betrieb behördlich geschlossen oder durch ein Feuer vernichtet werde.

Entgegen dem Vorschlag im Abschlussbericht der Schuldrechtskommission und der Regelung im BGB-DiskE wurde im Schuldrechtsmodernisierungsgesetz letztlich dann doch nicht auf den Begriff der Unmöglichkeit verzichtet. Er spielt für die Befreiung von der Leistungspflicht weiterhin die zentrale Rolle. Jedoch wird für die Sekundärhaftung nun an die Pflichtverletzung als zentralem Grundbegriff angeknüpft.[82] Die Unmöglichkeit ist neben anderen denkbaren Leistungsstörungen wie etwa der nicht rechtzeitigen oder schlechten Leistung nur ein Unterfall der Pflichtverletzung.

§ 275 gilt für die anfängliche und nachträgliche Unmöglichkeit oder Unzumutbarkeit, da der Tatbestand, wie etwa in Abs. 1 deutlich wird, nur voraussetzt, dass die Leistung unmöglich oder unzumutbar „ist". § 311a Abs. 1 stellt zudem klar, dass auch bei anfänglichen Leistungshindernissen nach § 275 Abs. 1 bis 3 der Vertrag an sich zustande kommt, wenn auch eine Primärverpflichtung fehlt.[83]

Obwohl sich in den Gesetzesmaterialien explizite Ausführungen über den zugedachten Anwendungsbereich des § 275 finden, ist die Einordnung der verschiedenen Leistungsstörungen schon jetzt in fast jeder Hinsicht umstritten.[84] Dem liegen vor allem Abgrenzungsprobleme innerhalb des § 275 und zu § 313 zugrunde. Des Weiteren wird von einigen die sachliche Berechtigung der Regelungen insgesamt angezweifelt. Nachfolgend soll eine Einordnung anhand der

---

[81] Abschlussbericht, S. 16 und BGB-DiskE, S. 176.

[82] Vgl. nur Erman/Westermann, Vor §§ 275 – 292 Rn 1; Palandt/Heinrichs, Vorb v § 275 Rn 7.

[83] Bei einem Vertrag über eine generell unsinnige Leistung wird von einigen dennoch eine Nichtigkeit angenommen, so etwa bei einer Vereinbarung über den Bau eines perpetuum mobile (Lobinger, S. 277). Andere wiederum wollen die generelle Wirksamkeit annehmen, verneinen jedoch die Entstehung eines Schadens (AnwKomm/Dauner-Lieb, § 311a Rn 17; MüKo/Ernst, Band 2a, 4. Auflage, § 311a Rn 31). Dieser Streit ist im hiesigen Zusammenhang ohne Bedeutung, da jedenfalls die hier interessierende Primärverpflichtung ausgeschlossen bleibt.

[84] Dazu sogleich.

Vorstellungen der Gesetzesverfasser vorgenommen werden. Eine tiefgehende Auseinandersetzung mit anderen Vorstellungen und Modellen kann im Rahmen dieser Arbeit nicht geleistet werden. Nur exemplarisch soll eine sich abzeichnende, grundlegend anders ausgerichtete Interpretation dargestellt werden, da diese im Verlauf der Arbeit, wenn auch nicht zu anderen Ergebnissen, so doch zu anderen Begründungen führt.

b) Vorliegen einer Unmöglichkeit nach § 275 Abs. 1

§ 275 Abs. 1 erfasst neben der objektiven Unmöglichkeit auch das Unvermögen. Ein Vertretenmüssen des Schuldners spielt für die Befreiung von der Primärverpflichtung keine Rolle mehr.[85] Der Gesetzgeber hat sich bewusst dafür entschieden, die Befreiung von der Primärpflicht bei jedweder Unmöglichkeit eintreten zu lassen. Vorbild war das römisch-rechtlichen Prinzip „impossibilium nulla est obligatio".[86] Plastisch heißt es dazu in den BT-Drucks. 14/6040:[87] „Was der Schuldner nicht leisten kann, das schuldet er auch nicht, und zwar unabhängig von dem Grund seiner Unfähigkeit." Ist die Unmöglichkeit zwischen den Parteien streitig, so muss nach herrschender Meinung im Gegensatz zum alten Recht nun in jedem Fall Beweis erhoben werden. Begründet wird dies mit dem Wortlaut des § 275 Abs. 1, der unterschiedslos zur Befreiung bei Unmöglichkeit führt. Dies wird später näher ausgeführt.[88]

Nach den Gesetzesverfassern soll § 275 Abs. 1 nur die „echte", „wirkliche" Unmöglichkeit erfassen.[89] Sie setzt ein nicht zu behebendes Leistungshindernis aus tatsächlichen oder rechtlichen Gründen voraus. Hinsichtlich des Unvermögens folgt aus der Regelung der Unzumutbarkeit in § 275 Abs. 2, dass allein die fehlende Dispositionsbefugnis den Schuldner im Rahmen des Abs. 1 nicht entlasten kann. Denn nach Abs. 2 muss der Schuldner sich bis zur Unzumutbarkeit bemühen, eine an sich mögliche Leistung zu erbringen. Daher kann der bloße Dispositionsverlust trotz Wiedererlangungsmöglichkeit nicht zu einem Unvermögen führen. Ein solches liegt erst dann vor, wenn feststeht, dass der Schuldner die Dispositionsbefugnis nicht wiedererlangen kann.[90] Es ist damit je nach Interpretation des Unvermögens im Rahmen des § 275 a.F. eine Verschärfung

[85] Vgl. nur BT-Drucks. 14/6040, S. 128; Henssler/Graf von Westphalen/Dedek, § 275 Rn 4; MüKo/Ernst, Band 2a, 4. Auflage, § 275 Rn 56.

[86] MüKo/Ernst, Band 2a, 4. Auflage, § 275 Rn 30.

[87] BT-Drucks. 14/6040, S. 127.

[88] Siehe unten bei S. 279 ff.

[89] BT-Drucks. 14/6040, S. 129.

[90] So nun auch BAG BB 2005, 440 (442/443); ferner BT-Drucks. 14/6040, S. 128/129; AnwKomm/Dauner-Lieb, § 275 Rn 34; Gsell JZ 2004, 110 (118); MüKo/Ernst, Band 2a, 4. Auflage, § 275 Rn 52; Staudinger/Löwisch, Neubearbeitung 2004, § 275 Rn 61; Zimmer NJW 2002, 1 (2). Bis dahin muss er sich bis zur Grenze des § 275 Abs. 2 und 3 bemühen.

eingetreten.[91] Hängt nunmehr die Möglichkeit der Leistung von einem Dritten ab, so liegt ein befreiendes Unvermögen erst dann vor, wenn dieser absolut und zu keinem Preis der Welt bereit ist, die Leistung zu ermöglichen. Fehlende finanzielle Mittel können den Schuldner nie entlasten, da der Grundsatz der unbegrenzten Vermögenshaftung gilt.

c) Unzumutbarkeit der Leistung nach § 275 Abs. 2

aa) Fälle der Unzumutbarkeit der Leistung

Nach den Gesetzesmaterialien soll unter § 275 Abs. 2 die faktische (praktische) Unmöglichkeit fallen, wenn also die Leistung allenfalls theoretisch möglich erscheint, die zur Überwindung des Hindernisses notwendigen Anstrengungen aber von keinem Gläubiger erwartet werden könne.[92] In Anlehnung an die Einordnung der faktischen Unmöglichkeit im alten Recht befürworten dagegen einige eine Subsumtion dieser Fälle unter die Unmöglichkeit nach Abs. 1.[93] Hintergrund ist, dass bei derart schweren Hindernissen die Einredekonstruktion des § 275 Abs. 2 keinen Sinn zu haben scheint, da die Leistung doch nahezu tatsächlich unmöglich ist. Des Weiteren kann die Folge einer Befreiung von der Primärleistungspflicht erst nach Erhebung einer darauf gestützten Einrede zu Problemen im Prozess führen, wenn etwa der Schuldner säumig bleibt. Dann drohen ein Urteil und eine Zwangsvollstreckung trotz eigentlich unzumutbarer Leistungserbringung.[94] Dies gilt für die Fälle der persönlichen Unzumutbarkeit nach § 275 Abs. 3 in gleicher Weise. Störend wirkt, dass der zugrunde liegende Sachverhalt aufgrund des Maßes der Unzumutbarkeit meist schon in den Bereich einer von Amts wegen zu beachtenden Einwendung aufgrund von Treu und Glauben fallen wird.[95] Daher fragt es sich, ob die gesetzliche Einredekonstruktion wirklich durchgehalten werden kann. Dem soll später genauer nachgegangen werden.[96] Jedenfalls hilft eine teilweise Korrektur durch eine Subsumtion der faktischen Unmöglichkeit unter § 275 Abs. 1 nicht viel weiter, da sich die

---

[91] Dort wollten einige den Verlust der Dispositionsbefugnis trotz Wiederbeschaffungsmöglichkeit ausreichen lassen, vgl. oben, S. 9.

[92] BT-Drucks. 14/6040, S. 129; AnwKomm/Dauner-Lieb, § 275 Rn 38; Bamberger/Roth/Grüneberg, § 275 Rn 37; Canaris JZ 2001, 499 (501); Jauernig/Stadler, § 275 Rn 24; Maier-Reimer, in: Dauner-Lieb/Konzen/Schmidt, S. 291 (292); MüKo/Ernst, Band 2a, 4. Auflage, § 275 Rn 89; Palandt/Heinrichs, § 275 Rn 22 und 26. Dies ist etwa der Fall, wenn die verkaufte Sache, die selbst nicht sehr wertvoll ist, auf den Grund eines Sees gesunken ist und seine Bergung zwar technisch möglich, aber sehr teuer wäre.

[93] Medicus, SchR I Rn 369; Otto JURA 2002, 1 (3); Staudinger/Löwisch, Neubearbeitung 2004, § 275 Rn 19; Staudinger/Otto, Neubearbeitung 2004 § 280 Rn C8.

[94] Vgl. Fehre, S. 152; Staudinger/Löwisch, Neubearbeitung 2004, § 275 Rn 19.

[95] Vgl. dazu insgesamt AnwKomm/Dauner-Lieb, § 275 Rn 38; Canaris JZ 2001, 499 (504); Looschelders, Rn 475; Medicus, Das neue Schuldrecht, 3. Kapitel, Rn 39; von Wilmowsky, JuS 2002/Beilage Heft 1, S. 8.

[96] Siehe unten bei S. 318 ff.

obigen Probleme dann noch bei dem restlichen Anwendungsbereich des Abs. 2 und 3 stellen. Das andere Extrem einer gänzlichen Eliminierung der Anwendungsbereiche der Abs. 2 und 3 widerspräche hingegen der gesetzgeberischen Entscheidung für deren Erschaffung.

Die Möglichkeit der Leistungsverweigerung bestimmt sich nach Abs. 2 danach, ob der zu treibende Aufwand zur Leistungserbringung in einem groben Missverhältnis zu den vertraglichen Vereinbarungen und den Geboten von Treu und Glauben steht. Für die Bestimmung des groben Missverhältnisses ist dabei allein auf das Leistungsinteresse des Gläubigers abzustellen.[97] Dies soll nach dem Gesetzgeber auch das maßgebliche Unterscheidungskriterium zum Wegfall der Geschäftsgrundlage nach § 313 sein, bei dem auch die Schuldnerinteressen berücksichtigt werden.[98] Daher soll § 313 die Fälle wirtschaftlicher Unmöglichkeit erfassen.[99] Bei den Fällen faktischer Unmöglichkeit mache eine nach § 313 mögliche Anpassung wegen des absoluten Missverhältnisses schon keinen Sinn. Dies sei bei der wirtschaftlichen Unmöglichkeit anders, da dort die Unzumutbarkeit nicht in derart hohem Maße vorliege und damit zumindest die Chance einer zumutbaren Anpassung des Vertrages bestehe. Andere halten die praktische Durchführbarkeit einer sauberen Abgrenzung zwischen § 275 Abs. 2 und § 313 für nahezu unmöglich.[100] Dies soll hier nicht weiter vertieft werden.[101]

bb) Stufenverhältnis zwischen § 275 Abs. 2 und dem Wegfall der Geschäftsgrundlage

Im Ganzen kann sich zwischen § 275 Abs. 2 und § 313 ein Stufenverhältnis ergeben. So erfasst ersterer ein Leistungshindernis, dessen Behebung niemandem zugemutet werden kann. Trifft dies nicht zu, so kann ein Hindernis aber noch zum Bereich wirtschaftlicher Unmöglichkeit gerechnet werden und damit dem § 313 unterfallen. Daneben kann es aber auch Fälle geben, in denen weder § 275 Abs. 2 noch § 313 eingreifen. So kann für Abs. 2 das grobe Missverhältnis fehlen und für § 313 die nötige Unzumutbarkeit eines Festhaltens am Vertrag. Dann ist der Schuldner verpflichtet, das Leistungshindernis zu beseitigen und so die Leistung zu ermöglichen. Er wird also gerade nicht von der Leistungspflicht befreit. Dieser Fall ist denkbar, wenn der Leistung des Schuldners nur eine geringe Erschwerung entgegensteht, so etwa eine geringe Verteuerung der Beschaffung.

---

97 Löhning ZGS 2005, 459 (460).

98 BT-Drucks. 14/6040, S. 130.

99 BT-Drucks. 14/6040, S. 130; Westermann/Bydlinski/Weber, Rn 7/25; AnwKomm/Krebs, § 313 Rn 15.

100 AnwKomm/Dauner-Lieb, § 275 Rn 17; MüKo/Ernst, Band 2a, 4. Auflage, § 275 Rn 19. Kritisch auch AnwKomm/Krebs, § 313 Rn 18. Lobinger, S. 362 möchte die wirtschaftliche Unmöglichkeit ganz generell dem § 275 Abs. 2 unterstellen.

101 Dazu Fehre, S. 32 ff.

cc) Berücksichtigung der Verantwortlichkeit für das Hindernis

Nach § 275 Abs. 2 Satz 2 ist für die Bestimmung der zumutbaren Aufwendungen auch zu berücksichtigen, ob der Schuldner das Leistungshindernis zu vertreten hat. Durch diese Regelung ist also das Verschulden im Rahmen der Abwägung bedeutsam. Was der Schuldner leisten muss, wenn er das Hindernis nicht zu vertreten hat, ergibt sich nicht explizit aus Abs. 2. Die Gesetzesverfasser haben aber insoweit ausgeführt, dass nicht der Gegenschluss gezogen werden könne, dass ein solcher Schuldner sich nicht um die Leistung bemühen müsse.[102] Er müsse zumindest den Marktpreis, eventuell auch mehr dazu aufwenden, die Sache wiederzuerlangen und sich so leistungsfähig zu machen. Dies erscheint vor dem Hintergrund einer fehlenden Schadensersatzhaftung problematisch und hat zu einer noch näher auszuführenden, grundlegend abweichenden Konstruktion geführt.[103]

d) Persönliche Unzumutbarkeit nach § 275 Abs. 3

§ 275 Abs. 3 regelt schließlich den Sonderfall persönlicher Unzumutbarkeit. Danach kann der Schuldner die persönliche Leistungserbringung verweigern, wenn sie ihm unter Abwägung der entgegenstehenden Hindernisse mit dem Leistungsinteresse des Gläubigers nicht zugemutet werden kann. Abs. 3 bezieht die persönliche Lage des Schuldners mit ein, was bei den allein an wirtschaftlichen Kriterien ausgerichteten Abwägungsmerkmalen des Abs. 2 nicht möglich erscheint.[104] Eine Anordnung zur Berücksichtigung eines eventuellen Vertretenmüssens wie in § 275 Abs. 2 Satz 2 fehlt für Abs. 3. *Dauner-Lieb* will es dennoch berücksichtigen, da der jetzige Abs. 2 Satz 2 zunächst als Abs. 2 Satz 3 auch für den damaligen Abs. 2 Satz 2 (jetzt eben Abs. 3) galt und die Berücksichtigung des Vertretenmüssens einen verallgemeinerungsfähigen Rechtsgedanken darstelle.[105] Andere bestreiten dies unter Hinweis auf die Entstehungsgeschichte, wonach die systematische Verknüpfung zu Abs. 2 Satz 2 nach einem Hinweis des Bundesrates absichtlich gelöst wurde.[106] Daher komme eine generelle Berücksichtigung des Vertretenmüssens gerade nicht in Betracht. Meines Erachtens wird man aber bei bei fehlendem Vertretenmüssen im Ergebnis zu einer Absenkung der Anforderungen kommen müssen.[107] Auf welche Weise dies im Einzelnen geschehen kann, soll hier nicht weiter ausgeführt werden.

---

[102] BT-Drucks. 14/6040, S. 131.
[103] Vgl. sogleich, S. 23.
[104] MüKo/Ernst, Band 2a, 4. Auflage, § 275 Rn 107.
[105] AnwKomm/Dauner-Lieb, § 275 Rn 62.
[106] BT-Drucks. 14/6587, S. 47 zu Nr. 21; Erman/Westermann, § 275 Rn 31; Henssler, in: Dauner-Lieb/Konzen/Schmidt, S. 615 (617); Huber/Faust, 2. Kapitel, Rn 84.
[107] Ebenso MüKo/Ernst, Band 2a, 4. Auflage, § 275 Rn 108 und 117.

e) Abweichende Konstruktion von *Lobinger*

Das neue Regelungskonzept des § 275 ist nicht ohne Kritik geblieben.[108] Dieser kann und soll im Rahmen dieser Arbeit nicht vertieft nachgegangen werden. Beispielhaft soll aber die Ansicht von *Lobinger* dargestellt werden, soweit er unter anderem zwei Korrekturen im Rahmen des § 275 vorschlägt, die für die hiesige Arbeit von Einfluss sind. Diese haben bei den später zu untersuchenden Ausschlusswirkungen eines Ersturteils[109] bzw. bei der Frage nach der Erheblichkeit des Einwandes der zu vertretenden streitigen Unmöglichkeit[110] eventuell Auswirkungen auf das Ergebnis, zumindest aber auf die Art der Begründung.

aa) Ansicht von *Lobinger*

Den Korrekturen von *Lobinger* liegt zunächst die Annahme von zwei sachlichen Fehlern innerhalb des § 275 zugrunde. Der erste sei in einem Wertungswiderspruchs zwischen § 275 Abs. 1 und 2 zu sehen.[111] Während in Abs. 1 jegliche Unmöglichkeit, also auch die zu vertretende, von der Primärhaftung befreien soll, muss sich der Schuldner im Rahmen des Abs. 2 bis zur Grenze des groben Missverhältnisses um die Primärleistung bemühen und dabei mehr als den vertraglich vereinbarten Aufwand erbringen. Abs. 1 scheint also eine sehr schnelle und leichte Befreiung von der Primärhaftung zu gewähren, während eine Befreiung nach Abs. 2 nur unter großen Mühen zu erreichen ist.

Der zweite Fehler liege in einer verfehlten Reichweite der Primärhaftung in Fällen des Abs. 2.[112] Nach dessen Wortlaut müsse der Schuldner unabhängig von einem Vertretenmüssen und den zugrunde liegenden vertraglichen Vereinbarungen das Leistungshindernis bis zur Grenze des groben Missverhältnisses zu beheben versuchen. Diese überobligationsmäßige Leistungspflicht verletze aber den Grundsatz der Privatautonomie und das Verschuldensprinzip des Schadensersatzrechts.[113]

Zur Behebung dieser Friktionen will *Lobinger* die Befreiung von der Primärleistungspflicht innerhalb des § 275 Abs. 1 bei zu vertretender Unmöglichkeit versagen, wenn diese im konkreten Fall überwindbar ist und die Leistung nur überhaupt noch mit verhältnismäßigem Aufwand erbracht werden kann.[114] Dies wird etwa bei einer konkretisierten Gattungsschuld ohne weiteres der Fall sein.

---

[108] Vgl. etwa Ackermann JZ 2002, 378 ff.; Huber, FS Schlechtriem, S. 521 (561 ff.); Katzenstein JURA 2005, 217 (218); Picker JZ 2003, 1035 ff.; Wilhelm JZ 2001, 861 (867 mit Fn 48); auch schon Ernst JZ 1994, 801 (803) zum Abschlussbericht.

[109] Siehe unten, S. 321.

[110] Siehe unten, S. 284 ff.

[111] Lobinger, S. 251; ähnlich Katzenstein JURA 2005, 217 (218), der zum gleichen Ergebnis über einen Schadensersatzanspruch in Form der Naturalrestitution kommt.

[112] Lobinger, S. 257 und S. 216 ff.; ähnlich Katzenstein JURA 2005, 217 (218).

[113] Lobinger, S. 257; kritisch auch Ackermann JZ 2002, 378 (383/384); Huber, FS Schlechtriem, S. 521 (561 ff.); Picker JZ 2003, 1035 ff.; Wilhelm JZ 2001, 861 (867 mit Fn 48).

[114] Lobinger, S. 252 und S. 361.

Ferner möchte *Lobinger* im Rahmen des § 275 Abs. 2 das Kriterium des „groben Missverhältnisses“ modifizieren. Das Maß des geschuldeten Aufwandes bestimme sich in erster Linie nach dem Inhalt des Schuldverhältnisses.[115] Sollte sich daraus ergeben, dass der Überwindungsaufwand überobligationsmäßig sei, spiele das Vertretenmüssen des Schuldners eine maßgebliche Rolle. Liege dies vor, hafte der Schuldner also auch auf Schadensersatz, müsse er auch diesen Aufwand bis hin zur Grenze des groben Missverhältnisses leisten.[116] Fehle ein Vertretenmüssen, könne der Schuldner ohne weiteren geschuldeten Aufwand die Leistung verweigern.

bb) Diskussion

(1) Korrekturen innerhalb des § 275 Abs. 1

Soweit *Lobinger* in § 275 Abs. 1 das Merkmal des Vertretenmüssens wieder einführen möchte, bedeutet dies eine Rückkehr zum Wortlaut des § 275 Abs. 1 a.F. Zugleich würde § 275 Abs. 1 nicht mehr nur eine Befreiungsnorm, sondern wegen der Abhängigkeit vom Vertretenmüssen auch eine Haftungsnorm darstellen.[117] Einer solchen Interpretation steht zunächst der klare Wortlaut der Vorschrift entgegen, die in bewusstem Gegensatz zur alten Rechtslage nicht mehr an das Vertretenmüssen anknüpft. Die neuerliche Relevanz dieses Merkmals wäre auch gegen den Willen des Gesetzgebers.[118] Dieser hat sich bewusst dafür entschieden, die Befreiung von der Primärpflicht bei jedweder Unmöglichkeit eintreten zu lassen. So heißt es in den BT-Drucks. 14/6040:[119] „Was der Schuldner nicht leisten kann, das schuldet er auch nicht, und zwar unabhängig von dem Grund seiner Unfähigkeit.“ Der ausdrücklich erklärte Wille des Gesetzgebers hat eine starke Bindungswirkung. Denn bei der Schuldrechtsreform, die erst 2002 in Kraft getreten ist, handelt es sich um ein sehr junges Gesetz, so dass dem gesetzgeberischen Willen verstärkt Bedeutung zukommt.[120] Dies gilt umso mehr, als die Entscheidung für eine verschuldensunabhängige Primärschuldbefreiung bei Unmöglichkeit eine Systementscheidung ist. Diese sind dem Gesetz-

---

[115] Lobinger, S. 257/258 und S. 362; ebenso Katzenstein JURA 2004, 584 (587 in Fn 36); Picker JZ 2003, 1035 (1042).

[116] Lobinger, S. 258 und S. 260.

[117] So auch Lobinger, S. 252. Dies entspricht in der Sache dem § 275 Abs. 1 a.F., die Relevanz des Merkmals des Vertretenmüssens war dort aber umstritten.

[118] Dies erkennt auch Lobinger, S. 251 an. Interessant ist, dass Lobinger seine Kritik und Alternativvorschläge dem Bundesministerium der Justiz und dem Rechtsausschuss des Deutschen Bundestages vor Verabschiedung der Reform zugänglich gemacht hat (Lobinger, S. 238). Dies hat aber keine Änderungen bewirken können.

[119] BT-Drucks. 14/6040, S. 127.

[120] Larenz/Wolf, § 4 Rn 50; Wank, S. 65; vgl. auch Larenz, Methodenlehre, S. 328 und 344 und zudem unten, S. 264. Dies gilt unabhängig davon, ob man hinsichtlich der historischen Auslegung der subjektiven oder objektiven Theorie folgt, da diese bei sehr jungen Gesetzen zum gleichen Ergebnis kommen, vgl. Wank, S. 65.

geber vorbehalten, und sie zu ändern, verbietet sich in noch stärkerem Maße als ein Abweichen vom gesetzgeberischen Willen bei bloßen Randfragen.[121] Daran können auch einzelne unerwünschte Konsequenzen nichts ändern.

Im Falle des Abs. 1 ist auch nicht ersichtlich, dass dessen Konsequenzen derart unangemessen sind, dass sie zu so weitgehenden Veränderungen am Tatbestand zwingen müssten. Zunächst darf nicht übersehen werden, dass es zwischen Abs. 1 und Abs. 2 doch einen Unterschied gibt, der unterschiedliche Anforderungen an eine Befreiung rechtfertigt. Denn während bei Abs. 1 die Leistung wirklich unmöglich ist, besteht im Rahmen des Abs. 2 noch die – wenn auch entfernte – Möglichkeit ihrer Erbringung. Die Statuierung von verstärkten Leistungspflichten und die Ausrichtung am Verschuldensmaßstab macht dort, anders als bei Abs. 1, grundsätzlich Sinn. Zwar ist die Befreiung von der Primärpflicht bei jeglicher Unmöglichkeit keine Frage der Logik,[122] da die Primärpflicht theoretisch auch bei unmöglicher Leistung fortbestehen könnte, jedoch kann eine solche Pflicht nicht vollstreckt werden, und einer gerichtlichen Geltendmachung dürfte das Rechtsschutzbedürfnis fehlen.[123] Damit erscheint es als konsequent, den Primäranspruch bei jedweder Unmöglichkeit auszuschließen.

Gerade weil es für die Entscheidung des Gesetzgebers gute Gründe gibt[124] – dies zeigt auch die herrschende Meinung zum alten Recht, die trotz des entgegenstehenden Wortlauts des § 275 Abs. 1 a.F. von einem Erlöschen der Leistungspflicht bei zu vertretender Unmöglichkeit ausging – kann der Wille des Gesetzgebers nicht einfach missachtet werden. Soweit *Lobinger* anführt, die Befreiung auch bei zu vertretender Unmöglichkeit sei gerade bei konkretisierten Gattungsschulden falsch, darf nicht übersehen werden, dass dies auch Folge des § 243 Abs. 2 ist, an dem Änderungen aber nicht befürwortet werden. In aller Regel kann dem Gläubigerinteresse in Fällen der zu vertretenden Unmöglichkeit auch mittels eines Schadensersatzanspruchs ausreichend Genüge getan werden, ermöglicht dieser ihm doch ein Deckungsgeschäft. Darüber hinaus kann der Schadensersatzanspruch in Einzelfällen nach § 249 auf Naturalrestitution lauten. Dies war grundsätzlich – trotz aller Unterschiede im Einzelfall – schon im alten Recht anerkannt und sollte auch jetzt noch möglich sein.[125] Insgesamt verbieten der gesetzliche Wortlaut und der klare Wille des Gesetzgebers die von *Lobinger* vorgeschlagene Modifizierung des § 275 Abs. 1.

---

[121] Vgl. Larenz, Methodenlehre, S. 328.

[122] Brehm JZ 1974, 573; Gürtler, S. 130/131; Klausch, S. 165; Meincke AcP 171 (1971), 19 (25); Rabel GesAufs, I, S. 4 ff.

[123] So die herrschende Meinung zum alten Recht: Huber, Band II, S. 779; vgl. auch BGHZ 97, 178 (181) und RGZ 107, 15 (17).

[124] Eine Befreiung unabhängig vom Vertretenmüssen begrüßt Palandt/Heinrichs, § 275 Rn 5.

[125] Lobinger, S. 249 ff.; Erman/Westermann, § 275 Rn 3; MüKo/Emmerich, Band 2a, 4. Auflage, Vor § 281 Rn 8. Zum alten Recht und den Voraussetzungen einer Naturalrestitution: Gebauer, S. 23 ff.; Huber, Band II, S. 682 ff.; Staudinger/Löwisch, Neubearbeitung 2001, § 280 Rn 11 und 12.

(2) Korrekturen innerhalb des § 275 Abs. 2

Der im Falle eines fehlenden Vertretenmüssens des Schuldners von *Lobinger* befürworteten Ausrichtung des § 275 Abs. 2 allein am vertraglich versprochenen Aufwand kann eine gewisse Berechtigung nicht von vornherein abgesprochen werden.

(a) Einordnung des Problems

Das Problem liegt darin, dass der Schuldner nach dem Wortlaut des § 275 Abs. 2 bei „faktischer" Unmöglichkeit einen Leistungsaufwand bis hin zum groben Missverhältnis schuldet. Dies gilt unabhängig vom Vertretenmüssen, welches aber nach Abs. 2 Satz 2 bei der Bestimmung der zumutbaren Anstrengungen zu berücksichtigen sein soll. Die Gesetzesverfasser haben insoweit ausgeführt, dass nicht der Gegenschluss gezogen werden könne, dass ein Schuldner ohne ein Vertretenmüssen sich nicht um die Leistung bemühen müsse.[126] Er müsse zumindest den Marktpreis, eventuell auch mehr dazu aufwenden, die Sache wiederzuerlangen und sich so leistungsfähig zu machen. Danach soll also der Schuldner auch ohne ein Vertretenmüssen mehr leisten müssen als nach den vertraglichen Vereinbarungen vorgesehen. In der Literatur werden hinsichtlich des dem Schuldner zumutbaren Aufwandes sogar schon abstrahierende Prozentangaben gemacht.[127] Dies kann jedoch nicht überzeugen, da sich das Gesetz nicht schematisch auf alle Lebensbereiche gleich anwenden lässt. Wann ein grobes Missverhältnis gegeben ist, hängt wegen des Grundsatzes der Privatautonomie entscheidend von den einzelnen vertraglichen Vereinbarungen der Parteien ab.[128] Daneben wollen viele Vertreter der Literatur an die Bestimmung des groben Missverhältnisses einen strengen Maßstab anlegen, was die Befreiung außer wegen des engen Wortlauts des Abs. 2 noch zusätzlich erschweren würde.[129]

(b) Der drohende Konflikt mit der Privatautonomie und dem Verschuldensprinzip

Bei einem gesetzesverfassergetreuen Verständnis des § 275 Abs. 2 muss der Schuldner mehr erbringen, als wozu er sich verpflichtet hat. Denn für die Bestimmung der Reichweite seiner Leistungspflicht wird zwar auch auf den Inhalt des Schuldverhältnisses abgestellt, jedoch ergibt sich ein Leistungsverweigerungsrecht erst nach einer Berücksichtigung des Gläubigerinteresses und bei Erreichen eines groben Missverhältnisses. Die Reichweite der Primärleistungs-

---

[126] BT-Drucks. 14/6040, S. 131; Erman/Westermann, § 275 Rn 26.

[127] Vgl. Huber/Faust, 2. Kapitel, Rn 68; Jauernig/Vollkommer, § 275 Rn 26.

[128] Löhning ZGS 2005, 459 (461); MüKo/Ernst, Band 2a, 4. Auflage, § 275 Rn 89; Picker JZ 2003, 1035 (1037/1038); Staudinger/Löwisch, Neubearbeitung 2004, § 275 Rn 84. Ähnlich nun auch BGH, Urt. v. 20.07.2005 – VIII ZR 342/03, Kurzmitteilung in ZGS 2005, 404 (405) und BGH ZGS 2005, 348 (352), wo die beiderseitigen Parteiinteressen als Maßstab genommen werden.

[129] Bamberger/Roth/Grüneberg, § 275 Rn 36; Canaris, Karlsruher Forum 2002, S. 13; Erman/Westermann, § 275 Rn 24; Lorenz/Riehm, Rn 310; Palandt/Heinrichs, § 275 Rn 27.

pflicht ist also von den konkreten vertraglichen Vereinbarungen losgelöst. Sie beruht nicht mehr allein auf dem geschlossenen Vertrag, sondern auf den Anforderungen, die § 275 Abs. 2 aufstellt. Damit ist der Grundsatz der Privatautonomie berührt, da der Schuldner damit stärker haften kann, als nach den getroffenen Vereinbarungen vorgesehen.

Darüber hinaus ist das schadensrechtliche Verschuldensprinzip tangiert. Die über die vertragliche Leistungspflicht hinausgehende Primärleistungspflicht nach Abs. 2 ist im Grunde nichts anderes als ein Schadensersatzanspruch.[130] Erfüllt der Schuldner die bis zu einem groben Missverhältnis fortdauernde Primärleistungspflicht nicht, so kann es über § 281 wegen Nichtleistung zu einer Schadensersatzpflicht kommen, deren Umfang sich grundsätzlich nach der über die konkreten vertraglichen Vereinbarungen hinausgehenden Primärleistungspflicht richtet. Ebenso wie der Schadensersatzanspruch beruht die Primärleistungspflicht nicht auf dem Rechtsgeschäft, sondern ihre konkreten Anforderungen ergeben sich aus dem Gesetz. Die vertraglichen Vereinbarungen legen nur die grundsätzliche Leistungspflicht fest, das Erfordernis einer Primärleistung bis zum groben Missverhältnis geht dann über die konkreten Vereinbarungen hinaus. Die Ähnlichkeit zum Schadensersatzanspruch wird auch deutlich, wenn man sich einen Schadensersatzanspruch vorstellt, der auf Naturalrestitution gerichtet ist.[131] In diesem Falle würde also die überobligationsmäßige Leistungspflicht im Rahmen eines Schadensersatzanspruchs erfüllt, eben so wie auch im Rahmen des § 275 Abs. 2. Seine Brisanz erhält dies dadurch, dass der Schuldner nach dem Wortlaut des Abs. 2 zu überobligationsmäßigen Anstrengungen auch schon ohne ein Vertretenmüssen verpflichtet ist. Die ihm obliegende überobligationsmäßige Primärleistungspflicht ist dann nichts anderes als ein verkappter verschuldensunabhängiger Schadensersatzanspruch.

Es soll später noch genauer untersucht werden, ob es auch formal zu einem verschuldensunabhängigen Schadensersatzanspruch kommen kann.[132] Dies scheint prima facie der Fall zu sein. Denn wenn der Schuldner wegen fehlender Befreiung nach § 275 Abs. 2 zur Primärleistung verurteilt wird, so kann er gegenüber dem Schadensersatzanspruch nicht mehr seine ursprünglich fehlende Leistungspflicht oder sein fehlendes Vertretenmüssen vortragen. Hier sei nur schon soviel gesagt: Zu einer echten Garantiehaftung im technischen Sinne kommt es nicht, da mit dem Ersturteil die unbegrenzte Leistungspflicht feststeht, woraus folgt, dass eben keine relevanten Hindernisse vorliegen. Wenn der Schuldner trotzdem nicht die überobligationsmäßige Leistung erbringt, so hat er diese grundlose Nichtleistung zu vertreten. Denn die Nichtleistung wird auf unzureichenden Anstrengungen seinerseits beruhen. Dass der Schuldner das ur-

---

[130] Lobinger, S. 217; ähnlich auch Ackermann JZ 2002, 378 (383/384), der den Aufwand des Schuldners bei fehlendem Vertretenmüssen auf den Vertragspreis begrenzen möchte.
[131] Lobinger, S. 217.
[132] Siehe unten bei S. 320 ff.

sprüngliche Leistungshindernis nicht zu vertreten hatte, interessiert dann nicht weiter.

(c) Das Problem einer zulässigen Restriktion des § 275 Abs. 2

Lobingers Vorschlag hätte zur Folge, dass der Schuldner bei fehlendem Vertretenmüssen niemals über seine Vertragspflichten hinaus Leistungsbemühungen schuldet. Dazu ist kritisch anzumerken, dass sich dies nicht an den Wortlaut des § 275 Abs. 2 hält, da das Tatbestandsmerkmal des groben Missverhältnisses bei einem fehlenden Vertretenmüssen keine Bedeutung mehr hätte. Ferner entspricht sein Vorschlag nicht dem Willen des Gesetzgebers, der auch in diesem Fall von überobligationsmäßigen Leistungspflichten ausging.[133] In vielen Fällen dürfte sich eine Angleichung zwischen den vertraglich vereinbarten Pflichten und den gesetzlichen Leistungspflichten im Rahmen des Abs. 2 auch ohne einen derartig weitgehenden Eingriff in den Gesetzeswortlaut erreichen lassen. Denn setzt man die Grenze für den unzumutbaren Leistungsaufwand nicht zu hoch an, so werden sich die im Rahmen des Abs. 2 geforderten Leistungsbemühungen vielfach aus den vertraglichen Vereinbarungen als Nebenpflichten ableiten lassen. Dies wird insbesondere von *Ernst* vorgeschlagen, der die Grenze des zumutbaren Aufwandes bei fehlendem Vertretenmüssen herabsetzen will.[134] Ein Schuldner müsse mangels Vertretenmüssens nicht bis zur Grenze des groben Missverhältnisses, sondern unter geringerem Aufwand die Primärleistung erbringen. Andernfalls sei auch schwerlich vorstellbar, wie der Schuldner, der das Hindernis zu vertreten habe, noch mehr leisten könne. So lässt sich eine Übereinstimmung zwischen den Aufwandsanforderungen des Abs. 2 und den geschuldeten Bemühungen aufgrund vertraglicher Nebenpflichten schaffen. Die Lösung von *Lobinger*, die allein auf die konkreten vertraglichen Pflichten abstellen will, setzt sich auch dem Einwand aus, dass diese in vielen Fällen nicht klar bestimmt werden können.[135] Es wird dann nur eine Fiktion übrig bleiben, die mit den konkreten vertraglichen Vereinbarungen nichts mehr gemein hat. Es ist darüber auch mindestens so viel Streit und Unsicherheit zu erwarten, wie hinsichtlich der Anforderungen für ein Überschreiten der Zumutbarkeitsgrenze in Abs. 2.

---

[133] So Lobinger selbst, S. 261; BT-Drucks 14/6040, S. 131; Erman/Westermann, § 275 Rn 26.

[134] MüKo/Ernst, Band 2a, 4. Auflage, § 275 Rn 73 und 102; ebenso Löhning ZGS 2005, 459 (462).

[135] Überhaupt gegen eine Relevanz des Inhalts des Schuldverhältnisses innerhalb der Abwägung nach Abs. 2: Huber/Faust, 2. Kapitel Rn 59 ff. Maier-Reimer, in: Dauner-Lieb/Konzen/Schmidt, S. 291 (294) möchte dem Schuldverhältnis nur Relevanz für eine Erhöhung des geschuldeten Aufwandes zukommen lassen.

(d) Mögliche Alternativen und die Verbindlichkeit der gesetzgeberischen Systementscheidung

Zuzugeben ist, dass einer Leistungsbefreiung erst bei einem groben Missverhältnis trotz eines fehlenden Vertretenmüssens Bedenken entgegenstehen, wenn damit eine zu starke Orientierung am Gläubigerinteresse und eine Außerachtlassung der vertraglichen Vereinbarungen einhergehen. Möchte man den Schuldner so zu größeren Leistungsbemühungen verpflichtet sehen, so hätte dies zwar den Vorteil einer am Wortlaut und dem gesetzgeberischen Willen ausgerichteten Lösung. Unbillige Ergebnisse durch eine zu weit reichende Primärhaftung könnten jedoch nur bedingt durch eine Zuordnung der fraglichen Sachverhalte zur wirklichen Unmöglichkeit nach § 275 Abs. 1 verhindert werden. Zwar wird in der Literatur schon vielfach vorgeschlagen, die Fälle der faktischen Unmöglichkeit generell unter Abs. 1 zu subsumieren.[136] Indes entspricht eine solche Lösung auch nicht dem Wortlaut des § 275 und dem Willen des Gesetzgebers.[137]

Letztlich ist es eine Wertungsfrage, ob und wieweit das Gesetz dem Schuldner eine Behebung bei prinzipiell überwindbaren Leistungshindernissen vorschreiben soll.[138] Derartige Grundsatzfragen müssen aber der Entscheidung durch den Gesetzgeber vorbehalten bleiben.[139] Damit verbietet sich eine so weitgehende Systemänderung, wie sie *Lobinger* vorschlägt. Im hiesigen Zusammenhang kann und muss nicht abschließend entschieden werden, wie nun Abs. 2 im Einzelnen zu verstehen und anzuwenden ist. Im weiteren Verlauf der Untersuchung soll alternativ vorgegangen und gezeigt werden, wie sich das vom Gesetzgeber abweichende Verständnis von *Lobinger* auswirken würde.

f) Die Folgen der Unmöglichkeit für die Sekundärleistungspflicht

Die Folgen der Unmöglichkeit oder Unzumutbarkeit können gemäß § 275 Abs. 4 Schadensersatzansprüche nach den §§ 280, 283 oder § 311a sein. Bei an-

---

[136] Siehe Medicus, SchR I Rn 369; Otto JURA 2002, 1 (3); Staudinger/Löwisch, Neubearbeitung 2004, § 275 Rn 19; Staudinger/Otto, Neubearbeitung 2004 § 280 Rn C8. Dagegen für Anwendbarkeit des Abs. 2: BT-Drucks. 14/6040, S. 129; AnwKomm/Dauner-Lieb, § 275 Rn 38; Bamberger/Roth/Grüneberg, § 275 Rn 37; Canaris JZ 2001, 499 (501); Jauernig/Stadler, § 275 Rn 24; Maier-Reimer, in: Dauner-Lieb/Konzen/Schmidt, S. 291 (292); MüKo/Ernst, Band 2a, 4. Auflage, § 275 Rn 89; Palandt/Heinrichs, § 275 Rn 22 und 26.

[137] Lobinger, S. 263.

[138] Vgl. zu dieser Diskussion: Canaris JZ 2004, 214 ff.; Ernst JZ 1994, 801 (804); Huber/Faust, 2. Kapitel Rn 49; Picker JZ 2003, 1035 ff.; Staudinger/Löwisch, Neubearbeitung 2004, § 275 Rn 71; Wilhelm DB 2004, 1599 ff.; auch MüKo/Ernst, Band 2a, 4. Auflage, § 275 Rn 104 mit dem Hinweis auf § 467 Satz 2 a.F., der dem Käufer im Falle der Wandelung einen verschuldensunabhängigen Anspruch auf Ersatz der Vertragskosten gab. In etwa gleichem Maße sei es angemessen, den Schuldner auch bei fehlendem Vertretenmüssen zu gesteigerten Aufwendungen zu verpflichten.

[139] Larenz, Methodenlehre, S. 328 misst dem gesetzgeberischen Willen gerade bei Systementscheidungen große Bedeutung zu.

fänglicher subjektiver oder objektiver Unmöglichkeit oder Unzumutbarkeit ergibt sich aus § 311a Abs. 2 Satz 1 ein Schadensersatzanspruch statt der Leistung. Auf ein Verschulden kommt es nicht an, die Haftung entfällt nur, wenn der Schuldner darlegt, dass er das Leistungshindernis bei Vertragsschluss nicht kannte und seine Unkenntnis auch nicht zu vertreten hat. Dies stellt eine große Änderung zum alten Recht dar, wo bei objektiver anfänglicher Unmöglichkeit nur auf das negative Interesse, bei anfänglichem Unvermögen nach herrschender Meinung verschuldensunabhängig auf das positive Interesse gehaftet wurde.[140]

Bei nachträglicher Unmöglichkeit oder Unzumutbarkeit kommt eine Schadensersatzhaftung nach §§ 280 Abs. 1 und 3, 283 Satz 1 in Betracht. Voraussetzung ist ein Schuldverhältnis, eine Pflichtverletzung wegen Unmöglichkeit oder Unzumutbarkeit, ein Vertretenmüssen und ein Schaden. Ob es sich um Pflichten im Gegenseitigkeitsverhältnis handelt, ist nunmehr für die Anspruchsgrundlage unerheblich. Die Pflichtverletzung ist in der Nichtleistung zu sehen.[141] Das Vertretenmüssen des Schuldners wird nach § 280 Abs. 1 Satz 2 vermutet. Rechtsfolge ist ein Anspruch auf Schadensersatz statt der Leistung. Einer Fristsetzung, die wegen der Unmöglichkeit oder Unzumutbarkeit der Primärleistung sinnlos wäre, bedarf es nicht.

g) Vorübergehende Unmöglichkeit und Unzumutbarkeit

aa) Einfluss auf die Primärleistungspflicht

Die vorübergehende Unmöglichkeit oder Unzumutbarkeit unterscheidet sich durch die fehlende Dauerhaftigkeit des Hindernisses. Es fragt sich, ob es auch hier zu einer Befreiung von der Primärleistungspflicht kommt.[142]

(1) Meinungsstand

Die ganz herrschende Ansicht der Literatur spricht sich bei vorübergehender Unmöglichkeit oder Unzumutbarkeit[143] für eine Befreiung des Schuldners von

---

[140] Siehe oben, S. 11 mit Fn 44.

[141] Dies gilt, obwohl nach § 275 gerade keine Pflicht mehr zu Leistung besteht, vgl. BT-Drucks. 14/6040, S. 142, wo angeführt wird, die Verweisung in § 275 Abs. 4 auf § 283 mache deutlich, dass die Nichtleistung als Pflichtverletzung anzusehen ist. Ferner MüKo/Ernst, Band 2a, 4. Auflage, § 283 Rn 4 und § 280 Rn 10 ff., auch ausführlich dazu, dass die Pflichtverletzung nicht im Nichthindern des Eintritts des Unmöglichkeitsgrundes zu sehen ist. Denn dann müsste der Gläubiger schon ein willentliches oder fahrlässiges Nichthindern seitens des Schuldners als Anspruchsbegründung vortragen, was aber nicht der Darlegungslast hinsichtlich des Verschuldens in § 280 Abs. 1 Satz 2 entspräche.

[142] Wie schon im alten Recht kann in bestimmten Fällen ein zeitweiliges Hindernis einem dauernden nach § 275 Abs. 1 gleichgestellt werden, vgl. Staudinger/Löwisch, Neubearbeitung 2004, § 275 Rn 43; Jauernig/Stadler, § 275 Rn 10. Dies interessiert hier nicht weiter.

[143] Zwischen der vorübergehenden Unmöglichkeit und der Unzumutbarkeit nach § 275 Abs. 2 und 3 besteht insofern kein Unterschied, MüKo/Ernst, Band 2a, 4. Auflage, § 275 Rn 133; Staudinger/Löwisch, Neubearbeitung 2004, § 275 Rn 74. Daher soll im Folgenden nur von der vorübergehenden Unmöglichkeit gesprochen werden.

seiner Primärleistungspflicht aus. Da es sich nur um ein vorübergehendes Hindernis handelt, soll es aber nur zu einer zeitweiligen Suspendierung der Leistungspflicht kommen, die nach dem Wegfall des Hindernisses wieder auflebt. Allein die Begründung dieses fast einhellig für richtig empfundenen Ergebnisses variiert.[144] Während die einen die zeitweilige Befreiung aus einer entsprechenden Anwendung des § 275 folgern wollen, möchten die anderen einen allgemeinen Rechtsgedanken annehmen.[145] Dem soll mangels praktischer Auswirkungen nicht nachgegangen werden. Bis zum Wegfall des Hindernisses wird eine Primärleistungsklage jedenfalls als zurzeit unbegründet abgewiesen. Ist das Ende des Hindernisses konkret abzusehen, kommt aber wie im alten Recht unter den Voraussetzungen des § 259 ZPO analog eine Klage auf künftig fällige Leistung in Betracht.[146]
Ähnlich der Mindermeinung von *Coester-Waltjen* zum alten Recht, die einen Fortbestand der Primärschuld unabhängig vom Vertretenmüssen bei vorübergehender Unmöglichkeit angenommen hatte,[147] möchten nun einige Vertreter der Literatur der vorübergehenden Unmöglichkeit überhaupt keine Auswirkungen auf die Primärverpflichtung mehr zumessen.[148]

(2) Diskussion
Bei der Streitentscheidung sind verschiedene Gesichtspunkte zu berücksichtigen.
(a) Grundsatz der unbedingten Primärleistungspflichtbefreiung bei nicht behebbaren Hindernissen
Für eine zeitweilige Befreiung des Schuldners von seiner Primärleistungsverpflichtung spricht zunächst die systematische Grundentscheidung des Gesetzgebers zur Primärleistungspflichtbefreiung bei unbehebbaren Leistungshindernissen. Diesem stand bei der Regelung der Unmöglichkeit das römisch-rechtliche Prinzip „impossibilium nulla est obligatio" vor Augen.[149] Plastisch heißt es dazu

[144] Vgl. Däubler, FS Heldrich, S. 55 (59); Kitz, S. 168; Lobinger, S. 307.
[145] Vgl. einerseits Arnold JZ 2002, 866 (869); Brox/Walker, § 22 Rn 16; Fehre, S. 210/211; Huber/Faust, 8. Kapitel, Rn 7/10/11/17; Klausch, S. 189; Lobinger, S. 308; Medicus, FS Heldrich, S. 347 (349); MüKo/Ernst, Band 2a, 4. Auflage, § 275 Rn 134; Staudinger/Otto, Neubearbeitung 2004, § 283 Rn 25; Wieser MDR 2002, 858 (861); andererseits: Emmerich, Leistungsstörungen, S. 55/56; Erman/Westermann, Vor §§ 275 – 292 Rn 6; Maier-Reimer, in: Dauner-Lieb/Konzen/Schmidt, S. 291 (305); Palandt/Heinrichs, § 275 Rn 10; Schulze/Ebers JuS 2004, 265 (268).
[146] MüKo/Ernst, Band 2a, 4. Auflage, § 275 Rn 134; Palandt/Heinrichs, § 275 Rn 10; Wieser MDR 2002, 858 (861).
[147] Coester-Waltjen AcP 183 (1983), 279 (281/282).
[148] Ehmann/Sutschet, S. 56; D. Kaiser, FS Hadding, S. 121 (134); Mattheus, in: Schwab/Witt, S. 107.
[149] MüKo/Ernst, Band 2a, 4. Auflage, § 275 Rn 30; Looschelders, Rn 473.

in der BT-Drucks. 14/6040:[150] „Was der Schuldner nicht leisten kann, das schuldet er auch nicht, und zwar unabhängig von dem Grund seiner Unfähigkeit." Es liegt in der Konsequenz dieser Grundentscheidung, den Primärleistungsanspruch auch bei vorübergehender Unmöglichkeit für den Zeitraum des Leistungshindernisses zu suspendieren. Die so vorgenommene Gleichstellung mit der „dauernden" Unmöglichkeit überzeugt, weil auch im Falle der vorübergehenden Unmöglichkeit feststeht, dass der Schuldner aktuell nicht zur Leistung fähig ist. Dass die Leistungsunmöglichkeit nicht für immer sein wird, hat auf die jedenfalls derzeitig fehlende Leistungsfähigkeit des Schuldners keinen Einfluss.

(b) Gesetzeshistorie

Für die Befreiungswirkung der vorübergehenden Unmöglichkeit hinsichtlich der Primärpflicht lässt sich auch die Gesetzgebungshistorie anführen. In den Vorentwürfen zur Reform war bis einschließlich zum Regierungsentwurf in § 275 Abs. 1 eine Klarstellung durch Einfügung des Wortes „solange" dahingehend vorgesehen, dass auch die vorübergehende Unmöglichkeit erfasst sein sollte.[151] Nach einem Einwand des Bundesrates wurde dies aber gestrichen, um das Problem wie bisher der Klärung durch Rechtsprechung und Wissenschaft zu überlassen.[152] Grund für die Streichung waren Folgeprobleme der beabsichtigten Regelung hinsichtlich möglicher Schadensersatzansprüche.[153] An dem beabsichtigten Ziel, den Schuldner jedenfalls von seiner Primärpflicht zu befreien, sollte sich dadurch nichts ändern.[154]

Dass das zeitweilige Entfallen der Primärpflicht dem Willen des Gesetzgebers entspricht, zeigt sich auch mit Blick auf den Rechtszustand im alten Recht. Denn nach den Intentionen der Erschaffer des BGB sollte der Begriff der Unmöglichkeit in § 275 a.F. auch ein vorübergehendes unbehebbares Leistungshindernis erfassen.[155] Dem entsprechend gestaltete sich auch die ganz herrschende Meinung, so dass im Ergebnis jedenfalls eine Primärverurteilung bei vorübergehender Unmöglichkeit ausgeschlossen war.[156] Hätte der Modernisierungsgesetzgeber daran etwas ändern wollen, so wäre eine eindeutige gesetzliche Klarstellung nötig gewesen. Dies hat er in Kenntnis der alten Rechtslage un-

---

[150] BT-Drucks. 14/6040, S. 127.

[151] Vgl. die Formulierung in § 275 Abs. 1 BGB-DiskE und DiskE-KF, ferner MüKo/Ernst, Band 2a, 4. Auflage, § 275 Rn 132.

[152] Rechtsausschuss in BT-Drucks. 14/7052, S. 183; zur Kritik des Bundesrates, BT-Drucks. 14/6857, S. 11; Vorausgegangen waren Zweifel bei Canaris JZ 2001, 499 (508/510/515/516).

[153] BT-Drucks. 14/7052, S. 183; Lobinger, S. 306.

[154] MüKo/Ernst, Band 2a, 4. Auflage, § 275 Rn 132; Schlechtriem, 5. Auflage, Rn 280 in Fn 16.

[155] Vgl. den ersten Entwurf, E I § 237 Abs. 1 bei Mugdan, Band II, S. VII und S. 24/25, ebenso Huber, Band I, S. 66.

[156] Vgl. im Einzelnen oben, S. 12 ff.

terlassen, so dass der zeitweilige Ausschluss der Primärverpflichtung seine Zustimmung fand. Damit entfällt auch der denkbare Einwand, es werde so unzulässigerweise ein Befreiungstatbestand außerhalb des § 275 Abs. 1 geschaffen. Denn gegen eine Exklusivität der Befreiungsregelung in § 275 spricht, dass der Gesetzesgeber das Institut der vorübergehenden Unmöglichkeit anerkannt hat.

(c) Wegfall des Einwandes einer drohenden verschuldensunabhängigen Haftung bei Annahme eines Fortbestandes der Primärleistungspflicht

Nicht mehr aktuell ist nunmehr die zum alten Recht oft geäußerte Befürchtung,[157] die Möglichkeit der Primärverurteilung würde über § 283 a.F. zu einem verschuldensunabhängigen Schadensersatzanspruch führen. Dies sollte möglich sein, da nach § 283 a.F. ein Verschulden nach einem ersten rechtskräftigen Leistungsurteil nicht mehr geprüft werde. Nach § 281 i.V.m. § 280 Abs. 1 Satz 2 ist jetzt eine Prüfung des Vertretenmüssens für den Schadensersatzanspruch notwendig. Der Einwand der nicht zu vertretenden vorübergehenden Unmöglichkeit wäre auch nicht durch ein rechtskräftiges Ersturteil ausgeschlossen. Denn wollte man der Mindermeinung folgen, wäre dieser Einwand für die Primärverurteilung unerheblich. Damit könnte der Schuldner noch gegenüber dem Schadensersatzverlangen geltend machen, es läge eine das Vertretenmüssen ausschließende, vorübergehende Unmöglichkeit vor.[158]

(d) Möglichkeit sinnloser Vollstreckungsversuche und drohende Kostenbelastung auch des nicht ersatzpflichtigen Schuldners

Droht somit zwar keine verschuldensunabhängige Haftung, so würde der Fortbestand der Primärleistungspflicht den Schuldner doch der Zwangsvollstreckung und den sich daraus ergebenden Kostenfolgen unterwerfen.[159] Es käme dabei zu einer Belastung, die jedenfalls für den keinem Verschuldensvorwurf unterliegenden Schuldner unangemessen wäre.[160] So stellt die Durchführung einer Zwangsvollstreckung auch heute noch einen sozialen Makel dar, den der Schuldner jedenfalls nicht bei einer nicht zu vertretenden vorübergehende Unmöglichkeit verdient, für die er nichts kann und die er auch bei bestem Willen nicht beheben kann. Mangels eigener Leistungsmöglichkeit des Schuldners

---

[157] Dies war ein wesentlicher Grund für die Anwendung des § 275 a.F. im alten Recht, vgl. Jakobs, S. 84; Huber, FS Gaul, S. 217 (225/226), Huber, Band I, S. 68.

[158] Durch ein Ersturteil können nur im Erstprozess erhebliche Einwendungen ausgeschlossen sein, siehe dazu Näheres unten bei S. 301 ff. Der fehlende Ausschluss des Einwandes fehlenden Vertretenmüssens ist das Hauptargument von Ehmann/Sutschet, S. 56, um den Fortbestand der Primärleistungspflicht zu begründen. Jedoch wird der fehlenden Ausschluss fälschlicherweise damit begründet, das Vertretenmüssen spiele für den Erstprozess keine Rolle, dazu ebenfalls ausführlich unten, S. 310 ff. und S. 324 ff.

[159] Dies sieht auch Mattheus, in: Schwab/Witt, S. 108; als Zwangsvollstreckungsmaßnahmen kommt etwa eine Herausgabevollstreckung in Betracht, wenn der Schuldner die Sache schon selbst in Besitz hat, ihm dessen Auslieferung aber durch einen Verwaltungsakt untersagt wurde.

[160] Anderer Ansicht: Ehmann/Sutschet, S. 45 in Fn 17.

würde auch eine Zwangsvollstreckung in vielen Fällen zeitweilig erfolglos bleiben müssen.[161] Die Ermöglichung von im vornherein sinnlosen Vollstreckungsversuchen entspricht aber nicht dem Wesen des Zwangsvollstreckungsrechts. Denn dieses soll den Schuldner zu ihm möglichen Leistungen zwingen, es soll hingegen nicht dem Schuldner unmögliche Leistungen fordern.[162] Daher könnte die so geschaffene Vollstreckungsmöglichkeit nicht befriedigen.[163]

Ein Einwand gegen eine Kostenbelastung des Schuldners für die Zwangsvollstreckungsversuche folgt meines Erachtens schon aus dem Ausschluss jeglicher Schadensersatzpflichten mangels Verschuldens. Dies kann nur bedeuten, dass der Schuldner vor einer Vermögenseinbuße bewahrt bleiben soll, zu der es aber bei der Haftung für die Zwangsvollstreckungskosten kommen würde. Ein Vergleich zur Verurteilung bei unverschuldeter Zahlungsunfähigkeit trägt nicht, da ein Mangel an Geld gerade nie entschuldigen kann.[164] Diesem Einwand lässt sich auch nicht entgegen halten, statt des Schuldners müsse der Gläubiger die Kosten einer erfolglosen Zwangsvollstreckung tragen.[165] Denn aus § 788 Abs. 1 ZPO ergibt sich die Kostenbelastung des Schuldners auch für erfolglose Vollstreckungsmaßnahmen des Gläubigers, solange diese notwendig waren. Die Notwendigkeit bestimmt sich nach den Erfordernissen zweckentsprechender Rechtsverfolgung von dem Standpunkt des Gläubigers zu dem Zeitpunkt, in dem die Kosten durch die Vollstreckungsmaßnahme verursacht sind. Wesentlich ist, ob der Gläubiger die Maßnahmen zu dieser Zeit objektiv für erforderlich halten konnte, auch wenn sie erfolglos geblieben sind.[166] Dies wird regelmäßig dazu führen, dass die Vollstreckungskosten vom Schuldner zu tragen sind, da der Gläubiger den erlangten Primärleistungstitel zunächst zur Durchsetzung seiner gerichtlich anerkannten und damit berechtigten Forderung nutzen darf. Damit würde die Kostenlast nicht den Gläubiger, sondern den Schuldner treffen.[167]

---

[161] Vgl. Brox/Walker, § 22 Rn 15.

[162] Dies ergibt sich aus einer Gesamtschau der §§ 808, 809, 883, 886, 887, 888 ZPO, die jeweils davon ausgehen, dass der Schuldner alleine die geschuldete Leistung erbringen kann. Ist dies nicht der Fall, so ist die Zwangsvollstreckung nur möglich, wenn der zur Erfüllung notwendige Dritte mit der Erbringung der Schuld einverstanden ist.

[163] Arnold JZ 2002, 866 (869).

[164] Vgl. Staudinger/Löwisch, Neubearbeitung 2004, § 275 Rn 63 ff.

[165] So aber D. Kaiser, FS Hadding, S. 121 (131/132).

[166] Zöller/Stöber, § 788 Rn 9 und 9a.

[167] Eine Ausnahme gilt für den Fall der erkennbar vorübergehenden Unmöglichkeit. Dann wird zunächst kein Urteil auf sofortige, sondern nur auf künftige Leistung ergehen, so dass eine Vollsreckung ausscheidet. Tritt die vorübergehende Unmöglichkeit erst nach dem Urteil ein und vollstreckt der Gläubiger in Kenntnis dessen trotzdem, so kann der Schuldner nach § 767 ZPO vorgehen und so im Ergebnis dem Gläubiger die Kosten der Vollstreckung aufbürden.

(e) Fehlende Benachteiligung des Gläubigers

Nicht schlüssig ist der Einwand, eine zeitweiligen Befreiung von der Primärpflicht und die daraus folgende Abweisung der Primärklage als zurzeit unbegründet stelle eine Benachteiligung des Gläubigers dar, der die Prozesskosten tragen müsse.[168] Zunächst sind diese Folgen durch die grundsätzliche Wertung vorherbestimmt, dass der Schuldner nicht zu etwas ihm Unmöglichen verpflichtet sein soll. Die Kostenlast ist für den Gläubiger auch vermeidbar. Denn es spricht viel dafür, dass der Schuldner dem Gläubiger aus einer vertraglichen Nebenpflicht gemäß § 241 Abs. 2 den Eintritt der vorübergehenden Unmöglichkeit sofort anzeigen muss. Dies verhindert eine aussichtlose und daher sinnlose Klage des Gläubigers. Eine solche Informationspflicht ist zur dauerhaften Unmöglichkeit anerkannt.[169] Da die Rechtsfolgen während des Bestandes des Hindernisses die gleichen sind und damit für den Gläubiger ein schutzwürdiges Interesse an Information besteht, muss sich eine Informationspflicht auch für die vorübergehende Unmöglichkeit ergeben. Ihre Verletzung führt zur Schadensersatzpflicht nach §§ 280 Abs. 1, 241 Abs. 2, so dass der Gläubiger nicht endgültig die Kosten einer erfolglosen Klage tragen muss.

(f) Fortbestand der Primärpflicht nur bei zu vertretender vorübergehender Unmöglichkeit?

Auch die weniger weitgehende Annahme eines Fortbestandes der Primärverpflichtung jedenfalls bei zu vertretender vorübergehender Unmöglichkeit könnte nicht überzeugen. Denn erkennt man zunächst an, dass der Regelungsgehalt des § 275 Abs. 1 auf die vorübergehende Unmöglichkeit Anwendung findet, so kann anhand des Kriteriums des Vertretenmüssens keine Unterscheidung mehr erfolgen.[170] Dieses ist nach der Neukonzeption des Schuldrechts nur noch für die Sekundärpflichten erheblich, nicht aber für die Befreiung von der Primärpflicht. Dem könnte auch nicht entgegnet werden, der Schuldner hafte doch jedenfalls auf Schadensersatz, so dass ein Primärleistungsurteil und eine Zwangsvollstreckungsmöglichkeit nicht unbillig seien. Dies verwischt die Frage einer Primärschuldbefreiung mit der Frage nach der Schadensersatzverpflichtung. Ein Gleichlauf, wie er noch unter § 275 a.F. angenommen werden konnte, besteht heute nicht mehr. Eine Verurteilung zur Primärschuld würde den Schuldner immer noch zu etwas ihm derzeit feststehend Unmöglichem verpflichten. Dies wollte der Gesetzgeber nicht. Ein solcher „staatlicher Leistungsbefehl" ist auch

[168] D. Kaiser, FS Hadding, S. 121 (128 und 132).

[169] Zum neuen Recht: MüKo/Ernst, Band 2a, 4. Auflage, § 275 Rn 67; Palandt/Heinrichs, § 275 Rn 31; Staudinger/Löwisch, Neubearbeitung 2004, § 275 Rn 69. Zum alten Recht: BGH NJW 1957, 826; Erman/Battes, 10. Auflage, § 275 Rn 8; Soergel/Wiedemann, 12. Auflage, § 275 Rn 81. Ausdrücklich geregelt ist diese Pflicht in Art. 79 Abs. 4 CISG.

[170] Dagegen auch Huber/Faust, 8. Kapitel Rn 11; Staudinger/Otto, Neubearbeitung 2004, § 283 Rn 25; Wieser MDR 2002, 858 (861).

deshalb nicht zuzulassen, weil die vorübergehende Unmöglichkeit oft auf einem strafbewehrten staatlichen Verbot beruht, zu dem sich das Leistungsurteil in Widerspruch setzen würde.[171] Da eine Zwangsvollstreckung während des Hindernisses oft von vornherein sinnlos wäre,[172] würde ein Primärleistungsurteil gegenüber der zulässigen Verurteilung zu künftiger Leistung auch keinen praktischen Vorteil bringen.

(g) Ergebnis

Eine vorübergehende Unmöglichkeit führt somit stets und unabhängig vom Vertretenmüssen des Schuldners zu einer zeitweiligen Befreiung von der Primärleistungspflicht.

bb) Entstehung eines Schadensersatzanspruchs bei vorübergehender Unmöglichkeit

Im neuen Recht ist die Begründung eines Schadensersatzanspruchs bei einer zu vertretenden vorübergehenden Unmöglichkeit problematischer geworden. Dies gilt zunächst für den Ersatz von Verzögerungsschäden. Entscheidet man sich für die direkte Anwendung des § 275 Abs. 1, so fehlt es für §§ 280 Abs. 1 und 2, 286 an einer fälligen Primärpflicht. Es wird jedoch dann ein Anspruch aus § 280 Abs. 1 befürwortet, da den Schuldner der Vorwurf der Pflichtverletzung durch ein zu vertretendes Herbeiführen der vorübergehenden Unmöglichkeit trifft.[173] Diejenigen, die den § 275 nur dem Rechtsgedanken nach anwenden wollen, nehmen – in sich nicht ganz widerspruchsfrei – eine Primärpflicht als Voraussetzung für einen Ersatz der Verzögerungsschäden nach §§ 280 Abs. 1 und 2, 286 an, ohne aber die Durchsetzung der Primärpflicht selbst zu erlauben.[174]

Für einen Schadensersatzanspruch statt der Leistung wird zumeist § 281 und nicht § 283 für anwendbar gehalten.[175] Während § 283 einfach anwendbar erscheint, fehlt es für § 281 an sich bei direkter Anwendung des § 275 Abs. 1 an der Fälligkeit des Primäranspruchs. Daher wird die Fälligkeit in diesem Zusammenhang dann bejaht, wenn unter normalen Umständen zu leisten gewesen wä-

---

[171] Damit sind vor allem die praktisch gewordenen Fälle einer Kriegsbeschlagnahme gemeint, vgl. Huber, Band II, S. 790 zum alten Recht.

[172] Brox/Walker, § 22 Rn 15.

[173] Däubler, FS Heldrich, S. 55 (62); Fehre, S. 215; MüKo/Ernst, Band 2a, 4. Auflage, § 275 Rn 146; Canaris JZ 2001, 499 (508) für BGB-KF.

[174] Emmerich, Leistungsstörungen, S. 56; Hk-BGB/Schulze, § 275 Rn 7; Palandt/Heinrichs, § 275 Rn 10; Schulze/Ebers JuS 2004, 265 (267/268); wohl auch Jauernig/Stadler, § 275 Rn 10. Für § 286 auch Lobinger, S. 313 mit anderer Begründung.

[175] Für § 281: Arnold, JZ 2002, 866 (869); Emmerich, Leistungsstörungen, S. 56; Fehre, S. 214; Hk-BGB/Schulze, § 275 Rn 7; Katzenstein JURA 2005, 217 (222); Lobinger, S. 315; Maier-Reimer, in: Dauner-Lieb/Konzen/Schmidt, S. 291 (306); MüKo/Ernst, Band 2a, 4. Auflage, § 275 Rn 148; Staudinger/Otto, Neubearbeitung 2004, § 283 Rn 26; Wieser MDR 2002, 858 (861). Für § 283: Huber/Faust, 8. Kapitel, Rn 16. Nach der Zumutbarkeit eines Abwartens differenzierend: Medicus, FS Heldrich, S. 347 (352).

re.[176] Die Ansicht, die dem § 275 nur einen Rechtsgedanken entnehmen will, nimmt wiederum allein für den Schadensersatzanspruch das Bestehen einer fälligen Leistungspflicht an.

Im Ergebnis ist die Anwendung des § 281 vor allem aus praktischen Gründen zu befürworten. Denn dieser erlaubt es dem Gläubiger, auch an seinem vorübergehend suspendierten Erfüllungsanspruch festzuhalten, während er nach § 283 automatisch endgültig erlöschen müsste, was wegen des nur zeitweisen Hindernisses nicht überzeugen kann.[177] Die Anwendung des § 281 erübrigt auch die dem Gläubiger mitunter schwierige Abgrenzung zwischen verschuldeter bloßer Verspätung, vorübergehender oder gar dauerhafter Unmöglichkeit. Dies wird einer dem § 281 schon vom Gesetzgeber zugemessenen Funktion gerecht, wonach der Gläubiger bei Unkenntnis des Grundes der Nichtleistung über § 281 soll vorgehen können.[178] Auch wertungsmäßig macht es keinen Unterschied, ob der Schuldner zwar leisten kann, aber nicht will, oder ob er verschuldet vorübergehend nicht leisten kann.[179] Die Anwendung der Verzögerungsregeln ist also sachgerecht. Ferner stellt § 281 die Nachfolgenorm des § 326 a.F. dar,[180] was vor dem Hintergrund, dass eine sachliche Änderung zum alten Recht bei der Reform nicht gewollt war, Bedeutung hat.[181] Auch die bei § 281 notwendige Fristsetzung ist nicht sinnlos, denn der Schuldner wird dadurch in die Lage versetzt, seine Leistung doch noch – etwa durch übermäßige, nicht geschuldete Anstrengungen – zu erbringen und seine Schadensersatzpflicht abzuwenden.[182] Es wird damit dem einheitlichen Prinzip einer zweiten Chance zur Erfüllung Geltung verschafft.

2) Nichtleistung aus anderen Gründen und die Rechtsfolgen bei nicht rechtzeitiger Leistung

Liegt eine Befreiung nach § 275 nicht vor, so bleibt der Schuldner zur Primärleistung verpflichtet. Kommt er dem bei Fälligkeit nicht nach, so hat dies an sich noch keine Konsequenzen. Das Gesetz schreibt dafür erst den Eintritt weiterer Voraussetzungen vor. Zur Haftung für eventuelle Verzögerungsschäden nach §§ 280 Abs. 1 und 2, 286 bedarf es beispielsweise noch des Verzuges des

---

[176] Arnold, JZ 2002, 866 (869), so auch BT-Drucks. 14/6857, S. 12 zu der Rücktrittsmöglichkeit nach § 323 analog.

[177] Däubler, FS Heldrich, S. 55 (62 mit 60); MüKo/Ernst, Band 2a, 4. Auflage, § 275 Rn 148; Wieser MDR 2002, 858 (861); für eine Fristsetzung auch BT-Drucks. 14/7052, S. 183; diesen Gesichtspunkt nennen auch Schulze/Ebers JuS 2004, 265 (267).

[178] Däubler, FS Heldrich, S. 55 (62 mit 61); vgl. dazu BT-Drucks. 14/6040, S. 138 und später S. 358 ff.

[179] Däubler, FS Heldrich, S. 55 (62 mit 61).

[180] Dazu später Näheres, S. 60 ff.

[181] Lobinger, S. 315. Im alten Recht hatte der Gläubiger bei der zu vertretenden vorübergehenden Unmöglichkeit die Rechte aus § 326 a.F.

[182] Lobinger, S. 315/316.

Schuldners. Der Gläubiger muss also im Regelfall die Leistung zunächst anmahnen. Ebenso ist eine Auflösung des Schuldverhältnisses im Wege der Totalliquidation an besondere weitere Erfordernisse geknüpft, die sich in § 281 und § 323 finden. Beide Tatbestände behandeln neben dem Fall der nicht rechtzeitigen Leistung auch noch den hier nicht interessierenden Fall der Schlechtleistung. § 281 und § 323 ähneln sich in ihrer Tatbestandsstruktur weitgehend und stellen beide eine Sanktionsmöglichkeit des Gläubigers auf ein nicht pflichtgemäßes Schuldnerverhalten dar. Es ist daher angezeigt, beide Tatbestände in ihren Gemeinsamkeiten gleich zu behandeln, also die einzelnen identischen Voraussetzungen gleich auszulegen und zu konkretisieren.[183] Zwar beschäftigt sich die vorliegende Arbeit nur mit den Problemen des § 281, es soll jedoch bei der Erörterung derselben noch mehrfach auch auf Argumente zum ähnlichen § 323 zurückgegriffen werden.

Im Folgenden soll nur ein erster Überblick über die Übergangsmöglichkeiten des Gläubigers bei nicht rechtzeitiger Leistung des Schuldners verschafft werden. Zunächst muss für §§ 281, 323 ein Schuldverhältnis bestehen. Der Schuldner muss dann einer fälligen Leistungspflicht nicht nachgekommen sein. Diese Nichtleistung muss auch noch während der zu setzenden angemessenen Nachfrist vorliegen. Dies stellt die für den Schadensersatzanspruch nach §§ 280 erforderliche Pflichtverletzung dar, wie der Verweis von § 281 auf § 280 ergibt. Aus den Spezialregelungen der §§ 283, 326 folgt, dass dabei grundsätzlich keine Unmöglichkeit der Leistung vorliegen darf. Nach § 281 Abs. 1 und § 323 Abs. 1 muss grundsätzlich eine angemessene Frist zur Leistung gesetzt werden, die ausnahmsweise nach dem jeweiligen Abs. 2 entbehrlich sein kann. Sie kann auch mit einer die Fälligkeit begründenden Handlung verbunden werden.[184] Die Angemessenheit der Frist bestimmt sich danach, ob der Schuldner seine im Wesentlichen schon ins Werk gesetzte und abgeschlossene Leistung nunmehr voll erbringen kann.[185] Die Nachfrist braucht auf keinen Fall so lang bemessen zu sein, dass der Schuldner die Möglichkeit erhält, jetzt überhaupt erst mit der Bewirkung seiner Leistung zu beginnen. Die Fristsetzung zur Leistung erfordert eine nachdrückliche und bestimmte Aufforderung zur Leistung, eine bloße Bitte oder eine geforderte Erklärung über die Leistungsbereitschaft reichen nicht aus.[186] Der Gläubiger kann die gesetzte Nachfrist vor deren Ablauf einseitig ver-

---

[183] Vgl. dazu noch unten S. 72; ferner BT-Drucks. 14/6040, S. 183/184; Erman/Westermann, § 323 Rn 6; Heinrichs, FS Derleder, S. 87 (88); MüKo/Ernst, Band 2a, 4. Auflage, § 281 Rn 17; Palandt/Heinrichs, § 323 Rn 1 und 9.

[184] Derleder/Zänker NJW 2003, 2777 (2778 in Fn 17); Heinrichs, FS Derleder, S. 87 (99).

[185] Erman/Westermann, § 281 Rn 13; MüKo/Ernst, Band 2a, 4. Auflage, § 281 Rn 71; Staudinger/Otto, Neubearbeitung 2004, § 323 Rn B63.

[186] Vgl. nur MüKo/Ernst, Band 2a, 4. Auflage, § 281 Rn 32 ff.

längern.[187] Dies folgt daraus, dass es dem Gläubiger freisteht, sich auch nach deren Ablauf weiterhin für den Primäranspruch zu entscheiden. Belange des Schuldners werden nicht berührt, da die Frist nur insoweit eine Schuldnerschutzfunktion hat, als dass jedenfalls nicht vor ihrem Ablauf Sekundärrechte ausgeübt werden dürfen. Aus dem Fortbestand des Primäranspruchs selbst nach Fristablauf folgt auch, dass der Gläubiger auch zu diesem Zeitpunkt erneut eine Frist setzen kann.[188] Zwar war diese Möglichkeit dem Gläubiger nach altem Recht versagt,[189] jedoch beruhte dies auf dem automatischen und endgültigen Erlöschen der Primärforderung mit Fristablauf. Nicht möglich ist eine erneute Fristsetzung nach Wahl des Sekundärrechts. Der Schuldner hat dann schon die Befreiung von der Primärschuld erlangt, was ihm der Gläubiger nicht einseitig wieder nehmen kann.[190] Es bedarf vielmehr eines Einverständnisses von Gläubiger und Schuldner, die Primärschuld wieder aufleben zu lassen, dann ist auch eine erneute Fristsetzung denkbar.

Seine Sekundärrechte kann der Gläubiger nach fruchtlosem Ablauf der Frist ausüben. Dies heißt im Rahmen des § 281, dass er Schadensersatz statt der Leistung verlangen kann. Ebenso kann er nach §§ 323 Abs. 1, 349 den Rücktritt erklären und so das Schuldverhältnis in ein Rückabwicklungsverhältnis umwandeln. Für einen Schadensersatzanspruch muss, wie sich aus § 281 i.V.m. § 280 Abs. 1 Satz 2 ergibt, noch ein Vertretenmüssen des Schuldners vorliegen. Dieses wird widerleglich vermutet. Für die Rücktrittsbefugnis fehlt es an diesem Erfordernis. Der Gesetzgeber hat sich bewusst dafür entschieden, den Rücktritt nunmehr verschuldensunabhängig auszugestalten. Interessanterweise ist dies schon bei Schaffung des BGB erwogen worden, dort aber mit umfangreicher Begründung abgelehnt worden.[191] Vor allem wurde geltend gemacht, ein verschuldensunabhängiges Rücktrittsrecht benachteilige den Schuldner zu sehr, da der Gläubiger ein zufälliges Ereignis dazu nützen könne, sich von einem ihm ungünstigen Vertrag zu lösen. Demgegenüber heißt es in der Begründung zur Neufassung des § 323:[192] „Die sachliche Rechtfertigung für die Rücktrittsmöglich-

---

[187] Emmerich, Leistungsstörungen, S. 284; Erman/Westermann, § 323 Rn 14; MüKo/Ernst, Band 2a, 4. Auflage, § 281 Rn 25; Staudinger/Otto, Neubearbeitung 2004, § 281 Rn B72. Dies war auch schon im alten Recht anerkannt, obwohl dort der Fristsetzung mit Ablehnungsandrohung sogar Gestaltungswirkung zukam, vgl. BGH NJW-RR 1990, 442 (444); Huber, Band II, S. 188; Lindacher JZ 1980, 48 (51).

[188] H. M., vgl. MüKo/Ernst, Band 2a, 4. Auflage, § 323 Rn 54; Staudinger/Otto, Neubearbeitung 2004, § 281 Rn B72. Setzt der Gläubiger eine neue Nachfrist, ist er an der Geltendmachung der Sekundärrechte bis zu deren Ablauf grundsätzlich gehindert, da alles andere widersprüchlich wäre.

[189] Huber, Band II, S. 188; Lindacher JZ 1980, 48 (50).

[190] Vgl. Emmerich, Leistungsstörungen, S. 297; MüKo/Ernst, Band 2a, 4. Auflage, § 281 Rn 106; Staudinger/Otto, Neubearbeitung 2004, § 281 Rn D4.

[191] Protokolle bei Mugdan, Band II, S. 642.

[192] BT-Drucks. 14/6040, S. 184.

keit des Gläubigers gemäß § 323 Abs. 1 RE liegt darin, dass der Schuldner die von ihm geschuldete Leistung nicht oder jedenfalls nicht so wie geschuldet erbringt, welchen Grund auch immer dies haben mag. Das rechtfertigt es, allein darauf abzustellen, dass eine dem Schuldner gesetzte angemessene Frist ergebnislos abgelaufen ist.“ Diese recht einfach anmutende Begründung lässt eine vertiefte Auseinandersetzung mit möglichen Schuldnerinteressen vermissen.[193] Dennoch muss diese Systementscheidung akzeptiert werden, die Postulierung eines Verschuldenserfordernisses für den Rücktritt ist de lege lata nicht möglich.

3) Zusammenhang zwischen dem Schicksal der Primärschuld und der Haftung auf Schadensersatz wegen Nichtleistung

a) Grundsatz der zu vertretenden Nichtleistung bei Fortbestand der Primärschuld

Zu einer wenigstens zeitweiligen Befreiung von der Primärleistungspflicht kommt es nur in den Fällen des § 275 wegen Unmöglichkeit oder Unzumutbarkeit bzw. wegen eines vorübergehenden unbehebbaren Leistungshindernisses. Werden diese Befreiungsschwellen nicht erreicht, so bleibt der Schuldner zur Leistung verpflichtet. Der Gläubiger kann seine Primärforderung klageweise geltend machen oder aber über § 281 zu einem Schadensersatzanspruch statt der Leistung gelangen. Dabei hat die fehlende Primärschuldbefreiung Auswirkungen auf die Haftung des Schuldners wegen nicht rechtzeitiger Leistung. Denn mangels Befreiungsgrundes enthält sich der Schuldner grundsätzlich ohne einen relevanten, d.h. von der Rechtsordnung anerkannten Grund der von ihm geschuldeten Leistung. Damit liegt dann eine zu vertretende, nämlich gemäß § 276 Abs. 1 Satz 1 vorsätzlich oder fahrlässig verursachte Nichtleistung vor. Solange und soweit die Primärforderung noch besteht, wird eben vom Schuldner die Beseitigung aller eventuell bestehender Hindernisse und die Erbringung der Leistung erwartet. Das Fehlen einer Unmöglichkeit oder Unzumutbarkeit bewirkt damit grundsätzlich eine Haftung wegen zu vertretender Nichtleistung nach § 281.

b) Ausnahmen vom Grundsatz

Davon gibt es nur einige kurz darzustellende Ausnahmen. Zunächst kann die Nichtleistung auf Gründen beruhen, die in der Sphäre des Gläubigers liegen. So kann der Gläubiger die zunächst angebotene ordnungsgemäße Primärleistung unberechtigterweise nicht angenommen haben oder seine notwendige Mitwirkung versagt haben. Ebenso kann es an einem Angebot zur Zug um Zug zu erbringenden Gegenleistung seitens des Gläubigers fehlen. In beiden Fällen unterbleibt die an sich mögliche Primärleistung des Schuldners, ohne dass dieser

---

[193] Kritisch gegenüber der Neuregelung Huber, in: Ernst/Zimmermann, S. 31 (170); MüKo/Ernst, Band 2a, 4. Auflage, § 323 Rn 2; zustimmend wohl Kittner, Rn 718. Eine Ausweitung erfährt diese Absenkung der Rücktrittsschwelle noch dadurch, dass ein Rücktritt nunmehr schon bei Verletzung einer bloß gegenseitigen Pflicht möglich ist, während § 326 a.F. die Verletzung einer synallagmatischen Pflicht erforderte.

dies zu vertreten hat. Ein Schadensersatzanspruch aus § 281 scheidet demgemäß aus. Beim Annahmeverzug fehlt es zudem an der Nichtleistung seitens des Schuldners, denn dieser hat seine Leistungshandlung erbracht, bei der fehlenden Mitwirkung und dem fehlenden Angebot der Gegenleistung liegt keine durchsetzbare Forderung des Gläubigers vor, da dieser seiner Verpflichtung nicht nachgekommen ist bzw. die Einrede aus § 320 besteht.[194] Da diese Fälle der Nichtleistung auf einem vom Gläubiger zu vertretenden Umstand beruhen und insoweit Sonderfälle sind, soll auf sie nachfolgend nicht mehr gesondert eingegangen werden. Sie vermögen die oben aufgestellte Regel hinsichtlich einer Schadensersatzhaftung wegen einer zu vertretenden Nichtleistung bei Fehlen eines Befreiungsgrundes für die Primärforderung nicht zu erschüttern. Eine Einschränkung der Regel ergibt sich aus ihnen gleichwohl, doch soll im Rahmen dieser Arbeit das Augenmerk auf eine Nichtleistung gelegt werden, deren Gründe aus der Sphäre des Schuldners stammen.

Des Weiteren sind hier noch zwei andere Fälle zu behandeln. So kann sich der nicht leistende Schuldner in einem entschuldigenden Irrtum über seine Leistungspflicht befinden. Dabei ist ein Rechts- oder Tatsachenirrtum denkbar. Der Schuldner irrt dann über seine Leistungspflicht, ohne dass ihm dies vorgeworfen werden kann. Dies berührt zwar nicht den Bestand seiner Primärschuld, wohl aber kann ein Vertretenmüssen der Nichtleistung mangels Vorwerfbarkeit der Nichtleistung fehlen.[195] Der entschuldigende Irrtum endet mit Erkennbarkeit der wahren Lage, allerspätestens aber mit einer rechtskräftigen Verurteilung zur Primärleistung. Denn nach dieser verbindlichen Feststellung der Leistungspflicht ist für einen Irrtum kein Raum mehr.[196] Er wird auch sonst sehr selten sein, da er meist schon durch zumutbare Aufklärungsmaßnahmen wegfallen wird. Eine weitere Ausnahme vom grundsätzlichen Zusammenhang zwischen fehlender Primärschuldbefreiung und daraus folgender Sekundärhaftung liegt bei einer Modifikation der Schadensersatzhaftung vor. So kann etwa der Schuldner von einer Schadensersatzhaftung für eine leicht fahrlässige Nichterbringung der Leistung freigestellt sein, aber dennoch zur Primärleistung verpflichtet bleiben. Eine Änderung des oben dargestellten gesetzlichen Regelverhältnisses vermögen diese beiden Fallgruppen ebenfalls nicht zu bewirken. Insgesamt sollen die dargestellten Ausnahmefälle im Folgenden nicht vertieft behandelt werden.

---

[194] Zum Erfordernis eines voll durchsetzbaren Primäranspruchs für § 281 vgl. dazu noch unten, S. 75 ff.; ferner MüKo/Ernst, Band 2a, 4. Auflage, § 281 Rn 19; Palandt/Heinrichs, § 281 Rn 8 und 11.

[195] Gsell JZ 2004, 110 (115); zur identischen alten Rechtslage: Huber, Band I, S. 664; Soergel/Wiedemann, 12. Auflage, § 285 Rn 8.

[196] Gsell JZ 2004, 110 (115); Huber, Band I, S. 726, Band II, S. 543; vgl. auch Huber, Band I, S. 700, wonach ein Irrtum schon nach einer gerichtlichen Beweisaufnahme ausgeschlossen sei.

c) Unzulässigkeit eines Gegenschlusses vom Wegfall der Primärverpflichtung auf ein fehlendes Vertretenmüssen

Trotz des gesetzlichen Regelverhältnisses kann nicht im Gegenschluss gefolgert werden, dass bei Vorliegen eines Befreiungsgrundes immer ein Vertretenmüssen seitens des Schuldners fehlt. Denn nach § 275 Abs. 1 befreit auch die zu vertretende Unmöglichkeit endgültig. Im neuen Schuldrecht ist also bei Unmöglichkeit der Zusammenhang zwischen Primär- und Sekundärhaftung gelöst worden.[197] Beide Ebenen sind getrennt voneinander zu betrachten. § 275 Abs. 1 ist nur noch Befreiungsnorm, nicht aber zugleich Haftungsnorm. Anders war dies seinem Wortlaut nach bei § 275 a.F., der danach nur dann von der Primärleistungspflicht befreite, wenn auch keine Sekundärhaftung eintrat.[198] Von der wohl herrschenden Meinung wurde aber auch schon § 275 a.F. als bloße Befreiungsnorm verstanden.[199]

An diesem Grundsatz ändern auch die Regelungen des § 275 Abs. 2 und 3 nichts. Zwar kann dort das Vertretenmüssen eine Rolle für die Befreiung von der Primärschuld spielen,[200] es ist aber nicht ausgeschlossen, dass der Schuldner trotz einer zu vertretenden Unzumutbarkeit wegen eines groben Missverhältnisses von der Primärpflicht befreit wird. Die Befreiung von der Primärschuld kann also generell nichts mehr über eine Sekundärhaftung aussagen.

d) Zulässigkeit des Gegenschlusses vom fehlenden Vertretenmüssen auf den Wegfall der Primärpflicht

Zulässig ist ein Gegenschluss dergestalt, dass der Schuldner, der die Nichtleistung erwiesenermaßen jedenfalls nicht zu vertreten hat, grundsätzlich auch nicht mehr auf die Primärschuld haftet. Denn ihm kann regelmäßig nur dann kein Vorwurf der Nichtleistung gemacht werden, wenn ihm ein rechtlich anerkannter Grund zusteht, der ihn von seiner Leistungspflicht befreit. Dies muss dann einer der Befreiungsgründe wegen dauernder oder vorübergehender Unmöglichkeit oder Unzumutbarkeit sein. Zusätzlich darf der Eintritt dieser Gründe aber auch nicht selbst von ihm zu vertreten sein, da für den Vorwurf sonst daran angeknüpft werden könnte und somit kein fehlendes Vertretenmüssen hinsichtlich der Nichtleistung mehr vorläge. Insofern kommt bei feststehendem fehlenden Vertretenmüssen konkret nur das Vorliegen einer nicht zu vertretenden dauerhaften oder vorübergehenden Unmöglichkeit oder Unzumutbarkeit in Betracht. Dies schließt den Fortbestand der Leistungspflicht gegenwärtig in jedem Falle aus. Daraus folgt, dass im Prozess grundsätzlich keine Verurteilung zur sofortigen Leistung erfolgen kann, wenn jedenfalls feststeht, dass der Schuldner die

---

[197] Henssler/Graf von Westphalen/Dedek, § 275 Rn 8.

[198] Vgl. zur Qualifizierung des § 275 a.F. als Befreiungs- und Haftungsnorm: Lobinger, S. 229 ff.

[199] Danach sollte jedwede Unmöglichkeit unabhängig vom Vertretenmüssen befreien, siehe zu dem diesbezüglichen Streit oben, S. 9.

[200] Vgl. dazu auch Schlechtriem, FS Sonnenberger, S. 125 (127/128).

Nichtleistung nicht zu vertreten hat. Ausnahmen bestehen, wie schon dargelegt,[201] bei einer Nichtleistung aus Gründen, die aus der Sphäre des Gläubigers kommen, einem entschuldigenden Irrtum des Schuldners oder einer Haftungsmodifizierung, da dann die regelmäßige Koppelung des Fortbestandes der Leistungspflicht mit einer zu vertretenden Nichtleistung nicht richtig ist und auch der hiesige Gegenschluss von einem fehlenden Vertretenmüssen auf einen Wegfall der Primärverpflichtung nicht möglich ist. Die Regel vermögen diese Ausnahmen jedoch im Allgemeinen nicht zu erschüttern.

e) Ergebnis

Diese Ausführungen zeigen, dass die Verbindung zwischen Primär- und Sekundärhaftung, die bei wortgetreuer Anwendung des § 275 a.F. im alten Recht bestand, nur zum Teil im neuen Recht abgeschafft ist. Abgeschafft ist der völlige Gleichlauf zwischen Fortbestand der Primärschuld und der Sekundärhaftung, da nun die Primärschuldbefreiung auch bei einem Vertretenmüssen nach § 275 Abs. 1 – 3 möglich ist und der Schuldner damit trotz Befreiung von der Primärforderung noch auf Schadensersatz haften kann. Grundsätzlich geblieben ist jedoch die Möglichkeit eines umgekehrten Rückschlusses. Haftet der Schuldner jedenfalls mangels Vertretenmüssens nicht auf Schadensersatz, so ist er regelmäßig auch von der Primärschuld befreit. Bei ausgeschlossener Schadensersatzhaftung liegt also weiterhin zumeist ein Gleichlauf mit einer Primärbefreiung vor.

IV. Die Interessenlage bei der Ausgestaltung der Übergangsmöglichkeiten auf einen Schadensersatzanspruch und die Entwicklung in einigen europäischen Rechtsordnungen

1) Die Interessenlage

Die Gewährung und konkrete Ausgestaltung eines Übergangsrechts des Gläubigers auf Schadensersatz bei einem nicht pflichtgemäßen Verhalten des Schuldners ist zunächst einmal eine rechtspolitische Frage. Eine simple Qualifizierung als falsch oder richtig verbietet sich.[202] Wichtig ist es indes zu erkennen, dass es bei dieser Frage um einen Interessenausgleich geht, der mehr oder weniger einseitig bzw. gerecht ausfallen kann. Im Einzelnen können überblicksmäßig folgende Interessen ausgemacht werden, an denen sich eine Beantwortung der Frage nach dem Ob und Wie einer Übergangsmöglichkeit orientieren muss:

Auf Gläubigerseite kann zunächst ein schützenswertes Interesse am Fortbestand des Primäranspruchs bestehen, solange die Primärleistung nur an sich noch möglich bzw. zumutbar erscheint. Dies ist klar ersichtlich bei Ansprüchen auf Speziessachen. So kann es das konkret verkaufte Grundstück oder das Meistergemälde nur einmal geben und nur der Primäranspruch kann gewährleisten,

[201] Siehe oben, S. 40 ff.
[202] Huber, Band II, S. 141.

dass der Gläubiger erhält, was ihm versprochen wurde und was seinen Interessen entspricht.[203] Oftmals liegen hier zudem den Kauf mitbestimmende immaterielle Beweggründe vor.[204] Ein Schadensersatzanspruch allein hilft dem Gläubiger nicht immer weiter. Anders ist es nur, wenn er sich die geschuldete Sache auch anderswo auf dem Markt besorgen könnte, wie dies etwa bei Gattungssachen der Fall ist. In diesem Falle kann er seine Bedürfnisse auch gut durch Tätigung eines Deckungsgeschäfts nach Zuerkennung von Schadensersatz befriedigen.

Als Ausgangspunkt dient dem deutschen Recht die Zuerkennung eines Primäranspruchs.[205] Es räumt dem Gläubiger aber auch eine Übergangsmöglichkeit auf einen Schadensersatzanspruch ein. Für dieses sprechen ebenfalls gewichtige Gläubigerinteressen. Es erlaubt dem Gläubiger, von einer zeit- und kostenaufwändigen Verfolgung des Primäranspruchs abzusehen und sich die geschuldete Sache anderweitig zu besorgen. Dies ist insbesondere angezeigt, wenn der Gläubiger dringend auf die Sache angewiesen ist oder er etwa durch das vertragswidrige Verhalten das Vertrauen in den Schuldner verloren hat. Ebenso wird ein Geldanspruch in der Regel leichter zwangsweise durchsetzbar sein als ein Naturalerfüllungsanspruch. Denn während bei letzterem in der Zwangsvollstreckung nur auf das konkrete Stück zugegriffen werden kann, haftet der Schuldner für Geldansprüche mit seinem gesamten Vermögen.[206] Diese Interessenlage ist auch vom Gesetzgeber bei den Reformen der §§ 281 ff. beachtet worden. Es heißt:[207] „Der Übergang vom Anspruch auf die Primärleistung zu einem diese Leistung ersetzenden Schadensersatzanspruch kann einem dringenden Interesse des Gläubigers entsprechen: Häufig wird dieser sich die ausgebliebene Primärleistung anderswo besorgen müssen; auch lässt sich ein auf Geld gerichteter Schadensersatzanspruch regelmäßig leichter vollstrecken als der Anspruch auf eine bestimmte Primärleistung." Den Interessen des Gläubigers käme also am besten ein freies voraussetzungsloses Wahlrecht zwischen Primär- und Schadensersatzforderung entgegen.[208] Dies würde indes die Schuldnerinteressen vernachlässigen.

---

[203] Vgl. Müller-Chen, Jahrbuch Junger Zivilrechtswissenschaftler 1996, 23 (33 ff.); Neufang, S. 331; Stathopoulos AcP 194 (1994), 543 (556 und 559); Treitel, Remedies, S. 47.

[204] Vgl. Huber, Band II, S. 143.

[205] Huber, in: Einheitliches Kaufrecht und nationales Obligationenrecht, S. 199 (200); Müller-Chen, Jahrbuch Junger Zivilrechtswissenschaftler 1996, 23 (25); Nehlsen-von Stryk, AcP 193 (1993), 529; Rütten, FS Gernhuber, S. 939 (939/940); Stathopoulos AcP 194 (1994), 543 (555); Treitel, Remedies, S. 51. Dazu unten mehr, S. 53 ff.

[206] Huber, in: Ernst/Zimmermann, S. 31 (42 in Fn 29).

[207] BT-Drucks. 14/6040, S. 137; wörtlich zurückgehend auf die Begründung des Abschlussberichts, S. 133.

[208] Huber, Band II, S. 142.

Der Schuldner hat regelmäßig trotz seiner vertragswidrigen Nichtleistung ein Interesse am Fortbestand der Primärschuld.[209] Denn zumeist wird er die Primärleistung günstiger erbringen können als den Schadensersatz.[210] Dafür spricht schon die wirtschaftliche Vermutung, dass sich der Schuldner nur deshalb zum Vertrag entschlossen hat, da das Geschäft für ihn günstig war.[211] Durch den Übergang droht ihm damit ein vorteilhaftes Geschäft zu entgehen. Zudem wird der Gläubiger für ein Deckungsgeschäft oft mehr aufwenden müssen als der Schuldner selbst. Diesen Betrag muss der Schuldner dann noch im Wege des Schadensersatzes ersetzen. Der Schuldner kann zudem zur Erbringung der Primärleistung schon erhebliche Anstrengungen gemacht haben, die durch einen Übergang nutzlos werden können.[212]

Daneben darf aber auch nicht übersehen werden, dass der Schuldner durch eine bloße Haftung auf Schadensersatz die Möglichkeit erhielte, sich von einem ihm ungünstigen oder unpassenden Vertrag „loszukaufen".[213] Dies würde für ihn eine größere geschäftliche Freiheit bedeuten, da er so überhaupt erst die sichere Möglichkeit erhielte, mit einem Dritten einen günstigeren Vertrag abzuschließen und zu erfüllen. Aus Schuldnersicht würde damit ein Primärleistungsrecht mit fehlendem einseitigem Übergangsrecht des Gläubigers und einer außerdem nicht möglichen Erzwingbarkeit der Primärforderung den Idealrechtszustand verkörpern.

Die Berücksichtigung der hier angesprochenen gegensätzlichen Interessen hat in anderen Rechtsordnungen und in der deutschen Rechtsgeschichte zu unterschiedlichen Ergebnissen hinsichtlich des Bestandes eines durchsetzbaren Primärerfüllungsanspruchs und einer Übergangsmöglichkeit auf Schadensersatz geführt. Dies soll nachfolgend überblickartig dargestellt werden, nähere Darlegungen müssen indes rechtsvergleichenden Arbeiten vorbehalten bleiben.

2) Römisches Recht

Das Römische Recht war für die Entwicklung der kontinentalen Rechtsordnungen besonders wichtig. Im klassischen römischen Formularprozess galt der Grundsatz einer Verurteilung zu Schadensersatz, nicht aber zur Primärerfüllung

---

209 Huber, Band II, S. 144/145.

210 Huber, Band II, S. 144; Henssler/Graf von Westphalen/Dedek, § 281 Rn 2.

211 Dies ähnelt der Rentabilitätsvermutung, wonach Leistung und Gegenleistung als gleichwertig vermutet werden, da nicht davon ausgegangen werden kann, dass eine Partei einen für sie von vornherein ungünstigen Vertrag abschließt, vgl. dazu Huber, Band II, S. 201 ff.

212 So BT-Drucks. 14/6040, S. 137; wörtlich zurückgehend auf die Begründung des Abschlussberichts, S. 133.

213 Müller-Chen, Jahrbuch Junger Zivilrechtswissenschaftler 1996, 23 (40); Neufang, S. 334 ff.; dieser Gedanke ist im anglo-amerikanischen Rechtskreis stark vertreten, vgl. Reimann, S. 54/55.

(omnis condemnatio pecuniaria).[214] Jedes Leistungsurteil musste auf eine bestimmte Geldsumme lauten. Eine explizite Übergangsregelung erübrigte sich daher, da die Obligation sich mit dem Urteil in eine Geldschuld umwandelte.[215] Eine schon vorher geleistete Zahlung befreite den Schuldner daher auch nur ausnahmsweise.[216]

In der nachklassischen Zeit (Kaiserzeit) wurde jedoch unter dem Eindruck von wirtschafts- und sozialpolitischen Veränderungen, sowie einer hohen Inflation vom Grundsatz der Geldverurteilung abgewichen.[217] In dem von Billigkeitsgrundsätzen (aequitas) bestimmten Kognitionsverfahren konnte dann ein Urteil auf die vertragliche Leistung selbst erstritten werden und dessen Durchsetzung erzwungen werden.[218] Dadurch wurde aber dem Gläubiger die Möglichkeit nicht genommen, das Interesse zu fordern.[219] Genauere Übergangsregeln haben sich indes nicht ausgebildet.[220]

3) Anglo-amerikanischer Rechtskreis

a) Regelfall der Kompensation durch Schadensersatz

Im anglo-amerikanischen Rechtskreis gilt – ganz ähnlich wie im frühen römischen Recht – der Grundsatz einer Schadensersatzhaftung bei nicht pflichtgemäßer Erfüllung (action for damages). Hingegen kann die Primärerfüllung (specific performance) nur unter bestimmten weiteren Voraussetzungen verlangt werden.[221] Die Einzelheiten können hier nicht dargestellt werden,[222] Vorausset-

---

214 Ausführlich Kaser/Hackl, Das Römische Zivilprozessrecht, § 54 IV 1; ferner: Huber, Band II, S. 141; Jakobs, S. 174; Müller-Chen, Jahrbuch Junger Zivilrechtswissenschaftler 1996, 23 (28); Nehlsen-von Stryk, AcP 193 (1993), 529 (538); Rütten, FS Gernhuber, S. 939 (941/942); Würthwein, S. 26; Zimmermann, Law of Obligations, S. 35/36, 771 ff., 825 ff.

215 Kaser, 1. Abschnitt, S. 499.

216 Kaser, 1. Abschnitt, S. 499 in Fn 4; Müller-Chen, Jahrbuch Junger Zivilrechtswissenschaftler 1996, 23 (29).

217 Kaser, 2. Abschnitt, S. 343/344; Müller-Chen, Jahrbuch Junger Zivilrechtswissenschaftler 1996, 23 (29) ; Zimmermann, Law of Obligations, S. 772/773.

218 Kaser, 2. Abschnitt, S. 343/344; Müller-Chen, Jahrbuch Junger Zivilrechtswissenschaftler 1996, 23 (29); Zimmermann, Law of Obligations, S. 772/773.

219 Huber, Band II, S. 141 in Fn 8 und S. 539; Kaser/Hackl, Das Römische Zivilprozessrecht, § 93 II 2.

220 Huber, Band II, S. 141 in Fn 8; Jakobs, S. 175.

221 *Attorney-General v Blake* (2001) 1 A.C. 268; Ansons's Law of Contract, S. 517; Davies, Contract, S. 276; Farnsworth on Contracts, Vol. III, § 12. 4, S. 160; Holdsworth, History V, S. 287; Holmes, The Common Law, S. 301; Huber, Band II, S. 141; Jones/Goodhart, Specific Performance, S. 1 ff.; Müller-Chen, Jahrbuch Junger Zivilrechtswissenschaftler 1996, 23 (26); Nehlsen-von Stryk AcP 193 (1993), 529; Reimann, S. 54; Rheinstein, S. 138 ff.; Stathopoulos AcP 194 (1994), 543 (555); Treitel, The Law of Contract, S. 617 und 678 ff.; Treitel, Remedies, S. 63; Zimmermann, Law of Obligations, S. 776/777; Zimmermann JZ 1995, 477 (482); Zweigert/Kötz, S. 477.

zung einer specific performance ist grundsätzlich, dass ein Bruch eines „at law“ bestehenden Anspruchs vorliegt, die Gewährung von specific performance adäquat ist (sog. adequacy test) und das Gericht sein Ermessen (discretion) in Richtung der Gewährung der specific performance ausübt.[223] Es verhält sich damit gleichsam umgekehrt wie im deutschen Recht, das vom Vorrang der Primärerfüllung ausgeht.[224] Indes ist der Unterschied in der Praxis heute nicht mehr so groß, wie es die andere Ausgangslage zunächst nahe legt, da sich insofern eine Angleichung ergeben hat.[225]

Der Vorrang der Schadensersatzverpflichtung im anglo-amerikanischen Rechtskreis ist das Ergebnis einer langen historischen Entwicklung und kann nicht auf einen singulären Grund zurückgeführt werden.[226] Für eine detaillierte Darlegung ist hier nicht der Raum, so dass nur einige der wichtigsten Erklärungsansätze vorgestellt werden sollen. Dies geschieht anhand des prägenden englischen Rechts.

b) Historischer Erklärungsansatz

Das englische Recht ist zunächst als case law wesentlich mehr von seiner historischen Entwicklung beeinflusst, als etwa die kontinental-europäischen Rechtsordnungen, bei denen der Erlass von Gesetzen jeweils eine neue Basis für die Rechtslage schafft.[227] Die hier maßgebliche Entwicklung begann mit der Eroberung Englands durch die Normannen im Jahre 1066. Recht wurde damals sowohl von örtlichen Gerichten gesprochen als auch vom neuen König, der formal oberster Gerichtsherr war. Das Königsgericht wurde bald durch eingesetzte reisende Richter[228] wahrgenommen, welche im Rahmen des von ihnen entwickelten common law entschieden. Die Königlichen Gerichte drängten im Laufe der Zeit die althergebrachten örtlichen Gerichte immer weiter in ihren Kompetenzen und Befugnissen zurück.[229] Die schließlich nahezu allein verbleibenden königlichen Gerichte (common law courts) befassten sich jedoch zunächst nicht mit allen Streitigkeiten. Ihrem Ursprung nach waren sie die Gerichte der Großen des

---

222 Vgl. dazu die Spezialliteratur wie etwa Jones/Goodhart, Specific Performance, S. 1 ff.; Chitty on Contracts, Kapitel 27.

223 Vgl. *Harnett v Yielding* (1805) 2 Sch. & Lef. 549 (553); *Ryan v Mutual Tontine Westminster Chambers Association* (1893) 1 Ch. 116 (126); *Co-operative Insurance Society Ltd. v Argyll Stores (Holdings) Ltd.* (1998) A.C. 1 (11); Chitty on Contracts, Kapitel 27 Rn 005; Neufang, S. 120 ff.; Rheinstein, S. 144 ff.; Reimann, S. 57 ff.; Zweigert/Kötz, S. 478 ff.

224 Siehe genauer unten, S. 53 ff.

225 Müller-Chen, Jahrbuch Junger Zivilrechtswissenschaftler 1996, 23 (35); Reimann, S. 58; Zweigert/Kötz, S. 482; vgl. auch Davies, Contract, S. 276.

226 Neufang, S. 38/39; Preuss, S. 25.

227 Blumenwitz, S. 11; Preuss, S. 26; Rheinstein, S. 7; Stathopoulos AcP 194 (1994), 543 (556); Zweigert/Kötz, S. 177/178.

228 Blumenwitz, S. 12.

229 Ausführlich: Holdsworth, History I, S. 37 ff.; Blumenwitz, S. 12; Neufang, S. 35/36; Rheinstein, S. 11; Zweigert/Kötz, S. 180.

Reiches, für Bagatellsachen fehlte ihnen grundsätzlich die Kompetenz.[230] Sie wurden nur tätig, wenn ein so schwerer Verstoß gegen den Rechtsfrieden vorlag, dass darin auch ein Verstoß gegen den Königsfrieden gesehen werden konnte.[231] Dabei war das System des common law im Anschluss an römisch-rechtliche Vorbilder streng aktionenrechtlich geprägt, eine Klage war also nur möglich, wenn ein passender Rechtsbehelf (writ) gegeben war.[232]

Die Anzahl der insoweit überaus wichtigen Klagearten (forms of action) war begrenzt. Insbesondere bei den vertraglichen Klagen standen nur wenige zur Verfügung, die zudem an strenge Voraussetzungen gebunden waren.[233] Im Einzelnen waren dies vor allem die „action of debt und detinue“ und die „action of covenant“.[234]

Die königlichen Gerichte befassten sich aber auch mit deliktischen Klagen. Die insoweit für die weitere Entwicklung wichtigste „form of action“ war der „writ of trespass“. Er setzte voraus, dass jemand mit Gewalt oder unter Bruch des Landfriedens – vi et armis contra pacem domini reges – einen anderen unmittelbar in seinem Besitz an Sachen oder in seiner körperlichen Unversehrtheit verletzt hatte.[235] Darin kam noch zum Ausdruck, dass sich das königliche Gericht nur mit solchen Rechtsangelegenheiten befasste, die wie deliktische Handlungen eine Art Öffentlichkeitsbezug hatten, so dass eine gerichtliche Verfolgung ein Anliegen der Allgemeinheit und des Königs wurde.[236] Jedoch wurde mit der weitgehenden Zurückdrängung der örtlichen Gerichte die Unzulänglichkeit der Anzahl und Art der möglichen Klagebegehren deutlich. Dies führte zu zwei parallel verlaufenden, sich gegenseitig beeinflussenden[237] Entwicklungen.

aa) Erweiterung der ursprünglichen Klageformen des common law

Um umfassenderen Rechtsschutz bieten zu können, wurden die vorhandenen Klageformen des common law ausgeweitet.[238] Dies erfolgte vor allem für die oben genannte deliktische Klage des „writ of trespass“, die naturgemäß auf Schadensersatz lautete.[239] Die vertraglichen „actions of covenant“ und die „actions of debt und detinue“ wurden aus verschiedenen Gründen nicht weiterentwickelt, da sie einerseits eine bestimmte Form des Vertragsschlusses voraussetz-

---

230 Rheinstein, S. 11.

231 Vgl. Preuss, S. 40.

232 Blumenwitz, S. 12/13; Holmes, The Common Law, S. 274; Rheinstein, S. 12; Zweigert/Kötz, S. 183.

233 Preuss, S. 33.

234 Zu diesen ausführlich Neufang, S. 36 ff.; Preuss, S. 35; Rheinstein, S. 15 ff.

235 Rheinstein, S. 23; Zweigert/Kötz, S. 182.

236 Simpson, History, S. 202; Preuss, S. 40, vgl. auch Rheinstein, S. 23 mit Fn 46.

237 Neufang, S. 52.

238 Blumenwitz, S. 13; Holmes, The Common Law, S. 274 ff.; Preuss, S. 34. Simpson, History, S. 275 meint, dass die Ausweitung der Klageformen auch der Rückgewinnung von Fällen diente, die zwischenzeitlich zumeist vor die chancery gebracht wurden.

239 Simpson, History, S. 199 ff.; Zweigert/Kötz, S. 182.

ten, andererseits in ihrem Verfahren zu formalistisch waren.[240] Hinsichtlich des writ of trespass wurde zunächst das Erfordernis der Gewaltanwendung fallen gelassen (malfeasance), dann auch eine Schlechterfüllung eines Vertrages mit daraus entstandenem Schaden als der deliktischen trespass-Klage zugänglich erachtet (misfeasance). Dies wurde schließlich erweitert auf Fälle der bloßen Nichterfüllung (nonfeasance).[241] So entwickelte sich endlich im Wege der deliktischen Haftung die allgemeine Vertragsklage wegen „breach of contract" (writ of assumpsit genannt).[242] Statt des ursprünglich nur vorgesehenen Ersatzes des negativen Interesses wegen Verletzung des Vertrauens in den Vertrag wurde dann das positive Interesse zugesprochen.[243] Seine ursprünglich deliktische Natur verlor die Vertragsbruchsklage dann erst im 19. Jahrhundert.[244] „At law" war also eine Klage wegen Vertragsbruchs möglich, die aber in der Regel auf Schadensersatzzahlung lautete. Dies konnte jedoch die Interessen mancher Kläger nicht befriedigen, die ein besonderes Interesse an der Primärerfüllung hatten.

bb) Ausbildung einer equity-Rechtsprechung

Weitgehend parallel zu der obigen Entwicklung bewirkten die Besonderheiten und Unzulänglichkeiten[245] der Klagen vor den königlichen Richtern „at law" auch die Entstehung eines zweiten Normenkomplexes, der „equity".[246] Sie entwickelte sich, nachdem vermehrt von einem zunächst außerordentlichen Rechtsbehelf Gebrauch gemacht wurde. Es war seit je her anerkannt, dass man sich auf der Suche nach Gerechtigkeit auch direkt an den König wenden konnte, um eine Gnaden-Entscheidung zu erlangen, die einem nach dem stark formalisierten Verfahren „at law" verwehrt blieb.[247] Die Handhabung ging mit der Zeit vom König auf den Kanzler und seine Mitarbeiter (chancery) über.[248] Die Entscheidungen des Kanzlers ergingen „in equity", also aus Billigkeitsgründen.

---

240 Siehe Preuss, S. 36/37; Rheinstein, S. 21/22 und S. 163.

241 Vgl. die Ausführungen bei Neufang, S. 44/45; Preuss, S. 40 ff. und 45 ff.; Rheinstein, S. 23 ff.; Zimmermann, Law of Obligations, S. 778.

242 Jones/Goodhart, Specific Performance, S. 4; Neufang, S. 44 und S. 46; Rheinstein, S. 29; Zimmermann, Law of Obligations, S. 777; Zimmermann JZ 1995, 477 (482); Zweigert/Kötz, S. 183 und S. 477.

243 Neufang, S. 45/46; Rheinstein, S. 28/29 und S. 33.

244 Blumenwitz, S. 13/14 in Fn 6.

245 Das Verfahren der common law courts war neben den aufgezeigten systematischen Fesseln auch sonst zu schwerfällig und formalistisch, das anzuwendende Recht zu starr und zu lückenhaft, ferner gegenüber politischer Einflussnahme nicht abgeschirmt genug, vgl. Preuss, S. 38; Zweigert/Kötz, S. 184.

246 Neufang, S. 48; Rheinstein, S. 140.

247 Ausführlich zu Chancery: Holdsworth, History I, S. 200 ff. ferner Blumenwitz, S. 14; Reimann, S. 166; Zweigert/Kötz, S. 184. Man wandte sich an den König als „Quelle aller Gerechtigkeit und Gnade".

248 Blumenwitz, S. 14; Zweigert/Kötz, S. 184.

Die equity-Rechtsprechung hatte ursprünglich die mittelalterliche Rechtsprechung der geistlichen Gerichte in Fällen des Gelöbnisbruches als Hintergrund, der aber immer mehr verschwand.[249] Geblieben war aber der Bezug zu einem treuwidrigen Verhalten. Als Rechtfertigung für die „in equity" auszusprechenden Befehle hielt ursprünglich her, dass der König bzw. Kanzler (bis 1529 ein Geistlicher) das Seelenheil des Unterlegenen durch einen an ihn gerichteten Befehl schützte, wenn sein an sich gesetzmäßiges Verhalten ansonsten gegen „good faith" und „honest dealing" verstoßen würde.[250] Grundlage der equity war damit aber auch der Grundgedanke eines pacta sunt servanda, bzw. eine Haftung aus einem gegebenen Versprechen, da sich gerade dessen Nichteinhaltung als treuwidrig herausstellen konnte.[251] Damit war die Basis der equity-Rechtsprechung mehr eine vertragliche Haftung.[252] Rechtsfolge einer equity-Entscheidung war, soweit möglich, die Zuerkennung eines Primäranspruchs, da nur dadurch der Versprechende zur tatsächlichen Erfüllung seines Versprechens, zu dessen „specific performance", angehalten werden konnte.[253]

Die passende Klageart war der „writ of subpoena", wonach der Beklagte bei Meidung einer Geld- oder Haftstrafe zur Verhandlung geladen wurde, worin ihm dann unter Androhung derselben Konsequenzen geboten werden konnte, etwas zu tun oder zu unterlassen.[254] Voraussetzung einer equity-Entscheidung, die im Ermessen (discretion) des Gerichts liegt, ist, dass der „at law" zustehende Rechtsbehelf – beim Vertragsbruch also der regelmäßige Schadensersatzanspruch – unzulänglich (inadequate) ist.[255] Daneben gibt es aber noch andere relevante Gesichtspunkte für oder gegen die Gewährung von specific performance.[256] Ihr steht etwa entgegen, dass bei der Vollstreckung des Erfüllungsurteils größere Schwierigkeiten zu erwarten sind oder Dienstleistungen zu erbringen

---

[249] Rheinstein, S. 39.

[250] Simpson, History, S. 278/279 und 396 ff.; Jones/Goodhart, Specific Performance, S. 4; Neufang, S. 49; Rheinstein, S. 40.

[251] Neufang, S. 50.

[252] Holdsworth, History V, S. 295; Neufang, S. 50; Preuss, S. 34; Rheinstein, S. 40; Zimmermann, Law of Obligations, S. 780.

[253] Neufang, S. 50.

[254] Blumenwitz, S. 14 mit Fn 7; Reimann, S. 166; Zweigert/Kötz, S. 184.

[255] Vgl. *Harnett v Yielding* (1805) 2 Sch. & Lef. 549 (553); *Ryan v Mutual Tontine Westminster Chambers Association* (1893) 1 Ch. 116 (126); ferner Davies, Contract, S. 277; Farnsworth on Contracts, Vol. III, § 12. 4, S. 162; Jones/Goodhart, Specific Performance, S. 18 ff.; Müller-Chen, Jahrbuch Junger Zivilrechtswissenschaftler 1996, 23 (26/27); Reimann, S. 57/58; Rheinstein, S. 140; Treitel, The Law of Contract, S. 678 ff.; Treitel, Remedies, S. 64; Zweigert/Kötz, S. 478. Dies wird etwa bei Ansprüchen auf Übereignung eines Grundstücks bzw. bei Speziessachen mit vorliegendem Affektionsinteresse angenommen. Umfangreich dazu: Neufang, S. 125 ff.

[256] Dazu ausführlich Jones/Goodhart, Specific Performance, S. 15 ff.

sind, deren Erzwingung als ausgeschlossen angesehen wird.[257] Hinsichtlich der Entscheidungsfindung trat auch hier im Laufe der Zeit die für das common law bekannte Bindung an vorangegangenen Entscheidungen (stare decisis; doctrine of precedents) ein.[258]

Nach und nach entwickelten sich aus den zwei Rechtsmassen auch zwei Gerichtszweige mit einer common law-Rechtsprechung (common law courts) und einer equity-Rechtsprechung (court of chancery). Diese wurden für England durch die Judicature Acts 1873-1875 vereinigt,[259] dennoch hat sich auch heute noch diese grundlegende Unterscheidung zwischen den beiden Rechtsmassen erhalten.[260] Das Verhältnis zwischen Recht „at law" und „in equity" wird dabei durch einige sich nach und nach gefundene Grundsätze bestimmt.[261] Im hiesigen Zusammenhang ist insofern wichtig, dass die equity gegenüber dem common law immer die Ausnahme war.[262] Auch dies erklärt die Zurückhaltung der Gerichte bei der Zuerkennung des Ausnahmetatbestandes eines Primärerfüllungsanspruchs.[263] Immer noch ist die Haftung bei Vertragsstörungen regelmäßig auf Schadensersatz gerichtet, während es eine Verurteilung zur Primärerfüllung nur in besonderen Fällen gibt.[264] Dies zeigen auch neuere Gesetze, die eine specific performance immer noch als Ausnahme behandeln.[265]

c) Freiheitlicher Erklärungsansatz

Der Vorrang der Haftung auf Schadensersatz kann auch dadurch erklärt werden, dass es im maßgeblichen englischen Rechtsraum eine auf vielfältigen historischen und politischen Gründen beruhende Abneigung gegen Eingriffe in die persönliche Rechtssphäre gab, die aber gerade bei der Erzwingung der Primär-

---

[257] Vgl. dazu *Ryan v Mutual Tontine Westminster Chambers Association* (1893) 1 Ch. 116 (126); ferner Anson's Law of Contract, S. 519; Davies, Contract, S. 277; Jones/Goodhart, Specific Performance, S. 28 ff. und 34 ff.; Treitel, The Law of Contract, S. 683 und 685; Zweigert/Kötz, S. 479.

[258] Jones/Goodhart, Specific Performance, S. 1; Neufang, S. 49; Zweigert/Kötz, S. 185 und S. 478.

[259] Blumenwitz, S. 18; Rheinstein, S. 140.

[260] Berühmt ist der Ausspruch von Maitland, The Form of Actions at Common Law (1936), S. 2: „The forms of action we have buried, but they still rule us from their graves.", zitiert nach Zweigert/Kötz, S. 197.

[261] Vgl. dazu die Aufzählung bei Blumenwitz, S. 16/17.

[262] Vgl. *Harnett v Yielding* (1805) 2 Sch. & Lef. 549 (553); *Ryan v Mutual Tontine Westminster Chambers Association* (1893) 1 Ch. 116 (126); Jones/Goodhart, Specific Performance, S. 1; Neufang, S. 49; Rheinstein, S. 41; Treitel, Remedies, S. 63; Zimmermann, Law of Obligations, S. 781.

[263] Neufang, S. 38/39 und S. 54.

[264] Genauer muss nach Vorstehendem gesagt werden, dass dem common law im engeren Sinne eine Primärverurteilung fremd ist. Diese kann nur „in equity" und unter besonderen Voraussetzungen ergehen, vgl. Zweigert/Kötz, S. 478.

[265] Vgl. etwa § 2-716 des Uniform Commercial Codes/USA, bzw. Nr. 52 des Sale of Goods Act 1979/Großbritannien.

leistung notwendig sind.[266] Einen Ausdruck findet diese Haltung im 17. Jahrhundert in der „petition of right“ und dem „habeas corpus act“. Dass Eingriffe in die persönliche Freiheit als unangemessen angesehen wurden, hat das Ausweichen auf eine schadensersatzrechtliche Restitution natürlich gefördert.

d) Vollstreckungsrechtlicher Erklärungsansatz

Eine weitere Erklärung für die grundsätzliche Haftung auf Schadensersatz wird darin gesehen, dass es zu Beginn der Entwicklung der common law-Rechtsprechung kein ausreichend entwickeltes Vollstreckungsverfahren gab, um Primäransprüche durchzusetzen.[267] Anders als bei den Schadensersatzansprüchen ist dort im Rahmen der Herausgabe- oder Handlungsvollstreckung nicht der Zugriff auf das gesamte Vermögen des Schuldners möglich. Die Möglichkeit einer Verurteilung hat sich somit nach ihren vollstreckungsrechtlichen Erfolgsaussichten gerichtet. „In equity“ war es hingegen möglich, den Schuldner zur geforderten Beachtung des Befehls mittels der Königsmacht anzuhalten.[268] Der equity-Entscheidung lag ein persönlicher Befehl an den Unterlegenen zugrunde, während es sich im common law um eine streitgegenstandsbezogene Entscheidung handelte.[269] Daher war die Missachtung des Befehls im ersteren Falle zugleich eine Missachtung des Gerichts (contempt of court), welches schwere Strafen nach sich zog.[270] Erst 1854 wurde ein die Vollstreckung von Primäransprüchen ermöglichender „statutory writ of mandamus“ für das common law eingeführt, der aber die inzwischen ausgebildete Teilung von Rechtsbehelfen at law und in equity nicht verdrängen konnte.[271]

4) Französisches Recht

Für das französische Recht muss im Anschluss an römisch-rechtliche Rechtsvorstellungen[272] zunächst nach zwei möglichen Schuldinhalten unterschieden werden. Für „obligations de donner“ (solche Verbindlichkeiten, die auf die Verschaffung dinglicher Rechte gerichtet sind)[273] sieht Art. 1184 Abs. 2 Code Civil allgemein und Art. 1610 Code Civil für den speziellen Fall des Kaufs die Möglichkeit einer Verurteilung zur Primärerfüllung und deren anschließende Vollstreckung vor. Insofern ergibt sich auch hier ein Vorrang des Primärerfüllungsanspruchs. Daneben kann aber der Gläubiger auch einen Schadensersatzan-

---

266 Neufang, S. 334 ff.; Reimann, S. 54.

267 Neufang, S. 39; vgl. auch Rheinstein, S. 138.

268 Rheinstein, S. 140.

269 Neufang, S. 72. Daher auch der geläufige Ausspruch: „Law acts in rem“ – „Equity acts in personam.“, vgl. Neufang, S. 49; Blumenwitz, S. 18; Simpson, History, S. 596/597; Farnsworth on Contracts, Vol. III, § 12. 4, S. 161; Zimmermann, Law of Obligations, S. 780.

270 Farnsworth on Contracts, Vol. III, § 12. 4, S. 161; Neufang, S. 72; Tettenborn, Law of Obligations, S. 220.

271 Rheinstein, S. 138/139.

272 Ferid, S. 407; Zimmermann, Law of Obligations, S. 773.

273 Ferid, S. 407.

spruch geltend machen, der ihm durch das Gericht zugesprochen wird (vgl. Art. 1184 Abs. 2, 1611 Code Civil).[274]

Ist der Schuldinhalt indes eine Handlungs- oder Unterlassungspflicht (obligations de faire ou de ne pas faire), so muss Art. 1142 Code Civil beachtet werden. Dieser besagt: „Toute obligation de faire ou de ne pas faire se résout en dommages et intérêts, en cas d'inexécution de la part du débiteur." Über die Reichweite dieser Bestimmung ist es zu vielfältigen Diskussionen gekommen, die hier nicht dargelegt werden können.[275] Zunächst könnte man hierin eine Implementierung des römisch-rechtlichen Prozessgrundsatzes der „omnis condemnatio pecuniaria" in das materielle Recht sehen.[276] Indes zeigen schon die Folgevorschriften der Art. 1144 und 1143 Code Civil, dass der Primäranspruch zumindest noch im Wege der Ersatzvornahme bzw. der Folgenbeseitigung mittelbar erzwingbar ist.[277] Die französische Rechtswissenschaft ist schon seit langer Zeit zu einer einschränkenden Auslegung des Art. 1142 Code Civil gekommen.[278] So besagt diese Vorschrift nur, dass der Gläubiger bei Schuldnerverzug sofort auf Schadensersatz klagen kann, ebenso kann er aber auch ein Urteil auf die geschuldete Primärforderung erlangen, wenn die Erfüllung nur an sich noch möglich ist und der Schuldner nicht zu sehr in seiner persönlichen Freiheit beeinträchtigt wird.[279] Die Primärforderung kann dann mit Hilfe einer „astreinte" durchgesetzt werden kann.[280] Im Ergebnis wird also auch das französische Recht vom Vorrang des Primärerfüllungsanspruchs bestimmt.[281]

5) Gemeines Recht in Deutschland

Das frühe gemeine Recht unterschied ähnlich wie das französische Recht zunächst zwischen Obligationen, die auf ein „dare" – Zahlung und Übereignung – und ein „facere" – eine sonstige Handlung – gerichtet sind.[282] Im letzteren Fall konnte das Urteil nur auf eine Schadensersatzpflicht lauten, während im ersteren

[274] Goubeaux/Bihr/Henry, Code Civil, Art. 1184, Nr. 3.

[275] Vgl. dazu Ferid, S. 504; Remien, S. 35 ff.; Himmelschein AcP 135 (1932), 255 (257/258); Zweigert/Kötz, S. 473.

[276] Vgl. Rütten, FS Gernhuber, S. 939 (945).

[277] Rütten, FS Gernhuber, S. 939 (945/946).

[278] Ferid, S. 505.

[279] Vgl. Rütten, FS Gernhuber, S. 939 (946); Heinsheimer, Anm. zu Art. 1142 CC; Stathopoulos AcP 194 (1994), 543 (555 in Fn 19). Ein Eingriff in die persönliche Freiheit des Schuldners kann etwa bei der Verpflichtung zu langfristigen Dienstleistungen angenommen werden.

[280] Eine „astreinte" ist eine im Erkenntnisverfahren angedrohte Beugestrafe, wonach der Schuldner für jeden Tag, den er säumig bleibt, eine bestimmte Summe Geldes zu zahlen hat (und zwar an den Gläubiger selbst!). Vgl. zu den Einzelheiten Ferid, S. 504/505; Remien, S. 33 ff.; Zweigert/Kötz, S. 473 ff.

[281] Zweigert/Kötz, S. 473.

[282] Genauer Coing, Band I, S. 433; Rütten, FS Gernhuber, S. 939 (942); Wollschläger, S. 40 ff.

Falle ein Leistungsurteil auf Primärerfüllung und dessen Vollstreckung möglich war.[283] Bei Verpflichtungen zu einem „dare" war es bis ins 19. Jahrhundert hinein überwiegende Ansicht, dass der Gläubiger zwischen der Naturalerfüllung und der Haftung auf Geldersatz wählen konnte.[284]

Im 19. Jahrhundert setzte sich hingegen die Vorrangigkeit des Primärerfüllungsanspruchs durch. Dies soll nach einer Ansicht gerade durch Mommsens Schrift „Zur Lehre vom Interesse" von 1855 gefördert worden sein.[285] Nach anderer Ansicht beruhte dies auf dem Vernunftrecht des 18. Jahrhunderts.[286] Jedenfalls war von nun an das für das deutsche Recht so typische Verhältnis zwischen Primär- und Schadensersatzanspruch allgemein geklärt.[287] Bei den Beratungen zur Schaffung der ZPO wurde 1874 das Prinzip, „daß ein auf Vornahme einer Handlung oder auf eine Unterlassung gerichtetes Urtheil immer nur durch Liquidation des Interesses zur zwangsweisen Ausführung gebracht werden könne" als historisch überwunden angesehen.[288] Bei der Ersten Lesung des Entwurfs wurde dies nochmals erörtert und eine automatische Umwandlung bei Nichterfüllung einer auf ein Tun oder Unterlassen gerichteten Verbindlichkeit in eine Schadensersatzpflicht abgelehnt.[289] Bei den Beratungen zum BGB schließlich, sah die erste Kommission in § 240 ihres Entwurfs (späterer § 280 BGB a.F.) den Grundsatz der Naturalerfüllung ausreichend deutlich geregelt. Es hieß:[290] „Durch die Vorschrift des § 240 in Verbindung mit §§ 242, 243 (spätere §§ 280 Abs. 2, 283 BGB a.F.) ist weiter der Grundsatz des franz. und schweiz. Rechtes abgelehnt, wonach sich die Verbindlichkeit, etwas zu thun, im Falle des Verzuges sofort in die Verbindlichkeit zum Schadensersatze auflöst." Eine ausdrückliche Festschreibung der Vorrangigkeit des Primäranspruchs wurde als überflüssig empfunden.[291] Die Regelung des § 241 a.F. nahm einen Primäranspruch nur als Voraussetzung für ein Schuldverhältnis an.[292]

---

283 Ausführlich Wollschläger, S. 41; ferner Jakobs, S. 192 ff.; Müller-Chen, Jahrbuch Junger Zivilrechtswissenschaftler 1996, 23 (30); Rütten, FS Gernhuber, S. 939 (942); Würthwein, S. 27; Zimmermann, Law of Obligations, S. 773/774. Es galt der Satz: „Nemo potest praecise cogi ad factum."

284 Müller-Chen, Jahrbuch Junger Zivilrechtswissenschaftler 1996, 23 (30); Wollschläger, S. 41/42.

285 Vgl. Müller-Chen, Jahrbuch Junger Zivilrechtswissenschaftler 1996, 23 (30); vergleiche auch Wolter, S. 76/77; ähnlich Coing, Band II, S. 461.

286 Wollschläger, S. 40.

287 Ausführlich zur Entwicklung: Würthwein, S. 32 ff. und 64 ff.

288 Zitiert nach Rütten, FS Gernhuber, S. 939 (957), vgl. ferner Nehlsen-von Stryk, AcP 193 (1993), 529 (531).

289 Nehlsen-von Stryk, AcP 193 (1993), 529 (531/532).

290 Mugdan, Band II, S. 27; vgl. ferner Rütten, FS Gernhuber, S. 939 (958/959).

291 Vgl. Würthwein, S. 226-228.

292 Huber, in: Einheitliches Kaufrecht und nationales Obligationenrecht, S. 199 (200 in Fn 2).

Nach Anerkennung der Vorrangigkeit des Primärerfüllungsanspruchs lag in der Folgezeit daher das Hauptinteresse nicht mehr auf der Frage, ob überhaupt ein Urteil auf Primärerfüllung ergehen kann, sondern erstreckte sich nunmehr vielmehr auf die konkreten Voraussetzungen unter denen vom vorrangigen Primäranspruch auf einen Schadensersatzanspruch gewechselt werden kann.[293] Gerade hinsichtlich der insoweit notwendigen Erfordernisse wurden jeweils unterschiedliche Anforderungen gestellt.

Im Gemeinen Recht kurz vor dem Inkrafttreten des BGB waren insoweit drei unterschiedliche Übergangsmöglichkeiten anerkannt. Zunächst konnte der Gläubiger das Interesse fordern, wenn der Schuldner, der eine Sachleistung oder Handlung schuldete, diese trotz rechtskräftiger Verurteilung nicht erfüllte.[294] Diese Möglichkeit lag auch der Regelung des § 778 der ZPO von 1877 zugrunde, der dem heutigen § 893 Abs. 1 ZPO entspricht.[295] Danach wird durch die Vorschriften der Zwangsvollstreckung nach §§ 883 ff. ZPO nicht das Recht des Gläubigers berührt, die Leistung des Interesses zu verlangen.[296] Jedoch war es neben dieser grundsätzlichen Übergangsbefugnis umstritten, unter welchen einzelnen Voraussetzungen der Übergang möglich sein sollte. Einige wollten einen voraussetzungslosen Übergang zulassen, während andere ein Rechtsschutzbedürfnis für eine Interesseklage nur im Falle des Misserfolgs der Vollstreckung der Primärleistung anerkannten.[297] Eben diesen Streit entschied dann die Regelung des § 283 a.F. im Sinne eines Kompromisses zwischen den beiden Auffassungen zum gemeinen Recht.[298] Danach darf Schadensersatz nach rechtskräftiger Verurteilung und zusätzlich erfolglos gebliebener Fristsetzung mit Ablehnungsandrohung gefordert werden. Demgemäß heißt es in den Motiven zu § 283 a.F.:[299] „Ist der Schuldner rechtskräftig zur Leistung (zur Bewirkung der Naturalleistung) verurtheilt, so kann der Gläubiger, ohne den Weg der Zwangsvollstreckung beschreiten zu müssen, dem Schuldner eine angemessene Frist mit dem Bemerken setzen, daß der Gläubiger nach Ablauf der Frist die Leistung nicht mehr wolle." § 283 a.F. hatte also eine direkte Verbindung zu Vorgängerregelungen des gemeinen Rechts.

---

[293] Vgl. Würthwein, S. 68/69 und 144.
[294] Ausführlich dazu; Würthwein, S. 70 ff. und 153 ff. Ferner Huber, Band II, S. 324/325 und S. 539; Planck, Lehrbuch, Band II, S. 800/801; Windscheid/Kipp I, § 193.
[295] Huber, Band II, S. 539.
[296] Huber, Band II, S. 539; Dedek, in: Dauner-Lieb/Konzen/Schmidt, S. 183 (190/191); Gsell JZ 2004, 110 (112).
[297] Vgl. Planck Lehrbuch, Band II, S. 800/801 und Windscheid/Kipp I, § 193 bei Fn 3; im letzteren Sinne wohl auch RGZ 10, 176 (178).
[298] Motive bei Mugdan, Band II, S. 29/30; Dedek, in: Dauner-Lieb/Konzen/Schmidt, S. 183 (190 mit Verweis auf 185); Huber, Band II, S. 539; und auch RGZ 66, 61 (67).
[299] Motive bei Mugdan, Band II, S. 29.

Daneben war im gemeinen Recht anerkannt, dass der Gläubiger das Interesse bei vom Schuldner zu vertretender Unmöglichkeit der Leistung fordern konnte.[300] Daraus entwickelte sich die Regelung der §§ 280, 325 a.F.

Gleiches galt, wenn der Gläubiger infolge des Leistungsverzugs das Interesse an der Leistung verloren hatte.[301] Dies entsprach der Regelung des §§ 286 Abs. 2, 326 Abs. 2 a.F. Noch nicht bekannt war eine Übergangsmöglichkeit nach Ablauf einer gesetzten Nacherfüllungsfrist.[302] Daher kam den zuvor geschilderten Übergangsmöglichkeiten größere Bedeutung zu, als nach Schaffung des überaus praktischen § 326 a.F. Aus diesen Gründen wurde insbesondere das Merkmal des verzugsbedingten Interesseverlustes großzügig bejaht.[303]

6) Entstehung des BGB

In dem Vorentwurf zum BGB des Redaktors *von Kübel* war vorgesehen, dass der Gläubiger bei Unmöglichkeit Schadensersatz fordern oder bei gegenseitigen Verträgen zurücktreten darf.[304] Bei Verzug konnte der Gläubiger einer Leistung vertretbarer Sachen auch deren Wert fordern. Bei gegenseitigen Verträgen durfte der Gläubiger auch vom Vertrag zurücktreten, wenn die Leistung für ihn verzugsbedingt nutzlos geworden war oder für ihn erheblich an Wert verloren hatte.[305] Daneben konnte er den Verzögerungsschaden geltend machen. Weitere Übergangsmöglichkeiten fanden sich nicht, es fehlte also insbesondere an einer Übergangsmöglichkeit nach bloßer Fristsetzung oder nach rechtskräftiger Verurteilung im Sinne der §§ 326, 283 a.F.[306]

In den Beratungen zur Schaffung des BGB wurden dann nach mehrfachen Änderungen die Regelungen der §§ 283, 286 Abs. 2, 326 a.F. beschlossen. Zunächst beschränkte sich der erste Entwurf auf die Regelung der gemeinrechtlich anerkannten Fälle der Unmöglichkeit, des Interessewegfalls und der Fristsetzung nach rechtskräftiger Verurteilung. Die vom Redaktor vorgesehene Möglichkeit, generell Schadensersatz bei Verzug mit vertretbaren Leistungen zu fordern, wurde mit Hinweis auf die Übergangsmöglichkeiten der späteren §§ 283, 286 Abs. 2 a.F. verworfen.[307]

Erst in der zweiten Kommission wurde die Übergangsmöglichkeit nach § 326 a.F. bei Verzug und erfolglosem Fristablauf mit Ablehnungsandrohung

---

300 Würthwein, S. 146 ff.; Huber, Band II,s. 184 und S. 324; Windscheid/Kipp II, § 264 bei Fn 7.

301 Motive bei Mugdan, Band II, S. 115; Würthwein, S. 155 ff.; Huber, Band II, S. 184 und S. 493 ff.; Hager, S. 121; Windscheid/Kipp II, § 280 bei Fn 1.

302 Würthwein, S. 162 ff.

303 Huber, Band II, S. 494.

304 Schubert, S. 849.

305 Schubert, S. 853.

306 Soergel/Wiedemann, 12. Auflage, § 283 Rn 1 und § 326 Rn 1.

307 Motive bei Mugdan, Band II, S. 34.

geschaffen.[308] Die Fristsetzung war im gemeinen Recht noch weitgehend unbekannt und hatte ihr Vorbild im Kaufrecht des Allgemeinen Deutschen Handelsgesetzbuchs von 1861 (Art. 356 ADHGB).[309] Erst bei dessen Schaffung wurde das Institut der Nachfristsetzung erstmals gesetzlich verwirklicht.[310] In § 326 BGB a.F. fand dann die Ausweitung des Vorbildes auf alle Verpflichtungen aus gegenseitigen Verträgen unter Hinzufügung des Erfordernisses der Ablehnungsandrohung statt.[311] Die Ablehnungsandrohung wurde von der zweiten Kommission mit dem Fristerfordernis verbunden, um dem Schuldner deutlicher vor Augen zu führen, dass der Fristablauf den Untergang der Primärforderung zur Folge hat.[312]

Die Vorschrift des § 326 a.F. erwies sich wegen ihrer recht geringen Voraussetzung der Nachfrist als äußerst praktisch und wurde zur wichtigsten Vorschrift im allgemeinen Leistungsstörungsrecht.[313] Dabei durfte das in § 283 a.F. ebenfalls verwendete Institut der Nachfristsetzung nicht dazu verführen, eine Verwandtschaft der beiden Normen anzunehmen. Beide Fristenregelungen waren vielmehr Resultat von im Wesentlichen unabhängigen Entwicklungen.[314] Denn die Nachfristsetzung in § 326 a.F. wurde aus Art. 356 ADHGB übernommen, während die Nachfrist in § 283 a.F. den oben dargestellten Streit des gemeinen Rechts über die Voraussetzungen des Übergangs vom Primär- auf den Sekundäranspruch bei vorhandenem Primärleistungsurteil vermittelnd entscheiden sollte.[315]

7) Erste Bemühungen zur Reform des Schuldrechts 1981-1992

Nach Inkrafttreten des BGB blieben die §§ 283, 286 Abs. 2, 326 a.F. lange Zeit unangetastet. Dies änderte sich erst 1981, als *Ulrich Huber*, vom Bundesjustizministerium mit einem Gutachten über eventuelle Neuregelungen beauftragt, Neuregelungen für weite Bereiche des allgemeinen Schuldrechts vorschlug. Für die hier interessierenden Übergangsmöglichkeiten waren indes noch keine grundsätzlichen Neuerungen vorgesehen.[316] In § 280 Abs. 2 seines Gutachtenvorschlags fand sich eine dem § 283 Abs. 1 Satz 1 a.F. vergleichbare Vorschrift, die auch eine rechtskräftige Erstverurteilung zum Übergang forderte. Eine dem § 283 Abs. 1 Satz 3 a.F. vergleichbare Ausschlussregelung gab es nicht, da die-

[308] Protokolle bei Mugdan, Band II, S. 639 ff.
[309] Huber, Band II, S. 324 ff.; Hager, S. 122 ff.; ausführlich zur Entstehungsgeschichte: Huth, S. 1 ff.; Leser, S. 10 ff.
[310] Vgl. nur Huber, Band II, S. 184 ff., 324 ff. mwN.
[311] Huber, Band II, S. 328.
[312] Mugdan, Band II, S. 643; ausführlich Huth, S. 16.
[313] Vgl. etwa Huth, S. 16; Soergel/Wiedemann, 12. Auflage, § 326 Rn 2; Huber, Band II, S. 328; MüKo/Emmerich, Band 2, 3. Auflage, § 326 Rn 3.
[314] Dedek, in: Dauner-Lieb/Konzen/Schmidt, S. 183 (185).
[315] Dedek, in: Dauner-Lieb/Konzen/Schmidt, S. 183 (185); Huber, Band II, S. 539.
[316] Huber, in: Gutachten und Vorschläge zur Überarbeitung des Schuldrechts, S. 647 ff.

ser Fall wegen des Verzugs so gut wie nie praktisch bedeutsam werde.[317] Bei verzugsbedingtem Interessewegfall sollte der Gläubiger auch gemäß § 280 Abs. 3 Schadensersatz statt der Leistung fordern dürfen. Beide Regelungen galten nach § 280 Abs. 5 nur für nicht-synallagmatische Pflichten. Für synallagmatische Pflichten erlaubten die §§ 326 Abs. 1, 327a einen Übergang nach Nachfristsetzung durch Rücktritt oder Schadensersatz.[318] Dabei war eine Verbindung von Rücktritt und Schadensersatz möglich. Die Regelung des § 325 Abs. 2 a.F. sollte nicht übernommen werden.

Im Abschlussbericht der Schuldrechtskommission von 1992 wurden neue Vorschläge gemacht. Auf eine Regelung im Sinne des § 283 a.F. wurde völlig verzichtet. Dies wurde damit begründet, dass der Weg über ein Ersturteil „regelmäßig umständlich, langwierig und kostspielig, zudem mit den Mängeln der Ablehnungsandrohung belastet“ sei.[319] Der Übergang auf den Schadensersatzanspruch statt der Leistung sollte – erstmals unterschiedslos nach dem Pflichtenverhältnis – nach erfolgloser Fristsetzung möglich sein, §§ 280, 283 BGB-KE.[320] Die Differenzierungen der Übergangsvoraussetzungen in Bezug auf die synallagmatischen und nicht-synallagmatischen Pflichten wurden damit für den Schadensersatzanspruch aufgegeben. Dazu hieß es:[321] „Das geltende Recht ist mit seinen vielen Differenzierungen unübersichtlich. Abgesehen von den Fällen der Unmöglichkeit bringt es eine einfache Lösung nur für die – allerdings praktisch weitaus wichtigsten – Fälle des Verzugs mit einer im vertraglichen Gegenseitigkeitsverhältnis stehenden Hauptpflicht. Im Übrigen ist das geltende Recht für den Gläubiger verhältnismäßig ungünstig.“ Die grundsätzlich erforderliche Fristsetzung konnte nach § 283 Abs. 2 BGB-KE entbehrlich sein, wenn besondere Umstände nach Abwägung der beiderseitigen Interessen die sofortige Geltendmachung des Schadensersatzanspruchs rechtfertigten. Damit sollte ein leichterer Übergang als nach § 286 Abs. 2 a.F. wegen verzugsbedingtem Interessewegfall möglich sein.[322] Ein Rücktritt bei gegenseitigen Verträgen kam nur nach erfolgloser Fristsetzung in Betracht, § 323 Abs. 1 BGB-KE. Eine Kumulation mit einem Schadensersatzanspruch war nach § 327 BGB-KE vorgesehen.

8) Die Schuldrechtsreform 2000-2002

Im Diskussionsentwurf eines Schuldrechtsmodernisierungsgesetzes aus dem Jahre 2000 wurden die Vorschläge der Schuldrechtskommission von 1992 weitgehend aufgegriffen. Eine Regelung nach dem Vorbild des § 283 a.F. fand sich

---

[317] Huber, in: Gutachten und Vorschläge zur Überarbeitung des Schuldrechts, S. 647 (801).
[318] Huber, in: Gutachten und Vorschläge zur Überarbeitung des Schuldrechts, S. 647 (802).
[319] Abschlussbericht, S. 134.
[320] Abschlussbericht, S. 30.
[321] Abschlussbericht, S. 134; ähnlich im nachhinein auch Heinrichs, FS Derleder, S. 87 (91); Lorenz/Riehm, Rn 188.
[322] Abschlussbericht, S. 135.

nicht, die Begründung der Schuldrechtskommission dazu wurde übernommen.[323] Der Übergang auf einen Schadensersatzanspruch statt der Leistung sollte unabhängig vom Pflichtenverhältnis nach erfolgloser Fristsetzung möglich sein, §§ 280 Abs. 2, 282 Abs. 1 BGB-DiskE. Eine Fristsetzung sollte nach § 282 Abs. 2 BGB-DiskE wiederum entbehrlich sein, wenn besondere Umstände dies rechtfertigten. Ein Rücktritt bei gegenseitigen Verträgen war nach § 323 BGB-DiskE möglich, ebenso eine Kumulation mit einem Schadensersatzanspruch, § 325 BGB-DiskE.

An dem Diskussionsentwurf ist nachfolgend Kritik geübt worden.[324] Die am 6. März 2001 dem BGB-DiskE nachfolgende Konsolidierte Fassung nahm für die hier interessierenden Regelungen jedoch keine größeren Änderungen vor. Sie sah in § 281 BGB-KF ebenfalls eine allgemeine Übergangsmöglichkeit auf einen Schadensersatzanspruch nach erfolgloser Fristsetzung vor. Auch die anhaltende Kritik[325] hatte keine Folgen. Der insoweit unverändert zum Gesetz gewordene Entwurf des Schuldrechtsmodernisierungsgesetzes in BT-Drucks. 14/6040 greift die schon aus dem Entwurf der Schuldrechtskommission bekannte Begründung für die Übergangsmöglichkeiten bei nicht rechtzeitiger Leistung auf.[326]

Mit der so erfolgten Schaffung des § 281 wurden die differenzierten Übergangsregeln des alten Rechts, insbesondere die Sonderregelungen bei nichtsynallagmatischen Forderungen, ohne größere Kritik und Diskussion abgeschafft.[327] Dabei steht die bei § 283 a.F. zuletzt gebetsmühlenartig hervorgehobene Umständlichkeit in krassem Widerspruch zu den Aussagen der Gesetzesverfasser bei deren Erschaffung. Dort wurde noch hervorgehoben, dass der Inhaber eines Primärleistungstitels sonst „erst dann Schadensersatz fordern oder das Interesse liquidieren könne, wenn das in der CPO bestimmte Zwangsverfahren erschöpft, bz. die Leistungsunmöglichkeit festgestellt wäre".[328] Ferner wurde der Norm wegen der häufigen Unwissenheit des Gläubigers über den Grund der Nichtleistung eine „praktische Wichtigkeit" bescheinigt.[329]

Wie § 281 im Einzelnen den Übergang ermöglicht und ob er als Nachfolger der alten Regelungen angesehen werden kann, wird nun näher erörtert. Dabei

---

[323] BGB-DiskE, S. 322.

[324] Vgl. insbesondere Huber, in: Ernst/Zimmermann, S. 31 (42 ff.); die einzelnen Kritikpunkte sollen später noch ausführlich in Abschnitt B behandelt werden.

[325] Dauner-Lieb/Arnold/Dötsch/Kitz, Anmerkungen und Fragen, S. 32.

[326] BT-Drucks. 14/6040, S. 137.

[327] Plastisch Dedek, in: Dauner-Lieb/Konzen/Schmidt, S. 183 (184): „Im Übrigen regte sich kaum Widerstand: § 283 a.F. wurde still zu Grabe getragen." Auf einer Tagung in Berlin meinte Hadding, dass 283 a.F. erhalten bleiben sollte; dies führte zu keiner Reaktion, vgl. den Diskussionsbericht in JZ 2001, 528 (529).

[328] Motive bei Mugdan, Band II, S. 29.

[329] Motive bei Mugdan, Band II, S. 30.

soll insbesondere auf §§ 283, 326 a.F. geachtet werden. Denn der Fall des § 286 Abs. 2 a.F. ist recht unproblematisch in § 281 Abs. 1 und 2 aufgegangen, da bei verzugsbedingtem Interessewegfall der Übergang auch jetzt noch wegen dann entbehrlicher Fristsetzung sofort möglich sein wird.[330] Sollte tatsächlich einmal die Fristsetzung wegen der Interessen des Schuldners noch nötig sein, so kann der Gläubiger jedenfalls nach dieser zu den Sekundäransprüchen übergehen. Die Brisanz, welche § 286 Abs. 2 a.F. als einzige Lösungsmöglichkeit neben einer vorgängigen Primärleistungsklage nach § 283 a.F. im alten Recht hatte, ist heute wegen der Lösungsmöglichkeit jedenfalls nach Ablauf einer Frist gemäß § 281 nicht mehr vorhanden.

V. Tatbestandlicher Vergleich zwischen § 281 n.F. und §§ 283, 326 a.F.

§ 281 ist nunmehr die einzige Übergangsnorm auf einen Schadensersatzanspruch bei nicht rechtzeitiger Leistung. Er ersetzt damit neben dem nicht weiter interessierenden § 286 Abs. 2 a.F. die §§ 283, 326 a.F. Dies wirft die Frage auf, inwieweit § 281 die Funktionen dieser Normen übernommen hat und damit als deren Nachfolger angesehen werden kann. Bezüglich des § 326 a.F. finden sich insoweit viele bejahende Äußerungen,[331] die sich naturgemäß nur auf die Übergangsmöglichkeit auf einen Schadensersatzanspruch beziehen können. Denn der Rücktritt wird erst nach dem ähnlich konstruierten § 323 ermöglicht. Auch hinsichtlich des § 283 a.F. sprechen viele von einem Aufgehen in § 281 bzw. von diesem als Nachfolgenorm.[332] Dies entspricht auch der Ansicht des Gesetzgebers.[333] Demgegenüber gibt es aber auch Stimmen, die eine ersatzlose Streichung des § 283 a.F. annehmen.[334] Daher soll die Vergleichbarkeit und Ähnlichkeit der Tatbestände genauer untersucht werden. Dabei kann schon jetzt fest-

[330] MüKo/Ernst, Band 2a, 4. Auflage, § 281 Rn 58 mit § 323 Rn 123; Palandt/Heinrichs, § 281 Rn 15.

[331] AnwKomm/Dauner-Lieb, § 281 Rn 1; jurisPK-BGB/Alpmann, 2. Auflage, § 281 Rn 1; MüKo/Ernst, Band 2a, 4. Auflage, § 281 Rn 7.

[332] Anders/Gehle, Rn 478; Emmerich, Leistungsstörungen, 5. Auflage, S. 156; Gebauer/Huber, ZGS 2005, 103 (104); Gursky JURA 2004, 433 (434); Helm, S. 138; Henssler/Graf von Westphalen/Dedek, § 281 Rn 7; Jauernig/Stadler, § 287 Rn 1; jurisPK-BGB/Alpmann, 2. Auflage, § 281 Rn 3; J. Kaiser MDR 2004, 311 (313); Maier-Reimer, in: Dauner-Lieb/Konzen/Schmidt, S. 291 (310); Staudinger/Otto, Neubearbeitung 2004, § 281 Rn B15.

[333] So ausdrücklich die Begründung zu § 282 BGB-DiskE, der insoweit mit dem heutigen § 281 n.F. übereinstimmt, BGB-DiskE, S. 326.

[334] AnwKomm/Dauner-Lieb, § 281 Rn 68; Canaris, Karlsruher Forum, S. 18; Dauner-Lieb, in: Dauner-Lieb/Konzen/Schmidt, S. 3 (5); Erman/Westermann, § 281 Rn 18; Huber/Faust, 3. Kapitel, Rn 108; Kohler AcP 205 (2005), 93 (94); MüKo/Ernst, Band 2a, 4. Auflage, § 281 Rn 177.

gehalten werden, dass die Funktion als Transformationsregelung erhalten geblieben ist.[335]

1) Gemeinsamkeiten und Unterschiede von § 281 und § 326 a.F.

Beide Tatbestände befassen sich mit den Konsequenzen aus einer nicht rechtzeitigen, aber noch möglichen Leistung. Sie kennen das Erfordernis einer angemessenen Frist und die Rechtsfolge eines Schadensersatzanspruchs statt der Leistung.[336] Dennoch gibt es auch Unterschiede. Während § 326 a.F. nur bei synallagmatischen Pflichten anwendbar war, erfasst § 281 grundsätzlich jegliche Pflichtenverhältnisse. Des Weiteren erforderte § 326 a.F. Verzug schon bei oder spätestens mit der Fristsetzung. § 281 hingegen knüpft nur an die Nichterbringung der geschuldeten fälligen Leistung an. Inwieweit der Verzug trotz des Wortlauts für die Entstehung eines Schadensersatzanspruchs als erforderlich angesehen werden muss, soll später geklärt werden. Jedenfalls muss bei Fristsetzung noch kein Verzug vorliegen.[337] Dies stellt eine Vereinfachung zum alten Recht dar. Dasselbe gilt auch für das fehlende Erfordernis einer Ablehnungserklärung, die im alten Recht oft zu einem unwirksamen Übergang geführt hat.[338] Mangels Ablehnungserklärung ist der Primäranspruch nunmehr auch nicht mehr automatisch mit dem Fristablauf ausgeschlossen, sondern erst nach einer weiteren Erklärung des Gläubigers, welche gemäß § 281 Abs. 4 der Ausspruch des Schadensersatzverlangens statt der Leistung ist. Die Übergangsmöglichkeit ist zeitlich nicht ausdrücklich eingegrenzt. Bis dahin scheinen dem Gläubiger nach Fristablauf sowohl noch der Primäranspruch als auch schon der Schadensersatzanspruch zuzustehen. Der Fristablauf selbst hätte also nur noch die Wirkung, dass mit ihm neben dem Primäranspruch die Sekundärrechte entstehen. Auch dies soll später genauer geklärt werden. Im alten Recht hingegen erlosch nach § 326 a.F. automatisch mit Fristablauf der Primäranspruch und dem Gläubiger stand ein Wahlrecht zwischen Rücktritt und Schadensersatz zu. Eine Ergänzung erfährt § 281 durch § 323, der einen Rücktritt bei gegenseitigen Verträgen ermöglicht. Insoweit besteht aber ein signifikanter Unterschied zu § 326 a.F. dadurch, dass nunmehr keine verschuldete Verspätung für den Rücktritt des Gläubigers mehr vorliegen muss.

Trotz dieser Unterschiede gleichen sich die § 326 a.F. und § 281 gerade wegen der identischen Funktion bei nicht rechtzeitiger Leistung und dem Erfordernis der Fristsetzung noch so sehr, dass § 281 mit Recht als Nachfolger des § 326 a.F. angesehen werden kann. Dabei erleichtert aber § 281 den Übergang

---

[335] Begriff nach Heinrichs, FS Derleder, S. 87 ff.

[336] Bei § 326 a.F. noch Schadensersatz wegen Nichterfüllung genannt.

[337] Siehe unten, S. 81; ferner MüKo/Ernst, Band 2a, 4. Auflage, § 281 Rn 18.

[338] Vgl. BT-Drucks. 14/6040, S. 139; Heinrichs, FS Derleder, S. 87 (89); Pohlmann, in: Dauner-Lieb/Konzen/Schmidt, S. 273 (276); Staudinger/Otto, Neubearbeitung 2001, § 326 Rn 101; von Wilmowsky JuS 2002/Beilage Heft 1, S. 10 mit Fn 24.

gegenüber § 326 a.F. erheblich. Dies folgt aus der Abschaffung der Ablehnungsandrohung und dem fehlenden Erfordernis des Verzugs zumindest bei Fristsetzung. Des Weiteren ist er wegen des Fortbestandes des Primäranspruchs nach Fristablauf und dem zeitlich ungebundenen Recht zur Herbeiführung des endgültigen Übergangs auf das Sekundärrecht auch sonst günstiger für den Gläubiger. Diese Änderungen führen zu Problemen, die im Laufe dieser Arbeit noch erörtert werden.

2) Nachfolge des § 281 von § 283 a.F.

Die Qualifizierung des § 281 als Nachfolger des § 283 a.F. gestaltet sich schon schwieriger.

a) Tatbestandliche Gemeinsamkeiten und Unterschiede

Beide sind zwar auf alle Pflichtenverhältnisse anwendbar, erfordern eine vorherige Fristsetzung und sehen einen Schadensersatzanspruch als Rechtsfolge vor. Jedoch gibt es auch mannigfaltige Unterschiede. So setzt § 281 allein ein Schuldverhältnis und nicht ein vorgängiges rechtskräftiges Urteil über die Primärleistung voraus. Bei § 283 a.F. befand sich der Schuldner bei der Fristsetzung mit Ablehnungsandrohung auch immer im Verzug mit der Primärleistung.[339] Hingegen sind bei § 281 Verzug schon bei Fristsetzung und eine Ablehnungsandrohung nicht mehr nötig. Der Primäranspruch erlischt auch nicht schon automatisch mit Ablauf der Frist, sondern bleibt bis zum Schadensersatzverlangen bestehen, so dass ein Wahlrecht des Gläubigers besteht. Nach § 281 i.V.m. § 280 Abs. 1 Satz 2 ist ein Vertretenmüssen des Schuldners nötig, welches vermutet wird. Hingegen war ein Vertretenmüssen im Rahmen des § 283 a.F. grundsätzlich nicht mehr zu prüfen. Grund war, dass bei fehlendem Vertretenmüssen der Nichtleistung schon eine Primärverurteilung unterblieben wäre.[340] Der Schadensersatzanspruch trat nach § 283 Abs. 1 Satz 3 a.F. bei einem nachträglichen nicht zu vertretenden Unmöglichwerden der Primärleistung nicht ein. Im Übrigen sollten alle alten erheblichen Einwendungen gegen den Primäranspruch ausgeschlossen sein.[341] Eine derartige ausdrückliche Beschränkung der Verteidigungseinreden des Schuldners fehlt nun in § 281. Dies erklärt sich durch

[339] Dies galt solange, wie ein Urteil auf gegenwärtige Leistung vorlag. Vorher durfte aber auch die notwendige angemessene Frist nicht gesetzt werden.

[340] Wegen des fehlenden Vertretenmüssens hätte in aller Regel eine befreiende dauernde oder vorübergehende Unmöglichkeit vorgelegen.

[341] D.h. solche, die schon zur Zeit der letzten mündlichen Tatsachenverhandlung vorgelegen haben, allgemeine Ansicht: RGZ 96, 20 (21); 107, 15 (19); 117, 66 (68); BGHZ 53, 29 (33); OLG Hamburg MDR 1968, 666 (667); Huber, Band II, S. 544; Kohler JuS 1992, 58 (60); MüKo/Emmerich, Band 2, 4. Auflage, § 283 Rn 25; K. Schmidt ZZP 87 (1974), 49 (55); Soergel/Wiedemann, 12. Auflage, § 283 Rn 28; Staudinger/Löwisch, Neubearbeitung 2001, § 283 Rn 26. Näheres dazu unten bei S. 307 ff.

dessen fehlenden prozessrechtlichen Gehalt.[342] Da er tatbestandlich kein Ersturteil erfordert, kann er selbst auch keine Ausschlusswirkungen hinsichtlich alter erheblicher Einwendungen entfalten. Natürlich ist es aber dem Gläubiger ohne weiteres möglich, zuerst seinen Primäranspruch gerichtlich zu verfolgen und nach einem Primärleistungsurteil den Übergang nach § 281 zu bewirken.[343] Wie noch später zu zeigen sein wird, entfaltet das Primärleistungsurteil dann für den Übergang auf den Schadensersatzanspruch die gleichen Ausschlusswirkungen, wie sie für § 283 a.F galten.[344]

b) Systematische Gemeinsamkeiten und Unterschiede

Zunächst sind beide Normen Übergangsregelungen. Ein Unterschied scheint jedoch in der veränderten systematischen Stellung zu bestehen. § 283 a.F. lag auf der Grenze zwischen Unmöglichkeit und Verzug. Dies wurde schon durch die Gesetzessystematik deutlich, da § 283 a.F. hinter den Unmöglichkeits- und vor den Verzugsregelungen stand. Inhaltlich eröffnete er einen Weg zu einem Schadensersatzanspruch unabhängig davon, ob tatsächlich Unmöglichkeit oder Verzug vorlag.[345] Diese Wirkungsweise des § 283 a.F. beschrieben auch schon die Motive zum BGB:[346] „Der Gläubiger ist befugt, den Weg des § 243 (späterer § 283 a.F., Anmerkung des Verfassers) auch bei vorliegender Unmöglichkeit (§§ 237, 240, 242) zu beschreiten, was für ihn von praktischer Wichtigkeit sein kann. Nicht selten weiß der Gläubiger von der Unmöglichkeit nichts oder er kann ihren Eintritt oder die näheren Umstände, von welchen zB. die Vertretbarkeit abhängt, nicht beweisen."

Demgegenüber ist § 281 genuin eine Verspätungs- bzw. Schlechterfüllungsnorm.[347] Den eigentlichen Schadensersatzanspruch bei Unmöglichkeit regelt der speziellere § 283. Die Norm steht also nicht auf einer Schnittstelle. Jedoch ist dieser Unterschied nur ein vordergründiger. Denn der Gläubiger kann auch dann nach § 281 vorgehen, wenn er sich über den Grund der Nichtleistung – Leistungsverzögerung oder Unmöglichkeit – nicht im Klaren ist.[348] Dies entspricht

---

[342] Dazu auch Dedek, in: Dauner-Lieb/Konzen/Schmidt, S. 183 (191); MüKo/Ernst, Band 2a, 4. Auflage, § 281 Rn 174.

[343] Erman/Westermann, § 281 Rn 18; MüKo/Ernst, Band 2a, 4. Auflage, § 281 Rn 173; Staudinger/Otto, Neubearbeitung 2004, § 281 Rn B15.

[344] Siehe unten bei S. 307 ff.

[345] Kohler JuS 1991, 943 (944); Staudinger/Löwisch, Neubearbeitung 2001, § 283 Rn 2; Wittig NJW 1993, 635 (637).

[346] Motive bei Mugdan, Band II, S. 30. Vgl. auch Popper, S. 23 und MüKo/Emmerich, 2. Band, 4. Auflage, § 283 Rn 2.

[347] Als Tertium neben dem Unmöglichkeits- und dem Verzugsrecht wird § 281 hingegen eingeordnet von Dedek, in: Dauner-Lieb/Konzen/Schmidt, S. 183 (189).

[348] Emmerich, Leistungsstörungen, 5. Auflage, S. 156 und 277; Erman/Westermann, § 281 Rn 1; Fritzsche, S. 45; Henssler/Graf von Westphalen/Dedek, § 281 Rn 15; Jauernig/Stadler, § 283 Rn 11; Maier-Reimer, in: Dauner-Lieb/Konzen/Schmidt, S. 291 (309); MüKo/Ernst, Band 2a, 4. Auflage, § 283 Rn 12; Palandt/Heinrichs, § 283 Rn 2; Pohlmann, in: Dauner-

auch dem Willen des Gesetzgebers, der ausgeführt hat:[349] „Die in der Praxis für den Gläubiger häufig bestehende Unsicherheit, aus welchen einzelnen Gründen der Schuldner nicht leistet bzw. ob von diesem vorgebrachte Gründe zutreffen, kann der Gläubiger durch das Setzen einer angemessenen Frist beseitigen: Nach erfolglosem Fristablauf kann er sicher sein, bei Vorliegen der weiteren Voraussetzungen Schadensersatz statt der Leistung verlangen oder zurücktreten zu können. Sollte das Ausbleiben der Leistung auf deren Unmöglichkeit beruhen, so wäre die Fristsetzung ungünstigstenfalls überflüssig gewesen."

c) Ergebnis

Im Ergebnis wird man § 281 grundsätzlich noch als Nachfolger des § 283 a.F. qualifizieren dürfen. Dies folgt vor allem aus der identischen Funktion, aber auch daraus, dass § 281 auch nach einem Primärleistungsurteil zum Einsatz kommen kann und dann ganz ähnliche Wirkungen entfaltet wie § 283 a.F. Zu beachten ist aber, dass die Übergangsvoraussetzungen sehr stark abgesenkt sind.[350] Dies gilt insbesondere für den Übergang bei nicht-synallagmatischen Forderungen, bei denen früher allein ein Übergang nach § 283 oder § 286 Abs. 2 a.F. möglich war. § 281 stellt die Primärforderung in weitaus größerem Maße zur Disposition des Gläubigers, als dies etwa nach den schwer zu erfüllenden Anforderungen des § 283 a.F. der Fall war. Durch die Absenkung der Anforderungen stellen sich gerade für nicht-synallagmatische Forderungen neue Fragen, die unter dem Stichwort „Zwangskauf" zu diskutieren sein werden.

VI. Die Konkretisierung des Tatbestandes des § 281

1) Anwendungsbereich des § 281

a) Allgemeines

§ 281 ist als Norm des Allgemeinen Schuldrechts grundsätzlich auf alle vertraglichen und gesetzlichen Schuldverhältnisse anwendbar. § 283 a.F. war nach herrschender Meinung insbesondere auf den Anspruch nach § 985 anwendbar.[351] Ob dies auch für § 281 gelten kann, soll später bei der Erörterung des „Zwangskaufs" näher ausgeführt werden. Dabei wird sich ergeben, dass die Anwendbarkeit des § 281 auf alle dinglichen wie schuldrechtlichen nicht-synallagmatischen

---

Lieb/Konzen/Schmidt, S. 273 (278/279); Staudinger/Otto, Neubearbeitung 2004, § 281 Rn A10 und § 283 Rn 44. Dazu unten noch Genaueres, S. 358.

349 Bericht des Rechtsausschusses in BT-Drucks 14/7052, S. 183; ähnlich in BT-Drucks. 14/6040, S. 138.

350 Dedek, in: Dauner-Lieb/Konzen/Schmidt, S. 183 (201); Gursky JURA 2004, 433 (434); Henssler/Graf von Westphalen/Dedek, § 281 Rn 10; Schwab NZM 2003, 50 (51).

351 BGHZ 53, 29 (32); Erman/Battes, 10. Auflage, § 283 Rn 3; Huber, Band II, S. 535; MüKo/Emmerich, Band 2, 4. Auflage, § 283 Rn 8; Schlegelberger/Vogels/Weitnauer, § 283 Rn 7; Soergel/Wiedemann, 12. Auflage, § 283 Rn 8; Staudinger/Löwisch, Neubearbeitung 2001, § 283 Rn 11.

Rückgabeansprüche nicht zuzulassen ist.[352] Denn in diesen Fällen kann der Forderung des § 281 Abs. 4 nach Erlöschen des Primäranspruchs mit dem Ersatzverlangen nicht nachgekommen werden. Insoweit wurde auch schon im alten Recht vertreten, dass § 283 a.F. dann nicht anwendbar sein sollte, wenn der Primäranspruch des Gläubigers nicht erlöschen konnte.[353]

b) Anwendbarkeit bei Schadensersatzansprüchen auf Naturalrestitution

Nach der Rechtsprechung des BGH war § 283 a.F. auch auf einen Schadensersatzanspruch anwendbar, wenn dieser auf Naturalrestitution gemäß § 249 Satz 1 gerichtet war.[354] § 250 sollte diese Möglichkeit als lex specialis nicht ausschließen.

Die tatbestandliche Veränderung des § 281 bewirkt nunmehr, dass § 250 als lex specialis vorgeht.[355] Zwar ähneln sich die Tatbestände, § 250 ist aber insoweit strenger, als dass er noch eine Ablehnungsandrohung vorsieht und zu einem automatischen Erlöschen des auf Naturalrestitution gerichteten Anspruchs nach dem Fristablauf führt. Dies darf nicht durch Anwendung des § 281 umgangen werden.[356]

Mit der Abschaffung des § 283 a.F. sind auch die maßgeblichen Gründe für die alte Praxis des BGH entfallen. Er hat ausgeführt, auch dem Schadensersatzgläubiger müsse die Möglichkeit gegeben sein, durch ein Herstellungsurteil die Schadensersatzpflicht feststellen zu lassen, um dann auf vereinfachtem Wege zu einem Geldersatzanspruch zu gelangen, ohne dabei erneut allen sachlichen Einwendungen gegen seinen Schadensersatzanspruch ausgesetzt zu sein.[357] Dem BGH ging es bei der Anwendung des § 283 a.F. um die Begründung eines Rechtschutzinteresses für eine Erstklage auf Naturalrestitution trotz von vorn-

---

[352] Vgl. unten bei S. 261 ff.

[353] Dies war hinsichtlich des Rückgabeanspruchs aus § 985 möglich, wenn eine Eigentumsübertragung auf den Schuldner und damit ein Erlöschen des Anspruchs aus § 985 wegen Unübertragbarkeit des Gegenstandes nicht in Betracht kam. Dies war bei etwa bei Rückgabepflichten von rechtlich unselbständigen Sachen wie Wohnungen denkbar, vgl. Erman/Battes, 10. Auflage, § 283 Rn 3; Huber, Band II, S. 537; Soergel/Wiedemann, 12. Auflage, § 283 Rn 9; Schlegelberger/Vogels/Weitnauer, § 283 Rn 7; Wallerath JR 1970, 161 (166). Dazu unten mehr bei Erörterung des „Zwangskaufs", S. 217 ff.

[354] BGHZ 97, 178, (182); BGH NJW 1996, 2231 (2233); ebenso Huber, Band II, S. 535 mit Fn 5; Schlegelberger/Vogels/Weitnauer, § 283 Rn 11; Soergel/Wiedemann, 12. Auflage, § 283 Rn 5; Staudinger/Löwisch, Neubearbeitung 2001, § 283 Rn 15; anderer Ansicht: K. Schmidt ZZP 87 (1974), 49 (69) und die sehr alte Literatur.

[355] AnwKomm/Dauner-Lieb, § 281 Rn 10; Dedek, in: Dauner-Lieb/Konzen/Schmidt, S. 183 (199); Heinrichs, FS Derleder, S. 87 (94); Henssler/Graf von Westphalen/Dedek, § 281 Rn 9; Jauernig/Stadler, § 281 Rn 3; MüKo/Oetker, Band 2a, 4. Auflage, § 250 Rn 2; Palandt/Heinrichs, § 281 Rn 6.

[356] MüKo/Oetker, Band 2a, 4. Auflage, § 250 Rn 2.

[357] BGHZ 97, 178 (182).

herein zweifelhafter Erfüllbarkeit.[358] Noch das Vordergericht hatte der auf Naturalrestitution gerichteten Erstklage ein solches abgesprochen. Dies wird aus den weiteren Ausführungen des BGH deutlich, wo er betont, dass der Gläubiger grundsätzlich einen Anspruch auf Naturalrestitution habe und nicht gezwungen werden könne, sich sofort mit einem Geldersatzanspruch zu begnügen. Dann aber könne ihm nicht mit prozessualen Bedenken die Möglichkeit genommen werden, zunächst einmal diesen Herstellungsanspruch durchzusetzen und anschließend von § 283 a.F. Gebrauch zu machen, falls das Leistungsurteil nicht zum Erfolg führen sollte.[359]

Diese Argumentation mag bei § 283 a.F. eingängig gewesen sein, da dieser explizit ein rechtskräftiges Ersturteil als Tatbestandsmerkmal erforderte, so dass ein eventuell nicht durchsetzbares Ersturteil nicht ganz sinnlos war und ein Rechtsschutzinteresse deshalb bejaht werden konnte.[360] Da aber § 281 nunmehr kein Ersturteil mehr voraussetzt, ergeben sich gegenüber § 250 keine besonderen Vereinfachungen mehr.[361] Dies gilt sowohl für die Nutzbarmachung eines Urteils auf Naturalrestitution als auch für dessen eventuelle Ausschlusswirkungen. Es bleibt damit bei dem Vorrang des § 250, so dass § 281 bei Schadensersatzansprüchen auf Naturalrestitution nicht anwendbar ist.

c) Anwendbarkeit auf Geldansprüche

§ 281 führt zur Entstehung eines auf Geld gerichteten Schadensersatzanspruchs. Daher ist seine Anwendung dort sinnlos und unstatthaft, wo der Anspruch des Gläubigers schon zuvor auf eine Geldzahlung gerichtet ist.[362] So ist es etwa bei dem Darlehensrückzahlungsanspruch. Eventuelle Schäden durch eine nicht rechtzeitige Zahlung sind als Verzögerungsschäden nach §§ 280 Abs. 1 und 2, 286 erfasst. Eine Ausnahme gilt jedoch bei Geldforderungen im gegenseitigen Pflichtenverhältnis. Dort ermöglicht § 281 die Auflösung der eigenen Bindung des Gläubigers, was zu seiner Anwendbarkeit führt.[363]

---

[358] Dies wird auch in BGH NJW 1996, 2231 (2232/2233) deutlich; ebenso Dedek, in: Dauner-Lieb/Konzen/Schmidt, S. 183 (199).

[359] BGHZ 97, 178 (182).

[360] Näheres zu dieser Funktion des § 283 a.F. unten bei S. 365 ff.

[361] Dedek, in: Dauner-Lieb/Konzen/Schmidt, S. 183 (199); Heinrichs, FS Derleder, S. 87 (94); MüKo/Ernst, Band 2a, 4. Auflage, § 281 Rn 9; Palandt/Heinrichs, § 281 Rn 6.

[362] Heinrichs, FS Derleder, S. 87 (94); Jauernig/Stadler, § 281 Rn 2; MüKo/Ernst, Band 2a, 4. Auflage, § 281 Rn 9; Palandt/Heinrichs, § 281 Rn 5; a.A.: AnwKomm/Dauner-Lieb, § 281 Rn 5.

[363] Heinrichs, FS Derleder, S. 87 (94); Jauernig/Stadler, § 281 Rn 2; Palandt/Heinrichs, § 281 Rn 5; dies galt auch schon für § 283 a.F., vgl. Huber, Band II, S. 535; K. Schmidt ZZP 87 (1974), 49 (69); K. Schmidt MDR 1973, 973 (974); Staudinger/Löwisch, Neubearbeitung 2001, § 283 Rn 10.

2) Einfluss europarechtlicher Vorgaben auf § 281

Die Neuordnung des Schuldrechts wurde maßgeblich durch drei europarechtliche Richtlinien angestoßen.[364] Diese wurden zum Anlass genommen, den allgemeinen und besonderen Teil des Schuldrechts einer grundsätzlichen Neuausrichtung zu unterziehen. Es ist hier nicht der Raum, die Umsetzungsmaßnahmen des deutschen Gesetzgebers einer umfassenden Würdigung zu unterziehen. Stattdessen soll nur überblicksartig der Einfluss der Richtlinie auf § 281 und dessen Anwendungs- und Auslegungsprobleme untersucht werden.[365] Fraglich ist zunächst, ob sich für den hier interessierenden Schadensersatz statt der Leistung nach § 281 direkte Vorgaben in den Richtlinien finden. Dies ist bei der Zahlungsverzugsrichtlinie, die Vorgaben für den Verzögerungsschaden als Schadensersatz neben der Leistung enthält und der E-commerce-Richtlinie, die Widerrufsrechte im elektronischen Geschäftsverkehr regelt, evidentermaßen nicht der Fall.

a) Direkte Auswirkungen der Verbrauchsgüterkaufrichtlinie auf § 281

Auch die Verbrauchgüterkaufrichtlinie enthält keine direkten Aussagen über einen Schadensersatzanspruch statt der Leistung. Sie behandelt in Art. 3 Abs. 3 und 5 nur die Rechte des Verbraucherkäufers bei vertragswidriger Leistung im Hinblick auf einen Nachbesserungs- und Nachlieferungsanspruch sowie ein Minderungs- und Vertragsauflösungsrecht. Aussagen über einen Schadensersatzanspruch trifft sie hingegen nicht.[366]

Ausdrücklich heißt es in Art. 8 Abs. 1 der Verbrauchsgüterkaufrichtlinie, dass andere Ansprüche, die der Verbraucher aufgrund innerstaatlicher Rechtsvorschriften über die vertragliche oder außervertragliche Haftung geltend machen kann, durch die in der Richtlinie gewährten Rechte nicht berührt werden. Hintergrund der fehlenden Regelung der Schadensersatzansprüche war, dass sich eine Mitregelung der Schadensersatzansprüche aus verschiedenen Gründen nicht anbot. Zunächst einmal war es von Anfang an nicht die Intention, eine umfassende Harmonisierung herbeizuführen; vielmehr sollten nur einige Aspekte des Verbraucherkaufs und der Garantien für Verbrauchsgüter einheitlich geregelt werden.[367] Eine Totalharmonisierung sei übertrieben und unflexibel, die mit-

[364] Siehe dazu schon oben, S. 5, sowie die Richtlinie zu bestimmten Aspekten des Verbrauchsgüterkaufs und der Garantien für Verbrauchsgüter: RL 1999/44 EG ABl. EG Nr. L 171, S. 12; die Zahlungsverzugsrichtlinie: RL 2000/35/EG ABl. EG Nr. L 200, S. 35; die E-commerce-Richtlinie: RL 2000/31/EG ABl. EG Nr. L 178, S. 1.

[365] Vgl. dazu noch unten, S. 128 und S. 153.

[366] Leible, in Gebauer/Wiedmann, Kapitel 9 Rn 73 und 92; Bianca, in Grundmann/Bianca, Art. 3 Rn 77; Höffe, S. 7.

[367] Grünbuch, S. 106 ff.; Begründung zum Vorschlag der Kommission für eine Richtlinie des Europäischen Parlaments und des Rates über den Verbrauchsgüterkauf und -garantien, Dok KOM (95) 520, abgedruckt in ZIP 1996, 1845 (1847); Höffe, S. 6; Schwartze, in Schermaier, Verbraucherkauf in Europa, S. 127 (129).

gliedstaatlichen Schuldrechtsordnungen seien sensible, in Gesamtsysteme eingebettete Regelwerke und untereinander sehr unterschiedlich, so dass sich eine allgemeinverbindliche Lösung verbiete.[368] Zudem sollte nur ein Mindeststandard an Rechten gesichert werden, so dass nur ein Kernbereich der Gewährleistungshaftung vereinheitlicht werden musste, um ein Mindestniveau an Verbraucherschutz zu gewährleisten.[369] Das Problem der Schadensersatzhaftung wurde als unwesentlich für die Ziele der Richtlinie eingestuft.[370]

b) Indirekte Auswirkungen der Verbrauchsgüterkaufrichtlinie auf § 281

Lässt sich demnach eine direkte Vorgabe durch die Verbrauchsgüterkaufrichtlinie nicht konstatieren, so fragt sich aber, ob eine mittelbare Beeinflussung auch des § 281 durch die Richtlinie angenommen werden muss.

Zunächst einmal hat die Richtlinie unzweifelhaft Auswirkungen auf § 323. Das dort geregelte Rücktrittsrecht bei einer Schlechtleistung dient unmittelbar auch der Umsetzung des Auflösungsrechts des Verbraucherkäufers gemäß Art. 3 Abs. 5 der Verbrauchsgüterkaufrichtlinie. Natürlich gewährt § 323 nicht nur dem Verbraucherkäufer ein Rücktrittsrecht, so dass in den anderen Fällen eine überschießende Umsetzung vorliegt, also eine Regelung, die direkt nicht von der Richtlinie gefordert ist.[371]

Aus der damit aber jedenfalls teilweisen Determinierung des § 323 durch die Verbrauchsgüterkaufrichtlinie ergibt sich nun jedoch auch ein Einfluss auf § 281. Denn es erscheint als zweckmäßig und notwendig, § 281 und § 323, wo eben möglich, gleich zu behandeln. Dafür spricht zunächst schon ihre Ähnlichkeit im Wortlaut und der Tatbestandsstruktur. Darüber hinaus stellen beide eine Sanktionsmöglichkeit des Gläubigers auf ein nicht pflichtgemäßes Schuldnerverhalten dar. Beide Normen verhindern zudem eine Abwicklung des Schuldverhältnisses auf der Primärebene und stellen eine alternative Liquidationsmöglichkeit zur Verfügung. Es ist daher angezeigt, beide Tatbestände weitgehend gleich zu behandeln, also die einzelnen identischen Voraussetzungen gleich aus-

---

[368] Grünbuch, S. 106; Bianca, in Grundmann/Bianca, Art. 3 Rn 77; Höffe, S. 6-8; Leible, in Gebauer/Wiedmann, Kapitel 9 Rn 92; Mansel, AcP 204 (2004), 396 (401). Schon wegen der Unterschiedlichkeit der einzelnen Rechtsordnungen hinsichtlich der Schadensersatzansprüche hätte deren Mitregelung die politische Durchsetzbarkeit der gesamten Richtlinie zusätzlich erschwert. Dies war augenscheinlich unerwünscht.

[369] Vgl. dazu die Erwägungsgründe Nr. 5 und 6 der Verbrauchsgüterkaufrichtlinie; ebenso die Begründung zum Vorschlag der Kommission für eine Richtlinie des Europäischen Parlaments und des Rates über den Verbrauchsgüterkauf und -garantien, Dok KOM (95) 520, abgedruckt in ZIP 1996, 1845 (1846 und 1847).

[370] Bianca, in Grundmann/Bianca, Art. 3 Rn 77; Leible, in Gebauer/Wiedmann, Kapitel 9 Rn 92; Höffe, S. 7.

[371] Vergleiche dazu Doehner, S. 301 ff.; Leible, in Gebauer/Wiedmann, Kapitel 9 Rn 32.

zulegen und zu konkretisieren.[372] Dies hat auch der Gesetzgeber so beabsichtigt.[373] Dadurch wird ein Gleichlauf der Gläubigerrechte, wie er auch im alten Recht bei § 326 a.F. bestand, hergestellt und das Vorgehen des Gläubigers in der Praxis erleichtert. Wollte man § 281 und § 323 verschieden auslegen, könnte dies den Gläubiger vor die Wahl stellen, entweder sofort das ihm bereits gegebene Gläubigerrecht auszuüben oder es aber zur Erlangung des anderen Sekundärrechts eventuell aufs Spiel zu setzen.

Ergibt sich also das Erfordernis der weitgehenden parallelen Behandlung von § 281 und § 323, dann ist auch einsichtig, dass die Verbrauchsgüterkaufrichtlinie mit ihren Vorgaben für § 323 auch indirekten Einfluss auf § 281 haben kann.[374]

c) Umsetzung der mittelbaren Vorgaben der Verbrauchsgüterkaufrichtlinie im Rahmen des § 281

Zu klären bleibt damit noch, wie die europarechtlichen Vorgaben der Verbrauchsgüterkaufrichtlinie umgesetzt werden können. Zunächst entfalten gemäß Art. 249 Abs. 3 EGV europarechtliche Richtlinien und somit auch die Verbrauchsgüterkaufrichtlinie für das deutsche Recht grundsätzlich keine unmittelbare Wirkung für den Einzelnen, sie bedürfen vielmehr der Umsetzung in innerstaatliches Recht.[375] Dieser Umsetzungsverpflichtung ist der deutsche Gesetzgeber im Grunde durch die Neugestaltung des Schuldrechts nachgekommen. Die fehlende direkte Wirkung der Richtlinie bringt es nun mit sich, dass es zu Umsetzungsdefiziten kommen kann. Der europarechtliche Grundsatz vom „effet utile", d.h. der praktischen und nützlichen Wirksamkeit und die staatliche Verpflichtung gemäß Art. 10 Abs. 1 EGV, die Richtlinienvorgaben zu beachten, erfordern dann zunächst eine richtlinienkonforme Auslegung.[376] Diese bewirkt, dass im Rahmen einer Auslegung dasjenige Auslegungsergebnis zu bevorzugen ist, welches den Richtlinienvorgaben am nächsten kommt.[377] Jede andere Auslegung würde ansonsten der Richtlinie widersprechen bzw. nicht vollends gerecht werden und die betroffene deutsche Norm wäre damit ungenügend und europa-

---

[372] Erman/Westermann, § 323 Rn 6; Heinrichs, FS Derleder, S. 87 (88); MüKo/Ernst, Band 2a, 4. Auflage, § 281 Rn 17; Palandt/Heinrichs, § 323 Rn 1 und 9; Schwartze, in: Schermaier, Verbraucherkauf in Europa, S. 127 (143).

[373] BT-Drucks. 14/6040, S. 183/184.

[374] Ebenso Doehner, S. 301.

[375] Vgl. nur Geiger, Art. 249 EGV Rn 9; Oppermann, § 6 Rn 84; Schroeter NJW 2006, 1761 (1762).

[376] Dazu umfassend das Buch von Krieger, Die gemeinschaftsrechtskonforme Auslegung des deutschen Rechts; vgl. ferner Doehner, S. 301/302; Piekenbrock/Schulze, WM 2002, 521 (523 ff.); Schwartze, in: Schermaier, Verbraucherkauf in Europa, S. 127 (144).

[377] Vgl. die „von Colson-Formel" EuGH, Slg. 1984, 1891 (1909) sowie die „Marleasing-Formel" EuGH, Slg. 1990, I-4135 (I-4159); ferner EuGH NJW 2004, 3547 (3550 bei Rn 120) und Krieger, S. 55, 56 und 81.

rechtswidrig. Damit kann ein Auslegungsergebnis, welches den Richtlinienvorgaben widerspricht, grundsätzlich nicht überzeugen.

Die richtlinienkonforme Auslegung findet jedoch dort ihre Grenze, wo es im Wege einer Auslegung nicht möglich ist, der Richtlinie gerecht zu werden.[378] Mittels der Auslegung können nicht alle beliebigen Ergebnisse erzielt werden, sondern diese hat sich an die anerkannten Auslegungsmethoden zu halten. So bildet zumindest der Wortlaut die Grenze jeder zulässigen Auslegung.[379] Kann mittels Auslegung kein den Richtlinienvorgaben genügendes Ergebnis herbeigeführt werden kann, so ist die Umsetzungsnorm fehlerhaft und europarechtswidrig. Die deutsche Norm ist zwar wirksam, durch ein Vorabentscheidungsverfahren nach Art. 234 EGV kann aber durch den Europäischen Gerichtshof ihre Gemeinschaftswidrigkeit festgestellt werden.

d) Ergebnis

Für die hier interessierende Behandlung des § 281 gilt somit, dass sich wegen der zu befürwortenden Gleichbehandlung zu § 323, eine richtlinienkonforme Auslegung des § 323 auch bei § 281 niederschlägt. Hingegen kann es nicht dazu kommen, dass sich eine etwaige Europarechtswidrigkeit des § 323 auch auf § 281 erstreckt, denn dazu fehlt es an dem erforderlichen eigenen direkten europarechtlichen Bezug des § 281. In einem solchen Fall wäre vielmehr die als richtig erscheinende Verknüpfung mit § 323 zu lösen.

Als Ergebnis ist festzuhalten, dass die Vorgaben der Verbrauchsgüterkaufrichtlinie über eine unmittelbare Beeinflussung der Auslegung des § 323 auch die Behandlung des § 281 mitbestimmen. Im Verlauf dieser Arbeit soll daher wegen der dargestellten europarechtlichen Bezüge des Schuldrechts auch jeweils ein kurzer Blick auf die Vorgaben der Verbrauchsgüterkaufrichtlinie geworfen werden. Eine tiefere Auseinandersetzung mit den europäischen Vorgaben ist indes im Rahmen dieser Arbeit nicht möglich.[380]

3) Die Bestimmung des Vertretenmüssens im Rahmen des §§ 281 Abs. 1, 280 Abs. 1 Satz 2

a) Der Nachfristablauf als Bezugspunkt

Der Schadensersatzanspruch aus § 281 hängt von einem widerleglich vermuteten Vertretenmüssen des Schuldners ab. Unklar ist, worauf sich das Vertretenmüssen beziehen muss. Bei unbefangener Lektüre des § 280 Abs. 1 Satz 2 wird

---

378 EuGH Slg. 1987, 3969, 3986; Krieger, S. 82/83; Piekenbrock/Schulze, WM 2002, 521 (524).

379 Krieger, S. 32; Piekenbrock/Schulze, WM 2002, 521 (524); Schwartze, in: Schermaier, Verbraucherkauf in Europa, S. 127 (144).

380 Vgl. dazu ausführlich Höffe, Die Verbrauchsgüterkaufrichtlinie 1999/44/EG und ihre Auswirkungen auf den Schadensersatz beim Kauf; Grundmann/Bianca, EU-Kaufrechts-Richtlinie.

man auf die Pflichtverletzung abstellen wollen und diese bei § 281 in der Nichtleistung bei Fälligkeit sehen. Dies greift aber zu kurz. Denn die Schadensersatzpflicht nach § 281 knüpft letztlich daran an, dass der Schuldner auch die ihm eingeräumte zweite Chance bis zum Ablauf der angemessenen Nachfrist nicht genutzt hat. Erst dann ist der Tatbestand des Schadensersatzanspruchs vollendet. Daher muss der Vorwurf dergestalt lauten, dass der Schuldner die Nichterfüllung während der Nacherfüllungszeit zu vertreten hat.[381] Dies entspricht der Ansicht des Gesetzgebers, der ausgeführt hat:[382] „Schadensersatz statt der Leistung schuldet der Schuldner im Übrigen auch nur, wenn er die Fristsetzung schuldhaft nicht zur Nacherfüllung genutzt hat.“ Dementsprechend ist auch die Pflichtverletzung genau genommen in der Nichtleistung trotz Fristablaufs zu sehen.[383] Ist die Fristsetzung entbehrlich, so kommt es auf den Eintritt der dafür verantwortlichen Gründe an, da damit auch der Schadensersatzanspruch entsteht.[384]

Diese Ausführungen lassen sich noch verdeutlichen. Das Vertretenmüssen des Schuldners muss allerspätestens bei Fristablauf vorliegen. Denn dies ist, wie gleich noch näher zu begründen sein wird,[385] der Zeitpunkt des Entstehens des Schadensersatzanspruchs. Die Entstehung eines Schadensersatzanspruchs ohne ein Vertretenmüssen wäre jedoch als Garantiehaftung dem Schuldrecht grundsätzlich fremd. Der Schuldner, der bei Fälligkeit aus nicht zu vertretenden Gründen nicht leistet und auch danach die Nichtleistung während der Nachfrist nicht zu vertreten hat, haftet nicht auf Schadensersatz.[386] Gleichermaßen ergibt sich aber regelmäßig auch, dass der Schuldner, der zunächst aus nicht zu vertretenden Gründen an der Leistung gehindert war, dann auf Schadensersatz haftet, wenn er auch nach Wegfall der Hindernisse nicht leistet.[387] Zu beachten ist aber, dass noch die übrigen Voraussetzungen des § 281 vorliegen müssen. Oftmals wird der leistungsverhindernde Umstand ebenfalls den Bestand der Primärleis-

---

381 Bamberger/Roth/Grüneberg, § 281 Rn 12; Harke ZGS 2006, 9 (11); Henssler/Graf von Westphalen/Dedek, § 281 Rn 28; Huber/Faust, 3. Kapitel, Rn 153; Jauernig/Stadler, § 281 Rn 12; Katzenstein JURA 2005, 217 (221); Lorenz NJW 2005, 1889 (1892); MüKo/Ernst, Band 2a, 4. Auflage, § 281 Rn 47; Münch JURA 2002, 361 (368); Palandt/Heinrichs, § 281 Rn 16; Reichenbach JURA 2003, 512 (517); grundsätzlich auch Staudinger/Otto, Neubearbeitung 2004, § 281 Rn B98.

382 BT-Drucks. 14/6040, S. 139.

383 Katzenstein JURA 2005, 217 (221); Reichenbach JURA 2003, 512 (517).

384 Jauernig/Stadler, § 281 Rn 12; Katzenstein JURA 2005, 217 (221 mit Fn 57); Palandt/Heinrichs, § 281 Rn 16.

385 Siehe unten, S. 83.

386 Katzenstein JURA 2005, 217 (221).

387 Reichenbach JURA 2003, 512 (517/518); vgl. auch Harke ZGS 2006, 9 (11).

tungspflicht, die Fälligkeit oder die Möglichkeit einer Fristsetzung bzw. den Ablauf einer schon gesetzten angemessenen Frist ausschließen.[388]

b) Anknüpfung an ein fortwirkendes Vertretenmüssen vor Fristablauf

Ein Vertretenmüssen bei Nachfristablauf kann sich im Einzelfall schon durch ein vorheriges Vertretenmüssen ergeben. Dieses vorherige Vertretenmüssen kann im Zeitraum der Nachfrist oder jedenfalls nach Fälligkeit vorliegen. Jedes Mal schließt es eine Exkulpation des Schuldners praktisch aus. Zum einen muss der Schuldner immer einen nachträglich eingetretenen Entschuldigungsgrund vorweisen können, da andernfalls das einmal eingetretene und nach § 280 Abs. 1 Satz 2 vermutete Vertretenmüssen fortwirkt. Zum anderen wird ein neues Leistungshindernis den Schuldner nur selten entschuldigen können. Denn wenn er bei oder nach Fälligkeit trotz vorliegender Möglichkeit nicht leistet und damit die Leistung in zu vertretender Weise nicht erbringt, wird er oft in Verzug geraten, wobei die Mahnung auch in der Fristsetzung liegen kann. Der Verzug bewirkt dann eine Haftungsverschärfung nach § 287 Satz 2, die einen nachträglichen Entschuldigungsgrund praktisch ausschließt.[389]

c) Problemfall einer bei Fälligkeit zu vertretenden, bei Fristablauf aber nicht zu vertretenden Nichtleistung

Unklar ist, ob für das Vertretenmüssen nicht erweiternd allein auf ein vor der Fristsetzung liegendes Vertretenmüssen zurückgegriffen werden kann, wenn dem Schuldner hinsichtlich der Nichtleistung während der Nachfrist selbst kein Vorwurf gemacht werden kann. Praktisch können diese Fälle dann werden, wenn der Schuldner zunächst in zu vertretender Weise keine Vorkehrungen zur Leistung bei Fälligkeit getroffen hat, die Erbringung der Leistung während der Nachfrist dann aber wegen eines neuen Hindernisses aus nun nicht zu vertretenden Gründen unterbleibt. Einige wollen insoweit generell an das Vertretenmüssen vor der Fälligkeit anknüpfen.[390] Andere wollen ein Vertretenmüssen des Schuldners annehmen, wenn sich in der Nichtleistung das der mangelnden Vorbereitung innewohnende Risiko verwirklicht hat und den Schuldner somit hinsichtlich des späteren Hindernisses wenigstens ein Fahrlässigkeitsvorwurf trifft.[391]

---

[388] Dies gilt etwa für eine vorübergehende Unmöglichkeit, die zu einer Suspendierung der Leistungspflicht führt.

[389] Ebenso Palandt/Heinrichs, § 281 Rn 16; auch MüKo/Ernst, Band 2a, 4. Auflage, § 281 Rn 48, wo aber nicht klar wird, ob § 287 auch ohne Verzug seinem Rechtsgedanken nach anwendbar sein soll. Dies könnte nach dem Gesetz nicht überzeugen und es fehlt auch an einem Grund für eine Abstandnahme vom Verzugserfordernis.

[390] Staudinger/Otto, Neubearbeitung 2004, § 280 Rn D11 und F21 ff., § 281 Rn B98. Für das Kaufrecht: Hirsch JURA 2003, 289 (293).

[391] Katzenstein JURA 2005, 217 (221/222); MüKo/Ernst, Band 2a, 4. Auflage, § 281 Rn 48.

Eine solche Anknüpfung an ein „Vorverschulden" ist abzulehnen.[392] Vielmehr bleibt es dabei, dass es grundsätzlich auf ein Vertretenmüssen während der Nachfrist ankommt. Andernfalls kann keine Übereinstimmung mit den übrigen Tatbestandsvoraussetzungen des § 281 erzielt werden. Tritt nämlich während der Nachfrist ein entschuldigender Umstand ein, so wird dies, wie etwa bei der vorübergehenden Unmöglichkeit wegen eines staatlichen Ausfuhrverbotes, auch oft eine Suspendierung der Leistungspflicht zur Folge haben.[393] Dann wäre es aber widersprüchlich, den Schuldner einerseits von der Leistungspflicht als zeitweilig befreit anzusehen, ihm andererseits aber wegen einer Voranknüpfung doch einen Vorwurf zu machen. Richtigerweise besteht mangels durchsetzbarer Leistungspflicht auch keine zu vertretende Nichtleistung im Sinne des § 281.

Im Übrigen würden sich Wertungswidersprüche zu § 287 Satz 2 ergeben. Soll nämlich generell an ein Vertretenmüssen schon vor der Fälligkeit angeknüpft werden, so wird damit jedem neu eingetretenen, nicht zu vertretenden Hindernis jegliche Relevanz abgesprochen. Damit werden im Ergebnis auch von außen kommende, neue Hindernisse wie vom Schuldner zu verantwortende, und damit unerhebliche, Hindernisse behandelt. Dies kann aber grundsätzlich nur über eine Haftungssteigerung gemäß § 287 Satz 2 geschehen, welche den Schuldner auch für neu eintretende, zufällige Hindernisse verantwortlich macht. Dafür bedarf es jedoch des Verzuges und damit zusätzlicher Voraussetzungen, die übergangen zu werden drohen.

Eine Grenze ist dort erreicht, wo der Schuldner bei zu vertretendem Fehlen notwendiger Vorbereitungshandlungen geltend machen möchte, die Leistung in der Nachfrist sei trotz aller möglichen Anstrengungen – und damit ohne ein Vertretenmüssen – nicht zu erbringen, da die Zeit zu knapp bemessen sei. Dieser Einwand muss erfolglos bleiben. Es genügt hier die Feststellung, dass der Schuldner von Rechts wegen während der angemessenen Nachfrist erfüllen muss, solange kein die Leistungspflicht ausschließendes Hindernis besteht. Da hier die Leistungspflicht unstreitig fortbesteht und er trotzdem nicht erfüllt, kann er die Vermutung für ein Vertretenmüssen nicht entkräften. Im Grunde beruht der Einwand des Schuldners darauf, dass es an ausreichender Zeit für die Erfüllung fehle. Das Gesetz fordert aber nur eine angemessene Nachfrist, die sich eben danach bestimmt, dass der Schuldner seine schon begonnenen Leistungsbemühungen zu Ende führen kann.[394] Hatte er mit der Leistung noch nicht be-

---

[392] Implizit auch Reichenbach JURA 2003, 512 (517/518) bei der Lösung des Beispiels, ebenso in vergleichbarem Zusammenhang die Lösung des Beispiels von Kohler JZ 2004, 961 (962-964); wohl auch Jauernig/Stadler, § 281 Rn 12.

[393] Vgl. zum Zusammenhang zwischen Leistungsbefreiung und Vertretenmüssen der Nichtleistung schon oben, S. 40 ff. Liegt nicht nur ein vorübergehendes Hindernis vor, sondern ist dieses dauerhaft, so entfällt ein Vorgehen nach § 281 in jedem Fall.

[394] Vergleiche nur Erman/Westermann, § 281 Rn 13; MüKo/Ernst, Band 2a, 4. Auflage, § 281 Rn 71; Staudinger/Otto, Neubearbeitung 2004, § 323 Rn B63. Eine differenzierte Betrachtung

gonnen und ist deswegen die Frist zu knapp, so ist sein Einwand unerheblich. Das Gesetz räumt dem Schuldner eben nur eine zweite Chance innerhalb angemessener Frist ein, also einzig zur Vollendung schon in Vollzug gesetzter Leistungsbemühungen.

d) Ergebnis

Für das Vertretenmüssen kommt es auf das Ende des Fristablaufs an. Es kann nicht allein an ein zu vertretendes Verhalten vor der Fristsetzung angeknüpft werden, obwohl die Leistung innerhalb der Frist ohne ein Vertretenmüssen unterblieben ist.

4) Die Erforderlichkeit des Verzugs im Rahmen des § 281

a) Denkbare Sachverhaltsalternativen

Der Tatbestand des § 281 knüpft nach seinem Wortlaut abweichend von § 326 a.F. nicht mehr an das Vorliegen des Verzugs an. Diese sprachliche Abweichung ist eine bewusste Entscheidung des Gesetzgebers.[395] Dennoch wird bis zum Ablauf der Frist in aller Regel Verzug vorliegen. Dazu bedarf es grundsätzlich noch einer Mahnung des Gläubigers sowie des Vorliegens der anerkannten ungeschriebenen Verzugsvoraussetzungen.[396] Es sind dabei verschiedene Sachverhaltsalternativen denkbar:

Zunächst wird es Fälle geben, bei denen der Schuldner schon vor der Fristsetzung in Verzug geraten ist, sei es durch ausdrückliche Mahnung, sei es deshalb, weil etwa die Mahnung wegen kalendermäßiger Bestimmung des Fälligkeitstermins nach § 286 Abs. 1 Satz 1, Abs. 2 Nr. 2 entbehrlich war.

In sehr vielen Fällen wird in der Fristsetzung zur Leistung eine Mahnung zu sehen sein. Dies entspricht der Ansicht des Gesetzgebers, der sogar davon ausging, in der Fristsetzung zur Leistung sei „stets eine Mahnung zu sehen".[397] Hintergrund dieses Verständnisses ist, dass der Gesetzgeber bezüglich der Deutlichkeit der Fristsetzung zur Leistung hohe Anforderungen stellte. Das Leistungsverlangen innerhalb der Frist sollte so deutlich sein, dass der Schuldner an der danach bestehenden Befugnis zur Ausübung von Sekundärrechten nicht zweifeln konnte. Ganz dementsprechend war in den Vorentwürfen sogar eine Regelung vorgesehen, wonach ein Übergang auf die Sekundärrechte dann ausgeschlossen sein sollte, wenn der Schuldner aufgrund der Fristsetzung nicht mit

---

der Fristlänge erscheint aber dann angebracht, wenn bei Fälligkeit ein vorübergehendes Hindernis auftritt. Dann muss der Gläubiger die nach Behebung mögliche Fristsetzung nach der notwendigen Dauer für eine erstmalige Leistungserbringung bemessen.

[395] BT-Drucks. 14/6040, S. 138; vgl. auch Pohlmann, in: Dauner-Lieb/Konzen/Schmidt, S. 273 (277); Staudinger/Otto, Neubearbeitung 2004, § 281 Rn A27. Eine ausführliche Darlegung der Gesetzesgeschichte folgt sogleich.

[396] Dies sind die Durchsetzbarkeit der Forderung und das Vorliegen eventuell notwendigen Gläubigerhandelns.

[397] BT-Drucks. 14/6040, S. 138 und 184; vgl. auch Erman/Westermann, § 323 Rn 6; Eberl-Borges, AcP 203 (2003), 633 (649 in Fn 80).

einem Übergang rechnen musste.[398] Diese Einschränkung ist dann aber gestrichen worden, ohne dass die strengen Anforderungen an eine Fristsetzung zur Leistung gemildert werden sollten.[399] Aus dem jetzigen Gesetzestext wird dies freilich nicht besonders deutlich. Eine Sofortmahnung durch die Fristsetzung wird vorliegen, wenn der Gläubiger sofortige Leistung verlangt, spätestens aber Leistung innerhalb eines angemessenen Zeitraums.

In wenigen Fällen wird in der Fristsetzung keine sofortige Mahnung zu sehen sein und der Schuldner mit ihr noch nicht in Verzug kommen. Dies hängt maßgeblich von der Ausgestaltung der Fristsetzung und damit vom Einzelfall ab.[400] Da die Fristsetzung nicht mit einer Ablehnungsandrohung oder sonstigen Erklärungen verbunden werden muss, aus denen sich ergibt, dass der Fristablauf nur für weitergehende Rechtsfolgen erheblich ist,[401] kann in ihr manchmal auch eine nur befristete Mahnung zum Fristablauf zu sehen sein.[402] Verzug tritt dann erst bei Ablauf der Nachfrist ein. Dies kann etwa der Fall sein, wenn der Gläubiger nicht deutlich genug macht, dass er auf sofortige Leistung besteht und schlicht eine „Frist zur Leistung“ setzt, was in Einzelfällen als Stundung der Primärforderung verstanden werden kann. Insofern kann der Gesetzesbegründung zu § 281 nicht vollauf zugestimmt werden, wonach in der Fristsetzung in aller Regel eine Sofortmahnung zu sehen ist.[403]

b) Meinungsstand zum Verzugserfordernis in § 281

Diese unterschiedlichen Möglichkeiten hinsichtlich des Verzugseintritts führen zu einem grundsätzlichen Problem. Es fragt sich, ob die Entstehung des Schadensersatzanspruchs und der Übergangsbefugnis mit dem Fristablauf zwingend den Verzug des Schuldners erfordert? Dies würde das Vorliegen weiterer, nicht explizit in §§ 281, 280 genannter Voraussetzungen erfordern. Dazu gehören neben dem Mahnungserfordernis die anerkannten ungeschriebenen Verzugsvor-

[398] Vgl. etwa §§ 281 Abs. 1 Satz 2 BGB-KF und BGB-RE, 323 Abs. 1 a.E. BGB-KF und BGB-RE, vgl. auch BT-Drucks. 14/6040, S. 139 und 184/185.
[399] BT-Drucks. 14/7052, S. 185 und 192. Grund war, dass die Regelung nur einen seltenen Sonderfall erfasse, weil eine Fristsetzung dem Schuldner in aller Regel deutlich mache, dass weiteres Nichtleisten Folgen haben werde. Solche Sonderfälle könnten auch über § 242 erfasst werden.
[400] Henssler/Graf von Westphalen/Dedek, § 281 Rn 16; Palandt/Heinrichs, § 286 Rn 17.
[401] Dazu MüKo/Ernst, Band 2a, 4. Auflage, § 281 Rn 38.
[402] So auch Derleder/Hoolmans NJW 2004, 2787 (2788); Erman/Westermann, § 323 Rn 6; Ernst/Gsell ZIP 2001, 1389 (1392/1393); Gsell JZ 2004, 110 (113); Krause JURA 2002, 299; MüKo/Ernst, Band 2a, 4. Auflage, § 323 Rn 46.
[403] So aber BT-Drucks. 14/6040, S. 138 und 145.

aussetzungen der Durchsetzbarkeit der fälligen Forderung[404] und eine eventuell notwendige Mitwirkung des Gläubigers.[405]

Nach Inkrafttreten der Reform wurde die Notwendigkeit des Verzugs zunächst aufgrund des geänderten Wortlauts meist ohne weiteres verneint.[406] Erst in neueren Stellungnahmen wird das Verzugserfordernis mittlerweile mehrheitlich bejaht.[407] Daneben finden sich viele Stellungnahmen, wonach zwar nicht der Verzug als solcher, wohl aber einzelne seiner nicht in § 281 enthaltenen Voraussetzungen notwendig seien, so beispielsweise eine eventuell notwendige Mitwirkung des Gläubigers.[408] Für diese wird in Anlehnung an das alte Recht, wo sie mehrheitlich als Voraussetzung für den Verzug betrachtet wurde,[409] eine Berücksichtigung schon für die Entstehung des Schadensersatzanspruchs und der Übergangsbefugnis befürwortet.[410] Natürlich kommt es diesbezüglich auf den einzelnen Sachverhalt an, das Merkmal hat in aller Regel nur Bedeutung beim gegenseitigen Vertrag. Eine andere Ansicht hingegen will eine fehlende notwendige Mitwirkung nicht als Voraussetzung des § 281 berücksichtigen, sondern darin nur eine zum Schadensersatz verpflichtende Pflichtverletzung nach § 280 Abs. 1 sehen.[411] Dies soll hier nicht weiter vertieft werden.

Fordert man den Verzug für § 281, so hat dies grundsätzlich auch für § 323 zu gelten. Nach der Systematik und dem Willen des Gesetzgebers sind die Voraus-

---

404 Dazu ist auch das Angebot eigener Leistung bei Zug-um-Zug-Verpflichtungen nach § 320 zu zählen.

405 Dazu gehört auch das Fehlen von Gläubigerverzug, vgl. zu diesen ungeschriebenen Voraussetzungen nur Palandt/Heinrichs, § 286 Rn 11 ff.; Pohlmann, in: Dauner-Lieb/ Konzen/Schmidt, S. 273 (282 ff.).

406 AnwKomm/Dauner-Lieb, 1. Auflage, § 281 Rn 5; Hertel DNotZ 2001, 910 (919).

407 Gebauer/Huber ZGS 2005, 103 (106); Katzenstein JURA 2004, 584 (587 in Fn 37 und 588 in Fn 49); Katzenstein JURA 2005, 217 (221 in Fn 59); MüKo/Ernst, Band 2a, 4. Auflage, § 280 Rn 3 und § 281 Rn 18; Palandt/Heinrichs, § 281 Rn 7; Pohlmann, in: Dauner-Lieb/Konzen/Schmidt, S. 273 (277 ff.); unklar aber wohl eher für ein Verzugserfordernis: Staudinger/Otto, Neubearbeitung 2004, § 281 Rn B4; in der Sache auch Looschelders, Rn 606; Emmerich, Leistungsstörungen, S. 282; von Wilmowsky JuS 2002/Beilage Heft 1, S. 10. Schon im Gesetzgebungsverfahren kritisch: Ernst/Gsell ZIP 2001, 1389 (1392/1393). In BT-Drucks. 14/6857, S. 46 wird ganz selbstverständlich die Durchsetzbarkeit gefordert.

408 Bamberger/Roth/Grüneberg, § 281 Rn 10; Erman/Westermann, § 281 Rn 6 und 11; § 323 Rn 6; Henssler/Graf von Westphalen/Dedek, § 281 Rn 16; Huber/Faust, 3. Kapitel, Rn 128 und 134; Jauernig/Stadler, § 281 Rn 5; Mattheus, in: Schwab/Witt, S. 98 die alle einen durchsetzbaren Anspruch, aber keine Mahnung fordern.

409 Vgl. dazu nur Huber, Band I, S. 351 mwN; Palandt/Heinrichs, 61. Auflage, § 326 a.F. Rn 10 ff.

410 So Emmerich, Leistungsstörungen, 5. Auflage, S. 279; Huber/Faust, 3. Kapitel, Rn 128; Palandt/Heinrichs, § 281 Rn 35; Staudinger/Otto, Neubearbeitung 2004, § 281 Rn B84 ff.

411 Jauernig/Stadler, § 281 Rn 13.

setzungen der §§ 281, 323 weitestgehend anzugleichen.[412] Denn soweit ein gegenseitiger Vertrag vorliegt, erlauben beide Normen jeweils nach erfolgloser Fristsetzung einen Übergang auf die Sekundärrechte. Der wesentliche Unterschied darf indes nicht verwischt werden, § 323 gewährt ein verschuldensunabhängiges Rücktrittsrecht, so dass für ihn also nur alle objektiven Verzugsvoraussetzungen vorhanden sein müssen, nicht aber ein Vertretenmüssen der Nichtleistung.[413]

c) Diskussion

aa) Wortlaut

Nach dem Wortlaut des § 281 ist auch bei Ablauf der Nachfrist kein Verzug notwendig. Dieser Wortlautbefund schließt aber die Statuierung eines Mahnungserfordernisses entgegen *Westermann* nicht schon grundsätzlich aus.[414] Denn die „Fristbestimmung zur Leistung" kann und muss dergestalt verstanden werden, dass der Schuldner endgültig und ernsthaft zur Leistung aufgefordert wird. Dies ist dann eine Mahnung, sei es mit sofortiger Wirkung als Sofortmahnung, sei es erst mit Fristablauf als befristete Mahnung. Auch die anderen Verzugsvoraussetzungen, wie die Durchsetzbarkeit und das Vorliegen notwendigen Gläubigerhandelns, die als Ausnahmen weniger praxisrelevant sind, könnten als ungeschriebene Voraussetzungen im Rahmen des § 281 aufgrund einer teleologischen Reduktion zu prüfen sein.[415] Dies wurde schon bei § 284 a.F. und wird auch sonst bei § 286 Abs. 1 so gehandhabt.[416] Eine gewisse tatbestandliche Anknüpfung ließe sich sogar zwischen der Durchsetzbarkeit und dem Merkmal der Fälligkeit im Rahmen des § 281 herstellen.[417] Jedenfalls erschiene es als unrichtig, dem Gläubiger selbst bei Fehlen dieser ungeschriebenen Voraussetzungen den Übergang nach §§ 281, 323 zu erlauben.[418] Denn wenn der Schuldner schon der Primärforderung erfolgreich eine Einrede oder fehlendes Gläubigerhandeln entgegenhalten könnte, darf er auch nicht einem Sekundärrecht unterworfen

---

412 BT-Drucks. 14/6040, S. 183/184; Erman/Westermann, § 323 Rn 6; Heinrichs, FS Derleder, S. 87 (88); MüKo/Ernst, Band 2a, 4. Auflage, § 281 Rn 17; Palandt/Heinrichs, § 323 Rn 1 und 9.

413 Palandt/Heinrichs, § 323 Rn 9.

414 Vgl. Erman/Westermann, § 281 Rn 6; § 323 Rn 6, der aber ebenfalls außer der Mahnung alle anderen Verzugsvoraussetzungen fordert.

415 Zur teleologischen Reduktion sogleich. Zum Teil wäre auch schon die Fälligkeit oder die Pflichtverletzung ausgeschlossen, vgl. dazu im Einzelnen Pohlmann, in: Dauner-Lieb/Konzen/Schmidt, S. 273 (282/283).

416 Zum alten Recht: Soergel/Wiedemann, 12. Auflage, § 284 Rn 3; zum neuen Recht: MüKo/Ernst, Band 2a, 4. Auflage, § 286 Rn 18; Palandt/Heinrichs, § 286 Rn 12 ff.

417 So Huber/Faust, 3. Kapitel, Rn 134.

418 Pohlmann, in: Dauner-Lieb/Konzen/Schmidt, S. 273 (277); das Vorliegen dieser Voraussetzungen fordert auch Erman/Westermann, § 281 Rn 6 und Jauernig/Stadler, § 281 Rn 5.

werden.[419] Hält sich der Gläubiger selbst nicht an die Abmachungen, fehlt etwa noch eine notwendige Mitwirkung, soll er nicht aus einem daneben vorliegenden Fehlverhalten des Schuldners Vorteile ziehen können.

bb) Teleologische Reduktion des zu weiten Wortlauts des § 281

Für eine Ergänzung des zu weiten Wortlautes des § 281 um das Verzugserfordernis bei Ablauf der Fristsetzung im Wege einer teleologischen Reduktion sprechen gute Gründe. Diese setzt einen zu weiten Gesetzeswortlaut voraus, der auch Fälle erfasst, die nach Sinn und Zweck der Norm nicht erfasst werden sollen und hat eine Nichtanwendung der Norm zur Folge.[420] Sinn und Zweck des § 281 ist eine Totalliquidation des ursprünglichen Primärschuldverhältnisses. Diese Abwicklung über einen Schadensersatzanspruch muss aber ultima ratio sein, da dies den vertraglichen Vereinbarungen zuwider läuft. Daher ist zu fordern, dass für eine Totalliquidaton auch alle anderen, für Verspätungsfolgen notwendigen Voraussetzungen vorliegen. Dies ist vor allem, wie das Gesetz in den §§ 280 Abs. 1 und 2, 286 zeigt, der Verzug. Es widerspricht der Einordnung des Schadensersatzanspruchs statt der Leistung als ultima ratio-Ausweg, wenn ein Vorgehen nach § 281 zwar im konkreten Fall möglich wäre, jedoch der Schuldner sonst keiner Verzögerungshaftung unterliegen würde.

cc) Systematik

(1) Identische Anforderungen an den Ersatz aller Verspätungsschäden

Auch aus systematischer Sicht spricht viel für das Erfordernis des Verzugs, da es andernfalls zu weiteren Friktionen mit den §§ 280 Abs. 1 und 2, 286 kommen kann.[421] Danach wird der Ersatz des Verzögerungsschadens nur ab und bei Vorliegen des Verzugs gewährt. Der Verzug stellt damit die Grenze zwischen einer rechtlich nicht erheblichen und einer rechtlich sanktionierten nicht rechtzeitigen Leistung dar.[422] Es ist ein allgemeines Prinzip des vertraglichen Haftungsrechts, dass für Verspätungen nur bei Verzug gehaftet wird.[423] Nun fällt aber der Ersatz des Interesses an rechtzeitiger Leistung grundsätzlich sowohl unter §§ 280

[419] Huber/Faust, 3. Kapitel, Rn 134.

[420] Zu den Voraussetzungen einer teleologischen Reduktion siehe im Einzelnen: BVerfG NJW 1997, 2230 (2231); Brox, Allgemeiner Teil, Rn 68; F. Bydlinski, S. 475 ff.; Larenz, Methodenlehre, 5. Auflage, S. 375 ff.; Larenz/Wolf, § 4 Rn 81; Palandt/Heinrichs, Einleitung Rn 49; Pawlowski, § 11 Rn 493 ff.

[421] Ernst/Gsell ZIP 2001, 1389 (1392/1393); MüKo/Ernst, Band 2a, 4. Auflage, § 280 Rn 3 und § 281 Rn 18; Palandt/Heinrichs, § 281 Rn 7; Pohlmann, in: Dauner-Lieb/Konzen/Schmidt, S. 273 (279 ff.); Emmerich, Leistungsstörungen, S. 282; kritisch auch Looschelders, Rn 606. Dies erkennt auch Henssler/Graf von Westphalen/Dedek, § 281 Rn 16, der dem aber nur durch Formulierung der Fristsetzung als Sofortmahnung entgegenwirken möchte.

[422] So auch BT-Drucks. 14/6040, S. 145; MüKo/Ernst, Band 2a, 4. Auflage, § 323 Rn 46.

[423] Vgl. etwa Huber, Band II, S. 314; MüKo/Ernst, Band 2a, 4. Auflage, § 323 Rn 46; Lorenz/Riehm, Rn 288; auch Pohlmann, in: Dauner-Lieb/Konzen/Schmidt, S. 273 (279/280/281).

Abs. 1 und 2, 286 als auch unter §§ 280 Abs. 1 und 3, 281. Veranschaulicht werden kann dies etwa bei den Kosten einer vorübergehenden Ersatzbeschaffung wegen nicht rechtzeitiger Lieferung, z.B. die Kosten eines Mietwagens. Solange der Gläubiger noch keinen Schadensersatz statt der Leistung verlangt hat, sind die Mietkosten als Verzögerungsschäden bei Verzug sicherlich nach §§ 280 Abs. 1 und 2, 286 ersetzbar. Verlangt nun der Gläubiger Schadensersatz statt der Leistung nach § 281, so scheidet ab dann der Ersatz nach der Verzögerungshaftung aus, da der Primäranspruch erlischt. Da aber auch der Schadensersatz statt der Leistung den Gläubiger nach § 249 Abs. 1 grundsätzlich so stellen soll, wie er bei ordnungsgemäßer, also auch rechtzeitiger Leistung stehen würde, können Verspätungsschäden grundsätzlich auch unter §§ 280 Abs. 1 und 3, 281 Abs. 1 fallen.[424] Dies gilt unabhängig davon, wie man den Verzögerungsschadensersatz von dem Schadensersatz nach § 281 abgrenzen möchte, da jedenfalls die nach dem Verlangen weiter entstehenden Mietwagenkosten grundsätzlich nach § 281 ersetzbar sind.[425]

Können also typische Verspätungsschäden sowohl der Haftung für Verzögerungs- als auch für Nichterfüllungsschäden unterfallen, so ergibt sich daraus auch das Gebot möglichst gleicher Haftungsvoraussetzungen. Es wäre systematisch unbefriedigend und widersprüchlich, wenn der Schuldner für Verzögerungsschäden mangels Verzugs nicht haften müsste, gleichwohl aber ein Schadensersatzanspruch statt der Leistung bestehen würde, der eben diese Verspätungsschäden jedenfalls für einen späteren Zeitpunkt umfassen würde.[426] Daraus folgt geradezu zwingend das Verzugserfordernis im Rahmen des § 281. Andernfalls hätte auch der weitergehende Anspruch des § 281, der zu einer Totalliquidation führt, weniger strenge Anforderungen als der Anspruch nach §§ 280 Abs. 1 und 2, 286.

(2) Beachtung des Verzugserfordernisses auch bei Einbeziehung des Verspätungsschadens in den Schadensersatz statt der Leistung

Nach früher herrschender und auch heute noch vertretener Ansicht kann in den Schadensersatz statt der Leistung auch ein vorheriger Verspätungsschaden miteinbezogen werden.[427] Möchte man dem folgen, so wird die Notwendigkeit des

---

[424] Pohlmann, in: Dauner-Lieb/Konzen/Schmidt, S. 273 (280).

[425] Freilich wird die Ersetzbarkeit zeitlich eng begrenzt sein, da der Gläubiger sich nach der Totalliquidation anderweitig eindecken muss und daher die Mietwagenkosten nur bis zur möglichst bald vorzunehmenden, anderweitigen Beschaffung über § 281 ersetzbar sind. Zur näheren Abgrenzung zwischen dem Verzögerungsschaden und dem Schadensersatz statt der Leistung vergleiche unten, S. 196 ff.

[426] MüKo/Ernst, Band 2a, 4. Auflage, § 281 Rn 18; Pohlmann, in: Dauner-Lieb/Konzen/Schmidt, S. 273 (279/280).

[427] Zum alten Recht: BGH NJW 1997, 1231; RGZ 94, 203 (206 ff.); RGZ 96, 158 (160); MüKo/Emmerich, Band 2, 4. Auflage, § 325 Rn 57; Staudinger/Otto, Neubearbeitung 2004, § 281 Rn B147. Zum neuen Recht: Bamberger/Roth/Grüneberg, § 281 Rn 35; Emmerich, Leistungsstörungen, 5. Auflage, S. 200; Henssler/Graf von Westphalen/Dedek, § 280 Rn 20;

Verzugserfordernisses in § 281 noch deutlicher. Denn gewährt man den Schadensersatz aus § 281 ohne Verzug und bezieht Verspätungsschäden mit ein, so droht der oben dargestellte allgemeine Grundsatz des Haftungsrechts, wonach Verspätungsschäden nur bei Verzug zu ersetzen sind, übergangen zu werden. Dies ist etwa der Fall, wenn Verzug wegen des Vorliegens einer befristeten Mahnung erst bei Fristablauf vorliegt. Konsequent müssten dann vorher eingetretene Schäden weder über §§ 280 Abs. 1 und 2, 286 noch über §§ 280 Abs. 1 und 2, 281 zu ersetzen sein.[428]

Wie noch auszuführen sein wird, ist meines Erachtens schon die Einbeziehungsmöglichkeit für das neue Recht abzulehnen, so dass der Schadensersatzanspruch statt der Leistung nach § 281 nur diejenigen Verzögerungsschäden erfasst, die ab dem Übergang auf den Schadensersatzanspruch durch das Verlangen entstehen.[429] Alle vorherigen Verzögerungsschäden sind allein nach den §§ 280 Abs. 1 und 2, 286 zu ersetzen. Denn erst mit dem Verlangen erlischt der Primäranspruch, und ein Ersatz über §§ 280 Abs. 1 und 2, 286 ist nicht mehr möglich. Ebenso zeigt der Gläubiger erst durch das Verlangen, dass er vom Primäranspruch, womit ja auch das Verspätungsinteresse zusammenhängt, ablassen möchte. Es ist also schon aufgrund dieser Abgrenzung ausgeschlossen, dass der Gläubiger über § 281 Schäden für den Zeitraum vor dem Übergang ersetzt verlangt, die ihm nach §§ 280 Abs. 1 und 2, 286 nicht zustünden. Dennoch hat die Frage nach der Notwendigkeit des Verzugs auch bei dieser Abgrenzung noch Bedeutung. Denn die Beachtung des Prinzips einer Verspätungshaftung nur bei Verzug führt wie oben gezeigt dazu, dass über den Schadensersatz statt der Leistung nur dann das nach dem Verlangen entstandene Verspätungsinteresse ersetzt werden kann, wenn auch die Voraussetzungen des Verzugs vorliegen.

dd) Wille des Gesetzgebers

Eine Notwendigkeit des Verzugs entspricht auch dem Willen des Gesetzgebers.[430] Zwar hat dieser in § 281 bewusst nicht an das formale Kriterium des Verzugs angeknüpft, dies geschah jedoch nicht, um die materiell-rechtlichen Anforderungen abzuschwächen. Der Gesetzgeber wollte durch den Verzicht auf den Verzugsbegriff vielmehr die Darlegung der Pflichtverletzung durch den Gläubiger, der den Grund der Nichtleistung meist nicht erkennen kann, erleich-

---

Lorenz NJW 2002, 2497 (2504); MüKo/Emmerich, Band 2a, 4. Auflage, Vor § 281 Rn 17; Pohlmann, in: Dauner-Lieb/Konzen/Schmidt, S. 273 (280); Recker NJW 2002, 1247; Staudinger/Otto, Neubearbeitung 2004, § 280 Rn E20 und § 281 Rn B147.

[428] Pohlmann, in: Dauner-Lieb/Konzen/Schmidt, S. 273 (281); auch Henssler/Graf von Westphalen/Dedek, § 281 Rn 16.

[429] Dazu Näheres unten bei S. 196 ff.; vgl. auch MüKo/Ernst, Band 2a, 4. Auflage, § 281 Rn 112.

[430] Ebenso Dauner-Lieb/Arnold/Dötsch/Kitz, Anmerkungen und Fragen, S. 31/32; Pohlmann, in: Dauner-Lieb/Konzen/Schmidt, S. 273 (278); anders Erman/Westermann, § 281 Rn 6.

tern.[431] Durch den Bezug auf die bloße Nichtleistung ermöglicht nun der Tatbestand des § 281 auch ein Vorgehen bei vermuteter Unmöglichkeit.[432] Dass der Gesetzgeber am materiell-rechtlichen Verzugserfordernis festhalten wollte, zeigen auch seine Ausführungen, wonach § 281 nur „formal" keinen Verzug erfordere.[433] Er meinte ferner, „die Fristsetzung enthalte inhaltlich eine Leistungsaufforderung, in der man stets auch eine Mahnung im Sinne des § 286 Abs. 1 RE sehen wird, so dass der Fall nicht eintreten kann, dass der Schuldner zwar Schadensersatz statt der Leistung nach § 281 Abs. 1 Satz 1 RE verlangen (und dann auch nach § 323 Abs. 1 RE zurücktreten) kann, sich aber noch nicht nach § 286 RE in Verzug befindet."[434]

d) Ergebnis

Nach alledem erfordern der Schadensersatzanspruch und die Übergangsbefugnis nach § 281 stets das Vorliegen des Verzugs bei Fristablauf. Fehlt dieser, so entstehen zur Vermeidung von Wertungswidersprüchen die Wirkungen des § 281 nicht. Die Verzugsmerkmale müssen dabei zu unterschiedlichen Zeiten vorliegen. Die Mahnung oder eines ihrer Surrogate muss bis spätestens zum Zeitpunkt des Entstehens des Schadensersatzanspruchs und der Übergangsbefugnis durch den Fristablauf vorliegen.[435] Die eventuell notwendigen Mitwirkungshandlungen des Gläubigers und die Durchsetzbarkeit der Forderung müssen indes schon zur Zeit der Fristsetzung vorliegen.[436] Denn durch die Frist soll dem Schuldner eine letzte Chance zur Leistung gegeben werden. Dem wird es nicht gerecht, wenn der Gläubiger selbst nicht die zur Erbringung der Leistung erforderlichen Handlungen vorgenommen hat.[437] Ferner ist es notwendig, dass der Gläubiger die Leistung uneingeschränkt fordern kann. Daher steht einer wirksamen Fristsetzung auch eine Einrede des Schuldners entgegen.

Im Rahmen dieser Arbeit kann nicht abschließend erörtert werden, wann eine Einrede per se den Verzug ausschließt und wann es dazu ihrer Erhebung bedarf.

---

[431] BT-Drucks. 14/6040, S. 138. Vgl. auch Erman/Westermann, Vor §§ 275 – 292 Rn 5.

[432] Dazu Näheres unten, S. 358 ff.

[433] BT-Drucks. 14/6040, S. 138; so auch Pohlmann, in: Dauner-Lieb/Konzen/Schmidt, S. 273 (278/279).

[434] BT-Drucks. 14/6040, S. 138.

[435] Erwogen werden könnte auch, ob eine Mahnung bis zum Zeitpunkt des Ersatzverlangens nicht genügen würde. In der Praxis dürfte sich daraus aber kein Unterschied ergeben, da die Mahnung als Teil der Fristsetzung zu sehen ist und damit spätestens zum Fristablauf vorliegt. Dies soll daher nicht weiter vertieft werden.

[436] Huber/Faust, 3. Kapitel, Rn 134; MüKo/Ernst, Band 2a, 4. Auflage, § 281 Rn 19 und 43, ebenso § 323 Rn 47 und 81; Palandt/Heinrichs, § 281 Rn 7 und 11. Eine Ausnahme davon ist natürlich dann gegeben, wenn der Gläubiger die Mitwirkung überhaupt erst später erbringen kann.

[437] Daher kann auch Erman/Westermann, § 281 Rn 11 nicht überzeugen, der das Vorliegen der Mitwirkungshandlungen spätestens zum Fristablauf fordert. Denn so hätte der Schuldner unter Umständen keine echte Chance zur Nacherfüllung.

Diese Frage ist unabhängig davon zu beantworten, dass jedenfalls hinsichtlich der Primärpflicht die Einrede erst nach ihrer Erhebung Berücksichtigung finden kann. Wie heute allgemein anerkannt ist, verbietet sich für die Verzugsauswirkungen eine einheitliche Lösung für alle Einreden.[438] Bei der Einrede des § 320 kann als gesichert gelten, dass schon deren bloßes Bestehen den Verzug ausschließt.[439] Denn wenn der Gläubiger nach dem vertraglichen Pflichtensystem die Leistung erst soll fordern dürfen, wenn er selbst seine Leistung anbietet, ist es unbillig, dem Gläubiger den Ersatz von Verzögerungsschäden und den Übergang zu Sekundärrechten zu gewähren, wenn er ebenso wie der Schuldner hinter seiner Leistungspflicht zurückgeblieben ist. Für das Zurückbehaltungsrecht aus § 273 ist die Beachtung erst nach der Erhebung wegen der Abwendungsbefugnis durch Sicherheitsleistung nach Abs. 3 anerkannt.[440] Bei den Einreden aus § 275 Abs. 2 und 3 ist anzunehmen, dass erst deren Erhebung den Verzug ausschließt.[441] Sie sollen dem Schuldner die Wahlmöglichkeit geben, die Unzumutbarkeit geltend zu machen oder die Primärleistung trotz der Schwierigkeiten zu erbringen. Entscheidet sich der Schuldner nicht für die Erhebung der Einrede, so muss er dann aber auch die Konsequenzen tragen und der Verzugshaftung unterliegen.[442] Andernfalls wäre der Gläubiger mangels Übergangsmöglichkeit nach § 281 auf die langwierige Durchsetzung der Primärforderung angewiesen, ohne aber seinen Verzögerungsschaden liquidieren zu können. Bejaht man deshalb die Notwendigkeit der Einredeerhebung, so hat diese nach wohl herrschender Ansicht den rückwirkenden Wegfall des Verzugs zur Folge.[443]

---

[438] Vgl. dazu Huber, Band I, S. 304 mit umfangreichen Nachweisen.

[439] Ganz herrschende Ansicht: RGZ 120, 193 (196 ff.); BGH WM 1963, 476 (477); BGH ZIP 1998, 1965 (1966); Erman/Westermann, § 323 Rn 10; Huber, Band I, S. 306; Palandt/Heinrichs, § 320 Rn 12.

[440] Erman/Westermann, § 323 Rn 10; MüKo/Ernst, Band 2a, 4. Auflage, § 273 Rn 93 und § 281 Rn 19; Palandt/Heinrichs, § 273 Rn 19/20.

[441] MüKo/Ernst, Band 2a, 4. Auflage, § 275 Rn 98; Palandt/Heinrichs, § 286 Rn 12; vgl. auch Huber, Band I, S. 327 zu den Fällen der Unzumutbarkeit nach altem Recht, die sich insofern nicht unterscheiden.

[442] So auch M. Schultz, in: Westermann, S. 17 (58).

[443] Dies ist streitig, dafür Erman/Westermann, § 275 Rn 34/35; Maier-Reimer, in: Dauner-Lieb/Konzen/Schmidt, S. 291 (297); MüKo/Ernst, Band 2a, 4. Auflage, § 275 Rn 98; Palandt/Heinrichs, § 286 Rn 12; Wieser NJW 2001, 121 (122); dagegen M. Schultz, in: Westermann, S. 17 (58/59); Staudinger/Otto, Neubearbeitung 2004, § 283 Rn 60. Ergänzend ist anzuführen, dass die Erhebung der Einreden aus § 275 Abs. 2 oder 3 den Verzug nicht nur wegen der fehlenden Durchsetzbarkeit, sondern auch wegen des Erlöschens der Primärpflicht ausschließt.

5) Die Folgen des Fristablaufs und der Übergang auf die Sekundärrechte

a) Fortbestand des Primäranspruchs bis zu einem Ersatzverlangen oder Rücktritt

Nach §§ 283, 326 a.F. bestand ein Ausschließlichkeitsverhältnis zwischen Primär- und Sekundärrechten. Der Ablauf der mit einer Ablehnungsandrohung verbundenen Frist führte zu einem automatischen Erlöschen des Primäranspruchs und zur Entstehung des Sekundäranspruchs bzw. des Wahlrechts zwischen Schadensersatz und Rücktritt. Nach neuem Recht kann der Gläubiger nach dem Wortlaut des § 281 Abs. 1 Satz 1 nach Fristablauf „unter den Voraussetzungen des § 280 Abs. 1 Schadensersatz statt der Leistung verlangen". Des Weiteren bestimmt Abs. 4, dass der Primäranspruch ausgeschlossen ist, sobald Schadensersatz statt der Leistung verlangt wird. Dies führt dazu, dass der Primäranspruch auch nach Fristablauf bis zu einem Verlangen von Schadensersatz statt der Leistung nach § 281 Abs. 4 fortbesteht.[444] Das gleiche gilt, wenn der Gläubiger nach § 323 vorgeht, da sich das Schuldverhältnis erst mit der Erklärung des Rücktritts in ein Rückabwicklungsverhältnis umwandelt. Dieser Fortbestand ist so vom Gesetzgeber gewollt, der die Entkoppelung des Fristablaufs vom automatischen Erlöschen des Primäranspruchs damit begründete, dass der Gläubiger am Erhalt der Primärforderung ein schützenswertes Interesse haben könne, so etwa im Falle einer Schuldnerinsolvenz, in welcher der Primäranspruch oft besser verfolgbar sei als ein auf Geld gerichteter Schadensersatzanspruch.[445]

b) Entstehung des Schadensersatzanspruchs mit Fristablauf

Des Weiteren ist anzunehmen, dass der Schadensersatzanspruch schon mit dem Fristablauf automatisch entsteht, es dazu also keines gesonderten „Verlangens" bedarf.[446] Dies drängt sich schon nach dem Gesetzestext auf, da die Formulierung in § 281 Abs. 1: „kann (...) Schadensersatz (...) verlangen" unmittelbar ein Schuldverhältnis zum Ausdruck bringt.[447] Auch nach systematischer Betrachtung ist das Verlangen nach § 281 Abs. 4 allein für den Ausschluss der Primärschuld nötig, während in Abs. 1 die Entstehungsvoraussetzungen für den Schadensersatzanspruch genannt werden.[448] Die Bedeutung des ausdrücklichen Verlangens allein für das Erlöschen der Primärschuld wird auch durch die Gesetzgebungshistorie des jetzigen Abs. 4 deutlich. Denn im Zuge der Reform war zu-

---

[444] Vgl. nur Bamberger/Roth/Grüneberg, § 281 Rn 48; MüKo/Ernst, Band 2a, 4. Auflage, § 281 Rn 67 ff.

[445] BT-Drucks. 14/6040, S. 140.

[446] Vgl. Bamberger/Roth/Grüneberg, § 281 Rn 47; Bressler NJW 2004, 3382; Emmerich, Leistungsstörungen, S. 294; Erman/Westermann, § 281 Rn 19; Finn ZGS 2004, 32; Gsell, Jahrbuch Junger Zivilrechtswissenschaftler 2001, 105 (114); Heinrichs, FS Derleder, S. 87 (92 und 105); Huber/Faust, 3. Kapitel, Rn 154; KompaktKom-BGB/Willingmann/Hirse, § 281 Rn 21; MüKo/Emmerich, Band 2a, 4. Auflage, Vor § 281 Rn 4; MüKo/Ernst, Band 2a, 4. Auflage, § 281 Rn 67; Schwab JR 2003, 133, (134).

[447] Wie etwa die Ausdrücke „kann fordern", „schuldet" oder „ist verpflichtet".

[448] So auch Bressler NJW 2004, 3382.

nächst vorgesehen, den Primäranspruch erst dann erlöschen zu lassen, wenn der Schadensersatzanspruch rechtshängig gemacht wurde oder vom Schuldner erfüllt wurde.[449] Dies zeigt, dass das heutige „Verlangen" keinesfalls als Entstehungsgrund für den Schadensersatzanspruch gedacht war. Denn dann hätte sich eine solche Regelung verboten, wäre der Schadensersatzanspruch doch sonst erst mit seiner Befriedigung oder Rechtshängigkeit entstanden. Der Schadensersatzanspruch nach § 281 Abs. 1 ist bis zu einem Verlangen nach Abs. 4 als verhaltener Anspruch zu charakterisieren.[450] Bis zu diesem fehlt ihm die Erfüllbarkeit. Dies allein sichert das Wahlrecht des Gläubigers. Andernfalls könnte der Schuldner durch Leistung der Ersatzsumme oder Aufrechnung den Primäranspruch zum Erlöschen bringen. Dies würde aber dem erklärten Willen des Gesetzgebers[451] und der Normstruktur des § 281 widersprechen, da es in Abs. 1 Satz 1 ausdrücklich heißt, dass der Gläubiger Schadensersatz verlangen „kann", dies also in seine Wahl gestellt ist.

c) Die verschiedenen Wahlmöglichkeiten des Gläubigers nach Fristablauf

Es besteht also zwischen Fristablauf und Ersatzverlangen nach Abs. 4 eine eigenartige doppelte Anspruchsinhaberschaft des Gläubigers. Der Gläubiger hat noch den Primäranspruch, aber auch schon einen Schadensersatzanspruch. Außerdem hat er nach § 281, und dazu noch nach § 323 bei gegenseitigen Verträgen, die Befugnis, das Schuldverhältnis durch ein Ersatzverlangen oder eine Rücktrittserklärung endgültig zu liquidieren. Diese Übergangsbefugnis ist nach dem Gesetzeswortlaut zeitlich nicht beschränkt. Der Gläubiger scheint unbegrenzt am Primäranspruch festhalten zu können oder auch die Sekundärbehelfe der §§ 281, 323 ausüben zu können. Solange er dies nicht tut, liegt eine Schwebelage vor, wobei noch später zu klären sein wird, inwieweit diese durch den Schuldner oder nachträgliche Umstände beendet werden kann.

Hat sich aber der Gläubiger entschieden und Schadensersatz statt der Leistung verlangt, so muss damit zugleich jeglicher Primäranspruch des Gläubigers ausgeschlossen sein. Dies ist die Kernaussage des § 281 Abs. 4. Der Gläubiger darf dann keinesfalls mehr auf den Primäranspruch zurückgreifen. Alles andere würde ihn in den Genuss eines noch umfassenderen Wahlrechts im Sinne eines Reuerechts bringen und ihn gegen das Gesetz ungerechtfertigt begünstigen. Diese notwendige Beachtung des Primärrechtsausschlusses nach Abs. 4 führt noch zu weit reichenden Problemen, die im Rahmen der Erörterungen zum „Zwangskauf" behandelt werden sollen.

---

[449] Vgl. BT-Drucks. 14/6040, S. 141; Canaris ZRP 2001, 329 (334); Staudinger/Otto, Neubearbeitung 2004, § 281 Rn D2.

[450] MüKo/Ernst, Band 2a, 4. Auflage, § 281 Rn 108; Derleder/Zänker NJW 2003, 2777 (2779); Gsell JZ 2004, 110 (116); Wieser NJW 2003, 3458; zu den verhaltenen Ansprüchen MüKo/Krüger, Band 2a, 4. Auflage, § 271 Rn 4.

[451] Vgl. BT-Drucks. 14/6040, S. 140.

d) Die dogmatische Einordnung des Verhältnisses zwischen Primär- und Schadensersatzforderung nach Fristablauf

Nur von geringer Bedeutung ist die Frage, wie das Verhältnis zwischen Primär- und Schadensersatzanspruch vor einem Verlangen dogmatisch verstanden werden soll. Denkbar wäre es, einen einzigen Anspruch des Gläubigers mit verschiedenem Inhalt anzunehmen, gerichtet entweder auf Primärerfüllung oder auf Schadensersatz.[452] Daneben könnte man aber auch vom parallelen Vorliegen zweier Ansprüche bis zu einem Ersatzverlangen ausgehen.[453] Die Wahl des Wortes „ausgeschlossen" in § 281 Abs. 4 gibt keinen eindeutigen Anhaltspunkt. Zwar scheint dies auf die erstere Deutung hinzuweisen, da nicht von einem Erlöschen eines Anspruchs die Rede ist, sondern vom Ausschluss einer Befugnis. Andererseits benutzt auch § 275 Abs. 1 den Begriff „ausgeschlossen", obwohl dort klar von einem Erlöschen eines Anspruchs wegen Unmöglichkeit ausgegangen werden muss. Außerdem spricht § 281 Abs. 4 auch vom Ausschluss des „Anspruchs auf die Leistung", was für zwei parallel bestehende Ansprüche spricht.

Beide Deutungen führen nicht zu unterschiedlichen praktischen Lösungen, so dass der Frage nur Bedeutung hinsichtlich einer besseren konstruktiven Erklärbarkeit zukommen kann. Dabei ist die Vorstellung eines parallelen Bestehens von Primär- und Schadensersatzanspruch in der Schwebelage sicherlich eingängiger. Sie passt auch besser dazu, dass dem Gläubiger nach Fristablauf ein neuer Rechtsbehelf zustehen soll, der sich üblicherweise auch in einem zusätzlichen Anspruch konkretisiert. Daher soll hier der Ansicht von einem parallelen Bestehen von zwei Ansprüchen in der Schwebelage gefolgt werden. Jedoch soll im Rahmen dieser Arbeit bei Relevanz auch der andere Erklärungsansatz berücksichtigt werden. Wie schon erwähnt ergeben sich daraus keine unterschiedlichen praktischen Ergebnisse, wohl aber teilweise neue Begründungsansätze.[454]

VII. Zusammenfassung der Änderungen bei § 281, diesbezügliche Kritik und Ausblick auf die resultierenden Probleme

Vor den beiden Hauptteilen der Arbeit sollen zur Überleitung zunächst noch einmal die Änderungen durch die Schuldrechtsreform und die diesbezügliche Kritik kurz zusammengefasst werden. Dem folgt ein Ausblick auf die dann zu behandelnden Probleme.

---

[452] MüKo/Ernst, Band 2a, 4. Auflage, § 281 Rn 68.

[453] Bamberger/Roth/Grüneberg, § 281 Rn 48; Emmerich, Leistungsstörungen, S. 294; Erman/Westermann, § 281 Rn 19; Heinrichs, FS Derleder, S. 87 (105); Marotzke, KTS 63 (2002), 1 (39); Palandt/Heinrichs, § 281 Rn 50.

[454] Siehe unten, S. 116 ff.

1) Zusammenfassung der Änderungen

Bei der Übergangsregelung des § 281 wegen nicht rechtzeitiger Leistung des Schuldners lassen sich Änderungen sowohl in den materiell-rechtlichen als auch den prozessualen Übergangserfordernissen konstatieren. Dabei ist der Übergang für den Gläubiger generell erleichtert worden.

Hinsichtlich der materiell-rechtlichen Übergangsvoraussetzungen ist das Erfordernis einer Fristsetzung mit Ablehnungsandrohung weggefallen und an seine Stelle die schlichte Fristsetzung getreten. Nach deren Ende erlischt die Primärpflicht somit nicht mehr automatisch, sondern besteht bis zu einem Schadensersatzverlangen oder Rücktritt weiter. Zugleich entsteht der Schadensersatzanspruch nach § 281 schon mit Fristablauf, ebenso wie die Übergangsbefugnis auf Schadensersatz oder eine eventuelle Rücktrittsmöglichkeit. Der Gläubiger kann nach Fristablauf grundsätzlich zeitlich unbegrenzt an dem Primäranspruch festhalten, andererseits aber auch jederzeit und ohne weitere Voraussetzungen den Übergang auf die Sekundärebene bewirken. Verzug ist für § 281 spätestens bei Fristablauf erforderlich, nicht jedoch schon für eine Fristsetzung selbst. Die einfache Übergangsmöglichkeit mittels Fristsetzung gilt nun einheitlich auch für nicht-synallagmatische Pflichten, während ein Übergang im alten Recht nach den §§ 283, 286 Abs. 2 a.F. noch an besondere Voraussetzungen gebunden war.

Hinsichtlich der prozessualen Erfordernisse für einen Übergang setzt § 281 – anders als § 283 a.F. – nicht mehr das Vorliegen eines Ersturteils voraus. Ihm fehlt damit jeglicher prozessualer Anknüpfungspunkt. Andererseits schließt er ein vorgängiges rechtskräftiges Primärleistungsurteil vor einem Übergang auch nicht aus. Eine dem § 283 Abs. 1 Satz 3 a.F. vergleichbare Ausschlussnorm für schuldnerische Einwendungen gibt es nicht mehr.

2) Kritik am alten Recht und an den Änderungen durch das SchModG

Die alten Übergangsmöglichkeiten bei nicht rechtzeitiger Leistung nach §§ 283, 286 Abs. 2, 326 a.F. sind nicht selten kritisiert worden. Ihren Differenzierungen wurde eine Unübersichtlichkeit vorgeworfen.[455] Im Einzelnen wird insbesondere die Abschaffung der Ablehnungsandrohung begrüßt, da ihr korrekter Ausspruch den Gläubigern oft Probleme bereitet hat.[456] Daneben wird die Ausweitung der Übergangsmöglichkeit durch bloße Fristsetzung auch auf nicht-synallagmatische Pflichten positiv beurteilt.[457] Die Einschränkungen des alten Rechts hätten dazu geführt, dass der Gläubiger den steinigen und langwierigen Weg über § 283 a.F. gehen musste, um an den begehrten Schadensersatz wegen Nichterfüllung zu gelangen.[458]

---

[455] Abschlussbericht, S. 134; Heinrichs, FS Derleder, S. 87 (88 ff.); Lorenz/Riehm, Rn 188.

[456] Heinrichs, FS Derleder, S. 87 (89); Pohlmann, in: Dauner-Lieb/Konzen/Schmidt, S. 273 (276); Staudinger/Otto, Neubearbeitung 2001, § 326 Rn 101; von Wilmowsky JuS 2002/Beilage Heft 1, S. 10 mit Fn 24.

[457] Gsell JZ 2004, 110 (111/112).

[458] Gsell JZ 2004, 110 (111).

Andererseits gibt es nicht wenige, die die Änderungen kritisch beurteilen.[459] Insbesondere *Huber* reklamiert insgesamt eine übermäßige Besserstellung des Gläubigers und eine Verschlechterung der Position des Schuldners.[460] Die Kritik befasst sich vor allem mit der Abschaffung der Ablehnungsandrohung und der damit verbundenen freien Wahlmöglichkeit des Gläubigers, der eine Unsicherheit des Schuldners über den Schuldinhalt gegenübersteht.[461] Ferner werde so eine Spekulation durch die Wahl eines günstigen Übergangszeitpunktes ermöglicht.[462] Die Gleichstellung von synallagmatischen und nicht-synallagmatischen Pflichten schaffe die Möglichkeit eines missbilligenswerten „Zwangskaufs", wenn der Gläubiger statt Rückgabe der geschuldeten Sache Schadensersatz in Höhe des vollen Sachwertes verlange.[463]

3) Ausblick auf die resultierenden Probleme und Fragestellungen

Die Änderung der materiell-rechtlichen und prozessualen Erfordernisse für einen Übergang wirft geradezu spiegelbildlich auch materiell-rechtliche und prozessuale Fragestellungen auf. Diesen wird in den nun folgenden Hauptteilen B. und C. nachgegangen, wobei auch immer ein Augenmerk auf die geltend gemachte, gerade angesprochene Verschlechterung der Position des Schuldners gerichtet werden soll. Für die These, dass die Änderungen durch das Schuldrechtsmodernisierungsgesetz einseitig den Gläubiger bevorzugen und den Schuldner benachteiligen, scheint bei einer überblicksartigen Betrachtung einiges zu sprechen. Ob und inwieweit sich dieser erste Eindruck auch nach eingehender Prüfung bewahrheitet, werden die Erläuterungen in den beiden Haupttei-

---

459 Zum Teil richtet sich die Kritik gegen die Vorentwürfe, sie lässt sich aber auch auf das geltende Recht übertragen. Vergleiche im Einzelnen: Dauner-Lieb/Arnold/Dötsch/Kitz, Anmerkungen und Fragen, S. 32; Dedek, in: Dauner-Lieb/Konzen/Schmidt, S. 183 (189); Ernst, in: Ernst/Zimmermann, S. 559 (593 ff.); Huber, in Ernst/Zimmermann, S. 31 (41 ff. und 149 ff.); MüKo/Ernst, Band 2a, 4. Auflage, Vor § 275 Rn 28 mit Fn 56 und § 281 Rn 70.

460 Huber, in Ernst/Zimmermann, S. 31 (41 ff.).

461 MüKo/Ernst, Band 2a, 4. Auflage, § 281 Rn 70 spricht hinsichtlich der Unsicherheit des Schuldners von einer der gravierenden Schwachstellen des reformierten Leistungsstörungsrechts. Marotzke KTS 63 (2002), 1 (35) nennt sie „höchst fragwürdig", für das Insolvenzverfahren „völlig inakzeptabel". AnwKomm/Hager, § 350 Rn 1 nennt die fehlende Einschränkung des Wahlrechts durch eine Gegenfristmöglichkeit des Schuldners „rechtspolitisch wenig überzeugend". Lorenz NJW 2005, 1889 (1892) sieht rechtspolitischen Nachbesserungsbedarf. Kritisch auch Schwab JR 2003, 133 (134); ferner auch schon Ernst, in: Ernst/Zimmermann, S. 559 (594/595); Huber, in Ernst/Zimmermann, S. 31 (43/44 mit Fn 33; 151/152); Henssler/Graf von Westphalen/Dedek, § 281 Rn 26 meint, die Abschaffung der Ablehnungsandrohung führe zu einer erheblichen Besserstellung des Gläubigers.

462 Ernst, in: Ernst/Zimmermann, S. 559 (594); Huber, in Ernst/Zimmermann, S. 31 (151/152).

463 Dauner-Lieb/Arnold/Dötsch/Kitz, Anmerkungen und Fragen, S. 32; Dedek, in: Dauner-Lieb/Konzen/Schmidt, S. 183 (189); Huber, in: Ernst/Zimmermann, S. 31 (42 auch mit Fn 29; 150/151).

len der Arbeit zeigen. Im Einzelnen scheinen sich prima facie als Folgen zu ergeben:

a) Folgen der Änderung der materiell-rechtlichen Übergangserfordernisse

Der Verzicht auf die Ablehnungsandrohung geht mit einem Weniger an Klarheit für den Schuldner einher, da dieser bei der Fristsetzung nicht mehr in gleichem Maße auf die Folgen einer weiteren Nichtleistung hingewiesen wird. Andererseits spricht prima facie aber nichts dagegen, dass der Gläubiger vergleichbare Wirkungen wie mit einer Ablehnungsandrohung durch den bedingten Ausspruch des Ersatzverlangens nach Abs. 4 schon bei Fristsetzung erreichen kann, was den „Druck" auf den Schuldner erhöht. Der Fortbestand der Primärforderung nach Fristablauf und die Abhängigkeit des Übergangs von einem Ersatzverlangen sind zeitlich nicht begrenzt. Dadurch ergibt sich eine große Wahlfreiheit des Gläubigers und eine dementsprechende Unsicherheit des Schuldners. Dieser kann nicht wissen, wie lange er noch zur Primärleistung verpflichtet bleibt und ob seine, schon wegen des Fortbestandes der Verzugshaftung ratsamen[464] Leistungsbemühungen nicht unvermittelt vom Gläubiger durch einen Übergang durchkreuzt werden. Hier fragt es sich, ob es ein Mittel zur Begrenzung des Gläubigerwahlrechts gibt. Für die Dauer der Schwebelage zwischen Fristablauf und endgültigem Übergang und die daraus resultierende Unsicherheit spielt es auch eine Rolle, wie sich zwischenzeitliche Veränderungen auf die Übergangsbefugnis nach § 281 auswirken. Dies gilt insbesondere für die Frage nach einer fortbestehenden Erfüllungsmöglichkeit des Schuldners oder der Zuerkennung eines Ablehnungsrechts des Gläubigers hinsichtlich der Primärleistung nach Nachfristablauf. Bei Bejahung des letzteren könnte sich der Schuldner dann nicht mehr eigenständig von seiner Verpflichtung durch Erbringung der Primärleistung befreien und damit die Schwebelage beenden.

Der Fortbestand der Primärforderung und das freie Wahlrecht ermöglichen dem Gläubiger darüber hinaus auch eine günstige Wahl des Ob und Wann des Übergangs. Dies kann er durch Abwarten der Marktentwicklung zu Spekulationszwecken nutzen, wenn es nicht möglicherweise Grenzen in Form einer Übergangsverpflichtung gibt. Von Bedeutung für die Spekulationsmöglichkeiten ist auch der richtige Zeitpunkt für die Bestimmung des Schadens im Rahmen des § 281. Hängt dieser vom Gläubiger ab oder hat er die Wahl zwischen verschiedenen Zeitpunkten, so begünstigt dies eine Spekulationsmöglichkeit. Schließlich kann der Gläubiger die Ausweitung der Übergangsmöglichkeit auch auf nicht-synallagmatische Pflichten zu einem „Zwangskauf" nutzen, indem er nach Fristablauf die Rückgabe der geschuldeten Sache ablehnt und Schadensersatz in Höhe des vollen Sachwertes gegen Übereignung der Sache fordert. Neben den üblichen Vorteilen eines Geldanspruchs etwa in vollstreckungsrechtli-

---

[464] Vgl. zu dem Druck, den die Haftung für Verzögerungsschäden aufbaut, Huber, Band II, S. 140.

cher Hinsicht[465] stellt auch schon die Möglichkeit eines ;„Zwangskaufs" als solche ein nicht zu vernachlässigendes Drohpotential des Gläubigers dar.[466]

b) Verfahrensrechtliche Folgen der Änderung der prozessualen Übergangserfordernisse

Daneben scheint die Abschaffung jeglicher prozessualer Übergangserfordernisse in § 281 auch verfahrensrechtliche Folgen zu haben. Dies muss für alle prozessualen Auswirkungen gelten, die dem § 283 a.F. zugeschrieben wurden.[467]

Die Regelung des § 283 a.F. stand im Zusammenhang mit der Frage, ob der streitige, aber jedenfalls zu vertretende Unmöglichkeitseinwand des Schuldners im Primärleistungsprozess beweiserheblich ist. Nach überwiegender Ansicht musste das Gericht diesem Einwand nicht im Rahmen einer Beweiserhebung nachgehen, sondern konnte den Schuldner ohne weiteres zur Primärleistung verurteilen. Dies wurde auch auf § 283 a.F. gestützt und gab dem Gläubiger die Möglichkeit, den Unmöglichkeitseinwand in der Zwangsvollstreckung überprüfen zu lassen. Der Fortbestand dieser verfahrensrechtlichen Besonderheit ist nun nach dem Wegfall des § 283 a.F. und der Vereinheitlichung der Unmöglichkeitsfolgen in § 275 Abs. 1 fraglich. Des Weiteren ist zu klären, ob und in welchem Maße der Schuldner in einem Zweitprozess über die Schadensersatzpflicht nach § 281 wegen eines zuvor ergangenen rechtskräftigen Primärleistungsurteils in der Geltendmachung von Einwendungen beschränkt ist. Dies wurde bei § 283 a.F. unter anderem wegen dessen Abs. 1 Satz 3 a.F. angenommen. Nunmehr kommen für Ausschlusswirkungen eines Ersturteils nur noch die allgemeinen prozessualen Rechtskraftwirkungen in Betracht. Überdies wurde § 283 a.F. eine günstige Auswirkung auf die Darlegungs- und Beweislast des Gläubigers und damit auf sein Prozessrisiko hinsichtlich eines Schadensersatzanspruchs zugemessen, deren Fortbestand nun fraglich erscheint. Auch sollte aus § 283 a.F. ein Rechtsschutzbedürfnis des Gläubigers für solche Primärleistungsklagen folgen, bei denen die Vollstreckungsaussichten von vornherein zweifelhaft waren. Ob Klagen in diesen Fällen künftig unzulässig sind, bedarf ebenfalls der Klärung.

---

465 Dem Gläubiger eines Geldanspruchs steht der Zugriff auf das gesamte Vermögen des Schuldners offen, vgl. die §§ 803 ff. ZPO sowie Jost, FS Otte, S. 145 (146).

466 Näheres dazu siehe unten, S. 224.

467 Dedek, in: Dauner-Lieb/Konzen/Schmidt, S. 183 (190 ff.); Gsell JZ 2004, 110 (112 ff.).

B. Die Folgen der veränderten materiell-rechtlichen Übergangsvoraussetzungen des § 281

I. Die abgeschaffte Ablehnungsandrohung – Erforderlichkeit einer Warnung des Schuldners und Möglichkeit eines automatischen Übergangs zum Schadensersatzanspruch bei Fristablauf

1) Fragestellung

Die Übergangsmöglichkeiten der §§ 281, 323 sehen anders als das alte Recht nicht mehr den Ausspruch einer Ablehnungsandrohung als einer auf den Fristablauf bedingten Erklärung, die Primärleistung nicht mehr anzunehmen, vor. Diese sollte dem Schuldner verdeutlichen, dass er bei weiterer Nichtleistung seine ursprüngliche Schuld nicht mehr erfüllen kann und nur noch den Sekundärrechten ausgesetzt ist. Sie schuf damit im Interesse der Parteien und der Verkehrssicherheit klare Verhältnisse.[468] Nach neuem Recht besteht nun nach Fristablauf die Primärforderung fort und der Gläubiger hat ein erweitertes, scheinbar unbeschränktes Wahlrecht zwischen Primär- und Sekundärrechten. Es fragt sich dann aber, ob nicht der Schuldner wegen dieser neuen, weit reichenden Folgen des Fristablaufs für seine Stellung auf andere Weise auf die Konsequenzen einer weiteren Nichtleistung hingewiesen werden muss.

Zugleich bedeutete die Fristsetzung mit Ablehnungsandrohung für den Gläubiger auch, dass er sich danach nicht weiter kümmern musste, er hatte alles ihm mögliche zum Übergang auf die Sekundärrechte getan. Ob der Gläubiger auch weiterhin die Fristsetzung sofort mit dem Übergang auf die Sekundärrechte durch Wahl des Sekundärrechts koppeln kann und so eine dem alten Recht vergleichbare Lage herstellen kann, wird zu klären sein. Dadurch könnte er den Übergang schnellstmöglich bewirken und den Druck auf den Schuldner erhöhen.

2) Abschaffung der Ablehnungsandrohung

Bei Beantwortung der ersten Fragestellung ist zu beachten, dass eine komplette Korrektur der in der Abschaffung der Ablehnungsandrohung liegenden Systementscheidung wegen des Vorrangs des Gesetzgebers und der Gesetzesbindung nach Art. 20 Abs. 3 und Art. 97 GG de lege lata nicht möglich ist.[469] Daher kann nicht einfach erneut das Erfordernis einer Ablehnungsandrohung postuliert werden, doch wären in Randbereichen Einschränkungen der Übergangsregeln der §§ 281, 323 nach Fristablauf aus zwingenden Gründen möglich.

a) Gesetzeshistorie

Anders als das Rechtsinstitut der Nachfristsetzung war die Ablehnungsandrohung im Vorbild von § 326 a.F., dem Art. 356 ADHGB, nicht vorgesehen. Sie

---

[468] MüKo/Emmerich, Band 2, 4. Auflage, § 326 Rn 64; Oetker JZ 1999, 1030 (1031 ff.).

[469] Zu den verschiedenen denkbaren Systemansätzen zum Vertragsrecht vergleiche die Ausführungen von Wiedemann, FS Juristische Fakultät Köln, S. 367 ff.

wurde im Zuge der Beratungen zum BGB durch die zweite Kommission eingeführt, um dem Schuldner zu verdeutlichen, dass der Primäranspruch mit dem Ablauf der Frist ausgeschlossen ist.[470] Im Gutachtenvorschlag von *Huber* zur Reform des Leistungsstörungsrechts fand sich keine Ablehnungsandrohung mehr.[471] Gleiches galt für den Abschlussbericht der Schuldrechtskommission, der die Ablehnungsandrohung wie folgt kritisierte:[472] „(...) dieses Erfordernis des geltenden Rechts ist offenbar wenig praktikabel, wie die zahlreich vorkommenden unwirksamen Fristsetzungen insbesondere bei § 326 zeigen. Es leuchtet auch wenig ein, dass der Gläubiger zu einer Zeit, zu der er die Leistung noch verlangt, bereits deren Ablehnung androhen soll – zumal gegenüber einem Schuldner, der zu dieser Leistung vielleicht gar nicht bereit ist (...).“ Auf der anderen Seite war sich die Schuldrechtskommission darüber bewusst, dass der Verzicht auf die Ablehnungsandrohung zu einem Verlust an Klarheit für den Schuldner führen konnte. Es wurde überlegt, „ob nicht nach Verzicht auf die Ablehnungsdrohung zusätzlich zum Fristablauf eine Voraussetzung aufgenommen werden müsse, die für den vertragsbrüchigen Teil erkennbar macht, dass es mit Ablauf der Nachfrist oder der Abmahnung „ernst“ wird bzw. werden kann, die Fristsetzung oder Abmahnung also nicht nur ein höfliches Drängen des Gläubigers zum Ausdruck bringen soll.“[473] Aus diesem Grunde wurde in § 323 Abs. 1 Satz 1 des Entwurfs für den Rücktritt verlangt, dass der Schuldner auf Grund der Fristsetzung mit dem Rücktritt rechnen musste. Für den Schadensersatzanspruch fehlte eine solche Regelung.

Der Diskussionsentwurf übernahm dies unverändert.[474] Die Abschaffung der Ablehnungsandrohung wurde im Folgenden von *Huber* kritisiert. Er verwies auf deren Klarstellungs- und Warnfunktion. Dass die Ablehnungsandrohung in der Praxis oft falsch gemacht werde, läge zumeist daran, dass sich die Gläubiger zur Zeit der Fristsetzung selbst noch nicht über die Folgen des erfolglosen Fristablaufs klar geworden seien.[475] Ein Gläubiger, der wirklich die Primärpflicht ausschließen wolle, habe dieses noch immer geschafft.

In der Konsolidierten Fassung war dann sowohl für den Schadensersatzanspruch als auch für den Rücktritt in den §§ 281, 323 vorgesehen, dass ein Übergang nicht möglich sei, wenn der Schuldner trotz der Fristsetzung nicht mit dem

[470] Motive bei Mugdan, Band II, S. 29; Protokolle bei Mugdan, Band II, S. 643. Dem lag die Vorstellung zu Grunde, dass die Fristsetzung an sich schon implizit eine Ablehnung der Primärleistung mit dem Fristablauf beinhaltete.

[471] Huber, in: Gutachten und Vorschläge zur Überarbeitung des Schuldrechts, S. 647 (785, 801, 833 ff.).

[472] Abschlussbericht, S. 134/135.

[473] Abschlussbericht, S. 167.

[474] BGB-DiskE, S. 37 und 393. In § 323 Abs. 1 BGB-DiskE fehlt zwar der Zusatz: „wenn der Schuldner auf Grund der Fristsetzung mit dem Rücktritt rechnen musste“, dies beruht jedoch auf einem Schreibfehler, vgl. auch Huber, in: Ernst/Zimmermann, S. 31 (165).

[475] Huber, in: Ernst/Zimmermann, S. 31 (44 in Fn 33 und S. 152).

Schadensersatzverlangen oder Rücktritt rechnen musste. Dies wurde als Annäherung an die Regelungen in §§ 326, 283 a.F. verstanden und als „abgeschwächte Ablehnungsandrohung" bezeichnet.[476] Diese sollte die Voraussetzungen für den Übergang etwas erschweren. Die BT-Drucks. 14/6040 übernahm dies, änderte jedoch die sprachliche Fassung der § 281 Abs. 1 Satz 2 und § 323 Abs. 1, da diese Ausnahme vom Schuldner zu beweisen sein sollte.[477]

Diese abgeschwächte „kleine" Ablehnungsandrohung wurde dann aber überraschenderweise im Zuge der letzten Änderungen doch wieder gestrichen. In der BT-Drucks. 14/7052 findet sie sich nicht mehr.[478] Grund war die Befürchtung, die Rechtslehre werde sonst aus der Regelung weitergehende Voraussetzungen als die bloße Fristsetzung herleiten. Jedoch sollte der einfache Übergang des Gläubigers auf die Sekundärrechte keinesfalls erschwert werden. Schließlich sei es der Schuldner, der seinen fälligen Verpflichtungen – im Falle des § 281 sogar schuldhaft – nicht nachgekommen sei. Er könne die Konsequenzen durch seine Leistung verhindern. Ausnahmefälle, die durch den Zusatz geregelt werden sollten, könnten mit § 242 angemessen gelöst werden.[479]

b) Notwendigkeit einer Gesetzeskorrektur?

aa) Bewertung der Abschaffung der Ablehnungsandrohung

Die Ablehnungsandrohung wurde in vielen Fällen falsch ausgesprochen und war Grund ständiger Unsicherheiten.[480] Ihre Abschaffung erleichtert nun dem Gläubiger den Übergang. Soweit von *Huber* angeführt wird, unwirksame Ablehnungsandrohungen seien in der Regel nicht auf deren Schwierigkeit, sondern auf die Unentschlossenheit der Gläubiger zurückzuführen,[481] so mag die Richtigkeit dieser These dahingestellt bleiben. Es ist jedenfalls, wie zahllose Gerichtsentscheidungen zeigen, eine Tatsache, dass hier viel falsch gemacht wurde und die Gläubiger irrigerweise glaubten, den gesetzlichen Anforderungen Genüge getan zu haben.[482] Durch die nachfolgenden Prozesse sind viele Ressourcen verschwendet worden und beide Parteien belastet worden. Eine klare Rechtslage

---

476 BGB-KF, S. 12 und 31.

477 BT-Drucks. 14/6040, S. 139 und 185.

478 BT-Drucks. 14/7052, S. 13 und 32.

479 BT-Drucks. 14/7052, S. 185.

480 So auch BT-Drucks. 14/6040, S. 139; Heinrichs, FS Derleder, S. 87 (89); Pohlmann, in: Dauner-Lieb/Konzen/Schmidt, S. 273 (276); Staudinger/Otto, Neubearbeitung 2001, § 326 Rn 101; von Wilmowsky JuS 2002/Beilage Heft 1, S. 10 mit Fn 24; schon der Begriff der „Ablehnungsandrohung" begegnet Bedenken, denn nach alter Rechtslage hatte die Erklärung selbst schon eine durch den Fristablauf bedingte rechtsgestaltende Wirkung, vgl. etwa MüKo/Emmerich, Band 2, 4. Auflage, § 326 Rn 64 mit Fn 188.

481 Huber, in: Ernst/Zimmermann, S. 31 (152).

482 Schwab JR 2003, 133; vergleiche zu den zahlreichen Ausdifferenzierungen zur Ablehnungsandrohung nach altem Recht etwa MüKo/Emmerich, Band 2, 4. Auflage, § 326 Rn 64 ff.; Staudinger/Otto, Neubearbeitung 2001, § 326 Rn 93.

hat die Regelung nicht geschaffen. Konsequenz einer falschen Ablehnungsandrohung war regelmäßig eine erneute Fristsetzung mit nunmehr richtiger Ablehnungsandrohung, so dass nach viel vergeudeter Zeit, Ressourcen und Geld im Ergebnis auch wieder ein Schadensersatzanspruch oder Rücktritt im Raume stand. Auch war dem Schuldner nicht viel damit geholfen, wenn der Gläubiger nach vielen Monaten des Prozessierens unvermittelt wieder die Primärschuld geltend machen konnte, da die Wirkungen des Fristablaufs mangels korrekter Ablehnungsandrohung nicht eingetreten waren. Die Notwendigkeit einer Ablehnungsandrohung schon bei Fristsetzung zwang den Gläubiger darüber hinaus zu einer Aussage, die in sich widersprüchlich war. So konnte er nur dadurch zu seinen Sekundärrechten gelangen, dass er die Primärleistung unter Fristsetzung letztmalig forderte, sich durch die Verbindung mit der Ablehnungsandrohung aber gleichzeitig gegen den Fortbestand der Primärpflicht entschied.[483]

Die Abschaffung der Ablehnungsandrohung erscheint nun auch als systematisch richtig. Aus der oben dargestellten Reformgeschichte lässt sich ein stetiger Regelungs- und Bedeutungsschwund der Ablehnungsandrohung feststellen. Zur Erklärung muss deren Zusammenhang mit dem automatischen Erlöschen der Primärschuld nach erfolglosem Fristablauf gemäß §§ 326 Abs. 1 Satz 2 und 283 Abs. 1 Satz 2 a.F. hervorgehoben werden. Wurde die Ablehnungsandrohung bei Schaffung des BGB ins Leben gerufen, um dem Schuldner zu verdeutlichen, dass seine Primärschuld bei weiterer Nichtleistung innerhalb der Frist erlöschen werde und er folglich den Sekundärrechtsbehelfen ausgesetzt sei,[484] so war ihre Streichung zuletzt folgerichtig.[485] Schon mit den ersten Reformvorschlägen sollte die Koppelung zwischen Fristablauf und Erlöschen der Primärpflicht gelöst werden.[486] Diese Entwicklung schloss mit den §§ 281 Abs. 4 und 323 Abs. 1 ab, die ein Erlöschen erst mit dem Ersatzverlangen bzw. der Ausübung des Rücktritts anordnen. Damit wurde aber die Ablehnungsandrohung ihres Sinnes beraubt. Die Primärpflicht erlischt gerade nicht mit dem Fristablauf, der Gläubiger kann auch nach dem erfolglosen Fristablauf die Primärleistung einfordern. Muss sich der Gläubiger bei Fristsetzung noch nicht gegen die Primärpflicht entscheiden, so könnte eine Ablehnungsandrohung den Schuldner auch noch gar nicht vor den Folgen des Ablaufs warnen.[487] Der Schuldner hat zudem regelmäßig ein großes Interesse an der Erfüllung der Primärverpflichtung, da er sie meist kos-

---

483 Ähnlich schon der Abschlussbericht, S. 134/135; ferner BT-Drucks. 14/6040, S. 140; Finn ZGS 2004, 32.

484 Zu dieser Funktion der Ablehnungsandrohung siehe nur MüKo/Emmerich, Band 2, 4. Auflage, § 326 Rn 64; Oetker JZ 1999, 1030 (1031 ff.).

485 Vgl. Medicus, Das neue Schuldrecht, 3. Kapitel, Rn 100; Huber, Band II, S. 329 in Fn 41; M. Schultz, in: Westermann, S. 17 (48).

486 Vgl. Huber, in: Gutachten und Vorschläge zur Überarbeitung des Schuldrechts, S. 647 (832) zu § 326 des Gutachtenvorschlags; Abschlussbericht, S. 290 zu § 283 BGB-KE; auch § 282 Abs. 4 BGB-DiskE.

487 Ähnliche Argumentation bei Zimmer NJW 2002, 1 (5).

tengünstiger erbringen kann als die Sekundärverpflichtung.[488] Auch unter diesem Gesichtspunkt bedarf es aber des Hinweises und der Warnung durch eine Ablehnungsandrohung nicht mehr, da es ein Erlöschen bei Fristablauf nicht mehr gibt.

Die weiteren, aus dem Fortbestand der Primärpflicht folgenden und noch zu diskutierenden Probleme, wie die Unsicherheit des Schuldners hinsichtlich des Schuldinhalts, die Möglichkeit zur Beendigung der Schwebelage und etwaige Spekulationen durch den Gläubiger, können nicht durch die Postulierung eines Erfordernisses einer Ablehnungsandrohung gelöst werden. Denn angesichts des klaren Wortlauts der §§ 281, 323 und dem eindeutigen gesetzgeberischen Willen zu ihrer Abschaffung kann ein solches Erfordernis de lege lata nicht vertreten werden.

bb) Die Nichtverwirklichung der „kleinen Ablehnungsandrohung"

Auch der zwischenzeitlich geplanten Ausnahme von den Wirkungen des Fristablaufs, falls der Schuldner mit den Rechtsbehelfen nach der Fristsetzung nicht rechnen musste, stehen einige Bedenken entgegen.[489] Denn wenn der Fristablauf für die Sekundärbehelfe nicht entscheidend ist, dann kann auch nicht verlangt werden, dass der Gläubiger bei der Fristsetzung auf mögliche Folgen hinweist, über die er selbst noch nicht entschieden haben muss und die sich in der verbleibenden allgemeinen Form schon aus dem Gesetz selbst ergeben. Der Gläubiger könnte daher nur ganz generell auf die nach dem Gesetz bestehenden Möglichkeiten nach Fristablauf hinweisen, eine Warnfunktion für den Schuldner und damit einen Nutzen hätte dieser Hinweis aber nicht, da der Fristablauf diese gesetzlichen Rechte nicht automatisch entstehen lässt. Zudem hätte die unbestimmte Formulierung zu Unsicherheiten geführt, denn eine Ablehnungsandrohung alten Musters sollte ausdrücklich nicht verlangt werden. Was dann aber neben der Fristsetzung zur Leistung, die ja schon eindeutig und bestimmt sein muss, seitens des Gläubigers noch nötig gewesen wäre, hätte Anlass zu neuen Problemen gegeben. Die konkreten Anforderungen an eine der geplanten Ausnahmen waren insgesamt unsicher.

cc) Notwendigkeit eines sonstigen Hinweises auf die Folgen

Es ist auch sonst kein Anhaltspunkt ersichtlich, der dazu zwingen könnte, die gesetzliche Neuregelung im Sinne eines notwendigen, gesonderten Hinweises des Gläubigers auf die Folgen zu modifizieren. Der pauschalen Behauptung, der Wegfall der Ablehnungsandrohung benachteilige den Schuldner unangemessen, kann nicht zugestimmt werden.[490] Denn die so ermöglichte Loslösung des Erlöschens der Primärschuld vom Ende der gesetzten Frist bringt dem Schuldner in

---

[488] Huber, Band II, S. 144; Henssler/Graf von Westphalen/Dedek, § 281 Rn 2.

[489] So auch Erman/Westermann, § 281 Rn 12; M. Schultz, in: Westermann, S. 17 (49 in Fn 142).

[490] In diese Richtung Huber, in: Ernst/Zimmermann, S. 31 (152); ähnlich Huber, Band II, S. 374.

der Regel einen längeren Erfüllungszeitraum, was seinen Interessen entspricht.[491] Zu den eventuell nachteiligen Folgen nach Fristablauf kommt es zudem nur durch ein vertragswidriges Verhalten des Schuldners.[492] Zuvor hat er durch die Fristsetzung eine zweite Chance erhalten. Es gab außerdem auch schon nach altem Recht Fälle, bei denen die Primärerfüllungsmöglichkeit erlosch, ohne dass der Schuldner darauf mittels einer Ablehnungserklärung gesondert hingewiesen worden wäre. Denn nach § 326 Abs. 2 a.F. konnte der Gläubiger bei Interessewegfall und ernsthafter, endgültiger Erfüllungsverweigerung des Schuldners auch ohne Frist und Ablehnungsandrohung zu den Sekundärrechten übergehen.

Zudem verbleibt im neuen Recht eine gewisse vorherige Warnung des Schuldners. Denn nach §§ 281 Abs. 1, 323 Abs. 1 muss der Gläubiger eine „Frist zur Leistung" setzen. Diese liegt nur vor, wenn durch die Formulierung klar wird, dass der Gläubiger mit dem Ablaufe der Frist Konsequenzen ernsthaft in Betracht zieht, nicht aber, wenn er nach der Formulierung nur unverbindlich zur Leistung auffordert.[493] So reicht die Aufforderung, innerhalb der Frist die Leistungsbereitschaft zu erklären, weiterhin nicht aus.[494] Die Fristbestimmung zur Leistung wird damit dem Schuldner deutlich machen, dass ein erfolgloser Ablauf der Frist Konsequenzen haben kann und irgendwann auch haben wird. Für den sogleich noch zu untersuchenden Fall, dass der Gläubiger mit der Fristsetzung schon seine Wahl trifft und daher die Primärschuld mit Ablauf der Frist erlischt, liegt zudem in dem bedingten Schadensersatzverlangen oder Rücktritt ein weiterer Hinweis an den Schuldner. Darüber hinausgehende Äußerungen sind vom Gläubiger nicht zu verlangen. Selten vorstellbare, unangemessene Einzelfälle können, wie vom Gesetzgeber angedacht, über § 242 gelöst werden.

c) Ergebnis

Die Abschaffung der Ablehnungsandrohung ist innerhalb des neuen Leistungsstörungsrechts konsequent und führt zu akzeptablen Ergebnissen.[495] Es ergibt sich kein genereller Handlungsbedarf für eine Korrektur der neuen Gesetzesfassung, um dem Schuldner vor den Folgen besonders zu warnen.

---

[491] Dies gilt nur, wenn man ein Ablehnungsrecht des Gläubigers hinsichtlich der Primärleistung nach Fristablauf nicht anerkennt, zu dieser Diskussion unten, S. 144 ff.

[492] Darauf stellt die BT-Drucks. 14/6040, S. 139 maßgeblich ab.

[493] MüKo/Ernst, Band 2a, 4. Auflage, § 281 Rn 32/33; Palandt/Heinrichs, § 281 Rn 9a; Staudinger/Otto, Neubearbeitung 2004, § 281 Rn B55.

[494] Erman/Westermann, § 281 Rn 12; Staudinger/Otto, Neubearbeitung 2004, § 281 Rn B55.

[495] So auch Heinrichs, FS Derleder, S. 87 (89); Pohlmann, in: Dauner-Lieb/Konzen/Schmidt, S. 273 (276); Staudinger/Otto, Neubearbeitung 2001, § 326 Rn 101; H.P. Westermann NJW 2002, 241 (249); kritisch zur Ablehnungsandrohung auch Marotzke, KTS 63 (2002), 1 (35 in Fn 154).

3) Gestaltungsmöglichkeiten des Schadensersatzverlangens und seine Auswirkungen

a) Allgemeines und Problemstellung

Das Erfordernis einer Ablehnungsandrohung hatte nicht nur eine vom Modernisierungsgesetzgeber kritisierte, vorschnelle Festlegung des Gläubigers auf die Sekundärrechte zur Folge,[496] sondern gleichsam als Spiegelbild auch eine Beschleunigung der Abwicklung. Für das Erlöschen der Primärpflicht bedurfte es nach Fristsetzung und Ablehnungsandrohung keines weiteren Handelns des Gläubigers mehr. Dies ist nun anders, und doch wird es Gläubiger geben, die es eilig haben und möglichst schon mit Fristsetzung deutlich machen wollen, dass für sie eine Erfüllung nach Fristablauf nicht in Frage kommt. Dazu bedürfte es nunmehr einer frühzeitigen Verbindung des Schadensersatzverlangens mit der Fristsetzung.

Eben diese Beschleunigungsmöglichkeit möchte die herrschende Meinung dem Gläubiger geben.[497] Andere hingegen lehnen eine Verbindung zwischen Schadensersatzverlangen und Fristsetzung ab[498] bzw. wollen diese nur zulassen, wenn das Verlangen dergestalt bedingt ist, dass der Schuldner sich bis zum Fristablauf jeglicher Erfüllungsbemühungen enthält.[499]

b) Diskussion

aa) Ähnliche Rechtsfolge wie im alten Recht und Äußerung des Gesetzgebers

Eine Verbindung des Ersatzverlangens mit der Fristsetzung könnte natürlich nicht in der Form geschehen, dass der Gläubiger unbedingt, also „sofort", Schadensersatz verlangt. Denn für einen Übergang müssen erst dessen Voraussetzungen wie auch der erfolglose Fristablauf vorliegen. Daher könnte nur ein auf den Zeitpunkt des Fristablaufs bedingtes Verlangen möglich sein. Der Gläubiger würde also erklären, schon jetzt für den Fall des erfolglosen Fristablaufs Schadensersatz zu verlangen. Dies gäbe dem Gläubiger ähnliche Befugnisse wie nach dem altem Recht, da mit Fristablauf nach § 281 Abs. 4 die Primärforderung erlöschen und zugleich die Schadensersatzforderung entstehen würde.[500]

---

496 BT-Drucks. 14/6040, S. 140.

497 AnwKomm/Dauner-Lieb, § 281 Rn 48; Emmerich, Leistungsstörungen, S. 297; Gsell JZ 2004, 110 (115); Henssler/Graf von Westphalen/Dedek, § 281 Rn 26; MüKo/Ernst, Band 2a, 4. Auflage, § 281 Rn 96 und 179; Palandt/Heinrichs, § 281 Rn 50a; Schwab JR 2003, 133 (138); Mattheus, in: Schwab/Witt, S. 101; Wieser NJW 2003, 2432 (2433); Wieser NJW 2003, 3458 (3458/3459).

498 Bamberger/Roth/Grüneberg, § 281 Rn 48; Palandt/Heinrichs, 63. Auflage, § 281 Rn 50, aufgegeben in Heinrichs, FS Derleder, S. 87 (106); Oetker/Maultzsch, S. 91 und 100 für das Kaufrecht; Staudinger/Peters, Neubearbeitung 2003, § 634 Rn 44 für das Werkvertragsrecht.

499 Derleder/Zänker NJW 2003, 2777 (2779 ff.); dem folgend Heinrichs, FS Derleder, S. 87 (106/107); Jauernig/Stadler, § 281 Rn 15; ebenso Derleder/Hoolmans NJW 2004, 2787 (2788).

500 Emmerich, Leistungsstörungen, 5. Auflage, S. 294; dies erkennen auch Derleder/Zänker NJW 2003, 2777 (2779).

Schon diese Vergleichbarkeit zur alten Rechtslage nach den §§ 283, 326 a.F. zeigt, dass der Zulassung eines solchermaßen bedingten Verlangens im Ergebnis schwerlich durchgreifende Einwände entgegenstehen können. Durch die Reform wollte der Gesetzgeber die Stellung des Gläubigers verbessern, da dieser auch noch nach dem Fristablauf an seinem Primäranspruch festhalten kann.[501] Will nun der Gläubiger auf diese verbesserte Stellung verzichten, also die ihm eingeräumte Dispositionsfreiheit einschränken, so ist auf den ersten Blick nicht ersichtlich, warum ihm dies versagt werden sollte.

Der Gesetzgeber selbst hat sich zu diesem Problem nicht geäußert. Zwar findet sich in den Erläuterungen zum Kaufrecht folgende Bemerkung:[502] „Vor einer übereilten (falschen) Entscheidung wird der Käufer geschützt, weil der Rücktritt nicht sofort, sondern erst nach Ablauf der dem Verkäufer zur Nacherfüllung gesetzten Frist erklärt werden kann." Diese beiläufige und in anderem Zusammenhang gemachte Bemerkung hat aber keine gesetzliche Grundlage und bezieht sich nur auf den regelmäßigen tatsächlichen Ablauf, bei dem das Sekundärrecht erst nach Fristablauf ausgeübt wird. Sie sollte den Ausschluss eines ius variandi beim Rücktritt des Käufers legitimieren und sagt zum hiesigen Problem nichts aus.[503]

bb) Problem der Bedingungsfeindlichkeit von Gestaltungserklärungen

Gegen eine anfängliche Koppelung könnte die Bedingungsfeindlichkeit von Gestaltungserklärungen sprechen. Das Ersatzverlangen hat wegen des gesetzlich angeordneten Erlöschens des Primäranspruchs nach § 281 Abs. 4 Gestaltungswirkung.[504] Es wird allgemeinhin als einseitige rechtsgeschäftsähnliche Erklärung angesehen.[505] In dem hier interessierenden Fall stünde es unter der aufschiebenden Bedingung des erfolglosen Fristablaufs, da es erst dann seine Wirkung entfalten soll. Nun sind einseitig gestaltende Erklärungen nach allgemeiner Ansicht grundsätzlich bedingungsfeindlich, da sich die Gestaltungswirkung nicht mit der Unsicherheit einer Schwebelage verträgt.[506] Dies gilt jedoch dann nicht, wenn es sich lediglich um eine Potestativbedingung, also eine vom Willen des Adressaten abhängige Bedingung handelt.[507] So war schon im alten Recht

[501] BT-Drucks. 14/6040, S. 140; ebenso Schwab JR 2003, 133 (138).

[502] BT-Drucks. 14/6040, S. 221.

[503] So auch Derleder/Zänker NJW 2003, 2777 (2778 in Fn 8).

[504] Vgl. Erman/Westermann, § 281 Rn 22; Mattheus, in: Schwab/Witt, S. 96; Wieser NJW 2003, 3458.

[505] Derleder/Zänker NJW 2003, 2777 (2779); Erman/Westermann, § 281 Rn 22; MüKo/Ernst, Band 2a, 4. Auflage, § 281 Rn 93; Palandt/Heinrichs, § 281 Rn 50a; Staudinger/Otto, Neubearbeitung 2004, § 281 Rn D3.

[506] BGHZ 97, 264 (267); AnwKomm/Hager, § 349 Rn 2; Derleder/Zänker NJW 2003, 2777 (2779); Flume, § 38, 5, S. 697; MüKo/Gaier, Band 2a, 4. Auflage, § 349 Rn 2;

[507] BGHZ 97, 264 (267), AnwKomm/Hager, § 349 Rn 2; Derleder/Zänker NJW 2003, 2777 (2779); Gsell JZ 2004, 110 (115); MüKo/Ernst, Band 2a, 4. Auflage, § 281 Rn 96; Schwab JR

anerkannt, dass auch eine bedingte Rücktrittserklärung zulässig ist, wenn die Bedingung von einem Verhalten des Rücktrittschuldners abhängig ist.[508] Daran hat sich nichts geändert, und aufgrund des Gleichlaufs von § 323 und § 281 muss dies nun auch für den Übergang auf Schadensersatz gelten. Eine bedingte Ausübung des Sekundärrechts schon vor Fristablauf ist also möglich, wenn die Bedingung allein vom Willen des Schuldners abhängt.

Nun kann eine Abhängigkeit des Bedingungseintritts allein vom Willen des Schuldners in einigen Fällen zweifelhaft erscheinen. So wird die Erbringung der geschuldeten Leistung oft eine Mitwirkung des Gläubigers erfordern. Der Verkäufer etwa kann seine Pflicht zur Übereignung und Übergabe der Sache nach § 433 Abs. 1 nur dann erfüllen, wenn der Käufer der Übereignung zustimmt. Auch sonst erfordert eine Erfüllung nach § 362 Abs. 1 in vielen Fällen eine Mitwirkung des Gläubigers.[509] Deshalb könnte eine Abhängigkeit des Bedingungseintritts allein vom Willen des Schuldners geleugnet werden.[510] Dies würde jedoch die Möglichkeiten des Gläubigers einschränken, auch wenn er selbst gar nicht beabsichtigt, eine eventuell nötige Mitwirkungshandlung zu verweigern, sondern gemäß der materiell-rechtlichen Rechtslage und seiner Erklärung die Leistung bis zum Fristablauf annehmen möchte. Es wäre etwas zu sehr bemüht, den Ausschluss an diesen Bedenken festzumachen, die so auch bisher nicht beim Rücktritt oder anderen bedingten Erklärungen angeführt werden. Bei der nahezu identischen Regelung des Art. 49 CISG wird eine Verbindung von Fristsetzung und bedingter Vertragsaufhebung ebenfalls allgemein zugelassen.[511] Auch der BGH hat schon im Rahmen einer Entscheidung zum EKG ausgeführt, dass einer freiwilligen Verknüpfung von bedingter Vertragsaufhebung und Fristsetzung nichts entgegensteht.[512] Wollte man anders entscheiden, so müsste hinsichtlich der Zulässigkeit des bedingten Verlangens nach der jeweilig erforderlichen Erfüllungshandlung durch den Schuldner unterschieden werden, was jedoch für die Parteien mit größten Unsicherheiten verbunden wäre.

Es verbleibt zudem ein anderer, gut gangbarer Weg, eine unzulässig bedingte Erklärung zu vermeiden. Die Erklärung des Gläubigers, der sich obiger feiner Unterscheidungen sicherlich nicht bewusst ist und meist ganz generell das Ersatzverlangen mit der fehlenden Leistung bis zum Fristende verknüpft, ist da-

---

2003, 133 (138); Staudinger/Kaiser, Neubearbeitung 2004, § 349 Rn 19; Wieser NJW 2003, 2432 (2433); Wieser NJW 2003, 3458.

[508] BGHZ 97, 264 (267); Derleder/Zänker NJW 2003, 2777 (2779).

[509] Solche Fälle gibt es auch nach der herrschenden Theorie der realen Leistungsbewirkung, dazu MüKo/Wenzel, Band 2a, 4. Auflage, § 362 Rn 5. So kann etwa der Unternehmer die Wasserleitung nicht reparieren, wenn der Besteller ihn nicht ins Haus lässt.

[510] So Derleder/Zänker NJW 2003, 2777 (2779/2780); Palandt/Heinrichs, 63. Auflage, § 281 Rn 50; Jauernig/Stadler, § 281 Rn 15.

[511] Vgl. Schlechtriem/Schwenzer/Müller-Chen, Art. 49 Rn 23 mit zahlreichen Hinweisen, Soergel/Lüderitz/Schüßler-Langeheine, 13. Auflage, Art. 47 Rn 4 und 9.

[512] BGHZ 74, 193 (203/204).

hingehend zu verstehen, dass er Schadensersatz verlangt, wenn der Schuldner bis zum Fristablauf nicht die ihm obliegenden notwendigen Handlungen zur Erfüllung getätigt hat. Diese in dieser Fassung immer zulässige Bedingung kann durch interessengerechte Auslegung analog §§ 133, 157 oder im Wege der Umdeutung analog § 140 erzielt werden.[513] Dadurch ist sichergestellt, dass die Bedingung wirklich nur eine zulässige Potestativbedingung ist.[514] Gegen eine solche Deutung der Bedingung spricht nicht, dass so der Schuldner auch durch eine nicht ordnungsgemäße Leistungshandlung dem Übergang auf den Schadensersatzanspruch entgehen könnte.[515] Denn die Bedingung tritt nur dann nicht ein, wenn der Schuldner alles ihm Obliegende getan hat, wozu aber auch gehört, dass er die Leistungshandlung seiner Verpflichtung gemäß vornimmt. Daran fehlt es, wenn etwa der Verkäufer mit fehlerhafter Ware erfüllen möchte.

Eine Unterscheidung danach, ob der Gläubiger das Verlangen unter die Bedingung gänzlich fehlender Erfüllungsversuche stellt,[516] kann nicht überzeugen. Zwar wäre dieses Fehlen jeglicher Erfüllungsversuche unproblematisch allein vom Willen des Schuldners abhängig, es würde aber dem Schuldner ermöglichen, durch völlig unzureichende Leistungsbemühungen das Ersatzverlangen des Gläubigers auszuhebeln. Des Weiteren könnte der Schuldner eine Teilleistung anbieten, die zwar der Gläubiger nach § 266 nicht annehmen muss, die aber dennoch ausreicht, einem vorher ausgesprochenen Ersatzverlangen für den Fall völlig ausbleibender Leistungsbemühungen die Wirksamkeit zu nehmen.[517] Ein Missbrauch würde also ermöglicht, so dass die Differenzierung für die Praxis als untauglich erscheint.

cc) Widerspruch zum Kooperationsverhältnis des neuen Schuldrechts?

Gegen die Zulässigkeit der Verbindung von Fristsetzung und bedingtem Schadensersatzverlangen wird noch angeführt, die so ermöglichte Beschleunigung und Vereinfachung der Abwicklung laufe dem durch die Reform vorgesehenen Kooperationsverhältnis zwischen Gläubiger und Schuldner zuwider.[518] Diesem

---

[513] Die genannten Vorschriften sind auf rechtsgeschäftsähnliche Handlungen analog anzuwenden, Bamberger/Roth/Grüneberg, § 281 Rn 48; Flume, § 9, 1, S. 107; Palandt/Heinrichs, 63. Auflage, § 281 Rn 50.

[514] Konsequent muss aber dann bei bedingtem Ersatzverlangen auch die sonst zulässige einseitige Fristverlängerung durch den Gläubiger verboten sein, da sonst wieder keine alleinige Abhängigkeit allein vom Schuldnerwillen gegeben wäre. Vgl. zur grundsätzlichen Befugnis zur Fristverlängerung: Emmerich, Leistungsstörungen, S. 284; Erman/Westermann, § 323 Rn 14; MüKo/Ernst, Band 2a, 4. Auflage, § 281 Rn 25; Staudinger/Otto, Neubearbeitung 2004, § 281 Rn B72 und bereits oben S. 38/39.

[515] Diese Befürchtung äußern Derleder/Zänker NJW 2003, 2777 (2779/2780), wonach der Gläubiger nicht auf eine Prüfung der Vertragsmäßigkeit verzichten möchte und sich mit irgendeiner Erfüllungsofferte begnügen möchte.

[516] So Derleder/Zänker NJW 2003, 2777 (2779 ff.); Jauernig/Stadler, § 281 Rn 15.

[517] So tatsächlich Derleder/Zänker NJW 2003, 2777 (2781).

[518] Derleder/Zänker NJW 2003, 2777 (2780).

entspreche es, wenn der Gläubiger die Entscheidung zur Abwicklung des Schuldverhältnisses nicht schon im Voraus bei Fristsetzung, sondern erst aufgrund der Tatsachenlage bei Fristablauf treffen könne.

Dem kann nicht zugestimmt werden. Zwar ist nun das Schuldrecht einheitlich vom Vorrang der möglichen Primärerfüllung geprägt, was sich namentlich am durchgängigen Erfordernis vorheriger Fristsetzung und auch an dem zweimaligen Nachbesserungsrecht des Verkäufers nach § 440 Satz 2 zeigt. Jedoch zeigen diese Regelungen eben auch die Grenzen der Kooperationspflichten auf. Nach dem Ablauf der Frist kann der Gläubiger ohne weiteres zum Schadensersatz übergehen. Weitere Erfüllungsversuche des Schuldners muss er nicht gestatten, sondern kann den Übergang durch ein Ersatzverlangen bewirken. Es berührt die Rechte des Schuldners nicht, ob der Gläubiger nun sein Übergangsrecht sofort nach Fristablauf oder schon im Voraus auf den Fristablauf bedingt ausübt. Die Wirkung tritt jedenfalls erst nach Fristablauf ein, wenn der Schuldner die ihm zugewiesene Chance versäumt hat. Mehr Rücksicht als gesetzlich bestimmt darf man dem Gläubiger nicht abverlangen. Im Übrigen schließt es die Zulässigkeit einer Koppelung nicht aus, dass sich der Gläubiger nach seiner freien Entscheidung mit einer nicht vollkommen pflichtgemäßen Leistung zufrieden gibt. Möchten der Schuldner und der Gläubiger übereinstimmend die Leistung als erbracht ansehen, so können sie zum ursprünglichen Vertragsprogramm trotz des schon ausgesprochenen bedingten Verlangens zurückkehren. Ob dies einen neuen Vertrag darstellt, interessiert hier nicht.[519]

dd) Praktische Erwägungen

Schließlich hat der Gläubiger an der Möglichkeit der Koppelung auch deshalb ein Interesse, weil so der Druck auf den Schuldner zu pflichtgemäßer Erfüllung erhöht werden kann.[520] Dem konkreten und abschließenden Inaussichtstellen eines Schadensersatzverlangens wohnt ein gesteigerter, die frühere Ablehnungsandrohung noch übertreffender, Warn- und Hinweisgehalt inne. Dies wird dann auch die Primärerfüllung wahrscheinlicher machen. Interessen des Schuldners stehen dem nicht entgegen, kann er sich doch gegen einen sofortigen Übergang nach Fristablauf sowieso nicht anders schützen als durch rechtzeitige Erfüllung. Es steht auch nicht zu befürchten, dass Gläubiger davon nun exzessiv Gebrauch machen, schränkt dies doch die sonst viel umfassenderen, vorteilhaften Wahlmöglichkeiten nach Fristablauf ein. Bei Unzulässigkeit einer Koppelung müsste auch jedenfalls für diesen Fall eine Klageverbindung zwischen Erst- und Zweit-

---

[519] Vgl. zu den verschiedenen Konstruktionen: Emmerich, Leistungsstörungen, S. 297; MüKo/Ernst, Band 2a, 4. Auflage, § 281 Rn 106; Staudinger/Otto, Neubearbeitung 2004, § 281 Rn D4, Staudinger/Otto, Neubearbeitung 2004, § 323 Rn D16; auch BGH NJW 1999, 3115 (3117).

[520] Ähnlich Mattheus, in: Schwab/Witt, S. 101; Wieser NJW 2003, 3458.

prozess ausscheiden.[521] Eine solche Klageverbindung wurde im Rahmen des § 283 a.F. von der ganz herrschenden Ansicht für zulässig erachtet.[522] Ausschlaggebend dafür waren nicht zuletzt praktische Erwägungen, denn nur so konnte der Gläubiger seinen Primäranspruch zunächst verfolgen, ohne aber dann bei Erfolglosigkeit einer Zwangsvollstreckung einen völlig neuen, zeitraubenden Schadensersatzprozess anstrengen zu müssen. Berücksichtigt man, dass der Gesetzgeber dem Gläubiger durch den Fortbestand der Primärforderung gerade ein Festhalten an demselben ermöglichen wollte, so sollte eine Klageverbindung und damit auch die Koppelung weiterhin als zulässig erachtet werden, da nur dies den Gläubiger davon abhalten wird, sich vorschnell für den sicherer durchsetzbaren Sekundäranspruch zu entscheiden. So ist auch die Zulässigkeit der Klageverbindung ganz herrschende Meinung im neuen Recht.[523]

c) Ergebnis

Der Gläubiger darf also die Fristsetzung mit einem auf den Fristablauf bedingten Schadensersatzverlangen im Falle nicht pflichtgemäßer Leistungsbemühungen verbinden.

4) Gesamtergebnis

Der Gläubiger muss den Schuldner durch eine Ablehnungsandrohung oder einen vergleichbaren Hinweis nicht ausdrücklich auf die Folgen einer weiteren Nichtleistung hinweisen. Indes ergibt sich aus der notwendigen Fristsetzung zur Leistung das Erfordernis einer ernsthaften und bestimmten Leistungsaufforderung. Andererseits bleibt es dem Gläubiger unbenommen, die Fristsetzung schon mit der bedingten Wahl des Sekundärrechtsbehelfs zu verbinden und so ein Erlö-

---

[521] Ähnlich Heinrichs, FS Derleder, S. 87 (106) und Emmerich, Leistungsstörungen, S. 297, die aus dem Fortbestand der gerichtlichen Fristsetzungsmöglichkeit in § 255 ZPO den Schluss ziehen wollen, dass eine Bedingungsfeindlichkeit ein vorzeitiges Ersatzverlangen nicht hindern kann. Dies erscheint mir nicht als zwingendes Argument, da § 255 ZPO auch noch seinen Anwendungsbereich behalten würde, wenn der Gläubiger gezwungen wäre, sein Ersatzverlangen nach Ablauf der Frist auszusprechen.

[522] BGH NJW 1999, 954 (955); OLG Köln NJW-RR 1998, 1682 (1683); Baumbach/Lauterbach/Albers/Hartmann, § 255 Rn 8; Huber, Band II, S. 551; MüKo/Emmerich, Band 2, 4. Auflage, § 283 Rn 29; MüKo/Lüke, ZPO, § 255 Rn 14; K. Schmidt ZZP 87 (1974), 49 (69); Staudinger/Löwisch, Neubearbeitung 2001, § 283 Rn 36; sehr ausführlich Schäfer, S. 72 ff. (121) mit Hinweisen auf die ältere Rechtsprechung auf S. 72 in Fn 1 und die ältere Literatur auf S. 73 in Fn 2.

[523] Anders/Gehle, Rn 479 und 481; AnwKomm/Dauner-Lieb, § 281 Rn 70; Dedek, in: Dauner-Lieb/Konzen/Schmidt, S. 183 (194); Gsell JZ 2004, 110 (115/116); Heinrichs, FS Derleder, S. 87 (106); Henssler/Graf von Westphalen/Dedek, § 281 Rn 62; J. Kaiser MDR 2004, 311 (313); Kohler AcP 205 (2005), S. 93 (105); Maier-Reimer, in: Dauner-Lieb/Konzen/Schmidt, S. 291 (310); MüKo/Ernst, Band 2a, 4. Auflage, § 281 Rn 179/180; Pantle/Kreissl, Rn 97; Wieser NJW 2003, 2432. Anderer Ansicht: Heß, in: Dauner-Lieb/Konzen/Schmidt, S. 665 (676/677); Schur NJW 2002, 2518 (2519/2520).

schen der Primärforderung und einen Übergang auf das Sekundärrecht nach Fristablauf zu bewirken.

II. Problematik des sachlich erweiterten und zeitlich ungebundenen Wahlrechts des Gläubigers nach Fristablauf

1) Wahlmöglichkeiten des Gläubigers nach altem und neuem Recht

Das geltende Recht kennt – ebenso wie das alte Recht – keine generelle Pflicht des Gläubigers zur Fristsetzung. Damit wird dem Vorrang der Naturalerfüllung und dem Grundsatz des pacta sunt servanda Rechnung getragen. Doch auch nach Fristablauf steht dem Gläubiger neben dem Schadensersatz aus § 281 und einem eventuellen Rücktrittsrecht nach § 323 noch der Primäranspruch zu. Zwischen diesen Ansprüchen bzw. Rechten kann der Gläubiger wählen. Der Fortbestand des Primäranspruchs war eine bewusste Entscheidung des Gesetzgebers,[524] der kritisierte, dass die ernsthafte Drohung mit Konsequenzen, also der Ausspruch der Ablehnungsandrohung, im Rahmen des § 326 a.F. zugleich schädlich für die Primärforderung war. Die Reform sollte zu einer Stärkung der Primärebene und Vorteilen bei einer Insolvenz des Schuldners führen.[525] Das alte Recht war hier für den Gläubiger ungünstiger, da nach den §§ 283, 326 a.F. mit dem Fristablauf automatisch der Primäranspruch dauerhaft ausgeschlossen war. Dem Gläubiger stand grundsätzlich nur ein Schadensersatzanspruch zu, während er bei gegenseitigen Verträgen noch zusätzlich die Rücktrittsfolgen wählen konnte.[526]

Das nun bestehende sachlich unbeschränkte Wahlrecht des Gläubigers scheint prima facie auch zeitlich ungebunden zu sein. Der Schuldner hat keine Möglichkeit, den Gläubiger zur Ausübung seiner Wahl zu zwingen.[527] Dies war im alten Recht anders. Dort konnte der Schuldner eine nach Fristablauf allein verbleibende Wahlmöglichkeit zwischen Schadensersatz und Rücktritt durch das Setzen einer angemessenen Gegenfrist zur Ausübung des Rücktrittsrechts nach §§ 327, 355 a.F. zeitlich begrenzen. Nach Fristablauf blieb der Gläubiger dann auf den Schadensersatzanspruch verwiesen.[528] Im neuen Recht hat der Schuldner

---

[524] Vgl. BGB-DiskE, S. 37 und 393.

[525] BT-Drucks. 14/6040, S. 92/93 und 140; Henssler/Graf von Westphalen/Dedek, § 281 Rn 2.

[526] Huber, Band II, S. 180 und 385. MüKo/Emmerich, Band 2, 4. Auflage, § 326 Rn 93 sprach insoweit zunächst von einer Schwebelage, die durch die Wahl zwischen Schadensersatz und Rücktritt beendet werde.

[527] Plastisch drückt dies Lorenz/Riehm, Rn 235 aus: „Damit hat es allein der Gläubiger und nicht der vertragsbrüchige Schuldner in der Hand, wie lange er sein Wahlrecht offen halten möchte."

[528] Mangels Forbestandes des Primäranspruchs nach Fristablauf konnte das einmal nach §§ 327, 355 a.F. erloschene Rücktrittsrecht auch nicht etwa durch erneute Fristsetzung mit

kein geeignetes Instrument zur Hand, das Wahlrecht dauerhaft und endgültig auszuschließen. Denn § 350 ist als Nachfolger des § 355 a.F. zumindest seinem Wortlaut nach nicht auf gesetzliche Rücktrittsrechte anwendbar. Insgesamt ergibt sich daraus ein sachlich erweitertes und zeitlich ungebundenes Gläubigerwahlrecht.

2) Problematik des freien Wahlrechts

Mit der so erlangten weit reichenden Dispositionsbefugnis des Gläubigers geht aber auch eine Unsicherheit des Schuldners einher.[529] Denn er muss befürchten, dass der Gläubiger von „heute auf morgen" zu den Sekundärrechten wechselt und damit seine bisherigen Erfüllungsbemühungen durchkreuzt und sinnlos werden lässt. Diese muss er aber wagen, da der Übergang sich auch noch hinziehen kann und er wegen des Fortbestandes des Primäranspruchs für die Verzögerungsschäden haftet.[530]

Die Brisanz wird auch anhand der Gesetzesmaterialien zur Schaffung des BGB deutlich, wo auf das Wahlrecht des Gläubigers eingegangen wurde.[531] Dort hieß es zu § 326 a.F.: „Eine Anzeigepflicht des Gläubigers nach Maßgabe des Art. 356 des HGB hielt man mit Rücksicht darauf nicht für erforderlich, dass dem Schuldner nach dem im § 247 Abs. 2 (§ 286 Abs. 2 Satz 2 a.F.) für entsprechend anwendbar erklärten und zu Abs. 3 des § 369 (§ 327 a.F.) des Entwurfs für entsprechend anwendbar zu erklärenden § 432 (§ 355 a.F.) des Entwurfs das Recht gewährt werden soll, dem Gläubiger eine angemessene Frist zur Erklärung darüber zu setzen, ob er statt der Erfüllung Schadensersatz wegen Nichterfüllung verlangen bezw. von dem Vertrage zurücktreten wolle. Durch diese Art der Regelung erledige sich das Bedenken, dass der Gläubiger nach dem Entwurf während der ganzen Verjährungszeit die Wahl unter den verschiedenen ihm zustehenden Rechten habe." Zu § 355 a.F. hieß es: „Von besonderer Bedeutung ist diese Vorschrift für die Fälle des gesetzlichen Rücktrittes, sofern sie den Berechtigten hindert, auf Kosten des anderen Theiles zu spekuliren."[532]

Ablehnungsandrohung des Gläubigers gemäß § 326 a.F. neu entstehen, vgl. Schwab JR 2003, 133 (137).

[529] MüKo/Ernst, Band 2a, 4. Auflage, § 281 Rn 70 spricht hinsichtlich der Unsicherheit des Schuldners von einer der gravierenden Schwachstellen des reformierten Leistungsstörungsrechts. Marotzke KTS 63 (2002), 1 (35) nennt sie „höchst fragwürdig", für das Insolvenzverfahren „völlig inakzeptabel". AnwKomm/Hager, § 350 Rn 1 nennt die fehlende Einschränkung des Wahlrechts durch eine Gegenfristmöglichkeit des Schuldners „rechtspolitisch wenig überzeugend". Lorenz NJW 2005, 1889 (1892) sieht rechtspolitischen Nachbesserungsbedarf. Kritisch auch Schwab JR 2003, 133 (134); ferner auch schon Ernst, in: Ernst/Zimmermann, S. 559 (594/595); Huber, in: Ernst/Zimmermann, S. 31 (152); Huber, Band II, S. 374.

[530] So auch Huber, in: Ernst/Zimmermann, S. 31 (152).

[531] Jakobs/Schubert, §§ 325 – 327, S. 475.

[532] Denkschrift bei Mugdan, Band II, S. 1240; kritisch auch Ernst, in: Ernst/Zimmermann, S. 559 (594).

Ist nun heute nicht nur das Wahlrecht mangels Erlöschens der Primärforderung sachlich erweitert und findet sich darüber hinaus auch keine dem § 355 a.F. vergleichbare Vorschrift mehr, die eine zeitliche Beschränkung des Wahlrechts zuließe, so wird klar, dass sich die Frage nach der Behebung der schuldnerischen Unsicherheit in größter Dringlichkeit stellt.[533] Die für den Schuldner unangenehme Schwebelage wird auch praktisch häufig sein, denn das Setzen einer Frist im Rahmen der §§ 281, 323 ist für den Gläubiger nur vorteilhaft. Er erlangt mit dem Wahlrecht zusätzlichen Handlungsspielraum, ohne wie früher mit dem Ablauf der Nachfrist seinen Primäranspruch zu verlieren.[534]

3) Möglichkeiten zur Begrenzung des freien Wahlrechts

Im Folgenden soll untersucht werden, ob und wie sich die Unsicherheit des Schuldners begrenzen lässt. Dabei wird entsprechend der Zielsetzung der Arbeit von einer nicht rechtzeitigen Leistung des Schuldners ausgegangen, so dass das Verhältnis zwischen Primäranspruch und den Sekundärrechten zu untersuchen ist. Hingegen bleibt die sich beim Kauf ergebende Spezialproblematik eines Wahlrechts des Käufers aufgrund einer Schlechtleistung zwischen Nachlieferung, Nachbesserung oder den Sekundärrechten außer Betracht, dies würde den Umfang dieser Arbeit sprengen.[535] Zunächst soll die Reformgeschichte dargestellt werden. Aus ihr ergibt sich, wie die einzelnen Gesetzesvorschläge das Wahlrecht des Gläubigers ausgeweitet haben, zugleich aber nach und nach immer weniger auf eine Möglichkeit des Schuldners geachtet haben, seine dadurch entstandene Unsicherheit zu beheben.

a) Reformgeschichte

1981 wurde das Gutachten zur Überarbeitung des Schuldrechts von *Huber* veröffentlicht. Nach § 280 Abs. 2 seines Reformvorschlages konnte der Gläubiger bei einer nicht-synallagmatischen Forderung Schadensersatz nach rechtskräftiger Verurteilung und erfolgloser Fristsetzung verlangen.[536] Eine Ablehnungsandrohung kannte sein Reformvorschlag nicht mehr, der Primäranspruch sollte daher erst mit Ablehnung der Primärleistung und dem Verlangen nach Schadensersatz erlöschen, was in die freie Wahl des Gläubigers gestellt sein sollte.[537] Bei synallagmatischen Pflichten sollte § 326 des Reformvorschlages den Gläubiger zu einer Fristsetzung ermächtigen, nach deren Ablauf er vom Vertrag zurücktreten oder unter den gleichen Voraussetzungen nach § 327a des Vorschlags Schadensersatz verlangen hätte können. Erst mit der zeitlich ungebundenen Rück-

---

[533] Vgl. auch Marotzke, KTS 63 (2002), 1 (35).

[534] Marotzke, KTS 63 (2002), 1 (35); dies gilt noch mehr hinsichtlich der Befugnis zum Rücktritt, der nun auch ohne das Verschuldenserfordernis möglich ist.

[535] Vgl. dazu die Bücher von Schürholz, S. 57 ff. und Donou, S. 98 ff. sowie die Aufsätze von Büdenbender AcP 205 (2005), 386 (387 ff.) und Schroeter NJW 2006, 1761 ff.

[536] Huber, in: Gutachten und Vorschläge zur Überarbeitung des Schuldrechts, S. 647 (674).

[537] Huber, in: Gutachten und Vorschläge zur Überarbeitung des Schuldrechts, S. 647 (801).

trittserklärung bzw. dem Schadensersatzverlangen sollte der Primäranspruch nach § 327 des Reformvorschlages erlöschen. Dabei verwies jedoch § 327 Satz 3 des Reformvorschlages auf den schon existenten § 355 BGB a.F., so dass der Schuldner dem Gläubiger eine Frist zur Ausübung seines Wahlrechts hätte setzen können. Bei deren erfolglosen Ablauf sollten das Rücktrittsrecht und damit auch eine Schadensersatzforderung erlöschen. Allein der Primäranspruch sollte fortbestehen, womit neue Sekundärrechte – wenn auch erst nach erneuter Fristsetzung – möglich gewesen wären. Der Schuldner hätte also nach diesem Reformvorschlag zumindest bei synallagmatischen Pflichtenverhältnissen Klarheit über eine Gegenfristsetzung gemäß § 355 a.F. gewinnen können.

Der Abschlussbericht der Schuldrechtskommission von 1992 erweiterte die Möglichkeiten des Schuldners zur Behebung seiner Unsicherheit noch einmal. Er schlug in § 283 des Entwurfs erstmals eine für alle Pflichtenverhältnisse geltende Schadensersatznorm vor. Nach dessen Abs. 4 sollte der Primäranspruch erst bei Erhalt des Schadensersatzes durch den Gläubiger ausgeschlossen sein sollte. Bis dahin sollte der Gläubiger frei zwischen dem Primär- und dem Schadensersatzanspruch wählen können. Dadurch werde dem Interesse des Gläubigers Rechnung getragen werden, seinen Primäranspruch nicht schon vor einem erfolgreichen Deckungskauf aufgeben zu müssen.[538] Jedoch sollten auch die Belange des Schuldners umfassende Berücksichtigung finden. Um ihm eine zu große Unsicherheit zu ersparen, sollte er dem Gläubiger nach § 283 Abs. 4 Satz 2 des Entwurfs eine Frist zur Ausübung seiner Wahl setzen können, nach deren Ablauf Schadensersatz nur nach erneuter erfolgloser Fristsetzung verlangt hätte werden dürfen.[539] Die Schuldrechtskommission erkannte dabei, dass die wechselseitige Fristenregelung recht kompliziert erscheine. Besondere Schwierigkeiten aus der (seltenen) Durchführung werde man aber nicht zu fürchten brauchen. Auch sei sie interessengerecht.[540] Für den Rücktritt sah § 323 Abs. 5 eine ähnliche Regelung vor, wodurch die Unsicherheit des Schuldners gemindert und Spekulationsmöglichkeiten des Gläubigers beschränkt werden sollten.[541] Der Vorschlag der Schuldrechtskommission beinhaltete damit eine – im Vergleich zum Vorschlag von Huber sogar auch auf nicht-synallagmatische Pflichtenverhältnisse erweiterte – Möglichkeit für den Schuldner, seine Unsicherheit zu beheben.

Eine Änderung zulasten des Schuldners brachte der Diskussionsentwurf aus dem Jahre 2000. Er sah mit Fristablauf neben dem Primäranspruch auch noch einen Schadensersatzanspruch nach § 282 BGB-DiskE und ein Rücktrittsrecht nach § 323 BGB-DiskE vor. Der Gläubiger sollte zeitlich ungebunden Schadensersatz verlangen oder zurücktreten können, womit dann erst der Primäran-

---

538 Abschlussbericht, S. 136.
539 Abschlussbericht, S. 132 und 136.
540 Abschlussbericht, S. 136.
541 Abschlussbericht, S. 171.

spruch erlöschen sollte. Die Möglichkeit wechselseitiger Fristsetzungen sollte nunmehr nach § 323 Abs. 5 BGB-DiskE[542] nur noch für den Rücktritt, nicht mehr aber für den Schadensersatzanspruch vorgesehen werden. Nach Ansicht der Verfasser des Diskussionsentwurfs sei diese Regelung für den geschäftlich nicht erfahrenen Vertragspartner recht kompliziert. Sie erscheine deshalb kaum handhabbar. Auf sie könne verzichtet werden, da für das Erlöschen des Primäranspruchs nicht auf den Erhalt des Schadensersatzes, sondern auf das Schadensersatzverlangen abgestellt werde. Einer Spekulation könne im Rahmen des Schadensersatzanspruchs schon durch Anwendung des § 254 entgegen gewirkt werden.[543] Das Abstellen auf ein Ersatzverlangen sei auch nicht unnötig hart: Der Gläubiger möge sich vor der Geltendmachung eines Anspruchs überlegen, was er wolle bzw. was seinen Interessen am ehesten entspreche.[544] Diese Begründung des BGB-DiskE konnte nicht recht überzeugen, da zwischen den nahezu einheitlichen Rechtsbehelfen des Schadensersatzes und des Rücktritts unterschieden wurde. Die Stellung des Schuldners sollte jedenfalls im Vergleich zu den vorherigen Vorschlägen verschlechtert werden.

In der Konsolidierten Fassung wurde in § 323 Abs. 5 BGB-KF die Befugnis des Schuldners zur Setzung einer Gegenfrist beibehalten. Zusätzlich fand sich aber in § 281 Abs. 1 Satz 2 und in § 323 Abs. 1 BGB-KF erstmals eine Regelung, wonach dem Gläubiger dann ein Übergang verwehrt sei, wenn der Schuldner trotz der Fristsetzung mit diesem nicht rechnen musste.[545] Diese Regelung wurde vorrangig in Anlehnung an die Ablehnungsandrohung nach altem Recht geschaffen, hätte jedoch zu einem geringen Teil auch zur Beseitigung der schuldnerischen Unsicherheit beitragen können. Denn falls der Gläubiger sich zur Wahlrechtsausübung sehr viel Zeit lässt, könnte ein plötzlicher Übergang für den Schuldner unerwartet sein.

Der Entwurf BT-Drucks. 14/6040 schließlich brach endgültig mit den bisherigen Bemühungen, dem Schuldner eine Möglichkeit zur Behebung seiner Unsicherheit im Wege einer Gegenfristbefugnis zu geben. Er sah diese nun auch beim Rücktritt nicht mehr vor. Nach dessen Verfassern sei es unangemessen, dass ausgerechnet der vertragsbrüchige Schuldner dem Gläubiger eine ihm ungünstige Entscheidung aufzwingen könne.[546] Ferner sei diese Regelung zu kompliziert und führe nicht zu einer endgültigen Entscheidung. Die Unsicherheit sei

---

[542] Im Entwurf des Gesetzestextes fehlt ein Abs. 5, auf ihn wird aber in der Gesetzesbegründung Bezug genommen, BGB-DiskE, S. 401/402. Augenscheinlich sollte an der Formulierung des Abschlussberichts in § 323 Abs. 5 nichts geändert werden, so dass das Fehlen des Abs. 5 eine redaktionelles Versehen ist, vgl. auch Huber, in: Ernst/Zimmermann, S. 31 (165); Ernst, in: Ernst/Zimmermann, S. 559 (595 in Fn 153).

[543] BGB-DiskE, S. 401.

[544] BGB-DiskE, S. 326.

[545] BGB-KF, S. 31.

[546] BT-Drucks. 14/6040, S. 140.

dem vertragsbrüchigen Schuldner zuzumuten und er könne sie durch die Erbringung der Primärleistung beenden.[547] Jedoch war im Entwurf der BT-Drucks. 14/6040 weiterhin vorgesehen, dass der Übergang dann ausgeschlossen sein sollte, wenn der Schuldner mit ihm nicht zu rechnen brauchte, §§ 281 Abs. 1 Satz 2, 323 Abs. 1 des Entwurfs. Diese letzte verbliebene Einschränkung der Übergangsmöglichkeiten nach §§ 281, 323 wurde dann aber in der BT-Drucks. 14/7052 aufgehoben. Dies seien seltene Fälle und könnten auch über § 242 gelöst werden.[548] So wurde schließlich die heute geltende Fassung der §§ 281, 323 Gesetz.

Nach dem reinen Gesetzeswortlaut hat nunmehr der Schuldner keine Möglichkeit mehr, seine Unsicherheit zu beheben. Der zuletzt erfolgte Verweis des Schuldners auf § 242 und ein etwaiges Mitverschulden nach § 254,[549] ist unzureichend, da diese Institute nur in Extremfällen Anwendung finden können. Man wird dem Gläubiger nicht pauschal ein missbräuchliches Verhalten bzw. einen Verstoß gegen § 254 vorwerfen können, da er sich nur der ihm gesetzlich ausdrücklich eingeräumten Möglichkeiten bedient. Es fragt sich daher, ob dem Schuldner nicht andere Möglichkeiten offen stehen, seine abseits solcher Extremsituationen bestehende Unsicherheit zu begrenzen.

b) Sicherheit des Schuldners durch Erlöschen der Wahlmöglichkeit bei Verwirkung

Keine große Hilfe zur Behebung der schuldnerischen Unsicherheit kann von den auf Extremfälle reduzierten Einschränkungen des Übergangs aufgrund des Rechtsinstituts der Verwirkung erwartet werden.[550] Zwar kann die Verwirkung grundsätzlich einem Übergang entgegenstehen,[551] jedoch ist sie an selten vorliegende Voraussetzungen gebunden.[552] Neben der fehlenden Geltendmachung über längere Zeit ist notwendig, dass sich der Verpflichtete auch tatsächlich auf die fehlende Geltendmachung für die Zukunft eingerichtet hat und er sich darauf nach dem gesamten Verhalten des Berechtigten auch tatsächlich einrichten durf-

---

[547] BT-Drucks. 14/6040, S. 185.

[548] BT-Drucks. 14/7052, S. 185.

[549] BT-Drucks. 14/7052, S. 185 zu § 242 und BGB-DiskE, S. 401 zu § 254.

[550] Daneben kann der Gläubiger sein Wahlrecht auch durch Verjährung des Primäranspruchs einbüßen, beim Rücktritt erlaubt dies § 218, vgl. dazu MüKo/Ernst, Band 2a, 4. Auflage, § 323 Rn 152 und später noch ausführlich, S. 166 ff.

[551] Vgl. dazu Lorenz NJW 2005, 1889 (1892). Ebenso MüKo/Ernst, Band 2a, 4. Auflage, § 323 Rn 151; Palandt/Heinrichs, § 323 Rn 33 und Soergel/Gsell, 13. Auflage, § 323 Rn 149 für den Rücktritt, hinsichtlich des Schadensersatzanspruch wird eher auf § 254 oder einen Verzicht mangels Geltendmachung abgestellt, vgl. MüKo/Ernst, Band 2a, 4. Auflage, § 281 Rn 101. Zum alten Recht beim Rücktritt: BGH NJW 2002, 669 (670).

[552] Vgl. auch BGH NJW 2002, 669 (670) und Soergel/Gsell, 13. Auflage, § 323 Rn 149 mit Fn 658, wonach es für Gestaltungsrechte keinen allgemeinen Grundsatz gebe, dass eine Verwirkung bereits nach einem kurzen Zeitablauf eintrete.

te.[553] Dabei ist auch zu beachten, dass das Gesetz selbst die Wahlfreiheit zur Verfügung stellt und daher eine Verwirkung bei Ausnutzung derselben nicht ohne weiteres angenommen werden kann. Zudem erscheint es als praxisfern, dass der Gläubiger nach Schaffung der Übergangsvoraussetzungen wirklich monatelang mit dem Übergang wartet. Das Rechtsinstitut der Verwirkung wird daher nur auf seltenste Extremfälle anwendbar sein. Damit kann dem Schuldner kaum Rechtssicherheit oder ein praktikabler Weg zur Behebung seiner Unsicherheit gegeben werden. Außerdem ist das Rechtsinstitut der Verwirkung nicht dazu geeignet, einen überraschenden Übergang kurz vor Erbringung der Primärleistung auszuschließen. Ihm soll daher nicht weiter nachgegangen werden.

c) Sicherheit des Schuldners durch Fristsetzung zur Wahlrechtsausübung analog § 350

Die Unsicherheit des Schuldners könnte durch eine analoge Anwendung des § 350 gemildert werden.[554] Nach einer Gegenfristsetzung müsste der Gläubiger innerhalb der Frist seine Rechte ausüben, andernfalls würden sie erlöschen. Dabei könnte entweder nur ein Erlöschen des Rücktrittsrechts oder im Rahmen einer weitergehenden Analogie das Erlöschen jeglichen Sekundärrechts vertreten werden.

Gegen eine solche Analogie spricht, dass es schon an einer planwidrigen Regelungslücke fehlt, denn der Gesetzgeber hat wie schon erläutert die Möglichkeit einer Gegenfrist durch den Schuldner mehrfach in Betracht gezogen, dann aber ausdrücklich abgelehnt.[555] Über eine Analogie zu § 350 würde es aber doch wieder zu der von ihm im Reformprozess abgelehnten Lösung kommen. Zudem hat der Gesetzgeber die Anwendbarkeit des § 350 auch bewusst und ausdrücklich auf vertragliche Rücktrittsrechte beschränkt.[556]

Ferner liegt keine vergleichbare Interessenlage zwischen dem geregelten und dem ungeregelten Fall vor. Nach § 350 soll das konkrete vertragliche Rücktrittsrecht endgültig mit Ablauf der Gegenfrist erlöschen. Unberührt bleiben nur Rücktrittsrechte aus anderen Gründen.[557] Dieses endgültige Erlöschen passt nun nicht mehr zu den Sekundärrechten nach §§ 281, 323. Denn zu einem endgülti-

---

[553] Vgl. nur BGH NJW 2002, 669 (670); Palandt/Heinrichs, § 242 Rn 87.

[554] Krause JURA 2002, 299 (301); Lobinger, S. 333 in Fn 286; dafür scheinbar auch Staudinger/Otto, Neubearbeitung 2004, § 281 Rn D8 anders aber bei § 323 Rn D3. MüKo/Gaier, Band 2a, 4. Auflage, § 350 Rn 2 möchte § 350 anwenden, wenn der Rücktritt nach § 323 aufgrund höherer Gewalt möglich ist.

[555] BT-Drucks. 14/6040, S. 140 und 185. Zunächst war in den §§ 283 Abs. 4 Satz 2, 323 Abs. 5 des Abschlussberichts; § 323 Abs. 5 BGB-DiskE; § 323 Abs. 5 BGB-KF eine Gegenfristmöglichkeit vorgesehen; gegen eine Analogie auch Soergel/Gsell, 13. Auflage, § 323 Rn 142.

[556] BT-Drucks. 14/6040, S. 197.

[557] MüKo/Gaier, Band 2a, 4. Auflage, § 350 Rn 4; Staudinger/Kaiser, Neubearbeitung 2004, § 350 Rn 12.

gen Erlöschen kann es bei diesen schlecht kommen, besteht doch der Primäranspruch mangels Übergangs auf die Sekundärrechte weiter. Dem Gläubiger kann es daher nicht verwehrt sein, durch erneute erfolglose Fristsetzung wiederum Sekundärrechte zu erlangen.[558] Andernfalls wäre der Gläubiger endgültig auf die Durchsetzung der Primärforderung angewiesen. Der endgültige Ausschluss des Rücktrittsrechts in § 350 passt also nur zu einem ausgeschlossenen Primäranspruch, wie dies im alten Recht nach den §§ 326, 327, 355 a.F. der Fall war. Nunmehr käme eine analoge Anwendung des § 350 wegen des Fortbestandes des Primäranspruchs nur in Betracht, wenn auch nur ein zeitweiliger Ausschluss der konkret bestehenden Sekundärrechte angenommen würde, ein Wiederentstehen nach erneuter Fristsetzung aber möglich bliebe. Dadurch würde sich aber der Charakter des § 350 verändern, was die fehlende Übertragbarkeit belegt.

Zudem wäre eine derartige analoge Anwendung des § 350 zur Behebung der schuldnerischen Unsicherheit wenig geeignet.[559] Dieser hat meist ein großes Interesse an dem Fortbestand der Primärleistung, da er diese in der Regel günstiger erbringen kann als die Sekundäransprüche.[560] Es ist daher unwahrscheinlich, dass er selbst zum Verlust der Primärschuld beitragen wird, so dass die Gegenfristmöglichkeit theoretisch bliebe. Setzt aber der Schuldner eine Gegenfrist, so tragen währenddessen unternommene Erfüllungsbemühungen ein hohes Risiko in sich. Denn es ist nicht unwahrscheinlich, dass der Gläubiger sich unter dem aktuellen Druck der Gegenfrist für ein Sekundärrecht entscheidet, um das Primärschuldverhältnis mit dem „unangenehmen" Schuldner zu beenden und nicht seinerseits dem Schuldner erneut eine Frist zur Wiedererlangung der eigenen Sekundärrechte setzen zu müssen. Wartet der Schuldner also ab und entscheidet sich der Gläubiger doch nicht, so bedeutet auch dies keine endgültige Planungssicherheit. Denn der Gläubiger könnte zur Wiedererlangung der ausgeschlossenen Sekundärrechte sofort eine neuerliche Leistungsfrist setzen. Diese wird der Schuldner, der nun erst mit seinen Leistungsbemühungen beginnt, oft wiederum nicht einhalten können, da die Frist nur so bemessen sein muss, dass eine bereits begonnene Leistung zu Ende geführte werden kann.[561] Insgesamt kann also eine Gegenfristmöglichkeit auch praktisch nicht überzeugen. Eine analoge Anwendung des § 350 scheidet damit aus.[562]

---

558 Schwab JR 2003, 133 (137).

559 Dagegen schon im Zusammenhang mit den gesetzgeberischen Reformvorschlägen: Huber, in: Ernst/Zimmermann, S. 31 (179); Dauner-Lieb/Arnold/Dötsch/Kitz, Anmerkungen und Fragen, S. 64; Ernst JZ 1994, 801 (806). Dafür jedoch Gsell, Jahrbuch Junger Zivilrechtswissenschaftler 2001, 105 (115).

560 Huber, Band II, S. 144; Huber, in: Ernst/Zimmermann, S. 31 (179); Henssler/Graf von Westphalen/Dedek, § 281 Rn 2, siehe auch oben, S. 45.

561 Mit diesem Argument: Huber, in: Ernst/Zimmermann, S. 31 (179).

562 Gegen eine Anwendbarkeit des § 350 auch Althammer NJW 2006 1179 (1181); AnwKomm/Dauner-Lieb, § 281 Rn 53; Bamberger/Roth/Grothe, § 323 Rn 31; Erman/Westermann, § 323 Rn 24; Jauernig/Stadler, § 323 Rn 31; MüKo/Ernst, Band 2a, 4. Auf-

d) Pflicht des Gläubigers zur zeitnahen Ausübung des Wahlrechts analog § 314 Abs. 3?

aa) Darstellung der Ansicht

Unter analoger Anwendung des § 314 Abs. 3 wird von einigen angenommen, der Gläubiger könne seine Wahl nur innerhalb einer angemessenen Frist nach Kenntniserlangung von der Leistungsstörung vornehmen.[563] *Heinrichs* hingegen möchten dies auf den Rücktritt von noch nicht vollständig erfüllten Verträgen beschränken.[564] Eine ähnliche Regelung findet sich in den Art. 49 Abs. 2b) und 64 Abs. 2b) CISG, wonach das Recht zur Vertragsaufhebung erlischt, wenn es nicht innerhalb „angemessener Frist" nach Ende der Nachfrist ausgeübt wird. Durch diesen Vorschlag würde die Unsicherheit des Schuldners vermindert, da die Wahl des Gläubigers zeitnah erfolgen müsste.

bb) Vorliegen der Analogievoraussetzungen

Gegen obige Ansicht spricht schon das Fehlen der Analogievoraussetzungen.[565] So fehlt es an einer ungewollten Regelungslücke. Im Rahmen des oben ausführlich dargelegten Reformprozesses sind verschiedene Modelle zur Begrenzung des Gläubigerwahlrechts diskutiert worden, die aber letztlich alle vom Gesetzgeber abgelehnt wurden.[566] Dieser wollte bewusst das ungebundene Wahlrecht des Gläubigers erhalten. Darüber hinaus ist fraglich, ob eine vergleichbare Sachlage vorliegt, so dass das Kriterium der angemessenen Frist ab Kenntniserlangung übertragen werden könnte.

(1) Übertragbarkeit des Kriteriums der angemessenen Frist ab Kenntniserlangung

Zunächst scheint nicht recht klar zu sein, ab wann die angemessene Frist nach § 314 Abs. 3 zu laufen beginnen soll. Man könnte zunächst erwägen, sie beginne erst nach Ablauf der Nachfrist zur Leistung, also mit der Entstehung der Sekundärrechte.[567] Dafür scheint die Formulierung des § 314 Abs. 3 zu sprechen, wonach „der Berechtigte" nach Kenntniserlangung eine angemessene Frist hat. Berechtigt ist der Gläubiger erst mit Erlangung der Sekundärrechte nach Fristablauf. Eine so verstandene zeitliche Beschränkung der Wahlrechtsausübung auf einen angemessenen Zeitraum analog § 314 Abs. 3 kann aber nicht überzeugen. Denn dies würde eine der grundlegendsten Entscheidungen des Gesetzgebers

---

lage, § 323 Rn 147; Palandt/Heinrichs, § 323 Rn 33; Ramming ZGS 2003, 113 (115); Soergel/Gsell, 13. Auflage, § 323 Rn 142; Staudinger/Otto, Neubearbeitung 2004, § 323 Rn D3; Unberath ZMR 2004, 309 (314). Auch AnwKomm/Hager, § 350 Rn 1 und Marotzke KTS 63 (2002), 1 (40) lehnen dessen Anwendbarkeit trotz deutlicher Sympathien de lege lata ab.

[563] Ramming ZGS 2003, 113 (117/118); MüKo/Ernst, Band 2a, 4. Auflage, § 281 Rn 99 und § 323 Rn 150 fordert dies, soweit der Gläubiger den zurzeit noch unerfüllten Vertrag komplett stornieren will, sich aber dennoch die weitere Erfüllung einstweilen gefallen lässt.

[564] Palandt/Heinrichs, § 323 Rn 33.

[565] So auch Soergel/Gsell, 13. Auflage, § 323 Rn 143.

[566] Vergleiche etwa BT-Drucks. 14/6040, S. 140, 185 und ausführlich oben, S. 105 ff.

[567] So MüKo/Ernst, Band 2a, 4. Auflage, § 281 Rn 99.

konterkarieren, dessen Ziel es war, dem Gläubiger das Festhalten an der Primärleistung auch noch nach Fristablauf zu ermöglichen.[568] Dazu würde es aber schlecht passen, wenn dies ungünstige Konsequenzen, wie den Verlust der Sekundärrechte, zur Folge haben könnte. Die Fristbindung hätte zudem wieder Ähnlichkeit mit der ausdrücklich abgelehnten Gegenfristmöglichkeit durch den Schuldner, wo der Gläubiger seine Wahl auch innerhalb eines angemessenen Zeitraumes vornehmen müsste.

Andererseits und noch weitergehender, könnte der Beginn der angemessene Frist zur Ausübung des Wahlrechts auch schon mit der Kenntnis von der Leistungsstörung zusammenfallen. Dafür spricht, dass § 314 Abs. 2 selbst die Notwendigkeit einer vorherigen Fristbestimmung zur Abhilfe kennt, so dass sich der Zeitraum der angemessenen Frist zur Kündigung in Abs. 3 auf die generelle Kenntniserlangung vom Kündigungsgrund beziehen muss. Dies wird auch aus der Ratio des Abs. 3 klar, da eine zur Kündigung berechtigende Unzumutbarkeit nicht mehr angenommen werden kann, wenn der Berechtigte zu lange mit den Konsequenzen abwartet. Daher darf der Kündigende auch nicht über längere Zeit mit der nach Abs. 2 notwendigen Fristsetzung gewartet haben. Denn derjenige, der die Voraussetzungen für die Auflösung eines Vertrages trotz Möglichkeit dazu nicht schafft, macht deutlich, dass für ihn eine Unzumutbarkeit nicht vorliegt. Dies spricht dafür, den Beginn der angemessenen Frist zur Wahl analog § 314 Abs. 3 schon ab genereller Kenntnis der Leistungsstörung im Rahmen der §§ 281, 323 anzunehmen.

Ein solches Verständnis würde den Gläubiger zwingen, bei Eintritt einer Nicht- oder Schlechtleistung innerhalb angemessener Frist eine Nachfrist zu setzen und eines seiner Rechte zu wählen. Diese zeitliche Beschränkung käme aber den Folgen der abgeschafften Ablehnungsandrohung nahe und würde sie sogar noch übertreffen. Nach altem Recht war der Gläubiger frei darin, wann und ob er überhaupt eine Fristsetzung mit Ablehnungsandrohung aussprach, die dann aber zwangsläufig zum Erlöschen seiner Primärforderung führte. Demgegenüber würde die analoge Anwendung des § 314 Abs. 3 sogar dazu führen, dass dem Gläubiger schon zur Fristsetzung samt Wahl des Sekundärbehelfs nur ein angemessener Zeitraum bliebe. Der Gläubiger wäre also sogar in seiner grundsätzlichen Entscheidung unfrei, ob er überhaupt Sekundärrechtsbehelfe begründen oder bei der Primärforderung stehen bleiben will. Dies würde wegen der drohenden negativen Folgen für die Sekundärrechte schon sein Recht, an der Primärerfüllung festzuhalten, beeinträchtigen. Zugleich widerspräche dies der Abschaffung der Ablehnungsandrohung, die gerade den Zwang des Gläubigers zur Wahl zwischen Primär- und Sekundärrechten beheben sollte.[569] Dies spricht gegen eine Übertragung des § 314 Abs. 3.

---

[568] BT-Drucks. 14/6040, S. 140.

[569] Vergleiche BT-Drucks. 14/6040, S. 140.

(2) Unterschiedliche Voraussetzungen und Folgen einer Auflösung

Gegen eine Vergleichbarkeit sind auch die sonstigen Unterschiede zwischen § 314 und den §§ 281, 323 anzuführen. § 314 Abs. 3 setzt ein Dauerschuldverhältnis und einen wichtigen Grund voraus, der jeglichen Fortbestand unzumutbar macht. Rechtsfolge ist die Möglichkeit einer fristlosen Kündigung mit Wirkung für die Zukunft. Lediglich bei der Verletzung von Vertragspflichten schreibt § 314 Abs. 2 eine erfolglose vorherige Fristsetzung vor. Jedoch soll auch § 323 Abs. 2 Anwendung finden. Da schon ein wichtiger Grund nach § 314 Abs. 1 nur gegeben ist, wenn die Durchführung des Vertrages unzumutbar ist, kann die Ausnahme vom Fristerfordernis nach § 323 Abs. 2 Nr. 3 verstärkt eingreifen. Bei Vorliegen eines wichtigen Grundes wird auch oft die Vertrauensbasis irreparabel gestört sein. Es wird daher in aller Regel zu einem fristlosen Kündigungsrecht kommen.[570] Demgegenüber greifen die §§ 281, 323 auch bei kurzlebigen Schuldverhältnissen ein und erfordern regelmäßig die vorhergehende Setzung einer angemessenen Frist. Des Weiteren führen sie zu Rechtsfolgen für die Vergangenheit. Während die Kündigung nur ex nunc-Wirkung hat, haben Schadensersatz und Rücktritt ex tunc-Wirkung, das Schuldverhältnis wird rückabgewickelt, schon erbrachte Primärleistungen sind zurückzugewähren, §§ 281 Abs. 5, 323 Abs. 1 mit 346 Abs. 1.

Gerade das Erfordernis des Dauerschuldverhältnisses rechtfertigt die Regelung in § 314 Abs. 3. Denn wenn sich fortlaufend immer neue Verpflichtungen ergeben,[571] so besteht bei schweren Störungen ein besonderes Bedürfnis nach Klarheit über den Fortbestand des Schuldverhältnisses. Daher kann ein Beendigungsgrund nur innerhalb angemessener Frist geltend gemacht werden. Bei den typischen Fällen der §§ 281, 323 gibt es aber nur feststehende, zahlenmäßig begrenzte Leistungspflichten, daher ist eine Unsicherheit über die Folgen einer Störung eher zumutbar.[572] Das Kriterium des § 314 Abs. 3 passt insofern nicht.[573]

---

570 Das Gesetz widerspricht sich mit der Definition eines wichtigen Grundes in § 314 Abs. 1, dem Erfordernis einer vorherigen Fristsetzung in Abs. 2 und dem gleichzeitigen Verweis auf § 323 Abs. 2. Sinn macht das Fristerfordernis nach Abs. 2 nur, wenn man an dessen Entbehrlichkeit nach § 323 Abs. 2 höhere Anforderungen als nach seinem Wortlaut stellt, was aber systematisch unbefriedigend ist.

571 Vergleiche zum Dauerschuldverhältnis nur Erman/Hohloch, § 314 Rn 12.

572 MüKo/Ernst, Band 2a, 4. Auflage, § 323 Rn 150 argumentiert ähnlich, zieht jedoch den Schluss, dass § 314 Abs. 3 immer dann gelten müssen, wenn noch Leistungen ausgetauscht werden müssen. Dabei verkennt er aber, dass die Besonderheit bei Dauerschuldverhältnissen nicht darin zu sehen ist, dass die Leistungspflichten noch nicht erfüllt sind, sondern dass sie immer neu entstehen. Gerade dies erfordert ein Mehr an Rechtssicherheit für den Schuldner.

573 Ebenso Soergel/Gsell, 13. Auflage, § 323 Rn 143.

(3) Heranziehung der Gesetzesbegründung zu § 314 Abs. 3
Für eine Analogie ergibt sich auch nichts aus der Gesetzesbegründung. Dort heißt es zu § 314 Abs. 3:[574] „Maßgebend sind zwei Erwägungen: Zum einen soll der andere Teil in angemessener Zeit Klarheit darüber erhalten, ob von der Kündigungsmöglichkeit Gebrauch gemacht wird, und zum anderen kann nach längerem Abwarten nicht mehr angenommen werden, dass die Fortsetzung des Vertragsverhältnisses wirklich unzumutbar ist."

Diese Ausführungen passen auf §§ 281, 323 nicht.[575] Zunächst hat der Gesetzgeber bewusst kein Instrument zur Herstellung einer Planungssicherheit vorgesehen.[576] Und auch bezüglich der zweiten Erwägung gibt es zwischen § 314 und §§ 281, 323 maßgebliche Unterschiede. Bei § 314 soll die fristlose Auflösung eines Dauervertrages nur aus einem wichtigen Grund möglich sein, der entscheidend unter Abwägung der gegenseitigen Belange zu bestimmen ist. Reklamiert nun der Kündigende einen solchen wichtigen Grund für sich, so stellt er seine eigenen Interessen als überwiegend und unzumutbar beeinträchtigt dar. Lässt er sich aber andererseits sehr viel Zeit, dieser unzumutbaren Situation ein Ende zu bereiten, behandelt er also den Vertrag weiterhin als wirksam, so gerät seine später dennoch erfolgte Kündigung in Konflikt mit dem Gebot des venire contra factum proprium. Der Zögernde widerlegt selbst die Indizien für das Vorliegen einer Unzumutbarkeit.[577]

Anders ist es hingegen bei §§ 281, 323. Dort ist anstatt des wichtigen Grundes die Nichterfüllung trotz Fälligkeit ausreichend. Diese lässt sich aber objektiv bestimmen, auf die persönlichen Dispositionen und Verhältnisse des Gläubigers kommt es grundsätzlich nicht an. Es ist also ohne Belang, ob der Gläubiger auf die Leistung angewiesen ist oder diese ihm völlig gleichgültig ist.[578] Ein Zögern kann daher auch nicht zu einem Selbstwiderspruch und damit Ausschluss des Sekundärrechts führen. Am Vorliegen der allein relevanten Nichtleistung, die keinerlei Rücksicht auf subjektive Befindlichkeiten des Gläubigers nimmt, ändert sich durch einen zögerlichen Übergang nichts. Der dem § 314 Abs. 3 zugrunde liegende Rechtsgedanke, dass die Notwendigkeit einer Auflösungsmöglichkeit bei langem Zuwarten nicht mehr angenommen werden kann, passt für §§ 281, 323 überhaupt nicht. Die Notwendigkeit der Auflösung innerhalb einer angemessenen Frist hängt also eng mit dem Erfordernis des wichtigen Grundes zusammen. Da §§ 281, 323 aber nicht auf einen wichtigen Grund im Sinne

[574] BT-Drucks. 14/6040, S. 178, wortwörtlich wird damit dem Abschlussbericht, S. 156 gefolgt.
[575] Anders aber Ramming ZGS 2003, 113 (115).
[576] BT-Drucks. 14/6040, S. 140 und oben, S. 105 ff.
[577] So auch die Gesetzesbegründung, BT-Drucks. 14/6040, S. 178.
[578] Ausnahmen gibt es nur für die Teilleistung und die Schlechtleistung, §§ 281 Abs. 1 Satz 2 und 3, 323 Abs. 5 Satz 1 und 2.

einer persönlich unzumutbaren weiteren Bindung aufbaut, kann auch das Kriterium der angemessenen Frist nicht überzeugen.

(4) Unpassende Rechtsfolgen bei Übertragung des § 314 Abs. 3

Gegen eine Übertragung des § 314 Abs. 3 sprechen außerdem die daraus resultierenden unbefriedigenden Rechtsfolgen bei einer Verzögerung. Nach § 314 Abs. 3 dürfen aus dem wichtigen Grund keine Rechte mehr hergeleitet werden. Wie schon oben bei der Diskussion um § 350 analog gesehen, kann aber der endgültige Ausschluss der Sekundärrechte wegen des Fortbestehens des Primäranspruchs nicht befriedigen. Der Gläubiger muss das Recht haben, aus weiterer Nichtleistung Sekundärrechte herzuleiten, da sonst der Schuldner ungerechtfertigt bevorzugt würde. Daran wird deutlich, dass § 314 auf punktuelle wichtige Gründe zugeschnitten ist, nicht aber auf sich möglicherweise wiederholende Pflichtverletzungen, wie sie in §§ 281, 323 vorkommen können.

Soweit *Ramming* aus den §§ 314, 323 und 324 einen einheitlichen Tatbestand bilden will,[579] ist dies de lege lata abzulehnen, da es dem erklärten Willen des Gesetzgebers widerspräche. Gerade bei einem so neuen Gesetz wie dem Schuldrechtsmodernisierungsgesetz kommt dem gesetzgeberischen Willen eine große Bedeutung zu.[580] Auch eine Übertragung des § 314 nur auf den Rücktritt bei noch nicht erfüllten Verträgen, ist schon deshalb abzulehnen, da sich dann unterschiedliche Voraussetzungen zum Schadensersatzanspruch nach § 281 ergeben würden. Dies könnte aber wegen des vom Gesetzgeber gewollten Gleichlaufs[581] und dem häufig parallelen Bestehens der Sekundärrechte nicht überzeugen.

cc) Ergebnis

Insgesamt ist die analoge Anwendung des § 314 Abs. 3 auf die Wahlrechtsausübung nach den §§ 281, 323 abzulehnen.[582]

e) Wahlrecht des Schuldners nach Annahmeverzug des Gläubigers und erfolglosem Fristablauf gemäß § 264 Abs. 2

aa) Darstellung der Meinung

Nach einigen soll dem Schuldner durch Annahme eines Wahlschuldverhältnisses geholfen werden.[583] Der Schuldner könne dem Gläubiger nach Fristablauf

---

[579] Ramming ZGS 2003, 113 ff.

[580] Larenz/Wolf, § 4 Rn 50; Wank, S. 65; vgl. auch Larenz, Methodenlehre, S. 328 und 344; vgl. zur Rangfolge der Auslegungskriterien aber noch später, S. 264.

[581] Vgl. BT-Drucks. 14/6040, S. 183/184; ferner Erman/Westermann, § 323 Rn 6; Heinrichs, FS Derleder, S. 87 (88); MüKo/Ernst, Band 2a, 4. Auflage, § 281 Rn 17; Palandt/Heinrichs, § 323 Rn 1 und 9.

[582] So explizit AnwKomm/Dauner-Lieb, § 281 Rn 53; Soergel/Gsell, 13. Auflage, § 323 Rn 143.

[583] Schwab JR 2003, 133 (134); Heinrichs, FS Derleder, S. 87 (107); Mattheus, in: Schwab/Witt, S. 97 und 102; Palandt/Heinrichs, § 281 Rn 50b. Zum ähnlichen Meinungs-

die Primärleistung, Schadensersatz und die Rückgewähr der eventuell erhaltenen Sachen wörtlich anbieten und ihn damit in Annahmeverzug setzen. Anschließend solle er dem Gläubiger zur Wahlrechtsausübung gemäß oder analog § 264 Abs. 2 eine Frist setzen. Übe der Gläubiger sein Wahlrecht in dieser Frist nicht aus, so gehe es auf den Schuldner über, welcher sich dann den Schuldinhalt aussuchen könne. Dadurch würde die Unsicherheit des Schuldners begrenzt werden.

bb) Widerspruch zur Erfüllungsmöglichkeit des Schuldners

Obige Konstruktion beruht zunächst auf der Annahme, dem Gläubiger stünden nach Fristablauf trotz Angebots der Primärleistung noch die Sekundärrechte zu, sprich der Gläubiger könne nach Fristablauf die ihm angebotene Primärleistung ablehnen und seine Sekundärrechte weiterhin wählen. Dagegen spricht jedoch, dass das Wahlrecht des Gläubigers erlischt, wenn der Schuldner die Primärleistung nach Fristablauf erbringt. Der Fortbestand der Sekundärrechte trotz Annahmeverzugs des Gläubigers würde zu Ergebnissen führen, die dem Wortlaut, der Systematik, der Interessenlage und dem Willen des Gesetzgebers widersprechen. Dies wird noch ausführlich erläutert werden.[584] Daneben gibt es aber noch andere Einwendungen.

cc) Subsumption und Abgrenzung von Wahlschuld, Ersetzungsbefugnis und elektiver Konkurrenz

Es ist schon fraglich, ob das notwendige Wahlschuldverhältnis zwischen den verschiedenen Schuldinhalten angenommen werden kann.

(1) Vorliegen einer Wahlschuld

Charakteristikum des Wahlschuldverhältnisses ist das Bestehen eines einzigen Anspruchs mit unterschiedlichen, noch unbestimmten Leistungsinhalten, wobei sich diese gegenseitig ausschließen.[585] Die gewählte Leistung gilt als die von Anfang an allein geschuldete, § 263 Abs. 2. Ferner ist der Übergang des Wahlrechts möglich, wenn der Wahlberechtigte in Verzug kommt, § 264 Abs. 2. Das Verhältnis zwischen Primär- und Sekundäransprüchen entspricht dem nicht ganz.

(a) Bestehen nur eines Anspruchs mit unterschiedlichem Schuldinhalt bei §§ 281, 323?

Wie oben schon angesprochen,[586] bestehen in der Schwebelage mit dem Primär- und dem Schadensersatzanspruch zwei getrennte Ansprüche.[587] Dies spricht ge-

---

stand hinsichtlich der Gewährleistungsrechte beim Kauf, vgl. dafür Büdenbender AcP 205 (2005), 386 (388); dagegen Donou, S. 101; Schürholz, S. 65 ff.

[584] Siehe unten bei S. 144 ff.

[585] Erler, S. 22; Gernhuber, Schuldverhältnis, S. 254; Larenz, § 11 II; MüKo/Krüger, Band 2a, 4. Auflage, § 262 Rn 2; Palandt/Heinrichs, § 262 Rn 1; Soergel/Wolf, 12. Auflage, § 262 Rn 3.

[586] Siehe oben bei S. 84 f.

gen ein Wahlschuldverhältnis. Allein *Ernst* möchte nur einen Anspruch mit unterschiedlichem Schuldinhalt annehmen, lehnt aber selbst das Vorliegen eines Wahlschuldverhältnisses ab.[588] Das Verhältnis von Primärforderung und Rücktrittsrecht scheint ein solches auch schon begrifflich auszuschließen.[589] Denn die Befugnis zum Rücktritt gemäß § 323 ist ein Recht und kein Anspruch. § 262 verlangt jedoch einen Anspruch auf zwei Leistungen. Dieses Problem könnte man nur umgehen, wenn man annehmen würde, die Ausgestaltung der Rücktrittsbefugnis als Recht stelle nur eine andere rechtstechnische Konstruktion dar, ohne dass sich damit ein hier interessierender sachlicher Unterschied ergebe.

Der Rücktritt gestaltet die Sachlage um, er verwandelt das Schuldverhältnis in ein Rückgewährschuldverhältnis, weshalb er als Gestaltungsrecht anzusehen ist. Er bewirkt die Umwandlung, während ein Anspruch nur dazu führt, ein Tun oder Unterlassen verlangen zu können, § 194 Abs. 1. Wie sich jedoch aus § 218 ergibt, ist das Rücktrittsrecht dem Primäranspruch angeglichen. Daher könnte man noch vertreten, die Rechtsqualität allein verhindere nicht die Anwendbarkeit der Vorschriften über die Wahlschuld.[590]

Jedoch offenbart sich auch zwischen Schadensersatzanspruch und Rücktrittsrecht ein fehlendes Wahlschuldverhältnis.[591] Denn § 325 lässt Mischformen zu und § 281 Abs. 5 zeigt, dass der Schadensersatz statt der ganzen Leistung auch Rücktrittswirkungen haben kann. Es kann daher nicht das notwendige Exklusivitätsverhältnis der Leistungsinhalte wie bei der typischen Wahlschuld angenommen werden.

(b) Vorliegen der anderen Merkmale einer Wahlschuld

Es bestehen schließlich noch andere Bedenken. Bei der Wahlschuld liegt vor der Wahl ein unbestimmter Anspruch vor, wobei die Unbestimmtheit durch die zur Auswahl stehenden Anspruchsinhalte begrenzt ist.[592] Hingegen ist bei §§ 281, 323 schon vor der Wahl eine bestimmter Anspruch des Gläubigers mit dem Inhalt des Primäranspruchs existent.[593] Unbestimmt sind lediglich die Wahl des Sekundäranspruchs und dessen Inhalt. Das Schuldverhältnis hat mit der Verpflichtung zur Primärleistung immer einen bestimmten Inhalt und ist damit kein Wahlschuldverhältnis.[594] Typisch für die Wahlschuld mit Wahlrecht des Gläu-

---

587 Bamberger/Roth/Grüneberg, § 281 Rn 48; Emmerich, Leistungsstörungen, S. 294; Erman/Westermann, § 281 Rn 19; Heinrichs, FS Derleder, S. 87 (105); Marotzke, KTS 63 (2002), 1 (39); Palandt/Heinrichs, § 281 Rn 50.

588 MüKo/Ernst, Band 2a, 4. Auflage, § 281 Rn 68 und 69.

589 So AnwKomm/Dauner-Lieb, § 281 Rn 53.

590 So auch Schwab JR 2003, 133, (136); a.A. MüKo/Ernst, Band 2a, 4. Auflage, § 323 Rn 147.

591 Schwab JR 2003, 133, (136).

592 Erler, S. 22; Larenz, § 11 II; Palandt/Heinrichs, § 262 Rn 1; Ziegler AcP 171 (1971), 193 (204).

593 MüKo/Ernst, Band 2a, 4. Auflage, § 281 Rn 69.

594 Vgl. Gernhuber, Schuldverhältnis, S. 254.

bigers ist auch, dass der Schuldner, wie sich aus § 264 Abs. 2 ergibt, vor der Wahl nicht in Verzug kommt.[595] Dies ist jedoch bei §§ 281, 323 anders, da der Schuldner mit dem Primäranspruch schon in Verzug kommen kann. Auch dies spricht gegen eine Wahlschuld.

Der Unterschied zur Wahlschuld wird auch bei einem Blick auf die Verjährung deutlich. Während diese bei § 262 gleich läuft, können sich etwa zwischen dem Primäranspruch und dem Schadensersatzanspruch Unterschiede ergeben. Der Primäranspruch verjährt in der Regel ab seiner Entstehung und der Kenntnis von ihm nach § 199 zum Jahresende. Die Verjährung des Schadensersatzanspruchs beginnt ebenfalls erst mit seiner Entstehung, also mit dem Ablauf der Frist nach § 281 Abs. 1.[596] Mithin kann der Schadensersatzanspruch später verjähren als der Primäranspruch.

(c) Zwischenergebnis

Insgesamt ist die Annahme eines Wahlschuldverhältnisses zwischen dem Erfüllungsanspruch und den Sekundärrechten ohne Verzerrungen nicht möglich. Eine direkte Anwendung der §§ 262 ff. scheidet damit aus.

(2) Vorliegen einer Ersetzungsbefugnis (facultas alternativa)

Auch die Annahme einer Ersetzungsbefugnis (facultas alternativa) überzeugt nicht ganz. Eine solche wird seitens des Gläubigers angenommen, wenn er einen Anspruch auf eine ganz bestimmte Leistung hat, diese aber daneben noch gegen eine andere, nicht geschuldete Leistung austauschen darf.[597] Dem entspricht das Verhältnis von Primär- und Sekundäransprüchen zunächst dann nicht, wenn man wie hier mit der herrschenden Meinung das Bestehen mehrerer Ansprüche annimmt. Doch selbst wenn man mit *Ernst* einen einzigen Anspruch mit auswechselbarem Inhalt annimmt,[598] passt eine Ersetzungsbefugnis nicht ganz. Denn mit Ablauf der Nachfrist steht die Möglichkeit eines Schadensersatzes nicht nur nachgeordnet, sondern gleichberechtigt neben dem Primäranspruch. Schadensersatz wird also vom Schuldner nicht erst nach Auswechslung des Schuldinhalts geschuldet, sondern automatisch mit Entstehung des Schadensersatzanspruchs nach Fristablauf. Allein die tatsächliche Durchsetzung des Schadensersatzanspruchs bedarf der Mitteilung und Erklärung des Gläubigers in Form eines Ersatzverlangens, wodurch der Primärschuldinhalt erlischt. Einer Ersetzungsbefugnis steht zudem entgegen, dass bei zwei der austauschbaren Schuldinhalte, nämlich Schadensersatz und Rücktritt, nach § 325 auch ein Nebeneinander möglich ist.

---

[595] Vgl. auch Palandt/Heinrichs, § 264 Rn 1.

[596] MüKo/Ernst, Band 2a, 4. Auflage, § 281 Rn 165.

[597] Erler, S. 33; Gernhuber, Schuldverhältnis, S. 258/259; Larenz, § 11 III b); MüKo/Krüger, Band 2a, 4. Auflage, § 262 Rn 8; Soergel/Wolf, 12. Auflage, § 262 Rn 20; Staudinger/Bittner, Neubearbeitung 2004, § 262 Rn 11; Ziegler AcP 171 (1971), 193 (205).

[598] MüKo/Ernst, Band 2a, 4. Auflage, § 281 Rn 68.

(3) Vorliegen einer elektiven Konkurrenz (alternative Gläubigerberechtigung)

Von vielen wird ein Verhältnis elektiver Konkurrenz (alternativer Gläubigerberechtigung) angenommen.[599] Dies geschieht auch unter Rückgriff auf die Einordnung der Sekundärrechte des § 326 a.F.[600] Die elektive Konkurrenz wird durch mehrere miteinander konkurrierende Rechte oder Forderungen, die sich gegenseitig ausschließen und unter denen der Gläubiger auswählen darf, charakterisiert.[601] Dies liegt schon nicht vor, wenn man der Ansicht von *Ernst* folgen würde. Doch auch nach hiesigem Verständnis, wonach Primär- und Schadensersatzanspruch nebeneinander stehen, passt die Rechtsfigur der elektiven Konkurrenz nicht ganz. Denn § 325 zeigt, dass sich Rücktritt und Schadensersatz nicht unbedingt ausschließen. Ferner ist hier der Anspruch des Gläubigers in Form des Primäranspruchs von Anfang an bestimmt, während bei der elektiven Konkurrenz in der Regel mehrere Ansprüche oder Rechte vorliegen, die Schuld aber noch nicht bestimmt ist.[602] Von einigen wird zudem angenommen, bei der elektiven Konkurrenz sei der Gläubiger nicht an seine Wahl gebunden.[603] Folgt man dem, so scheidet die Annahme elektiver Konkurrenz zwischen Primär- und Sekundärrechten erst recht aus, da eine Wahl nach §§ 281 Abs. 4, 323 Abs. 1, 346 jedenfalls zum endgültigen Erlöschen der Primärforderung führt.[604]

(4) Zwischenergebnis – fehlende Zuordnungsmöglichkeit zu einem bestimmten Typus

Der Primäranspruch und die Sekundärrechte der §§ 281, 323 sperren sich gegen eine eindeutige typlogische Einordnung in die obigen bekannten Kategorien. Je-

---

599 BGH NJW 2006, 1198 (1199); AnwKomm/Dauner-Lieb, § 281 Rn 53; Bamberger/Roth/Grüneberg, § 281 Rn 48; Emmerich, Leistungsstörungen, S. 294; Erman/Westermann, § 281 Rn 19; Heinrichs, FS Derleder, S. 87 (105); Marotzke, KTS 63 (2002), 1 (39); Palandt/Heinrichs, § 262 Rn 6 und § 281 Rn 50.

600 So wurde zwischen Schadensersatz und Rücktritt elektive Konkurrenz angenommen, vgl. BGH NJW 1979, 762, RGZ 109, 184 (186); Erler, S. 72/73; Gernhuber, Schuldverhältnis, S. 260; Ziegler AcP 171 (1971), 193 (205); zu der identischen Rechtslage bei § 325 a.F.: MüKo/Emmerich, Band 2, 4. Auflage, § 325 Rn 25.

601 Erler, S. 60; Gernhuber, Schuldverhältnis, S. 259; MüKo/Krüger, Band 2a, 4. Auflage, § 262 Rn 11; Palandt/Heinrichs, § 262 Rn 6; Schürholz, S. 64; Soergel/Wolf, 12. Auflage, § 262 Rn 8; Staudinger/Bittner, Neubearbeitung 2004, § 262 Rn 7; Ziegler AcP 171 (1971), 193 (205).

602 Dies ergibt sich daraus, dass sich die Wahlschuld und die elektive Konkurrenz nur anhand der Mehrheit der Ansprüche unterscheiden sollen, vgl. Bamberger/Roth/Grüneberg, § 262 Rn 5.

603 Schwab JR 2003, 133 (134/135); Soergel/Wolf, 12. Auflage, § 262 Rn 9; Staudinger/Bittner, Neubearbeitung 2004, § 262 Rn 7; anderer Ansicht aber: Bamberger/Roth/Grüneberg, § 262 Rn 5; MüKo/Krüger, Band 2a, 4. Auflage, § 262 Rn 11; Palandt/Heinrichs, § 262 Rn 6, die eine Bindung nach der Art des Schuldverhältnisses beurteilen wollen und wegen §§ 281 Abs. 4, 323 Abs. 1, 346 eine Bindung hinsichtlich der Ablehnung des Primäranspruchs annehmen müssten.

604 So auch Schwab JR 2003, 133 (135).

doch bedarf es einer definitiven Bestimmung im hiesigen Zusammenhang auch gar nicht, da es allein um die Anwendbarkeit der Folgeregelung des § 264 Abs. 2 geht. In der Lehre und Praxis erfolgt die Abgrenzung bei der Wahlschuld niemals rein begrifflich, sondern ist zumeist von der Frage mitbestimmt, ob deren Regeln im Ergebnis für angemessen erachtet werden oder nicht.[605] Ganz in Übereinstimmung damit möchte *Heinrichs* die Regeln über die Wahlschuld analog anwenden.[606] Daher soll im Folgenden geprüft werden, ob sich eine Übertragung der Regelungen über die Wahlschuld im Hinblick auf die §§ 263 Abs. 2, 264 Abs. 2 anbietet.

dd) Übertragbarkeit und Sachgerechtigkeit der Regelungen über die Wahlschuld

(1) Übertragbarkeit des § 263 Abs. 2

Nach § 263 Abs. 2 gilt die gewählte Leistung als von Anfang an allein geschuldet, es besteht also eine gesetzliche Fiktion der Rückwirkung. Die nicht gewählte Leistung wird als nie geschuldet behandelt.[607] Überträgt man dies auf das hiesige Problem, so würde die Primärleistung mit der Wahl des Sekundärrechts von Anfang an nicht geschuldet sein. Dies widerspräche aber zum einen dem § 281 Abs. 4, der ein Erlöschen erst ab dem Schadensersatzverlangen vorsieht, zum anderen hätte es ein weiteres, ganz unbefriedigendes Resultat: Wenn fingiert wird, dass die Primärleistung nie geschuldet war, dann könnte nie Verzug eingetreten sein und der Gläubiger dürfte seine Verzögerungsschäden nicht geltend machen. Streng genommen dürfte auch ein Übergang mangels Bestandes einer Primärleistungspflicht nach den §§ 281, 323 nicht möglich gewesen sein. Probleme ergäben sich auch bei einem Festhalten des Gläubigers an der Primärschuld. Nach § 263 Abs. 2 müsste die nochmalige Entstehung eines Schadensersatzanspruchs geradezu ausgeschlossen sein, die Wahl der Primärerfüllung würde also bindend sein. Dem steht jedoch entgegen, dass der Gläubiger zumindest nach erneuter Fristsetzung wiederum das Recht zum Übergang erlangen können muss.[608]

(2) Übertragbarkeit des § 264 Abs. 2

Aber auch die Übertragung der Regelung des § 264 Abs. 2 begegnet schweren Bedenken. Danach könnte der Schuldner bei Verzug des Gläubigers mit der Entscheidung nach erfolgloser Fristsetzung die Wahl selbst ausüben. Der Gläubiger soll sich dann in Verzug mit der Wahl befinden, wenn er sich im Annahmeverzug befindet.[609] Nach *Schwab* reicht in der hiesigen Situation ein wörtliches

---

[605] Staudinger/Bittner, Neubearbeitung 2004, § 262 Rn 4; vgl. auch Schürholz, S. 65; Ziegler AcP 171 (1971), 193 (212 ff.).

[606] OLG Celle ZGS 2005, 275 (276); Heinrichs, FS Derleder, S. 87 (107); Palandt/Heinrichs, § 281 Rn 50b.

[607] Bressler NJW 2004, 3382 (3383); MüKo/Krüger, Band 2a, 4. Auflage, § 263 Rn 7; Staudinger/Bittner, Neubearbeitung 2004, § 263 Rn 11.

[608] So nun OLG Celle ZGS 2005, 275 (276); Dazu auch Bressler NJW 2004, 3382 (3383).

[609] Schwab JR 2003, 133 (134); Soergel/Wolf, 12. Auflage, § 262 Rn 3.

Leistungsangebot des Schuldners gemäß § 295 Satz 1 aus, da der Gläubiger noch eine Handlung – die Wahl des Schuldinhalts – vornehmen müsse.[610] Dies ist jedoch nicht der Fall, denn der Schuldner schuldet zunächst und ohne jede weitere Handlung des Gläubigers die Primärleistung, ferner mit noch nicht bestimmtem Inhalt Schadensersatz und/oder Rückgewähr. In Annahmeverzug kommt der Gläubiger damit nur, wenn ihm der Schuldner die Primärleistung nach Fristablauf tatsächlich anbietet, § 294.[611] Jedoch entfallen damit aus später näher darzulegenden Gründen schon die Sekundäransprüche und das Wahlrecht des Gläubigers.[612]

Würde man mit *Schwab* ein wörtliches Angebot ausreichen lassen, so müsste der Schuldner zu allen möglichen Leistungen auch tatsächlich fähig sein.[613] Dies hieße, er müsste sowohl die Primärleistung als auch Schadensersatz und Rückgewähr der Sache bereithalten. Dabei wäre jedoch von vornherein klar, dass dem Gläubiger nur eine der angebotenen Leistungen tatsächlich zusteht. Dies bedeutet einen übermäßigen Aufwand für den Schuldner. Überhaupt fragt es sich, warum dann der Gläubiger nicht zugreifen sollte, indem er sein Wahlrecht ausübt. Die Frage nach der Anwendbarkeit des § 264 Abs. 2 würde sich dann erübrigen.

(3) Weitere Argumente gegen eine Analogie

Daneben würden sich weitere unpassende Folgen ergeben. Mit der Möglichkeit eines Vorgehens nach 264 Abs. 2 wäre wieder ein ähnliches Ergebnis wie bei einer Gegenfristmöglichkeit erreicht, welches der Gesetzgeber erwogen und explizit abgelehnt hat.[614] Die analoge Übertragung würde also entgegen dem Willen des Gesetzgebers geschehen. Der Gesetzgeber wollte dem Gläubiger durch den Fortbestand seines Primäranspruchs ein erweitertes Wahlrecht geben. Dies würde nun aber durch ein Wahlrecht des vertragswidrig handelnden Schuldners konterkariert. Während die §§ 263, 264 den Schuldner bei einer Wahlschuld schützen sollen, ist das Wahlrecht bei §§ 281, 323 gerade geschaffen worden um den Gläubiger zu privilegieren. Auch dies zeigt, dass die Wahlschuldregelungen nicht passen.[615] Im Ergebnis würde sich sonst sogar eine bessere Stellung des Schuldners als nach altem Recht ergeben. Dort erlosch über §§ 327, 355 a.F. nur das Rücktrittsrecht als Konsequenz der Untätigkeit des Gläubigers, der Schuldner haftete damit aber immer auf Schadensersatz. Dagegen könnte sich nun der Schuldner den ihm angenehmsten Schuldinhalt aussuchen. Das neu geschaffene

[610] Schwab JR 2003, 133 (134); so auch Bressler NJW 2004, 3382.
[611] MüKo/Ernst, Band 2a, 4. Auflage, § 281 Rn 69.
[612] Vgl. Näheres unten, S. 144 ff.
[613] MüKo/Ernst, Band 2a, 4. Auflage, § 295 Rn 4.
[614] BT-Drucks 14/6040, S. 140; ebenso Bressler NJW 2004, 3382 (3383); Derleder/Hoolmans NJW 2004, 2787 (2790); gegen eine Analogie auch MüKo/Ernst, Band 2a, 4. Auflage, § 323 Rn 147.
[615] BGH NJW 2006, 1198 (1199).

Recht des Gläubigers, gemäß § 325 den Rücktritt auch noch nachträglich mit einem Schadensersatzanspruch zu verbinden, spricht des Weiteren gegen eine Beschränkungsmöglichkeit durch den Schuldner.[616] Denn mit seiner eigenen Wahl würde er auch in diesen dem Gläubiger vorgesehenen Entscheidungsbereich eingreifen.

Abschließend ist zu bedenken, dass die Regelung des § 264 Abs. 2 auch nicht zur gänzlichen Behebung der schuldnerischen Unsicherheit geeignet wäre. Denn bevor es der Schuldner selbst in der Hand hätte, seinen Schuldinhalt zu bestimmen, müsste er sich zu sämtlichen Leistungen befähigen. Ein Großteil seiner misslichen Lage rührt nun aber daher, dass er nicht weiß, wann der Gläubiger auf die Sekundärrechte übergeht und damit die vorherigen Bemühungen zunichte macht. Dies kann ihm auch bei Anwendung des § 264 Abs. 2 passieren, so dass der propagierte Schutz zu spät kommt.

ee) Zwischenergebnis

Eine direkte oder analoge Anwendung der Regeln über die Wahlschuld scheidet nach alledem aus.[617] Als Ergebnis der vorstehenden Untersuchungen ist festzuhalten, dass es als Konsequenz der Ablehnung denkbarer Schuldnerschutzvorschriften durch den Gesetzgeber keine generelle Möglichkeit zur Behebung der schuldnerischen Unsicherheit durch direkte oder analoge Anwendung gesetzlicher Vorschriften gibt. Es bleibt allein eine Lösung über einen einzelfallbezogenen Schutz.

f) Sicherheit des Schuldners durch Kooperationspflichten des Gläubigers

Ein solcher Schutz im Sinne einer Planungssicherheit kann sich durch Fragerechte des Schuldners und Informationspflichten des Gläubigers ergeben. Sie haben ihre Grundlage in den vertraglichen Nebenpflichten gemäß § 241 Abs. 2 und dem Verbot widersprüchlichen Verhaltens aus § 242.

aa) Fragerechte und Informationspflichten als Inhalt der vertraglichen Nebenpflichten nach § 241 Abs. 2

Ein Vertragsverhältnis verbindet Gläubiger und Schuldner in einer Sonderbeziehung. Es beinhaltet neben Hauptleistungspflichten auch so genannte Nebenpflichten. Als letztere sind vor allem gesteigerte Schutz- und Rücksichtnahmepflichten zu nennen.[618] Diese waren schon im alten Recht anerkannt und haben nun in § 241 Abs. 2 eine ausdrückliche Regelung erfahren. Unter anderem

---

[616] So auch Mattheus, in: Schwab/Witt, S. 102.

[617] Ablehnend auch BGH NJW 2006, 1198 (1199); Althammer ZGS 2005, 375 (376); Althammer NJW 2006, 1179 (1180); AnwKomm/Dauner-Lieb, § 281 Rn 53; Bressler NJW 2004, 3382 (3383); Derleder/Hoolmans NJW 2004, 2787 (2790); MüKo/Ernst, Band 2a, 4. Auflage, § 281 Rn 69; Soergel/Gsell, 13. Auflage, § 323 Rn 142; ferner Finn ZGS 2004, 32 (37 in Fn 37); ebenso Schroeter NJW 2006, 1761 (1764) für die Rechte auf Nachbesserung oder Nachlieferung.

[618] Vgl. dazu umfassend AnwKomm/Krebs, § 241 Rn 19 ff; Krebs, S. 440 ff. und 485 ff.

können die Parteien verpflichtet sein, Rücksicht auf die berechtigten Interessen des anderen zu nehmen und diesen vor vermeidbaren Schäden an seinem Vermögen zu bewahren.[619] Die Vertragspartner haben ihre Rechte möglichst schonend auszuüben und eine mutwillige Schädigung des anderen zu unterlassen. Darüber hinaus treffen sie auch leistungssichernde Nebenpflichten.[620] So hat der Gläubiger alles zu unterlassen, was die Erreichung des Vertragszwecks bzw. Leistungserfolgs durch den Schuldner stören oder verhindern würde.[621] Dies kann zu Mitwirkungs- und Auskunftspflichten führen.[622]

Diese vertraglichen Nebenpflichten kann sich der Schuldner zur Verringerung seiner Unsicherheit bezüglich des Übergangs auf die Sekundärrechte zunutze machen, indem er den Gläubiger über seine diesbezüglichen Absichten befragt. Hat der Schuldner an der Auskunft ein berechtigtes Interesse und kann dies gegebenenfalls nachweisen, ist der Gläubiger aufgrund der Nebenpflichten gehalten, sich Gedanken über die Ausübung des Wahlrechts zu machen und diese mitzuteilen.[623] Diese Auskunftspflicht kann als Teil der allgemeinen Rücksichtnahme- und Kooperationspflichten der Vertragsparteien angesehen werden. Diese sind durch die Schuldrechtsreform noch gesteigert worden.[624] Denn das Nebeneinanderbestehen der Primär- und Sekundärrechtsbehelfe erfordert für ein sinnvolles Vorgehen eine stärkere Absprache zwischen den Beteiligten. Auch wurde mit dem Fortbestand der Primärforderung trotz Entstehung der Sekundärrechte die Möglichkeit geschaffen, das Schuldverhältnis immer noch im ursprünglichen Sinne abzuwickeln. Möchte der Schuldner seiner vorrangigen Pflicht zur Primärleistung nachkommen, darf er vom Gläubiger erwarten, dass dieser ihn in zumutbarer Weise dabei unterstützt. Dies gebieten auch die Schutzpflicht gegen vermeidbare Vermögensschäden und die leistungssichernde Nebenpflicht. Denn die Unsicherheit hinsichtlich des Schuldinhalts bringt den Schuldner in die Gefahr, seine Primärleistung umsonst zu erbringen, wenn der Gläubiger unerwartet den Übergang bewirkt. Dies würde dem Schuldner nicht nur einen unnötigen Schaden wegen sinnloser Erfüllungsbemühungen einbringen, sondern es würde trotz Erfüllungsversuchs das ursprüngliche Primärschuldverhältnis nicht abgewickelt werden und somit zudem der ursprüngliche Vertragszweck gefährdet.

---

[619] BGH NJW 1983, 2813, (2814); KG NJW 85, 2137; Bamberger/Roth/Grüneberg, § 241 Rn 89; Christian Knütel, S. 30; MüKo/Roth, Band 2a, 4. Auflage, § 241 Rn 90.

[620] MüKo/Roth, Band 2a, 4. Auflage, § 241 Rn 67.

[621] Krebs, S. 447.

[622] Bamberger/Roth/Grüneberg, § 241 Rn 46; Gernhuber, Schuldverhältnis, S. 22; MüKo/Roth, Band 2a, 4. Auflage, § 241 Rn 67.

[623] Ähnlich Soergel/Gsell, 13. Auflage, § 323 Rn 145.

[624] Vgl. Derleder/Zänker NJW 2003, 2777 (2780).

bb) Reichweite der Fragerechte und Informationspflichten

Allerdings sind nicht in jedem Fall Fragerechte und Informationspflichten anzuerkennen. Denn dies würde das grundsätzlich freie Wahlrecht des Gläubigers zu stark einschränken. Vielmehr bedarf es eines korrigierenden Faktors in Gestalt des berechtigten Interesses des Schuldners. Dieses ist anzuerkennen, wenn ihm sonst durch das freie Wahlrecht unvermeidbar die Gefahr eines Schadens bzw. eines unwirtschaftlichen Handelns droht. So ist es etwa, wenn er sich nach Fristablauf um die Primärleistung bemüht, die aber ihrer Natur nach einige Zeit in Anspruch nimmt. Hier drohen ihm durch einen zwischenzeitlichen Übergang auf die Sekundärrechte die Frustrierung seiner bisherigen Leistungsbemühungen und die Entstehung weiterer Kosten. Er kann daher den Gläubiger über seine geplanten Anstrengungen informieren und ihn fragen, ob er bis zu deren voraussichtlicher Erbringung mit dem Übergang warten werde.[625] Verneint er dies, so weiß der Schuldner, worauf er sich einlässt. Sagt ihm der Gläubiger ein Abwarten zu, so ist er aus Treu und Glauben und dem Verbot widersprüchlichen Verhaltens nach § 242 gehindert, innerhalb dieser Zeit den Übergang zu bewirken.[626] Ein Übergang stünde im Widerspruch zu seinen früheren Äußerungen und der Schuldner muss ihn nicht gegen sich gelten lassen, sondern kann weiterhin die Primärleistung erbringen. Der Schuldner erhält so die Planungssicherheit, die es ihm in zumutbarer Weise ermöglicht, auf die Erbringung der Primärleistung auch noch nach Fristablauf hinzuarbeiten.

Auf der anderen Seite verliert der Gläubiger dadurch ein Stück seiner Wahlfreiheit. Dies tangiert die grundsätzliche gesetzgeberische Entscheidung für ein ungebundenes, freies Wahlrecht des Gläubigers. Jedoch ergibt sich die hier vertretene Einschränkung aus den Nebenpflichten des Vertrages nach § 241 Abs. 2 und den jeder Rechtsausübung immanenten Schranken von Treu und Glauben nach § 242. Es ist den Gesetzesmaterialien nicht zu entnehmen, dass die Wahlfreiheit des Gläubigers von diesen Einschränkungen losgelöst sein sollte. Vielmehr war sogar zunächst ein Zusatz vorgesehen, wonach der Übergang dann nicht möglich sei, wenn der Schuldner mit den Sekundärrechten nicht rechnen musste.[627] In der BT-Drucks. 14/7052 wurde dieser mit der Begründung gestrichen, derartige Ausnahmefälle könnten mit § 242 angemessen gelöst werden.[628] Dies spricht dafür, eine Lösung über §§ 241 Abs. 2, 242 zuzulassen. Es ist auch nicht zu bemängeln, dass der konkrete Tatbestand der §§ 281, 323 keinen An-

---

[625] Gsell JZ 2004, 110 (116/117); ähnlich nun auch Soergel/Gsell, 13. Auflage, § 323 Rn 148, die dies aber nur in Ausnahmefällen annehmen möchte.

[626] Gsell JZ 2004, 110 (116/117); ähnlich Bamberger/Roth/Grothe, § 323 Rn 31 und MüKo/Ernst, Band 2a, 4. Auflage, § 281 Rn 102; zum Verbot widersprüchlichen Verhaltens allgemein: Bamberger/Roth/Grüneberg, § 242 Rn 106 ff.

[627] Vgl. etwa BT-Drucks. 14/6040, S. 139 und 185.

[628] BT-Drucks. 14/7052, S. 185. Für eine Geltung des § 242 im Rahmen des Vertrauensschutzes auch Erman/Westermann, § 323 Rn 22.

haltspunkt für eine Einschränkung der Wahlrechte bietet. Die hier hervorgehobenen Anforderungen an die gegenseitigen Verhaltenspflichten ergeben sich aus dem Grundsatz von Treu und Glauben, sie stützen sich damit auf einen allgemeinen Rechtsgrundsatz, der naturgemäß im konkreten Gesetzeswortlaut keine ausdrückliche Verankerung findet.

Zugleich muss aber der Ausnahmecharakter einer solchen Einschränkung der Wahlfreiheit des Gläubigers gewahrt bleiben. Daher ist ein berechtigtes Interesse des Schuldners an einer Auskunft des Gläubigers hinsichtlich seiner Wahlabsichten nur für den Zeitraum anzuerkennen, der zur Erbringung der Primärleistung zwingend erforderlich ist.[629] Dies wird bei auf dem freien Markt erhältlichen Gütern dazu führen, dass gar keine Bindung des Gläubigers anzuerkennen ist. Der Schuldner kann sich die Primärleistung sofort besorgen, dem Gläubiger anbieten und damit seine Unsicherheit beenden. Bei Leistungen, deren Erbringung einige Zeit in Anspruch nimmt, ist ein berechtigtes Interesse des Schuldners für den unbedingt notwendigen Zeitraum anzuerkennen. Dieser Zeitraum wird etwas länger zu bemessen sein als eine „angemessene Frist" gemäß den §§ 281, 323. Denn diese soll die Vollendung einer bereits in Vollzug gesetzten Leistungserbringung ermöglichen.[630] Dies würde den Schuldner dann wieder dazu zwingen, schon zuvor mit der Besorgung der Primärleistung zu beginnen, ohne wissen zu können, ob seine Bemühungen nicht umsonst sein werden.

cc) Folgen einer weiteren Nichtleistung des Schuldners trotz anderweitiger Ankündigung

Sagt der Gläubiger dem Schuldner zu, den Übergang bis zur angekündigten Primärleistung nicht zu bewirken und hält dieser den Termin nicht ein – sei es weil die Beschaffung misslingt, sei es aus sonstigem Grunde – so darf der Gläubiger nach Ablauf des in Aussicht genommenen Erfüllungszeitraumes sein Wahlrecht wieder frei ausüben. Eine erneute Fristsetzung ist nicht nötig.[631] Da sich der Schuldner in Verzug befinden wird, steht dem Gläubiger für den verpassten Erfüllungszeitraum Ersatz seines weiteren Verzögerungsschadens zu. Eine Stundung wird man in der Erklärung des Gläubigers, nicht vorher den Übergang zu bewirken, nicht sehen können, da der Gläubiger dazu keine Veranlassung hat.

dd) Folgen einer Verletzung der Informationspflicht durch den Gläubiger

Bejaht der Gläubiger eine Anfrage des Schuldners, ob er innerhalb des zur Erfüllung notwendigen Zeitraumes einen Übergang beabsichtige, so weiß der Schuldner, dass sich die Primärleistung wahrscheinlich nicht rechtzeitig erbrin-

---

[629] MüKo/Ernst, Band 2a, 4. Auflage, § 281 Rn 102.

[630] Vergleiche nur Erman/Westermann, § 281 Rn 13; Staudinger/Otto, Neubearbeitung 2004, § 323 Rn B63.

[631] Ähnlich nun BGH NJW 2006, 1198 für den Fall, dass der Gläubiger nach dem Fristablauf zunächst weiterhin Erfüllung verlangt und dann wegen fortwährender Nichtleistung doch seine Sekundärrechte ausübt.

gen lässt. Versucht er es trotzdem, so geschieht dies auf eigenes Risiko. Aus der Auskunft kann aber nicht die Pflicht des Gläubigers hergeleitet werden, wirklich den Übergang zu bewirken. Er kann vielmehr auch noch entgegen seiner Auskunft an der Primärleistung festhalten. Alles andere wäre eine dem Reformziel widersprechende Beschränkung des Gläubigerwahlrechts, da es zu einem nicht vorgesehenen Zwang zur Aufgabe des Primäranspruchs hinausliefe. In der bloßen Auskunft über zukünftige Verhaltensweisen kann auch keine verbindliche Übergangserklärung gesehen werden. Eine derartige Auslegung stieße jedenfalls bei der gleichzeitigen Möglichkeit von Schadensersatz oder Rücktritt auf unüberwindbare Hindernisse, wenn der Gläubiger nur allgemein den geplanten Übergang bejaht hat, ohne sich auf einen konkreten Rechtsbehelf festzulegen.

Jedoch ist der Schuldner wegen seines berechtigten Vertrauens auf die Richtigkeit der Gläubigerankündigung vor einem daraus resultierenden Nachteil zu bewahren. Sein Vertrauen ist insofern schützenswert, als dass er wegen der Übergangsankündigung Erfüllungsmaßnahmen unterlassen hat, was nun zu einer noch späteren Erfüllung führt. Die daraus resultierenden Nachteile werden vorrangig in der Haftung für weitere Verzögerungsschäden und erhöhte Kosten für die Primärleistung bestehen. Daher kann der Gläubiger nicht mehr den Ersatz der Verzögerungsschäden verlangen, die bei richtiger Auskunft vermieden worden wären, weil der Schuldner inzwischen die Primärleistung erbracht hätte. Dies wird den Zeitraum von der mutmaßlichen Primärleistung des Schuldners bei korrekter Information bis zur erstmalig wieder möglichen Primärleistung nach Bekanntwerden der Falschinformation umfassen. Eine etwaige zwischenzeitliche Kostensteigerung beruht auf der Falschinformation, was eine Nebenpflichtverletzung des Gläubigers darstellt. Für diese ist er aus §§ 280 Abs. 1, 241 Abs. 2 haftbar. Darüber hinaus kann der Gläubiger neu eintretende Verzögerungsschäden wegen der fortwährenden Nichtleistung und auch sein Wahlrecht erst nach erneuter erfolgloser Fristsetzung wieder geltend machen. Deren Länge muss sich nun aber nach der für die Erbringung der Primärleistung üblicherweise notwendigen Zeitspanne richten. Denn der Gläubiger hat den Schuldner von der Erfüllung abgehalten und muss ihm aber seine zweite Chance geben und daher die üblicherweise notwendige Frist zur Erfüllung einräumen. Eine nur „angemessene Frist“ wäre in der Regel zu kurz bemessen. Nach erfolglosem Ablauf der Frist hat der Gläubiger dann wieder alle Wahlmöglichkeiten, neue Verzögerungsschäden und Kostensteigerungen fallen dem Schuldner zur Last. Der Gläubiger muss also zunächst die Folgen seiner Falschinformation beheben und kann danach wieder seine Rechte geltend machen. Dazu gehört, dass er aus einer weiteren Nichtleistung keine Konsequenzen zieht, solange diese noch auf seiner Falschinformation beruht.

Kommt der Gläubiger nach Nachfrage des Schuldners seiner Pflicht zur Auskunft über seine Übergangsabsichten nicht nach – sei es weil er sich entgegen seiner nebenvertraglichen Pflicht keine Gedanken darüber gemacht hat, sei es, weil er einfach nicht antwortet –, so hindert ihn dies wegen des freien Wahlrechts grundsätzlich nicht daran, auch während der Erfüllungsbemühungen des Schuldners den Übergang zu bewirken. Sollte jedoch der Schuldner dadurch Schäden erleiden, löst dies eine Haftung des Gläubigers gemäß §§ 280 Abs. 1, 241 Abs. 2 aus. Aus diesem Anspruch hat der Schuldner dann ein Aufrechnungs- oder Zurückbehaltungsrecht hinsichtlich der Sekundäransprüche.

ee) Zumutbarkeit der Einschränkungen für den Gläubiger

Die hier vertretene Einschränkung der Dispositionsfreiheit ist dem Gläubiger auch zumutbar. Auch nach einem Pflichtenverstoß seitens des Schuldners muss der Gläubiger ihn vor unnötigen Schäden warnen. Die Aufhebung jeglicher Schutz- und Aufklärungspflichten würde sonst zu willkürlichen weiteren Schäden und nicht wünschenswerten Störungen bei der Vertragsliquidation führen.[632]

Der Gläubiger wird nach der hiesigen Ansicht auch nur in den wirklich notwendigen Fällen, d.h. einzelfallabhängig, belastet, denn anders als bei den oben dargestellten alternativen Lösungsansätzen hat der Schuldner nicht die generelle Möglichkeit, eine Wahl des Gläubigers zu erzwingen oder sie gar selbst auszuüben. Der Gläubiger kann grundsätzlich jederzeit sein Wahlrecht ausüben, nur wenn ihn der Schuldner hierzu befragt, muss er über seine Absichten aus einer Nebenpflicht gemäß § 241 Abs. 2 Auskunft geben. Eine eigenständige Informationspflicht des Gläubigers ist darüber hinaus nicht anzuerkennen. Da er regelmäßig keinen Einblick in die Sphäre des Schuldners hat, kann er schon nicht wissen, wann der Schuldner sich zur Primärleistung anschickt. Bis zu einer Anfrage des Schuldners, kann der Gläubiger also völlig frei den Übergang bewirken. Eine Reduzierung der Auskunftspflicht auf wirklich notwendige Fälle bewirkt das Erfordernis des berechtigten Interesses des Schuldners. Dies setzt neben der oben dargelegten Gefahr eines Nachteils auch die absehbare und gegebenenfalls nachweisbare Leistungsfähigkeit des Schuldners voraus. Solange der Schuldner die Primärleistung nicht erbringen kann oder will, bleibt das Wahlrecht des Gläubigers unberührt. Es wird erst dann beschränkt, wenn sich das Schuldverhältnis wegen der absehbaren Erfüllung sowieso seinem Ende zuneigt. Eine faktische Bindung des Gläubigers tritt damit auch nur für eine kurze Zeit ein. Weitergehende Einschränkungen sind grundsätzlich nicht anzuerkennen. Dies gilt auch für die Frage, ob der Gläubiger bis zu einer erneuten erfolglosen Fristsetzung seine Sekundärbefugnisse verliert, wenn er nach Fristablauf weiterhin die Primärleistung fordert oder diese gerichtlich geltend macht.[633] Dies wird man in der Regel nicht annehmen dürfen, da der Gläubiger dadurch nicht seine schon erlangten Sekundärrechte verlieren möchte und die Pflichtverletzung ge-

---

[632] Das Gesetz sieht für die Pflichtverletzung eine Sanktion in den §§ 281, 323 vor, weiterer Sanktionen wie der Aufhebung aller Nebenpflichten bedarf es nicht. Der aus dem kanonischem Recht stammende Grundsatz „fidem frangenti fides frangitur eidem" (Dem Treubrecher braucht die Treue nicht gehalten zu werden) gilt insoweit nicht.

[633] So OLG Celle ZGS 2005, 275 (276).

rade noch andauert.[634] Nur in seltenen Einzelfällen kann in der Geltendmachung des Primäranspruchs ein einstweiliger stillschweigender Verzicht auf die schon begründeten Sekundärrechte gesehen werden, der den Übergang nach § 242 für die Zeitspanne hindert, die der Schuldner für die Primärleistung üblicherweise brauchen würde. Dabei ist insbesondere zu beachten, ob ein Vertrauen des Schuldners schutzwürdig erscheint. Ist der Schuldner überhaupt nicht leistungsfähig oder -willig, so kann eine Einschränkung des Gläubigerwahlrechts nicht überzeugen.[635]

ff) Ausreichender Schutz durch eine vorherige Informationspflicht aus § 299?

Fraglich ist, ob es zum Schutz des Schuldners ausreicht, dass der Gläubiger, nachdem der Schuldner seine nachträgliche Leistungserbringung wegen § 299 vorher angekündigt hat,[636] seine Wahlrechte nur noch bis zur tatsächlichen Primärleistung ausüben darf.[637] Dagegen spricht die unzulängliche Berücksichtigung der Interessen des Schuldners. Nach § 299 muss der Schuldner die Leistung eine angemessene Frist vor ihrer Erbringung ankündigen. Die Länge der Frist bestimmt sich dabei nach dem Sinn und Zweck der Vorschrift, nämlich dem Gläubiger Gelegenheit zu geben, sich auf die Aufnahme der Primärleistung einzurichten.[638] Damit wird diese Frist aber zumeist weitaus kürzer sein, als die zur Leistungserbringung durch den Schuldner selbst erforderliche Zeitspanne. Es wird dann dazu kommen können, dass der Gläubiger nach der Ankündigung gemäß § 299 seine Sekundärrechte ausübt und damit den Schuldner in das zu vermeidende Dilemma stürzt, schon mitten in der Vorbereitung zur Primärleistung zu sein und diese nun umsonst erbracht zu haben. Damit ist dieser Weg zur wirksamen Behebung der schuldnerischen Unsicherheit ebenfalls nicht geeignet.[639] Es bleibt also bei der Notwendigkeit, dem Schuldner im Einzelfall ein Fragerecht zur Ausübung der Wahlrechte zu geben und dem Gläubiger eine dementsprechende Auskunftspflicht aufzuerlegen.

gg) Konformität mit den europarechtlichen Vorgaben

Fraglich ist, ob die hier befürwortete Einschränkung des Gläubigerwahlrechts durch die Fragerechte und Informationspflichten auch mit den europarechtlichen Vorgaben übereinstimmt. Wie schon oben festgestellt, entfaltet die Verbrauchsgüterkaufrichtlinie über eine richtlinienkonforme Auslegung des § 323 wegen

[634] BGH NJW 2006, 1198 (1199); ferner Althammer ZGS 2005, 375 (377); Althammer NJW 2006, 1179 (1181); MüKo/Ernst, Band 2a, 4. Auflage, § 281 Rn 75.

[635] Vgl. dazu auch BGH NJW 2006, 1198; Althammer ZGS 2005, 375 (377); Althammer NJW 2006, 1179 (1181); MüKo/Ernst, Band 2a, 4. Auflage, § 281 Rn 101.

[636] Dazu sogleich unten, S. 145/146.

[637] So neuerdings Soergel/Gsell, 13. Auflage, § 323 Rn 146/147.

[638] MüKo/Ernst, Band 2a, 4. Auflage, § 299 Rn 3; Soergel/Wiedemann, 12. Auflage, § 299 Rn 3.

[639] Dies sieht auch Soergel/Gsell, 13. Auflage, § 323 Rn 148 ein, die dort ebenfalls eine Ankündigung der Leistungsvorbereitung an sich zulässt.

einer zu befürwortenden parallelen Behandlung des § 281 auch einen indirekten Einfluss auf den Schadensersatzanspruch statt der Leistung wegen verspäteter Erfüllung.[640]

(1) Wortlaut des Art. 3 Abs. 5 Verbrauchsgüterkaufrichtlinie

Die Verbrauchsgüterkaufrichtlinie sieht nun in Art. 3 Abs. 5 das Recht des Verbraucherkäufers vor, sich unter bestimmten Bedingungen vom Vertrag zu lösen. Dieses Recht ist nach dem Wortlaut der Richtlinie nicht zeitlich eingeschränkt. Dies könnte zunächst dafür sprechen, dass eine generelle Begrenzung des freien Gläubigerwahlrechts europarechtswidrig wäre.[641] Unzweifelhaft erscheint dieses Wortlautargument indes nicht, denn aus dem Fehlen einer ausdrücklichen Möglichkeit des Schuldners, das Wahlrecht zeitlich einzugrenzen, kann nicht zwingend geschlossen werden, dass jegliche Einschränkung verboten wäre. So könnten die Verfasser der Richtlinie an diese Problematik auch schlicht nicht gedacht haben. Ebenfalls sind damit die Zulässigkeit einer teleologischen Reduktion und die Einführung einer zusätzlichen Voraussetzung für die Wahl des Sekundärrechts nicht von vornherein ausgeschlossen.

(2) Fehlende Übernahme der Regelungen im CISG

Indes ist zu bedenken, dass die Richtlinie die Vorgaben des Art. 49 Abs. 2 b) ii) CISG, wonach der Gläubiger seine Rechte innerhalb einer angemessenen Frist ausüben muss, nicht übernommen hat. Das CISG diente aber im Grunde in vielen Bereichen als Vorbild für die Verbrauchsgüterkaufrichtlinie.[642] Doch auch hier gibt es keinen Beleg, dass die Abweichung vom CISG bewusst in dem Sinne geschah, dass eine zeitliche Einschränkung in jedem Falle unzulässig sein sollte. Durchaus einleuchtend ist vielmehr der Erklärungsansatz, dass das Abweichen auch darin seinen Grund fand, dass das CISG auf den Handelskauf zugeschnitten ist, bei dem eine schnelle und berechenbare Abwicklung für die andere Vertragspartei besonders wichtig ist.[643] Demgegenüber geht es bei den Rechten aus Art. 3 Abs. 5 der Richtlinie um einen Verbraucherkauf, bei dem es mangels besonderer Geschäftserfahrung schon einmal zu einer längeren Abwicklung kommen kann, ohne dass eine der Vertragsparteien unzumutbar belastet wird. Andererseits liegt es schon in der Natur der Sache, dass der übliche Verbrauchsgüterkauf als Massengeschäft schnell durch Nachlieferung oder

---

[640] Siehe oben, S. 68/69.

[641] So für eine generelle Einschränkung AnwKomm/Dauner-Lieb, § 281 Rn 53; Bianca, in Grundmann/Bianca, Art. 3 Rn 68; Schroeter, § 6 Rn 237; im Hinblick auf eine generelle Einschränkung des Wahlrecht nach § 439 Abs. 1 zwischen Nachlieferung und Nacherfüllung: Schroeter NJW 2006, 1761 (1763/1764); Schürholz, S 65; Spickhoff BB 2003, 589 (592).

[642] Bianca, in Grundmann/Bianca, Art. 3 Rn 67; Höffe, S. 10; Jud, Jahrbuch Junger Zivilrechtswissenschaftler 2001, 205 (208); Leible, in Gebauer/Wiedmann, Kapitel 9 Rn 24; Schroeter NJW 2006, 1761; Schwartze, in: Schermaier, Verbraucherkauf in Europa, S. 127 (143).

[643] Ähnlich auch Bianca, in Grundmann/Bianca, Art. 3 Rn 10; Höffe, S. 10 und 66; Leible, in Gebauer/Wiedmann, Kapitel 9 Rn 24.

Nachbesserung abwickelbar ist, so dass sich eine Beschleunigung durch eine Geltendmachungsfrist nicht unbedingt als notwendig empfohlen haben wird.

(3) Öffnungsklausel des Art. 5 Abs. 2 der Richtlinie

Zu beachten ist auch, dass die Richtlinie in Art. 5 Abs. 2 selbst zeigt, dass ihr eine zeitliche Begrenzung der Sekundärrechte durchaus nicht ganz fremd ist.[644] Art. 5 Abs. 2 sieht die Möglichkeit für den nationalen Gesetzgeber vor, im innerstaatlichen Recht eine Vorschrift zu statuieren, wonach die Rechte des Verbraucherkäufers erlöschen, wenn er den Verkäufer nicht innerhalb von zwei Monaten über eine festgestellte Vertragswidrigkeit informiert. Dabei ist auch zu berücksichtigen, dass nach der Richtlinie die Nachbesserungsrechte allein aufgrund der Vertragswidrigkeit entstehen, ohne dass es einer Mitteilung per se bedarf. Daraus ergibt sich, dass die Richtlinie zumindest für die Wahl der Nachbesserungsrechte eine Einschränkung der Wahlmöglichkeit auf zwei Monate erlaubt, wenn auch diese Einschränkung des Wahlrechts durch die erstmalige Information des Verkäufers über die Vertragswidrigkeit innerhalb der Zweimonatsfrist leicht aufgehoben werden kann.

(4) Auswirkungen der Richtlinie auf eine einzelfallabhängige Einschränkung des Gläubigerwahlrechts

Die vertiefte Auseinandersetzung mit den Vorgaben der Richtlinie gerade im Hinblick auf die Auswirkungen auf § 281 ist nicht Thema dieser Arbeit, so dass eine abschließende Bewertung hier nicht vorgenommen werden kann. Indes zeigen die aufgeführten Argumente, dass einer generellen Einschränkung des Gläubigerwahlrechts nach Fristablauf zwar durchaus skeptisch gegenüber gestanden werden kann,[645] jedenfalls aber die Fassung des Art. 3 Abs. 5 der Richtlinie nicht den hier vorgeschlagenen Lösungsweg über eine einzelfallabhängige Lösung des Problems versperrt. Dieser beruht maßgeblich auf den nebenvertraglichen Rücksichtnahme- und Schutzpflichten sowie auf Treu und Glauben. Die Anforderungen, die diese Rechtsinstitute im Einzelfall an das Verhalten der Beteiligten stellen können, ergeben sich als allgemeine Rechtsgrundsätze und sollten in der Richtlinie augenscheinlich nicht geregelt werden. Die hier vorgeschlagene Konstruktion bedient sich durch Bezugnahme auf die Rücksichtnahme- und Schutzpflichten einer Argumentation, die sich auf einer anderen Ebene bewegt als eine Begründung aufgrund der konkreten Richtlinienfassung. Die befürwortete einzelfallabhängige Einschränkung des Gläubigerwahlrechts kommt damit anders als eventuell eine generelle zeitliche Einschränkung der Sekundärrechte nicht in Konflikt mit den europarechtlichen Vorgaben.

hh) Zwischenergebnis

Der Schuldner kann bei einem berechtigten Interesse über ein Fragerecht Verlässlichkeit hinsichtlich der Ausübung des Wahlrechts erlangen.

---

[644] Vgl. auch Bianca, in Grundmann/Bianca, Art. 3 Rn 68.

[645] So AnwKomm/Dauner-Lieb, § 281 Rn 53; Bianca, in Grundmann/Bianca, Art. 3 Rn 68; Schroeter, § 6 Rn 237; Schroeter NJW 2006, 1761 (1763/1764).

4) Ergebnis

Insgesamt verbietet sich zur Behebung der schuldnerischen Unsicherheit über den möglichen Übergang auf die Sekundärrechte die Annahme einer generellen Schuldnerschutzvorschrift. Eine Pflicht des Gläubigers zur Wahlrechtsausübung innerhalb bestimmter Frist oder ein Übergang der Wahlbefugnis auf den Schuldner kann nicht angenommen werden. Jedoch kann der Schuldner gemäß § 241 Abs. 2 den Gläubiger bei einem berechtigten Interesse fragen, ob er die bevorstehende Primärleistung vor einem Übergang noch abwarten wolle. Bejaht der Gläubiger dies, so darf er sich nach § 242 gegenüber dem Schuldner für die dazu notwendige Zeit nicht auf einen Übergang berufen. Die Unsicherheit des Schuldners kann so zwar nicht allgemein, aber wenigstens im Einzelfall wirksam behoben werden.

III. Der Einfluss neu entstandener Einwendungen auf die Gläubigerrechte aus §§ 281, 323

1) Problemstellung

Im Rahmen der Abwicklung eines Vertragsverhältnisses wegen nicht rechtzeitiger Leistung nach den §§ 281, 323 kann es zu tatsächlichen Veränderungen kommen, die zu neuen Einwendungen des Schuldners führen können. So kann etwa der Schuldner die Leistung doch noch dem Gläubiger anbieten oder aber ihm etwa vorübergehend oder dauerhaft unmöglich werden. Der Eintritt neuer Einwendungen ist dabei in drei unterschiedlichen Zeitperioden denkbar: Dem Zeitraum zwischen Fristsetzung und Fristablauf, dem nach Fristablauf und vor einem Ersatzverlangen oder Rücktritt und dann dem Zeitraum nach einem Übergang. Neue Einwendungen können sich dabei auf die Primärforderung und bzw. oder auf das Sekundärrecht beziehen. Zu den ersteren ist etwa eine Erfüllung oder eine Verjährung des Primäranspruchs zu zählen, zu den letzteren etwa spezifische Haftungsausschlüsse. Nachfolgend sollen die Auswirkungen der wichtigsten Einwendungen auf die Sekundärrechte in den drei skizzierten Ablaufphasen untersucht werden, wobei die Übergangsnormen der §§ 281, 323 gemeinsam behandelt werden und nur die jeweiligen spezifischen Besonderheiten Berücksichtigung finden.[646] Dabei wird auch geklärt, inwieweit Einwendungen gegen die Primärforderung zugleich auf die Sekundärrechte Einfluss haben, die Sekundärrechte also vom Primäranspruch abhängig sind.

2) Einwendungen nach dem Übergang auf die Sekundärrechte

Keine besonderen Schwierigkeiten ergeben sich ab dem Übergang auf die Sekundärrechte. Es besteht dann nur noch ein Schadensersatzanspruch bzw. ein Anspruch auf Rückgewähr. Mit dem Übergang durch ein Verlangen nach § 281

---

[646] Auch der Gesetzgeber wollte die §§ 281, 323 grundsätzlich einheitlich behandeln, BT-Drucks. 14/6040, S. 138/140 und 183.

Abs. 4 bzw. durch die Rücktrittserklärung nach §§ 346, 349 wird der Übergang abgeschlossen und der Primäranspruch erlischt. Er ist ab dann für die Rechte des Gläubigers ohne Belang. Die Entstehung von Einwendungen gegen den Primäranspruch ist nicht mehr möglich.[647] Auch kann ein Fehlen des Primäranspruchs nicht dem Sekundäranspruch an sich entgegengehalten werden, da dies gerade der vom Gesetz vorgesehene Regelfall ist. Neue Einwendungen müssen damit solche gegen das Sekundärrecht an sich sein. Diese sind natürlich erheblich.

3) Einwendungen während des Nachfristlaufs

a) Grundsatz der generellen Erheblichkeit neuer primärrechtsbezogener Einwendungen für die Rechte aus §§ 281, 323

Im Zeitraum des Fristenlaufs besteht noch kein Sekundärrecht, sondern allein der Primäranspruch. Dementsprechend interessieren besonders die Auswirkungen von diesen betreffenden neuen Einwendungen. Dabei gilt der Grundsatz, dass alle hinsichtlich der Primärforderung erheblichen Einwendungen auch Auswirkungen auf die Entstehung der Sekundärrechte haben. Denn ein Schadensersatzanspruch des Gläubigers und die Übergangsbefugnisse nach §§ 281, 323 entstehen nur, wenn die tatbestandlichen Voraussetzungen noch bei Fristablauf vorliegen.[648] Dazu gehört ausweislich der §§ 281, 323 auch das Vorliegen eines fälligen Primäranspruchs. Als mögliche neue Einwendungen sind deshalb etwa eine Erfüllung, eine Verjährung des Primäranspruchs[649] oder eine dauerhafte oder vorübergehende Unmöglichkeit denkbar. Sie alle schließen den Primäranspruch zumindest zeitweise[650] aus und verhindern so einen Übergang auf die Rechte aus §§ 281, 323.[651]

Doch bewirken Einwendungen gegen die Primärforderung nicht nur den Wegfall des für den Übergang notwendigen fälligen Primäranspruchs, sondern auch das Fehlen von anderen Übergangsvoraussetzungen der §§ 281, 323.

---

[647] So zum alten Recht und daher auf den Zeitpunkt des Fristablaufs abstellend: Erman/Battes, 10. Auflage, § 283 Rn 15; MüKo/Emmerich, Band 2, 4. Auflage, § 283 Rn 26; Planck/Siber, § 283 Anm. 1 a) β.

[648] Emmerich, Leistungsstörungsrecht, S. 288; Jauernig/Stadler, § 281 Rn 5; MüKo/Ernst, Band 2a, 4. Auflage, § 281 Rn 42; Palandt/Heinrichs, § 281 Rn 16. Zum alten Recht: BGH NJW 1991, 1292 (1294); BGHZ 34, 191 (197); Huber, Band II, S. 380; MüKo/Emmerich, Band 2, 4. Auflage, § 326 Rn 71 und 96; K. Müller DB 1970, 1209 (1210).

[649] Insbesondere denkbar bei der sechsmonatigen Verjährung nach § 548 BGB.

[650] So die vorübergehende Unmöglichkeit. Im alten Recht wurde demgegenüber nur der nicht zu vertretenden vorübergehenden Unmöglichkeit eine zeitweilige Befreiungswirkung zugemessen, siehe oben, S. 12 ff. und zum speziellen Fall: Huber, Band II, S. 379. Diese Änderung übersieht wohl Gsell JZ 2004, 110 (114), die davon ausgeht, dass weiterhin nur die nicht zu vertretende vorübergehende Unmöglichkeit befreit.

[651] Vgl. Bressler NJW 2004, 3382 (3383); Jauernig/Stadler, § 281 Rn 5; MüKo/Ernst, Band 2a, 4. Auflage, § 281 Rn 43; zum alten Recht: Huber, Band II, S. 377.

So kann der Wegfall der Primärpflicht auch Auswirkungen auf das Merkmal des Vertretenmüssens im Rahmen des § 281 haben. Denn wenn der Schuldner nicht mehr zur Primärleistung verpflichtet ist, so hat er die Nichterfüllung bei Nachfristablauf auch nicht zu vertreten. Dies gilt freilich nur, wenn ihn am Wegfall der Primärpflicht kein Verschulden trifft.

Des Weiteren stoppen dauerhafte Einwendungen auch den Fristablauf, denn die „Frist zur Leistung" setzt das Bestehen einer Leistungspflicht und -möglichkeit voraus. Bei der zeitweiligen Einwendung der vorübergehenden Unmöglichkeit wird die Frist indes nur für die Zeit des Hindernisses gehemmt.[652] Nach deren Behebung läuft sie automatisch weiter, im Ergebnis wird also die Dauer des Hindernisses dazugerechnet.[653] Dies geht zwar mit einem Weniger an Bestimmtheit der Frist einher, jedoch zeigt schon der Begriff der „angemessenen Frist", dass diese durchaus geeignet ist, einzelne Sachverhaltsbesonderheiten zu berücksichtigen. Eine Parallele findet diese Verlängerung darin, dass auch eine zu kurz bemessene Frist automatisch in eine angemessene Frist umgedeutet wird.[654] Dann muss aber auch ein neues Ereignis zu einer Modifikation der Frist führen können. Die Hemmung während des Bestehens der vorübergehenden Unmöglichkeit findet zudem eine Parallele in der Vorschrift des § 205, wonach der Ablauf der Verjährungsfrist während eines Leistungsverweigerungsrechts gehemmt ist.[655] Demgegenüber würde die Notwendigkeit einer völlig neuen Fristsetzung dem Schuldner eine unverdiente Begünstigung verschaffen. Denn mit der Verlängerung wird schon sichergestellt, dass er ausreichend Zeit zur Leistungserbringung hat. Mehr Rücksicht ist nicht angezeigt.[656]

Festzuhalten ist also, dass eine Einwendung gegen die Primärpflicht während des Fristenlaufs grundsätzlich auch die Rechte aus §§ 281, 323 verhindert.

---

[652] Im Ergebnis ebenso Huber, Band II, S. 378; Die Abhängigkeit der Angemessenheit der Frist von nach Fristbeginn eingetretenen Tatsachen nehmen auch MüKo/Lüke, ZPO, § 255 Rn 12 an.

[653] Huber, Band II, S. 378.

[654] BT-Drucks. 14/6040, S. 138; Erman/Westermann, § 281 Rn 13; Staudinger/Otto, Neubearbeitung 2004, § 281 Rn B69; zum alten Recht: BGH NJW 1985, 2640.

[655] Dieser Parallele steht es nicht entgegen, dass es sich dabei um ein vertragliches Leistungsverweigerungsrecht handelt, da die Befreiung von der Leistungspflicht bei vorübergehender Unmöglichkeit auch seine Anbindung im Vertrag findet. Denn der Schuldner wollte sich nur unter der Bedingung zur Leistung verpflichten, dass diese ihm oder überhaupt möglich ist. Tritt eine vorübergehende Unmöglichkeit ein, so fehlt für ein Erfüllungsverlangen die causa, vgl. Lobinger, S. 308.

[656] Nur in Ausnahmefällen ist denkbar, dass die nach der Behebung des Hindernisses verbleibende Frist nicht zur Leistung ausreicht. So kann es sein, wenn das Hindernis die schon fortgeschrittenen Bemühungen unwiderruflich zunichte gemacht hat und mit der Leistung völlig neu begonnen werden muss. Wie auch zum alten Recht anerkannt, verlängert sich dann die unangemessen kurze Frist automatisch bis zur angemessenen Länge. Bis dahin ist ein Übergang nach §§ 281, 323 nicht möglich.

b) Sonderfall des Eintritts einer vom Schuldner zu vertretenden Unmöglichkeit

Der obige Grundsatz der Erheblichkeit neuer primärrechtsbezogener Einwendungen für die Rechte aus §§ 281, 323 führt indes nicht in allen Fällen zu einem endgültigen Ausschluss einer Schadensersatzpflicht des Schuldners. Soweit freilich der Primäranspruch wegen Erfüllung oder einer nicht vom Schuldner zu vertretenden Unmöglichkeit in der Nachfrist erlischt oder nach einer Verjährungseinrede dauerhaft gehemmt ist, kommt ein Schadensersatzanspruch statt der Leistung naturgemäß nicht mehr in Betracht.

Anders ist dies aber bei der dauerhaften vom Schuldner zu vertretenden Unmöglichkeit. Dann haftet er zwar mangels Fortbestandes des Primäranspruchs nicht aus § 281, wohl aber aus § 283.[657] Eine während des Fristenlaufs eingetretene Unmöglichkeit wird dabei sehr häufig vom Schuldner zu vertreten sein. Dieses wird meist aus § 287 Satz 2 folgen. Denn wenn der Schuldner schon vor oder mit der Fristsetzung in Verzug geraten ist, so hat er nach § 287 Satz 2 auch die zufällige Unmöglichkeit zu vertreten. Eine Ausnahme davon liegt nur vor, wenn die Unmöglichkeit bei rechtzeitiger Leistung auch beim Gläubiger eingetreten wäre, § 287 Satz 2 a.E. Dies ist etwa denkbar in Beschlagnahmefällen oder bei allgemeinen Lieferverboten.

Ist der Schuldner noch nicht in Verzug, so haftet er nur für eine vorsätzlich oder fahrlässig herbeigeführte Unmöglichkeit. Fehlender Verzug ist nun insbesondere bei der Qualifikation der Fristsetzung als nur befristete Mahnung denkbar. Dann greift die Haftungsverschärfung des § 287 Satz 2 nicht ein. Das Risiko des zufälligen Untergangs trifft hier wie üblich den Gläubiger. Mangels Notwendigkeit des Verzugs schon bei Fristsetzung ist es im neuen Recht wahrscheinlicher geworden, dass den Schuldner kein Verschuldensvorwurf trifft. Im alten Recht hingegen musste nach § 326 Abs. 1 a.F. zwingend schon bei der Fristsetzung Verzug vorliegen, so dass während des Fristablaufs immer die Haftungsverschärfung nach § 287 Satz 2 vorlag. Die Möglichkeit erheblicher neuer Einwendungen während des Fristablaufs war dadurch wesentlich geringer.[658] Auch im Rahmen des § 283 a.F. war der Schuldner in der Regel spätestens mit dem rechtskräftigen Urteil, also bei Fristbeginn, im Verzug.[659] Abseits der Ausnahme nach § 287 Satz 2 a.E. war es aber in Einzelfällen auch noch möglich, dass der Schuldner trotz rechtskräftigen Ersturteils nicht im Verzug war, näm-

---

[657] Vgl. Emmerich, Leistungsstörungen, S. 288; MüKo/Ernst, Band 2a, 4. Auflage, § 281 Rn 43, Staudinger/Otto, Neubearbeitung 2004, § 281 Rn B5 und B74; zum alten Recht: Huber, Band II, S. 378; Staudinger/Otto, Neubearbeitung 2001, 326 Rn 114.

[658] Vgl. Huber, Band II, S. 377 ff.; Gsell JZ 2004, 110 (114); Planck/Siber, § 283 Anm. 1 a) β; Schlegelberger/Vogels/Weitnauer, § 283 Rn 22.

[659] Der Fristenlauf durfte frühestens mit der Rechtskraft des Urteils beginnen, streitig war aber ob der Gläubiger die Frist auch schon vor der Rechtskraft setzen durfte, die h.M. lehnte dies ab, vgl. Huber, Band II, S. 559/560; MüKo/Emmerich, Band 2, 4. Auflage, § 283 Rn 16; Planck/Siber, § 283 Anm. 3 a); K. Schmidt ZZP 87 (1974), 49 (52); a.A.: Kohler JuS 1992, 58 (60); Kuttner, S. 58; Oertmann, § 283 Anm. 2 b).

lich dann, wenn er zu künftig fälliger Leistung nach § 259 ZPO verurteilt worden war.[660] Hier haftete der Schuldner dann bis zur Fälligkeit trotz rechtskräftigen Urteils nur nach § 276 bei Verschulden. Praktisch sind solche Fälle indes nicht geworden.[661]

c) Sonderfall des Eintritts einer vom Gläubiger zu vertretenden Unmöglichkeit, insbesondere bei eigenmächtiger Selbstvornahme

aa) Vorliegen einer Selbstvornahme und ihre Auswirkungen

Eine nicht vom Schuldner zu vertretende Unmöglichkeit kann im Besonderen bei einer eigenmächtigen Selbstvornahme durch den Gläubiger vorliegen. Diese zeichnet sich dadurch aus, dass der Gläubiger dem Schuldner eine Frist zu Leistung setzt, aber noch vor Fristablauf, also vor der Entstehung und Geltendmachung von Sekundärrechten, die geschuldete Leistung selbst besorgt oder vornimmt.[662] So kann etwa der Käufer vom Verkäufer Nachbesserung nach § 439 Abs. 1 verlangen, die er aber dann selbst durchführt. Diese Selbstvornahme bewirkt rechtstechnisch gesehen das Erlöschen des Nacherfüllungsanspruchs durch Unmöglichwerden der geschuldeten Nachbesserung. Denn der Verkäufer kann den schon instand gesetzten Gegenstand nicht noch einmal reparieren, es liegt eine Unmöglichkeit wegen Zweckerreichung[663] vor.[664] Nicht richtig ist hingegen die Annahme, mit der Selbstvornahme falle schon der Mangel fort, so dass eine

[660] Dazu Planck/Siber, § 283 Anm. 1 a) β; Schlegelberger/Vogels/Weitnauer, § 283 Rn 23.

[661] Gsell JZ 2004, 110 (114/115); Huber, Band II, S. 545 zum alten Recht.

[662] Gleich gelagert sind die Fälle, in denen der Gläubiger überhaupt keine Frist setzt und sich sofort die Primärleistung anderweitig besorgt.

[663] Vgl. dazu MüKo/Ernst, Band 2a, 4. Auflage, § 275 Rn 151; Palandt/Heinrichs, § 275 Rn 18 ff. Keine Unmöglichkeit wegen Zweckerreichung liegt jedoch vor, wenn der Käufer vor einem Übergang einen Deckungskauf vornimmt und deshalb das Interesse an der Nachbesserung verliert. Denn in diesem Fall ist die zwischen Verkäufer und Käufer bestehende Pflicht, die verkaufte Sache nachzubessern, nicht unmöglich geworden. Der Wegfall des Verwendungsinteresses des Käufers muss den Verkäufer nicht interessieren, wenn dieser nicht ausdrücklich zum Vertragsinhalt gemacht wurde, so auch Bressler NJW 2004, 3382 (3385); Lorenz NJW 2003, 1417 (1418 in Fn 8); Lorenz NJW 2005, 1321 (1322); a.A.: Braun ZGS 2004, 423 (428); Dauner-Lieb/Dötsch ZGS 2003, 250 (250 in Fn 4); Katzenstein ZGS 2004, 144 (145 in Fn 10).

[664] So Bressler NJW 2004, 3382 (3383); Dauner-Lieb/Dötsch ZGS 2003, 250; Dauner-Lieb/Dötsch ZGS 2003, 455 (456); Ebert NJW 2004, 1761 (1762); Katzenstein ZGS 2004, 144 (145); Katzenstein ZGS 2004, 349 (355); Lorenz NJW 2005, 1321 (1322); Lorenz NJW 2006, 1175 (1177); Palandt/Putzo, § 437 Rn 4a; Schürholz, S. 71. Offengelassen von BGH NJW 2005, 1348 (1349). Lorenz NJW 2003, 1417 (1418) und Lorenz ZGS 2003, 398 nimmt – im Ergebnis ähnlich – eine Unmöglichkeit wegen eines unbehebbaren Mangels an. Schon im alten Recht wurde von einer Unmöglichkeit wegen Zweckerreichung ausgegangen: Gursky NJW 1971, 782 (784); Seidel JZ 1991, 391 (392/393).

Erfüllung des Vertrages eintrete.[665] Denn zum einen kommt es nach § 434 Abs. 1 Satz 1 für das Vorliegen eines Mangels auf den Zeitpunkt des Gefahrübergangs an,[666] zum anderen geht es hier gerade um die Erfüllung der kaufvertraglichen Pflichten durch den Verkäufer selbst, die gerade nicht vorliegt.[667]

Liegt damit eine Unmöglichkeit vor, so ist diese aber jedenfalls nicht vom Schuldner zu vertreten. Anzuknüpfen ist insoweit an den die Unmöglichkeit herbeiführenden Umstand, also die Selbstvornahme.[668] Da diese durch den Gläubiger durchgeführt wurde, liegt auch keine nach § 287 Satz 2 vom Schuldner zu vertretende Unmöglichkeit vor. Anspruchsgrundlage für einen Schadensersatzanspruch auf Ersatz der Selbstvornahmekosten kann damit wegen des Erlöschens der Primärforderung durch die Unmöglichkeit und mangels Fristablaufs nicht § 281 sein. Zugleich ist aber auch ein Anspruch nach § 283 mangels Vertretenmüssens nicht gegeben.[669] Der Gläubiger hat auch nicht das Sekundärrecht des Rücktritts, da dieser nach §§ 326 Abs. 5, 323 Abs. 6 ausgeschlossen ist.[670]

Die Fälle der Selbstvornahme sind in der Praxis nicht selten, wie schon mehrere zum neuen Schuldrecht ergangene Gerichtsentscheidungen zeigen.[671] Die weiteren Folgen sind sehr umstritten. Während einige dem Käufer einen Anspruch auf Zahlung der ersparten Aufwendungen seitens des Verkäufers aus § 326 Abs. 2 Satz 2 direkt oder analog zubilligen wollen,[672] möchten einige dies

---

[665] So aber Oechsler NJW 2004, 1825 (1826); ihm folgend LG Bielefeld ZGS 2005, 79 (80); angedacht auch von Dauner-Lieb/Dötsch ZGS 2003, 455 (456); dafür dann Dötsch MDR 2004, 975 (976).

[666] Staudinger/Matusche-Beckmann, Neubearbeitung 2004, § 434 Rn 126. Der nachträgliche Wegfall des Mangels ist die Ausnahme, zum Wegfall der Gewährleistungsrechte kann dies nur führen, wenn dies nicht auf einer Handlung des Gläubigers beruht, vgl. dazu Soergel/Huber, 12. Auflage, § 459 Rn 90 zum alten Recht.

[667] So Katzenstein ZGS 2004, 144 (145), Katzenstein ZGS 2004, 349 (355 mit Fn 52); zum alten Recht: Gursky NJW 1971, 782 (784) mwN. Dies soll hier nicht weiter verfolgt werden, da auch Vertreter der Gegenansicht zum nachfolgenden Ergebnis gelangen, vgl. Dötsch MDR 2004, 975 (977).

[668] Lorenz NJW 2003, 1417 (1418); Lorenz ZGS 2003, 398; Lorenz NJW 2005, 1321 (1322).

[669] Bressler NJW 2004, 3382 (3383); Lorenz NJW 2003, 1417 (1418); Lorenz ZGS 2003, 398; ohne Begründung: AG Daun ZGS 2003, 397 (398); AG Kempen ZGS 2003, 440.

[670] Bressler NJW 2004, 3382 (3384); Ebert NJW 2004, 1761 (1762); Lorenz ZGS 2003, 398.

[671] BGH NJW 2005, 1348 ff.; AG Daun, ZGS, 2003, 397; AG Kempen ZGS 2003, 440; LG Gießen NJW 2004, 2906 (2907); LG Aachen NJOZ 2004, 772 (773); LG Bielefeld ZGS 2005, 79 (80).

[672] Lorenz NJW 2003, 1417 (1419); Lorenz ZGS 2003, 398 (398/399); Lorenz NJW 2005, 1321 (1322); Braun ZGS 2004, 423 (428 ff.); Bamberger/Roth/Faust, § 439 Rn 56; Ebert NJW 2004, 1761 (1762 ff.); Palandt/Heinrichs, 64. Auflage, § 326 Rn 13. Dem zuneigend auch Bydlinski ZGS 2005, 129 (130).

aus einer Geschäftsführung ohne Auftrag nach § 684 herleiten.[673] Vielfach wird jedoch ein Ersatzanspruch vollkommen verneint.[674]

bb) Die Rechtsprechung des BGH

Dem hat sich auch der BGH für eine Selbstvornahme ohne jegliche Fristsetzung angeschlossen.[675] Gegenüber einer Selbstvornahme vor Fristablauf ergibt sich dabei kein Unterschied. Der BGH führt insoweit seine Rechtsprechung zur voreiligen Selbstvornahme beim Werkvertrag ohne die Voraussetzungen des § 633 Abs. 3 a.F. fort.[676] Andere Ansprüche würden sich wegen der Vorrangigkeit der Gewährleistungsrechtsbehelfe verbieten.[677] Es dürfe nicht umgangen werden, dass ein Anspruch aus § 281 schon mangels Einhaltung des Fristerfordernisses nicht vorliege. Außerdem erhalte sonst der Schuldner nicht die ihm vom Gesetzgeber zugestandene zweite Chance.[678] Ferner ergeben sich auch Beweisschwierigkeiten, da der Schuldner nicht oder nicht ausreichend lange die Möglichkeit zur Begutachtung der angeblich mangelhaften Sache habe.[679] Dies gilt auch, obwohl der Gläubiger die Beweislast für den Mangel hat, denn nach erfolgter Behebung des Mangels wird es vornehmlich auf das Zeugnis und die Dokumentation des durch den Gläubiger beauftragten Dritten ankommen. Dies schränkt die Verteidigungsmöglichkeiten des Schuldners ein.[680] Aus eben diesem Grunde hat der BGH einen Wegfall des Ersatzanspruchs auch dann angenommen, wenn der Gläubiger den Mangel nichts ausdrücklich kannte, diesen aber erkennen konnte. Der Gläubiger ist dann gehalten, ebenfalls eine Frist zur

---

673 Oechsler NJW 2004, 1825 (1826); LG Bielefeld ZGS 2005, 79 (80). Ähnlich Katzenstein ZGS 2004, 144 (148 ff.) und 300 (304 ff.), der neben den Regeln über die Geschäftsführung ohne Auftrag auch das Bereicherungsrecht anwenden möchte. Palandt/Putzo, 64. Auflage, § 437 Rn 4a möchte § 326 Abs. 2 Satz 2 und Bereicherungsrecht anwenden.

674 LG Gießen NJW 2004, 2906 (2907); LG Aachen NJOZ 2004, 772 (773); AG Kempen ZGS 2003, 440; Dauner-Lieb/Dötsch ZGS 2003, 250 (252/253); Dauner-Lieb/Dötsch ZGS 2003, 455 (457/458); Dauner-Lieb/Arnold ZGS 2005, 10 (13); Dötsch MDR 2004, 975 (977 ff.); Huber, FS Schlechtriem, S. 521 (527 mit Fn 11a); Peters JR 2004, 353 (355 mit Fn 16); Schürholz, S. 71/72; Staudinger/Matusche-Beckmann, Neubearbeitung 2004, § 439 Rn 25. Ohne Begründung: AG Daun ZGS 2003, 397 (398).

675 BGH NJW 2005, 1348; bestätigt in BGH NJW 2005, 3211 (3212); BGH ZGS 2006, 113 ff.; BGH ZGS 2006, 152 ff.; kritisch Bydlinski ZGS 2005, 129 (132), Lorenz NJW 2005, 1321 ff.

676 BGH NJW 2005, 1348 (1350), vgl. zur alten Rechtsprechung: BGHZ 92, 123 (125); BGH WM 1978, 953 (954); BGH NJW 1966, 39 (40). Zu ihr ausführlich Katzenstein ZGS 2004, 300 ff.

677 BGH NJW 2005, 1348 (1349); BGH NJW 2005, 3211 (3212); BGH ZGS 2006, 113 (114); ebenso AG Kempen ZGS 2003, 440.

678 BGH NJW 2005, 1348 (1350); LG Gießen NJW 2004, 2906 (2907).

679 BGH NJW 2005, 1348 (1350); LG Gießen NJW 2004, 2906 (2907); Dauner-Lieb/Arnold ZGS 2005, 10; Dötsch MDR 2004, 975 (978). Dies übersieht Ebert NJW 2004, 1761 (1764).

680 BGH NJW 2005, 1348 (1350); LG Gießen NJW 2004, 2906 (2907); Dötsch MDR 2004, 975 (979).

Nachbesserung zu setzen und nicht eigenmächtig eine anderweitige Reparatur in Auftrag zu geben.[681]

cc) Weitere Gesichtspunkte

Der Rechtsprechung des BGH ist zuzustimmen, das BGB hat in einigen Fällen, wie etwa bei § 637 für den Werkvertrag, ausdrücklich ein Selbstvornahmerecht vorgesehen, welches in allen anderen Fällen nicht erlaubt sein darf.[682] Eine zur Analogie berechtigende Lücke besteht nicht, da der Gesetzgeber ausdrücklich der Ansicht war, dass nur der Besteller, nicht aber der Käufer ein Selbstvornahmerecht habe.[683] Die Einhaltung der gesetzlichen Voraussetzungen für ein Sekundärrecht wird am besten durch den Ausschluss jeglichen Anspruchs auf Ersatz bei Missachtung derselben gewährleistet, da diese Folge eine abschreckende Erziehungsfunktion hat.[684] Gerade gegen einen Anspruch auf Ersatz der ersparten Kosten nach § 326 Abs. 2 Satz 2 spricht, dass die ersparten Kosten sich immer dann der Höhe nach mit den Kosten der Selbstvornahme decken würden, wenn auch der Schuldner die Sache bei einem Dritten reparieren lassen hätte müssen.[685] Damit würde aber im Ergebnis doch wieder ein voller Ausgleich erzielt, obwohl doch der vorrangige Schadensersatzanspruch ausgeschlossen ist.

dd) Ausnahmefall bei einer entbehrlichen Fristsetzung

Eine Ausnahme von dem grundsätzlichen Wegfall eines Ersatzanspruchs nach § 281 bei einer eigenmächtigen Selbstvornahme ohne vorherigen Fristablauf und ohne Übergangserklärung muss aber in allen Fällen einer entbehrlichen Fristsetzung gelten. Der BGH hat insoweit bereits entschieden, dass ein Kostenerstattungsanspruch aus § 281 Abs. 1 auch dann gegeben ist, wenn der Gläubiger sich die Nachbesserung ohne vorherige Benachrichtigung des Schuldners anderweitig besorgt und eine Fristsetzung wegen Gefahr im Verzug entbehrlich war.[686] Dabei war auch jeweils eine vorherige Übergangserklärung nach § 281 Abs. 4

---

[681] So nun BGH ZGS 2006, 152 (153/154); in dieser Hinsicht zustimmend Lorenz NJW 2006, 1175 (1178). Dies überzeugt, da auch sonst das Prognoserisiko hinsichtlich des Vorliegens eines Sachmangels den Gläubiger der Gewährleistungsrechte als Anspruchssteller trifft.

[682] BGH NJW 2005, 1348 (1349); BGH NJW 2005, 3211 (3212); AG Kempen ZGS 2003, 440; Dauner-Lieb/Dötsch ZGS 2003, 250 (251); Dauner-Lieb/Dötsch ZGS 2003, 455 (457); a.A. jedoch Peters JR 2004, 353 ff. der die Regelung des § 637 auf den Kaufvertrag übertragen möchte.

[683] BT-Drucks. 14/6040, S. 229; vgl. auch BT-Drucks. 14/6857, S. 26, wo festgestellt wird, dass die anderen Rechtsbehelfe des Käufers ausreichen und er eines Selbstvornahmerechts nicht bedarf; zu einer Analogie auch BGH NJW 2005, 1348 (1349); Dauner-Lieb/Dötsch ZGS 2003, 250 (251); Dauner-Lieb/Dötsch ZGS 2003, 455 (457).

[684] So auch Peters JR 2004, 353 (355 in Fn 17).

[685] Dauner-Lieb/Dötsch ZGS 2003, 250 (253 mit Fn 31); Dauner-Lieb/Dötsch ZGS 2003, 455 (456); Dötsch MDR 2004, 975 (978); Schürholz, S. 72. Dies sieht auch Lorenz NJW 2003, 1417 (1419).

[686] BGH NJW 2005, 3211 (3212); implizit auch BGH ZGS 2006, 113 (114); BGH ZGS 2006, 152 (154); ebenso Lorenz NJW 2006, 1175 (1178).

unterblieben. Dem ist zuzustimmen. Das Gesetz lässt den Wegfall des Fristsetzungserfordernisses gemäß § 281 Abs. 2 bzw. § 323 Abs. 2 bei überwiegendem Interesse des Gläubigers, also etwa in dringenden Eilfällen oder bei einer ernsthaften und endgültigen Erfüllungsverweigerung ausdrücklich zu.[687] Dies dient bei Gefahr im Verzug der Schaffung einer sofortigen Handlungsmöglichkeit für den Gläubiger – gerade auch, um einen drohenden größeren, vom Schuldner zu ersetzenden Schaden, abwenden zu können.[688] In diesen Eilfällen kann es aber dem Gläubiger nicht aufgegeben sein, das formale Procedere des § 281 Abs. 1 und 4 einzuhalten und daher noch vor der Selbstvornahme den Übergang durch ein Schadensersatzverlangen zu erklären. Andernfalls würde die gesetzliche Intention des Wegfalls des Fristerfordernisses und die dadurch geschaffene schnelle Handlungsmöglichkeit über die Notwendigkeit einer vorherigen Übergangserklärung doch wieder vereitelt. Ist schon die Fristsetzung und damit die zweite Chance des Schuldners entbehrlich, so muss dies auch für die Übergangserklärung gelten. Ähnliches hat bei der Erfüllungsverweigerung zu gelten, denn der Schuldner verzichtet so auf seine zweite Chance zur Leistungserbringung und bedeutet dem Gläubiger damit, dass er sich für die Primärleistung anderweitig orientieren muss. In diesem Falle kann dies der Gläubiger ohne vorherige Ankündigung tun, es widerspräche geradezu Treu und Glauben, wenn der Schuldner zunächst die Erfüllung verweigert, dann aber dem Kostenersatzanspruch aus § 281 entgegenhalten möchte, es sei ihm gegenüber zuvor nicht der Übergang auf Schadensersatz erklärt worden.

Ein Unterschied zum endgültigen Wegfall des Fristerfordernisses ergibt sich beim Wegfall der Notwendigkeit einer vorherigen Übergangserklärung aber doch: Ist durch die Selbstvornahme der Zweck des Fristerfordernisses endgültig vereitelt worden und die Fristsetzung mithin überhaupt nicht mehr nötig, kann dies für die Erklärung des Übergangs nicht gelten. Denn auch nach einer Selbstvornahme wegen Gefahr im Verzug kann die Übergangserklärung den Schuldner noch vor der Erbringung vergeblicher Aufwendungen schützen, die er etwa in grundsätzlicher Kenntnis der Pflichtverletzung zu deren Behebung macht. Sie macht daher weiterhin Sinn und der Gläubiger ist deshalb nach der Selbstvornahme gemäß § 242 gehalten, den Schuldner alsbald davon zu benachrichtigen und dadurch zumindest implizit auch den Übergang zu erklären. Gleiches hat in den Fällen der Erfüllungsverweigerung zu gelten, da durch die Übergangserklärung die anderweitige Abwicklung des Schuldverhältnisses angezeigt und verlässlich begonnen wird. Des Weiteren kann so einer Meinungsänderung des Schuldners, der eventuell zwischenzeitlich doch wieder erfüllungsbereit ist, vorgebeugt werden. Bei dem Ausnahmefall einer entbehrlichen Fristsetzung kann

---

[687] Vgl. MüKo/Ernst, Band 2a, 4. Auflage, § 281 Rn 50 ff.; Palandt/Heinrichs, § 281 Rn 14/15.

[688] Vgl. BT-Drucks. 14/6040, S. 140; BGH NJW 2005, 3211 (3212).

damit der Gläubiger eine Selbstvornahme sofort durchführen, muss aber dem Schuldner dies alsbald danach mitteilen.

ee) Zwischenergebnis

Diese Problematik kann und soll wegen ihres gewährleistungsrechtlichen Bezugs, ihrer damit verbundenen Komplexität und der Klärung für die Praxis durch die neue BGH-Entscheidung nicht weiter vertieft werden. Wichtig ist in dem hiesigen Zusammenhang nur, dass es durchaus praktische Fälle einer nicht zu vertretenden Unmöglichkeit durch den Schuldner während des Fristenlaufs geben kann, die Ersatzansprüche des Gläubigers insgesamt ausschließen. Ein Ausnahmefall ist bei entbehrlicher Fristsetzung gegeben, bei der der Gläubiger den Übergang auch nach der Selbstvornahme erklären kann.

d) Sonderfall des Eintritts einer vorübergehenden Unmöglichkeit

Tritt während des Fristablaufs eine vorübergehende Unmöglichkeit ein, so wird der Primäranspruch nach allgemeinen Regeln suspendiert[689] und damit auch hier grundsätzlich ein Übergang auf die Sekundärrechte aus §§ 281, 323 verhindert. Fraglich ist indes, ob von der Erheblichkeit des vorübergehenden Hindernisses nicht wegen des Laufs der Frist eine Ausnahme gemacht werden muss. Denn deren Ablauf wird durch die vorübergehende Unmöglichkeit verändert,[690] was eine Unsicherheit für den Gläubiger über die Entstehung seiner Sekundärrechte mit sich bringen kann.

aa) Unbeachtlichkeit einer vorübergehenden Unmöglichkeit während des Fristablaufs nach § 283 a.F.

Von einigen wurde im alten Recht zu § 283 a.F. vertreten, der Schuldner dürfe den an sich erheblichen Einwand vorübergehender Unmöglichkeit während des Fristenlaufs nicht gegenüber dem Schadensersatzanspruch vorbringen.[691] Dies wurde zunächst auf eine Stelle in den Protokollen gestützt, wo es hieß:[692] „Danach werde der Zweck der Vorschrift des § 243 (= § 283 a.F.) wesentlich gefährdet, wenn man dem Schuldner auch die Berufung auf solche Umstände gestatte, welche ihn nur vorübergehend an der Erfüllung seiner Verbindlichkeit hindern. Habe der Gläubiger eine rechtskräftige Verurtheilung erwirkt, so müsse er berechtigt sein, die Leistungszeit fest zu bestimmen; auf eine unverschuldete Verhinderung des Schuldners könne bei der Umwandelung des Anspruches auf Leistung in den Anspruch auf Schadensersatz ebenso wenig Rücksicht genommen werden wie bei dem Rücktritte im Falle des Fixgeschäfts (§ 361).“ Ferner

[689] Vgl. zu den Auswirkungen einer vorübergehenden Unmöglichkeit oben, S. 30 ff.

[690] Siehe oben, S. 133.

[691] RGZ 107, 233 (234/235); Kohler JuS 1992, 58 (62); MüKo/Emmerich, Band 2, 4. Auflage, § 283 Rn 26; K. Schmidt ZZP 87 (1974), 49 (58); auch Staudinger/Werner, 10./11. Auflage, § 283 Rn 21, der aber irrig davon ausging, die vorübergehende Unmöglichkeit stehe der dauernden in ihren Auswirkungen grundsätzlich nicht gleich.

[692] Protokolle bei Mugdan, Band II, S. 534.

wurde argumentiert, der Fristablauf solle eine unabänderliche Rechtslage herbeiführen, wozu eine vorübergehende Aussetzung der Leistungspflicht nicht passe.[693] Die endgültige Befreiung des Schuldners bei nur vorübergehender Unmöglichkeit sei zuviel an Rechtsfolge, während eine vorübergehende Befreiung mit § 283 Abs. 1 Satz 2, 2. Hs. a.F. kollidiere, wonach der Anspruch auf Erfüllung nach Fristablauf ausgeschlossen sei.[694]

bb) Übertragbarkeit auf die Rechte aus §§ 281, 323?

Diese Ansicht war auch schon im alten Recht nicht unumstritten,[695] und sie weckt auch nach neuem Recht Bedenken.

(1) Bedeutung der Ansicht der Verfasser des BGB von 1900 und deren sachliche Richtigkeit

Zunächst hat die Ansicht der Gesetzverfasser des alten BGB aufgrund der Neuregelung für §§ 281, 323 keine bindende Wirkung mehr, sie ist nur eine Rechtsansicht. Noch die Motive zum BGB gingen ganz selbstverständlich von einer Beachtlichkeit aus, bevor in den Protokollen die gegenteilige Ansicht vertreten wurde.[696] Der Hinweis in den Protokollen auf die Vergleichbarkeit zum relativen Fixgeschäft nach § 361 a.F. kann heute nicht mehr überzeugen. Hintergrund dessen war die Ansicht des historischen Gesetzgebers, nach Fristablauf trete bei § 283 a.F. eine fiktive Unmöglichkeit ein, der Frist komme also Fixcharakter zu.[697] Bei §§ 281, 323 n.F. hat der Fristablauf aber auf den Primäranspruch keine Auswirkung mehr, so dass der Frist eine Fixwirkung insoweit fehlt. Der Vergleich war auch aus einem anderen Grund falsch. Denn die Unbeachtlichkeit hätte bei § 283 a.F. eine grundsätzlich inakzeptable, verschuldensunabhängige Schadensersatzhaftung ermöglicht, weil der Einwand nicht zu vertretender vorübergehender Unmöglichkeit ausgeschlossen gewesen wäre. Demgegenüber ging es beim relativen Fixgeschäft nach § 361 a.F. nur um den Wegfall der Primärpflicht. Ein Schadensersatzanspruch kam dort nur unter den üblichen Voraussetzungen wie einem Verschulden in Betracht.

---

[693] Kohler JuS 1992, 58 (62); K. Schmidt ZZP 87 (1974), 49 (58), so auch die Protokolle bei Mugdan, Band II, S. 534.

[694] K. Schmidt ZZP 87 (1974), 49 (58)

[695] Vgl. Gsell JZ 2004, 110 (114); Planck/Siber, § 283 Anm. 1 a) β; Popper, S. 28; Schlegelberger/Vogels/Weitnauer, § 283 Rn 22.

[696] Motive bei Mugdan, Band II, S. 29, dort hieß es: „Es handelt sich solchenfalls (bei Erhebung des Einwandes nachträglicher nicht zu vertretender Unmöglichkeit, Anm. des Verfassers), sofern nicht eine dauernde Befreiung des Schuldners eingetreten ist, für den Gläubiger um die Setzung einer neuen Frist."

[697] Motive bei Mugdan, Band II, S. 29; die neuere Literatur war gegen diese Fiktionsthese: Jakobs, S. 49/50; MüKo/Emmerich, Band 2, 4. Auflage, § 283 Rn 4; K. Schmidt ZZP 87 (1974), 49 (75/76); Soergel/Wiedemann, 12. Auflage, § 283 Rn 3; Staudinger/Löwisch, Neubearbeitung 2001, § 283 Rn 2.

(2) Fehlende dogmatische Anknüpfungsmöglichkeit für einen Ausschluss und Gefahr widersprüchlicher Ergebnisse

Hinsichtlich der befürworteten Unbeachtlichkeit müsste auch eine dogmatische Anknüpfung unklar bleiben. Auf die Ausschlusswirkung eines Ersturteils konnte sie schon bei § 283 a.F. nicht gestützt werden. Diese folgte richtigerweise, wie schon die Motive betonten,[698] allein aus prozessualen Grundsätzen und hatte ihre zeitliche Grenze damit in der letzten mündlichen Tatsachenverhandlung.[699] Der hier interessierende Einwand entsteht aber erst später und wird somit nicht erfasst. Bei §§ 281, 323 fehlt nun zudem jegliche prozessuale Anknüpfung. Die Unbeachtlichkeit des Einwandes vorübergehender Unmöglichkeit wäre damit schwer zu erklären. Es bliebe allein eine mögliche Unbeachtlichkeit aus sonstigen Gründen, insbesondere wegen der Eigenart der Fristsetzung. Doch auch dies kann nicht überzeugen, die Fristsetzung hat einen Teil ihrer Determinationswirkung aus dem alten Recht verloren. Wurde dort mit ihr noch ein Automatismus gestartet, an dessen Ende die Entstehung des Schadensersatzanspruchs und das Erlöschen des Primäranspruchs standen, entsteht nun nur noch die Übergangsbefugnis und der Schadensersatzanspruch, wohingegen der Primäranspruch bestehen bleibt. Die Reichweite einer eventuellen Unsicherheit hinsichtlich des Zeitpunktes des Fristablaufs ist damit kleiner geworden.

Bei Annahme einer Unbeachtlichkeit der vorübergehenden Unmöglichkeit wäre auch die Gefahr widersprüchlicher Ergebnisse unvermeidbar. Hinsichtlich des Primäranspruchs wäre der Einwand erheblich und würde dessen Durchsetzung zeitweilig ausschließen. Andererseits wäre er aber gegenüber der Übergangsbefugnis unbeachtlich. Schon der Bezug der §§ 281, 323 auf den Primäranspruch zeigt die Fehlerhaftigkeit eines solchen Ergebnisses.

(3) Zwischenergebnis

Der Einwand der vorübergehenden Unmöglichkeit muss damit nach allgemeinen Grundsätzen auch während des Fristenlaufs für die Rechte aus §§ 281, 323 beachtlich sein. Er hindert grundsätzlich die Entstehung dieser Sekundärrechte, doch kann eine vorübergehende Unmöglichkeit einen anderweitigen Schadensersatzanspruch des Gläubigers auslösen.

cc) Eingreifen einer anderweitigen Schadensersatzpflicht analog § 281

Ebenso wie die dauerhafte wird auch die vorübergehende Unmöglichkeit oft vom Schuldner wegen § 287 Satz 2 zu vertreten sein. Der Gläubiger kann dann nach hier vertretener Ansicht analog § 281 Schadensersatz statt der Leistung erlangen.[700]

Dazu muss er aber nach Eintritt des vorübergehenden Hindernisses eine neue angemessene Frist setzen, nach deren Ablauf er dann zur Totalliquidation über-

---

698 Motive bei Mugdan, Band II, S. 29.

699 Dazu später Näheres bei S. 298 ff.

700 Siehe oben, S. 36 ff.

gehen kann. Diese Fristsetzung ist nötig, denn dem Schuldner ist zumindest einmal die wirkliche Chance zur Nachleistung zu gewähren. Eine bereits vor dem Eintritt des vorübergehenden Hindernisses gesetzte Frist ist nicht ausreichend. Deren Ablauf wird vielmehr durch das Hindernis gehemmt.[701] Erst eine neue Fristsetzung gibt dem Schuldner die faire Möglichkeit, die Leistung – eventuell auch erst durch Ausweichen auf andere eigentlich nicht einzusetzende Marktmöglichkeiten – zu erbringen.[702] An eine erste Fristsetzung kann nicht angeknüpft werden, da die bisherigen Leistungsbemühungen durch das vorübergehende Hindernis unbehebbar gestoppt wurden. Der Unterschied zu dem zuvor erörterten Fall des Übergangs nach Behebung des Hindernisses,[703] bei dem die erste Frist nach einer zeitweiligen Hemmung automatisch weiterläuft, rechtfertigt sich aus der unterschiedlichen Sachlage: Hier will der Gläubiger noch während des Andauerns des Hindernisses sein Sekundärrecht ausüben, während er es im anderen Fall erst nach der Behebung geltend machen will.

Der Gläubiger kann also bei Eintritt einer vorübergehenden vom Schuldner zu vertretenden Unmöglichkeit einen Schadensersatzanspruch analog § 281 nach erneuter erfolgloser Fristsetzung erlangen.

e) Ergebnis

Einwendungen gegen die Übergangsvoraussetzungen der §§ 281, 323 sind während des Fristenlaufs grundsätzlich erheblich. Fällt etwa der fällige Primäranspruch weg, schließt dies die Entstehung dieser Sekundärrechte aus. Indes können einige Einwendungen anderweitige Schadensersatzpflichten des Schuldners zur Folge haben. Voraussetzung ist ein Vertretenmüssen, welches jedoch wegen der regelmäßig verschärften Haftung wegen Verzugs nach einer Fristsetzung gemäß § 287 Satz 2 zumeist vorliegt. Bei der zu vertretenden Unmöglichkeit ergibt sich dann eine Haftung aus § 283. Ist das Hindernis nur vorübergehender Natur kann sich nach erneuter Fristsetzung ein Anspruch analog § 281 ergeben. Im Falle der eigenmächtigen Selbstvornahme des Gläubigers vor Fristablauf fehlt es indes regelmäßig an einem Ersatzanspruch des Gläubigers.

4) Einwendungen zwischen Fristablauf und dem Schadensersatzverlangen

a) Allgemeines und Untersuchungsgang

Mit dem Fristablauf entstehen der Schadensersatzanspruch nach § 281 Abs. 1 und die Übergangsbefugnis durch Ersatzverlangen und eventuell Rücktrittserklärung. Daneben besteht der Primäranspruch fort. Bis zu einem endgültigen Übergang durch ein Schadensersatzverlangen oder durch Rücktritt bestehen also vielfältige Wahlmöglichkeiten des Gläubigers.

---

[701] Siehe oben, S. 133.

[702] Ähnlich Lobinger, S. 315/316.

[703] Siehe oben, S. 133.

In dieser Schwebelage ist die Entstehung verschiedener Einwendungen des Schuldners möglich. Unproblematisch sind dabei wieder solche, die sich allein gegen die Sekundärhaftung richten; sie sind natürlich beachtlich. Komplizierter stellt sich die Sachlage aber bei Einwendungen gegenüber einzelnen Voraussetzungen der §§ 281, 323 dar. Bei diesen ist es fraglich, ob sie einen Übergang verhindern können. In der Literatur zum neuen Recht wird die grundsätzliche Frage nach der Abhängigkeit des Übergangsrechts und des Schadensersatzanspruchs von seinen Entstehungsvoraussetzungen nur ganz vereinzelt und ohne tiefere Begründung erörtert.[704] Vornehmlich sind drei unterschiedliche Einwendungen des Schuldners während der Schwebelage praktisch denkbar. Dies sind die Erbringung der Primärleistung oder ein Erfüllungsversuch seitens des Schuldners, der Eintritt einer dauerhaften oder vorübergehenden Unmöglichkeit sowie die Verjährung des Primäranspruchs. Nur zur ersten Einwendung finden sich vielfältige Äußerungen in der Literatur. Dies geschieht vornehmlich unter dem Stichwort eines Ablehnungsrechts des Gläubigers hinsichtlich der angebotenen Primärleistung in der Schwebelage. Anhand der dort geführten Kontroverse sollen die einschlägigen Argumente dargestellt werden. Anschließend werden die anderen möglichen Einwendungen samt ihrer Folgen dargestellt. Die so gewonnenen Ergebnisse erlauben dann eine allgemeine Antwort zur Abhängigkeit zwischen schuldnerischen Einwendungen und dem Fortbestand der Übergangsberechtigung samt einem eventuellen Schadensersatzanspruch.

b) Die Erbringung der Primärleistung durch den Schuldner – Ablehnungsrecht des Gläubigers?

aa) Allgemeines und Meinungsstand

Um der Unsicherheit über seine Verpflichtung und der drohenden Sekundärhaftung zu entkommen, kann es sich für den Schuldner anbieten, doch noch seine Primärleistung zu erbringen. Dies wird für ihn meist günstiger sein als die Leistung von Schadensersatz.[705] Nimmt der Gläubiger die Leistung an, so erlischt seine Primärforderung nach § 362 Abs. 1. Dies ist konstruktiv unschwer zu erklären, besteht doch die Primärforderung auch noch nach Fristablauf.

Fraglich ist jedoch, wie es um die Sekundärrechte und das Wahlrecht steht, wenn der Gläubiger die Annahme der Primärleistung verweigert. Viele meinen, der Gläubiger habe zum Schutz seines Wahlrechts ein Ablehnungsrecht hinsichtlich der Primärleistung, der Schuldner könne also nicht gegen den Willen

[704] Eine Abhängigkeit nimmt mit Unterschieden bei der Verjährung MüKo/Ernst, Band 2a, 4. Auflage, § 281 Rn 78 ff. und § 323 Rn 165 an; dagegen AnwKomm/Dauner-Lieb, § 281 Rn 54; Erman/Westermann, § 281 Rn 21 und Bressler NJW 2004, 3382 (3384) explizit für den Einwand der Unmöglichkeit; ganz generell wohl auch Staudinger/Otto, Neubearbeitung 2004, § 281 Rn B8 und § 323 Rn B5 und B8.

[705] Huber, Band II, S. 144.

des Gläubigers dessen Sekundärrechte zum Erlöschen bringen.[706] Die Gegenansicht hingegen lässt das Wahlrecht des Gläubigers bei Vornahme der Primärleistungshandlung durch den Schuldner erlöschen.[707] Vereinzelt wird etwas milder von einem Erlöschen ausgegangen, wenn der Gläubiger nicht sofort nach der Ablehnung der Primärleistung Schadensersatz verlangt oder den Rücktritt erklärt.[708] Der BGH hat dies bisher ausdrücklich offengelassen.[709]

bb) Grundannahmen und Rechtslage im alten Recht

Bei der Erörterung des Problems sind zwei Fragen auseinander zu halten. Zunächst fragt es sich, ob das Angebot der Primärleistung die Nichtleistung bzw. den Verzug des Schuldners im Rahmen der §§ 281, 323 behebt. Dies ist zu bejahen, da der Gläubiger in Annahmeverzug gerät.[710] Der Annahmeverzug des Gläubigers lässt zwar die Primärpflicht fortbestehen, bewirkt nach § 300 Abs. 1 aber eine Haftungsprivilegierung des Schuldners und schließt eine Nichtleistung und den Verzug aus. Der Schuldner muss dazu die von ihm geschuldete Leistungshandlung vornehmen, der Leistungserfolg jedoch, der oft von der Mitwirkung des Gläubigers abhängt, muss nicht eintreten.[711] Umstritten ist, ob zur Verzugsbeendigung die Voraussetzungen des § 299 vorliegen müssen.[712] Dabei wird im hiesigen Zusammenhang allgemein zu fordern sein, dass der Schuldner nicht schon dann den Verzug beenden kann, wenn er die Leistung anbietet, ohne den Gläubiger gemäß § 299 vorher informiert zu haben. Denn der Gläubiger muss gerade nach Fristablauf nicht ständig annahmebereit sein, dies ähnelt dem

---

[706] AnwKomm/Dauner-Lieb, § 281 Rn 51; Bressler NJW 2004, 3382 (3385); Canaris, Karlsruher Forum 2002, S. 48/49; Erman/Westermann, § 281 Rn 20 und § 323 Rn 22; Finn ZGS 2004, 32 (36); Gsell, Jahrbuch Junger Zivilrechtswissenschaftler 2001, 105 (115); jurisPK-BGB/Alpmann, 2. Auflage, 2004, § 281 Rn 43; Marotzke KTS 63 (2002), 1, (40 mit Fn 178); Mattheus JuS 2002, 209 (217); Schwab JR 2003, 133 (134); Staudinger/Otto, Neubearbeitung 2004, § 281 Rn B130, D4 und D8.

[707] Althammer ZGS 2005, 375; Althammer NJW 2006, 1179 (1181)Bamberger/Roth/Faust, § 437 Rn 51; Canaris ZRP 2001, 329 (334); Emmerich, Leistungsstörungen, S. 296; Huber/Faust, 3. Kapitel, Rn 155; Jauernig/Vollkommer, § 281 Rn 15; MüKo/Ernst, Band 2a, 4. Auflage, § 281 Rn 82 und § 323 Rn 171; Schimmel/Buhlmann, S. 282; Schubel, in: Schwab/Witt, S. 188; Schürholz, S. 250; M. Schultz, in: Westermann, S. 17 (51); Westermann/Bydlinski/Weber, Rn 8/60; ähnlich Lorenz NJW 2005, 1889 (1892).

[708] Derleder/Hoolmans NJW 2004, 2787 (2790); Heinrichs, FS Derleder, S. 87 (107); Palandt/Heinrichs, § 281 Rn 50.

[709] BGH NJW 2006, 1198.

[710] Derleder/Hoolmans NJW 2004, 2787 (2789); Eisenhardt JuS 1970, 489 (490); Erman/Hager, § 286 Rn 73; Christian Knütel, S. 21; MüKo/Ernst, Band 2a, 4. Auflage, § 286 Rn 95; Palandt/Heinrichs, § 286 Rn 34; M. Schultz, in: Westermann, S. 17 (51); Staudinger/Löwisch, Neubearbeitung 2004, § 286 Rn 112; speziell für die Behebung der Nichtleistung im Rahmen des § 323: MüKo/Ernst, Band 2a, 4. Auflage, § 323 Rn 84.

[711] MüKo/Ernst, Band 2a, 4. Auflage, § 293 Rn 12 und 15; Staudinger/Löwisch, Neubearbeitung 2004, § 286 Rn 112.

[712] Dazu mit umfassenden Nachweisen Christian Knütel, S. 21 in Fn 4.

von § 299 geregelten Fall einer terminlosen Schuld.[713] Daher wird der Schuldner die Leistungserbringung dem Gläubiger einen angemessenen Zeitraum vorher ankündigen müssen.

In einem zweiten Schritt müssen die Folgen des Wegfalls der Nichtleistung bzw. des Verzugs für den Fortbestand des Wahlrechts geklärt werden. Hiermit ist das generelle Problem des Schicksals einmal begründeter Rechte nach Wegfall der Entstehungsvoraussetzungen berührt.[714] *Christian Knütel* hat es als den Einfluss „tätiger Reue im Zivilrecht“ beschrieben.[715] Die Behandlung dieser Fälle ist schon im alten Recht kontrovers diskutiert worden, wobei es eine einheitliche Antwort nicht gab.[716] Die Entscheidung hing vielmehr auch immer von der gesetzlichen Ausgestaltung des Rechts und der Interessenlage ab.[717] So gab und gibt es etwa gesetzlich geregelte Fälle, wie etwa im Mietrecht, bei denen das Kündigungsrecht des Vermieters bei Bereinigung des Zahlungsverzugs erlischt, § 543 Abs. 2 Satz 2 a.F und n.F. Im alten Recht konnte sich dieses Problem im Bereich der Leistungsstörungen bei Entbehrlichkeit einer Fristsetzung im Rahmen der §§ 286 Abs. 2, 326 Abs. 2 a.F. stellen, bei denen der Gläubiger also durch eine bloße Erklärung die Sekundärfolgen auslösen konnte.[718] Dazu wurde in neuerer Zeit von der ganz herrschenden Meinung ein Erlöschen des Sekundärrechts vertreten.[719] Das CISG regelt diese Frage ausdrücklich, wenn auch nach Käufer und Verkäufer unterschiedlich. Nach Art. 64 Abs. 2 a) CISG verliert der Verkäufer sein Aufhebungsrecht, wenn der Käufer die Ware bezahlt und er davon Kenntnis erlangt. Demgegenüber kann der Käufer auch noch nach Erfüllung durch den Verkäufer die Vertragsaufhebung innerhalb einer angemessenen Frist erklären, Art. 49 Abs. 2 a) CISG. Für das deutsche Recht schlug *Huber* in seinem Gutachten zur Schuldrechtsreform in § 326 Abs. 2 des Gutachtens vor, dass der Gläubiger seine Sekundärrechte verliere, wenn er diese nach Be-

---

[713] Vgl. Derleder/Hoolmans NJW 2004, 2787 (2789); MüKo/Ernst, Band 2a, 4. Auflage, § 281 Rn 85; Soergel/Gsell, 13. Auflage, § 323 Rn 146.

[714] Soergel/Gsell, 13. Auflage, § 323 Rn 144.

[715] Vgl. dessen gleichnamige Dissertation.

[716] Vgl. etwa schon die Motive bei Mugdan, Band II, S. 37 zum nicht Gesetz gewordenen § 253, der besagte: „Der Verzug des Schuldners hört für die Zukunft mit dem Zeitpunkte auf, in welchem er das Versäumte nachgeholt hat.“ (vgl. dazu Mugdan, Band II, S. XI) Ferner Knütel JuS 1981, 875 (878); MüKo/Ernst, Band 2a, 4. Auflage, § 286 Rn 100, vgl. auch die ausführliche Fallgruppendarlegung bei Christian Knütel, S. 21 ff.

[717] Christian Knütel, S. 27.

[718] Huber, Band II, S. 504; Knütel JuS 1981, 875 (879).

[719] BGHZ 34, 191 (197); BGH WM 1991, 464, (467); BGH NJW-RR 1997, 622 (623); RGZ 104, 27 (28); Eisenhardt JuS 1970, 489 (491); Huber, Band II, S. 504; Knütel JuS 1981, 875 (878); Knütel, AcP 175 (1975), 44 (60); MüKo/Thode, Band 2, 4. Auflage, § 284 Rn 90; Palandt/Heinrichs, 61. Auflage, § 284 a.F. Rn 41; Soergel/Wiedemann, 12. Auflage, § 284 Rn 52; andere Ansicht: Christian Knütel, S. 29; RGRK/Alff, § 284 Rn 30; Schlegelberger/Vogels/Weitnauer, § 284 Rn 25.

wirkung der Primärleistung nicht unverzüglich erkläre.[720] Weitere ausdrückliche Regelungsversuche finden sich dazu nicht.

Im Folgenden soll ein Ablehnungsrecht in der Schwebelage bei den Rechten aus §§ 281, 323 unabhängig von einem bestimmten Vertragstyp diskutiert werden. Spezielle, sich aus den einzelnen Schuldverhältnissen ergebende Gesichtspunkte, können hier nicht dargestellt werden.

cc) Zwingende dogmatische Gründe für den Wegfall des Sekundärrechts?

Prima facie wäre folgende Argumentation denkbar: Da ein Sekundärrecht nicht ohne eine Nichtleistung entstehen kann, muss diese ganz selbstverständlich auch noch bei dessen Ausübung fortbestehen. Andererseits kann aber, da die Primärforderung bis zum Schadensersatzverlangen oder der Rücktrittserklärung fortbesteht, der Gläubiger nach den allgemeinen Regeln mit dem Angebot der Primärleistung durch den Schuldner in Annahmeverzug kommen, wodurch die Nichtleistung beendet wird.[721] Es würde dann eine Tatbestandsvoraussetzung der §§ 281, 323 fehlen, womit die Sekundärrechte des Gläubigers erlöschen müssten.[722]

Die Argumentation führt allerdings zu einem Zirkelschluss. Denn ob die Sekundärrechte nach ihrem Entstehen von ihren ursprünglichen Entstehungsvoraussetzungen fortwährend abhängig sind, ist gerade die zu klärende Frage. So denkt *Finn* an, der Annahmeverzug wirke nur für die Zukunft und könne die schon entstandenen selbständigen Sekundärrechte aus dem Verzug bzw. der Nichterfüllung nicht beseitigen.[723] Eine solche Argumentation ist zwar nicht dogmatisch zwingend ausgeschlossen, jedoch abstrahiert sie die Sekundärberechtigung von dem Schicksal der Primärforderung. Dies verkennt die gesetzliche Verbindung zwischen Sekundärrechten und dem Primäranspruch. Diese sollen eine Sanktion für eine Leistungsstörung der Primärforderung sein, sie bedingen einander, wie auch das Erlöschen der Primärschuld bei Ausübung des Sekundärrechts zeigt. Es mutet seltsam an, wenn der Erfüllungshandlung des Schuldners, also der Erbringung aller geschuldeten Leistungen, eine Auswirkung auf seine Sekundärhaftung abgesprochen wird. Vielmehr gilt, dass der Gläubiger erhält, wozu er berechtigt ist, und des Gestaltungsrechts nicht mehr bedarf.[724]

---

[720] Vgl. Huber, in: Gutachten und Vorschläge zur Überarbeitung des Schuldrechts, S. 647 (834) und dessen §§ 326 und 327a.

[721] MüKo/Ernst, Band 2a, 4. Auflage, § 286 Rn 95; Palandt/Heinrichs, § 286 Rn 34; zur Behebung der Nichtleistung nach § 323 reicht die Vornahme der Leistungshandlung, wie es beim Annahmeverzug ebenfalls geschieht, MüKo/Ernst, Band 2a, 4. Auflage, § 323 Rn 84.

[722] MüKo/Ernst, Band 2a, 4. Auflage, § 281 Rn 85.

[723] Finn ZGS 2004, 32 (34).

[724] Knütel JuS 1981, 875 (879).

dd) Vergleichbarkeit zur Rechtsprechung beim Werkvertragsrecht

Der BGH[725] hat in einer Entscheidung zum Werkvertrag alten Rechts in einem obiter dictum erwähnt, der Besteller müsse auch nach neuem Recht nach erfolglosem Fristablauf dem Begehren des Unternehmers nach Nacherfüllung nicht nachkommen. Dies konterkariere das Wahlrecht des Bestellers.

Diese Entscheidung mag für den Werkvertrag richtig sein,[726] sagt über die Lage bei den §§ 281, 323 aber nichts aus. Anders als nach allgemeinem Leistungsstörungsrecht hat der Besteller beim Werkvertrag automatisch nach Fristablauf das Recht zur Selbstvornahme gemäß § 637, ohne dass dies einer vorherigen Erklärung gegenüber dem Unternehmer bedürfte.[727] Der Besteller darf also die geschuldete Handlung nach Fristablauf selbst oder durch Dritte vornehmen lassen. Dieses Recht zur Selbstvornahme darf ihm vom Unternehmer nicht durch das Angebot eigener Nacherfüllung aus der Hand geschlagen werden, eine solche muss nicht angenommen werden.

Im Gegensatz dazu stehen dem Gläubiger bei § 323 die Sekundärrechte erst nach einer Rücktrittserklärung zu. Dies gilt ähnlich für den Schadensersatzanspruch aus § 281. Zwar entsteht dieser vergleichbar zum Selbstvornahmerecht nach § 637 schon automatisch mit Fristablauf, jedoch bewirkt erst ein Verlangen nach Abs. 4 den endgültigen Übergang. Ohne ein Verlangen wird der Gläubiger vom Schuldner keinen Schadensersatz beanspruchen können, da dieser den verhaltenen Anspruch von sich aus nicht erfüllen kann, bevor der Gläubiger das Verlangen ausgesprochen hat. Zwar besteht rechtstechnisch gesehen der Schadensersatzanspruch nach Fristablauf schon ohne ein Zutun des Gläubigers, in der Praxis ergeben sich aber seine Folgen erst nach einer Erklärung des Gläubigers. Dies vermag eine Ungleichbehandlung zu dem Rücktrittsrecht nicht zu rechtfertigen. Beide Sekundärrechte sind in diesem Zusammenhang einheitlich dahingehend zu verstehen, dass sie erst nach einer Mitteilung an den Schuldner, sei es durch einen Rücktritt oder durch ein Ersatzverlangen, Wirkungen erzielen können. Dies muss umso mehr gelten, wenn man sich den Grund für die automatische Entstehung des Schadensersatzanspruchs vor Augen führt. Der Gesetzgeber wollte dem Gläubiger die Wahlmöglichkeit zwischen Primär- und Schadensersatzanspruch geben.[728] Dazu hätte es schlecht gepasst, wenn der Schadensersatzanspruch erst durch eine Erklärung des Gläubigers entstehen

[725] BGHZ 154, 119 (122); ebenso argumentierend: Gsell, Jahrbuch Junger Zivilrechtswissenschaftler 2001, 105 (115). Das Argument, der Gläubiger habe nach Fristablauf ein Wahlrecht und müsse daher die Erfüllung nicht mehr hinnehmen, ist zirkulär. Denn es fragt es sich gerade, ob und wie weit das Wahlrecht fortreicht.

[726] Zustimmend Schwenker EWiR 2003, 439 (440); ebenso Palandt/Sprau, § 634 Rn 2; dagegen zum alten Recht Staudinger/Peters, Neubearbeitung 2000, § 635 Rn 29; Christian Knütel, S. 45 möchte das Wahlrecht bei fehlendem Verzug des Unternehmers nur bei Interesseverlust entfallen lassen.

[727] Vgl. Erman/Schwenker, § 637 Rn 8.

[728] BT-Drucks. 14/6040, S. 140.

würde. Denn diese Erklärung könnte nur heißen, dass der Gläubiger zugleich nicht mehr an dem Primäranspruch festhalten möchte. Dieser Erklärungsinhalt findet sich nun in § 281 Abs. 4, wonach der Primäranspruch bei Beanspruchung des Schadensersatzanspruchs erlischt, [729]

Die Wirkungen der Sekundärrechtsbehelfe des Rücktritts und des Schadensersatzanspruchs nach §§ 281, 323 sind also von einer Erklärung an den Schuldner abhängig. Dies ist der entscheidende Unterschied zum Selbstvornahmerecht des § 637, welches dem Besteller nach Fristablauf ipso iure zusteht. Die bei §§ 281, 323 notwendige Ausübung des Wahlrechts zum endgültigen Übergang auf die Sekundärrechte rechtfertigt es, dem Schuldner vor Wahlrechtsausübung noch die Erfüllung zu erlauben. Der Gläubiger hat nach Fristablauf nicht mehr als die Chance, sein Wahlrecht auszuüben. Unterlässt er dies, so kann ihm das Wahlrecht wieder durch den Schuldner entzogen werden.

ee) Ratio einer Übergangsmöglichkeit auf die Sekundärrechte

Für ein Erlöschen der Sekundärrechte zu dem Zeitpunkt des Annahmeverzuges spricht zudem die ratio der Übergangsmöglichkeiten. Diese stellen eine Sanktionsmöglichkeit des Gläubigers wegen eines pflichtwidrigen Verhaltens des Schuldners dar.[730] Wenn der Schuldner nun aber das tut, was er in der konkreten Situation schuldet, so bedarf der Gläubiger keiner Sanktionsmöglichkeit mehr. Eine etwaige, nach dem Wortlaut der §§ 281, 323 fortbestehende Übergangsmöglichkeit wäre also im Wege einer teleologischen Reduktion einzuschränken.[731] Dabei ist zu beachten, dass für den Schuldner auch nach Fristablauf einzig und allein die Primärforderung erfüllbar ist. Der Schadensersatzanspruch nach § 281 ist nach Fristablauf ein lediglich verhaltener Anspruch, der solange vom Schuldner nicht erfüllbar ist, bis der Gläubiger den Übergang nach § 281 Abs. 4 erklärt hat. Für die Rückgewährschuld fehlt es in jedem Falle an einer Rücktrittserklärung. Der Schuldner verhält sich also bei der Erbringung der Primärleistung absolut vertragskonform und sollte daher nicht den Sekundärrechten ausgesetzt sein, wie sie ein Ablehnungsrecht dem Gläubiger aber einräumen würde.

ff) Systematik

Auch systematisch kann ein Ablehnungsrecht des Gläubigers nach Fristablauf nicht überzeugen. Die Ablehnungserklärung durch den Gläubiger kann für den Schuldner nur bedeuten, dass er die Primärleistung nicht mehr erbringen muss. Der Gläubiger muss sich aber mit der Ablehnung noch nicht auf einen bestimm-

---

[729] So auch MüKo/Ernst, Band 2a, 4. Auflage, § 281 Rn 105.

[730] Vgl. nur MüKo/Ernst, Band 2a, 4. Auflage, § 281 Rn 1; Soergel/Gsell, 13. Auflage, § 323 Rn 3 und 4.

[731] Zu den Voraussetzungen der teleologischen Reduktion schon oben, S. 78; ferner allgemein BVerfG NJW 1997, 2230 (2231); Brox, Allgemeiner Teil, Rn 68; F. Bydlinski, S. 475 ff.; Larenz, Methodenlehre, 5. Auflage, S. 375 ff.; Larenz/Wolf, § 4 Rn 81; Palandt/Heinrichs, Einleitung Rn 49; Pawlowski, § 11 Rn 493 ff.

ten Rechtsbehelf – Schadensersatz oder Rücktritt – festlegen.[732] Wie die §§ 281 Abs. 4, 323 Abs. 1, 346 aber zeigen, ist ein Ausschluss der Primärforderung nur bei Wahl eines konkreten Sekundärrechtsbehelfs vorgesehen. Wollte man ein Erlöschen der Primärforderung annehmen, würde so ein neuer Beendigungstatbestand neben den ausdrücklich gesetzlich geregelten Fällen geschaffen. Dies ist abzulehnen.[733] Daher müsste die Primärforderung trotz der abgelehnten Primärerfüllung bestehen blieben,[734] wobei aber der Gläubiger weiterhin die Erfüllung ablehnt und der Schuldner auch nicht mehr erfüllen darf. Der Sinn eines so fortbestehenden Primäranspruchs bliebe indes zweifelhaft. Ebenso unglücklich wäre der theoretische Fortbestand der Haftung für die Verzögerungsschäden. Billigerweise müsste man den Schuldner, wenn der Gläubiger die Primärleistung nicht will, von der Haftung für zukünftige Verzögerungsschäden befreien. Dies widerspräche aber dann dem Fortbestand der Primärforderung. Im alten Recht traten diese Ungereimtheiten bei dem Übergang durch Erklärung des Gläubigers, also in den Fällen der §§ 286 Abs. 2 und 326 Abs. 2 a.F., nicht auf. Denn sobald der Gläubiger die Primärleistung ablehnte, erlosch zumindest die Primärschuld und nur die Sekundärrechte blieben bestehen. Diese Regelung sorgte insoweit für klare Verhältnisse und fehlt nun trotz der Einführung des regelmäßigen Übergangs durch eine Erklärung gegenüber dem Schuldner.

Nimmt man hingegen mit der hier vertretenen Ansicht ein Erlöschen der Sekundärrechte aus §§ 281, 323 an, kann auch ein einheitliches Ergebnis für die Zeit vor und nach Fristablauf erzielt werden. Schon vor Fristablauf liegt eine Nichterfüllung bzw. Verzug vor und der Schuldner kann unbestrittenermaßen die Primärleistung noch erbringen und seine Sekundärhaftung abwenden. Dies kann nach Fristablauf, an den das Gesetz keinerlei Folgen hinsichtlich der Primärforderung mehr knüpfen wollte, nicht anders sein. Der Gläubiger kann die Primärleistung noch fordern, der Schuldner sie noch erfüllen. Eine Sekundärhaftung droht dann nicht mehr. Zu berücksichtigen ist auch, dass der Schuldner mit der Erfüllung nach Fristablauf nur der materiellen Rechtslage Genüge tut, die ihn weiterhin zur Primärleistung verpflichtet.[735]

gg) Stärkung der Primärebene und Wille des Gesetzgebers

Gegen ein Ablehnungsrecht spricht auch die durch die Schuldrechtsreform erfolgte Stärkung der Primärebene. Der Schuldner hat durch das Fristerfordernis durchgängig eine zweite Chance zur Erfüllung erhalten. Dem ist zu entnehmen, dass der Gesetzgeber besonderen Wert auf den Vollzug des Primärschuldver-

---

[732] So auch Finn ZGS 2004, 32 (37).

[733] Für eine Exklusivität der gesetzlich vorgesehenen Übergangsrechte nun auch BGH NJW 2006, 1198 (1199) hinsichtlich der vergleichbaren Frage, ob ein Abgehen von der Primäranspruch anders als durch ein Schadensersatzverlangen oder die Rücktrittserklärung möglich ist.

[734] So Finn ZGS 2004, 32 (37).

[735] Knütel JuS 1981, 875 (879); MüKo/Ernst, Band 2a, 4. Auflage, § 281 Rn 82.

hältnisses gelegt hat.[736] Dieser Überlegung entspricht es, wenn man dem Schuldner auch nach Nichtnutzung der zweiten Chance das Recht zugesteht, die Primärleistung noch zu erbringen, solange der Gläubiger nicht seinerseits schon seine nun möglichen Sekundärrechte ausgeübt hat.

Aus eben dieser Einräumung einer zweiten Chance möchte die gegenteilige Ansicht hingegen herleiten, dass der Schuldner nicht noch eine dritte Chance habe.[737] So spreche die Gesetzesbegründung von einer „letzten Chance".[738] Dem ist jedoch entgegen zu halten, dass es auch nach hiesiger Ansicht durchaus die letzte Chance des Schuldners gewesen sein kann, dann nämlich, wenn der Gläubiger sein Sekundärrecht ausübt. Es ist hingegen damit noch nicht gesagt, was bis dahin gilt. In der Gesetzesbegründung findet sich dazu aber ein eindeutiger Hinweis des Gesetzgebers. So heißt es in der BT-Drucks. 14/6040 im Zusammenhang mit dem freien Wahlrecht des Gläubigers in der Schwebelage: „Außerdem kann der Schuldner die Ungewissheit jederzeit dadurch beenden, dass er die nach dem Schuldverhältnis geschuldete Leistung erbringt."[739] Der Gesetzgeber ging also augenscheinlich ebenfalls von einer Erfüllungsmöglichkeit des Schuldners nach Fristablauf aus.[740]

hh) Begrenzung der Schuldnerunsicherheit durch die Möglichkeit der Primärerfüllung

Dies führt zu einem weiteren wichtigen Gesichtspunkt: Die Nacherfüllungsmöglichkeit nach Fristablauf ist insbesondere deshalb wichtig, weil sie eines der wenigen verbliebenen, wirksamen Mittel des Schuldners ist, seine Unsicherheit hinsichtlich der Folgen der nicht rechtzeitigen Leistung zu beschränken.[741] Der Gesetzgeber hat die Möglichkeiten des Gläubigers durch den Fortbestand der Primärpflicht und die nahezu unbegrenzte Wahlfreiheit großzügig ausgeweitet. Dies hat die schon beschriebene Unsicherheit des Schuldners zur Folge. Bei einem Ablehnungsrecht stünde dem Schuldner nach Fristablauf kein Weg offen, sich sicher von seiner Primärschuld und der Haftung für Verzögerungsschäden zu befreien.[742] Dies würde seine Unsicherheit erhöhen.[743] Der Gesetzgeber selbst ist bei Schaffung des freien Wahlrechts aus Schuldnerschutzgründen zugleich

---

[736] Derleder/Zänker NJW 2003, 2777; Derleder/Hoolmans NJW 2004, 2787.

[737] Finn ZGS 2004, 32 (34); Staudinger/Otto, Neubearbeitung 2004, § 281 Rn D8.

[738] BT-Drucks 14/6040, S. 221.

[739] BT-Drucks. 14/6040, S. 140.

[740] So auch Althammer ZGS 2005, 375 (375/376).

[741] Schürholz, S. 250.

[742] Aus diesem Grund nehmen einige Anhänger eines Ablehnungsrechts andere Wege zur Behebung der schuldnerischen Unsicherheit an, so Finn ZGS 2004, 32 (37): Verbot des Rückgriffs auf die Primärforderung nach Ablehnung; Schwab JR 2003, 133 (134): § 264 Abs. 2; Staudinger/Otto, Neubearbeitung 2004, § 281 Rn D8: § 350 analog.

[743] Ähnlich Derleder/Hoolmans NJW 2004, 2787 (2791); MüKo/Ernst, Band 2a, 4. Auflage, § 323 Rn 158.

von der Erfüllungsmöglichkeit ausgegangen.[744] Die Zuerkennung eines Ablehnungsrechts würde nun dessen Gesamtkonzeption durcheinander bringen. Daher ist auch eine dahingehende Deutung der Gesetzeshistorie abzulehnen, wonach mit der Äußerung des Gesetzgebers nicht zwingend etwas über das Fehlen eines Ablehnungsrechts gesagt sei.[745] Die Erfüllungsmöglichkeit des Schuldners erscheint vor dem Hintergrund seiner großen Unsicherheit in der Schwebelage nahezu unverzichtbar.

Dem kann auch nicht mit dem Hinweis begegnet werden, der Schuldner, der sich zweimal vertragswidrig verhalten habe, verdiene keinen Schutz.[746] Zunächst kann die Nichterfüllung während der Nachfrist auf demselben Grund beruhen, so dass im rechtstechnischen Sinne nur von einem Verhalten gesprochen werden kann. Für das Recht aus § 323 ist außerdem kein Verschulden nötig, so dass jedenfalls dann Rücksicht auf die Schuldnerbelange angebracht ist. Dies war bei § 326 a.F. wegen der Verzugsvoraussetzung noch anders. Deswegen § 323 und den verschuldensabhängigen § 281 unterschiedlich zu behandeln, kann aber angesichts der weitgehenden Parallelität der Regelungen auch nicht überzeugen. Ein anderweitiger Schutz des Schuldners vor frustrierten Aufwendungen bei Zuerkennung eines Ablehnungsrechts erscheint nicht möglich. Zwar wird insoweit auf einen Ersatzanspruch aus §§ 280 Abs. 1, 241 Abs. 2 hingewiesen,[747] dies kann aber nicht überzeugen, denn der Gesetzgeber hat dem Gläubiger ein freies Wahlrecht zugebilligt, so dass dessen – auch überraschende – Ausübung im Regelfall nicht als Pflichtverletzung gewertet werden könnte. Der Schuldner könnte damit bei einem Ablehnungsrecht nicht vor frustrierten Aufwendungen geschützt werden.[748]

Die Aberkennung eines Ablehnungsrechts überzeugt auch im Falle entbehrlicher Fristsetzung nach §§ 281 Abs. 2, 323 Abs. 2, wenn also der Gläubiger sofort die Wahlmöglichkeit hat. Hier würde ein Ablehnungsrecht des Gläubigers besonders früh entstehen, da der Gläubiger die Erfüllung schon mit Eintritt des besonderen Grundes nach Abs. 2 und nicht erst nach Fristablauf ablehnen dürfte. Der Schuldner muss aber vom erforderlichen besonderen Grund nicht unbedingt etwas wissen, so etwa wenn es auf Seiten des Gläubigers überwiegende Interessen gibt. Bewirkt der Gläubiger nicht sofort den Übergang auf die Sekundär-

---

[744] Vgl. BT-Drucks. 14/6040, S. 140.

[745] So aber Bressler NJW 2004, 3382 (3385).

[746] So aber BGHZ 154, 119 (123) in einem obiter dictum; Finn ZGS 2004, 32 (34); Staudinger/Otto, Neubearbeitung 2004, § 281 Rn D8; auch BT-Drucks. 14/6040, S. 139 und 185, jedoch in anderem Zusammenhang.

[747] So aber Bressler NJW 2004, 3382 (3385).

[748] Bei Zuerkennung eines Ablehnungsrechts kann dem Schuldner auch nicht durch ein Fragerecht, wie es oben bei S. 122 ff. entwickelt wurde, geholfen werden. Denn da der Gläubiger die Primärleistung auch noch bei ihrer Erbringung ablehnen könnte, müsste er sich konsequent auch nicht schon vorher zu einem Übergang äußern.

rechte, so scheint ein Erfüllungsversuch durch den Schuldner im Vertrauen auf den Fortbestand der Primärschuld als besonders schutzwürdig.[749]

ii) Erfordernis eines Ablehnungsrechts aufgrund europarechtlicher Vorgaben?

Wegen des schon zuvor festgestellten[750] mittelbaren Einflusses der Verbrauchsgüterkaufrichtlinie fragt es sich noch, ob nicht diese die Anerkennung eines Ablehnungsrechts des Gläubigers erfordert.[751]

(1) Wortlaut der Verbrauchsgüterkaufrichtlinie

Die Verbrauchsgüterkaufrichtlinie sieht in Art. 3 Abs. 5 ein Minderungs- und Auflösungsrecht des Verbraucherkäufers vor. Dabei bestimmt Art. 3 Abs. 5, 2. Spiegelstrich, dass die Rechte des Käufers bestehen, „wenn der Verkäufer nicht innerhalb einer angemessenen Frist Abhilfe geschaffen hat". Aus der Verwendung der Vergangenheitsform ließe sich nun schließen, dass nur eine Abhilfe innerhalb einer angemessenen Frist, nicht aber eine spätere Abhilfe, mithin also auch nicht ein späteres Erfüllungsangebot, die Sekundärrechte erlöschen lässt.[752] Andererseits findet sich in dem Wortlaut der Richtlinie kein ausdrückliches Ablehnungsrecht des Käufers. Gegen ein solches kann auch Art. 3 Abs. 5, 3. Spiegelstrich angeführt werden, wonach das Sekundärrecht dann besteht, wenn der Schuldner zwar Abhilfe geleistet hat, dies aber mit erheblichen Unannehmlichkeiten für den Gläubiger verbunden war. Der Gegenschluss spricht hier dafür, dass das Sekundärrecht bei einer ordnungsgemäßen Abhilfe erlischt – und zwar auch nach Fristablauf. Zu beachten ist, dass Art. 3 Abs. 5, 3. Spiegelstrich dabei nicht nur die Fälle einer ordnungsgemäßen Erfüllung vor Ablauf einer angemessenen Frist meinen kann, da in diesem Falle schon der 2. Spiegelstrich bestimmen würde, dass ein Sekundärrecht nicht besteht. Der 3. Spiegelstrich hätte bei einer solchen Interpretation keinen praktischen Anwendungsbereich mehr. Im Ergebnis spricht der Wortlaut der Richtlinie nicht entscheidend gegen ein Erlöschen der Gläubigerrechte nach Fristablauf durch ein Erfüllungsangebot des Schuldners.

(2) Systematik und Beachtung der Richtlinienentwicklung

Für die Möglichkeit der nachträglichen Primärerfüllung spricht auch, dass die Richtlinie darauf angelegt ist, zunächst, wenn überhaupt möglich, die Primärerfüllung zu ermöglichen.[753] Die Verfasser der Richtlinie gingen davon aus, dass

---

[749] Zum alten Recht leiteten daraus Eisenhardt JuS 1970, 489 (491) und Knütel AcP 175 (1975), 44 (60) die Erfüllungsmöglichkeit des Schuldners ab; a.A. Christian Knütel, S. 30.

[750] Siehe oben S. 68.

[751] Dafür AnwKomm/Dauner-Lieb, § 281 Rn 51; abgeschwächt wohl auch Bianca, in Grundmann/Bianca, Art. 3 Rn 60, anders aber in Rn 61.

[752] Dafür Pfeiffer ZGS 2002, 390 ff.; Roth, in: Zivilrechtswissenschaft und Schuldrechtsreform, S. 225 (242-245); unklar Ernst/Gsell ZIP 2000, 1410 (1417); Gsell JZ 2001, 65 (70); dieses Wortlautargument findet sich auch bei Doehner, S. 258 und Höffe, S. 69.

[753] Bianca, in Grundmann/Bianca, Art. 3 Rn 22, 36 und 54/55; Höffe, S. 72; Leible, in Gebauer/Wiedmann, Kapitel 9 Rn 74.

die Primärerfüllung am besten dem wohlverstandenen Schuldner- und Gläubigerinteresse entspreche.[754] Die Vorrangigkeit einer Abwicklung auf der Primärleistungsebene ergibt sich außerdem aus der Entstehungsgeschichte der Richtlinie. Zunächst hatte diese vorgesehen, dass dem Gläubiger alle vier Rechtsbehelfe (Nachlieferung, Nachbesserung, Minderung und Auflösung) gleichberechtigt zustehen sollten. Später wurden die Minderung und die Auflösung erst auf einer zweiten Stufe zugelassen.[755] Daraus ergibt sich der Vorrang der Primärerfüllung, dem eine Erfüllungsmöglichkeit auch nach Fristablauf am meisten entgegenkommt. Unterstützt wird diese Auslegung durch den Erwägungsgrund Nr. 10.[756] Dort heißt es, der Käufer solle zuerst die Nacherfüllung verlangen können und „andernfalls" die Möglichkeit haben, die Rechtsbehelfe zweiter Stufe geltend zu machen. In der englischen Fassung kommt die Vorrangigkeit der Primärerfüllung noch deutlicher zum Ausdruck, da es für „andernfalls" heißt, „failing this".[757] Die Richtlinie ist also möglichst auf eine vorrangige Abwicklung auf der Primärebene angelegt, dem ein Fehlen eines Ablehnungsrechts entgegenkommt.

(3) Ratio der Sekundärrechte nach der Richtlinie

Auch die ratio der Sekundärrechte nach Art. 3 Abs. 5 spricht für die hier befürwortete Erfüllungsmöglichkeit.[758] Die Minderungs- bzw. Auflösungsrechte aus Art. 3 Abs. 5 sollen Sanktionsnormen bei pflichtwidrigem Verhalten des Schuldners darstellen. Wenn nun aber der Schuldner genau das tut, was im zugrunde liegenden Vertrag vereinbart war, nämlich die Primärleistung anbietet bzw. erbringt, bedarf der Gläubiger keiner Sanktionsmöglichkeiten mehr.[759] Bei Bejahung eines Ablehnungsrechts und konsequenter Beachtung des Wortlauts der Richtlinie ergäben sich auch weitere Probleme. Denn dann müsste angenommen werden, dass selbst die Annahme der Primärleistung nach Fristablauf nicht das Erlöschen der Sekundärrechte zur Folge hätte.[760] Der Gläubiger könnte dann etwa auch nach Annahme der Primärleistung z.B. eine Minderung geltend machen.[761] Dies würde aber die ursprüngliche vertraglich vereinbarte Äquiva-

---

754 Bianca, in Grundmann/Bianca, Art. 3 Rn 23 und 54/55.

755 Art. 3 Abs. 4 des ursprünglchen Richtlinienvorschlages, abgedruckt in der Begründung zum Vorschlag der Kommission für eine Richtlinie des Europäischen Parlaments und des Rates über den Verbrauchsgüterkauf und -garantien, Dok KOM (95) 520, abgedruckt in ZIP 1996, 1845 (1850); genauer zur Entwicklung der Richtlinie Höffe, S. 71/72.

756 Höffe, S. 71.

757 Höffe, S. 71.

758 Leible, in Gebauer/Wiedmann, Kapitel 9 Rn 84.

759 So auch Bianca, in Grundmann/Bianca, Art. 3 Rn 61; Leible, in Gebauer/Wiedmann, Kapitel 9 Rn 84; ähnlich Doehner, S. 257; Schürholz, S. 275.

760 Höffe, S. 69; Schürholz, S. 274; dies meint wohl auch Gsell JZ 2001, 65 (70).

761 Jud, Jahrbuch Junger Zivilrechtswissenschaftler 2001, 205 (219); Roth, in: Zivilrechtswissenschaft und Schuldrechtsreform, S. 225 (242-245); vgl. auch Schlechtriem, in: Zivilrechtswissenschaft und Schuldrechtsreform, S. 205 (218/219).

lenz von Leistung und Gegenleistung zugunsten des Gläubigers verschieben und den Gläubiger gleichsam bestrafen.[762] Ein Strafgedanke ist dem Gewährleistungsrecht aber an sich fremd. Zudem käme der über eine Minderung erreichte monetäre Vorteil einem Schadensersatzanspruch nahe, der in der Richtlinie gerade nicht geregelt werden sollte.[763]

(4) Zwischenergebnis

Im Ergebnis widerspricht die Erfüllungsmöglichkeit des Schuldners nach Fristablauf nicht den europarechtlichen Vorgaben.[764]

jj) Prognoserisiko des Gläubigers beim Deckungsgeschäft

Neben den oben dargestellten rechtlichen Argumenten für ein Ablehnungsrecht wird auch immer wieder die Interessenlage des Gläubigers als Begründung angeführt.

(1) Risiko bei Einleitung eines Deckungsgeschäfts

Danach soll der Gläubiger ohne ein Ablehnungsrecht im Rahmen des § 281 bei Einleitung eines Deckungsgeschäfts ein unzumutbares Risiko eingehen.[765] Solange dieses nicht erfolgreich sei, habe er ein Interesse daran, die Primärforderung nicht vorschnell durch Geltendmachung der Sekundärrechte zu vernichten. Dann ergebe sich aber für ihn ein Nachteil, wenn der Schuldner zwischen Einleitung und Erfolg des Deckungsgeschäfts seine Primärschuld erfülle, denn der Gläubiger müsse dann die Kosten des sinnlosen Deckungsgeschäfts tragen und bekomme die Leistung zweifach.

Auch dieser Einwand greift jedoch nicht durch. Zunächst ist festzuhalten, dass der Gesetzgeber dem Gläubiger bewusst das Risiko hinsichtlich der Entscheidung für oder gegen die Primärpflicht zugedacht hat.[766] So war bei der Reform zunächst beabsichtigt, den Primäranspruch des Gläubigers erst mit Erhalt des Schadensersatzes erlöschen zu lassen.[767] Dies wurde aber wegen der dann für nötig befundenen Gegenfristmöglichkeit des Schuldners abgelehnt. Stattdessen wurde auf das Schadensersatzverlangen abgestellt. Dabei hieß es:[768] „Das ist auch nicht unnötig hart: Der Gläubiger mag sich vor der Geltendmachung eines Anspruchs überlegen, was er will bzw. was seinen Interessen am ehesten ent-

[762] Höffe, S. 69; Schürholz, S. 274/275; dies sieht auch Roth, in: Zivilrechtswissenschaft und Schuldrechtsreform, S. 225 (243).

[763] Höffe, S. 69

[764] So auch Doehner, S. 258 und 260; Höffe, S. 69-72; Jud, Jahrbuch Junger Zivilrechtswissenschaftler 2001, 205 (219); Leible, in Gebauer/Wiedmann, Kapitel 9 Rn 84 und 89; Schürholz, S. 275 .

[765] Derleder/Hoolmans NJW 2004, 2787 (2789); Erman/Westermann, § 281 Rn 20; Finn ZGS 2004, 32 (35).

[766] BT-Drucks. 14/6040, S. 141; ähnlich auch Erman/Westermann, § 281 Rn 22.

[767] § 283 Abs. 4 des Abschlussberichts, vgl. Abschlussbericht, S. 136; Staudinger/Otto, Neubearbeitung 2004, § 281 Rn D2.

[768] BT-Drucks. 14/6040, S. 141.

spricht." Ferner sollte der Gläubiger durch die Abschaffung des automatischen Erlöschens der Primärpflicht ein erweitertes Entscheidungsrecht erhalten. Die durch eine verspätete Ausübung der Sekundärrechte möglichen Nachteile halten sich dabei im Rahmen des normalen Entscheidungs- und Prognoserisikos. Dieses trägt der Rechtsberechtigte auch in vielen anderen Fällen, so etwa ob Rücktritt oder Schadensersatz lohnender ist, ob eine Anfechtung Sinn macht oder ob bei § 179 Abs. 1 Erfüllung oder Schadensersatz gefordert wird etc. Schließlich hat der Gläubiger durch den Fortbestand der Primärschuld auch den Vorteil, auf sie trotz Entstehung der Übergangsbefugnis auf die Sekundärrechte nicht verzichten zu müssen. Er kann also zweigleisig fahren und reduziert damit sein Risiko, leer auszugehen. Daher ist es ihm zuzumuten, entweder die Gefahr eines sinnlosen Deckungsgeschäfts zu tragen oder vor dessen Einleitung das Primärschuldverhältnis zu liquidieren. Schlägt dann sein Deckungsgeschäft fehl, so hat er regelmäßig gegen seinen neuen Vertragspartner Sekundäransprüche. Der Schuldner muss nicht für seine eigene Leistung und außerdem zusätzlich für die Leistung des neuen Vertragspartners haften.

(2) Abwälzung des Prognoserisikos auf den Schuldner bei Gefahr eines sehr hohen Schadens

Abseits dieses Regelfalles sind seltene Fälle denkbar, bei denen das Gläubigerinteresse an der Primärleistung derart groß ist, dass es ihm nicht zugemutet werden kann, die Primärforderung vor einem Deckungskauf zum Erlöschen zu bringen. Dies wird namentlich dann der Fall sein, wenn dem Gläubiger aus dem Ausfall der Primärleistung ein sehr hoher Schaden droht. Dann wird es dem Gläubiger zu dessen Abwendung erlaubt sein, sowohl an der Primärforderung festzuhalten als auch einen Deckungskauf zu tätigen. Den Deckungskauf verlangt dann schon die Schadensminderungspflicht nach § 254. Stellt sich dieser dann wegen vorheriger Erbringung der Primärleistung als sinnlos heraus, so kann der Gläubiger dessen Kosten, obwohl grundsätzlich dem Schadensersatz statt der Leistung unterfallend, nach den §§ 280 Abs. 1 und 2, 286 ersetzt erlangen. Denn es ist anerkannt, dass der Verzögerungsschaden in Fällen des § 254 auch eine Position des Schadensersatzes statt der Leistung umfassen kann, wenn etwa allein durch ein sofortiges Deckungsgeschäft der Schadensminderungspflicht nachgekommen werden konnte.[769]

(3) Möglichkeiten des Gläubigers zur Verminderung des Prognoserisikos

Schlussendlich hält sich die Belastung des Gläubigers mit dem Prognoserisiko deshalb in engen Grenzen, da sich ihm ein einfach zu bewerkstelligender Schutz bietet. Zunächst einmal wird der Gläubiger von der demnächst anstehenden Primärleistung häufig erfahren, da der Schuldner den voraussichtlichen Leis-

---

[769] Palandt/Heinrichs, § 286 Rn 44; Staudinger/Löwisch, Neubearbeitung 2004, § 286 Rn 173; zum insofern identischen alten Recht: Palandt/Heinrichs, 61. Auflage, § 286 a.F. Rn 4; Peters NJW 1979, 688 (691).

tungstermin schon wegen § 299 dem Gläubiger ankündigen muss,[770] bzw. dies im Rahmen seines Fragerechts nach §§ 241 Abs. 2, 242 zur Vermeidung sinnloser Erfüllungsbemühungen infolge eines plötzlichen Übergangs tun wird.[771] In diesem Falle kann der Gläubiger seine Sekundärrechte noch sofort ausüben bzw. diese Absicht dem Schuldner mitteilen. Dieser hat durch die Nichtleistung bei Fälligkeit die Wahlmöglichkeiten des Gläubigers geschaffen und ist diesen eben bis zur Erbringung der Primärleistung ausgesetzt. Die Sekundärrechte erlöschen deshalb erst in dem Moment, in dem der Schuldner die Primärleistung ordnungsgemäß anbietet.

Ist dem Gläubiger eine baldige Primärerfüllung vom Schuldner nicht mitgeteilt worden, vermutet dieser aber die Möglichkeit einer solchen und möchte dennoch ein Deckungsgeschäft einleiten, so kann er sich auch dann gegen das Risiko einer plötzlichen Primärleistung, die seine Bemühungen um das Deckungsgeschäft zunichte machen würde, schützen. Der Gläubiger kann vor Einleitung des Deckungsgeschäfts den Schuldner fragen, ob er in der Zeit bis zu dessen Erfolg leistungsfähig sein wird. Der Schuldner muss darauf aus einer Nebenpflicht des Vertrages gemäß § 241 Abs. 2 Antwort geben. Denn der Vertrag an sich und die eigene Leistungsuntreue führen zu einer leistungssichernden Nebenpflicht des Schuldners.[772] Der Schuldner muss alles tun, damit der Eintritt des Leistungserfolges und die Verwirklichung des Vertragszwecks nicht gefährdet werden.[773] Dies wäre aber der Fall, wenn der Gläubiger faktisch mangels Anhaltspunktes über die Erbringung der Primärleistung vorschnell zur Aufgabe des Primäranspruchs gezwungen würde. Daher kann die leistungssichernde Nebenpflicht den Schuldner zu einem Zusammenwirken mit dem anderen Teil und zur Aufklärung oder Auskunft verpflichten.[774] Zusammen mit der allgemeinen Schutzpflicht für das Vermögen des anderen Vertragspartners führt dies zu einer Auskunftspflicht des Schuldners hinsichtlich berechtigter Fragen des Gläubigers. Eine solche liegt hier vor, da so der Gläubiger einen Vermögensnachteil in Form eines sinnlosen Deckungsgeschäfts vermeiden kann. Die Obliegenheit zur Nachfrage vor Durchführung eines Deckungsgeschäfts trägt der Gläubiger, dem sie eher anzutragen ist, als dem Schuldner eine eigenständige Informationsverpflichtung. Denn dieser wird von sich aus nichts von den Absichten und Notwendigkeiten eines Deckungsgeschäfts wissen.

[770] Zu § 299 schon oben, S. 145 ff. ferner Soergel/Gsell, 13. Auflage, § 323 Rn 146.
[771] Vgl. dazu oben, S. 122 ff.
[772] MüKo/Roth, Band 2a, 4. Auflage, § 241 Rn 67.
[773] AnwKomm/Dauner-Lieb, § 281 Rn 43; Bamberger/Roth/Grüneberg, § 241 Rn 46; Gernhuber, Schuldverhältnis, S. 22; MüKo/Roth, Band 2a, 4. Auflage, § 241 Rn 67.
[774] AnwKomm/Dauner-Lieb, § 281 Rn 46 ff.; Bamberger/Roth/Grüneberg, § 241 Rn 46; MüKo/Roth, Band 2a, 4. Auflage, § 241 Rn 67.

Eine Parallele zu dem hier vertretenen Auskunftsrecht des Gläubigers findet sich in den Fällen, in denen der Gläubiger schon vor Fälligkeit berechtigte Zweifel an der Erbringung der geschuldeten Leistung durch den Schuldner hat. Dazu war schon im alten Recht anerkannt, dass der Gläubiger den Schuldner auch vor Fälligkeit zur Erklärung über seine Leistungsbereitschaft und -fähigkeit auffordern darf.[775] Dies gilt wegen der Pflicht des Schuldners zur Leistungstreue aus § 241 Abs. 2 auch im neuen Recht.[776]

Fragt der Gläubiger den Schuldner und verneint dieser seine Leistungsfähigkeit bis zum voraussichtlichen Erfolg des Deckungsgeschäfts, so kann der Gläubiger dieses risikolos veranlassen. An der Erbringung der Primärleistung ist der Schuldner dann jedenfalls für diesen Zeitraum gemäß § 242 und dem Grundsatz venire contra factum proprium gehindert. Kommt der Schuldner seiner Auskunftspflicht nicht nach und antwortet nicht, so kann der Gläubiger die Kosten eines Deckungsgeschäfts selbst dann verlangen, wenn der Schuldner zuvor doch geleistet hat und deshalb das Deckungsgeschäft sinnlos und eigentlich unzulässig war. Der Kostenerstattungsanspruch folgt dann nicht aus § 281 sondern wegen der Verletzung der Auskunftspflicht des Schuldners aus §§ 280 Abs. 1 i.V.m. 241 Abs. 2. Bejaht der Schuldner seine Leistungsfähigkeit, so kann sich der Gläubiger entscheiden, ob er der Ankündigung des Schuldners vertrauen oder doch ein Deckungsgeschäft in Auftrag geben möchte. Im letzteren Fall sollte er dann aber sofort auf den Schadensersatzanspruch übergehen, damit er die Kosten auch tatsächlich ersetzt verlangen kann. Andernfalls wären die Kosten des Deckungsgeschäfts im Falle zwischenzeitlicher Erbringung der Primärleistung nicht vom Schuldner zu ersetzen, da ein Übergang auf den Schadensersatz statt der Leistung wegen Erfüllung nicht mehr möglich ist.[777] Sichert der Schuldner einen bestimmten Termin zu und hält ihn nicht ein, so kann der Gläubiger weiterhin seine Sekundärrechte auszuüben und ist vor verzögerungsbedingten Nachteilen durch einen Anspruch auf Ersatz der Verzögerungsschäden nach §§ 280 Abs. 1, 2 und 286 Abs. 1 geschützt.

---

775 Vgl. nur BGH WM 1970, 791 (792); BGH WM 1976, 75 (76); BGH NJW 1983, 989 (990).

776 jurisPK-BGB/Alpmann, 2. Auflage, § 281 Rn 20; Ramming ZGS 2003, 209 (209/210). Kommt der Schuldner seiner Pflicht zur Auskunft über die den Zweifel begründenden Tatsachen innerhalb einer gesetzten angemessenen Frist nicht nach, so kann der Gläubiger schon vor Fälligkeit seine Sekundärrechte ausüben.

777 Erbringt der Schuldner die Primärleistung nicht, so kann der Gläubiger die Kosten des Deckungsgeschäfts auch dann verlangen, wenn er es schon vor der Wahl des Schadensersatzes getätigt hat, vgl. BGH NJW 1998, 2901 (2903); Emmerich JuS 1998, 1058; MüKo/Emmerich, Band 2a, 4. Auflage, Vor § 281 Rn 70; Staudinger/Otto, Neubearbeitung 2004, § 280 Rn E100.

kk) Sofortiges Ablehnungsrecht nach dem Anbieten der Primärleistung?
Einige möchten dem Gläubiger ein Wahlrecht noch sofort nach dem Anbieten der Primärleistung durch den Schuldner geben.[778] Andernfalls könne der Gläubiger durch den Erfüllungsversuch des Schuldners überrumpelt werden, noch bevor er sich Gedanken über seine Wahl gemacht habe.[779]

Dem ist entgegen zu halten, dass der Gläubiger nach hiesigem Ansatz zunächst schon wegen § 299 Kenntnis von der baldigen Erfüllung haben wird und er ansonsten den Schuldner danach befragen kann, ob mit einer Erfüllung demnächst zu rechnen sei und sich so seine Meinung bilden kann. Ein sofortiges Wahlrecht würde auch dazu führen, dass der Schuldner eine geschuldete Sache auf eigene Kosten wieder wegtransportieren müsste, obwohl er doch nur die Handlung zu erbringen versucht hat, zu der er materiell-rechtlich noch verpflichtet war. Demgegenüber kann der Schuldner nach hiesiger Ansicht bei unberechtigter Ablehnung der Primärleistung die Kosten des Transports nach § 304 wegen des Annahmeverzugs des Gläubigers ersetzt verlangen. Bei einem sofortigen Ablehnungsrecht bliebe der Schuldner auch auf seiner Primärleistung „sitzen" und wäre zusätzlich noch den Sekundärrechten unterworfen. Die Unsicherheit des Schuldners wegen einer überraschenden Wahl des Gläubigers wäre nur unvollkommen zu beheben. Zwar könnte der Schuldner durch Anbieten der Primärleistung eine Entscheidung erzwingen, jedoch nur unter der Gefahr, diese wegen eines sofort erfolgten Übergangs auf die Sekundärrechte umsonst ermöglicht zu haben. Dies kann nicht überzeugen.
ll) Ergebnis
Nach alledem ist ein Ablehnungsrecht des Gläubigers hinsichtlich der Primärleistung nach Fristablauf nicht anzuerkennen. Der Schuldner kann dem Gläubiger auch nach Fristablauf durch Anbieten der Primärleistung die Sekundärrechte nehmen. Das Anbieten der Primärleistung ist für die Übergangsbefugnis erheblich, da es für einen Übergang dann an der Tatbestandsvoraussetzung des Verzugs bzw. der Nichtleistung fehlt. Der Gläubiger hat die Möglichkeit, vom Schuldner eine Erklärung über den voraussichtlichen Erfüllungszeitpunkt zu verlangen, was ihm Planungs- und Entscheidungssicherheit gewährt.

c) Auswirkungen der sonstigen Einwendungen während der Schwebelage
Nachdem nun die Möglichkeit des Schuldners, die Sekundärrechte des Gläubigers durch Anbieten der Primärleistung auch noch in der Schwebelage aufzuheben, klargestellt ist, sollen noch die anderen möglichen Einwendungen und deren Auswirkungen für die Rechte aus §§ 281, 323 während der Schwebelage erörtert werden.

---

[778] Derleder/Hoolmans NJW 2004, 2787 ff.; Palandt/Heinrichs, § 281 Rn 50; wohl auch Erman/Westermann, § 281 Rn 20. Anklänge findet diese Ansicht in Art. 49 Abs. 2 a) CISG und in § 326 Abs. 2 des Gutachtenvorschlags von Huber zur Modernisierung des Schuldrechts.
[779] So Derleder/Hoolmans NJW 2004, 2787 (2789).

aa) Eintritt einer Unmöglichkeit

(1) Problematik der Erheblichkeit für die Rechte aus §§ 281, 323

In der Schwebelage kann eine dauernde oder vorübergehende Unmöglichkeit eintreten. Diese wird in den allermeisten Fällen vom Schuldner zu vertreten sein. Denn dieser haftet mit Fristablauf, also von Beginn der Schwebelage an, wegen des dann vorliegenden Verzugs verschärft nach § 287 Satz 2 BGB.[780] Denkbar ist ein fehlendes Vertretenmüssen gemäß § 287 Satz 2 a. E., wenn die Leistungsstörung auch bei rechtzeitiger Leistung beim Gläubiger eingetreten wäre und in Fällen der vom Gläubiger zu vertretenden Unmöglichkeit, also bei der eigenmächtigen Selbstvornahme. Die Problematik der Selbstvornahme in der Schwebelage soll später behandelt werden.[781]

Hat der Schuldner die Unmöglichkeit wie meist zu vertreten, so steht zumindest fest, dass er auf Schadensersatz haftet. Fraglich ist indes, ob sich der Schadensersatzanspruch bei der dauerhaften Unmöglichkeit weiterhin nach § 281 richtet – und damit der Eintritt der Unmöglichkeit in der Schwebelage keine Auswirkungen auf den Haftungstatbestand hat – oder ob sich die Haftung nun nach § 283 richtet. Ähnlich stellt sich die Frage bei Eintritt einer zu vertretenden vorübergehenden Unmöglichkeit, wo entweder weiter über § 281 direkt oder nur analog § 281 gehaftet wird.[782] Einer neuerlichen Fristsetzung bedarf es dabei aber jedenfalls nicht, da dem Schuldner schon zuvor durch die erfolglose Fristsetzung eine letzte Chance gegeben wurde. Insofern ist die Rechtslage mit dem Fall einer schlecht erfüllten Nachleistung innerhalb der Nachfrist zu vergleichen. Leidet die Nachleistung an dem gleichen, schon zuvor geltend gemachten Mangel, so muss der Gläubiger nach Ablauf der Frist nicht erneut wegen des Mangels Nachfrist setzen, sondern kann sofort auf das Sekundärrecht übergehen.[783] Dort wie hier hat der Schuldner einmal eine komplette Chance erhalten und nicht genutzt, weitere Nachfristsetzungen sind also nicht erforderlich.

Die Frage, ob der Eintritt einer Unmöglichkeit in der Schwebelage an den Rechten aus §§ 281, 323 noch etwas zu ändern vermag, ist ein Ausschnitt aus dem allgemeinen Problem der Beachtlichkeit neuer Einwendungen in der Schwebelage. Für den Fall des Erfüllungsangebotes durch den Schuldner wurde oben schon geklärt, dass dieses die Rechte des Gläubigers aus §§ 281, 323 erlöschen lässt. In der hier aufgezeigten Allgemeinheit wird das Problem aber selten behandelt. Oftmals findet sich die Formulierung, „das Verlangen nach Schadensersatz gehe ins Leere, wenn die Voraussetzungen des § 281 nicht vorlie-

[780] Es wurde schon erörtert, dass bei § 281 spätestens bei Fristablauf Verzug vorliegen muss, siehe oben, S. 74 ff.

[781] Siehe unten, S. 163 ff.

[782] Zur Haftung analog § 281 bei vorübergehender Unmöglichkeit siehe oben, S. 36 ff.

[783] MüKo/Ernst, Band 2a, 4. Auflage, § 323 Rn 88; Staudinger/Otto, Neubearbeitung 2004, § 281 Rn B80.

gen."[784] Soweit damit die Abhängigkeit der Sekundärrechte während der Schwebelage von dem Fortbestand der Entstehungsvoraussetzungen der §§ 281, 323 gemeint ist, trifft diese Äußerung den Kernpunkt des hier zu erörternden Problems. Es gibt aber auch anders lautende Stimmen, wonach der Wegfall der Eingangsvoraussetzungen nach Fristablauf unerheblich ist.[785]

(2) Diskussion

(a) Konstruktive und systematische Erklärbarkeit einer Erheblichkeit

Für eine allgemeine Erheblichkeit neuer Einwendungen auch während der Schwebelage spricht, dass der Wegfall der Sekundärrechte aus §§ 281, 323 konstruktiv unproblematisch erklärt werden kann. Zwar mögen einstweilen die Voraussetzungen für einen Übergang nach §§ 281, 323 vorgelegen haben und der Schadensersatzanspruch auch an sich mit dem Fristablauf als verhaltener Anspruch entstanden sein. Solange jedoch der Gläubiger den Übergang mangels Ersatzverlangens oder Rücktritts nicht vollendet hat, können die Befugnisse des Gläubigers auch wieder erlöschen. Bei Unmöglichkeit und vorübergehender Unmöglichkeit fehlt es an dem notwendigen Verzug oder der Nichtleistung auf eine durchsetzbare Primärforderung und damit an einem der als Übergangsvoraussetzung zu qualifizierenden Tatbestandsmerkmale der §§ 281, 323. Die so angenommene Erheblichkeit neuer Einwendungen deckt sich auch mit dem schon oben gefundenen Ergebnis, dass zumindest das Angebot der Primärleistung in der Schwebelage die Sekundärrechte des Gläubigers entfallen lässt. Es ist dann konsequent, dies hinsichtlich aller für die Primärforderung erheblichen Einwendungen anzunehmen.[786]

Durch diese Abhängigkeit der Rechte aus §§ 281, 323 von den Übergangsvoraussetzungen wird auch eine Übereinstimmung mit der Haftung nach den allgemeinen Regeln, d.h. ohne Berücksichtigung der Besonderheiten der Schwebelage, bewirkt. Nach diesen allgemeinen Regeln hat etwa der Eintritt einer nicht zu vertretenden Unmöglichkeit die vollkommene Befreiung des Schuldners zur Folge. Dies muss dann aber auch noch in der Schwebelage gelten. Denn in dieser sind die Sekundärrechte des Gläubigers noch nicht endgültig entstanden, so dass keine von den allgemeinen Regeln unterschiedlichen Ergebnisse erzielt werden dürfen. Damit würde es nicht übereinstimmen, wenn der Gläubiger ungeachtet der Einwendungen gegen den Primäranspruch ein Scha-

---

[784] AnwKomm/Dauner-Lieb, § 281 Rn 47; Jauernig/Stadler, § 281 Rn 14; MüKo/Ernst, Band 2a, 4. Auflage, § 281 Rn 105; ähnlich Bamberger/Roth/Grüneberg, § 281 Rn 48; Mattheus, in: Schwab/Witt, S. 100/101; Schwab JR 2003, 133 (138); vgl. auch Stellungnahme der Bundesregierung, BT-Drucks. 14/6857, S. 50 bei Nr. 29 und Henssler/Graf von Westphalen/Dedek, § 281 Rn 47. Dies hat auch für § 323 zu gelten.

[785] So AnwKomm/Dauner-Lieb, § 281 Rn 54; Bressler NJW 2004, 3382 (3384) und Erman/Westermann, § 281 Rn 21 für die Unmöglichkeit in der Schwebelage; wohl ganz generell auch Staudinger/Otto, Neubearbeitung 2004, § 281 Rn B8 und § 323 Rn B5 und B8.

[786] So auch MüKo/Ernst, Band 2a, 4. Auflage, § 281 Rn 89 für die Unmöglichkeit, anders aber für die Verjährung, Rn 88.

densersatzverlangen nach § 281 Abs. 4 aussprechen könnte. Denn der Gläubiger hat sich gerade noch nicht für die Sekundärrechte und gegen den Primäranspruch entschieden und muss sich daher noch das Schicksal des Primäranspruchs als Teil der Übergangsvoraussetzungen entgegenhalten lassen.[787] Erst nach einem endgültigen Übergang auf die Sekundärrechte ist seine Rechtsposition vom Primäranspruch und den Übergangsvoraussetzungen unabhängig.[788] Es erscheint nicht angebracht, dem Gläubiger diese Privilegierung schon in der Schwebelage einzuräumen, ohne ihm auch das Opfer des Verlusts des Primäranspruchs abzuverlangen.

(b) Bedeutung des schon bestehenden Schadensersatzanspruchs bei § 281

Nichts anderes ergibt sich aus dem Bestand des Schadensersatzanspruchs nach § 281 schon mit Fristablauf. Denn dieser ist bis zu einem Verlangen noch nicht als endgültig und unabhängig anzusehen.[789] Vielmehr ist er als Folgeanspruch aus der Nichterfüllung des Primäranspruchs an dessen Fortbestand gekoppelt. Dies zeigt gerade § 281 Abs. 4, wonach das parallele Bestehen von Primär- und Schadensersatzanspruch erst mit dem Ersatzverlangen endet. Auch die Anwendbarkeit des § 283 bei ausgeschlossener Leistungspflicht zeigt, dass für § 281 nur Raum ist, wenn der Primäranspruch noch bis zum Verlangen besteht.

Der Grund für die frühzeitige Entstehung des Schadensersatzanspruchs – und damit das etwas verwirrende, scheinbar parallele Bestehen der Ansprüche – ist schon dargestellt worden:[790] Er liegt allein darin, dass der Gesetzgeber dem Gläubiger die Wahlmöglichkeit zwischen Primär- und Schadensersatzanspruch geben wollte.[791] Dazu bedurfte es der automatischen Entstehung schon bei Fristablauf, da jede Entstehung durch Äußerungen des Gläubigers implizit eine Ablehnung der Primärleistung bedeutet hätte. In der Sache sollte aber nichts daran geändert werden, dass der Gläubiger nur ein Leistungsinteresse haben kann. Alles andere würde eine doppelte Anspruchsberechtigung bedeuten und die Gefahr doppelter Befriedigung und damit einer Bereicherung in sich bergen. Unter Berücksichtigung des vorgesehenen parallelen Bestehens bis zum Zeitpunkt des § 281 Abs. 4 muss dann aber der ersatzlose Wegfall der Primärleistungsberechtigung auch zum Wegfall der Schadensersatzberechtigung nach § 281 führen. Der Fortbestand des Schadensersatzanspruchs trotz vorherigem Wegfall des Anspruchs auf die Leistung würde letztlich auch dessen Betitelung widersprechen. Denn er wäre dann gerade kein Schadensersatzanspruch „statt der Leistung“ im Sinne des § 281, sondern des § 283.

---

[787] MüKo/Ernst, Band 2a, 4. Auflage, § 281 Rn 90.

[788] Siehe dazu oben, S. 131 ff.

[789] Anders aber Bressler NJW 2004, 3382 (3384), der eine Abhängigkeit mit dem Argument leugnet, der Primäranspruch sei nach § 281 nur Tatbestandsvoraussetzung für die Entstehung des Schadensersatzanspruchs und ein späterer Wegfall daher irrelevant.

[790] Siehe oben bei S. 148/149 und auch unten, S. 195.

[791] BT-Drucks. 14/6040, S. 140.

Das Schicksal des Erlöschens ereilt den Schadensersatzanspruch trotz vorheriger Entstehung als verhaltener Anspruch ist auch nicht so ungewöhnlich, es ereilt ihn auch in einem anderen Fall. Wenn der Gläubiger erfolglos Nachfrist gesetzt hat, kann er bei gegenseitigen Verträgen auch nur den Rücktritt nach § 323 aussprechen, wobei zwangsläufig der schon entstandene Schadensersatzanspruch wieder erlöschen muss.

(c) Ergebnis

Die Übergangsberechtigungen nach §§ 281, 323 und auch der Schadensersatzanspruch entfallen bei Eintritt einer Unmöglichkeit und allen anderen erheblichen Einwendungen gegen die Übergangsvoraussetzungen. Damit wird ein einheitliches Ergebnis zu der Erfüllungsmöglichkeit des Schuldners in der Schwebelage hergestellt. Unberührt bleibt eine Haftung wegen Unmöglichkeit nach § 283 bzw. analog § 281.

bb) Folgen einer Selbstvornahme als Fall der vom Gläubiger zu vertretenden Unmöglichkeit

(1) Problematik der Beachtlichkeit für die Rechte aus §§ 281, 323

Nimmt der Gläubiger in der Schwebezeit die geschuldete Leistung selbst vor, so liegt eine Selbstvornahme vor. Fraglich ist, wie sich diese auf seine Rechte aus §§ 281, 323 auswirkt. Bei den Stellungnahmen zur Selbstvornahme während des Fristenlaufs finden sich viele, die kurz und ohne nähere Begründung für den hiesigen Fall jegliche Auswirkung auf die Rechte aus §§ 281, 323 verneinen, so dass der Schadensersatzanspruch des Gläubigers weiterhin gegeben wäre.[792] *Bressler* begründet dies damit, dass mit dem Fristablauf der Schadensersatzanspruch aus § 281 schon entstanden sei und nachträglich nicht mehr wegen einer Unmöglichkeit der Nachbesserung wegfallen könne.[793] Ob der Gläubiger dann die Kosten der Selbstvornahme erstattet verlangen darf, soll von der Zurechenbarkeit des Schadens abhängen. Diese wird bejaht, da die Herbeiführung des Untergangs des Primäranspruchs wegen eines anzuerkennenden Ablehnungsrechts hinsichtlich einer versuchten Primärerfüllung allein Sache des Gläubigers sei.[794] Im Ergebnis wird so dem Gläubiger die Möglichkeit der Selbstvornahme samt vollem Kostenersatz zugebilligt.

---

[792] So Lorenz NJW 2003, 1417 (1418 in Fn 9); Dauner-Lieb/Dötsch ZGS 2003, 250 (251); Dauner-Lieb/Dötsch ZGS 2003, 455 (455 in Fn 1); Ebert NJW 2004, 1761 (1762); Lorenz ZGS 2003, 398 (398 in Fn 3); Lorenz/Riehm, Rn 189 in Fn 61; MüKo/Westermann, Band 3, 4. Auflage, § 439 Rn 10; Schürholz, S. 71. Bemerkenswert ist, dass sich alle hier angeführten Zitate auf die beiden ersten zurückführen lassen, eine vertiefte Auseinandersetzung findet sich nicht. Ausführlicher jetzt Bressler NJW 2004, 3382 ff.

[793] Bressler NJW 2004, 3382 (3384).

[794] Bressler NJW 2004, 3382 (3385).

(2) Konstruktive Erklärbarkeit einer Beachtlichkeit

Gegen diese Ansicht und für eine Beachtlichkeit der Selbstvornahme in der Schwebelage sprechen die allgemeinen Folgen der Selbstvornahme.

Durch die Selbstvornahme des Gläubigers während der Schwebelage kommt es zu einer von diesem zu vertretenden Unmöglichkeit der Primärleistung.[795] Denn der Primäranspruch besteht grundsätzlich ungeachtet des Fristablaufs bis zum endgültigen Übergang fort. Er erlischt mit der eigenmächtigen Vornahme der geschuldeten Handlung durch den Gläubiger wegen Unmöglichkeit nach § 275 Abs. 1.[796] Mangels Vorliegens des Primäranspruchs als Übergangsvoraussetzungen wäre dann nach den obigen Darlegungen[797] auch kein Übergang auf die Sekundärrechte mehr möglich. Der Gläubiger könnte also seine Kosten nicht nach § 281 ersetzt verlangen. Gegen eine besondere Handhabung der Selbstvornahme ist anzuführen, dass der Gläubiger sich vor einem Übergang noch nicht endgültig für die Sekundärrechte entschieden hat und sich daher das Schicksal des Primäranspruchs entgegenhalten lassen muss.

Dafür spricht auch die Übereinstimmung mit der schon dargestellten Rechtslage ohne Beachtung der Schwebelage.[798] Da die Selbstvornahme zu einer vom Schuldner nicht zu vertretenden Unmöglichkeit führt, muss dieser umfassend auch hinsichtlich einer Sekundärhaftung befreit werden. Ein Anspruch aus § 281 scheidet wegen der Unmöglichkeit aus und für einen Ersatzanspruch aus § 283 fehlt es am Vertretenmüssen des Schuldners. Auch das Sekundärrecht des Rücktritts wäre wegen § 323 Abs. 6 ausgeschlossen. Weitere Ansprüche dürfen wegen der Vorrangigkeit dieser Regelung nicht zuerkannt werden.

Dabei ist die hier behandelte Fallgruppe auch von der einer Selbstvornahme bei Entbehrlichkeit der Fristsetzung zu unterscheiden. Insoweit war schon oben festgestellt worden, dass es durchaus zu einem Kostenerstattungsanspruch aus § 281 kommen kann, wenn der Gläubiger bei fehlendem Fristsetzungserfordernis die Selbstvornahme ohne vorherige Übergangserklärung vornimmt.[799] Die unterschiedliche Behandlung rechtfertigt sich dadurch, dass die nicht vorhandene Voraussetzung einer vorherigen Übergangserklärung mit dem Wegfall des Fristsetzungserfordernisses untrennbar verbunden ist. Nur wenn im konkreten Fall keine Frist gesetzt werden muss, bedarf es auch keiner vorherigen Übergangserklärung nach § 281 Abs. 4. Denn der Sinn und Zweck des Wegfalls des Fristerfordernisses würde vereitelt, wenn noch die Notwendigkeit einer vorherigen Übergangserklärung aufrecht erhalten werden würde, da dann doch wieder ein vorheriger Dialog mit dem Schuldner erforderlich wäre. Im hiesigen Fall ist dies aber anders, die Fristsetzung war generell erforderlich, ist nun aber im Er-

---

[795] Siehe zur Unmöglichkeit als solcher oben, S. 135/136.

[796] So auch Bressler NJW 2004, 3382 (3384).

[797] Siehe oben, S. 160 ff.

[798] Zu den allgemeinen Folgen einer Selbstvornahme beim Fristenlauf, siehe oben S. 135 ff.

[799] Siehe dazu S. 138.

gebnis erfolglos geblieben. Es ist kein Grund ersichtlich, warum die gesetzlich angeordnete Notwendigkeit einer Übergangserklärung nicht weiterhin beachtet werden sollte.

(3) Systematische Erwägungen

Ein Fortbestand des Schadensersatzanspruchs trotz Selbstvornahme ohne vorherige Übergangserklärung – und damit faktisch auch ein Selbstvornahmerecht des Gläubigers nach Fristablauf – könnten auch systematisch nicht überzeugen. Das dem Gläubiger nach Fristablauf zustehende Wahlrecht würde sich durch die Selbstvornahme automatisch auf die Wahlmöglichkeit von Schadensersatz beschränken, da der Nacherfüllungsanspruch aufgrund der Unmöglichkeit ausgeschlossen ist.[800] Das Gesetz sieht aber vor, dass die Wahl erst durch ein Ersatzverlangen nach § 281 Abs. 4 ausgeübt wird. Erst mit diesem soll auch der Primäranspruch erlöschen. Durch ein Selbstvornahmerecht würde dies aber ohne ein an den Schuldner gerichtetes Verlangen eintreten. Die Zuerkennung eines Selbstvornahmerechts würde daher ein zweites außergesetzliches Übergangsrecht außerhalb des § 281 Abs. 4 schaffen. Dagegen muss die vom Gesetz vorgesehene Übergangsmöglichkeit als abschließend angesehen werden, zumal die schlichte Selbstvornahme mit dem Übergang gemäß Abs. 4 in keinem Fall vergleichbar ist. Denn während der Schuldner von dem Verlangen zwingend Kenntnis erlangt, fehlt dies dort.

Bei Zulassung der Selbstvornahme bestünde für den Gläubiger auch kein Grund mehr, überhaupt vorher den gesetzlich vorgesehenen Übergang nach § 281 Abs. 4 zu bewirken. Er könnte besser selbst eine Ersatzvornahme versuchen und bei Erfolg dieser Maßnahme die Kosten nach § 281 geltend machen. Bei Misserfolg bliebe ihm dann immer noch der Primäranspruch. Demgegenüber hätte der Weg über § 281 Abs. 4 wegen der notwendigen Entscheidung für den Primär- oder Schadensersatzanspruch nur Nachteile.

Es zeigt sich hier auch ein Zusammenhang mit der schon befürworteten Möglichkeit des Schuldners, noch nach Fristablauf die Primärschuld anzubieten und so die Sekundärrechte des Gläubigers zum Erlöschen zu bringen.[801] Gesteht man dieses Recht zu, so stünde ein Selbstvornahmerecht dazu in Widerspruch. Denn dann könnte der Gläubiger dem die Nachbesserung anbietenden Schuldner entgegenhalten, dass er eine Selbstvornahme schon zuvor vorgenommen hätte und nach § 281 Kostenersatz verlange. Ein solches partielles Ablehnungsrecht kann aber nicht anerkannt werden, da dadurch dem Schuldner die ihm vom Gesetzgeber zugewiesene Möglichkeit zur Beendigung seiner Unsicherheit genommen werden würde. Konsequent mit der Verweigerung eines Ablehnungsrechts muss daher auch ein Selbstvornahmerecht verneint werden. Der Schuldner, der in Unkenntnis der Selbstvornahme die Primärleistung nach Fristablauf anbietet, erscheint schutzwürdig. Er durfte mangels anderweitiger Information von der

[800] So auch Bressler NJW 2004, 3382 (3384).

[801] Diesen Zusammenhang sieht auch Bressler NJW 2004, 3382 (3385).

fortbestehenden Erfüllungsmöglichkeit der Primärforderung ausgehen und schuldet keinen Schadensersatz. Andernfalls hätte er die Primärleistung wiederum umsonst ermöglicht.

(4) Folgen einer Erheblichkeit während der Schwebelage

Die Folge einer Erheblichkeit, nämlich der Ausschluss eines Schadensersatzanspruchs auf Ersatz der Kosten der Selbstvornahme nach § 281, würde auch im Ergebnis überzeugen. Da das Gesetz das Verlangen als Voraussetzung eines Schadensersatzanspruchs vorsieht, ist der Gläubiger gehalten, dieses zuvor auszusprechen. Die Aberkennung eines Ersatzanspruchs bei einer Selbstvornahme ohne ein vorheriges Verlangen wirkt disziplinierend auf den Gläubiger ein, sich an die Voraussetzungen des Gesetzes zu halten. Mit der Reform ist durch die Abschaffung der Ablehnungsandrohung und die fehlende Koppelung von Fristablauf und Erlöschen der Primärforderung sowieso schon der Gläubiger begünstigt worden. Die Einhaltung der verbliebenen Voraussetzungen belastet ihn dann nicht übermäßig. Möchte er sich anderweitig im Wege der Selbstvornahme befriedigen, so kann ihm abverlangt werden, dies zunächst seinem Vertragspartner mitzuteilen. Dabei ist auch zu beachten, dass eine Selbstvornahme nicht schon bei jedem Deckungsgeschäft des Gläubigers vorliegt. Vielmehr muss der Gläubiger genau die geschuldete Leistung des Schuldners selbst erbringen. Bei einem normalen Kaufvertrag ist dies kaum vorstellbar. Hier bleibt das Recht des Gläubigers zum Ersatz nach § 281 auch dann erhalten, wenn er das Deckungsgeschäft zeitlich vor dem Ersatzverlangen durchgeführt hat.[802]

(5) Zwischenergebnis

Eine Unmöglichkeit nach Fristablauf hindert den Übergang auf die Sekundärrechte nach §§ 281, 323. Dies hat grundsätzlich auch für eine vom Gläubiger zu vertretende Unmöglichkeit durch eine Selbstvornahme vor Erklärung des Übergangs zu gelten. Dem Gläubiger stehen in diesem Falle keine Ersatzansprüche zu.

cc) Folgen einer Verjährung des Primäranspruchs

Nach den oben entwickelten Grundsätzen muss auch eine während der Schwebelage eintretende Verjährung des Primäranspruchs die Rechte aus §§ 281, 323 beeinflussen. Es fehlt damit an der Durchsetzbarkeit des Primäranspruchs und somit an einer Voraussetzung für die Sekundärrechte. Da der Einwand der Verjährung zu einer dauerhaften Hemmung des Primäranspruchs führt, wäre es theoretisch denkbar, auch eine Hemmung des Schadensersatzanspruchs aus § 281 anzunehmen. Überzeugender ist es aber, von einem Erlöschen des Schadensersatzanspruchs auszugehen, wenn die Verjährungseinrede gegen den Primäranspruch in der Schwebelage erhoben wird. Denn dann ist der Übergang mangels durchsetzbarer Primärforderung endgültig nicht mehr möglich, so dass auch der

[802] BGH NJW 1998, 2901 (2903); Emmerich JuS 1998, 1058; MüKo/Emmerich, Band 2a, 4. Auflage, Vor § 281 Rn 70; Staudinger/Otto, Neubearbeitung 2004, § 280 Rn E100.

Schadensersatzanspruch nicht mehr fortbestehen sollte. Ähnlich bestimmt auch § 218 Abs. 1 die Unwirksamkeit des Rücktritts.

Für die hier angenommene Abhängigkeit der Rechte aus §§ 281, 323 von neu entstandenen Einwendungen ergeben sich für die Verjährungseinrede bezüglich des Primäranspruchs durch die Regelung des § 218 Abs. 1 Satz 1 weitere Argumente. Danach ist ein Rücktritt wegen nicht erbrachter Leistung unwirksam, wenn der Primäranspruch verjährt ist und sich der Schuldner auf die Einrede beruft. Die Vorschrift kann also den Eintritt der Rücktrittsfolgen bei einer Verjährung des Primäranspruchs in der Schwebelage verhindern. Ihr liegt die Vorstellung zugrunde, dass der Gläubiger dann, wenn er die Primärforderung nicht mehr durchsetzen kann, auch nicht mehr Folgerechte wie den Rücktritt auslösen können soll.[803] Alles andere würde der Befriedungsfunktion der Verjährungseinrede widersprechen, da andernfalls der Primäranspruch doch wieder – als Voraussetzung für die Sekundäransprüche – Bedeutung erlangen würde.[804]

Für den Schadensersatzanspruch fehlt eine dementsprechende Regelung. Daraus kann aber nicht im Gegenschluss gefolgert werden, dass der Verjährungseinwand dort während der Schwebelage keine Auswirkungen mehr zeitigen kann.[805] Dafür spricht auch nicht, dass der Schadensersatzanspruch schon mit Fristablauf entstanden ist und eine eigene Verjährung hat.[806] Dies ist zwar richtig, besagt aber nichts über die hier interessierende Abhängigkeit von der Durchsetzbarkeit des Primäranspruchs. Die Gründe für eine frühzeitige automatische Entstehung des Schadensersatzanspruchs wurden schon dargelegt.[807] Ein Gegenschluss zu § 218 verbietet sich, da dieser nur einen allgemein geltenden Grundsatz auch auf das Rücktrittsrecht überträgt. Dies war nötig, da andernfalls das nach Fristablauf entstandene Rücktrittsrecht überhaupt keiner Verjährung unterliegen würde. Denn verjähren können nach § 194 Abs. 1 nur Ansprüche, nicht aber Rechte.[808] Eine besondere Vorschrift für den Schadensersatzanspruch war überflüssig, da schon aus allgemeinen Regeln folgt, dass dieser bei verjährtem Primäranspruch nicht mehr durchgesetzt werden darf, wenn nicht der Gläubiger schon vorher den endgültigen Übergang bewirkt hat. Für eine sonst drohende unterschiedliche Behandlung der Sekundärrechte aus § 323 und § 281

---

803 Gegenäußerung der Bundesregierung, BT-Drucks. 14/6857, S. 46; Erman/Schmidt-Räntsch, § 218 Rn 2.

804 Erman/Schmidt-Räntsch, § 218 Rn 2; Lange JuS 1963, 59 (62); vgl. auch Gegenäußerung der Bundesregierung, BT-Drucks. 14/6857, S. 46; auch Bamberger/Roth/Henrich, § 218 Rn 1.

805 So aber MüKo/Ernst, Band 2a, 4. Auflage, § 281 Rn 88 und § 323 Rn 180. Wie hier aber anscheinend AnwKomm/Büdenbender, 1. Auflage, § 218 Rn 18; Erman/Schmidt-Räntsch, § 218 Rn 2. Im Ergebnis wie hier AnwKomm/Dauner-Lieb, § 281 Rn 66, indem für die Verjährung des Schadensersatzanspruchs auf die Verjährung des Primäranspruchs abgestellt wird.

806 MüKo/Ernst, Band 2a, 4. Auflage, § 281 Rn 88 und § 323 Rn 180.

807 Siehe oben, S. 148/149 und unten, S. 195.

808 Mansel/Budzikiewicz, § 5 Rn 28; Palandt/Heinrichs, § 323 Rn 33 und § 194 Rn 3/4; Staudinger/Peters, Neubearbeitung 2004, § 218 Rn 1.

fehlt es an jeglichem sachlichen Grund.[809] Nach seinem Sinn und Zweck kann der Schadensersatzanspruch als Abwicklung des Primärschuldverhältnisses in eine andere Richtung[810] dann nicht fortbestehen, wenn der zugrunde liegende Primäranspruch verjährt ist. Ein zu sanktionierendes pflichtwidriges Schuldnerverhalten ist nicht mehr vorhanden, wenn ihm aufgrund der Verjährung ein Verweigerungsrecht hinsichtlich der Primärleistung zusteht. Auch aus der Gesetzeshistorie ergibt sich nichts anderes.[811] Zunächst hat der Bundesrat eine Ergänzung der Vorschrift des § 218 um Schadensersatzansprüche gefordert.[812] Dies wurde auch dort schon als bloße Klarstellung angesehen, ohne dass dies für das Ergebnis zwingend sei. Diese Klarstellung wurde dann von der Bundesregierung abgelehnt.[813] Dies geschah eben aus dem Grund, dass § 218 nur Bedeutung für den Rücktritt habe, für die Behandlung der Schadensersatzansprüche nach den allgemeinen Regeln aber gerade nichts bedeute. Es war also nicht bezweckt, der Einrede der Verjährung nur Wirkungen für die Rücktrittsberechtigung zukommen zu lassen.[814] Vielmehr sollten andersherum die allgemeinen Regeln auf die Verjährung des Rücktrittsrechts übertragen werden.[815] Damit bleibt die Verjährungseinrede für die Sekundärberechtigung auch in der Schwebelage erheblich. Dies ermöglicht nun wieder eine Angleichung an die allgemeinen Regeln, da der Schuldner bei einer Verjährung auch abseits des Vorliegens einer Schwebelage umfassend von seiner Primär- und Sekundärhaftung befreit wird.

d) Zwischenergebnis

Auch in der Schwebelage, also zwischen Fristablauf und dem endgültigen Übergang auf die Sekundärrechte, müssen die Voraussetzungen der §§ 281, 323 für den Fortbestand der Sekundärrechte weiterhin vorliegen. Die Entstehungsvoraussetzungen der §§ 281, 323 sind damit auch als Übergangsvoraussetzungen zu qualifizieren.

5) Gesamtergebnis

Der Schuldner kann dem Gläubiger in der Zeit zwischen Fristsetzung und endgültigem Übergang auf die Sekundärrechte alle für die Übergangsberechtigung nach §§ 281, 323 relevanten Einwendungen entgegenhalten. Die Rechte aus

---

809 Dies konzediert auch MüKo/Ernst, Band 2a, 4. Auflage, § 281 Rn 88 und § 323 Rn 180.

810 Vgl. zu diesem Ansatz Keuk, S. 111/112; ferner BT-Drucks. 14/6040, S. 137; Palandt/Heinrichs, Vorbemerkung zu § 281 Rn 1 und später S. 194.

811 Dies nimmt aber wohl MüKo/Ernst, Band 2a, 4. Auflage, § 281 Rn 88 und Rn 166 in Fn 228 an.

812 Stellungnahme des Bundesrates, BT-Drucks. 14/6857, S. 10

813 Gegenäußerung der Bundesregierung, BT-Drucks. 14/6857, S. 46/47.

814 Vgl. auch Erman/Schmidt-Räntsch, § 218 Rn 2.

815 Gegenäußerung der Bundesregierung, BT-Drucks. 14/6857, S. 47.

§§ 281, 323 sind dabei insbesondere vom Fortbestand des Primäranspruchs abhängig. Dies ermöglicht dem Schuldner eine fortwährende Einwirkung auf die Gläubigerrechte und begrenzt so seine Unsicherheit hinsichtlich der Gläubigerwahl und seines Schuldinhalts. Nach erfolgtem Übergang auf das Sekundärrecht müssen die Übergangsvoraussetzungen nicht mehr vorliegen. Es sind nur noch spezifisch das Sekundärrecht betreffende Einwendungen erheblich.

IV. Spekulationsmöglichkeit durch freies Übergangsrecht und die Parallelität von Primär- und Sekundäransprüchen

1) Einführung in die Spekulationsproblematik

Zwischen der Fälligkeit der Primärleistung und der Abwicklung des Schuldverhältnisses im Rahmen eines Schadensersatzanspruchs kann einige Zeit vergehen. Der Gläubiger ist hinsichtlich der Bewirkung des Übergangs grundsätzlich zeitlich ungebunden und der Schuldner hat außer der Erbringung der Primärleistung kein generelles Mittel zur Hand, diesen Übergang zeitlich zu begrenzen. Während dieser Zeitspanne kann sich die Marktlage grundlegend ändern. Dies wurde äußerst eindringlich durch die beiden Weltkriege und die Inflationszeiten bewiesen. Doch auch heute noch sind Preisschwankungen nicht ausgeschlossen, wie sich zuletzt bei den Öl- und Benzinpreisen gezeigt hat. In schnelllebigen Branchen, wie etwa der IT-Branche, können Produkte schon nach einigen Monaten überholt sein, was einen Preisverfall zur Folge hat.

Daraus ergibt sich die Frage, wer das Risiko einer solchen Preisänderung tragen soll. Dies ist sicherlich zunächst der vertragsbrüchige Schuldner, da er nach dem Grundsatz der Totalreparation für jeden Schaden einzustehen hat. Doch hängt die Dauer der Vertragsabwicklung eben auch ganz wesentlich vom Verhalten des Gläubigers ab, der allein den Übergang bewirken kann. Dieser kann den Fortbestand der Primärforderung und das freie Übergangsrecht zu einer Spekulation nutzen. Dabei sind grundsätzlich zwei Spekulationsmöglichkeiten denkbar:

Eine Spekulation kann durch eine günstige Bestimmung des Berechnungszeitpunktes für den Schaden im Rahmen des § 281 gelingen, wenn der Gläubiger diesen selbst herbeiführen kann oder die Wahl zwischen verschiedenen Zeitpunkten hat. Da der Gläubiger mit dem Übergang auf den Schadensersatzanspruch frei ist, scheint man es ihm grundsätzlich nicht verwehren zu können, den Schaden zum Zeitpunkt des Überganges zu berechnen.[816] Der relevante Zeitpunkt für die Schadensbestimmung nach neuem Recht soll erst später untersucht werden.

Hier soll zunächst die allgemeinere Spekulationsmöglichkeit aufgrund des Fortbestandes der Primärforderung und dem freien Übergangsrecht untersucht

---

[816] So schon Ernst, in: Ernst/Zimmermann, S. 559 (594) zum BGB-DiskE.

werden. Diese ermöglichen es dem Gläubiger, am Primäranspruch festzuhalten und die Marktentwicklung abzuwarten. Ergibt sich daraus ein Vorteil für ihn, ist er etwa der Verkäufer und fällt der Preis für die verkaufte Sache, so wird er an der Primärpflicht der Kaufpreiszahlung zu dem nunmehr überteuerten Preis festhalten. Steigt jedoch der Preis, so wird er durch eine Erklärung Rücktritt oder Schadensersatz wählen und so jedenfalls Eigentümer des verkauften Guts bleiben können. Durch einen neuen Verkauf kann er dann die Preissteigerung für sich nutzen. Dem Gläubiger ermöglicht also die Parallelität von Primär- und Sekundäransprüchen eine Spekulation durch vorteilhafte Nutzung der weiteren Marktentwicklung.

Weniger einfach war dies im alten Recht. Dort standen dem Gläubiger die Sekundärrechte nur nach Erlöschen des Primäranspruchs zu. Hielt er zunächst an der Primärpflicht fest, ergab sich aber aus Marktveränderungen ein Vorteil bei einem Schadensersatzanspruch, so musste er zunächst noch für eine angemessene Frist abwarten, bis er diesen verlangen konnte. Währenddessen konnte aber der Schuldner immer noch erfüllen, was wegen der Marktentwicklung dann für ihn besonders günstig war. Hatte sich der Gläubiger für die Sekundärrechte entschieden, so stand ihm bei § 283 a.F. nur noch der Schadensersatzanspruch ohne jegliche Wahlmöglichkeit zu, während bei synallagmatischen Pflichten nach § 326 a.F. noch die Wahl zwischen Schadensersatz und Rücktritt blieb. Doch auch hier konnte der Schuldner eventuelle Spekulationen des Gläubigers zwischen den Sekundärrechten durch eine Gegenfristsetzung nach §§ 327, 355 a.F. vermeiden. Die Möglichkeiten zur Spekulation waren also insgesamt äußerst eingeschränkt. Den Zusammenhang zwischen Fortbestand der Primärpflicht, freier Wahl des Sekundärrechtsbehelfs und einer Spekulationsmöglichkeit haben auch schon die jeweiligen Gesetzverfasser gesehen. Daher soll zunächst die entsprechende Gesetzeshistorie dargestellt werden.

2) Gesetzeshistorie

In den Motiven zur Schaffung des § 283 a.F. heißt es anschaulich zur Verknüpfung von Fristablauf und automatischem Erlöschen der Primärschuld:[817] „Diese Bestimmung der Wirkung des Fristablaufes ist beiden Theilen gegenüber gleichmäßig gerecht und billig, namentlich dem Gläubiger gegenüber, welcher es in der Hand hat, die Zeit der Fristsetzung und innerhalb der Grenzen der Angemessenheit das Maß der Frist zu wählen. Durch die Anknüpfung der bezeichneten Wirkung erst an das Begehren des Schadensersatzes seitens des Gläubigers würde der Letztere insbes. in die Lage versetzt, auf Kosten des Schuldners spekuliren zu können.“ Zu § 355 a.F. heißt es:[818] „Von besonderer Bedeutung ist

[817] Motive bei Mugdan, Band II, S. 30. Wie Hager, S. 150 ff. mit näheren Hinweisen berichtet, gab es schon von 1847 an Entscheidungen des Geheimen preußischen Obertribunals, in der die Gefahr der Spekulation bei Fortbestand des Erfüllungsanspruchs gesehen wurde.
[818] Denkschrift bei Mugdan, Band II, S. 1240.

diese Vorschrift für die Fälle des gesetzlichen Rücktrittes, sofern sie den Berechtigten hindert, auf Kosten des anderen Teils zu spekuliren."

Der Abschlussbericht der Schuldrechtskommission, der einen Fortbestand der Primärforderung nach Fristablauf bis zur Ausübung der Sekundärrechte vorsah, erkannte ebenfalls die Gefahr einer Spekulation. Aus diesem Grunde sah er eine Gegenfristsetzung seitens des Schuldners zur Ausübung der Sekundärrechte vor, nach deren erfolglosem Ablauf diese einstweilen erloschen.[819] Dies wurde vom Diskussionsentwurf und der Konsolidierten Fassung nur noch hinsichtlich des Rücktrittsrechts in § 323 Abs. 5 übernommen.[820] Zur Begründung hieß es: „Durch die Möglichkeit einer Wahl zwischen verschiedenen Rechtsbehelfen und insbesondere zur Bestimmung des Zeitpunktes der Wahl kann der Gläubiger auf Kosten des Schuldners die Marktentwicklung abwarten, also ggf. spekulieren. Auch wenn man für Schadensersatzansprüche des Gläubigers allzu langes Zuwarten und dadurch verursachte Vergrößerung des Schadens mit § 254 auffangen kann, bleibt es unbefriedigend, dass durch die Wahlmöglichkeiten des Gläubigers eine Schwebelage entsteht, in welcher der Schuldner nicht absehen kann, ob von ihm noch Erfüllung verlangt wird. (...) Der Entwurf sieht eine Entschärfung des Regelungsproblems durch Absatz 5 vor."

Im Zuge des weiteren Reformverfahrens wurde der angedachte Schutz vor Spekulationen nicht verwirklicht. Der Entwurf BT-Drucks. 14/6040 sah die Möglichkeit einer Fristsetzung durch den Schuldner überhaupt nicht mehr vor, denn es wurde als unangemessen empfunden, dass ausgerechnet der vertragsbrüchige Schuldner dem Gläubiger eine ungünstige Entscheidung aufzwingen könne.[821] Ferner sei diese Regelung zu kompliziert. Zudem führe sie nicht zu einer endgültigen Entscheidung, und dem Schuldner sei die Unsicherheit zuzumuten. Schließlich sei der Schuldner vertragsbrüchig und könne durch die Erbringung der Primärleistung die Unsicherheit beenden.[822] Die Gefahr von Spekulationen erwähnten die Entwurfsverfasser hier und auch später nicht mehr; gebannt ist sie dadurch natürlich nicht. Daher sollen im Folgenden die Grenzen der Spekulationsmöglichkeiten aufgezeigt werden.

3) Grenzen der Spekulation durch eine allgemeine Pflicht zum baldigen Übergang auf die Sekundärrechte?

Die Spekulationsgefahr könnte gebannt werden, wenn grundsätzlich eine Pflicht des Gläubigers zum baldigen Übergang auf die Sekundärrechte anzunehmen wä-

---

[819] §§ 282 Abs. 4, 323 Abs. 5 des Entwurfs der Schuldrechtskommission, Abschlussbericht, S. 171.

[820] § 323 Abs. 5 BGB-KF; § 323 Abs. 5 BGB-DiskE, vgl. zur Begründung BGB-DiskE, S. 401 ff. Dazu, dass der Gesetzestext aus Versehen Abs. 5 nicht vorsah, siehe nur Huber, in: Ernst/Zimmermann, S. 31 (165).

[821] BT-Drucks. 14/6040, S. 140.

[822] BT-Drucks. 14/6040, S. 185.

re. Dies ist jedoch nicht möglich, denn eine solche generelle Pflicht würde sowohl dem vom Gesetzgeber gewollten freien Wahlrecht als auch einem grundlegenden Prinzip im Schuldrecht zuwider laufen. Ein solches stellt der Grundsatz „pacta sunt servanda" dar, dessen Ausprägung die grundsätzlich unbeschränkte Primärhaftung des Schuldners ist. Als Folge davon ist der Gläubiger zunächst in der Entscheidung frei, ob ein Übergang auf die Sekundärrechte bewirkt werden soll.[823] Dieses Prinzip wurde durch den neu geschaffenen Fortbestand des Primäranspruchs neben den Sekundärbefugnissen noch verstärkt. Der Schuldner hat bis auf wenige Ausnahmen keine Möglichkeit, ohne Zutun des Gläubigers von der Primärhaftung befreit zu werden. Eine Befreiung tritt zunächst nur bei Eintritt der Unmöglichkeit ein, die nun unabhängig vom Verschulden nach § 275 Abs. 1 die Leistungspflicht ausschließt. Das gleiche kann für Fälle wirtschaftlicher Unmöglichkeit nach Abs. 2 oder persönlicher Unzumutbarkeit nach Abs. 3 gelten. In seltenen Fällen kann auch über die Grundsätze des Wegfalls der Geschäftsgrundlage, § 313, eine Anpassung des Vertrags verlangt werden. Dies wird indes nur selten möglich sein, da der Schuldner bei Vertragsschluss grundsätzlich das Beschaffungs- und Herstellungsrisiko trägt, während dem Gläubiger das Verwendungsrisiko obliegt.[824] Darüber hinaus ist eine Befreiung ohne Zutun des Gläubigers, außer durch die Erbringung der Primärleistung, nicht vorgesehen.

Dem Schuldner kann auch nicht durch eine Pflicht des Gläubigers zum Selbsthilfeverkauf, wie sie im Rahmen der Art. 64, 88 CISG diskutiert wird, geholfen werden.[825] Dort soll der Käufer dadurch vor einer Spekulation geschützt werden, dass der Verkäufer verpflichtet ist, die Kaufsache bei einem Preisverfall im Rahmen eines Selbsthilfeverkaufs zu veräußern. Dies scheitert für das deutsche Recht aber schon daran, dass der Annahmeverzug des Käufers in der Regel nur zur Hinterlegung ermächtigt, § 372. Auch § 383 ermöglicht nur in seltenen Fällen eine Versteigerung hinterlegungsunfähiger Sachen. Jedenfalls besteht grundsätzlich keine Verpflichtung des Verkäufers zu einem Vorgehen nach § 372 ff.[826] Eine generelle baldige Übergangspflicht des Gläubigers kann also nicht angenommen werden.

---

[823] Vgl. zum alten Recht: RGZ 88, 405 (406), welches meint: „Wann er (der Gläubiger) dazu übergehen will, im Wege der Nachfristbestimmung seinen Anspruch zu verfolgen, ist ihm grundsätzlich freigestellt."; ferner RGZ 107, 106 (109); RGZ 117, 66 (67); Huber, Band II, S. 148; zum neuen Recht: Lorenz/Riehm Rn 233; MüKo/Ernst, Band 2a, 4. Auflage, § 281 Rn 97.

[824] AnwKomm/Dauner-Lieb, § 281 Rn 46; Palandt/Heinrichs, § 313 Rn 30.

[825] Vgl. zum CISG ablehnend Schlechtriem/Schwenzer/Hager, Art. 64 Rn 26.

[826] RGZ 61, 245 (250); Soergel/Zeiss, Vor § 372 Rn 2; die Möglichkeit eines Selbsthilfeverkaufs kennt § 373 Abs. 2 HGB.

4) Grenzen der Spekulation nach § 242 und durch Erfüllung seitens des Schuldners

Eine Grenze der Spekulationsmöglichkeiten des Gläubigers kann aus dem Gebot von Treu und Glauben nach § 242 folgen. Anzuerkennen ist der Grundsatz, dass der Gläubiger nicht willkürlich auf Kosten des Schuldners spekulieren darf.[827] Jedoch müssen die Grenzen naturgemäß sehr unsicher sein, da zunächst eben ein zeitlich ungebundenes Wahlrecht besteht. Daher kann nicht in jedem Abwarten ein treuwidriges Verhalten gesehen werden.[828] Andererseits sollte der neu geschaffene Fortbestand des Primäranspruchs nicht eine Spekulation ermöglichen, sondern nur den Zwang zu einem vorschnellen, nicht der Interessenlage des Gläubigers entsprechendem Abgehen vom Primäranspruch beseitigen. Wie auch sonst kann § 242 nur in Extremfällen Schutz bieten. Dabei wird ein Abwarten allein aus Spekulationsgründen besonders dann nahe liegen, wenn sonst kein vernünftiger Grund für ein Festhalten am Primäranspruch ersichtlich ist.[829] Dies ist stark einzelfallabhängig und soll hier nicht weiter verfolgt werden.[830]

Eine teilweise Begrenzung der Spekulation gelingt interessanterweise gerade durch den diese erst ermöglichenden Fortbestand der Primärforderung. Zwar ist das freie Wahlrecht des Gläubigers nur in Einzelfällen im Rahmen der §§ 242, 241 Abs. 2 in zeitlicher Hinsicht begrenzt, wenn der Gläubiger ein Abwarten zugesagt hat. Einem unvermeidbaren „Ausgeliefertsein" des Schuldners steht indes noch die Möglichkeit der Primärerfüllung nach Nachfristablauf entgegen. Mit eben dieser Begründung strich der Gesetzgeber die vorgesehene Gegenfristmöglichkeit des Schuldners. Die Erfüllungsmöglichkeit ist aber nicht ausreichend, denn auch dann, wenn der Schuldner die Primärleistung nicht erbringen kann, ist es dem Gläubiger nicht in jedem Falle zu erlauben, dies grenzenlos zu einer Spekulation zu nutzen. Dies muss vor allem dann gelten, wenn der Gläubiger kein schützenswertes Interesse an einem Festhalten am Primäranspruch vorweisen kann.[831]

---

827 Vgl. dazu MüKo/Emmerich, Band 2a, 4. Auflage, Vor § 281 Rn 62; Palandt/Heinrichs, § 281 Rn 26 und 27; Staudinger/Otto, Neubearbeitung 2004, § 280 Rn E100 und § 281 Rn B153.

828 Dazu näher für den vergleichbaren Fall des Wahlrechts zwischen den kaufrechtlichen Nacherfüllungsansprüchen Donou, S. 107/108.

829 Dazu MüKo/Roth, Band 2a, 4. Auflage, § 242 Rn 394; Soergel/Teichmann, 12. Auflage, § 242 Rn 291 ff.

830 Zu den einzelnen Anforderungen, die eine Mißbräuchlichkeit nach § 242 stellt, vgl. nur MüKo/Roth, Band 2a, 4. Auflage, § 242 Rn 176 ff; Soergel/Teichmann, 12. Auflage, § 242 Rn 290 ff.

831 Auch der vertragswidrige Schuldner bedarf des Schutzes, dies ist im Einzelnen schon eine Folge von Treu und Glauben und der Verhältnismäßigkeit. Dies soll hier nicht weiter verfolgt werden.

5) Grenzen der Spekulation durch Einschränkung des freien Übergangsrechts nach § 254 bei der Gefahr eines ungewöhnlich hohen Schadens

Eine Grenze der Spekulationsmöglichkeiten könnte noch aus der allgemeinen Schadensminderungspflicht des § 254 Abs. 2 Satz 1 gefolgert werden.[832] Man könnte argumentieren, der Gläubiger sei bei der Gefahr eines ungewöhnlich hohen Schadens gehalten, ein Deckungsgeschäft zu tätigen, andernfalls sein Anspruch zu kürzen sei. Das Deckungsgeschäft wird regelmäßig dazu führen, dass der Übergang auf den Schadensersatzanspruch bewirkt wird. Dabei sind hinsichtlich des drohenden ungewöhnlich hohen Schadens zwei Fälle zu unterscheiden. Zunächst kann sich ein solcher infolge einer drohenden großen Wertveränderung der Primärleistung selbst ergeben oder es kann ein hoher Schaden an anderen Rechtsgütern des Gläubigers drohen.

a) Anwendbarkeit des § 254 Abs. 2 Satz 1 bei starker Veränderung des Wertes der Primärleistung

Ob eine drohende große Wertveränderung der Primärleistung zum Nachteil des Schuldners aufgrund der allgemeinen Schadensminderungspflicht zu einer Obliegenheit[833] des Gläubigers zur Durchführung eines Deckungsgeschäfts mit der Folge des Übergangs auf den Schadensersatzanspruch führen kann, ist strittig.

aa) Meinungsstand

Zum neuen Recht finden sich zu dieser Frage meist nur allgemeine Äußerungen, die von einer Anwendbarkeit des § 254 auf § 281 ausgehen, ohne jedoch einzelne Fälle genauer zu betrachten.[834] Es sollen jedoch nachfolgend auch zum alten Recht ergangene Stellungnahmen verwertet werden, da sich anhand dieser die richtige Lösung finden lässt.[835] Beginnend mit dem Jahr 1913 ist diese Problematik Gegenstand einiger Entscheidungen gewesen. Dabei wurden gegensätzliche Positionen vertreten.

Verneint wurde die Obliegenheit des Gläubigers zum Deckungsgeschäft in der Entscheidung RGZ 83, 176. Nachdem der Schuldner schon früh die Abnah-

---

[832] Da der Schaden zunächst aufgrund der einseitigen Nichterfüllung des Schuldners entsteht, ist Abs. 1 nicht anwendbar, vgl. Huber, Band II, S. 169. Es geht hier vielmehr um ein möglicherweise gefordertes nachträgliches Verhalten, welches die Vergrößerung des Schadens verhindert hätte.

[833] Es erscheint richtiger, von einer Obliegenheit zu sprechen, da die Nichtbeachtung nur negative Folgen für den Schadensersatzanspruch hätte, aber gerade kein materieller Anspruch des Schuldners auf Bewirkung des Übergangs besteht. Zwar spricht auch § 254 ungenau von einer Pflicht, hier soll dem aber nicht gefolgt werden.

[834] Vgl. Bamberger/Roth/Grüneberg, § 281 Rn 37; Jauernig/Stadler, § 281 Rn 20; MüKo/Emmerich, Band 2a, 4. Auflage, Vor § 281 Rn 10, 46, 50, 62, 71; MüKo/Oetker, Band 2a, 4. Auflage, § 254 Rn 9; Staudinger/Otto, Neubearbeitung 2004, § 281 Rn B157.

[835] Die Anwendbarkeit von § 254 bejahten in allgemeiner Form z.B. BGH NJW 1987, 251 (253); BGH NJW 1968, 985; MüKo/Emmerich, Band 2, 4. Auflage, § 326 Rn 102; MüKo/Oetker, Band 2, 4. Auflage, § 254 Rn 9.

me verweigert hatte, führte der Verkäufer einen Deckungsverkauf erst durch, als die Preise um mehr als die Hälfte gefallen waren. Den Rest forderte er dann nach erfolgtem Übergang vom Schuldner als Schadensersatz. Das Reichsgericht wies den Einwand des § 254 Abs. 2 Satz 1 zurück, da der Gläubiger in dem Zeitpunkt des Überganges frei sei. Eine Kürzung würde ihn indirekt zwingen, vorschnell von seinem Primäranspruch abzulassen. Eine Anwendung des § 254 komme erst in Betracht, wenn der Gläubiger auf die Sekundärrechte übergegangen sei.[836]

Bejaht wurde eine Obliegenheit zum Deckungsgeschäft von RGZ 101, 90 sowie von BGH NJW 1997, 1231 (1232).[837] Im ersten Fall stiegen die Preise für die nicht gelieferten Waren aufgrund des ersten Weltkrieges stark an, wodurch sich der Schadensersatzanspruch des Käufers nach § 326 a.F. vergrößerte. Im neueren Fall fiel der Wert des verkauften Grundstücks um 3/8, welches den Schaden des Verkäufers steigen ließ. Beides Mal war eine Fristsetzung entbehrlich, und es wurde eine Kürzung des Schadensersatzanspruchs angenommen.[838] Argumentiert wurde, die Dispositionsfreiheit des Gläubigers hinsichtlich des Übergangs schließe es nicht generell aus, ihm wegen des Festhaltens am Vertrag den Einwand aus § 254 Abs. 2 Satz 1 entgegenzuhalten.[839] Denn danach müsse derjenige, der die eigenübliche Sorgfalt außer Acht lasse, den Verlust oder die Kürzung seines Ersatzanspruchs in Kauf nehmen. Daraus könne dann die Obliegenheit zum Deckungsgeschäft folgen. Dabei sei im Einzelfall maßgebend, ob und gegebenenfalls welches Interesse der Gläubiger an einem Festhalten am Vertrag habe und ob der Schuldner ein berechtigtes Interesse an einer Loslösung habe.[840]

---

[836] RGZ 83, 176 (178), ebenso RGZ 91, 99 (100/101); Bardo, S. 117; Huber, Band II, S. 169 und 256; Huber, FG 50 Jahre BGH, S. 251 (289/290); Hager, S. 155 und 161; Soergel/Wiedemann, 12. Auflage, § 325 Rn 56; unklar Staudinger/Otto, Neubearbeitung 2001, § 326 Rn 166; zum neuen Recht: Staudinger/Otto, Neubearbeitung 2004, § 280 Rn E105 und § 281 Rn B153.

[837] Genauso OLG Köln OLGZ 1990, 341 (341/342), wo es der Verkäufer unterlassen hatte, den verkauften Porsche nach Zahlungsverweigerung des Käufers anderweitig zu verkaufen, obwohl seine Verkäuflichkeit sank. Auch Rabel, Band II, S. 68 schließt eine Obliegenheit zum Übergang aus § 254 nicht aus.

[838] Bei RGZ 101, 90 (93) wurde dies mit § 242 und den Anschauungen des Handels begründet, wobei der Schuldner seine Leistung endgültig verweigert hatte. BGH NJW 1997, 1231 (1232) stellt auf § 254 ab; auch dort war eine Fristsetzung entbehrlich, da die Finanzierung des Kaufs gescheitert war und der Schuldner nicht mehr zahlen konnte.

[839] Ähnlich BGH WM 1990, 174 (175) wo es darum ging, ob eine Bank bei entsprechender Interessenlage des Schuldners einen Ersatzkreditnehmer akzeptieren müsse.

[840] BGH NJW 1997, 1231 (1232); auch RGZ 107, 106 (109/110) fordert für das Rücktrittrecht die Ausübung in angemessener Zeit aufgrund von Treu und Glauben. Dies gelte insbesondere bei starken Preisschwankungen.

bb) Stellungnahme

(1) Anwendbarkeit des § 254

Zunächst scheidet die Anwendbarkeit des § 254 Abs. 2 Satz 1 nicht schon deshalb aus, weil es mangels eines Ersatzverlangens überhaupt schon an einer aktuellen Schadensersatzverpflichtung fehlt. Dabei ist eine Änderung im neuen Recht zu beachten. Danach entsteht der Schadensersatzanspruch schon mit Ablauf der Frist bzw. bei deren Entbehrlichkeit nach § 281 Abs. 2 mit Eintritt dieser Tatsache. Es ist dazu nicht nötig, dass der Gläubiger den Übergang durch ein Ersatzverlangen bewirkt.[841] Anders war dies noch im alten Recht. Dort entstand ein Schadensersatzanspruch zwar regelmäßig auch mit Fristablauf, war die Frist jedoch entbehrlich, so bedurfte es zu seiner Entstehung noch der Ablehnungserklärung und bei § 326 noch des Ersatzverlangens.[842] Eine Änderung hat sich also für die Fälle einer entbehrlichen Fristsetzung ergeben, was auf die hier zu behandelnde Frage Auswirkungen hat. Denn alle bisher entschiedenen Fälle waren solche mit entbehrlicher Fristsetzung, zumeist weil der Schuldner die Erfüllung verweigert hatte. Damit wird es im neuen Recht im Regelfall aber so sein, dass zum Zeitpunkt des gebotenen, aber unterlassenen Übergangs schon ein Schadensersatzanspruch entstanden ist, so dass die generelle Anwendbarkeit des § 254 unproblematisch ist. Der Vorwurf an den Gläubiger lautet dann dahingehend, dass er ein Deckungsgeschäft trotz Möglichkeit des Übergangs nicht getätigt hat.

Nur in seltenen Fällen wird ein Fristablauf notwendig sein, so dass der Übergang noch nicht möglich ist und auch ein Schadensersatzanspruch noch nicht besteht.[843] Dann ergibt sich der Vorwurf daraus, dass der Gläubiger trotz katastrophaler Marktveränderungen nicht die Voraussetzungen für einen späteren Übergang geschaffen hat, um danach ein Deckungsgeschäft vornehmen zu können. Die Vornahme eines Deckungsgeschäfts schon vor Schaffung der Übergangsvoraussetzungen kann in dieser Situation nicht gefordert werden, denn ohne den endgültigen Übergang ist dieses für den Gläubiger höchst riskant, da der Schuldner grundsätzlich noch erfüllen kann.[844] Auch für diese Fälle ist trotz Fehlens eines aktuellen Schadensersatzanspruchs von der Anwendbarkeit des § 254 auszugehen. Denn dieser erfasst, wie aus Abs. 1 folgt, auch ein Verhalten bei der „Entstehung des Schadens“. Schon jedes Verhalten im Vorfeld eines

[841] Dies ist auch bei entbehrlicher Fristsetzung so: MüKo/Ernst, Band 2a, 4. Auflage, § 281 Rn 67; Staudinger/Otto, Neubearbeitung 2004, § 281 Rn B112 und B132.

[842] Vgl. nur Staudinger/Otto, Neubearbeitung 2001, § 326 Rn 146.

[843] Dabei kann nicht einfach postuliert werden, dass die Fristsetzung immer nach Abwägung der beiderseitigen Interessen nach § 281 Abs. 2 entbehrlich ist, denn ob auch der Gläubiger wegen einer drohenden Obliegenheitsverletzung ein Interesse an einem sofortigen Übergang hat, hängt gerade davon ab, ob § 254 anwendbar ist. Man gerät dadurch in die Gefahr eines Zirkelschlusses.

[844] BGH NJW 1998, 2901 (2903); Bardo, S. 117; Emmerich JuS 1998, 1058; Huber, Band II, S. 236.

Schadensersatzanspruchs kann zur Kürzung führen, wenn es nur später irgendwann zu dessen Entstehung kommt. Bei vertraglichen Schadensersatzansprüchen muss allein der Vertrag bereits geschlossen sein.[845] Ob ein Schadensersatzanspruch schon besteht, ist nur für die Art des Vorwurfs bedeutsam. Daher können die Anforderungen des § 254 auch zu einer vorzeitigen Übergangsobliegenheit des Gläubigers trotz noch nicht bestehendem Schadensersatzanspruch führen.

(2) Widerstreit verschiedener gesetzlicher Wertungen

Bei der weiteren Erörterung des vorliegenden Problems ist zu beachten, dass ein Widerstreit verschiedener gesetzlicher Wertungen vorliegt. So spricht der Grundsatz der unbeschränkten Primärhaftung dafür, es dem Gläubiger völlig freizustellen, ob und wann er einen Übergang herbeiführen möchte. Wenn der Gläubiger unstreitig an der Primärleistung festhalten kann, dann darf man ihm bei einem doch erfolgten Wechsel das vorherige Festhalten nicht als Verstoß gegen § 254 anlasten.[846] Dies galt für das alte Recht und muss nun wegen der erweiterten Dispositionsmöglichkeiten des Gläubigers erst recht gelten.

Andererseits stellt § 254 ein allgemeines Gebot dar, welches seine Grundlage nicht zuletzt in Treu und Glauben nach § 242 findet.[847] Das Recht des Gläubigers, an der Primärleistung festzuhalten, findet seine Grenze beim Rechtsmissbrauch. Aus dem Fehlen einer Übergangspflicht ist nur zu folgern, dass diese Schwelle hoch anzusetzen ist. Daher kann ein Mitverschulden grundsätzlich nicht angenommen werden. Droht ein größerer Schaden und fehlt dem Gläubiger jegliches Interesse an der Primärleistung, kann aber andererseits der Schuldner ein berechtigtes Interesse aufweisen, nicht noch weiter der Primärpflicht unterworfen zu werden, dann kann ein zu langes Warten mit dem Übergang, wie vom BGH angenommen, den Einwand nach § 254 Abs. 2 Satz 1 begründen. Dieser Grenze der Gläubigerrechte bedarf es nach der Neuregelung des § 281 in verstärktem Maße. Denn der Gläubiger wird nach erfolgloser Fristsetzung durch ein Nebeneinanderbestehen von Primär- und Schadensersatzanspruch belohnt. Er hat daher keinerlei Anlass mehr, sich vorschnell gegen den Primäranspruch zu entscheiden und wird mit dem Schadensersatzverlangen abwarten.[848] Dies gilt umso mehr, als der Gläubiger währenddessen wegen des Primäranspruchs noch seine Verzugsschäden liquidieren kann. Dies führt insgesamt zu einem zeitlich späteren Übergang und damit zu einem längeren Fortbestand der Primärschuld. Würde man nun die Anwendbarkeit des § 254 ausschließen, führte

[845] BGH NJW 1987, 251; BGH NJW 1972, 1702 (1703); MüKo/Oetker, Band 2a, 4. Auflage, § 254 Rn 9.

[846] So auch Huber, Band II, S. 165; Huber, FG 50 Jahre BGH, S. 251 (290).

[847] So zumindest die Rechtsprechung: BGHZ 135, 235 (240); BGH NJW 1998, 302 (305); Palandt/Heinrichs, § 254 Rn 1; a.A.: MüKo/Oetker, Band 2a, 4. Auflage, § 254 Rn 4.

[848] Solange der Primäranspruch besteht, kann der Gläubiger auch noch Verzugszinsen beanspruchen.

dies für den Schuldner zu einer erhöhten Gefahr großer Schäden wegen marktbedingter Preisveränderungen.

(3) Folgerungen aus dem parallelen Bestehen von Primär- und Sekundärrechten

Die Gläubigerrechte von der Marktentwicklung völlig unberührt zu lassen, erscheint nunmehr auch aus einem anderen Grund als unrichtig. Früher schlossen sich Primär- und Sekundärforderung gegenseitig aus, womit die Annahme, die Wertentwicklung der Primärleistung müsse den Gläubiger solange nicht interessieren, wie er nicht das Wertinteresse, sondern die Leistung in Natur verfolge, verständlich sein mochte. Diese Konstellation ist durch die Reform völlig verändert. Nunmehr können Primär- und Schadensersatzanspruch bis zu einem Ersatzverlangen nebeneinander bestehen. Mit der Aufhebung der gegenseitigen Ausschließlichkeit muss dann aber auch eine Wertveränderung den Gläubiger berühren können. Andernfalls wäre ein spekulatives Abwarten für den Gläubiger dank der Möglichkeit, an der Primärforderung festzuhalten, aber auch jederzeit den Übergang auf Schadensersatz bewirken zu können, risikolos möglich.[849] Der Fortbestand der Primärforderung soll nach dem Gesetzgeber dem Zwang zum vorzeitigen Abgehen nach altem Recht vorbeugen und die Möglichkeit gewähren, doch noch die Primärleistung zu erhalten. Er soll jedoch nicht die Erzielung eines besonders hohen Spekulationsschadensersatzes ermöglichen. Aus gleichem Grunde ist auch die generell zulässige Verlängerung der Nachfrist vor deren Ablauf oder das Setzen neuer Fristen allein aus Spekulationszwecken verboten.[850]

(4) Wille des Gesetzgebers

Eine Obliegenheit zum Übergang aus § 254 scheint auch dem Willen des Gesetzgebers zu entsprechen. Zunächst haben die Entwurfsverfasser im Rahmen des Reformprozesses zu der vorgesehenen Gegenfristmöglichkeit durch den Schuldner selbst angeführt, einer Spekulation könne darüber hinaus auch im Rahmen des § 254 entgegengewirkt werden.[851]

Auch die Anwendbarkeit des § 254 trotz eines noch fehlenden Schadensersatzanspruchs scheint in dessen Willen gewesen zu sein. Es fehlt bei § 281 an einer dem § 323 Abs. 6 vergleichbaren Regelung für den Fall der Vertragsuntreue des Gläubigers. Begründet wurde dies damit, dies könne über § 254 berücksichtigt werden.[852] Da eine Vertragsuntreue meist im Vorfeld der misslungenen Erfüllung liegt, über § 254 aber eine Kürzung des Schadensersatzan-

---

[849] Das Argument der Spekulationsgefahr bringt schon RGZ 101, 90 (91); ebenso Hager, S. 162.

[850] MüKo/Ernst, Band 2a, 4. Auflage, § 281 Rn 73; Staudinger/Otto, Neubearbeitung 2004, § 281 Rn B72.

[851] BGB-DiskE, S. 401 ff.

[852] BT-Drucks. 14/6040, S. 187; ebenso MüKo/Ernst, Band 2a, 4. Auflage, § 281 Rn 109. Dies ermöglicht im Gegensatz zum Alles oder Nichts-Prinzip des § 323 Abs. 6 eine differenzierte Behandlung.

spruchs möglich sein soll, spricht auch dies für eine vorgelagerte Anwendbarkeit des § 254.

(5) Einwand anderweitig möglicher Deckungsgeschäfte des Schuldners

Gegen die einzelfallabhängige Obliegenheit des Gläubigers zum Übergang kann auch nicht pauschal geltend gemacht werden, der Schuldner könne selbst das Deckungsgeschäft durchführen, dann erfüllen und so die durch Preisveränderungen stattfindende Vergrößerung des Schadens stoppen.[853] Zuzugeben ist sicherlich, dass in einigen Fällen der Schuldner seine Primärleistung durch einen Ankauf auf dem freien Markt selbst ermöglichen kann. Ist er aber der Käufer einer Sache, so wird er oft mangels Kaufpreiszahlung noch nicht deren Eigentümer sein. Fällt nun deren Wert, so ist er schon deshalb an einer eigenständigen Verwertung durch Weiterverkauf gehindert.[854]

Gerade in Fällen, in denen die geschuldete Leistung in einer Geldzahlung besteht, ist kein Grund ersichtlich, bei fallenden Preisen mit dem Deckungsverkauf abzuwarten. Denn die Schuld lautet in jedem Falle auf eine Geldzahlung, ob der Gläubiger diese nun in voller Höhe vom Schuldner oder zum Teil auch durch einen Deckungsverkauf erlangt. Dies kann dem Gläubiger im schlechtesten Fall gleich sein, während der Schuldner ersichtlich ein berechtigtes Interesse an einem möglichst baldigen Deckungsverkauf hat.[855]

(6) Zwischenergebnis

Im Ergebnis ist also festzuhalten, dass sich aus § 254 Abs. 2 Satz 1 im Einzelfall nach einer umfassenden Interessenbewertung die Obliegenheit zum Deckungsgeschäft ergeben kann, was regelmäßig den Übergang auf einen Schadensersatzanspruch zur Folge hat.[856]

b) Anwendbarkeit des § 254 Abs. 2 Satz 1 bei drohendem großen Verzögerungsschaden

Statt einer Veränderung des Wertes der ausgebliebenen Primärleistung kann auch ein ungewöhnlich hoher Schaden neben der Leistung drohen. So kann etwa absehbar sein, dass bei fortwährender Nichtleistung die Produktion einer Fabrik mangels Rohstoffe nicht aufrechterhalten werden kann. Es fragt sich, ob der Gläubiger an der Primärleistung festhalten und so den Schaden „sehenden Auges" eintreten lassen kann, um dann den Produktions- und Gewinnverlust als

---

[853] So Huber, Band II, S. 170.

[854] Ähnlich war es im vom OLG Köln in OLGZ 1990, 341 entschiedenen Fall.

[855] Dies war gerade im vom BGH entschiedenen Fall so. BGH NJW 1997, 1231 (1232). Ablehnend dazu aber Huber, Band II, S. 169. Entgegen seiner Ansicht auf S. 168 in Fn 124 trifft aber der Verweis des BGH auf die Entscheidung BGH WM 1990, 174 (175) zu. Dort stellte der BGH fest, dass § 254 Abs. 2 Satz 1 zu einer Obliegenheit des Gläubigers führen könne, einen Ersatzkreditnehmer zu akzeptieren.

[856] Ebenso OLG Köln OLGZ 1990, 341 (341/342); auch Hager, S. 162, der dies aus § 242 ableiten möchte; ferner MüKo/Emmerich, Band 2a, 4. Auflage, Vor § 281 Rn 62.

Verzögerungsschaden geltend zu machen,[857] oder ob ihn die Schadensminderungspflicht nach § 254 Abs. 2 Satz 1 zu einem Deckungsgeschäft anhält.

Dies ist zu bejahen. Anders als zuvor besteht der Anspruch auf Ersatz der Verzögerungsschäden nach §§ 280 Abs. 1 und 2, 286 schon ab Verzug, also meist weit vor einem möglichen Übergang auf die Sekundärebene. Auf diesen ist § 254 unproblematisch anwendbar.[858] Der Gläubiger begeht einen Verstoß gegen das Gebot der Schadensminderung, wenn er es unterlässt, einen ungewöhnlich hohen Verzögerungsschaden durch ein Deckungsgeschäft abzuwenden. Den dadurch verursachten Schaden muss der Schuldner nicht tragen. Im Rahmen des daher gebotenen Deckungsgeschäfts wird der Gläubiger dann auf den Schadensersatzanspruch übergehen, um die anfallenden Kosten ersetzt zu bekommen. Eine noch ausstehende Fristsetzung ist entbehrlich, da besondere Umstände nach § 281 Abs. 2 die sofortige Geltendmachung in beiderseitigem Interesse erforderlich machen.[859] Für die Erstattungsfähigkeit der Kosten des Deckungsgeschäfts spielt ihr Auftreten vor oder nach Übergang keine Rolle.[860]

6) Ergebnis

Die sich aus dem Fortbestand des Primäranspruchs und dem freien Wahlrecht ergebende Spekulationsmöglichkeit kann durch eine Obliegenheit des Gläubigers zum Deckungsgeschäft zwecks Abwendung hoher Schäden aufgrund von Marktveränderungen gemäß § 254 Abs. 2 Satz 1 eingeschränkt werden. Der Gläubiger wird dann zum Ersatz der Kosten auf die Schadensersatzforderung übergehen. Daneben kann sich der Schuldner einer Spekulation jederzeit noch durch Erbringung der Primärleistung entziehen, ferner kann sie im Einzelfall gegen § 242 verstoßen. Außerhalb dieser Fälle ist die Möglichkeit der Spekulation durch ein zeitlich geschicktes Entscheiden zwischen Primär- und Schadensersatzpflicht durch die neue Gesetzesfassung bedingt und hinzunehmen.

V. Spekulation durch unterschiedliche Zeitpunkte und Arten der Schadensbestimmung

1) Grundsätzliches und Untersuchungsgang

Eine Spekulation ist bei wechselnden Preisen auch durch Anknüpfung an vom Gläubiger selbst abhängige oder durch ihn wählbare Zeitpunkte für die Scha-

---

857 Die genaue Einordnung als Schaden neben oder statt der Leistung soll hier nicht weiter erörtert werden, vgl. dazu umfassend das Buch von Wältermann.

858 So auch Huber, Band II, S. 170; vgl. auch BGH WM 1982, 333 (335).

859 So zum alten Recht auch Huber, Band II, S. 171.

860 BGH NJW 1998, 2901 (2903); Emmerich JuS 1998, 1058; Huber, Band II, S. 236; MüKo/Emmerich, Band 2a, 4. Auflage, Vor § 281 Rn 70; Staudinger/Otto, Neubearbeitung 2004, § 280 Rn E100.

densbestimmung denkbar.[861] Dann könnte der Gläubiger seiner Schadensberechnung den jeweils ihm günstigsten Zeitpunkt zugrunde legen. Der richtige Zeitpunkt für die Schadensbestimmung wurde schon zum alten Recht kontrovers und seit langem diskutiert. Dabei kann sich eine unterschiedliche Bestimmung des Zeitpunktes nur dann auswirken, wenn sich der Wert oder der Preis der geschuldeten Leistung ändern, andernfalls kommt man mit jedem Zeitpunkt zum gleichen Ergebnis.

Für die Bestimmung des maßgeblichen Berechnungszeitpunks spielt auch die Berechnungsart eine entscheidende Rolle. So wurden etwa zu § 326 a.F., vornehmlich am Beispiel des Kaufvertrages als des praktisch häufigsten Vertrages, verschiedene Unterteilungen herausgebildet. Die Ergebnisse galten im Grunde aber für alle Verträge. Es wurde nach der konkreten und abstrakten Berechnungsweise und der Verkäufer- und Käuferseite unterteilt. Als konkret bezeichnet wurde dabei eine tatsächliche, an realen Zahlen und Gegebenheiten erfolgende Schadensbestimmung, wie etwa anhand eines tatsächlich durchgeführten oder individuell möglichen Deckungsgeschäfts. Die abstrakte Berechnung wurde hingegen anhand rein hypothetischer, widerleglich vermuteter, typischer Geschehensabläufe durchgeführt.[862] Insgesamt sind die diesbezüglichen Meinungsäußerungen mit ihren jeweiligen feinen Differenzierungen nahezu unübersehbar. Einfacher sah das Meinungsbild zu § 283 a.F. aus. Dort wurde im Anschluss an die Protokolle teilweise der Zeitpunkt des Fristablaufs als maßgeblich angesehen.[863] Andere wollten jeden Zeitpunkt zwischen Fälligkeit und Fristablauf berücksichtigen und damit dem Gläubiger ein Wahlrecht geben.[864] Eine Differenzierung nach den Berechungsmethoden fand sich nicht.

Die Schuldrechtsreform sollte an der Schadensberechnung an sich keine Änderungen herbeiführen.[865] Auch die Verbrauchsgüterkaufrichtlinie enthält inso-

---

[861] Schon Ernst, in: Ernst/Zimmermann, S. 559 (594) äußerte diese Befürchtung zum BGB-DiskE.

[862] Staudinger/Otto, Neubearbeitung 2004, § 280 Rn E83.

[863] RG, Recht 1914, Nr. 2401; Gsell, JZ 2004, 110 (113); Schäfer, S. 104; Soergel/Wiedemann, 12. Auflage, § 283 Rn 25; Staudinger/Löwisch, Neubearbeitung 2001, § 283 Rn 32. Die Protokolle bei Mugdan, Band II, S. 534 hielten eine Verbindung der Klage auf Primär- und Sekundärleistung oft für unpraktisch, „weil für die Berechnung des Schadens der zukünftige Zeitpunkt des Fristablaufes maßgebend sei".

[864] Emmerich, Leistungsstörungen, 4. Auflage, § 7, 4 b); Kohler JuS 1992, 58 (62); MüKo/Emmerich, Band 2, 4. Auflage, 283 Rn 22; K. Schmidt ZZP 87 (1974), 49 (59); vgl. auch Huber, Band II, S. 555/556.

[865] Emmerich, Leistungsstörungen, 5. Auflage, S. 197; Erman/Westermann, § 281 Rn 23; MüKo/Emmerich, Band 2a, 4. Auflage, Vor § 281 Rn 2/3; Staudinger/Otto, Neubearbeitung 2004, § 280 Rn E83; so blieben die §§ 249 ff. unangetastet bestehen, allerdings werden die Auswirkungen des § 325 n.F. auf die Differenz- bzw. Surrogationstheorie kontrovers diskutiert.

weit weder direkte noch indirekte Vorgaben.[866] Dementsprechend ist auch weiterhin von der Unterteilung in konkrete und abstrakte Schadensberechnung und in Verkäufer- und Käuferseite auszugehen. Geblieben ist auch die alte Meinungsvielfalt, denn auch zu § 281 n.F. werden schon verschiedenste Bestimmungszeitpunkte vertreten. Die Meinungsvielfalt scheint dabei auch oft aus der kritiklosen Übernahme der zum alten Recht vertretenen Positionen zu resultieren.[867] *Heinrichs* möchte die Reform zum Anlass nehmen, die möglichen Berechnungszeitpunkte zu beschränken.[868]

Da das Problem des Zeitpunktes der Schadensberechnung schon im alten Recht vielfach und eingehend diskutiert worden ist,[869] dabei aber eine allen Gesichtspunkten Rechnung tragende Lösung nicht möglich war,[870] soll im Folgenden nicht der gesamte Meinungsstand zum alten Recht einer kritischen Gesamtwürdigung unterzogen werden. Vielmehr werden nach einer Darstellung der Berechnungsarten und des Meinungsstandes zum dort relevanten Zeitpunkt vor allem die Implikationen der Neugestaltung des § 281 untersucht, da sich dessen Struktur grundlegend verändert hat. Nach Darlegung der eigenen Meinung werden schließlich die sich ergebenden Spekulationsmöglichkeiten des Gläubigers aufgrund des maßgeblichen Zeitpunktes der Schadensbestimmung und der Schadensberechnungsarten zusammenfassend dargestellt.

2) Berechnungsarten und Meinungsstand zum relevanten Zeitpunkt im alten Recht

Beim Schadensersatz statt der Leistung bzw. wegen Nichterfüllung ist nach § 249 Abs. 1 das positive Interesse zu ersetzen. Dafür ist grundsätzlich im Rahmen der Differenzhypothese die aktuelle Vermögenslage mit der hypothetischen Vermögenslage bei ordnungsgemäßer Leistung zu vergleichen.[871] Dies kann anhand einer konkreten, auf den vorliegenden Einzelfall abstellenden Betrachtung (konkrete Schadensberechnung) oder anhand einer abstrakten, vom Einzelfall losgelösten und mit typischen Geschehensabläufen operierenden Betrachtung (abstrakte Schadensberechnung) geschehen.

---

866 Vgl. Art. 8 Abs. 1 der Verbrauchsgüterkaufrichtlinie.

867 Vgl. beispielhaft Knütel AcP 202 (2002), 555 (567), der einfach die zum alten Recht vertretenen Ansichten überträgt.

868 Palandt/Heinrichs, § 281 Rn 34. Auch der 1. Entwurf zum BGB wollte in § 240 Abs. 2 aus Gründen der Vereinfachung nur einen Zeitpunkt (den der Fälligkeit) vorsehen, vgl. die Motive bei Mugdan, Band II, S. VIII und 28.

869 Vgl. die Monographien von Keuk: „Vermögensschaden und Interesse" und Bardo: „Die „abstrakte" Berechnung des Schadensersatzes wegen Nichterfüllung beim Kaufvertrag", ferner Lange/Schiemann im Handbuch des Schuldrechts und Hager: „Die Rechtsbehelfe des Verkäufers".

870 Soergel/Wiedemann, 12. Auflage, § 325 Rn 49.

871 BGH NJW 1999, 3625; BGH NJW 1998, 2901 (2902) zum alten Recht.

a) Konkrete Schadensberechnung

Die konkrete Schadensberechnung stellt die gewöhnliche Bestimmungsart dar. Sie ist immer zulässig.[872] Dabei gibt es verschiedene Konstellationen. Behält der Verkäufer die verkaufte Sache wegen fehlender Kaufpreiszahlung, so kann der Schaden nach dem Schätzwert der Kaufsache, als dem Wert, zu dem der Verkäufer die Sache verkaufen könnte, im Vergleich zum geschuldeten Verkaufspreis bemessen werden.[873] Zeitpunkt des Vergleichs sollte nach altem Recht die aktuelle Geltendmachung des Schadensersatzanspruchs, bei einem Prozess die letzte Tatsachenverhandlung als dem maßgeblichen Tatsachenhorizont sein.[874]

Ebenfalls kann dem Käufer ein konkreter Weiterverkauf unmöglich werden, er kann dann der Schadensberechnung den entgangenen, konkret bestimmbaren Erlös zugrunde legen, § 252.[875] Zu vergleichen sind dabei seine Kosten des Einkaufs mit dem erzielbaren Preis des geplatzten Weiterverkaufs. Der Zeitpunkt steht aufgrund der konkreten Berechnung fest.

Im Vordergrund der konkreten Schadensberechung steht die Berechnung anhand eines realen Deckungskaufs oder -verkaufs. Der Gläubiger berechnet als Käufer durch einen Vergleich der Kosten des Deckungskaufs mit dem eigentlichen Vertragspreis seinen Schaden. Ebenso kann er als Verkäufer den erzielten niedrigeren Preis eines Deckungsverkaufs zugrunde legen. Maßgeblicher Zeitpunkt für die Schadensbestimmung sollte nach altem Recht die tatsächliche Vornahme des Deckungsgeschäfts sein.[876] Jedoch hat der BGH in neueren Entscheidungen hervorgehoben, der Gläubiger sei so zu stellen, als ob von Anfang an ordnungsgemäß erfüllt worden sei und damit für die Schadensberechnung auf den Zeitpunkt der Fälligkeit der Leistung abgestellt.[877] Die Richtigkeit dieses Ansatzes soll später noch genauer erörtert werden.[878]

Allgemein wird das konkrete Deckungsgeschäft zumeist erst nach einem Übergang auf die Schadensersatzebene stattfinden.[879] Denn der Gläubiger muss

---

[872] BGH NJW 1998, 2901 (2902); MüKo/Emmerich, Band 2a, 4. Auflage, Vor § 281 Rn 56; Palandt/Heinrichs, § 281 Rn 17; Staudinger/Otto, Neubearbeitung 2004, § 280 Rn E99.

[873] Huber, Band II, S. 233/234; praktisch spielt diese Methode bei fehlgeschlagenen Gründstücksverkäufen eine Rolle.

[874] Zum alten Recht: BGHZ 136, 52 (55); RGZ 141, 259 (262); Huber, Band II, S. 233/234.

[875] BGH WM 1965, 102 (104); Huber, Band II, S. 243; Staudinger/Otto, Neubearbeitung 2004, § 280 Rn E102; dabei erfordert die Schadensminderungspflicht bei marktgängigen Waren in der Regel einen Deckungskauf des Gläubigers, vgl. RG JW 1910, 948 (949); BGH WM 1965, 102 (104).

[876] Zum alten Recht: BGH NJW 1951, 918; Karlsruhe NJW 1971, 1809 (1810); Lent DJ 1941, 770 (772); MüKo/Emmerich, Band 2, 4. Auflage, § 325 Rn 111; Palandt/Heinrichs, 61. Auflage, § 325 a.F. Rn 23; Staudinger/Otto, Neubearbeitung 2001, § 325 Rn 92

[877] Vgl. BGH NJW 1999, 3625 (3626); BGH NJW 1998, 2901 (2902/2903); BGHZ 126, 131 (134).

[878] Siehe unten, S. 192 f.

[879] So auch Huber, Band II, S. 235 zum alten Recht.

nach hiesiger Ansicht bis zum Erlöschen der Primärforderung durch ein Verlangen nach § 281 Abs. 4 eine Erfüllungsleistung des Schuldners noch annehmen. Bei einem Deckungsgeschäft vor dem Übergang liefe er somit Gefahr, bei doch noch erfolgender Erfüllung seitens des Schuldners die Leistung als Käufer zweimal zu erhalten oder sie als Verkäufer doch noch erbringen zu müssen.[880]

b) Abstrakte Schadensberechnung

Die konkrete Schadensberechnung erfordert vom Gläubiger oft die genaue Darlegung seiner Geschäftsinterna, wie etwa der Kalkulation, der Ein- und Verkaufsmöglichkeiten, der Abnehmer und Lieferanten. Dies ist ihm meist nicht recht und oft auch nicht zumutbar.[881] Darüber hinaus erscheinen diese Anforderungen jedenfalls dann als formalistisch, wenn etwa ein gewerblicher Verkäufer seine Absatzmöglichkeit darlegen soll, da davon ausgegangen werden kann, dass er berufsmäßig über entsprechende Gelegenheiten verfügt. Aus diesen Gründen wurde schon unter dem Reichsoberhandelsgericht (ROHG) die abstrakte Schadensberechnung zugelassen.[882] Ob diese nur für Kaufleute und Gewerbetreibende zulässig ist, ist umstritten und soll hier nicht weiter verfolgt werden.[883] Positivrechtlich ist eine abstrakte Berechnung nur beim Fixhandelskaufs in § 376 Abs. 2 HGB und in Art. 76 CISG geregelt. Die abstrakte Schadensberechnung beruht auf der Annahme eines – widerlegbaren – typischen Geschehensablaufs.[884] Es wird die Möglichkeit eines hypothetischen Ersatzverhaltens des Gläubigers am Markt vermutet, etwa dergestalt, dass er die geschuldete Sache sofort zum Marktpreis verkaufen oder einkaufen könnte. Im Grunde ist sie damit eine Beweiserleichterung.[885] Notwendig für die Vermutung eines solchermaßen typischen Geschehensablaufs ist, dass die Kaufsache eine marktgän-

---

880 Vgl. BGH NJW 1998, 2901 (2903) zum alten Recht. Zum Problem des Selbstvornahmerechts gelangt man nur, wenn durch das Deckungsgeschäft Unmöglichkeit eintritt. Dies ist aber nur dann anzunehmen, wenn der Gläubiger, wie nur selten vorstellbar, durch das Deckungsgeschäft genau die Leistung sich „nimmt", die der Schuldner schuldet. In der Regel wird sich der Gläubiger jedoch einen Ersatzgegenstand besorgen.

881 Bardo, S. 126; Emmerich, Leistungsstörungen, S. 206; Erman/Westermann, § 281 Rn 30; Huber/Faust, 3. Kapitel, Rn 212; Jauernig/Stadler, Vor §§ 249 – 253 Rn 51; MüKo/Emmerich, Band 2a, 4. Auflage, Vor § 281 Rn 14; MüKo/Emmerich, Band 2, 4. Auflage, § 325 Rn 55; Palandt/Heinrichs, § 281 Rn 30.

882 Beginnend mit ROHG 14, 6 (7 ff.). Zur geschichtlichen Entwicklung umfassend Bardo, S. 21.

883 Vgl. dazu nur: Huber, Band II, S. 255/256 und 258; Palandt/Heinrichs, § 281 Rn 30; Soergel/Wiedemann, 12. Auflage, § 325 Rn 43.

884 BGHZ 62, 103 (105); MüKo/Emmerich, Band 2a, 4. Auflage, Vor § 281 Rn 37 und 40; MüKo/Emmerich, Band 2, 4. Auflage, § 325 Rn 77; Staudinger/Otto, Neubearbeitung 2004, § 280 Rn E83; im Einzelnen ist dies strittig, dazu sogleich S. 185.

885 Vgl. nur Baumgärtel, § 252 Rn 5; Larenz, § 29 III a).

gige Ware darstellt.[886] Andernfalls kann weder auf die üblichen Marktpreise noch auf die Vermutungsregeln des entgangenen Gewinns abgestellt werden, es fehlt an der abstrakten Vergleichsbasis. Es verbleibt dann allein die Möglichkeit der konkreten Schadensberechnung.

Im Einzelnen kann anhand eines fiktiven Deckungsgeschäfts oder anhand eines fiktiven Weiterverkaufs abgerechnet werden. Die Vermutung für ein mögliches Deckungsgeschäft folgt aus der Annahme eines typischen Ersatzgeschäftes, dem Schuldner steht der Gegenbeweis offen, dass der Gläubiger dazu nicht fähig wäre.[887] Dieser ist geführt, wenn die Richtigkeit der Vermutung unsicher wird, wenn also die Überzeugung hinsichtlich ihrer Angemessenheit erschüttert ist.[888] Bei der Berechnung anhand des entgangenen Gewinns greift § 252 Satz 2 ein. Dem Gläubiger obliegt es, die dafür notwendigen Anknüpfungstatsachen darzulegen, also einen entgangenen Gewinn eines Weiterverkaufs wahrscheinlich zu machen.[889] Die Vermutung ist als widerlegt anzusehen, wenn die vorliegenden Tatsachen einen Wahrscheinlichkeitsschluss zugunsten des Gläubigers nicht mehr hergeben.[890]

Bei der abstrakten Schadensberechnung wird die Bestimmung des Berechnungszeitpunktes aufgrund des fehlenden tatsächlichen Verhaltens und dem Beruhen auf einer Vermutung weitaus kontroverser diskutiert als bei der konkreten Schadensberechnung.

aa) Abstrakte Berechnung des Verkäuferschadens

(1) Fiktiver Deckungsverkauf

Der Verkäufer kann seinen Schaden anhand eines fiktiven Deckungsverkaufs berechnen, er setzt dabei als erzielbaren Erlös den niedrigeren Marktpreis an (Marktpreisregel).[891] Dies beruht auf der Vermutung, dass der Verkäufer bei marktgängiger Ware einen zweiten Käufer finden würde, der den üblichen

---

[886] BGH NJW 1995, 587 (588) (für Grundstücke verneint); OLG Stuttgart JR 1957, 343 (343/344); Huber, Band II, S. 237; Staudinger/Otto, Neubearbeitung 2004, § 280 Rn E88.

[887] MüKo/Emmerich, Band 2a, 4. Auflage, Vor § 281 Rn 40.

[888] Vgl. zum Gegenbeweis: Rosenberg/Schwab/Gottwald, § 109 Rn 13; Thomas/Putzo, Vorbem § 284 Rn 8.

[889] Bardo, S. 58 ff. und 126/127 und 167 ff.; Erman/Westermann, § 281 Rn 31; Huber, Band II, S. 251 und 254; Lange/Schiemann, S. 342; MüKo/Oetker, Band 2a, 4. Auflage, § 252 Rn 37; Staudinger/Otto, Neubearbeitung 2004, § 280 Rn E91/92; dabei werden an die Darlegung bei Kaufleuten und Gewerbetreibenden keine hohen Anforderungen gestellt.

[890] Baumgärtel, § 252 Rn 11 und 16; Lange/Schiemann, S. 343; MüKo/Oetker, Band 2a, 4. Auflage, § 252 Rn 31; andere wollen die ernsthafte Möglichkeit eines abweichenden Geschehensverlaufs genügen lassen, Jauernig/Stadler, Vor §§ 249 – 253 Rn 51, dies soll hier nicht weiter erörtert werden.

[891] RG LZ 1911, 850 Nr. 3 (851); Blomeyer, § 33 I 4 a; Huber, Band II, S. 236 und 238; Knütel AcP 202 (2002), 555 (594); MüKo/Emmerich, Band 2, 4. Auflage, § 325 Rn 80; ob die Rechtsprechung diese Berechnungsweise noch zulässt, ist fraglich, vgl. ausführlich Bardo, S. 44 ff.; Knütel AcP 202 (2002), 555 (595). Dies soll hier nicht weiter verfolgt werden.

Marktpreis zahlen würde. Während manche diese Vermutung zur unwiderleglichen Fiktion machen wollen,[892] erlauben andere dem Käufer grundsätzlich den Einwand, der Verkäufer habe einen tatsächlichen Deckungsverkauf zu günstigeren Konditionen als dem Marktpreis abgeschlossen oder abschließen können.[893]

Dieser Streit birgt eine prinzipiellen Fragestellung in sich: Wem sollen die Vorteile eines Geschäfts über dem Marktpreisniveau zukommen? Dabei ist richtigerweise anzunehmen, dass diese grundsätzlich dem Gläubiger gebühren, so dass der obige Einwand des Schuldners ausgeschlossen ist.[894] Allein der Gläubiger hat diese günstige Gelegenheit durch seine Kontakte oder Erfahrung ermöglicht. Hat derweil der Schuldner selbst die Möglichkeit zum Weiterverkauf der nicht abgenommenen Ware über dem Marktpreis, so mag er das Geschäft doch noch durchführen und sich selbst den Vorteil sichern oder aber zumindest dem Verkäufer die andere Verkaufsmöglichkeit nachweisen. Tut er dies nicht, kann er vom Gläubiger nicht mehr verlangen, als die Sache bei der erstbesten Gelegenheit auf dem Markt zum Marktpreis zu verkaufen. Nichts anderes folgt auch aus § 254. Denn muss sich der Gläubiger schadensmindernd entgegenhalten lassen, dass er das konkrete Deckungsgeschäft zu billig abgeschlossen hat,[895] so muss ihm im Gegenzug der Vorteil eines günstigen Deckungsgeschäfts gebühren.[896] So wie der Gläubiger nicht weniger als den Marktpreis ansetzen darf, so muss er auch nicht mehr ansetzen.

Die Unerheblichkeit einer besseren Verkaufsmöglichkeit folgt auch gerade aus dem Wesen der abstrakten Schadensberechnung. Diese soll dem Gläubiger eine Offenlegung seiner Geschäftskontakte ersparen und eine unkomplizierte Berechnung ermöglichen. Dies würde nun umgangen, wenn ein Streit über die möglichen Preise eines Deckungsgeschäfts erheblich wäre. Dann könnte der Schuldner den Gläubiger durch Darlegung einer günstigeren Möglichkeit dazu zwingen, seine Alternativmöglichkeiten näher darzulegen. Dies soll die abstrakte Berechnungsmöglichkeit gerade verhindern. Dem kann auch nicht entgegen gehalten werden, dass es so zu einer Bereicherung des Gläubigers kommen kann, da er trotz Verkaufs der Sache im Rahmen eines konkreten Deckungsgeschäfts durch Abrechnung auf abstrakter Basis eine überschießende Geldsumme

---

[892] RG WarnR 1918, 271 Nr. 184 (272); RG JW 1919, 445 Nr. 5 (446); nicht eindeutig BGH NJW 1995, 587, (588); aus der Literatur: Blomeyer, § 33 I 4 a; v. Caemmerer, Ges.Schr. I, S. 411 (420); Huber, Band II, S. 238; Keuk, S. 119; MüKo/Emmerich, Band 2, 4. Auflage, § 325 Rn 81; Rabel, Band II, S. 60/61; Steindorff JZ 1961, 12 (13).

[893] Zum neuen Recht: Bamberger/Roth/Grüneberg, § 281 Rn 42; MüKo/Emmerich, Band 2a, 4. Auflage, Vor § 281 Rn 44 und 49; Staudinger/Otto, Neubearbeitung 2004, § 280 Rn E93; unklar: Erman/Westermann, § 281 Rn 30. Zum alten Recht Bardo, S. 161ff.; Soergel/Wiedemann, 12. Auflage, § 325 Rn 45.

[894] Huber, Band II, S. 238; Palandt/Heinrichs, § 281 Rn 26/27.

[895] Vgl. dazu RGZ 57, 105 (107); RGZ 83, 176 (178); Bardo, S. 106/107; auch Hager, S. 161 für den Fall des verzögerlichen Abschlusses.

[896] Vgl. Bardo, S. 114.

verlangen kann.[897] Denn es findet gerade keine Bereicherung auf Kosten des Schuldners statt, sondern allein eine aufgrund der Geschäftstüchtigkeit des Gläubigers. Die Ansetzung des Marktpreises kommt damit einem objektiven Mindestschaden nahe.[898] Muss sich der Gläubiger damit ein günstigeres Geschäft als zum Marktpreis nicht entgegenhalten lassen, kann der Schuldner mit einem solchen Einwand nicht gehört werden.[899]

Zeitpunkt für die Schadensberechnung war nach herrschender Meinung zum alten Recht die Entstehung des Schadensersatzanspruchs.[900] Dieser fiel mit dem erfolglosen Fristablauf nach § 326 a.F. zusammen, bis zu deren Ende der Verkäufer bei Erfüllung seitens des Schuldners selbst noch hätte leisten müssen. Zum gleichen Zeitpunkt wäre damit auch erstmals der konkrete Deckungsverkauf risikolos durchführbar gewesen. Von einigen wurde dem Gläubiger auch ein Wahlrecht zwischen dem Zeitpunkt des Verzugseintritts und des Nachfristablaufs gegeben.[901]

(2) Fiktiver entgangener Gewinn

Daneben kann der Verkäufer seinen Schaden nach der entgangenen Gewinnspanne, also der Differenz von Kaufpreis minus Selbstkosten berechnen.[902] Dies gilt, soweit vermutet werden kann, dass der Verkäufer nicht nur einen fiktiven Deckungsverkauf an einen neuen Schuldner hätte durchführen können, sondern durch Lieferung einer zweiten marktgängigen Kaufsache ein komplett neues Geschäft hätte abschließen können.[903] Die Gewinnspanne aus dem geplatzten Schuldnergeschäft wäre ihm dann vollends entgangen und stellt seinen Schaden dar. Grundlage der Schadensberechnung ist somit der nach dem gewöhnlichen Lauf der Dinge entgangene Gewinn nach § 252 Satz 2. Die Vermutung jederzeitiger Beschaffungs- und Weiterverkaufsmöglichkeit der Kaufsache

---

897 Dieses Argument bringt Bardo, S. 112.

898 Huber, Band II, S. 249.

899 Freilich bleibt dem Schuldner die Darlegung möglich, dass die vom Gläubiger geforderte Summe nicht dem Marktpreis entspricht.

900 RG LZ 1911, 850, Nr. 3 (851); RGZ 50, 255 (262 ff.); Bardo, S. 154; Blomeyer, § 33 I 4 a; Hager, S. 154; Huber, Band II, S. 236; MüKo/Emmerich, Band 2, 4. Auflage, § 325 Rn 82; Soergel/Wiedemann, 12. Auflage, § 325 Rn 49.

901 Jeweils ohne nach den verschiedenen abstrakten Berechnungsmethoden zu differenzieren: Erman/Battes, 10. Auflage, § 326 Rn 41; Palandt/Heinrichs, 61. Auflage, § 325 a.F. Rn 19; Tiedtke NJW 1984, 767 (768). Präzise ausgedrückt handelt es sich nicht um ein Wahlrecht, sondern wie das Reichsgericht ausgeführt hat, um zwei unterschiedliche tatsächliche Begründungen des entstandenen Schadens, RG WarnR 1920, 188 Nr. 153 ebenso Huber, Band II, S. 254 in Fn 99. Im Folgenden soll aber wie üblich der Terminus Wahlrecht gebraucht werden.

902 RGZ 60, 346 (347); BGH JZ 1961, 27 (28); BGH NJW 1970, 29 (32); BGHZ 107, 67 (69); BGHZ 126, 305 (307 ff.); BGH NJW 2000, 1409 (1410); Bardo, S. 166 ff.; Huber, Band II, S. 239; Steindorff JZ 1961, 12 (13).

903 BGH NJW 2000, 1409 (1410/1411).

kann aber nur eingreifen, wenn der Gläubiger Gewerbetreibender oder Kaufmann ist.[904]

Der Zeitpunkt für die Schadensberechnung nach altem Recht war sehr umstritten. So wurde auf die Fälligkeit der Primärleistung,[905] den Verzug[906] oder den Nachfristablauf[907] abgestellt. Die Mehrzahl ließ dem Gläubiger die Wahl zwischen Verzug und Nachfristablauf.[908] Hinsichtlich der Selbstkosten des Gläubigers sollte es auf die hypothetischen Kosten für die Kaufsache ankommen, wenn er diese noch neben den anderen Geschäften angeschafft oder hergestellt hätte.[909] Konkrete Anschaffungskosten konnte der Gläubiger nicht haben, da gerade vermutet wurde, dass er die dem Schuldner gebührende Sache weiterveräußert hätte.

bb) Abstrakte Berechnung des Käuferschadens

Zur abstrakten Schadensberechnung stehen dem Käufer ebenfalls zwei Berechnungswege offen. Dabei wird von einem Teil der Literatur der fiktive Deckungskauf bevorzugt, während die Rechtsprechung und der andere Teil der Literatur eher vom fiktiven Weiterverkauf ausgehen.[910] In neuerer Zeit hat der BGH die Schadensberechnungsmethoden aneinander angeglichen.[911] Sie kommen bei Vorliegen bestimmter Voraussetzungen zum gleichen Ergebnis.[912] Richtigerweise stehen dem Käufer beide Berechnungsmethoden zu. Ihre Anwendung richtet sich danach, ob ein Weiterverkauf beabsichtigt bzw. möglich war oder nicht.[913] Ist dies nicht der Fall, kann eine Berechnung nach dem fiktiven Gewinn eines Weiterverkaufs nicht erfolgen.

(1) Fiktiver Deckungskauf

Die erste Berechnungsart des Käufers anhand eines fiktiven Deckungskaufs fußt auf einem Vergleich zwischen dem Vertragspreis und den hypothetischen Kosten für einen Deckungskauf auf dem freien Markt.[914] Grundlage ist auch hier die Vermutung, der Käufer könne den Deckungskauf zum marktüblichen Preis ab-

---

[904] BGH NJW 1998, 2901 (2902); BGHZ 62, 103 (105); Huber, Band II, S. 239/240.

[905] Soergel/Wiedemann, 12. Auflage, § 325 Rn 49.

[906] Soergel/Wiedemann, 12. Auflage, § 325 Rn 49.

[907] RGZ 60, 346 (347/348); v. Caemmerer, Ges.Schr. I, S. 411 (420); MüKo/Emmerich, Band 2, 4. Auflage, § 325 Rn 82.

[908] RGZ 90, 423 (424); Hager, S. 164; Soergel/Mertens, 12. Auflage, § 252 Rn 18; Staudinger/Otto, Neubearbeitung 2001, § 326 Rn 162.

[909] Huber, Band II, S. 240.

[910] Vgl. nur Huber, Band II, S. 244 ff. und Knütel AcP 202 (2002), 555 (565 ff.); außerdem die ausführliche Darstellung bei Bardo, S. 28 ff. und S. 97.

[911] BGH WM 1998, 931; Huber, Band II, S. 246 ff.

[912] Siehe dazu Huber, Band II, S. 245/246.

[913] Huber, Band II, S. 252; Knütel AcP 202 (2002), 555 (570); MüKo/Emmerich, Band 2, 4. Auflage, § 325 Rn 84/85. Dies soll nicht weiter vertieft werden.

[914] Vgl. nur RGZ 91, 30 (31); BGH NJW 1998, 2901 (2902); Rabel, Band I, S. 171; 455/456.

schließen (Marktpreisregel). Auch hier ist strittig, ob die Vermutung widerleglich ist, die besseren Gründe sprechen aber dagegen.[915]

Maßgeblicher Zeitpunkt sollte nach Ansicht vieler zum alten Recht die Entstehung des Schadensersatzanspruchs sein, da der Käufer erst mit Erlöschen der Primärforderung durch den Fristablauf nach § 326 a.F. risikolos zum Deckungskauf schreiten könne.[916] Von anderen wurde dem Käufer ein Wahlrecht zwischen dem Fristablauf und dem Verzugseintritt gewährt.[917] Grundsätzlich abweichend wollte *Keuk* die Schadensbemessung am Erfüllungszeitpunkt, also der Fälligkeit ausrichten.[918] Dies begründete sie durch einen Rückgriff auf § 240 Abs. 2 des 1. Entwurfs zum BGB und der Regelung des § 376 Abs. 2 HGB, der sie einen allgemeinen Rechtsgedanken entnahm.[919]

(2) Fiktiver entgangener Gewinn eines Weiterverkaufs

Eine weitere Art der Schadensberechnung stellt auf einen geplatzten fiktiven Weiterverkauf der Kaufsache ab. Von dieser Berechnungsmethode geht die Rechtsprechung aus.[920] Der Käufer kann den Gewinn in Rechnung stellen, den er bei pünktlicher Lieferung durch einen Weiterverkauf hätte erzielen können.[921] Grundlage ist wiederum § 252, wobei dessen Vermutung nach Satz 2 nur erfüllt ist, wenn der Käufer Gewerbetreibender oder Kaufmann ist.[922] Hinsichtlich des Zeitpunktes billigte die Rechtsprechung im alten Recht dem Gläubiger auch hier ein Wahlrecht zwischen Verzugszeitpunkt und Nachfristablauf zu.[923] Nach anderen Ansichten sollte auf die Fälligkeit, den Verzugseintritt oder den Nachfristablauf abzustellen sein.[924] *Huber* wollte trotz Abstellens auf den Verzugszeitpunkt

---

915 Huber, Band II, S. 248/249; Keuk, S. 119; MüKo/Emmerich, Band 2, 4. Auflage, § 325 Rn 86; Rabel, Band I, S. 171, 460; anderer Ansicht: Soergel/Wiedemann, 12. Auflage, § 325 Rn 46; Staudinger/Otto, Neubearbeitung 2004, § 280 Rn E89.

916 Bardo, S. 102; v. Caemmerer, Ges.Schr. I, S. 411 (420); Huber, Band II, S. 250; MüKo/Emmerich, Band 2, 4. Auflage, § 325 Rn 84; Rabel, Band I, S. 171; 464/465; Soergel/Wiedemann, 12. Auflage, § 325 Rn 49;

917 RGZ 90, 423 (434); RGZ 91, 30 (31); RG WarnR 1922, Nr. 8; Staudinger/Otto, Neubearbeitung 2001, § 326 Rn 162; Erman/Battes, 10. Auflage, § 326 Rn 41; Palandt/Heinrichs, 61. Auflage, § 325 a.F. Rn 19.

918 Keuk, S. 132.

919 Keuk, S. 130/131.

920 BGHZ 2, 310 (313); BGHZ 62, 103 (105); RGZ 68, 163 (165); RGZ 99, 46 (49), RGZ 101, 217 (218); RGZ 101, 240 (242); OLG Stuttgart JR 1957, 343; Bardo, S. 97; Soergel/Wiedemann, 12. Auflage, § 325 Rn 46.

921 Huber, Band II, S. 233; MüKo/Emmerich, Band 2, 4. Auflage, § 325 Rn 85.

922 RGZ 68, 163 (165); Bardo, S. 127; vgl. auch die Zitate bei Staudinger/Otto, Neubearbeitung 2004, § 280 Rn E91.

923 RGZ 90, 423 (424); RGZ 96, 158 (160); OLG Stuttgart JR 1957, 343 (344); ebenso Erman/Battes, 10. Auflage, § 326 Rn 41; Hager, S. 154; RGRK/Ballhaus, § 326 Rn 67.

924 Für Fälligkeit und Verzug Soergel/Wiedemann, 12. Auflage, § 325 Rn 49; für Verzug: Bardo, S. 130/131; Huber, Band II, S. 253; für Fälligkeit und Nachfristablauf: MüKo/Emmerich, Band 2, 4. Auflage, § 325 Rn 92.

spätere Preissteigerungen dem Gläubiger gemäß § 252 zugute kommen lassen, wenn er nachweisen konnte, dass er den Verkauf erst später getätigt hätte.[925]

cc) Sonderfall der Erfüllungsverweigerung

Für den Fall der ernsthaften und endgültigen Erfüllungsverweigerung des Schuldners nahm die ganz herrschende Meinung für die abstrakte Schadensberechung aufgrund eines hypothetischen Deckungsgeschäfts an, es sei – zumindest auch – auf den Zeitpunkt der Erfüllungsablehnung durch den Gläubiger abzustellen.[926] Ganz vereinzelt sollte auf den Zeitpunkt der Erfüllungsverweigerung abgestellt werden, da ab dann der Gläubiger Schadensersatz verlangen könne.[927] Erwähnenswert ist dies deshalb, weil bei der Erfüllungsverweigerung, so wie heute, ein Übergang durch eine Erklärung des Gläubigers bewirkt wird.

3) Bestimmung eines Schadenszeitpunktes nach neuem Recht

Da sich an den vorgestellten Berechnungsarten durch die Schuldrechtsreform im Grundsatz nichts ändern sollte, sind prinzipiell auch die alten Lösungsansätze zum relevanten Zeitpunkt übertragbar. Wie zu zeigen sein wird, können jedoch durch die Neuerungen im Tatbestand des § 281 viele zum alten Recht vertretene Vorschläge nicht mehr überzeugen. Hinsichtlich der Berechnungsmethode lassen sich im Groben drei Gruppen bilden, anhand derer die weitere Untersuchung vorgenommen werden soll: die konkrete Schadensberechnung, die abstrakte Schadensberechnung anhand eines Deckungsgeschäfts und die abstrakte Schadensberechnung auf der Basis des entgangenen Gewinns. Dabei kann wegen ihrer Unterschiedlichkeit ein einheitlicher Zeitpunkt nicht gefunden werden.

a) Konkrete Schadensberechnung

aa) Die relevanten Berechnungszeitpunkte

Die konkrete Schadensberechnung kann anhand einer Schätzung des beim Gläubiger verbliebenen Kaufgegenstandes erfolgen. Insoweit ist wie im alten Recht der Zeitpunkt der aktuellen Anspruchsstellung bzw. die letzte Tatsachenverhandlung im Prozess maßgeblich.[928] Dadurch wird dem in § 249 niedergelegten Prinzip der Totalreparation Rechnung getragen. Daneben kann die Bestimmung auch durch Betrachtung eines fehlgeschlagenen konkreten Weiterverkaufs durch den Käufer erfolgen. Der Schaden stellt sich als entgangener Gewinn dar,

---

[925] Huber, Band II, S. 251 und 253.

[926] RGZ 91, 30 (31); RG WarnR 1922, Nr. 8; Bardo, S. 103 und 154; Erman/Battes, 10. Auflage, § 326 Rn 41; Huber, Band II, S. 236 in Fn 22 und S. 251; MüKo/Emmerich, Band 2, 4. Auflage, § 325 Rn 82 und 92; Soergel/Wiedemann, 12. Auflage, § 325 Rn 49. RGZ 103, 292 (293) und RG LZ 1927, 903 wollen, aus Sicht der Rechtsprechung konsequent, eine Wahl zwischen Verzug und Erfüllungsablehnung zulassen.

[927] Leser, FS Rheinstein, Band II, S. 643 (657); Rabel, Band I, S. 172 mit Fn 1; 465; de lege ferenda auch Huber, in: Gutachten und Vorschläge zur Überarbeitung des Schuldrechts S. 647 (850).

[928] Staudinger/Otto, Neubearbeitung 2004, § 280 Rn E106 und E121.

da der Käufer die Spanne zwischen Vertragspreis und konkretem Weiterverkaufspreis geltend macht. Dieser Fall soll daher zusammen mit denjenigen Unterfällen der abstrakten Berechnung erläutert werden, bei denen der Schaden anhand eines fiktiven entgangenen Gewinns ermittelt wird.

Eine weitere konkrete Berechnungsmethode ist die anhand eines tatsächlich vorgenommenen Deckungsgeschäfts. Maßgeblicher Zeitpunkt für die Schadensbestimmung sollte nach altem Recht die tatsächliche Vornahme des Deckungsgeschäfts sein.[929] Es besteht kein Grund, davon für das neue Recht abzuweichen.[930] Durch das konkrete Deckungsgeschäft wird der Schadensumfang fixiert. Der Gläubiger erhält von einem Dritten die eigentlich vom Schuldner zu erbringende Leistung in Form einer Sach- oder Geldleistung. Werden dabei noch die Nachteile des Deckungsgeschäfts vom Schuldner ersetzt, so wird der ursprünglich geschuldete Zustand grundsätzlich wieder hergestellt. Eine Unsicherheit bei der Bestimmung des Zeitpunktes gibt es nicht, da immer die tatsächliche Differenz im Vermögen zwischen den Zuständen bei hypothetischer ordnungsgemäßer Leistung und dem bei Durchführung des Deckungsgeschäfts zu vergleichen ist. Diese Differenz ist als Schadensersatz statt der Leistung zu ersetzen, denn er beruht auf der dem Übergang nachfolgenden Abwicklung des Schuldverhältnisses durch Deckungsgeschäft und Schadensersatzanspruch.[931] Zwischenzeitliche Wert- und Preisänderungen können nicht gesondert berücksichtigt und zugeordnet werden. Denn es fehlt an einem tauglichen Vergleichsmaßstab, da die ursprünglich geschuldete Leistung und auch das Deckungsgeschäft einen individuellen Preis haben, wodurch kein Bezug zum Marktpreis hergestellt werden kann. Es wird auch meist nicht zu ermitteln sein, inwieweit der individuelle Preis auf sein Verhältnis zum Marktpreis beruht. Dies ist gerade der Unterschied der konkreten zur abstrakten Berechnungsweise

Der Gläubiger ist grundsätzlich frei darin, wie und wann er ein Deckungsgeschäft durchführt.[932] Eine Grenze ergibt sich allerdings durch seine Schadensminderungspflicht aus § 254 Abs. 2 Satz 1. Diese verpflichtet auch dazu, nach einem Übergang durch ein Ersatzverlangen mit dem Deckungsgeschäft nicht unangemessen lange zu warten. Dies gilt insbesondere bei wechselnden Preisen.[933] Unterlässt der Gläubiger ein Deckungsgeschäft und hat dies eine Erhö-

---

[929] Zum alten Recht: BGH NJW 1951, 918; Karlsruhe NJW 1971, 1809 (1810); Lent DJ 1941, 770 (772).

[930] Zum neuen Recht: Bamberger/Roth/Grüneberg, § 281 Rn 39; MüKo/Emmerich, Band 2a, 4. Auflage, Vor § 281 Rn 73; Palandt/Heinrichs, § 281 Rn 29; Staudinger/Otto, Neubearbeitung 2004, § 280 Rn E121 und § 281 Rn B153.

[931] Schäden neben der Leistung, also solche die auch bei nachträglicher Erfüllung aufgetreten wären, sind aus §§ 280 Abs. 1 und 2, 286 Abs. 1 zu ersetzen.

[932] Zu einer Obliegenheit zum Übergang aus § 254 aber schon oben bei S. 174 ff.

[933] Für das neue Recht: MüKo/Emmerich, Band 2a, 4. Auflage, Vor § 281 Rn 62; Palandt/Heinrichs, § 281 Rn 26 und 27; Staudinger/Otto, Neubearbeitung 2004, § 280 Rn E100 und § 281 Rn B153. Für das alte Recht, bei dem der Schadensersatzanspruch mit Fristablauf

hung des Schadens zur Folge, so muss der Gläubiger den zusätzlichen Schaden selbst tragen.[934] In der Regel wird der Gläubiger alsbald nach dem Übergang das Deckungsgeschäft tätigen, da jedenfalls feststeht, dass es über diesen Weg zu einer Abwicklung kommt.

bb) Die Berücksichtigung von Schadensverringerungen

Ebenfalls mit dem Schadenszeitpunkt hängt die Frage zusammen, wie sich Ereignisse auswirken, die zu einer Verringerung des Schadens des Gläubigers führen. Dazu hat der BGH in neueren Entscheidungen zum alten Recht hervorgehoben, der Gläubiger sei so zu stellen, wie wenn bei Fälligkeit geleistet worden wäre.[935] Daraus könnte zu folgern sein, dass er seinen Schaden zum Fälligkeitszeitpunkt berechnen kann und sich eine zwischenzeitliche Schadensminderung nicht entgegenhalten lassen muss.[936]

Dagegen spricht, dass die Höhe des Schadensersatzes keine „Einbahnstrasse" ist.[937] Ebenso wie der Schaden sich durch ein Marktgeschehen nach Fälligkeit vergrößern kann – dieser wäre auch nach dem BGH jedenfalls bei Verzug zu ersetzen, wenn man ihn nicht schon in den Schadensersatz statt der Leistung einbeziehen will[938]–, muss er sich auch verringern können.[939] Alles andere benachteiligt den Schuldner einseitig und kommt in Konflikt mit dem schadensrechtlichen Bereicherungsverbot.[940] Wenn etwa der Gläubiger im Rahmen eines konkreten Deckungsgeschäfts durch nachträgliche Marktveränderungen nunmehr günstiger als seinerzeit der Schuldner an die geschuldete Sache gelangen kann, so kann er auch nur den nunmehr erforderlichen Betrag verlangen. Andernfalls würde er mehr als zur Schadensbehebung nötig erlangen. Dem kann auch nicht entgegengehalten werden, dem Gläubiger könne ein in der Höhe dem Wert der

---

entstand: für den Käufer: OLG Karlsruhe NJW 1971, 1809 (1810); OLG Nürnberg BB 2001, 380 (381); OLG Stuttgart JR 1957, 343 (344); für den Verkäufer: BGH WM 1965, 102, (104).

[934] Ebenso ergibt sich aus § 254 die Pflicht des Gläubigers, hinsichtlich der Wahl des Deckungsgeschäfts die verkehrsübliche Sorgfalt walten zu lassen. Wird ein vermeidbar ungünstiges Geschäft abgeschlossen, so trägt er die zusätzlichen Kosten oder Verluste selbst; in diesem Punkte ebenso Soergel/Wiedemann, 12. Auflage, Vor § 275 Rn 50.

[935] Vgl. BGH NJW 1999, 3625 (3626); BGH NJW 1998, 2901 (2902/2903); BGHZ 126, 131 (134).

[936] Zweifelnd, ob der BGH dies meinte: Staudinger/Otto, Neubearbeitung 2004, § 280 Rn E123 und § 281 Rn B147.

[937] So plastisch MüKo/Oetker, Band 2a, 4. Auflage, § 249 Rn 299 in Fn 1071; Lange/Schiemann, S. 46/47; Staudinger/Schiemann, Neubearbeitung 2005, Vorbem zu §§ 249 ff. Rn 81. Ablehnend zur neueren Rechtsprechung auch Erman/Westermann, § 281 Rn 29; Knütel AcP 202 (2002), 555 (585); Staudinger/Otto, Neubearbeitung 2004, § 280 Rn E123 und § 281 Rn B147.

[938] Dazu ausführlich unten bei S. 196 ff.

[939] MüKo/Oetker, Band 2a, 4. Auflage, § 249 Rn 299 in Fn 1071; Staudinger/Otto, Neubearbeitung 2004, § 281 Rn B147; Jauernig/Stadler, § 281 Rn 19; auch Huber, Band II, S. 234 für den Fall das noch weitere Schäden verlangt werden.

[940] Vgl. dazu näher Lange/Schiemann, S. 250/251.

Sache zur Zeit der Fälligkeit entsprechender Schadensersatzanspruch nicht wieder entrissen werden. Dies verkennt den Charakter der konkreten Schadensberechnung anhand eines Deckungsgeschäfts. Bei diesem geht es allein um den Ausgleich des zur Herstellung ordnungsgemäßer Erfüllung notwendigen Betrages. Eine ganz andere Frage ist die des entgangenen Gewinns, dessen Erzielbarkeit nunmehr schlechter sein kann. Dies ist dann aber nicht bei der Berechnung aufgrund eines konkreten Deckungsgeschäfts zu berücksichtigen, sondern bei der Berechnung anhand des § 252. Der Gläubiger mag darlegen, bei pünktlicher Erfüllung die Sache verwertet zu haben und damit besser gestanden zu haben als bei jetziger Verwertung. Ein solcher Verlust ist ihm dann über den entgangenen Gewinn ersetzbar.

Somit bleibt es dabei, dass der Schaden zum Zeitpunkt des konkreten Deckungsgeschäfts zu bestimmen ist, künftige Entwicklungen damit für seine Höhe von Relevanz sind. Eine Ausnahme von der Erheblichkeit zukünftiger Entwicklungen ist jedoch dort zu machen, wo ein Schadensersatz auch schon im Hinblick auf eine unsichere Zukunftslage zugesprochen wurde.[941] Ändert sich diese dann wirklich, so kann dies wegen der stattgefundenen Berücksichtigung der Unsicherheit nicht zu einer Schadensverminderung führen.

b) Abstrakte Schadensberechnung anhand eines fiktiven Deckungsgeschäfts zum Marktpreis

Die abstrakte Schadensberechnung anhand eines fiktiven Deckungsgeschäfts umfasst die Fälle, in denen der Gläubiger seinen Schaden durch einen Vergleich des Vertragspreises mit dem Marktpreis ermittelt. Dies kann durch einen fiktiven Deckungsverkauf des Verkäufers oder durch einen fiktiven Deckungskauf des Käufers zum Marktpreis geschehen.

aa) Meinungsstand zum relevanten Berechnungszeitpunkt

Es ist schon jetzt umstritten, auf welchen Zeitpunkt abzustellen ist. Dabei ist eine ähnliche Bandbreite wie zum alten Recht möglich. So könnte man auf die Fälligkeit oder den Verzug abstellen. Viele wollen den Zeitpunkt des Nachfristablaufs[942] oder das Ersatzverlangen nach § 281 Abs. 4[943] heranziehen. Auch ein

---

[941] So zu § 283 BGB a.F.: BGH NJW 1994, 314: Dort war eine Hauswand nicht ordnungsgemäß isoliert worden, nachdem der geplante Bau des Nachbarhauses vorläufig aufgeschoben worden war. Als der Kläger schließlich die Voraussetzungen des § 283 a.F. geschaffen hatte, war inzwischen das Nachbarhaus gebaut worden. Der BGH versagte dennoch die Berufung des Beklagten auf diese nachträgliche Schadensminderung. Zustimmend Huber, Band II, S. 556; Staudinger/Otto, Neubearbeitung 2004, § 281 Rn B155.

[942] Jauernig/Stadler, § 281 Rn 19; MüKo/Emmerich, Band 2a, 4. Auflage, Vor § 281 Rn 45 für den Verkäufer.

[943] Erman/Westermann, § 281 Rn 31; Huber/Faust, 3. Kapitel, Rn 214 und 216; Knütel AcP 202 (2002), 555 (584 und 600); ansatzweise auch schon Ernst, in: Ernst/Zimmermann, S. 559 (594).

Wahlrecht zwischen verschiedenen Zeitpunkten wollen einige dem Gläubiger zugestehen.[944]

bb) Schadensersatz als Fortführung des Primärerfüllungsanspruchs

Für ein Abstellen auf den Zeitpunkt des Schadensersatzverlangens nach § 281 Abs. 4 spricht zunächst, dass begrifflich der Schadensersatzanspruch statt der Leistung als Folge des nicht erfüllten Leistungsanspruchs erst dann bezifferbar ist, wenn eben dieser Leistungsanspruch untergegangen ist und damit der Schadensersatzanspruch endgültig an seine Stelle getreten ist.[945] Bis dahin hängt es allein vom Gläubigerwillen ab, ob es überhaupt zu einer Inanspruchnahme des Schuldners wegen Schadensersatzes kommt. Mit einer ähnlichen Überlegung kann auch nicht auf den Zeitpunkt des erfolglosen Fristablaufs abgestellt werden. Denn mit diesem entsteht der Schadensersatzanspruch zwar an sich, jedoch geht zu diesem Zeitpunkt der Primäranspruch nicht unter. Der entstandene Schadensersatzanspruch wird bis zum Verlangen seiner Betitelung als „Schadensersatz statt der Leistung" nicht ganz gerecht, da er bis dahin neben dem Primäranspruch als verhaltener Anspruch besteht. Erst mit dem Verlangen gibt der Gläubiger seinen Primäranspruch auf und wechselt endgültig auf das Sekundärschuldverhältnis über.[946]

Für ein Abstellen auf das Schadensersatzverlangen und damit den Zeitpunkt des Unterganges des Primäranspruchs spricht auch die Natur des Schadensersatzanspruchs. Hilfreich ist es dabei, sich bezüglich des gegenseitigen Verhältnisses der beiden Ansprüche einer Denkfigur zu bedienen, die zum alten Recht maßgeblich von *Keuk* entwickelt wurde:[947] „Mit dem Schadensersatzanspruch wegen Nichterfüllung fordert der Gläubiger Realisierung seines Leistungsanspruches, nur nach einer anderen Richtung: statt des unmittelbaren Vertragsgegenstandes begehrt er ersatzweise Befriedigung seines Gläubigerinteresses durch Gewährung des Vermögenswertes, den er erhalten würde, wenn der Schuldner den Vertragsgegenstand leisten würde. Naturalleistung und Leistung des notwendigen Geldäquivalentes stellen sich dar als zwei Formen der Verwirklichung des vertraglichen Rechts des Gläubigers."

Durch dieses Verständnis lässt sich die Maßgeblichkeit des Verlangens als des Zeitpunktes des Erlöschens der Primärschuld untermauern. Denn wenn der

---

[944] Lange/Schiemann, S. 48/49 und S. 349; MüKo/Emmerich, Band 2a, 4. Auflage, Vor § 281 Rn 55 (für den Käufer); Palandt/Heinrichs, § 281 Rn 34 und Staudinger/Otto, Neubearbeitung 2004, § 280 Rn E120 und § 281 Rn B149 wollen die Wahl zwischen Fälligkeit oder Fristablauf zulassen. Bamberger/Roth/Grüneberg, § 281 Rn 43 möchte die Wahl zwischen Fälligkeit, Verzug und Nachfristablauf zulassen.

[945] Ähnliches Argument bei Erman/Westermann, § 281 Rn 31; vgl. zum alten Recht Huber, Band II, S. 251; sowie Bardo, S. 102; ähnlich Soergel/Wiedemann, 12. Auflage, § 325 Rn 49.

[946] Ähnlich in anderem Zusammenhang MüKo/Ernst, Band 2a, 4. Auflage, § 281 Rn 112.

[947] Keuk, S. 111/112; sie wollte indes die Maßgeblichkeit des Fälligkeitszeitpunktes aus dieser Überlegung folgern, S. 130/131.

Schadensersatzanspruch im Grunde der Primäranspruch mit anderem Inhalt ist, dann ist klar, dass der Inhalt zu der Zeit bestimmt werden muss, zu dem der Primäranspruch erlischt. Wenn der Schadensersatzanspruch den Primäranspruch mit anderem Inhalt weiterführt, so kommt es gerade auf dessen Inhalt zum Zeitpunkt des Erlöschens an. Da der Gläubiger bis zu einem Verlangen stets die Primärleistung fordern kann, muss sich die Höhe immer nach dem Wert dieser Leistung bestimmen.[948]

Diesem Erklärungsmuster ist durch die Schuldrechtsreform auch nicht der Boden entzogen worden. Zwar wurde die absolute Ausschließlichkeit des Primär- und Sekundäranspruchs gemäß § 326 a.F. zugunsten eines zeitweiligen parallelen Bestehens des Primär- und Schadensersatzanspruchs aufgegeben, jedoch kann daraus nicht geschlossen werden, dass der Schadensersatzanspruch nicht als Primäranspruch in gewandelter Form verstanden werden kann.[949] Denn schon die Bezeichnung als Schadensersatzanspruch „statt der Leistung" macht eine weiterhin bestehende Ausschließlichkeit deutlich. Beim zeitweiligen Nebeneinanderbestehen mag wohl der Schadensersatzanspruch als solcher bestehen, jedoch ist dies ohne praktische Konsequenzen. Eine Geltendmachung neben dem Primäranspruch ist ausgeschlossen, da sofort der Primäranspruch infolge des Verlangens nach Abs. 4 erlöschen würde. Das Nebeneinanderbestehen ist allein Folge des gesetzgeberischen Ziels, dem Gläubiger ein Wahlrecht zwischen Primär- und Sekundäranspruch zu geben. Dazu ließ er den Schadensersatzanspruch schon mit dem Fristablauf neben dem Primäranspruch entstehen, da er ansonsten dem Verlangen eine anspruchsbegründende Gestaltungswirkung hätte zuerkennen müssen, die für Schadensersatzansprüche systematisch fremd ist. Wie schon gezeigt, besteht auch noch in der Schwebelage eine Abhängigkeit zwischen Primäranspruch und Schadensersatzanspruch, was die Fortführung des ersteren durch den letzteren zeigt.[950] Jedenfalls zum hier interessierenden Zeitpunkt des Verlangens besteht nur noch der Schadensersatzanspruch, so dass die Denkfigur der Fortführung des Primäranspruchs möglich ist.

Dass dem Gläubiger durch das Abstellen auf das Ersatzverlangen die Vorteile einer zwischenzeitlichen Wertsteigerung zukommen würden, ist nicht unbillig. Denn der Gläubiger könnte auch am Primäranspruch festhalten und auf diesem Wege durch die Erlangung der Sache die Wertsteigerungen für sich in Anspruch nehmen.[951]

---

948 Knütel AcP 202 (2002), 555 (585); vgl. auch Bardo, S. 101 zum alten Recht.

949 Dagegen aber wohl Lobinger, S. 225 ff.; unklar Katzenstein JURA 2004, 584 (585 mit Fn 16 und 17).

950 Vgl. dazu oben bei S. 143 ff.

951 Knütel AcP 202 (2002), 555 (585).

cc) Systematik

(1) Systematische Konformität des Berechnungszeitpunktes mit der Trennung zwischen Schadensersatz statt und neben der Leistung

Für ein Abstellen auf den Zeitpunkt des Verlangens spricht auch, dass damit eine klare Abgrenzung des Verzögerungsschadens vom Nichterfüllungsschaden ermöglicht wird. Dann könnte der Gläubiger seinen Verspätungsschaden bis zum Erlöschen der Primärforderung allein aus §§ 280 Abs. 1 und 2, 286 fordern, während für den eigentlichen Nichterfüllungsschaden ein Schadensersatzanspruch statt der Leistung gegeben wäre.[952] Eventuelle Nachteile durch die nicht rechtzeitige Erfüllung wären dann nicht als Schadensersatz statt der Leistung, sondern als Schadensersatz neben der Leistung zu qualifizieren.

Dieser Ansatz kann sprachlich überzeugen, weil der Verzögerungsschaden alle Schadenspositionen erfasst, die auf der Verzögerung der Leistung beruhen und durch die spätere Erfüllung nicht mehr kompensiert werden können.[953] Dazu gehören auch Wertverluste.[954] Er kann auch systematisch überzeugen, weil ein Ersatz des Verspätungsschadens über § 281 jedenfalls dann nicht möglich ist, wenn der Schuldner vor einem Verlangen noch erfüllt und deshalb der Übergang auf den Schadensersatz statt der Leistung unterbleiben muss. Der Verspätungsschaden ist dann nur über §§ 280 Abs. 1 und 2, 286 zu ersetzen. Es erscheint konsequent, dies auch dann weiterzuführen, wenn die Primärleistung vollends ausbleibt und es deshalb zu einem Übergang auf den Schadensersatz statt der Leistung kommt.

(2) Möglichkeit der Einbeziehung von Verzögerungsschäden in den Schadensersatz wegen Nichterfüllung nach altem Recht

Hingegen ermöglichte die Rechtsprechung und die überwiegende Literatur es dem Gläubiger im alten Recht, auf zwei verschiedene Berechnungszeitpunkte abzustellen.[955] Er konnte zunächst für den Ersatz des Nichterfüllungsschadens auf den Zeitpunkt des Nachfristablaufs abstellen, die bis dahin aufgelaufenen Verzögerungsschäden waren dann über § 286 Abs. 1 a.F. zu ersetzen. Des Weiteren erlaubte sie dem Gläubiger, seinen gesamten Verzögerungs- und Nichterfüllungsschaden ab Verzug über § 326 Abs. 1 a.F. zu verlangen.[956] Dies geschah durch eine Einbeziehung des Verzögerungsschadens in den Nichterfüllungsschaden. Dabei war aber auch dort noch auf die Eigenständigkeit der Ansprüche

---

952 Es ist nicht auf das parallele Bestehen beider Ansprüche nach Nachfristablauf abzustellen, da der Gläubiger seinen Erfüllungsanspruch noch nicht aufgegeben hat, MüKo/Ernst, Band 2a, 4. Auflage, § 281 Rn 112.

953 Jauernig/Stadler, § 280 Rn 4; Staudinger/Otto, Neubearbeitung 2004, § 280 Rn E13.

954 Jauernig/Stadler, § 280 Rn 4 und Rn 54; Palandt/Heinrichs, § 286 Rn 46.

955 Vgl. BGH NJW 1995, 449 (450); RGZ 96, 158 (160); Staudinger/Otto, Neubearbeitung 2004, § 280 Rn E19.

956 BGH NJW 1997, 1231; RGZ 94, 203 (206 ff.); RGZ 96, 158 (160); MüKo/Emmerich, Band 2, 4. Auflage, § 325 Rn 57; Staudinger/Otto, Neubearbeitung 2004, § 281 Rn B147.

zu achten, so z.B. bei Vorliegen sachlich begrenzter Haftungsausschlüsse oder einer unterschiedlichen Verjährung.[957] Grund für die Einbeziehung waren vornehmlich Praktikabilitätsgesichtspunkte, da die verschiedenen Schadenspositionen in der Regel nicht zugeordnet werden mussten.[958] Jedenfalls haftete der Schuldner im Ergebnis entweder aus Verzug oder wegen Nichterfüllung.

Folge der unterschiedlichen Berechnungsmethoden war die Zuerkennung eines Wahlrechts des Gläubigers zwischen den verschiedenen Berechnungszeitpunkten. Durch das mögliche Abstellen auf den Verzugseintritt entstand aber die Gefahr, dass der Gläubiger den Verspätungsschaden zweimal liquidierte.[959] Denn er konnte seinen Verspätungsschaden formal als Verzögerungsschadensersatz und als Nichterfüllungsschaden geltend machen. Dem musste die Rechtsprechung durch oben beschriebene Einbeziehung entgegenwirken, da im Ergebnis der Gläubiger seinen Verspätungsschaden jedenfalls nur einmal ersetzt verlangen konnte.[960]

(3) Fortgeltung der Einbeziehungsmöglichkeit im neuen Recht

Im neuen Recht ist nunmehr wegen des regelmäßigen parallelen Bestehens von Verzug und Schadensersatzanspruch statt der Leistung innerhalb des Tatbestandes des § 281 die Gefahr einer doppelten Liquidation schon im Gesetz angelegt.[961] Auch dies spricht für eine Abgrenzung der Schadenspositionen nach dem Zeitpunkt des Verlangens. Der Schadensersatz statt der Leistung würde sich allein nach dem Zeitpunkt des Verlangens berechnen, für verzögerungsbedingte Schäden wäre ein Ersatz nach §§ 280 Abs. 1 und 2, 286 möglich. Einer Vermengung der Geltungsbereiche würde so vorgebeugt.[962] Diese Abgrenzung würde die Fortführung der bisherigen Praxis der Rechtsprechung ausschließen. Sie wäre auch nicht mehr nötig, da die Gefahr einer doppelten Liquidation ausschiede. Abseits der hiesigen Diskussion um den Schadenszeitpunkt wollen dementsprechend viele Vertreter der Literatur aufgrund der Neuordnung der §§ 280 ff. eine Neuorientierung vornehmen und eine Einbeziehung ausschließen.[963] Andere hingegen wollen die alte Praxis beibehalten.[964]

---

[957] BGH NJW 1959, 1819 für die Verjährung.

[958] Staudinger/Otto, Neubearbeitung 2004, § 281 Rn B147.

[959] Vgl. dazu Huber, Band II, S. 303.

[960] BGH ZIP 1997, 646, 647; Huber, Band II, S. 303; Larenz, § 23 II a); MüKo/Emmerich, Band 2, 4. Auflage, § 325 Rn 57; Tiedtke NJW 1984, 767 (768).

[961] Staudinger/Otto, Neubearbeitung 2004, § 280 Rn E18, dies war bei § 326 a.F. anders.

[962] Lorenz/Riehm, Rn 288; MüKo/Ernst, Band 2a, 4. Auflage, § 281 Rn 114.

[963] So auch AnwKomm/Dauner-Lieb, § 280 Rn 85 und § 281 Rn 58; Canaris, Karlsruher Forum 2002, S. 42; Emmerich, Leistungsstörungen, S. 200/201; Erman/Westermann, § 281 Rn 26; Grigoleit/Riehm AcP 203 (2003), 727 (750); Huber/Faust, 3. Kapitel, Rn 184; Jauernig/Stadler, § 281 Rn 16; Katzenstein JURA 2004, 584 (593); Katzenstein JURA 2005, 217 (221 in Fn 51); Katzenstein/Hüftle NZM 2004, 601 (606); Lorenz/Riehm, Rn 288; MüKo/Ernst, Band 2a, 4. Auflage, § 281 Rn 112; Palandt/Heinrichs, § 281 Rn 17.

(4) Diskussion

Gegen die Einbeziehung spricht, dass die einheitliche Geltendmachung des vollen Schadensersatzes im Ergebnis nichts an dem Vorliegen von zwei Anspruchsgrundlagen ändert, weshalb sie systematisch unbefriedigend ist.[965]

Es droht auch kein Verlust an Praktikabilität.[966] Denn es bleibt dem klagenden Gläubiger unbenommen, seinen Gesamtschaden in einem Verfahren einzuklagen. Er muss dazu nur die begründenden Tatsachen, nicht jedoch die rechtliche Einordnung vortragen. Das Gericht hingegen muss die Schadenspositionen zuordnen, diese Aufgabe stellt sich ihm aber nach dem neuen Schuldrecht mit der Unterscheidung zwischen Schadensersatz statt und neben der Leistung auch in vielen anderen Fällen. Diese „Unannehmlichkeit“ ist also nicht zu vermeiden.

Zudem war der angeführte Praktikabilitätsvorteil schon nach altem Recht nur vordergründig gegeben. Denn trotz der Einbeziehungsmöglichkeit musste die rechtliche Selbständigkeit, soweit relevant, auch nach der Rechtsprechung beachtet werden.[967] Unterschiede können nunmehr etwa bei der Verjährung der beiden Ansprüche aus §§ 280 Abs. 1 und 3, 281 Abs. 1 und §§ 280 Abs. 1 und 2, 286 auftreten oder wenn sachlich begrenzte Haftungsausschlüsse bestehen.[968] Vor allem aber sind die Voraussetzungen der §§ 280 Abs. 1 und 3, 281 Abs. 1 und der §§ 280 Abs. 1 und 2, 286 nicht vollkommen deckungsgleich.[969] Zwar setzt § 281 nach richtigem Verständnis ebenfalls Verzug voraus, da in der Frist-

---

964 Bamberger/Roth/Grüneberg, § 281 Rn 35; Emmerich, Leistungsstörungen, 5. Auflage, S. 200; Henssler/Graf von Westphalen/Dedek, § 280 Rn 20; Lorenz NJW 2002, 2497 (2504); MüKo/Emmerich, Band 2a, 4. Auflage, Vor § 281 Rn 17; Pohlmann, in: Dauner-Lieb/Konzen/Schmidt, S. 273 (280); Recker NJW 2002, 1247; Staudinger/Otto, Neubearbeitung 2004, § 280 Rn E20 und § 281 Rn B147; auch Wältermann, S. 138 und 141, der aber den Zeitpunkt für die Schadensbestimmung nicht problematisiert.

965 Staudinger/Otto, Neubearbeitung 2004, § 281 Rn B147; dies gibt auch Pohlmann, in: Dauner-Lieb/Konzen/Schmidt, S. 273 (280) zu.

966 So aber Emmerich, Leistungsstörungen, 5. Auflage, S. 200; MüKo/Emmerich, Band 2a, 4. Auflage, Vor § 281 Rn 17; Pohlmann, in: Dauner-Lieb/Konzen/Schmidt, S. 273 (280); Staudinger/Otto, Neubearbeitung 2004, § 280 Rn E20 und § 281 Rn B147.

967 BGH NJW 1959, 1819 für die Verjährung.

968 MüKo/Ernst, Band 2a, 4. Auflage, § 281 Rn 113; Staudinger/Otto, Neubearbeitung 2004, § 280 Rn E21. Der letztere will es zulassen, dass ohne Trennung im Einzelnen, beide Anspruchsgrundlagen zur Begründung genannt werden. Dem widerspricht aber das Vorhandensein unterschiedlicher Streitgegenstände (vgl. dazu Zöller/Vollkommer, Einleitung Rn 73), was eine eindeutige Zuordnung zur Bestimmung der Rechtskraft erforderlich macht. Daraus ergibt sich auch ein genereller Einwand gegen die alte Praxis: Wurde der Verzögerungsschaden in den Nichterfüllungsschaden einbezogen, so war die Reichweite der Rechtskraft des Urteils nicht klar, da verschiedene Streitgegenstände unabgegrenzt behandelt wurden.

969 Grigoleit/Riehm AcP 203 (2003), 727 (746); MüKo/Ernst, Band 2a, 4. Auflage, § 281 Rn 112; Jauernig/Stadler, § 281 Rn 16. Dies erkennt auch Staudinger/Otto, Neubearbeitung 2004, § 280 Rn E20 an. Ablehnend Wältermann, S. 139, der aber obige Unterschiede übersieht.

setzung jedoch nicht immer eine Sofortmahnung gesehen werden kann, liegt er oft erst mit Ablauf der Nachfrist vor, was bei Einbeziehung der Verzögerungsschäden in den Schadensersatz statt der Leistung beachtet werden müsste. Denn ohne Verzug sind davor entstandene Schäden nicht ersatzfähig.[970] Ein weiterer Unterschied ergibt sich bei der Entbehrlichkeit der Fristsetzung und der Mahnung nach §§ 281 Abs. 2 bzw. 286 Abs. 2. So kann etwa Verzug bei kalendermäßiger Bestimmtheit der Fälligkeit entstehen, für § 281 reicht dies aber mangels Fristsetzung nicht. Schließlich sind die Anforderungen zur Vermeidung eines Mitverschuldens des Gläubigers vor und nach einem Verlangen unterschiedlich.[971] Vor dem Verlangen besteht die Primärforderung noch, das Verhalten des Gläubigers muss also darauf hinwirken, gemäß § 254 Abs. 2 Satz 1 die vorübergehenden nachteiligen Folgen möglichst gering zu halten. Nach dem Verlangen besteht nur noch die Schadensersatzpflicht, der Gläubiger muss dann dauerhaft die Vergrößerung des Schadens vermeiden helfen. Diese unterschiedlichen Verhaltensanforderungen drohen miteinander vermischt zu werden, wenn der gesamte Schaden durch Einbeziehung in die §§ 280 Abs. 1 und 3, 281 Abs. 1 ersetzt werden soll. Insgesamt kann wegen der Besonderheiten eine Zuordnung der Schadenspositionen zu den zugrunde liegenden Ansprüchen auch bei einer Einbeziehungsmöglichkeit nicht unterbleiben. Praktikabilitätsvorteile sind also nur vordergründig gegeben.

(5) Zwischenergebnis

Eine Einbeziehung des Schadensersatzanspruchs neben der Leistung in den Schadensersatzanspruch statt der Leistung ist abzulehnen.[972] Die Trennung passt dann aber zu der Schadensbestimmung im Zeitpunkt des Verlangens.

---

[970] Pohlmann, in: Dauner-Lieb/Konzen/Schmidt, S. 273 (281); auch Henssler/Graf von Westphalen/Dedek, § 281 Rn 16.

[971] MüKo/Ernst, Band 2a, 4. Auflage, § 281 Rn 113.

[972] Ebenso Erman/Westermann, § 281 Rn 26; MüKo/Ernst, Band 2a, 4. Auflage, § 281 Rn 112; Huber/Faust, 3. Kapitel, Rn 184/185; Lorenz/Riehm, Rn 288; Palandt/Heinrichs, § 281 Rn 17; Der hier vertretenen Trennung zwischen Schadensersatzanspruch statt und neben der Leistung kann auch nicht entgegen gehalten werden, dies führe zu einer Bereicherung und ungerechtfertigten Besserstellung des Gläubigers. Dies hat Huber, Band II, S. 301 ff. für das alte Recht angenommen, wenn der Gläubiger neben seinem Nichterfüllungsschaden noch seinen Verzögerungsschaden geltend machen konnte. Da es nicht zum Vertragsvollzug komme, vielmehr innerhalb der Differenztheorie die gegenseitigen Leistungspflichten erlöschen, müsse auch der Verzögerungsschadensersatz in die Verrechnung einbezogen werden. Dagegen spricht jedoch, dass die ganz herrschende Meinung die getrennte Geltendmachung schon lange alternativ zur Einbeziehung zuließ. Der Schadensersatzanspruch neben der Leistung ist nun auch systematisch unabhängig vom Schadensersatzanspruch statt der Leistung ausgestaltet. Schon dem Ausgangspunkt von Hubers Überlegung, dass der Verzögerungsschadensersatz einen Ausgleich nur bei Vollzug der vereinbarten Leistungspflichten bringen soll, kann nicht zugestimmt werden. Dem steht entgegen, dass er vielmehr einen Ausgleich für eine verschuldete Verspätung darstellt. Dieser Ausgleich ist auch nicht ungerecht, denn dem Schuldner verblieb während des Verzugs die Nutzungsmöglichkeit, die er gewinnbringend verwerten

dd) Anforderungen des § 249 Abs. 1

Mit einer solchen Schadensbestimmung und Abgrenzung der Schadensersatzansprüche ist die pauschale Annahme der neueren Rechtsprechung nicht vereinbar, wonach der Schadensersatz wegen Nichterfüllung – jetzt Schadensersatz statt der Leistung – es gemäß § 249 Abs. 1 erfordere, den Gläubiger in jedem Falle so zu stellen, wie er bei rechtzeitiger Leistung bei Fälligkeit gestanden hätte.[973] Denn dann müssten alle bis zum Übergang aufgetretenen Schäden über §§ 280 Abs. 1 und 3, 281 Abs. 1 ersetzbar sein, so etwa, wenn der Wert der Sache nach Fälligkeit gesunken ist.[974] Bei Bestimmung des Schadens zum Zeitpunkt des Verlangens wird jedoch der Gesamtschaden allein durch eine Kombination der Ansprüche aus §§ 280 Abs. 1 und 3, 281 Abs. 1 und §§ 280 Abs. 1 und 2, 286 ersetzt. Der Schadensersatz statt der Leistung beruht auf dem Schaden zur Zeit des Ersatzverlangens, verzögerungsbedingte Nachteile werden ab Verzug vom Schadensersatz neben der Leistung umfasst und so schließlich der Gläubiger wie bei rechtzeitiger Erfüllung gestellt.

Dies widerspricht nicht unbedingt der Anordnung des § 249 Abs. 1, der nur verlangt, dass im Ergebnis der Schaden vollkommen ausgeglichen werden muss. Dass Gesetz zeigt durch die Unterteilung in zwei Schadensersatzansprüche statt und neben der Leistung selbst, dass nicht schon ein Schadensersatzanspruch in jedem Falle allein zur vollen Befriedigung führen muss. Entscheidend ist daneben, dass die §§ 280 Abs. 1 und 2, 286 zeigen, dass ein Verspätungsschaden ab Fälligkeit nur ersetzt werden soll, wenn der Schuldner ab diesem Zeitpunkt schon in Verzug ist.[975] Allein die Nichtleistung bei Fälligkeit und ein mögliches Vertretenmüssen genügen danach nicht für eine Schadensersatzpflicht, vielmehr muss grundsätzlich noch eine Mahnung als zusätzliche Warnung ausgesprochen worden sein. Für den Zeitraum zwischen Fälligkeit und Verzugseintritt sind damit Schäden aus einer Verspätung der Leistung an sich nicht zu ersetzen. Dies stellt einen Grundsatz des Zivilrechts dar.[976] Durch eine Ausweitung des Schadensersatzes statt der Leistung bis zum Fälligkeitszeitpunkt würden die Grenzen der §§ 280 Abs. 1 und 2, 286 umgangen.[977] Durch

---

konnte. Der Verzögerungsschadensersatzanspruch führt insoweit zu einer pauschalen Überleitung des diesem nicht gebührenden Gewinns. Einer etwaigen ungerechtfertigten Bereicherung kann darüber hinaus durch eine Vorteilsausgleichung Rechnung getragen werden, so auch Grigoleit/Riehm AcP 203 (2003), 727 (750/751).

[973] In diese Richtung BGH NJW 1999, 3625 (3626); BGH NJW 1998, 2901 (2902/2903); BGHZ 126, 131 (134).

[974] Vgl. Knütel AcP 202 (2002), 555 (585).

[975] Huber, Band II, S. 253 und 314; Knütel AcP 202 (2002), 555 (585); Staudinger/Otto, Neubearbeitung 2004, § 280 Rn E123; in diese Richtung argumentiert auch schon RGZ 90, 423 (425).

[976] Huber, Band II, S. 314; MüKo/Ernst, Band 2a, 4. Auflage, § 323 Rn 46; Lorenz/Riehm, Rn 288; auch Pohlmann, in: Dauner-Lieb/Konzen/Schmidt, S. 273 (279/280/281).

[977] MüKo/Ernst, Band 2a, 4. Auflage, § 281 Rn 112.

das Abstellen auf die Lage bei Fälligkeit würde ein schadensrechtlicher Rückgriff auf einen Zeithorizont ermöglicht, der nur bei Verzug durch den Schadensersatz neben der Leistung vorgesehen ist. Wird gemäß § 281 Schadensersatz statt der Leistung geschuldet und ist Verzug erst zum spätest zulässigen Zeitpunkt des Fristablaufs eingetreten, so könnte durch den Schadensersatz auch auf den Zeitraum zwischen Fälligkeit und Nachfristablauf zurückgegriffen werden, ohne dass aber zugleich §§ 280 Abs. 1 und 2, 286 eingreifen würden. Dies kann nicht überzeugen.[978] Es erscheint daher systematisch besser, der Anordnung des § 249 unter Beachtung der Haftungsgrundsätze bei Verzug dadurch Rechnung zu tragen, dass ein Ersatz des ganzen Schadens nur durch eine Kombination von Schadensersatz statt und neben der Leistung möglich ist.

ee) Vermutungswirkung und Möglichkeit zum Deckungsgeschäft

Für ein Abstellen auf den Berechnungszeitpunkt des Verlangens spricht auch die Eigenart der abstrakten Schadensberechnung anhand eines fiktiven Deckungsgeschäfts. Diese beruht auf der Vermutung, der Gläubiger könne bei marktgängiger Ware ein Deckungsgeschäft jederzeit und zum gängigen Marktpreis durchführen.[979] Sie entbindet ihn von dem Nachweis konkreter Preise und Deckungsmöglichkeiten. Diese Vermutung gilt aber nicht mehr, wenn schon die abstrakte Möglichkeit eines Deckungsgeschäfts fehlt oder höchst unwahrscheinlich ist. Denn dann ist die Erzielung eines Marktpreises nicht mehr wahrscheinlich, mangels Vorliegens der essentiellen Vermutung ist eine abstrakte Schadensberechnung ausgeschlossen. Dies folgt auch aus einem Vergleich zur Situation bei Fehlen marktgängiger Ware. Der dortige Ausschluss der abstrakten Schadensberechnung beruht dabei nicht nur auf dem Fehlen eines Marktpreises, sondern auch darauf, dass die Vermutung für ein jederzeitig mögliches Deckungsgeschäft entfällt. Ohne Möglichkeit zum Deckungsgeschäft nutzt also auch das Vorhandensein eines sicheren Marktpreises nichts. Es bleibt jeweils nur die konkrete Schadensberechnung, die immer möglich ist.[980]

Berechnet nun der Gläubiger seinen Schaden abstrakt anhand des Zeitpunktes des Verlangens, so greifen die Vermutungen unproblematisch ein. Denn zu diesem Zeitpunkt hätte er tatsächlich ohne Risiko, also ohne doch noch eine Erfüllung seitens des Schuldners befürchten zu müssen, ein Deckungsgeschäft tätigen können. Anders stellt sich die Lage dar, wenn der Gläubiger seinen Schaden zu einem früheren Zeitpunkt berechnen möchte. Zu diesem Zeitpunkt geschähe ein Deckungsgeschäft allein auf Risiko des Gläubigers, seine Vornahme wäre damit

---

978 Dagegen auch Henssler/Graf von Westphalen/Dedek, § 281 Rn 16.

979 BGH ZIP 1995, 220 (221); Huber, Band II, S. 237.

980 BGH NJW 1998, 2901 (2902); MüKo/Emmerich, Band 2a, 4. Auflage, Vor § 281 Rn 56; Palandt/Heinrichs, § 281 Rn 17; Staudinger/Otto, Neubearbeitung 2004, § 280 Rn E99.

tatsächlich höchst unwahrscheinlich.[981] Der Gläubiger, der mit einem solchen Zeitpunkt seinen Schaden abstrakt berechnen möchte, setzt sich in Widerspruch zur Grundlage der abstrakten Schadensberechnung. Er widerlegt deren essentielle Vermutung, dass er zu jener Zeit ein Deckungsgeschäft zum Marktpreis vorgenommen hätte. Greift diese Vermutung also nicht ein, schließt dies aber auch eine abstrakte Schadensberechnung aus. Dies spricht für die Notwendigkeit, bei der abstrakten Schadensberechnung anhand eines Deckungsgeschäfts auf den Zeitpunkt des Verlangens abzustellen.[982]

ff) Konformität des Berechnungszeitpunkts mit dem Fortbestand der Primärforderung und dem freien Gläubigerwahlrecht

Für ein Abstellen auf das Ersatzverlangen streiten auch der Fortbestand der Primärforderung und das neu geschaffene freie Wahlrecht des Gläubigers zwischen Primär- und Schadensersatzanspruch. Diese Gesichtspunkte werden bei der Erörterung des Zeitpunktes für die Schadensbestimmung nicht hinreichend gewürdigt, es findet sich vielmehr die pauschale Aussage, eine Anknüpfung an das Ersatzverlangen des Gläubigers verbiete sich wegen der daraus folgenden Spekulationsmöglichkeiten.[983]

Soweit dieser Einwand im alten Recht geltend gemacht wurde,[984] ist dies vor dem Hintergrund verständlich, dass bei § 326 a.F. nach erfolgter Fristsetzung ein Automatismus eintrat. Das Erlöschen der Primärforderung trat bei Fristablauf ein, ein Wahlrecht zwischen Erfüllung und einem Schadensersatzanspruch hatte der Gläubiger nicht. Dann war es nachvollziehbar, dass auch der Zeitpunkt der Schadensbestimmung nicht in das Belieben des Gläubigers gestellt werden sollte und konnte.

Die heutige Rechtslage ist damit nicht vergleichbar. Der Fortbestand der Primärforderung bis zu einem Ersatzverlangen bringt es mit sich, dass der Schuldner für den Wert der geschuldeten Sache zum Zeitpunkt des Übergangs haftet.

---

[981] Natürlich ist es tatsächlich und rechtlich möglich, dass der Gläubiger schon vor dem Verlangen ein Deckungsgeschäft durchführt. Hier geht es indes allein um den Bestand der Vermutung, dass ein solches durchgeführt worden wäre. Diese Vermutung ist aber schon dann als widerlegt anzusehen, wenn die Wahrscheinlichkeit eines anderen Geschehensablaufs vorhanden ist. Denn dann kann nicht mehr uneingeschränkt davon ausgegangen werden, dass der Gläubiger jederzeit ein Deckungsgeschäft zum Marktpreis vornehmen konnte und vorgenommen hätte. Dies ist wegen des aufgezeigten Risikos des Gläubigers vor einem Ersatzverlangen der Fall.

[982] Ähnlich Bardo, S. 102 und Soergel/Wiedemann, 12. Auflage, § 325 Rn 49 zum alten Recht für den Zeitpunkt des Fristablauf bei § 326. Übertragen auf das heutige Recht stützt dies ein Abstellen auf ein Ersatzverlangen.

[983] So Jauernig/Stadler, § 281 Rn 19; Staudinger/Otto, Neubearbeitung 2004, § 280 Rn E120 und § 281 Rn B149.

[984] Soergel/Wiedemann, 12. Auflage, § 325 Rn 49; Rabel, Band I, S. 172; 464/465; ausführlich Huber, in: Gutachten und Vorschläge zur Überarbeitung des Schuldrechts, S. 647 (850).

Da der Gläubiger bei seinem Primäranspruch im Grunde ohne zeitliche Begrenzung stehen bleiben darf, kann er auch den aktuellen Wert der Sache beim schließlich doch erfolgten Übergang abschöpfen.[985] Wollte man den Gläubiger auf den Ersatz solcher Schäden beschränken, die schon zum Zeitpunkt des Nachfristablaufs eingetreten sind, so würde man ihn dadurch zwingen, zur Vermeidung von Haftungslücken baldmöglichst nach Fristablauf den Übergang durch ein Schadensersatzverlangen zu bewirken. Damit würde aber das freie Wahlrecht konterkariert.[986] Es bleibt also nur, den Gläubigerschaden jedenfalls bis zum Übergang zu ersetzen; ob als Schadensersatz statt oder neben der Leistung ist dabei zweitrangig.

Die kritisierte Spekulationsmöglichkeit des Gläubigers ist damit direkte Folge des freien Gläubigerwahlrechts. Dem Schuldner ist vom Gesetzgeber nur ein Weg zur Beseitigung der Spekulationsmöglichkeiten eröffnet worden: Er kann jederzeit vor einem Verlangen die Primärleistung erbringen und so jeden Übergang vereiteln.[987] Daneben kann in krassen Einzelfällen der Spekulation Treu und Glauben helfen.[988] Zu beachten ist ferner, dass die Spekulation nur einseitig verlaufen kann. Der Gläubiger kann im Rahmen der Schadensbestimmung durch ein Zuwarten mit dem Ersatzverlangen nicht auf einen früheren Zustand zurückgreifen. Er kann immer nur hoffen, dass sich die Lage zu seinen Gunsten ändert.[989] Schon diese Unsicherheit wird ihn regelmäßig von einem missbräuchlichen Hinausschieben des Verlangens abhalten.

gg) Vergleich zur herrschenden Meinung nach altem Recht

Das Abstellen auf das Schadensersatzverlangen kann zudem mit einem ähnlichen Fall aus dem alten Recht verglichen werden. Dort war es zu § 326 a.F. na-

---

[985] Knütel AcP 202 (2002), 555 (585).

[986] Dem kann auch nicht mit Keuk, S. 132 entgegen gehalten werden, da mit Fristablauf die Möglichkeit des Übergangs bestehe, könne bei marktgängigen Waren ein dann eingetretener Mehrwert nicht ersetzt werden. Dies kann jedenfalls mit Anerkennung des freien Wahlrechts nach der Schuldrechtsreform nicht mehr gelten, da andernfalls das Wahlrecht indirekt doch wieder eingeschränkt und der Primäranspruch entwertet würde. Hinzuweisen ist daneben noch auf die Möglichkeit des Schuldners, seine geschuldete Leistung zu erbringen. Die Befürchtung von Huber (in: Gutachten und Vorschläge zur Überarbeitung des Schuldrechts, S. 647 (850), der Gläubiger werde einen Deckungskauf tätigen, mit der Schadensbestimmung aber in Erwartung einer Marktänderung warten, wird deswegen in der Praxis selten zutreffen.

[987] Knütel AcP 202 (2002), 555 (584); im Zusammenhang mit Spekulationsmöglichkeiten auch Keuk, S. 132/133, Rabel, Band I, S. 465; ebenso schon der Vorentwurf zum BGB: Schubert, S. 893/894.

[988] So schon das Reichsgericht bezüglich der Wahlmöglichkeit hinsichtlich der Bestimmungszeitpunkte für den Schaden: RGZ 90, 423 (425); RGZ 91, 30 (31); RGZ 91,99 (103); RG WarnR 1922, Nr. 8; RGRGK/Ballhaus, § 326 Rn 67. RG LZ 1927, 903 betont, dass der Gläubiger innerhalb der Zeitspanne, in der die Preise schwanken, nicht den günstigsten Zeitpunkt herausgreifen darf.

[989] Rabel, Band I, S. 465.

hezu unstreitig, dass es bei entbehrlicher Fristsetzung infolge einer Erfüllungsverweigerung für den Berechnungszeitpunkt auf die Ablehnungserklärung des Gläubigers ankommen sollte.[990] Begründet wurde dies damit, dass erst mit der Ablehnungserklärung die Primärschuld erlosch und der Schadensersatzanspruch entstand.[991] Die damalige Situation ähnelt der heutigen bei Ausübung des Wahlrechts durch ein Schadensersatzverlangen sehr. So sind der Übergang und das Erlöschen der Primärforderung jeweils allein von einer Gläubigererklärung abhängig. Allein der Schadensersatzanspruch entsteht bei § 281 schon mit Fristablauf neben dem Primäranspruch. Jedoch ist er bis zum Verlangen als zwar vorhandener, aber nicht durchsetzbarer und nicht erfüllbarer Anspruch im Grunde ohne praktische Bedeutung. Einen signifikanten Unterschied vermag dies nicht zu begründen. Damit lässt sich aber die früher ganz überwiegend vertretene Ansicht auf den heutigen Fall übertragen und spricht für ein Abstellen auf das Ersatzverlangen.

hh) Bedenken gegen andere Zeitpunkte

Abschließend sollen noch einige spezifische Bedenken gegen die alternativen Berechnungszeitpunkte dargestellt werden. Auch dies spricht für ein Abstellen auf das Ersatzverlangen.

(1) Bedenken gegen ein Abstellen auf den Fälligkeitszeitpunkt

Gegen ein Abstellen auf den Fälligkeitszeitpunkt spricht, dass sich so die Schadensersatzhöhe nicht verringern könnte, der einmal entstandene Anspruch könnte nicht mehr entzogen werden.[992] Dadurch entstünde aber ein Ungleichgewicht, da der Schaden zumindest wegen der Verzugshaftung unstreitig auch größer werden kann. Dies ist nicht gerechtfertigt, da es zu einer Überkompensation kommen kann. Schäden durch die Verzögerung der Leistung sind nach dem Gesetz erst ab einer Mahnung zu erstatten, diese Schranke würde ein Abstellen auf die Fälligkeit missachten. Allein die schlichte Nichtleistung bei Fälligkeit soll nicht schon zu einer Schadensersatzpflicht führen.[993]

Außerdem ist zum Zeitpunkt der Fälligkeit ein Deckungsgeschäft nicht risikolos möglich, was der Vermutung der abstrakten Schadensberechnung hinsichtlich eines jederzeit möglichen Deckungsgeschäfts abträglich ist. Bedenken begegnet diese Lösung daneben deshalb, weil sie sich der ausdrücklichen gesetzlichen Regelung des § 376 Abs. 2 HGB annähert. Danach soll zur Schadensbestimmung auf den Börsen- und Marktpreis zum vereinbarten Leistungszeitpunkt abgestellt werden. Dies ist als Sonderregelung für den Fixhandelskauf anzuse-

---

990 Siehe dazu schon oben bei S. 190 f. und Bardo, S. 103; ferner die Nachweise bei Huber, Band II, S. 251 mwN.

991 RGZ 91, 30 (31); RG WarnR 1922 Nr. 8; RGZ 103, 292 (293); Bardo, S. 103 und 154.

992 Dagegen MüKo/Oetker, Band 2a, 4. Auflage, § 249 Rn 299 in Fn 1071; Lange/Schiemann, S. 46/47.

993 AnwKomm/Dauner-Lieb, § 280 Rn 57; Jauernig/Stadler, § 281 Rn 19.

hen, deren Übertragung nicht möglich ist.[994] Dort tritt bei Nichtleistung zum vereinbarten Zeitpunkt sofort Unmöglichkeit ein, eines Verlangens bedarf es anders als bei § 281 nicht.[995] Es liegt also der Sonderfall vor, dass Fälligkeit und Erlöschen der Primärpflicht zusammenfallen.[996]

Zwar mag die Regelung historisch keine Ausnahme, sondern die Ausprägung eines allgemeinen Prinzips dargestellt haben,[997] jedoch hat der Gesetzgeber des BGB von 1900 eine ähnliche Regelung in § 240 Abs. 2 des 1. Entwurfs, welche vorsah, dass in Unmöglichkeitsfällen auf die Fälligkeit abgestellt werden solle,[998] ausdrücklich abgelehnt. Dies geschah unter Hinweis auf begründete Bedenken und das fehlende Bedürfnis, diese allgemeine schadensrechtliche Frage für den Fall der Unmöglichkeit gesondert zu regeln.[999] Jedenfalls kann die damalige Ansicht nach den Reformen nicht mehr übernommen werden. Es erscheint als ausgeschlossen, dass der heutige Gesetzgeber die damals angedachte Regelung fortgeführt wissen wollte. Denn die Rechtsprechung hat jahrzehntelang an der abweichenden Bestimmung nach dem Verzugs- oder Nachfristablauf festgehalten, ohne dass der Gesetzgeber bei der Reform dagegen tätig geworden wäre.

(2) Bedenken gegen ein Abstellen auf den Verzugszeitpunkt

Gegen ein Abstellen auf den Verzugszeitpunkt spricht zunächst, dass dieser formal nicht mehr in § 281 gefordert wird.[1000] Es käme auch zu einem Konflikt mit dem Anwendungsbereich des §§ 280 Abs. 1 und 2, 286. Der Verzugszeitpunkt passt ferner nicht mit der Vermutung eines jederzeitig möglichen Deckungsgeschäfts bei der abstrakten Schadensberechnung zusammen.

(3) Bedenken gegen ein Abstellen auf den Fristablauf

Gegen die Relevanz des Zeitpunktes des Fristablaufs spricht neben Vorstehendem, dass dieser nach der gesetzlichen Regelung keine Auswirkungen auf die Primärforderung haben sollte. Erlischt diese noch nicht, kann aber der Schadensersatz auch noch nicht beziffert werden, da der Gläubiger die Primärleistung noch fordern und danach auch seinen Schadensersatzanspruch ausrichten kann. Dem kann auch nicht entgegen gehalten werden, der Gläubiger erwerbe mit dem Fristablauf die Möglichkeit, Schadensersatz zu verlangen, nutze er sie

---

994 Knütel AcP 202 (2002), 555 (585); Staudinger/Otto, Neubearbeitung 2004, § 281 Rn B147.

995 Knütel AcP 202 (2002), 555 (585), es sei denn der Gläubiger zeigt an, dass er an Primärleistung festhält.

996 Da der Schaden damit auch zum Zeitpunkt des Erlöschens der Primärforderung bestimmt werden soll, könnte man dies sogar als Argument für die hier vertretene Ansicht verwenden, da mit dem Verlangen die Primärforderung erlischt.

997 So Keuk, S. 131ff.

998 Siehe Mugdan, Band II, S. VIII.

999 Protokolle bei Mugdan, Band II, S. 532.

1000 Staudinger/Otto, Neubearbeitung 2004, § 280 Rn E120.

nicht, so gehe dies zu seinen Lasten.[1001] Denn eine solche Argumentation würde verkennen, dass der Gläubiger nach neuem Recht hinsichtlich des Zeitpunktes eines Verlangens völlig frei ist. Daher kann ihm aus der Nichtausübung auch kein Nachteil erwachsen, der ihn indirekt doch wieder zum Übergang zwingen würde.

(4) Bedenken gegen die Zubilligung eines Wahlrechts
Gegen das vor allem von der Rechtsprechung zum alten Recht praktizierte, wahlweise Abstellen auf zwei mögliche Zeitpunkte sprechen ebenfalls gewichtige Bedenken. Dabei sind bei einer Übertragung ins geltende Recht verschiedene Möglichkeiten vorstellbar. So könnte man entweder auf die Fälligkeit und den Nachfristablauf oder den Verzug und den Nachfristablauf oder jeweils statt des Nachfristablaufs auf das Schadensersatzverlangen abstellen.[1002]

Das Gesetz selbst sieht ein Wahlrecht nicht vor. Es könnte auch systematisch nicht überzeugen. Durch dieses wird die Schadensbestimmung und damit die Abgrenzung zu §§ 280 Abs. 1 und 2, 286 noch beliebiger. Ferner würde so dem Gläubiger eine weitere Spekulationsmöglichkeit gegeben.[1003] Er könnte mit der Schaffung des zweiten Wahlzeitpunktes, also mit der Fristsetzung oder dem Schadensersatzverlangen, längere Zeit warten und dann je nach Preis- und Marktentwicklung den ihm günstigsten Zeitpunkt der Schadensbestimmung wählen. So mag etwa der Verkäufer eine Sache zu 100 Euro an den Schuldner verkauft haben. Sinken nun die Marktpreise von anfangs 75 Euro bei Fälligkeit, über 60 Euro bei Fristsetzung bis hin zu 50 Euro bei dem Ersatzverlangen, so wird der Gläubiger zur Schadensbestimmung den Zeitpunkt des Verlangens wählen, da er so einen höheren Schaden erleiden würde. Steigen hingegen die Preise von 75 Euro bis zu 100 Euro bei einem Verlangen, so kann er den früheren Zeitpunkt zur Berechnung wählen und so seinen Schadensersatzanspruch günstig bestimmen. Er kann also verhindern, dass sich die Höhe seines Schadensersatzes verringert.[1004]

Das gleiche gilt für den Käufer bei Berechnung anhand eines hypothetischen Deckungskaufs. Wartet er mit der Fristsetzung oder dem Verlangen solange ab, bis die Preise steigen, so erhöht er seinen Schadensbetrag. Erniedrigen sich im Laufe des Abwartens die Preise, so könnte er immer noch den früheren Zeitpunkt wählen und so einen höheren Schaden liquidieren, als er ihn nun hätte.[1005]

1001 In diese Richtung Keuk, S. 132 zum alten Recht.

1002 Bei Fortführung der alten Rechtsprechung wäre anzunehmen, dass zumindest auf den Zeitpunkt des Verzugs abgestellt wird, da ab da der Schuldner jedenfalls haftet.

1003 MüKo/Emmerich, Band 2a, 4. Auflage, Vor § 281 Rn 55; zum alten Recht: Bardo, S. 101; Hager, S. 154; Blomeyer, § 33 I 4 a; Soergel/Wiedemann, 12. Auflage, § 325 Rn 49; vgl. auch Huber, Band II, S. 246 in Fn 56.

1004 Hager, S. 154.

1005 Dagegen auch Huber, Band II, S. 250, explizit für dieses Beispiel.

Eine Wahlmöglichkeit des Gläubigers würde also gefahrlos eine Spekulation ermöglichen, erschwerend kommt hinzu, dass der Gläubiger nach der Rechtsprechung zudem noch innerhalb eines Prozesses soll wechseln können.[1006]

Dem kann auch nicht entgegen gehalten werden, die Wechselmöglichkeit sei im Ergebnis irrelevant, da der Schuldner unabhängig von der einzelnen Wahl jedenfalls voll hafte, entweder allein im Rahmen des Schadensersatzes statt der Leistung oder im Verbund mit dem Verzögerungsschadensersatz.[1007] Dies ist zunächst richtig, übersieht aber, dass es hier um die Möglichkeit eines rückwirkenden Zugriffs auf schon vergangene Schadenshöchststände geht.[1008] Der Gläubiger wird dadurch gleichsam vor einer Verbesserung seiner Lage geschützt, die zu einer Verringerung seines Ersatzanspruchs führen würde. Sollte der Wert steigen und sein Schaden damit sinken, so kann er zur Liquidierung eines höheren Schadens auf den früheren Zeitpunkt zurückgreifen.

Dieses Wahlrecht würde zu mehr Spekulationsgefahren führen, als es durch ein Abstellen auf das Ersatzverlangen der Fall wäre. Der Gläubiger kann sowieso schon zwischen Erfüllung und Schadensersatz zum Zeitpunkt des Verlangens frei wählen und dazwischen spekulieren. Bei einem Wahlrecht hinsichtlich des Bemessungszeitpunktes könnte er zusätzlich noch zwischen zwei Schadenszuständen, einer davon in der Vergangenheit liegend, spekulieren. Gegen diese unbefriedigende weitere Spekulationsmöglichkeit hilft am sichersten das Abstellen auf einen einzigen Bemessungszeitpunkt, die von der Rechtsprechung vorgenommene Anwendung von § 242 konnte zum alten Recht nur die gröbsten Missbrauchsfälle ausschließen.[1009]

ii) Zwischenergebnis

Insgesamt sprechen die besseren Gründe für ein Abstellen auf den Zeitpunkt des Ersatzverlangens bei der abstrakten Berechnung des Schadensersatzes anhand eines fiktiven Deckungsgeschäfts zum Marktpreis.

c) Schadensberechnung anhand des entgangenen Gewinns

In der nun zu behandelnden dritten Gruppe sind alle Berechnungsarten zusammenzufassen, die auf der Grundlage des entgangenen Gewinns gemäß § 252 beruhen.

aa) Konkret entgangener Gewinn des Käufers

Dazu gehört zunächst der Schadensersatzanspruch des Käufers wegen einer entgangenen konkreten Weiterverkaufsmöglichkeit. Der Käufer verlangt dabei die Differenz zwischen seinem Vertragspreis und seinem Weiterverkaufspreis. Für

[1006] So zum alten Recht RG WarnR 1920, 188 Nr. 153; vgl. Bardo, S. 101.

[1007] RGZ 90, 423 (425); Lange/Schiemann, S. 349.

[1008] Hager, S. 154.

[1009] So auch Bardo, S. 102; zur Anwendung von § 242: RGZ 90, 423 (425); RGZ 91, 30 (31); RGZ 91, 99 (103); RG WarnR 1922, Nr. 8; RG LZ 1927, 903; RGRK/Ballhaus, § 326 Rn 67.

die Schadensberechnung ist dabei auf den Zeitpunkt des gescheiterten konkreten Weiterverkaufs abzustellen. Unsicherheiten können sich nicht ergeben, denn der Liefertermin und der Weiterverkaufstermin stehen konkret fest. Etwaige Marktveränderungen berühren den Käufer nicht, da sie an seinem konkreten Weiterverkaufspreis nichts zu ändern vermögen. Denn im Rahmen der konkreten Schadensberechnung kann der Käufer eine entgangene Weiterverkaufsmöglichkeit nur geltend machen, wenn der Weiterverkauf schon vor Fälligkeit des Erstgeschäfts feststand. Nach der Nichtbelieferung durch den Gläubiger hingegen wird der Käufer in der Regel keinen Weiterverkauf mehr in die Wege leiten.

bb) Abstrakte Schadensberechnung anhand eines gescheiterten fiktiven Weiterverkaufs durch den Käufer

(1) Berechnung des Schadens zum üblichen Weiterverkaufszeitpunkt

Bei der abstrakten Schadensberechnung anhand eines gescheiterten fiktiven Weiterverkaufs durch den Käufer wird die Differenz zwischen Vertragspreis und fiktivem Weiterverkaufspreis als entgangener Gewinn ersetzt. Diese Art der Schadensberechnung ist nur Kaufleuten und Gewerbetreibenden möglich.

Zeitpunkt der Schadensberechnung ist dabei der des üblichen Weiterverkaufs.[1010] Der Weiterverkauf wird nach § 252 Satz 2 innerhalb des gewöhnlichen Ablaufs der Geschäfte vermutet. Zu diesem Zeitpunkt sind der Marktpreis und damit der entgangene Gewinn zu bestimmen. Den deshalb wichtigen, nach dem regelmäßigen Geschäftsgang üblichen Weiterverkaufstermin muss der Gläubiger ansatzweise darlegen.[1011] Die abstrakte Schadensberechnung entbindet ihn nur von dem Nachweis, dass überhaupt ein Weiterverkauf zum Marktpreis möglich war, nicht aber von der Darlegung der Üblichkeit des Weiterverkaufszeitpunktes. Ausreichende Indizien werden dabei z.B. die anderen Geschäfte des Gläubigers darstellen können.[1012] Sollte sich bis zum fiktiven Weiterverkaufstermin eine Preisänderung ergeben haben, so kann dies die Höhe des entgangenen Gewinns beeinflussen. Veränderungen sind dann als Schadensersatz statt der Leistung zu ersetzen. Zu beachten ist auch hier wieder, dass nach dem oben dargelegten allgemeinen Grundsatz vor dem Verzug nicht für Leis-

[1010] Knütel AcP 202 (2002), 555 (590). Ähnlich Palandt/Heinrichs, Vorb. v. § 249 Rn 174. Zum alten Recht: Bardo, S. 131; Huber, Band II, S. 251 und 253; Lent DJ 1941, 770 (773); M. Schultz AcP 191 (1991), 433 (443).

[1011] Es greift die Vermutung des § 252 Satz 2 ein, jedoch muss der Gläubiger die Voraussetzungen des vermuteten gewöhnlichen Ablaufs darlegen, mithin also die Anknüpfungstatsachen. Ähnlich Knütel AcP 202 (2002), 555 (588), der anführt, der Gläubiger müsse darlegen, dass er noch Eigentümer gewesen sei und daher an der Preissteigerung teilgehabt hätte; allgemein Lange/Schiemann, S. 342; Huber, Band II, S. 253. MüKo/Oetker, Band 2a, 4. Auflage, § 249 Rn 301 möchte notfalls ein Schätzung des Weiterveräußerungszeitpunkts nach § 287 ZPO zulassen.

[1012] Bei der geschuldeten Lieferung von verderblichen Lebensmitteln ist auch klar, dass der Weiterverkauf demnächst hätte stattfinden sollen.

tungsverzögerungen gehaftet wird. Daher sind Preisänderungen erst ab diesem Zeitpunkt zu beachten.[1013]

(2) Unrichtigkeit eines Abstellens auf das Ersatzverlangen

Anders als bei der abstrakten Schadensberechnung anhand eines Deckungsgeschäfts kann für die Schadensbestimmung nicht auf das Schadensersatzverlangen abgestellt werden. Denn der Weiterverkauf kann und wird auch meistens zeitlich weit vorher geplant gewesen sein. Der entgangene Gewinn orientiert sich dann an dem damals geltenden Marktpreis. Bei Abstellen auf den Zeitpunkt des Ersatzverlangens droht andernfalls eine Bereicherung des Gläubigers. Denn ein Ansteigen des bei Weiterverkauf erzielbaren Marktpreises bis zum tatsächlichen Ersatzverlangen muss nicht gleichzeitig einen entgangenen Gewinn des Gläubigers darstellen. Dies ist etwa zu verneinen, wenn dieser schon weit vorher seine Ware verkauft hätte und damit die Preissteigerung an ihm vorübergegangen wäre.[1014] Daher ist es wichtig, an den üblicherweise geplanten Weiterverkaufszeitpunkt anzuknüpfen. Zur Verdeutlichung hilft es, sich die Lage beim konkreten Weiterverkauf vor Augen zu führen, wo auf den tatsächlichen Weiterverkaufszeitpunkt abgestellt wird. Der Unterschied zwischen den beiden Berechnungsarten liegt allein an der fehlenden Konkretisierung der Weiterverkaufsmöglichkeit, stattdessen wird auf den üblichen Ablauf abgestellt. Ist dort auf den tatsächlichen Weiterverkaufstermin abzustellen, ist hier der übliche Weiterverkaufstermin beachtlich. Des Weiteren ist auch eine andere Situation als bei einem Deckungsgeschäft gegeben.[1015] Dort kann der Käufer erstmals mit dem Verlangen risikolos einen Deckungskauf tätigen, dies gilt für die Fälle des Weiterverkaufs nicht, da es gerade um die Veräußerung der erlangten Sache geht, die schon ab Lieferung möglich ist.

(3) Nähe des Berechnungszeitpunktes zum Fälligkeitstermin

Der maßgebliche Zeitpunkt des üblichen Weiterverkaufs wird oft nahe beim vorgesehenen Erfüllungstermin, also der Fälligkeit, liegen.[1016] Denn im Rahmen der abstrakten Schadensberechnung muss zunächst immer davon ausgegangen werden, dass der Käufer die Ware jederzeit weiterverkaufen konnte. Da es sich immer um Kaufleute oder Gewerbetreibende handeln muss, ist auch ein baldiger Weiterverkauf in aller Regel anzunehmen, da er einen Teil des üblichen Geschäftsbetriebs des Käufers darstellt. Es kann aber trotz der Nähe zum Fälligkeitstermin nicht generell auf diesen abgestellt werden, da es durchaus Fälle geben kann, in denen es auch im ordnungsgemäßen Geschäftsgang zu einem kurz-

---

[1013] So auch Huber, Band II, S. 250 und 253 mit Fn 96 zum alten Recht.

[1014] Vgl. Knütel AcP 202 (2002), 555 (588); zum alten Recht auch Huber, Band II, S. 253; MüKo/Oetker, Band 2a, 4. Auflage, § 249 Rn 301.

[1015] Ebenso Bardo, S. 130/131 zum alten Recht.

[1016] Vgl. Bardo, S. 130/131 zum alten Recht. Für den Zeitpunkt der Fälligkeit ist Bamberger/Roth/Grüneberg, § 281 Rn 43 zum neuen Recht.

zeitigen Einlagern der Ware gekommen wäre. Findet in dieser Zeit eine Wertsteigerung statt, so muss diese dem Gläubiger zugute kommen, da er tatsächlich immer noch Erfüllung verlangen könnte.[1017] Die entgangene Wertsteigerung wird sich im entgangenen Gewinn widerspiegeln und sollte über §§ 280 Abs. 1 und 3, 281 Abs. 1 einheitlich verlangt werden können. Andererseits wird durch das Abstellen auf den hypothetischen Weiterverkaufszeitpunkt aber auch gewährleistet, dass Schadensminderungen dem Schuldner zugute kommen.

Andere Berechnungszeitpunkte sind abzulehnen.[1018] Gegen ein Abstellen auf den Verzug oder den Nachfristablauf spricht die Gefahr, dass dem Käufer Wertsteigerungen zugute kommen, die er wegen eines vorherigen Weiterverkaufs nicht erhalten hätte. Gegen ein Wahlrecht zwischen zwei Zeitpunkte spricht, dass dies eine Spekulation ermöglicht.[1019]

cc) Abstrakte Schadensberechung anhand des entgangenen Gewinns durch den Verkäufer

Bei dem Pendant der abstrakten Schadensberechnung auf Verkäuferseite macht dieser den entgangenen Gewinn gerade des Geschäfts mit dem Käufer geltend. Dem liegt die nur bei Kaufleuten und Gewerbetreibenden mögliche Vermutung zugrunde, der Verkäufer könne jeglichen Deckungsverkauf mit anderer eigener Ware tätigen, so dass er wirklich den Gewinn aus dem Geschäft mit dem Schuldner verliert. Grundlage ist wiederum § 252, insbesondere dessen Satz 2.

Der Schaden bestimmt sich nach dem Zeitpunkt des geplanten Geschäfts mit dem Schuldner. Es sind dabei die Selbstkosten des Gläubigers zu dem üblichen Beschaffungszeitraum mit dem entgangenen Preis aus dem Geschäft zum beabsichtigten Termin zu vergleichen.[1020] Durch die Anknüpfung an den üblichen Beschaffungszeitraum kann insbesondere dem Problem der wechselnden Selbstkosten Rechnung getragen werden. Da der übliche Beschaffungszeitraum aber nach der Art des zu liefernden Gegenstandes variiert, kann wiederum nicht an einen festen Zeitpunkt angeknüpft werden. So kann sich insbesondere zwischen dem üblichen Beschaffungszeitpunkt für eine rechtzeitige Leistung und der Fälligkeit und dem Verzug des Lieferanspruchs als den spätesten Beschaffungszeitpunkten des Gläubigers eine gewisse Spanne ergeben. Ein Abstellen auf sie wäre also ungenau, zwischenzeitliche Veränderungen der Beschaffungskosten könnten nicht berücksichtigt werden. Hingegen ermöglicht der hier vertretene Bemessungszeitpunkt deren Berücksichtigung und wird damit der Vermutung des § 252 Satz 2 gerecht.

[1017] Bardo, S. 130 zum alten Recht.

[1018] Knütel AcP 202 (2002), 555 (589/590); zum alten Recht: M. Schultz AcP 191 (1991), 433 (442/443).

[1019] Bardo, S. 130 zum alten Recht.

[1020] Vgl. Huber, Band II, S. 240.

Eines Verlangens zur Schadensbestimmung bedarf es auch hier nicht, da der Liefertermin an den Käufer konkret feststeht. Durch diesen Bestimmungszeitpunkt wird auch nicht die der abstrakten Schadensberechnung zugrunde liegende Vermutung entkräftet, wonach der Gläubiger alle anderen Geschäfte anderweitig erfüllt hätte. Denn es geht hier gerade um die entgangene Lieferung an den Schuldner und nicht an Dritte. Für die maßgebliche Vermutung, dass der gewerbliche oder kaufmännische Gläubiger neue Ware für den Schuldner jederzeit erlangen konnte, ist das Vorliegen eines Verlangens irrelevant. Ein Wahlrecht zwischen verschiedenen Zeitpunkten ist auch hier wegen der Spekulationsgefahr abzulehnen.[1021]

4) Spekulationsmöglichkeiten und ihre Grenzen

Nach Darstellung der maßgeblichen Zeitpunkte für die Schadensbestimmung sollen nun mögliche Spekulationsgefahren behandelt werden. Dabei wird sich zeigen, dass es zwar Spekulationsmöglichkeiten des Gläubigers gibt, diese sich aber in akzeptablen Grenzen halten. Im Ganzen geht es um vier Bereiche:
a) Spekulationsmöglichkeit durch Koppelung des Schadensbestimmungszeitpunktes an das Ersatzverlangen
Eine Spekulationsmöglichkeit ergibt sich durch das Abstellen auf das Gläubigerverlangen für den Zeitpunkt der Schadensbestimmung in den Fällen der abstrakten Schadensberechnung aufgrund von Deckungsgeschäften. Der Gläubiger kann auf diesen Zeitpunkt Einfluss nehmen, da er allein in seiner Dispositionsbefugnis steht. So kann er abwarten und auf eine günstige Marktentwicklung hoffen. Wie dargelegt, entspricht allein dieser Bestimmungszeitpunkt dem Fortbestand des Primäranspruchs nach Fristablauf, dem freien Wahlrecht und der Systematik der Schadensersatzansprüche. Daher muss auch die daraus folgende Spekulationsmöglichkeit akzeptiert werden, zumal sie nicht besonders groß ist, da der Gläubiger nicht auf vergangene Zeiträume zurückgreifen kann. Eine Grenze des ungebundenen Wahlrechts und des Ausspruchs des Ersatzverlangens ist außerdem bei der Gefahr ungewöhnlich hoher Schäden erreicht, die den Gläubiger aus dem Gesichtspunkt der Schadensminderungspflicht gemäß § 254 Abs. 2 Satz 1 zu einem Deckungsgeschäft und damit auch zu einem Übergang auf den Schadensersatzanspruch zwingen können. Schlussendlich kann sich der Schuldner durch jederzeitige Erfüllung vor einer Spekulation schützen.

b) Spekulation durch ein Wahlrecht zwischen verschiedenen Schadensbestimmungszeitpunkten
Eine weitere Spekulationsmöglichkeit würde bei Anerkennung eines Wahlrechts des Gläubigers zwischen zwei verschiedenen Schadensbestimmungszeitpunkten bestehen. Wie oben dargelegt ist diese zum alten Recht gerade von der Recht-

[1021] Bardo, S. 169 zum alten Recht.

sprechung vertretene Ansicht abzulehnen. Es ist jeweils auf einen einzigen Zeitpunkt für die Schadensbestimmung abzustellen. Andernfalls könnte der Gläubiger auf schon in der Vergangenheit liegende Schadenshöchststände zurückgreifen, was dazu führen würde, dass sich der Schaden immer nur erhöhen, nie aber erniedrigen könnte. Dies wäre aber weder gerecht noch stünde es im Einklang mit dem schadensrechtlichen Bereicherungsverbot. Gerade im neuen Recht würde dies noch mit dem Wahlrecht zwischen Primär- und Sekundäransprüchen zusammentreffen und die Spekulationsmöglichkeiten ungerechtfertig verstärken.

c) Spekulation durch eine Wahlmöglichkeit zwischen konkreter und abstrakter Schadensberechnung

Eine Spekulation könnte auch bei freier Wahl zwischen konkreter und abstrakter Schadensberechnung möglich sein.[1022] Dann könnte der Gläubiger das ihm jeweils günstigere Ergebnis seiner Schadensberechnung zugrunde legen. So könnte er etwa den Marktpreis seiner Schadensberechnung zugrunde legen, obwohl er ein konkretes Deckungsgeschäft günstiger vornehmen könnte oder schon vorgenommen hat.

Zunächst ist zu beachten, dass einem möglichen Wahlrecht schon durch die Voraussetzungen der abstrakten Schadensberechnung deutliche Grenzen gesetzt sind. Für diese muss es sich um marktgängige Ware handeln und der Gläubiger muss, zumindest bei der Berechnung anhand des entgangenen Gewinns, Kaufmann oder Gewerbetreibender sein. Des Weiteren ergibt sich für den Gläubiger die Obliegenheit, bei der Gefahr großer Schäden gemäß § 254 Abs. 2 Satz 1 ein Deckungsgeschäft vorzunehmen.[1023] Aus diesem Grund kann die Spanne zwischen abstraktem gewöhnlichem Marktpreis bzw. Gewinnentgang und dem konkreten Schaden nicht zu sehr auseinander laufen. Für die Zuerkennung eines Wahlrechts ist danach zu unterscheiden, ob eine konkrete Berechnung nur möglich wäre oder ein konkretes Deckungsgeschäft bzw. Ersatzgeschäft schon durchgeführt wurde und der Gläubiger dennoch abstrakt abrechnen möchte.

aa) Bloße Möglichkeit der konkreten Schadensberechnung

Allein die Möglichkeit zur Vornahme einer konkreten Schadensberechnung schließt das Recht des Gläubigers zur abstrakten Schadensberechnung nicht aus. Er hat vielmehr ein freies Wahlrecht zwischen den Berechnungsmethoden.[1024]

1022 Der Begriff Spekulation wird hier in dem weiten Sinne verwandt, dass durch Wahl zwischen verschiedenen Berechnungsarten ein Vorteil erreicht werden kann.

1023 Vgl. schon oben bei S. 174 ff.; ferner Erman/Westermann, § 281 Rn 29.

1024 Zum neuen Recht: Bamberger/Roth/Grüneberg, § 281 Rn 35; Erman/Westermann, § 281 Rn 28; MüKo/Emmerich, Band 2a, 4. Auflage, Vor § 281 Rn 15; Palandt/Heinrichs, § 281 Rn 31; Staudinger/Otto, Neubearbeitung 2004, § 280 Rn E86; zum alten Recht: BGH NJW 1951, 918; RG JW 1903, 156 NR. 14; RG JW 1921, 1313 Nr. 8; MüKo/Emmerich, Band 2, 4. Auflage, § 325 Rn 56; Rabel, Band II, S. 60.

Der Ansicht von Wiedemann,[1025] der Gläubiger müsse die schuldnerfreundlichste Berechnungsmethode wählen, ist nicht zu folgen. Dem steht schon die grundsätzliche Anerkennung der abstrakten Schadensberechnung entgegen. Diese wäre sonst immer ausgeschlossen, da sie, zumindest in ihrer Variante als Ersatz des entgangenen Gewinns, regelmäßig zu einer Mehrbelastung des Schuldners führt.[1026] Würde eine Pflicht zur konkreten Berechnung existieren, würde dem Gläubiger zudem eine bestimmte Ersatzhandlung, etwa in Form eines Deckungsgeschäfts, aufgezwungen. Dem steht entgegen, dass die Reaktion auf die verschuldete Nichtleistung grundsätzlich allein Sache des Gläubigers sein muss. Andernfalls würde dessen Dispositionsbefugnis zu sehr eingeschränkt.

bb) Bereits vorgenommenes konkretes Deckungsgeschäft

Schwieriger gestaltet sich die Rechtslage, wenn der Gläubiger ein konkretes Deckungsgeschäft bzw. Ersatzgeschäft schon vorgenommen hat, aber dennoch abstrakt abrechnen möchte.

(1) Bei abstrakter Berechnung anhand eines fiktiven Deckungsgeschäfts

Für die Wahlmöglichkeit zwischen der konkreten Schadensberechnung anhand eines Deckungsgeschäfts und der abstrakten Schadensberechnung anhand eines fiktiven Deckungsgeschäfts zum Marktpreis hat Folgendes zu gelten:

Zunächst wird das Vorliegen unterschiedlicher Preise selten sein, da sich der Preis des abstrakten Deckungsgeschäfts nach dem Marktpreis beim Verlangen bestimmt. Das konkrete Deckungsgeschäft wird der Gläubiger in aller Regel ebenfalls erst nach einem Verlangen abschließen und meist auch nicht viel später. Denn aus § 254 ist er gehalten, den Schaden nicht durch zögerliches Abwarten bei veränderlichen Marktpreisen zu vergrößern. Beide Geschäfte haben damit in etwa den gleichen Zeitpunkt, woraus regelmäßig gleiche Preise resultieren. Trotzdem kann das Wahlrecht dann Vorteile haben, wenn der Gläubiger ein Deckungsgeschäft zu ihm günstigeren Konditionen als dem Marktpreis getätigt hat. In diesem Falle könnte er jeweils den ihm günstigeren Preis seiner Schadensberechnung zugrunde legen.

Grundsätzlich ist ein Wahlrecht zwischen den beiden Berechnungsmethoden anzuerkennen.[1027] Da die konkrete und die abstrakte Berechnungsmethode grundsätzlich gleichwertig nebeneinander stehen, muss dem Gläubiger die abstrakte Berechnungsmethode offen gehalten werden. Dazu drängen die Gründe für die Anerkennung der abstrakten Berechnung überhaupt, denn neben praktischen Erwägungen soll der Gläubiger auch nicht zur Offenbarung seiner Ge-

---

[1025] Soergel/Wiedemann, 12. Auflage, § 325 Rn 60; ebenso Vor § 275 Rn 50; kritisch äußert sich auch Erman/Westermann, § 281 Rn 30 ohne sich aber festzulegen.

[1026] Dazu, dass der Schaden bei Berechnung anhand des entgangenen Gewinns als Teil der nächsten Marktstufe für den Schuldner höher sein wird, als die Berechnung nach dem Marktpreis, siehe Bardo, S. 188.

[1027] BGHZ 2, 310 (313); Erman/Westermann, § 281 Rn 28; Huber, Band II, S. 238 und 250; MüKo/Emmerich, Band 2, 4. Auflage, § 325 Rn 56; Rabel, Band II, S. 60.

schäftsgeheimnisse gezwungen werden. Dies wäre aber bei einem Zwang zur konkreten Berechnung der Fall. Der Schuldner wird dadurch nicht unzumutbar beeinträchtigt, hatte er doch seine Erfüllungschancen und orientiert sich die abstrakte Berechnung an dem Marktpreis, den in der Regel auch der Schuldner zur Leistung hätte aufwenden müssen. Dass der Gläubiger ein günstigeres konkretes Deckungsgeschäft vorgenommen hat, beruht hingegen auf einer guten individuellen Geschäftsmöglichkeit des Gläubigers. Daher gebührt ihm auch dieser Vorteil.[1028] Falsch wäre es, wenn man diesen Vorteil durch eine Anrechnung auf den Schadensersatzanspruch dem Schuldner zugute kommen lassen wollte. Denn der Gläubiger darf auf dem Markt zum Marktpreis kaufen, unterlässt er dies, so trägt er das daraus resultierende Risiko einer Verteuerung,[1029] aber andererseits auch den Vorteil eines günstigeren Geschäfts.[1030]

(2) Bei abstrakter Berechnung anhand des entgangenen Gewinns

Gut möglich sind unterschiedliche Preise bei der abstrakten Schadensberechnung anhand des entgangenen Gewinns gegenüber der konkreten Schadensberechnung anhand eines realen Deckungsgeschäfts. Da bei ersterer der Berechnungszeitpunkt der des geplatzten Anschlussgeschäfts ist, ist zwischen diesem und dem konkreten Deckungsgeschäft eine größere Zeitspanne möglich, während derer sich die Preise ändern können. Darüber hinaus wird der entgangene Gewinn anhand der nächsten Marktstufe des Weiterverkaufs berechnet und wird damit in der Regel höher sein.[1031]

Die abstrakte Schadensberechnung anhand des entgangenen Gewinns beruht auf der Vermutung, dass der Gläubiger jegliches weiteres Geschäft mit anderer Ware erfüllen könnte. Dieser Vermutung steht es nicht entgegen, sondern entspricht es sogar, wenn der Verkäufer die ursprünglich für den Schuldner angeschaffte Sache konkret weiterverkauft. Denn es wird vermutet, dass der Gläubiger unbegrenzt leistungsfähig ist und für den Schuldner jederzeit einen Ersatzgegenstand besorgen könnte. Damit ist ein Wahlrecht des Verkäufers anzuerkennen,[1032] dem Schuldner bleibt jedoch der Gegenbeweis, dass der Gläubiger den konkreten Weiterverkauf nicht mit anderer Ware als der für ihn bestimmten, hätte durchführen können.[1033] Dies wird ihm indes wegen des Erfordernisses der

---

[1028] Siehe dazu schon oben bei S. 185 ff.; ferner Rabel, Band I, S. 171, 460 und Band II, S. 60/61.

[1029] Wenn der Gläubiger ein konkretes Deckungsgeschäft zu ungünstigeren Preisen als den Marktpreisen durchführt, füllt dies grundsätzlich den Einwand des Mitverschuldens aus, vgl. Huber, Band II, S. 235 und 242.

[1030] Huber, Band II, S. 238.

[1031] Bardo, S. 188.

[1032] Huber, Band II, S. 240 in Fn 32; MüKo/Emmerich, Band 2, 4. Auflage, § 325 Rn 56; ohne Unterscheidung nach Verkäufer und Käufer: Erman/Westermann, § 281 Rn 28.

[1033] Im Ergebnis ebenso Bardo, S. 171 ff., 178; zur Widerlegung der Weiterveräußerungsvermutung auch Staudinger/Otto, Neubearbeitung 2004, § 280 Rn E91/92.

marktgängigen Ware und den subjektiven Voraussetzungen[1034] für die Inanspruchnahme der abstrakten Schadensberechnung anhand des entgangenen Gewinns schwer fallen.

Hingegen ist für den Käufer ein Wahlrecht nur in Ausnahmefällen anzuerkennen. Hat dieser sich die zu liefernde Sache im Rahmen eines konkreten Deckungskaufs anderswo besorgt, so ist die Möglichkeit einer abstrakten Schadensberechung anhand des entgangenen Gewinns eines Weiterverkaufs grundsätzlich abzulehnen.[1035] Denn durch die Durchführung des konkreten Deckungskaufs, ist die Vermutung des § 252 Satz 2 zunächst widerlegt. Mit der ersatzweise besorgten Sache hätte der Käufer seinen Verpflichtungen nachkommen und sich den Gewinn des Anschlussgeschäfts sichern können. Möchte der Gläubiger geltend machen, der Deckungskauf habe den Gewinn nicht retten können oder es sei gar kein Deckungskauf gewesen, sondern die neu erlangte Sache sei für einen anderen Zweck bestimmt gewesen, so muss er dies darlegen.[1036] Dies erfordert, dass der Käufer eine Vielzahl an Abnehmern hat, die er trotz der vielfältigen Deckungskaufmöglichkeiten bei marktgängiger Ware nicht alle anderswie befriedigen konnte. Dies erscheint nahezu ausgeschlossen. Jedenfalls kann der Käufer ohne entsprechende Darlegungen seinen Schaden nicht abstrakt berechnen, wenn er einen konkreten Deckungskauf getätigt hat.

cc) Ergebnis

Außer bei der abstrakten Berechnung des Käufers anhand Gewinnentgangs bei stattgefundenem Ersatzkauf, ist ein Wahlrecht des Gläubigers zwischen abstrakter und konkreter Schadensberechnung anzuerkennen. Daraus kann sich eine Spekulationsmöglichkeit ergeben, der jedoch enge Grenzen aufgrund der Anforderungen an die Zulässigkeit der abstrakten Schadensberechung und der Obliegenheit nach § 254 zur Vornahme konkreter Deckungsgeschäfte bei der Gefahr größerer Schäden gesetzt sind. In der Regel werden sich damit die Ergebnisse der Schadensberechnungsmethoden ähneln.[1037] Unbillige Ergebnisse sind nicht zu befürchten, so dass dieses Wahlrecht bestehen bleiben kann. Eine Verbindung von konkreter und abstrakter Berechnung innerhalb eines Schadensersatzanspruchs ist aber ausgeschlossen, der Gläubiger muss konsequent bleiben.[1038]

[1034] Im Einzelnen die Voraussetzung, Kaufmann oder Gewerbetreibender zu sein.

[1035] Bardo, S. 140.

[1036] Bardo, S. 141.

[1037] Ein Unterschied wird sich aber wegen der verschiedenen Marktstufen zwischen den beiden abstrakten Berechnungsmethoden finden lassen, dazu sogleich.

[1038] MüKo/Emmerich, Band 2a, 4. Auflage, Vor § 281 Rn 15; Soergel/Wiedemann, 12. Auflage, § 325 Rn 60; Staudinger/Otto, Neubearbeitung 2004, § 280 Rn E86.

d) Spekulation durch Wahl zwischen abstrakter Schadensberechnung anhand eines Deckungsgeschäfts oder anhand des entgangenen Gewinns

Der abstrakten Schadensberechnung anhand eines fiktiven Deckungsgeschäfts oder anhand eines fiktiven Gewinnentgangs liegen unterschiedliche Bestimmungszeitpunkte zugrunde. Des Weiteren orientiert sich der fiktive Deckungskauf an der aktuellen Marktstufe des Gläubigers, während der entgangene Gewinn die Werte der nächsten Marktstufe enthält. Daher können sich bei freier Wahl zwischen den beiden Berechnungsmethoden verschiedene Schadenshöhen ergeben.

Grundsätzlich ist der Gläubiger auch hier frei, seinen Schaden nach einer der beiden Methoden zu berechnen.[1039] Indes wird es in der Praxis wegen der Eigenart der Berechnungsmethode anhand des entgangenen Gewinns zu einem echten Wahlrecht selten kommen. Denn wenn der Gläubiger die nicht gelieferte Sache weiterverkaufen wollte, dann wird er seinen Schaden anhand des entgangenen Gewinns berechnen. Fehlt indes nachgewiesenermaßen eine Weiterverkaufsabsicht oder -möglichkeit des Gläubigers, so kann nur anhand eines fiktiven Deckungsgeschäfts abgerechnet werden. Dabei ist auch nicht voraussetzungslos von einer Weiterverkaufsabsicht auszugehen, sondern der Gläubiger muss für das Eingreifen der Vermutung des § 252 Satz 2 den Weiterverkauf wahrscheinlich machen und die Anknüpfungstatsachen darlegen, die die notwendige Vermutungsbasis ausfüllen.[1040] Dabei kommt es sehr auf die Einzelheiten an, denn nicht bei jedem Kaufmann und Gewerbetreibenden kann erwartet werden, dass er die nicht gelieferte Ware sofort weiterverkaufen könnte.[1041] Auch hier nötigen die so erzielten Ergebnisse nicht zu Einschränkungen, die Schadensberechnungsmethode muss wie auch sonst die Bestimmung des Schadens, an den individuellen Dispositionen des Gläubigers ausgerichtet werden. Die verbleibenden Spekulationsmöglichkeiten sind hinzunehmen.

5) Endergebnis

Für die Schadensberechnung sind verschieden Zeitpunkte relevant, jedoch ergibt sich nie ein Wahlrecht hinsichtlich mehrerer Zeitpunkte. Dies mindert die Spekulationsmöglichkeiten. Diese bleiben in akzeptablen Grenzen bestehen, wobei

---

1039 Huber, Band II, S. 254; Staudinger/Otto, Neubearbeitung 2004, § 280 Rn E86. Die hier behandelte Frage stellt sich natürlich erst gar nicht, wenn man nur eine der Berechnungsmethoden zulässt, so unter anderem Rabel, Band I, S. 170/171.

1040 Bardo, S. 58ff. und 126/127 und 167ff.; Erman/Westermann, § 281 Rn 31; Huber, Band II, S. 251 und 254; Lange/Schiemann, S. 342; MüKo/Oetker, Band 2a, 4. Auflage, § 252 Rn 37; Soergel/Wiedemann, 12. Auflage, § 326 Rn 46; Staudinger/Otto, Neubearbeitung 2004, § 280 Rn E91/92; zu weitgehend oft die alte Rechtsprechung: RGZ 99, 46; 101, 217; RGZ 101, 421 (423), RGZ 105, 285 (286); RGZ 105, 293 (294); kritisch dazu Baumgärtel, § 252 Rn 11; Keuk, S. 180 und 186.

1041 Dies ist etwa der Fall, wenn er üblicherweise nicht mit der fraglichen Sache handelt; vgl. dazu auch Baumgärtel, § 252 Rn 11.

sie sich hauptsächlich aus dem Wahlrecht zwischen Erfüllung und Schadensersatz und dem Wahlrecht zwischen den verschiedenen Schadensberechnungsmethoden ergeben. Eine Einbeziehung des Verzögerungsschadens in den Schadensersatz statt der Leistung ist nicht mehr möglich.

VI. Möglichkeit eines Zwangskaufs im Rahmen des § 281

1) Einführung

a) Funktionsweise eines Zwangskaufs

Durch die Schuldrechtsreform ist die Übergangsmöglichkeit auf einen Schadensersatzanspruch durch bloße Fristsetzung gemäß § 281 auch auf nicht-synallagmatische Pflichten ausgedehnt worden. Dies stellt eine starke Vereinfachung zum alten Recht dar und führt dazu, dass das schon zuvor bekannte, aber nur selten praktisch gewordene Problem eines Zwangskaufs nun hochaktuell ist.

„Zwangskauf" meint, dass der Schuldner unter bestimmten Voraussetzungen nach § 281 verpflichtet scheint, statt der ursprünglich geschuldeten Sache Schadensersatz für diese zu erbringen. Da der Primäranspruch nach einem Ersatzverlangen gemäß § 281 Abs. 4 erlischt, könnte der Schuldner die geschuldete Sache dauerhaft behalten, müsste dafür aber auch ihren vollen Sachwert ersetzen. Wie noch zu zeigen sein wird, ergeben sich dabei Probleme allein bei nicht-synallagmatischen Pflichten.

Im alten Recht fehlte es dem Problem des Zwangskaufs an Brisanz, da für nicht-synallagmatische Pflichten mit den §§ 283 Abs. 1 und 286 Abs. 2 a.F. andere und engere Übergangsvoraussetzungen vorgeschrieben waren.[1042] Ein verzugsbedingter Interessewegfall nach § 286 Abs. 2 a.F. war selten gegeben,[1043] und bei § 283 a.F. wurde der Schuldner durch das Erfordernis eines rechtskräftigen Herausgabeurteils und dem sich anschließenden Fristenlauf hinreichend gewarnt. Anerkennenswerte Zweifel an dem Bestand eines fälligen Herausgabeanspruchs konnten wegen des rechtskräftigen Urteils nicht verbleiben. Aufgrund dieser engen Übergangsvoraussetzungen ist die Möglichkeit eines Zwangskaufs nie praktisch bedeutsam geworden. Die Problematik stellt sich nun aber im neuen Recht mit ungleich größerer Brisanz.

[1042] Eine Erörterung im alten Recht fand sich etwa bei: Erman/Battes, 10. Auflage, § 283 Rn 3; Flach, S. 25 ff.; MüKo/Emmerich, Band 2, 4. Auflage, § 283 Rn 10; Schäfer, S. 40 ff.; K. Schmidt ZZP 87 (1974), 49 (71); Schwerdtner, S. 135 ff.; Soergel/Mühl, 12. Auflage, § 985 Rn 19; Staudinger/Gursky, Neubearbeitung 1999, § 985 Rn 7; Wallerath JR 1970, 161 ff.

[1043] Emmerich NZM 2002, 362 (367) meint, dass im alten Recht für die Wohnungsmiete niemals Fälle des Interessewegfalls vorgelegen haben.

b) Auftreten und Fallgruppen des Zwangskaufs

aa) Synallagmatische Pflichtenverhältnisse

Die vereinfachten Übergangsmöglichkeiten nach § 281 führen bei Leistungsstörungen innerhalb synallagmatischer Pflichten zu keinen besonderen Schwierigkeiten. Beispielhaft soll der Kaufvertrag betrachtet werden. Kommt der Käufer seiner Zahlungs- und Abnahmepflicht nicht nach und verlangt der Verkäufer im Wege der Differenztheorie die Differenz zwischen Wert und Kaufpreis als Schadensersatz, so bleibt es im Grunde beim Zustand vor dem Kauf. Der Verkäufer und nicht der Schuldner ist Eigentümer und Besitzer der Kaufsache, es findet nur ein monetärer Ausgleich statt. Unbilligkeiten ergeben sich nicht. Gleiches gilt, wenn der Verkäufer im Rahmen der Surrogationstheorie den vollen Kaufpreis als Schaden fordert und dann der Käufer auch einen Anspruch auf Übereignung der Kaufsache hat. Damit vollzieht sich letztlich nur die eingegangene Primärverpflichtung. Der volle Schadensersatz führt somit zu einer teilweisen Naturalrestitution in dem Sinne, dass der Verkäufer das bekommt, worauf er nach dem Vertrag einen Anspruch hatte und daher auch der Käufer das vertraglich versprochene Eigentum erhält.[1044] Den Schuldner – also hier den Käufer – kann dies nicht stören, denn zur Abnahme und Bezahlung der Kaufsache war er sowieso verpflichtet. Es ergeben sich also durch ein Vorgehen nach § 281 keine weitergehenden Folgen.

bb) Nicht-synallagmatische Pflichtenverhältnisse

(1) Mögliche Ansprüche

Bei nicht-synallagmatischen Pflichtenverhältnissen kann es bei einigen Ansprüchen zur Problematik eines Zwangskaufs kommen. Handelt es sich nicht um Sachansprüche, sind derartige Schwierigkeiten nicht denkbar, da es mangels einer geschuldeter Sache auch nicht zum Erwerb einer solchen kommen kann. Beim einseitigen Anspruch auf Übereignung oder Überlassung stellt sich regelmäßig auch nicht die Zwangskaufs-Problematik. Nach einem Vorgehen gemäß § 281 erlischt dieser Primäranspruch und der Schuldner behält, was er vorher hatte. Zu problematischen Fällen kommt es aber bei Leistungsstörungen innerhalb nicht-synallagmatischer Pflichten zur Rückgabe oder Rückgewähr einer Sache. Rückgabeansprüche im hier verwendeten Sinne liegen vor, wenn der Schuldner nicht Eigentümer ist und nur ein zeitlich begrenztes Besitz- oder Nutzungsrecht gegenüber dem Gläubiger hatte. Dies sind hauptsächlich die Rückgabepflichten bei der Miete, Pacht, Leihe und dem Leasing. Rückgewähransprüche sollen im hiesigen Zusammenhang dann vorliegen, wenn der Schuldner nach vorheriger Übertragung Eigentümer geworden ist und nun einem nicht-synallagmatischen Rückübereignungsanspruch ausgesetzt ist. Einem solche unterliegt der Schuldner etwa beim Sachdarlehen nach § 607 Abs. 1 und beim Auftrag nach § 667.

[1044] Brauer NotBZ 2002, 402 (404).

(2) Rückgabeansprüche

Besteht gegen den Schuldner ein Rückgabeanspruch und kommt er diesem nicht nach, so scheint es zu einem Zwangskauf kommen zu können. Denn nach dem Erlöschen des Primäranspruchs durch ein Ersatzverlangen nach § 281 Abs. 4, scheint die Sache dauerhaft beim Schuldner zu verbleiben und er dafür ihren Ersatz zu schulden. Dies ist im Grunde nichts anderes als ein Zwangskauf im Sinne des Austausches von Sachen gegen Geld.

Zum echten Zwangskauf wird dies, wenn der Gläubiger, wie von der herrschenden Meinung vertreten wird,[1045] dem Schuldner das Eigentum an der ursprünglich geschuldeten Sache übertragen muss und sich daher die Höhe des Ersatzanspruchs an dem Wert der Sache orientiert. Nur wirtschaftlich betrachtet liegt hingegen ein Zwangskauf vor, wenn der Gläubiger, wie von anderen vertreten wird,[1046] zwar Eigentümer der Sache bleiben darf, diese jedoch mangels Rückgabeanspruchs dauerhaft beim Schuldner verbleiben soll, der ein dauerhaftes obligatorisches Nutzungsrecht erhält. Der Schadensersatz soll sich dann an dem Wert des dauerhaften Nutzungsrechts orientieren. Dies soll noch genauer ausgeführt werden.

In beiden Fällen entspricht jedenfalls der Zustand nach dem Übergang nicht dem ursprünglich vom Gläubiger und Schuldner gewollten. Denn die Sache wurde dem Schuldner nur auf Zeit überlassen und der Gläubiger wollte diese danach zurückerlangen. Durch den Übergang auf den Schadensersatz statt der Leistung scheint sich aber der nur vorläufig gewollte Zustand zu einem dauerhaften gewandelt zu haben. Anders als bei den synallagmatischen Pflichten wird also durch das Sekundärrecht hinsichtlich der Sache nicht ein Zustand hergestellt, der dem ohne Vertrag oder bei erfolgter Vertragsdurchführung ähnlich ist, sondern es wird ein weitergehender Zustand ermöglicht. Aus einem zeitlichen Nutzungs- und Besitzrecht scheint ein dauerhaftes zu werden. Der Schuldner steht nach dem Übergang mit mehr da als zuvor, was sich dann aber auch in der Höhe des Ersatzanspruchs des Gläubigers niederschlägt. Der Vertrag wird also nicht im klassischen Sinne aufgelöst und mittels Schadensersatzansprüchen liquidiert, sondern gleichsam fortentwickelt. Aus Miete, Pacht, Leihe wird Kauf.

1045 AnwKomm/Dauner-Lieb, § 281 Rn 7; Arnold, in: Dauner-Lieb/Konzen/Schmidt, S. 589 (598); Bamberger/Roth/Grüneberg, § 281 Rn 6; Bamberger/Roth/Fritzsche, § 985 Rn 29; Ehmann/Sutschet, S. 108; Emmerich NZM 2002, 362 (367); Emmerich, Leistungsstörungen, S. 279; Erman/Westermann, § 281 Rn 4; Gsell JZ 2004, 110 (111/112); Hau JuS 2003, 130 (135); Heinrichs, FS Derleder, S. 87 (95); Henssler/Graf von Westphalen/Dedek, § 281 Rn 10/11; Jauernig/Stadler, § 281 Rn 2; Jost, FS Otte, S. 145 (145/146); Medicus, Das neue Schuldrecht, 3. Kapitel, Rn 101; MüKo/Ernst, Band 2a, 4. Auflage, § 281 Rn 116; MüKo/Medicus, Band 6, 4. Auflage, § 985 Rn 40 für die Vindikation; Palandt/Heinrichs, 62. Auflage, § 281 Rn 4; jetzt auch wieder in der 64. Auflage, § 281 Rn 4; Unberath ZMR 2004, 309 (314).

1046 So Schwab NZM 2003, 50; Schwab/Novokmet, ZGS 2004, 187 (188 und 191); Kainer, in: Schwab/Witt, S. 217 (248/249); ähnlich Oechsler NZM 2004, 881 (889).

Dies wird zwar immer im Sinne des Gläubigers sein, der dies erst durch sein Verlangen nach Schadensersatz statt der Leistung herbeiführt, jedoch häufig eben nicht im Sinne des Schuldners.[1047] Den tieferen Grund hat das Problem in der Verschiedenheit der Zustände vor und nach einem Ersatzverlangen. Während die Sachüberlassung ursprünglich grundsätzlich nur auf Zeit geschehen sollte, scheint sie aufgrund des Ausschlusses der Rückgabeansprüche nach § 281 Abs. 4 zu einer dauerhaften Sachüberlassung zu werden. Dies gibt schon einen Hinweis darauf, dass die Rechtsfolge des § 281 Abs. 4 nicht recht passen will.

(3) Rückgewähransprüche

Bei den Rückgewähransprüchen hat der Schuldner vom Gläubiger das Eigentum übertragen bekommen.[1048] Kommt er dem Rückgewähranspruch nicht nach und geht der Gläubiger gemäß § 281 Abs. 4 vor, so scheint der Rückgewähranspruch zu entfallen und der Schuldner bliebe dauerhaft Eigentümer. Dementsprechend würde sich dann die Höhe des Ersatzanspruchs bemessen. Auch hier wird die nur vorübergehende Eigentümerstellung des Schuldners in eine dauerhafte umgewandelt.

(4) Gründe für die Nichterfüllung

Hinsichtlich der Nichterfüllung seitens des Schuldners kann nach verschiedenen Sachverhalten differenziert werden. Zunächst kann der Schuldner die Rückgabe oder Rückgewähr vorsätzlich unterlassen, etwa weil er die Sache weiter benutzen möchte. Es kann aber daneben auch sein, dass der Schuldner seine Rückgabeverpflichtung irrig verkennt, etwa weil er die Wirksamkeit einer vorausgegangenen Kündigung fälschlich anzweifelt. So kann der Wohnungsmieter die Berechtigung des Eigenbedarfs bei einer Kündigung in Frage stellen. Gerade in diesem Falle erscheint der Schuldner schutzwürdig, was noch weiter ausgeführt werden soll. Es liegt dann nur ein Zweipersonenverhältnis vor. Ist die Sache beim Schuldner untergegangen, stellt sich naturgemäß nicht die Frage eines Zwangskaufs, es ist Unmöglichkeitsrecht anwendbar.

Schließlich können Dritte berührt sein, etwa wenn der Schuldner die Sache an einen Dritten weitergegeben hat. Dabei kann er seinen Besitz verloren haben oder noch mittelbarer Besitzer sein. Ferner kann der Schuldner zur Rückgabe unvermögend geworden sein, etwa wenn sich der Dritte strikt weigert, die gutgläubig erlangte Sache an den Schuldner zurück zu übereignen. Auch hier ist allein Unmöglichkeitsrecht anzuwenden.

(5) Fallgruppen der Rückgabe- oder Rückgewähransprüche

Den Gläubigeransprüchen können verschiedene Konstellationen zugrunde liegen, die sich in die nachfolgend zu untersuchenden fünf Gruppen einteilen lassen:

[1047] So auch Brauer NotBZ 2002, 402 (404).

[1048] Etwa beim Sachdarlehen nach § 607 Abs. 1.

Zur ersten Gruppe gehören die praktisch häufigsten Fälle, bei denen dem Gläubiger neben dem vertraglichen Rückgabeanspruch aus Miete, Pacht, Leihe, etc. noch der Herausgabeanspruch des Eigentümers aus § 985 gegen den Schuldner als unmittelbarem Besitzer zusteht.[1049] Die Rechtslage soll anhand dieses Hauptfalls nachfolgend eingehend untersucht werden. Dabei sollen Randprobleme, die sich aufgrund spezialgesetzlicher Vorschriften ergeben, außen vor gelassen werden. Dies ist etwa bei Räumungsansprüchen hinsichtlich Wohnraums der Fall, wo die Mieterschutzvorschrift des § 571 Abs. 1 Satz 2 oder auch § 721 ZPO das hier zu behandelnde Problem berühren können.[1050]

Die zweite Gruppe bilden die Fälle, in denen der Gläubiger Eigentümer und Vertragsgläubiger ist, der Schuldner aber nur mittelbarer oder überhaupt nicht mehr Besitzer ist, sich die geschuldete Sache selbst also bei einem Dritten befindet.

Die dritte Gruppe zeichnet Rückgabeansprüche aus, bei denen der Gläubiger nur einen vertraglichen Anspruch hat, da er nicht zugleich Eigentümer der Sache ist.[1051]

Zur vierten Gruppe gehören die Fälle, in denen dem Gläubiger keine vertraglichen Ansprüche zustehen, sondern er nur die Vindikation hat. Diese soll nicht vertieft erörtert werden, denn da die Anwendbarkeit des § 281, ähnlich wie die des § 283 a.F., auf dingliche Ansprüche schon für sich sehr umstritten ist, erscheint dies als ein Sonderproblem.[1052] Das bei der Behandlung der ersten Gruppe gefundene Ergebnis führt aber auch hier zu einer Lösung dieser alten Streitfrage.

Die fünfte und letzte Gruppe bilden die Fälle, in denen der Gläubiger Rückgewähr verlangen kann, der Schuldner also Eigentümer der geschuldeten Sache geworden ist. Dem Gläubiger kann dann naturgemäß nur ein vertraglicher Anspruch zustehen. Diese Problematik soll zum Schluss erörtert werden.

[1049] Nicht erörtert werden soll die von einigen wenigen vertretene Ansicht, wonach die Vindikation beim Vorhandensein eines Vertragsverhältnisses subsidiär sei und zurücktrete, vgl. Oppermann, S. 100; Staudinger/Gursky, Neubearbeitung 1999, § 985 Rn 31 ff.; Vieweg/Werner, S. 185.

[1050] Vgl. dazu AnwKomm/Dauner-Lieb, § 281 Rn 7; Heinrichs, FS Derleder, S. 87 (94-96); Jost, FS Otte, S. 145 (149); Palandt/Heinrichs, § 281 Rn 4 und Schwab NZM 2003, 50 (52 ff.).

[1051] Insbesondere denkbar, wenn der Gläubiger die Sache einer Bank sicherungsübereignet hat.

[1052] Vgl. nur Gursky JURA 2004, 433 ff. und Katzenstein AcP 206 (2006), 96 ff. zum neuen Recht; zum alten Recht: Picker, FG 50 Jahre BGH, S. 693 (723); Staudinger/Gursky, Neubearbeitung 1999, § 985 Rn 72.

2) Die Interessenlage hinsichtlich eines Zwangskaufs bei Rückgabeansprüchen des Vertrags- und Vindikationsgläubigers

a) Die beiderseitigen Interessen und die sachliche Problematik des Zwangskaufs

Das Problem des Zwangskaufs bei nicht-synallagmatischen Rückgabeansprüchen des Vertrags- und Vindikationsgläubigers stellt sich unter Geltung des neuen Rechts, wie auch vom Gesetzgeber bemerkt,[1053] in weitaus dringlicherem Maße, da die zuvor bestehenden Schranken für einen Schadensersatzanspruch statt der Leistung weggefallen sind.[1054] Dabei sind zu den zugrunde liegenden Interessen und dem möglichen tatsächlichen Vorkommen einige Bemerkungen zu machen.

aa) Interessenlage des Gläubigers

Es mag Fälle geben, in denen der Gläubiger freiwillig von der Herbeiführung eines Zwangskaufs absehen wird.[1055] Hat er seine Rückgabeforderung etwa deshalb erlangt, weil sein Schuldner den vertraglichen Verpflichtungen aus Geldmangel nicht nachgekommen ist, so wird er in vielen Fällen gut beraten sein, diese Geldschuld nicht noch durch das Verlangen nach vollem Schadensersatz statt der Rückgabe um das Vielfache zu erhöhen. Gerade bei drohender Insolvenz gewährt ein Eigentumsherausgabeanspruch als Aussonderungsrecht einen besseren Schutz als Geldforderungen, die nur den Rang normaler Verbindlichkeiten haben.

Droht indes keine Insolvenz, so ist obige Überlegung nicht zwingend, denn der Gläubiger könnte in die dem Schuldner verbleibende Sache die Zwangsvollstreckung betreiben.[1056] Ist man der Ansicht, der Schuldner bekomme vom Gläubiger das Eigentum übertragen, so richtet sich diese bei beweglichen Sachen nach den §§ 803 ff. ZPO, bei Immobilien nach dem ZVG. Möchte man hingegen dem Schuldner nur das dauerhafte Nutzungsrecht an der Sache einräumen, so kann dieses nach § 857 ZPO der Zwangsvollstreckung unterworfen sein.[1057] Denn zu § 857 ZPO ist anerkannt, dass die Pfändung von Miet- und Pachtrechten, ja sogar dinglichen Wohnrechten nach § 1093 möglich ist.[1058] Dies hat dann auch für ein dauerhaftes obligatorisches Nutzungsrecht zu gelten. Der Gläubiger hat also sehr wohl die Möglichkeit, seinen durch den Zwangskauf entstandenen Geldanspruch zwangsweise zu befriedigen. Daher ist der Zwangskauf auch nicht schon aus praktischen Erwägungen ausgeschlossen.[1059]

[1053] In BT-Drucks. 14/6040, S. 138/139 wird die Möglichkeit eines Zwangskaufs erwähnt.

[1054] Dedek, in: Dauner-Lieb/Konzen/Schmidt, S. 183 (201); Gursky JURA 2004, 433 (434); Henssler/Graf von Westphalen/Dedek, § 281 Rn 10; Schwab NZM 2003, 50 (51) sehen die Norm des § 281 als wesentlich weiter als § 283 BGB a.F. an.

[1055] So AnwKomm/Dauner-Lieb, § 281 Rn 6 in Fn 15.

[1056] Schwab NZM 2003, 50 (51/52).

[1057] Schwab NZM 2003, 50 (51).

[1058] Zöller/Stöber, § 857 Rn 12.

[1059] So auch Schwab NZM 2003, 50 (52).

Daneben kann auch eine besondere Marktsituation für die Durchführung eines Zwangskaufs sprechen. So mögen einige Dutzend geliehene Bücher zurückzugeben sein. Liquidiert nun der Gläubiger sein volles Interesse, so kann er seinen Schaden, wenn er zur abstrakten Schadensberechnung berechtigt ist, nach dem Preis eines fiktiven Deckungskaufs, also nach dem Wiederbeschaffungswert richten. Dieser wird aber sehr viel höher liegen als der Verkaufswert der Bücher, den der Schuldner erzielen könnte.[1060] Dies kann nun ein Anreiz für die Durchführung eines Zwangskaufs sein. Es belegt zugleich, dass es dem Schuldner nicht immer möglich sein wird, durch den Weiterverkauf des ihm aufgezwungenen Eigentums seinen Verlust auch nur annähernd wieder auszugleichen. Es kann deshalb bei oberflächlicher Betrachtung angenommen werden, dass ein strikt ökonomisch denkender Gläubiger einen Zwangskauf dann betreiben wird, wenn dieser für ihn wirtschaftlich günstig ist.[1061]

Dabei lässt sich der Zwangskauf nicht nur beim Wohnungsmietvertrag vorstellen. Zwar finden sich dazu die meisten Stellungnahmen,[1062] jedoch sind, wie schon gesehen, vielfältige andere Konstellationen denkbar. So muss man sich nur die Situation beim Finanzierungsleasing vorstellen. Dieses wird vom Leasinggeber oft als Instrument zur Absatzförderung benutzt. Der Kunde, der nicht über genügend Barmittel verfügt oder kein Interesse an einer dauerhaften Nutzung hat, erhält so die Möglichkeit, die Sache ohne großen Kapitalaufwand und zeitlich beschränkt zu nutzen. Der Leasinggeber hingegen würde in vielen Fällen gerne einen Kaufvertrag abschließen, so etwa beim Kfz-Leasing. Ergibt sich für ihn nun die Möglichkeit, einen Zwangskauf herbeizuführen, so sprechen seine wirtschaftlichen Interessen für eine Ausnutzung dieser Chance.[1063]

bb) Interessenlage des Schuldners

Bei Rückgabeansprüchen werden die Interessen des Schuldners in aller Regel gegen einen Zwangskauf sprechen. Denn ihm wird eine Sache zu Eigentum oder dauernder Nutzung aufgedrängt, obwohl dies nach den zugrunde liegenden Vereinbarungen gerade nicht Gegenstand des Vertrages war.[1064] Dabei wird sein regelmäßig fehlendes Interesse am Eigentum oder der dauernden Nutzung schon dadurch indiziert, dass sich der Schuldner nur den zeitweiligen Besitz an der Sache hat einräumen lassen. Auch die Grundzüge der Privatautonomie werden be-

---

[1060] Gursky JURA 2004, 433 (437) führt dazu an, bei einem Antiquariat liege der Einkaufswert 50% unter dem Verkaufswert.

[1061] Inwieweit sich Gläubiger immer „wirtschaftlich" im Sinne des homo oeconomicus verhalten, kann hier nicht weiter untersucht werden.

[1062] Vgl. Emmerich NZM 2002, 362 (367); Gruber WuM 2002, 252 (253); Katzenstein/Hüftle NZM 2004, 601 ff.; Oechsler NZM 2004, 881 (889); Schwab NZM 2003, 50 ff.; Schwab/Novokmet ZGS 2004, 187 ff.

[1063] Denkbar ist dies auch bei Autoverleihfirmen.

[1064] Brauer NotBZ 2002, 402 (404).

rührt, wenn dem Schuldner einseitig durch den Gläubiger das Eigentum oder die dauerhafte Nutzung an einer Sache aufgedrängt werden könnte und sich etwa ein Mietverhältnis in einen Kauf umwandelt. Diese Folgen sind niemals vereinbart worden, sondern werden dem Schuldner aufgezwungen.

Sie können auch nicht als ordnungsgemäße Sanktion im Wege des Schadensersatzes begriffen werden. Der Schadensersatz soll nach § 249 Abs. 1 den Gläubiger so stellen, wie er ohne die Verletzung gestanden hätte. Damit ist es aber unvereinbar, wenn der Gläubiger im Rahmen des Schadensersatzes nun Rechtsfolgen schaffen kann, die selbst bei ordnungsgemäßem Verhalten des Schuldners nicht herbeigeführt werden könnten. Durch den Schadensersatz muss das finanzielle Interesse des Gläubigers daran ausgeglichen werden, dass er die Sache nicht wie geschuldet zurückerlangt hat. Durch den Zwangskauf würde aber bedingt durch den Verlust des Primäranspruchs noch darüber hinaus auch das finanzielle Interesse wegen des endgültigen Verlusts der Sache ausgeglichen. Dies ist mehr als eine bloße Restitution wegen Vorenthaltung des Besitzes. Eben dieser Identitätswechsel der zugrundeliegenden Rechtsbeziehungen zeigt, dass es nach den anerkannten Kriterien der Schadensbemessung nicht unproblematisch ist, wenn der Gläubiger durch den Schadensersatzanspruch die Möglichkeit zur Schaffung weitergehender Rechtsfolgen erhält. Es erstaunt, dass der Gläubiger eine Pflichtverletzung innerhalb eines zeitlich begrenzten Nutzungsüberlassungsvertrages scheinbar dazu nutzen kann, mittels eines Zwangskaufs einen dauerhaften Austauschvertrag, also ein „Mehr“ zu schaffen.[1065]

Weiterhin würde der Schuldner durch den Zwangskauf mit einem ihn in vielen Fällen überfordernden Schadensersatzanspruch konfrontiert.[1066] Ebenso wie er schon nicht Eigentümer der Sache werden wollte, wollte er auch niemals den vollen Sach- oder Nutzungswert bezahlen. Dies war gerade der Grund für die Wahl eines nur zeitlich begrenzten Besitzrechts. Für den Zahlungsanspruch haftet der Schuldner nunmehr nach §§ 803 ff. ZPO auch mit seinem gesamten Vermögen, während er hinsichtlich des Herausgabeanspruchs neben einer Vollstreckung nach §§ 883 ff. ZPO nur mit einer monetären Belastung in Höhe der Prozess- und Vollstreckungskosten rechnen musste.[1067]

Die Höhe der drohenden Geldforderung wird den Schuldner dazu treiben, diese ihn ruinierende Schadensersatzforderung unter allen Umständen abzuwenden. Dies zeitigt auch Vorwirkungen. So wird sich der Schuldner, der die Berechtigung des Rückgabeanspruchs in Zweifel zieht, durch den drohenden Zwangskauf nicht mehr auf einen Streit über den Rückgabeanspruch einlassen kön-

---

1065 Katzenstein AcP 206 (2006), 96 (124/125).

1066 Vgl. auch Schwab NZM 2003, 50: Zahlungspflicht in Höhe eines fünf- bis schlimmstenfalls sechsstelligen Euro-Betrages; S. 54: existenzbedrohende Höhe. Dies sieht auch Jost, FS Otte, S. 145 (146): Unbehagen am Ergebnis.

1067 Jost, FS Otte, S. 145 (146).

nen.[1068] Denn so muss er immer befürchten, dass er vor Gericht doch noch unterliegt und dann die Folgen des Zwangskaufs tragen muss. Die Möglichkeit des Zwangskaufs würde also dem Gläubiger eine vortreffliche Drohmöglichkeit bieten.[1069]

cc) Zwischenergebnis: Fehlende Gründe für die Zulässigkeit eines Zwangskaufs

Betrachtet man die beiderseitigen Interessen, so spricht insgesamt viel gegen die Zulassung eines Zwangskaufs.[1070] Zunächst widerspricht er der vorherigen 100-jährigen Rechtslage, die diesen an höchste Voraussetzungen gebunden hatte, und dürfte deshalb den Schuldner in der Regel überraschen. Dies ist zwar grundsätzlich nur ein Übergangsproblem wegen des veränderten Inhalts des Schuldrechts, zu beachten ist aber zusätzlich, dass der Gläubiger in der Fristsetzung prima facie auch nichts über die Folgen des Fristablaufs oder über die Höhe der voraussichtlichen Schadensersatzforderung sagen muss. Oft wird eine Fristsetzung sogar entbehrlich sein, wenn sich der Schuldner im fälschlichen Glauben an die Unwirksamkeit des Beendigungsgrundes dem Begehren des Gläubigers verweigert.[1071] Auch dies lässt eine Überraschung des Schuldners befürchten. Es ist ferner nicht einzusehen, warum der Gläubiger ein so vortreffliches Drohinstrument erhalten sollte, welches die Verfolgung auch berechtigter Zweifel an der Rechtmäßigkeit des Verlangens von vornherein zu einem unzumutbaren Risiko werden lässt.

Auf der anderen Seite ist ein schutzwürdiges Interesse des Gläubigers an einem Zwangskauf nicht anzuerkennen. Er hat den ursprünglichen Vertrag – und nur diesen – mit dem Schuldner geschlossen und konnte seine Dispositionen nur auf dieser Grundlage treffen. Ihm nun die Gelegenheit zur Herbeiführung weiterer Rechtsfolgen zu geben, erscheint unter Vertrauensgesichtspunkten als überflüssig. Die Schäden wegen nicht rechtzeitiger Rückgabe kann er schon nach §§ 280 Abs. 1 und 2, 286 als Verzögerungsschäden liquidieren. Weiteren Schutzes bedarf er nicht. Es erscheint ihm vielmehr zumutbar, dass er sich um die Erfüllung der Primärverpflichtung bemüht, solange diese nicht unmöglich geworden ist und ihm deshalb ein Anspruch nach §§ 280 Abs. 1 und 3, 283 zusteht.

[1068] Arnold, in: Dauner-Lieb/Konzen/Schmidt, S. 589 (598); Brauer NotBZ 2002, 402 (405); jurisPK-BGB/Alpmann, 2. Auflage, § 281 Rn 7; Kainer, in: Schwab/Witt, S. 217 (248); Oechsler NZM 2004, 881 (889); Schwab NZM 2003, 50 (52); Schwab/Novokmet ZGS 2004, 187 (188).

[1069] Henssler/Graf von Westphalen/Dedek, § 281 Rn 11; jurisPK-BGB/Alpmann, 2. Auflage, § 281 Rn 7; Oechsler NZM 2004, 881 (889); Schwab NZM 2003, 50 (52); Schwab/Novokmet ZGS 2004, 187 (188).

[1070] So auch Brauer NotBZ 2002, 402 (403/405); Dauner-Lieb/Arnold/Dötsch/Kitz, Anmerkungen und Fragen, S. 32; Dedek, in: Dauner-Lieb/Konzen/Schmidt, S. 183 (190); Emmerich NZM 2002, 362 (367); Hau JuS 2003, 130 (135); Henssler/Graf von Westphalen/Dedek, § 281 Rn 11; Huber, Band II, S. 160; Huber, in: Ernst/Zimmermann, S. 31 (42 auch mit Fn 29); Schwab NZM 2003, 50 (52); Vieweg/Werner, S. 208.

[1071] § 281 Abs. 2, 1. Alt., vgl. auch Schwab NZM 2003, 50 (51).

Dabei gilt es auch zu beachten, dass dem Gläubiger bei einer nicht-synallagmatischen Forderung nicht seinerseits eine Leistung obliegt. Er muss sich also, solange der Schuldner nicht leistet, nicht selbst fortwährend leistungsbereit halten, und ist damit durch eine mangelnde Liquidationsmöglichkeit nicht in seinen eigenen Dispositionen eingeschränkt. Mangels Gegenleistungspflicht kann ihm ein Festhalten an der Primärpflicht dann eher zugemutet werden.[1072] Anders ist die Situation bei den synallagmatischen Pflichtenverhältnissen, bei denen der Gläubiger selbst gebunden bleibt und sich leichter vom Vertrag muss lösen können. Deshalb machte die im alten Recht bestehende, eingeschränkte Liquidationsmöglichkeit bei nicht-synallagmatischen Pflichten und die umfassendere Möglichkeit bei synallagmatischen Pflichten durchaus Sinn. Zwar sind die alten Regelungen aufgehoben, die ihnen zugrunde liegende Interessenlage ist aber auch heute noch beachtlich, wenn es um die Zuerkennung eines Rechtes zur Totalliquidation bei den nicht-synallagmatischen Forderungen geht.

Die überwiegenden Interessen sprechen also gegen die Zulassung eines Zwangskaufs. Dies allein kann jedoch noch nicht ausreichen, um eine gesetzlich vorgesehene und einschlägige Norm de lege lata nicht anzuwenden. Es soll aber nachfolgend anhand der Gesetzgebungshistorie gezeigt werden, dass auch der Gesetzgeber eine allgemeine Zulässigkeit des Zwangskaufs nicht wollte. Nach Darstellung der ganz herrschenden Meinung zum Zwangskauf im alten Recht soll dann bewiesen werden, dass die heute vertretenen Ansichten zur Zulässigkeit eines Zwangskaufs zu nicht hinnehmbaren dogmatischen Verwerfungen führen und letztendlich die Möglichkeit eines Zwangskaufs für nicht-synallagmatische Rückgabeansprüche des Vertrags- und Vindikationsgläubigers insgesamt abgelehnt werden muss.

3) Die Gesetzgebungshistorie zum Zwangskauf bei der Reform des Schuldrechts

Das Problem des Zwangskaufs stellt sich im neuen Recht mit ungleich schärferer Brisanz. Dabei zeigt die Gesetzeshistorie deutlich, wie durch Ausweitung der einfachen Übergangsbefugnis nach bloßem Fristablauf auch auf nicht-synallagmatische Pflichten die etwa von *Dedek*[1073] als „sinnträchtige Wertungsschwellen“ bezeichneten besonderen Voraussetzungen der §§ 286 Abs. 2, 283 Abs. 1 a.F. nach und nach beseitigt wurden. Dadurch kam die umfassende Möglichkeit eines Zwangskaufs zustande, was vom Gesetzgeber nicht unbemerkt blieb. So wurden schon bei den Reformarbeiten verschiedene Lösungswege erörtert, die auch nun noch zu diskutieren sind.

[1072] Dedek, in: Dauner-Lieb/Konzen/Schmidt, S. 183 (187); Huber, in: Ernst/Zimmermann, S. 31 (151); Huber Band II, S. 151 und 159.
[1073] Dedek, in: Dauner-Lieb/Konzen/Schmidt, S. 183 (189).

Zunächst fanden sich im Gutachten von *Huber* zur Reform des Leistungsstörungsrechts keine diesbezüglichen sachlichen Änderungen zum alten Recht.[1074] Im Abschlussbericht der Schuldrechtskommission finden sich dann erste sachliche Veränderungen. Aufgegeben wurde die Unterscheidung nach dem Pflichtenverhältnis, §§ 280, 283 BGB-KE.[1075] Begründet wurde dies mit der Unübersichtlichkeit der Differenzierungen und den Schwierigkeiten des Gläubigers beim Übergang bei nicht-synallagmatischen Pflichten.[1076] Nach § 283 Abs. 1 Satz 1 BGB-KE konnte der Gläubiger Schadensersatz schon nach bloßem Fristablauf fordern. In Abs. 1 Satz 2 fand sich jedoch für die Rückgewährpflichten hinsichtlich eines bestimmten Gegenstandes das zusätzliche Erfordernis des verzögerungsbedingten Interessewegfalls. Dieses ist von der Kommission viel diskutiert worden.[1077] Es sollte dadurch vor allem beim Mietvertrag ein Zwangskauf verhindert werden. Dabei war jedoch streitig, ob sich dies nicht schon aus dem Verbot des Rechtsmissbrauchs oder aus § 254 ergebe. Zudem war fraglich, ob die Abgrenzung der problematischen Fälle durch den Begriff der „Rückgewähr" möglich sei.

Das Folgeproblem eines Zwangskaufs bei Ausweitung des leichten Übergangs nach Fristablauf war also schon 1992 bekannt. Bemerkenswert ist, dass die Kommission es durch Ausweitung des Instituts des verzögerungsbedingten Interessewegfalls beheben wollte, ein Kriterium, dessen Darlegung durch den Gläubiger schwer und in vielen Konstellationen sogar nahezu ausgeschlossen erscheint.[1078] Gegenüber der alten Rechtslage nach § 283 a.F. hätte sich damit eine Erschwerung des Übergangs ergeben.[1079] Dies ist umso erstaunlicher, da die Kommission selbst das Merkmal des Interessewegfalls als für den Gläubiger riskant kritisiert hatte.[1080] Für die geplante Nutzung bei Rückgewährschulden war wohl das Bestreben maßgeblich, einen Zwangskauf in jedem Falle zu verhindern.

Der Diskussionsentwurf eines Schuldrechtsmodernisierungsgesetzes unterschied ebenfalls nicht mehr nach dem Pflichtenverhältnis für einen Übergang mittels bloßer Fristsetzung. Die von der Schuldrechtskommission vorgesehene Sonderregelung für Rückgewährpflichten fehlte nun. Dies verwundert zunächst, lehnt sich doch der BGB-DiskE sonst eng an den Vorschlag der Schuldrechtskommission an. Das Problem des Zwangskaufs ist aber nicht unbemerkt geblieben. Es heißt zur Streichung der Sonderregelung:[1081] „Mit der von der Schuld-

[1074] Huber, in: Gutachten und Vorschläge zur Überarbeitung des Schuldrechts, S. 647 (674).
[1075] Abschlussbericht, S. 30.
[1076] Abschlussbericht, S. 134.
[1077] Abschlussbericht, S. 135.
[1078] Vgl. dazu Emmerich NZM 2002, 362 (367).
[1079] Dedek, in: Dauner-Lieb/Konzen/Schmidt, S. 183 (188).
[1080] Abschlussbericht, S. 134.
[1081] BGB-DiskE, S. 324.

rechtskommission vorgeschlagenen Formulierung ergeben sich jedoch Probleme in Fällen, in denen von einem fortbestehenden Interesse des Gläubigers an der Rückgewähr auszugehen ist (...). Zum Beispiel kann der Verleiher eines Buches an dessen Rückgabe in höchstem Maße interessiert sein. Auch wenn er wegen dieses Interesses mehrere Versuche, vielleicht auch im Wege der Zwangsvollstreckung, unternimmt, das Buch zurückzubekommen und damit erfolglos bleibt, kann weiter von einem fortbestehenden Interesse an der Rückgabe ausgegangen werden. Dennoch muss dem Verleiher schließlich die Möglichkeit gegeben werden, zum Schadensersatz überzugehen. Nach dem Vorschlag der Schuldrechtskommission (...) wäre ihm dies unmöglich. Die Fälle eines „Zwangsverkaufs"[1082] einer zurückzugebenden Sache an den Schuldner, an welche die Schuldrechtskommission gedacht hatte, sollten zwar tatsächlich vermieden werden. Es dürfte sich aber zum einen um recht theoretische Fallgestaltungen handeln. Zum anderen dürften seltene Missbrauchsfälle mit § 242 zu bewältigen sein."

Die anschließend geäußerte Kritik von *Huber* und *Dauner-Lieb*, es werde ein nicht hinnehmbarer Zwangskauf ermöglicht, verhallte ungehört.[1083] Diesbezüglich relevante Änderungen wurden nicht mehr vorgenommen. Die BT-Drucks. 14/6040 übernahm insoweit die Begründung des BGB-DiskE wortgleich.[1084] So wurde der hier maßgebliche Teil des § 281 zum geltenden Recht. Die Möglichkeit eines Zwangskaufs sollte also nach dem Willen des Gesetzgebers bei Rückgabeansprüchen – insbesondere beim Mietvertrag – nicht gegeben sein.

4) Der Meinungsstand zum Zwangskauf bei Rückgabeansprüchen unter Geltung des § 283 a.F.

a) Zulässigkeit des Zwangskaufs und dessen Konstruktion

Unter Geltung des alten Rechts fand eine Erörterung des Zwangskaufs zumeist im Zusammenhang mit der Anwendbarkeit des § 283 a.F. auf den dinglichen Herausgabeanspruch aus § 985 statt.[1085] Nach ganz herrschender Meinung sollte der Gläubiger in jedem Fall den vollen Wert der zurück zu gewährenden

---

[1082] Meines Erachtens lässt sich nur von einem „Zwangskauf" sprechen, da schließlich nur der Schuldner durch das Schadensersatzverlangen des Gläubigers gezwungen werden kann, den geschuldeten Gegenstand zu erwerben. Dahingegen kann den Gläubiger niemand zwingen, seinen Erfüllungsanspruch aufzugeben und seine Sache durch den Übergang auf den Schadenseratzanspruch zu veräußern.

[1083] Huber, in: Ernst/Zimmermann, S. 31 (42 auch mit Fn 29 und S. 150/151); Dauner-Lieb/Arnold/Dötsch/Kitz, Anmerkungen und Fragen, S. 32.

[1084] BT-Drucks. 14/6040, S. 138/139.

[1085] Erman/Battes, 10. Auflage, § 283 Rn 3; Flach, S. 25 ff.; MüKo/Emmerich, Band 2, 4. Auflage, § 283 Rn 10; Schäfer, S. 40 ff.; K. Schmidt ZZP 87 (1974), 49 (71); Schwerdtner, S. 135 ff.; Soergel/Mühl, 12. Auflage, § 985 Rn 19; Staudinger/Gursky, Neubearbeitung 1999, § 985 Rn 7; Wallerath JR 1970, 161 ff.

Sache liquidieren können.[1086] Problematisiert worden ist mehr die Konstruktion dieses Zwangskaufs – insbesondere das Schicksal des Eigentums des Gläubigers – als die Möglichkeit als solche. So findet sich auch der Begriff des Zwangskaufs ansatzweise erstmals im Abschlussbericht der Schuldrechtskommission[1087], was darauf schließen lässt, das man eine Totalliquidation im alten Recht nicht als Zwangskauf empfunden hat. Dies verwundert nicht, war im alten Recht doch ein Zwangskauf bei den nicht-synallagmatischen Pflichten nur unter den engen Voraussetzungen der §§ 286 Abs. 2, 283 a.F. überhaupt möglich. Praxisrelevanz hatte der Zwangskauf nicht, und es fehlen zu ihm sowohl Urteile als auch eingehende Untersuchungen der Literatur.

Immerhin sah man bei Ersatz des vollen Interesses die Gefahr eines unbilligen Ergebnisses, wenn der Gläubiger zugleich noch Eigentümer der Sache war, sich also auch auf einen dinglichen Herausgabeanspruch stützen konnte. Denn dann hätte er sein volles Interesses erhalten und wäre zugleich noch Inhaber des Eigentums geblieben. Dies hätte natürlich insbesondere dem schadensersatzrechtlichen Grundsatz vom Bereicherungsverbot widersprochen, wonach die Schadensersatzleistung nicht zu einer Besserstellung des Geschädigten führen dürfe.[1088] Eine entscheidende Rolle spielte dabei auch § 283 Abs. 1 Satz 2 a.F., der das Erlöschen des Primäranspruchs als Konsequenz der Entstehung des Schadensersatzanspruchs aussprach. Dies führte bei der Vindikation zu einem zusätzlichen Problem, war doch nahezu allgemein anerkannt, dass der Eigentumsherausgabeanspruch untrennbar mit dem Eigentum zusammenhing und daher auch nicht separat erlöschen konnte.[1089] Die Konsequenz zog man in großer Einigkeit und zugleich Einseitigkeit. Um eine Bereicherung des Gläubigers zu verhindern und der Erlöschensanordnung des § 283 Abs. 1 Satz 2 a.F. Genüge zu tun, müsse der Gläubiger bei Liquidation des vollen Interesses sein Eigentum aufgeben.[1090] Streitig war schließlich nur noch die Konstruktion dieses Postulats.

[1086] Erman/Battes, 10. Auflage, § 283 Rn 3; Flach, S. 34; MüKo/Emmerich, Band 2, 4. Auflage, § 283 Rn 10; Schäfer, S. 40 ff.; Schwerdtner, S. 135 und 149; Staudinger/Löwisch, Neubearbeitung 2001, § 283 Rn 11; Soergel/Mühl, 12. Auflage, § 985 Rn 13.

[1087] Abschlussbericht, S. 135.

[1088] Vgl. dazu BGHZ 118, 312 (338); MüKo/Oetker, Band 2a, 4. Auflage, § 249 Rn 20.

[1089] Dazu noch später ausführlich bei S. 234 ff. Die ganz herrschende Meinung folgte diesem Grundsatz: BGHZ 60, 235 (240); BGHZ 111, 364 (369); Flach, S. 29; Gursky JURA 2004, 433 (436); Schäfer, S. 43/44; Schwerdtner, S. 135; Staudinger/Gursky, Neubearbeitung 1999, § 985 Rn 3; a.A. aber Staudinger/Selb, Bearbeitung 1995, § 255 Rn 14.

[1090] Erman/Battes, 10. Auflage, § 283 Rn 3; Flach, S. 34; MüKo/Emmerich, Band 2, 4. Auflage, § 283 Rn 10; Schäfer, S. 40 ff.; Schwerdtner, S. 135 und 149; Staudinger/Löwisch, Neubearbeitung 2001, § 283 Rn 11; Soergel/Mühl, 12. Auflage, § 985 Rn 13.

b) Bewirkung des Eigentumsübergangs im Rahmen des § 283 a.F.

Zunächst wurde angedacht, ob nicht § 283 Abs. 1 Satz 2 a.F. selbst einen Eigentumsübergang auf den Schuldner bewirke.[1091] Jedoch besagte der Wortlaut der Vorschrift darüber nichts, sprach sie doch nur vom Ausschluss der Primärpflicht. Ferner ist das BGB streng nach schuld- und sachenrechtlichen Normen getrennt, was gegen einen Übereignungstatbestand im Schuldrecht sprach.[1092] Außerdem ließe sich bei Fristablauf kein Anhaltspunkt für eine Mitwirkung des Schuldners finden, ein Eigentumserwerb ohne Mitwirkung des Erwerbenden ist aber dem BGB grundsätzlich fremd.[1093] Schließlich müsste die Wirkung eines solchen Überganges absolut sein, jedoch galt § 283 a.F. als schuldrechtliche Norm nur zwischen den Parteien und konnte daher nur relative Wirkungen erzielen.[1094] Zudem traf hier ein Einwand zu, der schon an anderer Stelle zu einer Änderung der noch näher zu erläuternden Norm des § 255 durch den Gesetzgeber geführt hatte. So sollte bei Schaffung des BGB in § 255 zunächst ein automatischer Anspruchsübergang geregelt werden. Dies wurde aber noch zu einem bloßen Anspruch auf Abtretung geändert. Grund war unter anderem, dass es sonst bei dinglichen Ansprüchen kraft Gesetzes zu dinglichen Gemeinschaftsverhältnissen kommen könnte, wenn der Schuldner nur teilweise Ersatz geleistet hatte und daher der Anspruch des Gläubigers auch nur teilweise überging.[1095] Dahingegen ist bei einem bloßen Anspruch auf Abtretung nur der Übergang rechtlich selbständiger Ansprüche möglich. Eben dieses zu vermeidende Gemeinschaftsverhältnis würde aber auch bei einem automatischen Übergang nach § 283 Abs. 1 Satz 2 a.F. drohen.[1096] Ein automatischer Übergang nach § 283 a.F. konnte also nicht angenommen werden.

Ein anderer Gedanke war, die Ablehnungsandrohung des Gläubigers als durch den erfolglosen Fristablauf bedingte Dereliktion zu verstehen.[1097] Der Schuldner sollte dann neues Eigentum an der Sache begründen. Störend wirkte bei dieser Konstruktion, dass die Dereliktion von vielen als bedingungsfeindlich

---

[1091] Flach, S. 38 ff.; zu diesem Gedanken auch Gürtler, S. 108; auch Schäfer, S. 50; Schwerdtner, S. 146/147.

[1092] Gursky JURA 2004, 433 (436); ähnlich Brauer NotBZ 2002, 402 (403) für das neue Recht.

[1093] Vgl. dazu Wolff/Raiser, § 84 VI, 2. Ausnahmen bestehen natürlich, so etwa beim Erbfall. Dafür gibt es dann aber regelmäßig ein Recht des Erwerbenden, dies rückgängig zu machen, so etwa die Ausschlagung. Dies wäre bei einem automatischen Erwerb nach § 283 Abs. 1 Satz 2 BGB a.F. aber nicht der Fall.

[1094] Gürtler, S. 108; Schwerdtner, S. 147; Wallerath JR 1970, 161 (163).

[1095] Protokolle bei Mugdan, Band II, S. 519.

[1096] Es läge dann Miteigentum zwischen dem Gläubiger und dem Schuldner vor, sicherlich ein problematisches und nicht wünschenswertes Ergebnis.

[1097] Dazu Flach, S. 26; Schäfer, S. 41; Schwerdtner, S. 148; Wallerath JR 1970, 161 (163).

angesehen wurde und wohl auch dem Willen des Gläubigers nicht nahe kam.[1098] Denn die Ablehnungsandrohung als solche war für § 283 a.F. obligatorisch, ihr konnte daher ohne besondere Anhaltspunkte kein weitergehender Erklärungsgehalt in Richtung einer Dereliktion entnommen werden. Ferner sollte nur der Schuldner, nicht aber ein Dritter, Eigentum begründen. Eine personenbezogene Dereliktion gibt es aber nicht, dafür kennt das Gesetz die Übereignungsvorschriften. Somit würde die Annahme einer Dereliktion mittels der Ablehnungsandrohung meist auf einer Fiktion beruhen.

Dieser fehlende Erklärungsgehalt der Ablehnungsandrohung mit Fristsetzung sprach auch gegen die Annahme eines durch Fristablauf bedingten Übereignungsangebots.[1099] Als stärkstes Argument wurde dabei angeführt, die Beimessung eines derartigen Erklärungsinhalts entspräche nicht der Interessenlage des Gläubigers, denn er würde sein Eigentum verlieren, ohne schon den Schadensersatz erlangt zu haben.[1100] Der Gläubiger könne dann trotz fehlender Schadensersatzzahlung sein Eigentumsrecht nicht gegenüber Dritten geltend machen oder eine etwaige Zwangsvollstreckung von Gläubigern des Schuldners in die nunmehr diesem gehörende Sache verhindern. Er habe kein Druckmittel mehr in der Hand und sei auf die Leistungsbereitschaft des Schuldners angewiesen.[1101] Dies bedeute eine Vorleistung, und der Gläubiger stünde bis zur tatsächlichen Schadensersatzleistung wirtschaftlich gesehen mit leeren Händen da. Der Gläubiger müsse sein Eigentum erst bei Erhalt des Schadensersatzes aufgeben.

Gegenüber diesem – im Hinblick auf § 283 Abs. 1 Satz 2 a.F. grundlegend falschen – Ansatz ist schon hier kritisch anzumerken, dass der Primäranspruch und der Schadensersatzanspruch in einem Verhältnis exklusiver Alternativität standen. Dies musste aber obige Konstruktion missachten, da dem Gläubiger bis zur Abtretung beide Ansprüche zustünden und er sogar ein Zurückbehaltungsrecht erhielt. Es ist aber nicht ersichtlich, warum der Gläubiger, der bezüglich seines Primäranspruchs ohne Druckmittel war, nun hinsichtlich seines Schadensersatzanspruchs ein solches besitzen sollte.[1102]

c) Bewirkung des Eigentumsübergangs im Rahmen des § 255 analog

Diese Fokussierung auf die Interessenlage des Gläubigers führte die ganz herrschende Meinung dann zu der Annahme, es sei sachgerecht, wenn der Schuldner vom Gläubiger erst im Gegenzug für die Schadensersatzzahlung die Übertra-

---

[1098] Schäfer, S. 41; Schwerdtner, S. 148, auch in Fn 261; Wallerath JR 1970, 161 (163); ablehnend auch Gürtler, S. 109; zur bedingten Dereliktion: Soergel/Mühl, 12. Auflage, § 959 Rn 1.

[1099] Schwerdtner, S. 148; Wallerath JR 1970, 161 (164).

[1100] Gürtler, S. 109; Schwerdtner, S. 149; Wallerath JR 1970, 161 (164); dieses Argument benutzte Schäfer, S. 50/51 gegen einen automatischen Eigentumsübergang nach § 283 Abs. 1 Satz 2 a.F.

[1101] Schwerdtner, S. 149; Wallerath JR 1970, 161 (164); Schäfer, S. 50/51 und Horstmann, S. 55 meinen, ein Eigentumsübergang schon vor Schadensersatzzahlung sei „unbillig“.

[1102] So auch Staudinger/Gursky, Neubearbeitung 1999, § 985 Rn 72.

gung des Eigentums fordern könne. Denn dann müsse der Gläubiger sein Eigentum nicht schon bei Entstehung des Schadensersatzanspruchs aufgeben, sondern erst bei Erfüllung. Der Übereignungsanspruch des Schuldners wurde gelegentlich aus § 242 hergeleitet[1103], während die ganz herrschende Meinung eine Analogie zu § 255 heranzog.[1104] Eine direkte Anwendung des § 255 schien ausgeschlossen, da es etwa bei Zweipersonenverhältnissen an abzutretenden Ansprüchen gegen Dritte fehlte. Auch sollte ja das Eigentum übertragen werden und keine Forderungsabtretung stattfinden.

In jedem Falle wollte man den dieser Vorschrift zugrunde liegenden Rechtsgedanken für das hiesige Problem nutzbar machen. Diesen sah man darin, eine Bereicherung des Gläubigers zu verhindern.[1105] Da diese bei voller Schadensersatzzahlung und weiterer Innehabung des Eigentums aber drohte, sollte § 255 zur Übertragung des Eigentums an den Ersatz leistenden Schuldner führen. Dieser sei nach §§ 273, 255 a.F. analog nur dann zu voller Schadensersatzzahlung verpflichtet, wenn ihm dafür Zug-um-Zug das Eigentum an der ursprünglich herauszugebenden Sache übertragen werde.[1106]

Schien damit eine konstruktive Möglichkeit an sich gefunden, barg das Postulat eines notwendigen Ausgleichs durch Übertragung des Eigentums an den Schuldner jedoch noch ein grundsätzliches Problem in sich. Denn in Fällen, in denen die Übertragungsfähigkeit der vom Schuldner zurückgehaltenen Sache fehlte, musste diese Lösung versagen. Dies war insbesondere bei Räumungsansprüchen hinsichtlich eines Gebäude- oder Grundstückteils denkbar, da an diesen mangels rechtlicher Selbständigkeit kein separates Eigentum begründet werden kann. Dann kam es bei Gewährung des vollen Schadensersatzes zu einer ungerechtfertigten Bereicherung des Schuldners.[1107] Denn selbst wenn man im Verhältnis zum Schuldner die Vindikation ausschließen wollte, blieb der Gläubiger Eigentümer und könnte die Sache zumindest von Dritten herausverlangen. Um diese Bereicherung zu vermeiden, wurde in diesen Fällen die Anwendbar-

---

1103 Wolff/Raiser, § 84 VI 2; Erman/Hefermehl, 10. Auflage, Vor § 987 Rn 34.

1104 Flach, S. 32; Gürtler, S. 109; MüKo/Emmerich, Band 2, 4. Auflage, § 283 Rn 10; Oertmann, Vorteilsausgleichung, S. 317; Palandt/Bassenge, 61. Auflage, § 985 a.F. Rn 16; Schäfer, S. 44 ff.; K. Schmidt ZZP 87 (1974), 49 (71); Soergel/Wiedemann, 12. Auflage, § 283 Rn 9; Wallerath JR 1970, 161 (166); Horstmann, S. 55 und Huber, Band II, S. 537 nehmen eine Verpflichtung zur Übereignung an, ohne auf die Anspruchsgrundlage einzugehen.

1105 Gürtler, S. 109; Palandt/Heinrichs, 61. Auflage, § 255 a.F. Rn 1; Planck/Siber, § 255 Anm. 2a); Schäfer, S. 46; Soergel/Mertens, 12. Auflage, § 255 Rn 3; Wallerath JR 1970, 161 (166).

1106 Flach, S. 35; Palandt/Bassenge, 61. Auflage, § 985 a.F. Rn 16; K. Schmidt ZZP 87 (1974), 49 (71); Soergel/Wiedemann, 12. Auflage, § 283 Rn 9; Staudinger/Löwisch, Neubearbeitung 2001, § 283 Rn 11; Wallerath JR 1970, 161 (166); ohne Nennung einer Norm auch Horstmann, S. 55.

1107 Gürtler, S. 110.

keit des § 283 a.F. schlichtweg verneint.[1108] Insgesamt sollte also bei § 283 a.F. ein Zwangskauf durch Ersatz des vollen Interesses gegen Übereignung der geschuldeten Sache an den Schuldner analog § 255 möglich sein.

5) Die Möglichkeit eines Zwangskaufs beim Rückgabeanspruch des Vertrags- und Vindikationsgläubigers nach neuem Recht

Wie schon erwähnt,[1109] soll die Problematik des Zwangskaufs im neuen Recht anhand des praktisch wohl häufigsten Falles untersucht werden, in dem dem Gläubiger gegen den Schuldner sowohl ein vertraglicher Rückgabeanspruch als auch die Vindikation zusteht. In der Literatur lassen sich dazu im Groben drei unterschiedliche Positionen ausmachen: Die unbeschränkte Zulassung des Zwangskaufs, die Zulassung unter bestimmten zusätzlichen Voraussetzungen und die generelle Ablehnung des Zwangskaufs. Im Folgenden sollen die einzelnen Ansätze dargestellt und einer kritischen Würdigung unterzogen werden. Anschließend soll eine eigene Lösung entwickelt werden, deren Begründungen auch für die anderen oben dargestellten vier Fallgruppen des Zwangskaufs[1110] fruchtbar gemacht werden können.

a) Die generelle Zulassung des Zwangskaufs

aa) Zwangskauf durch volle Schadensersatzpflicht gegen Übertragung des Eigentums

(1) Darstellung der Meinung und Konstruktion des Zwangskaufs

Im neuen Recht findet sich im Anschluss an die ganz herrschende Meinung im alten Recht überwiegend die Ansicht, ein Zwangskauf sei möglich, wenn der Gläubiger, der zugleich Eigentümer ist, bei Erhalt des Schadensersatzes in Höhe des Sachwertes des geschuldeten Gegenstandes sein Eigentum an diesem analog § 255 auf den Schuldner überträgt.[1111] Durch die analoge Heranziehung des

---

[1108] Gürtler, S. 109; Huber, Band II, S. 537; Horstmann, S. 55; Schäfer, S. 52; Schlegelberger/Vogels/Weitnauer, § 283 Rn 7; Schwerdtner, S. 151/152; Soergel/Wiedemann, 12. Auflage, § 283 Rn 9; Staudinger/Löwisch, Neubearbeitung 2001, § 283 Rn 11; Wallerath JR 1970, 161 (166); H. Westermann, § 30 III, 1.

[1109] Siehe oben, S. 220.

[1110] Zu den Fallgruppen siehe oben, S. 220 f.

[1111] AnwKomm/Dauner-Lieb, § 281 Rn 7; Arnold, in: Dauner-Lieb/Konzen/Schmidt, S. 589 (598); Bamberger/Roth/Grüneberg, § 281 Rn 6; Bamberger/Roth/Fritzsche, § 985 Rn 29; Ehmann/Sutschet, S. 108; Emmerich NZM 2002, 362 (367); Emmerich, Leistungsstörungen, S. 279; Erman/Westermann, § 281 Rn 4; Gsell JZ 2004, 110 (111/112); Hau JuS 2003, 130 (135); Heinrichs, FS Derleder, S. 87 (95); Henssler/Graf von Westphalen/Dedek, § 281 Rn 10/11; Jauernig/Stadler, § 281 Rn 2; Medicus, Das neue Schuldrecht, 3. Kapitel, Rn 101; MüKo/Ernst, Band 2a, 4. Auflage, § 281 Rn 116; MüKo/Medicus, Band 6, 4. Auflage, § 985 Rn 40 für die Vindikation; Palandt/Heinrichs, 62. Auflage, § 281 Rn 4; jetzt auch wieder in der 64. Auflage, § 281 Rn 4; Unberath ZMR 2004, 309 (314). Gebauer/Huber ZGS 2005, S. 103 (106) nehmen dies für den bösgläubigen Besitzer an.

§ 255 soll ein Anspruch des Schuldners auf Übereignung der von ihm ursprünglich geschuldeten Sache begründet werden. Dieser Anspruch müsse Zug-um-Zug gegen Zahlung des vollen Sachwertes vom Gläubiger erfüllt werden. Dies verhindere den Verbleib des Eigentums beim Gläubiger und damit dessen Bereicherung. Ein Erlöschen der Vindikation sei bei fortbestehendem Eigentum nicht möglich, da der Anspruch aus § 985 mit dem Eigentum untrennbar verbunden sei. Dies mache den Eigentumsverlust nötig, um der Anordnung des § 281 Abs. 4 Folge zu leisten.

Auffallend für die obige Meinung ist die Übernahme des Ergebnisses und der Begründungen, welche unter Geltung des § 283 a.F. entwickelt und überwiegend vertreten wurden. Dabei wird aber übersehen, dass die Voraussetzungen für einen Zwangskauf nun deutlich abgesenkt sind und er erstmals praktische Bedeutung erlangen kann. Die Übernahme des unter anderen rechtlichen und tatsächlichen Gegebenheiten gefundenen Ergebnisses zum alten Recht gibt Anlass zu kritischer Betrachtung.

(2) Die Bedeutung des Grundsatzes der Untrennbarkeit von Eigentum und Vindikation

Bei der obigen Meinung nimmt die Übereignungsverpflichtung des Gläubigers eine zentrale Stellung ein. Diese folgt schon daraus, dass die Zuerkennung des vollen Sachwertes als Schadensersatz den Gläubiger auch für den Verlust seines Eigentums entschädigt. Schon aus diesem Grunde könnte ein Verbleib des Eigentums bei ihm nicht überzeugen, da dies ihn bereichern würde.

Die Übertragung des Eigentums auf den Schuldner erscheint aber auch noch aus einem anderen Grunde als notwendig. Denn andernfalls droht beim Zwangskauf ein Widerspruch zwischen § 281 Abs. 4 und dem Grundsatz der Untrennbarkeit der Vindikation vom Eigentum. Nach § 281 Abs. 4 sollen mit dem Verlangen alle Ansprüche auf die Sache erlöschen. Dies müsste auch für den Anspruch aus § 985 gelten. Nun sind aber nach dem Untrennbarkeitsgrundsatz dessen Erlöschen und damit seine dauerhafte Trennung vom Eigentum nicht möglich. Vielmehr bedarf es für den Wegfall des Anspruchs aus § 985 der Aufgabe der Eigentumsposition. Der Grundsatz der Untrennbarkeit wird von der ganz herrschenden Meinung vertreten.[1112] Sie ist indes nicht ganz unumstritten und soll wegen ihrer grundlegenden Implikationen auf den Zwangskauf kurz erläutert werden.

[1112] BGHZ 60, 235 (240); BGHZ 111, 364 (369); Baur/Stürner, § 11 Rn 44; Brauer NotBZ 2002, 402 (403); Flach, S. 29; Gürtler, S. 108; Gursky JURA 2004, 433 (434 und 436); Jauernig/Stadler, § 281 Rn 3/4; K. Müller, S. 147/148; Palandt/Bassenge, § 985 Rn 1; Picker, FG 50 Jahre BGH, S. 693 (724); Schäfer, S. 43/44; Schwerdtner, S. 135; Staudinger/Gursky, Neubearbeitung 1999, § 985 Rn 3; Vieweg/Werner, S. 205; Werner JuS 1987, 855 (857); Wolff/Raiser, § 84 VI, 3; wobei die Frage oft auch bei der Abtretbarkeit des Anspruchs aus § 985 diskutiert wird.

In der Literatur halten einige ein Erlöschen des Anspruchs aus § 985 trotz fortdauernden Eigentums für möglich oder nehmen zumindest eine Abtretbarkeit an.[1113] Dann könnte bei einem Zwangskauf gemäß § 281 Abs. 4 entweder der Eigentumsherausgabeanspruch erlöschen oder aber der Gläubiger diesen separat an den Schuldner abtreten. Doch selbst wenn man dieser Ansicht folgen wollte, käme es bei einem Zwangskauf immer noch zu einer nicht hinnehmbaren Bereicherung des Gläubigers. Er erhielte einen Ausgleich in Höhe des vollen Sachwertes, bliebe aber immer noch Eigentümer – wenn auch ohne Herausgabeanspruch gegen den Schuldner. Er wäre damit aber sofort wieder vindikationsberechtigt, sobald die Sache vom Schuldner an einen Dritten gelangen würde. Denn die Erlöschenswirkung des § 281 Abs. 4 kann als schuldrechtliche Norm nur inter partes eintreten. Allein der Gläubiger hätte auch die Möglichkeit, die Sache weiter zu übereignen. Dies hätte damit ebenfalls eine Bereicherung des Gläubigers zur Folge, die im Rahmen eines Schadensersatzanspruchs nicht akzeptabel ist und § 249 widerspricht.[1114] Der Gläubiger darf nicht Eigentümer bleiben und zugleich vollen Ersatz verlangen, der auch den Verlust des Eigentums mit abdeckt.

Der Mindermeinung ist auch aus allgemeinen Gründen nicht zu folgen. Gegen sie sprechen schwere Bedenken, da sie der Stellung des Eigentums als absolutem und zugleich stärkstem Recht im BGB nicht gerecht wird. Sie würde das Eigentum durch Abtrennung des Herausgabeanspruchs zu einer gleichsam „inhaltsleeren Rechtshülse" degradieren, was seiner überragenden Stellung widerspräche.[1115] Die Vindikation folgt aus dem Eigentum selbst, Eigentum ohne einen Rechtsverwirklichungsanspruch kann es nicht geben.[1116] Dies folgt auch aus der gesetzlichen Fassung des § 985, der die Vindikation von einfachsten Voraussetzungen abhängig macht:[1117] „Der Eigentümer kann von dem Besitzer die Herausgabe der Sache verlangen." Positive Voraussetzung ist also nur das Eigentum und anderweitiger Besitz. Dies bestätigt, dass die Vindikation dem Eigentümer per se zusteht. Dass dieser Anspruch verjähren oder nach § 242 in der Durchsetzung gehindert sein kann, stellt nur eine Randkorrektur dar, die den Gleichlauf mit der Eigentumsposition im Ganzen nicht beeinträchtigt.

Im Folgenden soll der fast einhelligen Literatur und der Rechtsprechung gefolgt werden und von der Untrennbarkeit ausgegangen werden. Bei Ersatz des

---

1113 Heck, Sachenrecht, S. 129, 493-496; Oertmann AcP 113 (1915), 51 (63 und 71/72); Staudinger/Selb, Bearbeitung 1995, § 255 Rn 14; Wilhelm, Rn 1083 nimmt eine Abtretbarkeit an, will aber ein Erlöschen nach § 283 Abs. 1 Satz 2 BGB a.F. nicht annehmen (rn 1088).

1114 So auch Gursky JURA 2004, 433 (436).

1115 Staudinger/Gursky, Neubearbeitung 1999, § 985 Rn 3; Werner JuS 1987, 855 (857).

1116 Vieweg/Werner, S. 205; Werner JuS 1987, 855 (857).

1117 Picker, FG 50 Jahre BGH, S. 693 (698); Picker, FS Bydlinski, S. 269 (278); Wilhelm, Rn 1098.

vollen Interesses durch obige Ansicht ergibt sich dann die Notwendigkeit, das Eigentum auf den Schuldner zu übertragen.

(3) Irriges Verständnis des Umfangs des Schadensersatzes bei Zulassung des Zwangskaufs gegen vollen Ersatz des Sachwertes

Die Zuerkennung eines Schadensersatzanspruchs in Höhe des vollen Sachwertes ruft unter dem Gesichtspunkt einer richtigen Schadensbemessung Bedenken hervor.[1118] Nach § 249 Abs. 1 ist der Gläubiger so zu stellen, wie er ohne die schädigende Handlung stehen würde. Auf unseren Fall bezogen heißt dies zunächst, der Gläubiger muss so gestellt werden, wie wenn der Schuldner die Sache rechtzeitig zurückgegeben hätte. Es soll also der finanzielle Nachteil ausgeglichen werden, der dadurch entsteht, dass die Sache noch nicht beim Gläubiger ist. Nimmt man nun die Vorschrift des § 281 Abs. 4 hinzu, also das dauerhafte und endgültige Erlöschen des Primäranspruchs, so wird man sagen können, dass der finanzielle Nachteil durch die dauerhafte Nichtrückgabe ausgeglichen werden soll.

Setzt man nun den vollen Sachwert als Schaden an, so wird Ersatz für die Nichtrückgabe der Sache in ihrer Gesamtheit geleistet. Dabei wird aber übersehen, dass der Schuldner dem Gläubiger nicht die Sache in ihrer Gesamtheit vorenthält, sondern zunächst nur den Besitz und eventuell noch die Nutzbarkeit.[1119] Denn Eigentümer war und ist immer noch der Gläubiger, der Schuldner schuldet nur die Rückgabe der Sache. Daher kann ein Schadensersatz in Höhe des vollen Sachwertes nicht überzeugen, da damit auch die Eigentümerposition abgegolten wäre. Der Gläubiger erhielte mehr als ihm zusteht, so dass ein Verstoß gegen das Bereicherungsverbot des Schadensrechts vorläge.

Die hier vorgenommene Differenzierung zwischen dem Ersatz für die Vorenthaltung des Besitzes samt Nutzbarkeit und dem Ersatz für die Sache in ihrer Gesamtheit wird auch in anderen Bereichen des Rechts beachtet. Dies ist etwa bei § 285 der Fall. Veräußert der Rückgabeschuldner die Sache des Eigentümers an einen gutgläubigen Dritten, so ist der dadurch erlangte Kaufpreis nicht als Surrogat nach § 285 anzusehen. Zwar ist die Rückgabepflicht nach § 275 Abs. 1 erloschen, jedoch ist der Erlös für das Eigentum gezahlt worden und nicht an die

---

[1118] Brauer NotBZ 2002, 402 (403/405); Katzenstein AcP 206 (2006), 96 (105 ff.); Katzenstein/Hüftle NZM 2004, 601 (602 ff.); Oechsler NZM 2004, 881 (889); Schwab NZM 2003, 50; Schwab/Novokmet, ZGS 2004, 187 (188); auch jurisPK-BGB/Alpmann, 2. Auflage, § 281 Rn 7.

[1119] So auch Brauer NotBZ 2002, 402 (403/405/406); Katzenstein AcP 206 (2006), 96 (107) und Katzenstein/Hüftle NZM 2004, 601 (603 ff.): Besitz. Oechsler NZM 2004, 881 (889); Schwab NZM 2003, 50 und Schwab/Novokmet, ZGS 2004, 187 (188): Besitz und Nutzbarkeit. Zur Vorenthaltung der Nutzbarkeit noch später ausführlich bei S. 250 ff.

Stelle der geschuldeten Besitzherausgabe getreten.[1120] Es fehlt die Identität zwischen der geschuldeten Besitzrückgabe und dem für die Verschaffung des Eigentums gezahlten Kaufpreis. Es ergibt sich also, dass schon die Zuerkennung eines Schadensersatzes in Höhe des vollen Sachwertes nicht überzeugen kann.

(4) Drohende Bereicherung des Gläubigers durch Fehlen eines Übereignungsanspruchs des Schuldners

Von überragender Bedeutung für die Zulässigkeit eines Zwangskaufs gegen vollen Schadensersatz ist die Lösung des Bereicherungsproblems des Gläubigers. Dieser darf auf keinen Fall das Eigentum an der geschuldeten Sache behalten. Dies fordert auch § 281 Abs. 4. Deshalb soll der Gläubiger nach obiger Meinung die Sache dem Schuldner Zug-um-Zug gegen Ersatzleistung übereignen. Dies erfordert einen Übereignungsanspruch des Schuldners. Ob dieser wie von obiger Ansicht angenommen analog § 255 oder aus anderen Gründen besteht, soll nachfolgend untersucht werden.

(a) Direkte Anwendung des § 255

Zunächst einmal ist die direkte Anwendung des § 255 ausgeschlossen, da es an nahezu jedem Tatbestandmerkmal fehlt. § 255 setzt einen Anspruch des Gläubigers auf Schadensersatz wegen des „Verlusts einer Sache oder eines Rechts“ voraus. Dabei soll fürs erstere ein Besitzverlust und nach umstrittener Ansicht auch die Zerstörung der geschuldeten Sache genügen.[1121] Daran wird es in den hier zu untersuchenden Fällen meist fehlen, da der Schuldner etwa als Mieter nicht die Berechtigung des Eigentümers grundsätzlich bestreitet, dieser also noch mittelbarer Besitzer ist. Er stellt nur die Fälligkeit des Rückgabeanspruchs in Frage. Auch eine Zerstörung der Sache liegt nicht vor, denn dies würde zum Unmöglichkeitsrecht führen. Die Vorenthaltung des Besitzes führt auch nicht zum Verlust eines Rechts, da der Besitz kein Recht ist.[1122] Zudem kann das nach § 281 Abs. 4 angeordnete Erlöschen des Primäranspruchs nicht als Fall des Sach- oder Rechtsverlustes angesehen werden.[1123] Denn das Erlöschen ist aufgrund des Prinzips von der Untrennbarkeit der Vindikation vom Eigentum nicht ohne weiteres möglich, und ob es zu einer Pflicht zur Übertragung des Eigentums kommt, bedarf gerade erst der Begründung. Eine Bejahung käme dann einem Zirkelschluss gleich.

[1120] Vgl. dazu Katzenstein AcP 206 (2006), 96 (109 Fn 61); Katzenstein/Hüftle NZM 2004, 601 (603); ferner: Erman/Westermann, § 285 Rn 8; Jauernig/Stadler, § 285 Rn 9; Schwab NZM 2003, 50; Staudinger/Gursky, Neubearbeitung 1999, § 985 Rn 145.

[1121] Im einzelnen ist dabei vieles streitig, vgl. Staudinger/Bittner, Neubearbeitung 2004, § 255 Rn 17; auch Palandt/Heinrichs, § 255 Rn 5; Soergel/Mertens, 12. Auflage, § 255 Rn 4.

[1122] Brauer NotBZ 2002, 402 (404/405).

[1123] So aber Schäfer, S. 45/46; auch Oertmann, Vorteilsausgleichung, S. 285, wobei aber nicht klar wird, ob der Gläubiger zugleich Eigentümer ist.

Schließlich wäre der Verlust des Primäranspruchs keine unfreiwillige Folge wie in den typischen Fällen des § 255. Dieser ist nach seinem Tatbestand eine mögliche Folgenorm deliktsähnlichen Handelns, wenn dies auch nicht heißt, dass er nur bei deliktischen Ansprüchen eingreift.[1124] Er soll bei Verlust von Sachen oder Rechten mit der Folge von Schadensersatzansprüchen gegen mindestens zwei Personen eingreifen. Dementsprechend ist das Merkmal des Verlusts als unfreiwilliger Akt zu verstehen. Jedoch käme es beim Zwangskauf zum Erlöschen des Primäranspruchs allein durch das vom Gläubiger freiwillig ausgesprochene Ersatzverlangen.

Der von § 255 geforderte Anspruch des Gläubigers auf Schadensersatz liegt zwar mit § 281 vor, jedoch beruht er eben nicht auf einem Verlust. An Ansprüchen, die dem Ersatzberechtigten aufgrund des Eigentums an der Sache gegen Dritte zustehen, fehlt es typischerweise in den Fällen des Zwangskaufs.[1125] Ansprüche gegen einen Dritten gibt es mangels Dreipersonenverhältnis meist nicht. Selbst wenn der Schuldner die Sache an einen Dritten weitergegeben hat und daher der Rückgabepflicht nicht nachkommt, fehlen immer noch die übrigen Voraussetzungen des § 255.

Zuletzt passt auch die Rechtsfolge nicht ganz. Denn nach § 255 ist der Schuldner nur gegen Abtretung seitens des Gläubigers zum Ersatz verpflichtet.[1126] Im Zusammenspiel mit § 281 Abs. 4 zeigt sich nun ein Konflikt mit dem Grundsatz der Untrennbarkeit von Eigentum und Vindikation. Möchte man dem § 281 Abs. 4 den Vorrang einräumen, so gäbe es wegen des Erlöschens überhaupt keine abzutretenden Ansprüche mehr. Lässt man den Eigentumsherausgabeanspruch bestehen, so kann dieser nicht abgetreten werden. Ein Erlöschen des Anspruchs lässt sich damit nur durch Übertragung des Eigentums erreichen. Zwischen der vorausgesetzten Abtretung von Ansprüchen gegen Dritte und der hier nötigen Übertragung des Gläubigereigentums an den Schuldner besteht aber ein großer Unterschied.[1127]

Eine direkte Anwendung des § 255 scheidet also aus.

(b) Analoge Anwendung des § 255

Ob – wie es obige Ansicht annimmt – für einen Anspruch des Schuldners auf Übereignung des Eigentums § 255 analog herangezogen werden kann, erscheint fraglich. Wegen der insoweit erfolgten Übernahme des schon zu § 283 a.F. ver-

---

1124 Er kann auch auf vertraglichen Ansprüchen fußen: Erman/Kuckuk, § 255 Rn 2; Palandt/Heinrichs, § 255 Rn 4; Staudinger/Bittner, Neubearbeitung 2004, § 255 Rn 18.

1125 Brauer NotBZ 2002, 402 (404 auch mit Fn 27).

1126 Die jetzige – amtliche – Gesetzesüberschrift ist missverständlich, wenn nicht sogar falsch. Dort heißt es „Abtretung der Ersatzansprüche“, dennoch sollen unter den Begriff der Ansprüche auch solche aus §§ 985, 861 etc. fallen, vgl. Palandt/Heinrichs, § 255 Rn 8; Soergel/Mertens, 12. Auflage, § 255 Rn 5.

1127 Brauer NotBZ 2002, 402 (404).

tretenen Ergebnisses können auch Argumente zum alten Recht von Bedeutung sein. Bemerkenswert ist, dass eine systematische Herleitung der Analogie auch im neuen Recht nach wie vor nicht stattfindet.[1128] Es wird vielmehr ergebnisorientiert argumentiert: Da voller Schadensersatz gewährt werden soll, darf der Gläubiger nicht Eigentümer bleiben und es muss ein Übereignungsanspruch analog § 255 vorliegen.

(aa) Ungewollte Regelungslücke

Voraussetzung für eine ungewollte Regelungslücke ist, dass ein als Teil der Rechtsordnung bestehendes Prinzip keine ausreichende gesetzestechnische Durchführung erhalten hat.[1129] Dies ist für das Prinzip eines schadensersatzrechtlichen Bereicherungsverbots sicher der Fall, welches nicht zuletzt aus § 249 Abs. 1 folgt. Dieses hat in § 255 nur eine Regelung im Dreipersonenverhältnis erfahren. Ergänzend sind seit langem andere Rechtsinstitute anerkannt, so etwa die Vorteilsausgleichung oder der Abzug „Neu für Alt".[1130] Für den hiesigen Fall fehlt eine ausdrücklich passende Regelung, so dass eine Lücke bejaht werden kann.

(bb) Vergleichbare Lage zwischen geregeltem und ungeregeltem Fall

Eine Analogie beruht ganz wesentlich auf einer Vergleichbarkeit des geregelten zum nicht geregelten Fall.[1131] Daher ist die Frage nach der Zulässigkeit einer Analogie umso kritischer zu beurteilen, je mehr der ungeregelte Fall sich von dem direkten Anwendungsbereich der fraglichen Norm entfernt. Ein Indiz dafür ist unter anderem das Fehlen nicht nur eines, sondern gleich mehrerer Tatbestandmerkmale der fraglichen Norm.

Wie bei den Darlegungen zum direkten Anwendungsbereich gezeigt, entfernt sich die zugedachte Anwendung des § 255 beim Zwangskauf weit von dessen eigentlichen tatbestandlichen Voraussetzungen. § 255 ist auf Dreipersonenverhältnisse zugeschnitten und soll verhindern, dass der Geschädigte bei unfreiwilligem Verlust von Sachen oder Rechten von zwei ihm haftenden Schädigern gleichzeitig Ersatz verlangt. Er kann daher grundsätzlich nicht auf den Fall ausgeweitet werden, bei dem lediglich ein Verpflichteter vorhanden ist und eine Bereicherung erst dadurch möglich wird, dass man dem Gläubiger die Liquida-

[1128] Vgl. zum alten Recht nur Flach, S. 32; Schäfer, S. 44; zum neuen Recht: MüKo/Medicus, Band 6, 4. Auflage, § 985 Rn 40; Bamberger/Roth/Grüneberg, § 281 Rn 8; Bamberger/Roth/Fritzsche, § 985 Rn 29; Palandt/Heinrichs, 62. Auflage, § 985 Rn 16.

[1129] Canaris, Die Feststellung von Lücken im Gesetz, S. 170.

[1130] Zur Vorteilsausgleichung und dem Abzug „Neu für Alt" noch ausführlich bei S. 242 ff.

[1131] Vergleiche allgemein zur Analogie: BGHZ 105, 140 (143); Brox, Allgemeiner Teil, Rn 66/67; F. Bydlinski, S. 480 f.; Larenz, Methodenlehre, 5. Auflage, S. 365 ff.; Larenz/Wolf, § 4 Rn 80; Palandt/Heinrichs, Einleitung, Rn 48; Pawlowski, § 11 Rn 476 ff.

tion des vollen Interesses erlaubt.[1132] Angesichts des dargelegten Fehlens fast jeglichen Tatbestandsmerkmals erscheint eine Analogie als gewagt.[1133]

Dabei ist auch zu beachten, dass schon der direkte Anwendungsbereich des § 255 nicht sehr groß ist. Er führt bei einer Schädigermehrheit zu einem Totalregress zugunsten eines der Schädiger und steht damit im Gegensatz zu einem gleichmäßigen Ausgleich untereinander bei der echten Gesamtschuld nach § 426.[1134] Er stellt eine Ausnahmevorschrift dar und ist als solche nur bedingt analogiefähig.[1135] Hinzukommt, dass § 255 die ihm zugedachte Funktion und damit seinen Zweck bei analoger Anwendung auf den hiesigen Fall überhaupt nicht entfalten könnte. Denn im Zweipersonenverhältnis kann es keinen Regress geben, und auch wenn der Schuldner die Sache an einen Dritten weitergegeben hat, also ein Dreipersonenverhältnis ausnahmsweise einmal vorliegt, wird der Schuldner aufgrund vertraglicher Abreden mit dem Dritten in aller Regel keine Ansprüche gegen diesen geltend machen können. Der durch § 255 bezweckte Totalregress kann also nicht stattfinden.[1136] Auch der BGH hat bei einem ausgeschlossenen Regress gegen die Anwendbarkeit des § 255 entschieden.[1137] Dabei hatte der zu Schadensersatz verpflichtete Dieb die Sache an einen gutgläubigen Dritten weiterveräußert.[1138] Ein Regress kam nicht in Betracht, da der Dritte dem Dieb seinerseits seine vertraglichen Gegenansprüche auf Übereignung entgegenhalten konnte. Daraufhin erklärte der BGH den § 255 schon nicht für anwendbar.[1139] Beim Zwangskauf geht es ebenso wenig um einen Regress des Schuldners. § 255 käme anders als sonst nicht dem Schuldner, sondern allein dem Gläubiger zugute, soll dieser doch dadurch seine Bereicherung verhindern können und daher vollen Schadensersatz fordern dürfen. Dies aber ist nicht Sinn des § 255.

Die Unrichtigkeit der analogen Anwendung des § 255 wird schließlich dadurch klar, dass selbst die Rechtsfolge – Abtretung von Ansprüchen, nicht aber Eigentumsübertragung – unpassend ist. Dies zwingt dazu, neben der Dehnung des Tatbestandes auch die Rechtsfolge zu verändern.

[1132] Brauer NotBZ 2002, 402 (404 mit Fn 27).

[1133] So auch Gursky JURA 2004, 433 (436). Dedek, in: Dauner-Lieb/Konzen/Schmidt, S. 183 (201) nennt § 255 „offenkundig unpassend". Brauer NotBZ 2002, 402 (404 in Fn 22) findet die Analogie nicht ganz nahe liegend und verneint sie.

[1134] Palandt/Heinrichs, § 255 Rn 2.

[1135] Vgl. dazu Larenz/Wolf, § 4 Rn 80.

[1136] So mag etwa der Schuldner bei einer Untervermietung dem Dritten verschwiegen haben, dass er selbst nur besitzberechtigt, nicht aber Eigentümer ist. Einem Herausgabeanspruch des Schuldners, der Eigentümer durch Zwangskauf geworden ist, könnte der Dritte dann seine Besitzberechtigung entgegenhalten und damit den typischen Totalregress verhindern.

[1137] BGHZ 52, 39 (42); Palandt/Heinrichs, § 255 Rn 4.

[1138] Ein gutgläubiger Erwerb war nach § 935 Abs. 1 Satz 1 BGB ausgeschlossen.

[1139] Der BGH nahm eine echte Gesamtschuld an. Nicht verschwiegen werden soll, dass hiergegen Kritik laut geworden ist, vgl. Staudinger/Bittner, Neubearbeitung 2004, § 255 Rn 26.

(cc) Gesetzeshistorie

Ein Argument für eine analoge Anwendung des § 255 lässt sich auch nicht aus der Gesetzgebungsgeschichte herleiten. Insofern schweigen die Materialien zu § 281 n.F. Jedoch findet sich in den Motiven zu § 283 a.F. folgender Hinweis:[1140] „Erhält der Gläubiger auf Grund des § 243 (= § 283 BGB a.F.) vom Schuldner Schadensersatz, so greift zugleich der § 223 (= § 255 BGB) Platz." Ein zwingendes Argument für eine analoge Anwendung des § 255 auf die Fälle des Zwangskaufs ergibt sich daraus indes nicht. Die Aussage hat schon deshalb keine Bedeutung, da auch die Fassung des § 255 (§ 223 der Motive) eine andere war. Dort hieß es: „Wird in Folge der Entziehung oder der Vorenthaltung(!) einer Sache oder eines Rechtes Schadensersatz (...)." Der Gesetzgeber hat dann später den Anwendungsbereich des § 255 auf den „Verlust einer Sache oder eines Rechts" verengt. Der Hinweis scheint sich auf die Fälle des „Vorenthaltens" zu beziehen, da beim Verlust schon das Unmöglichkeitsrecht Anwendung findet, sich also die Frage nach einem Zwangskauf überhaupt nicht stellt. Aufgrund des anderen Inhalts des § 255 können aus der Bemerkung der ersten Kommission keine Folgen für die hiesige Frage gewonnen werden.

Bei objektiver Betrachtung spricht die Bemerkung auch nur aus, dass in einigen Fällen der direkte Anwendungsbereich des § 255 eröffnet sein kann, über die Zulässigkeit einer Analogie im nach altem Recht überaus seltenen Fall des Zwangskaufs sagt dies aber nichts aus. Dies gilt umso mehr, als beim Zwangskauf in aller Regel nur zwei Personen vorhanden sind und sich die Frage nach der Analogie zu § 255 erst unter Berücksichtigung des Untrennbarkeitsgrundsatzes stellt. Es kann mangels weiterer Anhaltspunkte nicht angenommen werden, dass sich die erste Kommission darüber Gedanken gemacht hat.

(dd) Zwischenergebnis

Außer dem gleichen Grundbestreben, eine ungewollte Gläubiger-Bereicherung zu verhindern, hätte ein Übereignungsanspruch beim Zwangskauf nicht viel mit § 255 gemeinsam. Dies kann aber in dogmatischer Hinsicht nicht genügen, so dass eine Analogie abzulehnen ist.[1141] Dies gilt jedenfalls bei Zweipersonenverhältnissen, aber auch gegen eine Analogie bei Dreipersonenverhältnissen spricht einiges, und eine differenzierende Lösung für den Zwangskauf könnte jedenfalls nicht überzeugen.

(c) Übertragung des Eigentums aufgrund eines Bereicherungsanspruchs oder nach § 242?

Scheidet damit eine Analogie zu § 255 aus, so kann eine Übereignung auch nicht durch Zuerkennung eines Bereicherungsanspruchs des Schuldners erreicht werden. Die zunächst vorrangige Leistungskondiktion wäre nur auf Rückerstat-

---

[1140] Motive bei Mugdan, Band II, S. 30.

[1141] Ebenso Brauer, NotBZ 2002, 402 (404/405); Dedek, in: Dauner-Lieb/Konzen/Schmidt, S. 183 (201); Gursky JURA 2004, 433 (436).

tung des geleisteten Schadensersatzes gerichtet, nicht aber auf Übertragung des Eigentums. Eine Nichtleistungskondiktion hingegen wäre subsidiär. Gegen sie, wie auch gegen einen Ausgleich nach § 242 bestehen auch anderweitige Bedenken. Bevor dem Gläubiger ein voller Schadensersatzanspruch zugebilligt wird, der dann mühsam durch Übertragung des Eigentums wieder korrigiert werden muss, ist eine alternative Bestimmung des Schadens vorrangig. Denn das schadensrechtliche Bereicherungsverbot verbietet eine Schadensbestimmung in der Weise, dass es zu einer Bereicherung des Gläubigers kommt. Eine alternative Schadensbemessung wäre also der Zuerkennung eines Ausgleichsanspruchs vorgeschaltet.[1142] Das als letzte Ausflucht anzusehende Ausweichen auf einen Anspruch aus Bereicherung in sonstiger Weise oder § 242 macht nur die Mangelhaftigkeit der schon an sich abzulehnenden Konstruktion des Zwangskaufs gegen vollen Schadensersatz deutlich.

(d) Anspruch auf Eigentumsübertragung aus den Grundsätzen der Vorteilsausgleichung oder des Abzugs „Neu für Alt"

Ähnliches gilt für einen Übereignungsanspruch aus den Grundsätzen der Vorteilsausgleichung oder des Abzugs „Neu für Alt". Auch hierdurch kann ein Übereignungsanspruch bei voller Ersatzforderung nicht geschaffen werden.

(aa) Lösung über die Grundsätze der Vorteilsausgleichung

Mit den Grundsätzen der Vorteilsausgleichung wird dem Phänomen Rechnung getragen, dass ein zum Schadensersatz verpflichtendes Ereignis in manchen Fällen auch Vorteile für den Geschädigten mit sich bringt. Eine allgemeine Regelung im BGB fehlt, die Gesetzesverfasser wollten die Lösung dieses Problems der Rechtsprechung und Lehre überlassen.[1143] Nach herrschender Meinung gibt es wegen der zahllosen Möglichkeiten kein umfassendes Prinzip. Vielmehr muss die Frage bei jedem Einzelfall nach verschiedenen Wertungsgesichtspunkten entschieden werden.[1144] Rechtsfolgenseitig ist anerkannt, dass der Geschädigte bei einer fehlenden Gleichartigkeit des Ersatzanspruchs und des Vorteils den Vorteil Zug-um-Zug gegen Erfüllung des Ersatzanspruchs herausgeben muss.[1145]

Tatbestandlich notwendig ist ein Kausalzusammenhang zwischen dem schadensstiftenden Ereignis und dem Vorteil.[1146] Der Vorteil muss also gerade durch

---

[1142] Zu solchen Ansätzen für eine alternative Schadensbestimmung unten, S. 250 ff. und S. 257 ff.

[1143] Motive bei Mugdan, Band II, S. 10.

[1144] Vgl. dazu Palandt/Heinrichs, Vorb v. § 249 Rn 122; Soergel/Mertens, 12. Auflage, Vor § 249 Rn 212 ff.

[1145] BGH NJW 1958, 1232; Palandt/Heinrichs, Vorb v § 249 Rn 123.

[1146] BGHZ 49, 56 (61); BGHZ 81, 271 (275); Soergel/Mertens, 12. Auflage, Vor § 249 Rn 209; Staudinger/Schiemann, Neubearbeitung 2005, § 249 Rn 137 ff.; in der Literatur gibt es eine Vielzahl alternativer Vorschläge, die sich aber im hiesigen Fall nicht auswirken, da

das Schadensereignis entstehen. Diese Voraussetzungen sind bei einem Zwangskauf nicht erfüllt. Das schadensstiftende Ereignis ist zunächst einmal prima facie die Nichterfüllung der Rückgabepflicht. Da aber im Folgenden der Gläubiger das Verlangen nach § 281 Abs. 4 erklärt und damit alle Sachansprüche erlöschen sollen, der Gläubiger die Sache also für immer verliert, könnte das schadensstiftende Ereignis erweiternd auch in dem Ersatzverlangen und der resultierenden Erlöschensanordnung gesehen werden.

Dies muss nicht genauer ausgeführt werden, denn zumindest fehlt es an einem dadurch hervorgerufenen kausalen Vorteil. Denn als solcher kämen allein die unberührt gebliebene Eigentümerstellung und der Eigentumsherausgabeanspruch in Betracht. Jedoch war der Gläubiger auch schon vorher Eigentümer und damit Vindikationsgläubiger, so dass ihm dieser Vorteil nicht aus dem schadensstiftenden Ereignis erwachsen ist. Mangels Kausalität sind die Grundsätze über die Vorteilsausgleichung nicht anwendbar.[1147] Dies macht noch einmal die Problematik der hiesigen Schadensbemessung deutlich, denn wenn der Herausgabeanspruch und das Eigentum nicht erlöschen, dann kann auch kein Schadensersatz in Höhe des vollen Sachwertes geschuldet sein.

(bb) Abzug „Neu für Alt"

Einen ähnlichen Beitrag wie die Vorteilsausgleichung[1148] leistet der von der Rechtsprechung entwickelte Ausgleich durch Abzug „Neu für Alt". Er erfasst Fälle, in denen es, meist nach einer Beschädigung oder Zerstörung, zu einer Naturalrestitution kommt und es dabei, etwa durch Verwendung dauerhaft werterhöhender, neuer Reparaturteile, zu einem übermäßigen Ausgleich des verursachten Schadens kommt.[1149] Steht sich der Geschädigte dadurch besser als vorher, so muss er den Vorteil ausgleichen, es sei denn, dies sei für ihn unzumutbar.[1150]

Für das hier vorliegende Problem kann sich eine Lösung schon deshalb nicht ergeben, weil keine Naturalrestitution – dies wäre Erfüllung der Rückgabepflicht – erbracht werden soll, sondern der volle Wertersatz für die geschuldete Sache. Da der Wertersatz an sich aber keinen Wertunterschied bei Neu und Alt kennt, der Abzug „Neu für Alt" aber die ausgleichswürdige Verbesserung einer

---

der Streit vornehmlich um das Erfordernis adäquater Kausalität geführt wird. Dies interessiert hier nicht weiter.

[1147] So auch MüKo/Ernst, Band 2a, 4. Auflage, § 281 Rn 116.

[1148] In BGHZ 30, 29 (32) und auch von vielen anderen wird der Abzug „Neu für Alt" als Fall der Vorteilsausgleichung behandelt. Lange/Schiemann, S. 261 und Staudinger/Schiemann, Neubearbeitung 2005, § 249 Rn 175 unterstreichen hingegen, dass bei letzterem das schädigende Ereignis gerade nicht zu einer Bereicherung führt, sondern erst die Art des Ersatzes. Die genaue dogmatische Einordnung kann hier offen bleiben.

[1149] BGHZ 102, 322 (331); BGHZ 30, 29 (30); Lange/Schiemann, S. 260; MüKo/Oetker, Band 2a, 4. Auflage, § 249 Rn 333.

[1150] BGHZ 30, 29 (33); MüKo/Oetker, Band 2a, 4. Auflage, § 249 Rn 332.

Sache gegenüber ihrer früheren Beschaffenheit voraussetzt, sind die obigen Grundsätze nicht anwendbar.[1151]

(e) Andere Wege zur Übertragung des Eigentums auf den Schuldner
Für die Konstruktion des notwendigen Eigentumsverlusts kann auch nicht auf die zum alten Recht dargestellten und abgelehnten anderen Lösungsansätze zurückgegriffen werden. Dies gilt etwa für die Annahme eines gesetzlichen Eigentumsübergangs auf den Schuldner mit Schadensersatzverlangen nach § 281 Abs. 4, was der schuldrechtlichen Norm unrichtigerweise dingliche Wirkungen zumessen würde.[1152] Mangels Ablehnungsandrohung scheidet auch eine Dereliktion oder eine bedingte Übereignung an den Schuldner mit Fristablauf aus. Die insoweit oben geübte Kritik gilt in gleichem Maße auch heute noch.[1153]

Zur Herbeiführung einer Übereignung kann auch nicht angenommen werden, der Gläubiger, der Schadensersatz in Höhe des vollen Sachwertes verlangt, biete damit zugleich die Übereignung der geschuldeten Sache an. Zunächst wird ein ausdrückliches Übereignungsangebot in dem Ersatzverlangen zumeist nicht enthalten sein. Eine solches in die Erklärung hineinzulesen, verbietet sich aber ebenfalls. Denn es entspräche regelmäßig nicht dem Willen und der Interessenlage des Gläubigers, da er sein bestehendes Eigentum dem sich als unzuverlässig erwiesenen Schuldner übertragen müsste, ohne dass dieser seinerseits geleistet hätte.[1154] Mag dies auch rechtstechnisch richtig sein und mit dem Erlöschenszeitpunkt des § 281 Abs. 4 übereinstimmen, so ändert dies nichts daran, dass man dem Gläubiger eine derartige Erklärung nicht gegen seinen Willen aufdrängen darf.

Des Weiteren greifen schon die weiter oben ausgeführten Einwände ein,[1155] so etwa, dass dem Ersatzverlangen nach § 281 Abs. 4, also der Vollendung einer schuldrechtlichen Norm, sachenrechtliche Wirkungen oder Erklärungsgehalte nicht zugemessen werden können. Außerdem wird sich nach einem Verlangen des Gläubigers regelmäßig kein Anhaltspunkt für die notwendige Mitwirkung des Schuldners finden. Denn der Schuldner, der sich überraschenderweise einem Schadensersatzverlangen gegen Übereignung ausgesetzt sieht, wird dieses nicht durch die Annahme der angebotenen Übereignung bestätigen wollen. Ohne die Annahme des Schuldners kann es aber nicht zur Übereignung und nicht zum Erlöschen der Vindikation kommen. Damit ist auch diese Konstruktion zur Herbeiführung einer Übereignung ungenügend.

[1151] So auch MüKo/Ernst, Band 2a, 4. Auflage, § 281 Rn 116.

[1152] Angedacht wird dies von Brauer NotBZ 2002, 402 (403) und Schwab/Novokmet ZGS 2004, 187 (193), die dies aber dann sofort ablehnen.

[1153] Siehe oben, S. 230 ff.

[1154] So zum alten Recht hinsichtlich des Erklärungsinhalts der Ablehnungsandrohung: Gürtler, S. 109; Schwerdtner, S. 149; Wallerath JR 1970, 161 (164).

[1155] Siehe zu den Einwänden zur Konstruktion nach altem Recht oben, S. 230 ff.

(f) Ergebnis
Es ist insgesamt ein Anspruch des Schuldners auf Übertragung des Eigentums bei voller Schadensersatzleistung abzulehnen. Dieser ist aber zwingend notwendig, möchte man eine Bereicherung des Gläubigers und den Fortbestand der Vindikation verhindern. Ebenso kann nur durch einen Anspruch des Schuldners das von dieser Ansicht postulierte Zurückbehaltungsrecht begründet werden.

(5) Widerspruch zu § 281 Abs. 4 und ungerechtfertigte Besserstellung des Gläubigers
Auch abseits dieser Problematik sprechen weitere Gesichtspunkte entscheidend gegen die obige Ansicht der Zulässigkeit eines Zwangskaufs gegen vollen Schadensersatz: Es kommt so zu einer Missachtung des Regelungsgehalts des § 281 Abs. 4 und einer ungerechtfertigten Besserstellung des Gläubigers.
(a) Widerspruch zu § 281 Abs. 4 durch Fortbestand des Rückgabeanspruchs beim Zwangskauf
Normalerweise steht dem Gläubiger der Primäranspruch bis zu einem Schadensersatzverlangen nach § 281 Abs. 4 zu. Daneben hat er nach Fristablauf noch einen Schadensersatzanspruch statt der Leistung, der bis zu einem Verlangen ein verhaltener Anspruch ist.[1156] Durchsetzbar ist immer nur ein Anspruch, zunächst der Primäranspruch und dann mit seiner Geltendmachung, also dem Verlangen, nur noch der Schadensersatzanspruch.

Diese gewöhnlich vorgesehene Rechtslage stellt sich jedoch bei einem Zwangskauf als grundlegend verändert dar. Ist der Gläubiger Eigentümer der geschuldeten Sache, so kann der Sachanspruch mit dem Verlangen nach vollem Schadensersatz nicht wie von § 281 Abs. 4 vorgesehen erlöschen. Dies widerspräche dem Prinzip der Untrennbarkeit der Vindikation vom Eigentum. Daher bleibt der Eigentümer auch nach einem Verlangen Inhaber des dinglichen Herausgabeanspruchs, bis er das Eigentum aufgibt, wozu er aber erst bei Erhalt des Schadensersatzes verpflichtet ist. Ihm stehen damit auch nach einem Verlangen zwei Ansprüche zu. Dieser Fortbestand des Rückgabeanspruchs trotz eines Schadensersatzverlangens widerspricht der Erlöschensanordnung des § 281 Abs. 4.[1157] Um dieser Rechnung zu tragen, muss der Gläubiger sicherstellen, dass er schon mit dem Ersatzverlangen seinen Primäranspruch verliert. Dazu muss er just in diesem Moment sein Eigentum dem Schuldner übertragen. Dies ist jedoch zugleich mit dem Verlangen nicht möglich, da der Gläubiger zur Übertragung der Mitwirkung des Schuldners bedarf. Die Übereignung analog

[1156] MüKo/Ernst, Band 2a, 4. Auflage, § 281 Rn 108; Derleder/Zänker NJW 2003, 2777 (2779); Gsell JZ 2004, 110 (116); Wieser NJW 2003, 3458; zu den verhaltenen Ansprüchen MüKo/Krüger, Band 2a, 4. Auflage, § 271 Rn 4.
[1157] So auch Staudinger/Gursky, Neubearbeitung 1999, § 985 Rn 72; auf die Gefahr der Anspruchsverdoppelung weist auch Picker, FG 50 Jahre BGH, S. 693 (724) hin.

§ 255 kommt jedenfalls zu spät, und einen automatischen Eigentumsübergang kann weder § 281 Abs. 4 noch eine andere Norm herbeiführen.

Entgegen § 281 Abs. 4 tritt eine Beschränkung des Schuldverhältnisses auf den Ersatzanspruch erst bei Erfüllung ein, womit aber dann zugleich das gesamte Schuldverhältnis erlischt. Es liegt damit eine Rechtslage vor, die im Reformprozess zwar einmal angedacht, aber nicht verwirklicht wurde.[1158]

(b) Ungerechtfertigte Besserstellung durch Fortbestand des Primäranspruchs und Vorliegen eines Zurückbehaltungsrechts

Der Fortbestand des Primäranspruchs bewirkt auch eine Besserstellung des Gläubigers. Diese ist auch nicht nur formal, sondern bringt ihm einen echten materiellen Vorteil. Der Primäranspruch ist weiterhin als durchsetzbar anzusehen, da der Gläubiger immer noch auf die Sache zugreifen kann. Zwar soll der Schuldner bei der Ersatzleistung Zug-um-Zug die Übertragung des Eigentums analog § 255 fordern können. Dieses Zurückbehaltungsrecht betrifft aber die Forderung des vollen Ersatzes, die nur bei gleichzeitiger Übertragung des Eigentums durchgesetzt werden soll. Es hindert damit den Gläubiger nicht daran, die Vindikation zu verfolgen. Das Zurückbehaltungsrecht gibt dem Schuldner solange kein Besitzrecht, wie er nicht selbst die Ersatzleistung anbietet und damit einen Anspruch auf Eigentumsübertragung analog § 255 hat.[1159] Ist schließlich nicht mehr der Schuldner Besitzer sondern ein Dritter, so hat der Gläubiger neben dem Schadensersatzanspruch noch einen Herausgabeanspruch gegen den Dritten. Diesen kann er durchsetzen.

Auch die Zuerkennung eines Zurückbehaltungsrechts bis zur Zahlung führt zu einer ungerechtfertigten Besserstellung des Gläubigers. Dies stärkt seine Position, da er dadurch ein Druckmittel zur Erfüllung seines Schadensersatzbegehrens hat. Der Normalfall des § 281 Abs. 4 sieht aber anderes vor. Danach verliert der Gläubiger seinen Primäranspruch schon mit dem Ersatzverlagen, also bevor der Schadensersatzanspruch erfüllt worden ist. Zu dessen Durchsetzung fehlt es also an jeglichem Druckmittel des Gläubigers. Die Einräumung eines Zurückbehaltungsrechts widerspricht damit der Wertung des § 281 Abs. 4.

Nur scheinbar ergibt sich ein weiterer Vorteil aus der Überlegung, der Gläubiger könnte durch sein fortbestehendes Eigentum selbst die Befriedigung seines Schadensersatzbegehrens entscheidend erleichtern, indem er etwa das ihm verbleibende Eigentum durch Verkauf an Dritte verwertet. Dies ist für ihn kein ratsames Vorgehen. Denn selbst wenn es zu einem Verkauf der sich beim Schuldner befindlichen Sache an einen Dritten kommt und der Gläubiger diesem

---

[1158] Vgl. § 283 Abs. 4 Satz 1 BGB-KE und BT-Drucks. 14/6040, S. 141.

[1159] Es ist allgemeine Ansicht, dass § 255 auch zu einem selbständigen Anspruch führen kann, wenn der Schuldner Ersatz geleistet hat, ohne sein Zurückbehaltungsrecht auszuüben, MüKo/Oetker, Band 2a, 4. Auflage, § 255 Rn 12; Staudinger/Bittner, Neubearbeitung 2004, § 255 Rn 38.

auch das Eigentum an der Sache verschaffen kann,[1160] so kann er danach doch nicht mehr hoffen, vom Schuldner noch einen Teil des Ersatzes zu erlangen. Denn dieser hat ein Zurückbehaltungsrecht bis ihm die Sache gegen volle Schadensersatzleistung übereignet wird, diesen Übereignungsanspruch könnte der Gläubiger aber mangels Eigentums nicht mehr erfüllen.

(6) Ergebnis

Die schon früher und auch heute wieder herrschende Meinung zur Zulässigkeit des Zwangskaufs bei voller Schadensersatzzahlung und Übereignung des Eigentums ist abzulehnen. Ihr stehen die Grundsätze der Schadenszumessung und das Fehlen einer tragfähigen Begründung für einen Übereignungsanspruch des Schuldners entgegen. Übereignungsansprüche aus § 255 analog, dem Bereicherungsrecht und § 242 sind dazu ebenso ungeeignet wie die Instrumente der Vorteilsausgleichung und des Abzugs „Neu für Alt". Außerdem ergeben sich ein Widerspruch zu der gesetzlichen Erlöschensanordnung des § 281 Abs. 4 und eine ungerechtfertigte Besserstellung des Gläubigers. Die Konstruktion ist damit insgesamt zur Lösung der Zwangskaufs-Problematik ungeeignet und abzulehnen.

bb) Generelle Zulassung des Zwangskaufs außer in Missbrauchsfällen

In Anlehnung an die soeben referierte Ansicht wird unter Beibehaltung der grundsätzlichen Zulässigkeit eines Zwangskaufs gegen Ersatz des vollen Sachwertes auch dessen mögliche Beschränkung in Einzelfällen vertreten. Dabei lassen sich zwei Fallgruppen unterscheiden.

(1) Ausschluss des Zwangskaufs bei Missbrauch nach § 242

Einige Vertreter der Literatur wollen einen Zwangskauf im Einzelfall bei einem Missbrauch gemäß § 242 versagen.[1161] Diese Lösung wurde auch von den Gesetzesverfassern bevorzugt, die der Ansicht waren, dass die Fälle des Zwangskaufs bei Rückgabeansprüchen hinsichtlich von Sachen tatsächlich vermieden werden sollten, diese Fälle aber recht theoretisch seien, wobei seltene Missbrauchsfälle mit § 242 bewältigt werden könnten.[1162] Angesichts der herabgesetzten Voraussetzungen für einen Zwangskauf und dem sich abzeichnenden

---

[1160] Zwar wäre eine Übereignung durch Abtretung des Anspruchs aus § 985 nach §§ 929, 931 aufgrund des Prinzips der Untrennbarkeit der Vindikation vom Eigentum, das auch zu einer Nichtabtretbarkeit des Anspruchs aus § 985 führt, nicht möglich. Jedoch soll dann nach h.M. eine Übertragung durch bloße Einigung möglich sein, vgl. Jauernig/Jauernig, § 931 Rn 10; Palandt/Bassenge, § 931 Rn 3; Soergel/Mühl, 12. Auflage, § 931 Rn 4; Soergel/Henssler, 13. Auflage, § 931 Rn 10; Staudinger/Wiegand, Bearbeitung 1995, § 931 Rn 16.

[1161] Bamberger/Roth/Grüneberg, § 281 Rn 6; Emmerich, Leistungsstörungen, S. 279; Jost, FS Otte, S. 145 (152 ff.); Gruber WuM 2002, 252 (253); Henssler/Graf von Westphalen/Dedek, § 281 Rn 11; MüKo/Schilling, Band 3, 4. Auflage, § 546a Rn 21; Unberath ZMR 2004, 309 (314); auch KompaktKom-BGB/Willingmann/Hirse, § 281 Rn 4.

[1162] Erstmals BGB-DiskE, S. 324; wortgleich BT-Drucks. 14/6040, S. 138/139.

Anwendungsbereich auch beim Leasing und der Sachmiete darf bezweifelt werden, ob es sich wirklich um ein „recht theoretisches Problem" handelt.[1163] Dies gilt umso mehr als in der Vergangenheit noch keinerlei praktische Erfahrungen gesammelt werden konnten, da die hohen Voraussetzungen der § 283 Abs. 1 und § 286 Abs. 2 a.F. nahezu jeden Zwangskauf verhinderten. Schließlich geht es hier auch um den Anwendungsbereich einer der zentralsten schuldrechtlichen Normen.

Neben den schon oben dargelegten Bedenken[1164] gegen den Zwangskauf an sich, ergeben sich hier noch zusätzlich Kritikpunkte. Hinsichtlich der Begrenzung des Zwangskaufs bei Missbrauchsfällen bleibt naturgemäß vieles unklar. Wann soll ein Missbrauchsfall angenommen werden? Auf welche Kriterien kommt es dabei an, Vermögen des Schuldners, Interesse des Gläubigers usw.? Kann von einem Missbrauch überhaupt gesprochen werden, wenn der Gläubiger einen Weg wählt, den ihm das Gesetz ausdrücklich zu geben scheint?[1165]

Schließlich ist der Lösungsvorschlag in der Praxis untauglich.[1166] Nehmen wir etwa den Fall eines Streits zwischen Mieter und Vermieter über die Räumung eines gewerblich genutzten Grundstücks. Was soll ein Anwalt dem Mieter raten, der die Kündigung aus nicht offensichtlich irrigen Gründen für rechtswidrig hält. Soll es der Mieter auf den Ablauf der gesetzten Frist ankommen lassen und alternativ darauf vertrauen, entweder die Kündigung sei wirklich rechtswidrig oder das Verlangen des Schadensersatzes statt der Leistung verstoße gerade in seinem Falle gegen Treu und Glauben und sei daher rechtsmissbräuchlich? Oder muss der Mieter, den eine Belastung mit Schulden durch einen Zwangskauf in die Zahlungsunfähigkeit und damit in die Insolvenz treiben würde, nicht vorsorglich das Grundstück räumen, um trotz Zweifeln an der Rechtmäßigkeit der Kündigung einen Zwangskauf in jedem Falle zu verhindern. Was ist aber, wenn auch die Aufgabe des Betriebsgrundstücks den Zusammenbruch des Unternehmens bedeuten würde.

1163 Hau JuS 2003, 130 (135) attestiert diesem Problem Praxisrelevanz; ebenso Brauer NotBZ 2002, 402.

1164 Siehe oben, S. 236 ff.

1165 Arnold, in: Dauner-Lieb/Konzen/Schmidt, S. 589 (598). Dies ist nach allgemeiner Meinung grundsätzlich als institutioneller Rechtsmissbrauch möglich, wenn die Rechtsfolgen einer Norm zu mit Treu und Glauben unvereinbaren, schlechthin untragbaren Ergebnissen führen, vgl. Palandt/Heinrichs, § 242 Rn 40. Fraglich ist aber eben, wann solche Ergebnisse angenommen werden können.

1166 Plastisch Hau JuS 2003, 130 (136): Durch den Hinweis gebe man den Parteien und Gerichten Steine statt Brot; Dedek, in: Dauner-Lieb/Konzen/Schmidt, S. 183 (190) hält § 242 nur für einen „schwachen Trost". Dagegen auch Arnold, in: Dauner-Lieb/Konzen/Schmidt, S. 589 (598); Schwab NZM 2003, 50 (52); Schwab/Novokmet ZGS 2004, 187 (188); kritisch auch Emmerich NZM 2002, 362 (367) aber ohne eigenen Lösungsvorschlag.

Es zeigt sich an diesen wenigen Szenarien das Dilemma. Das Kriterium von Treu und Glauben ist derart unbestimmt,[1167] dass es zunächst immer auf das entscheidende Gericht ankäme. Eine erträgliche Rechtssicherheit könnte erst mit einer gefestigten Rechtsprechung und der Aufstellung fester Voraussetzungen eintreten. Die Wandlungen der Rechtsprechung zur Sittenwidrigkeit von Angehörigen- und Ehegattenbürgschaften liefern dazu ein eindrucksvolles Beispiel.[1168] Eine verlässliche Rechtsberatung erscheint unter diesen Voraussetzungen als nahezu unmöglich. Hier zeigt sich die Rechtssicherheit stiftende Wirkung des § 283 a.F., der einen Übergang erst nach rechtskräftiger Entscheidung über das Räumungsbegehren zuließ. Damit konnte eine abschließende Klärung des Primärschuldverhältnisses stattfinden und verlässliche Grundlagen für weitere Dispositionen geschaffen werden. Eine Lösung über § 242 wird diesen Anforderungen nicht gerecht und ist damit abzulehnen.

(2) Lösung über ein Mitverschulden nach § 254

Bei den Beratungen der Schuldrechtskommission wurde kontrovers erörtert, ob sich eine sachgerechte Lösung der Zwangskaufsproblematik nicht schon aus § 254 ergeben könne.[1169] Danach sollte wohl der Gläubiger durch eine Schadensersatzforderung in Höhe des vollen Sachwertes keinen Zwangskauf herbeiführen dürfen, wenn ihm ein Mitverschulden vorzuwerfen wäre.

Dabei ist jedoch schon zweifelhaft, inwieweit in einem Vorgehen des Gläubigers nach den ihm gesetzlich eingeräumten Möglichkeiten ein Mitverschulden gesehen werden kann.[1170] Das Verschulden des Gläubigers wird im Rahmen des § 254 als ein Verstoß gegen die Gebote des eigenen Interesses begriffen.[1171] Da der Gläubiger aber nach dem Gesetz völlig frei ist, überhaupt vom Primär- auf den Sekundäranspruch überzugehen, kann er zeitlich grundsätzlich nach freiem Belieben die Nachfrist setzen und Schadensersatz verlangen. Zudem wird der Gläubiger den vollen Schadensersatz in der Regel nur bei eigenem wirtschaftlichem Interesse fordern. Es ist damit unklar, wie und wann es dann zu einem Verstoß gegen die Gebote des eigenen Interesses soll kommen können.

§ 254 ist eine schadensersatzrechtliche Ausformung des Verbots des venire contra factum proprium und damit des Grundsatzes von Treu und Glauben.[1172] Damit käme vorrangig die von den Gesetzesverfassern favorisierte Lösung über § 242 in Betracht, ebenso würden aber auch die oben dagegen geäußerten Bedenken eingreifen. Auch die Quote eines Mitverschuldens wäre für die Parteien

[1167] So auch Schwab NZM 2003, 50 (52); Schwab/Novokmet ZGS 2004, 187 (188).
[1168] Vgl. dazu Riehm JuS 2000, 241 ff.
[1169] Abschlussbericht, S. 135. Dies denkt nun auch Jost, FS Otte, S. 145 (150) an.
[1170] So auch Jost, FS Otte, S. 145 (150).
[1171] Vgl. nur Palandt/Heinrichs, § 254 Rn 1.
[1172] BGH NJW 1982, 168; Palandt/Heinrichs, § 254 Rn 1.

nicht klar abschätzbar. Die Lösung über § 254 wäre daher nicht besser als die über § 242.

cc) Zulassung des Zwangskaufs durch Schadensersatz in Höhe des kapitalisierten Restnutzungswertes gegen Einräumung eines dauerhaften Nutzungsrechts

Schließlich findet sich in der Literatur die Ansicht, die einen Zwangskauf in modifizierter Weise zulassen möchte.

(1) Darstellung der Ansicht

Deren Vertreter möchten dem Gläubiger einen Schadensersatzanspruch in Höhe des kapitalisierten Restnutzungswertes zugestehen.[1173] Aufgrund des Erlöschens des Primäranspruchs nach § 281 Abs. 4 enthalte der Schuldner dem Gläubiger dauerhaft den Besitz und damit auch die Nutzung der geschuldeten Sache vor. Diesen Wert der Restnutzung müsse er ersetzen und erhalte dafür vom Gläubiger im Gegenzug ein dauerhaftes obligatorisches Nutzungsrecht. Das Eigentum müsse dem Schuldner vom Gläubiger nicht übertragen werden. Dies bedeutet also keinen echten Zwangskauf, kommt diesem aber wirtschaftlich nahe, da die Höhe des Nutzungsersatzes in vielen Fällen den Sachwert erreichen wird.[1174]

Diese Ansicht ist explizit für die Immobilienmiete entwickelt worden, soll hier aber generell behandelt werden. Ihr liegen weitere, hier nicht interessierende Erwägungen zugrunde. So wird der Möglichkeit zum Schadensersatz statt der Leistung eine faktische Vollstreckungswirkung beigemessen. Denn schon die bloße Möglichkeit einer derart weitgehenden Verpflichtung zwinge den Schuldner zur tatsächlichen Aufgabe seiner Rechtsposition. Deshalb sei das Verlangen nach Schadensersatz statt der Leistung nur dann erlaubt, wenn der Gläubiger zuvor ein zumindest vorläufig vollstreckbares Herausgabeurteil erlangt habe, so dass auch sonst eine Vollstreckung möglich sei. Damit werde auch § 721 ZPO Geltung verschafft.[1175] Dieses Erfordernis eines Titels für einen Zwangskauf soll noch später genauer untersucht werden.[1176]

Weiterhin werden speziell auf die (Immobilien-)Miete zugeschnittene Erwägungen angestellt, die bei der hier vorzunehmenden allgemeinen Erörterung des Zwangskaufs keinen Platz finden können. So müsse eine Konkordanz zu § 571 Abs. 2 und § 721 ZPO hergestellt werden, damit eine gerichtliche Räumungs-

---

1173 So Schwab NZM 2003, 50; Schwab/Novokmet, ZGS 2004, 187 (188); Kainer, in: Schwab/Witt, S. 217 (248/249); der Schadensberechnung folgend: Oechsler NZM 2004, 881 (889).

1174 So selbst Schwab/Novokmet, ZGS 2004, 187 (191).

1175 Schwab NZM 2003, 50 (54/55); Schwab/Novokmet, ZGS 2004, 187 (188 und 194).

1176 Siehe unten bei S. 255 ff.

frist nicht unterlaufen werde.[1177] Zum Schutz des dauerhaften obligatorischen Nutzungsrechts des Schuldners sei die Vorschrift des § 566 Abs. 1 analog anzuwenden.[1178] Gleiches gelte für die Formvorschrift des § 311 b Abs. 1 Satz 1, so dass ein Schadensersatzverlangen statt der Leistung nur möglich sei, wenn schon der Mietvertrag notariell beurkundet sei.[1179] Dies interessiert hier nicht weiter.

(2) Erläuterung

Die Zuerkennung eines Schadensersatzanspruchs in Höhe des kapitalisierten Restnutzungswertes fußt maßgeblich auf einer differenzierten Schadensbestimmung. Ihr liegt zugrunde, dass der Schuldner nicht vollen Ersatz schulden kann, da er dem Gläubiger nicht auch das Eigentum vorenthält.[1180] Er schulde nur Ersatz für das Ausbleiben der Besitzrückgabe. Dies führe zudem zu einem Nutzungsausfall. Da nach § 281 Abs. 4 mit dem Verlangen alle Ansprüche auf die Sache erlöschen sollen, könne der Schuldner diese dauerhaft behalten und erhalte so ein dauerhaftes obligatorisches Besitz- und Nutzungsrecht gegenüber dem Gläubiger.[1181] Daher müsse er aber auch für den gesamten Restnutzungswert Ersatz leisten.[1182] Mangels Ersatzes für das Eigentum bleibt dieses beim Gläubiger und muss nicht übertragen werden.

(3) Kritik

Dieser Ansicht ist nicht zuzustimmen.[1183] Zunächst ermöglicht auch sie – wirtschaftlich betrachtet – einen Zwangskauf. Es greifen damit die gleichen Bedenken wie gegen die allgemeine Zulässigkeit des Zwangskaufs ein. Erschwerend kommt hinzu, dass der Schuldner mangels Eigentums auch Schwierigkeiten haben wird, die ihm aufgedrängte Sache anderweitig zu verwerten und so die zu zahlende Nutzungsentschädigung zu finanzieren.

Daneben kann die Ansicht dogmatisch nicht überzeugen und übersieht einen ganz wesentlichen Gesichtspunkt: Ihr entgeht vollkommen, dass nach dem Grundsatz der Untrennbarkeit von Eigentum und Vindikation ein Erlöschen jeglichen Sachanspruchs gemäß § 281 Abs. 4 nicht möglich ist, solange der Gläubiger weiterhin Eigentümer bleibt und der Schuldner Besitzer ist. Wenn also eine Übereignung an den Schuldner abgelehnt wird,[1184] besteht ein Sachanspruch

---

1177 Schwab NZM 2003, 50 (52 ff.). Schwab/Novokmet, ZGS 2004, 187 (188); ähnlich AnwKomm/Dauner-Lieb, § 281 Rn 7; Gruber, WuM 2002, 252 (253); Kainer, in: Schwab/Witt, S. 217 (248/249); Palandt/Heinrichs, § 281 Rn 4.

1178 Schwab/Novokmet, ZGS 2004, 187 (189 ff.).

1179 Schwab/Novokmet, ZGS 2004, 187 (192 ff.).

1180 Schwab NZM 2003, 50; Schwab/Novokmet, ZGS 2004, 187 (188); auch Oechsler NZM 2004, 881 (889).

1181 Schwab NZM 2003, 50; Schwab/Novokmet, ZGS 2004, 187 (188).

1182 Schwab/Novokmet, ZGS 2004, 187 (188); Kainer, in: Schwab/Witt, S. 217 (248/249).

1183 Ebenso Brauer NotBZ 2002, 402 (406); Heinrichs, FS Derleder, S. 87 (95); Jost, FS Otte, S. 145 (147); Katzenstein/Hüftle NZM 2004, 601 (604).

1184 Schwab NZM 2003, 50; Schwab/Novokmet, ZGS 2004, 187 (188).

in Form der Vindikation fort. Dies widerspricht aber § 281 Abs. 4, der ein Erlöschen jeglichen Rückgabeanspruchs fordert.

Dem kann nicht entgegen gehalten werden, die Einräumung eines dauerhaften obligatorischen Nutzungsrechts führe wegen des Rechts zum Besitz nach § 986 Abs. 1 zum Erlöschen der Vindikation. Denn aus einem Recht zum Besitz folgt kein Erlöschen der Vindikation. Diese besteht für den Gläubiger immer aufgrund des Eigentums und des nicht unmittelbaren Eigenbesitzes fort. Sie ist nur für die Zeit eines anderweitigen Rechts zum Besitz nicht durchsetzbar. Erloschen und damit dauerhaft und endgültig ausgeschlossen ist sie dadurch nicht.[1185] Dies wird schon deutlich, wenn man sich den Fall vorstellt, dass der Schuldner den Besitz an einen Dritten überträgt. Gegenüber diesem ist die Vindikation wegen der Relativität der Schuldverhältnisse sofort wieder durchsetzbar. Auch aus grundsätzlichen Erwägungen kann es bei fortbestehendem Eigentum des Gläubigers nie zu einem Ausschluss des § 985 kommen. Denn dann würde das verbleibende Eigentum als „leere Hülse" zurückbleiben, was seinem Wesen widersprechen und gegen den Grundsatz der Untrennbarkeit von Eigentum und Vindikation verstoßen würde. Der so bei verbleibendem Eigentum gezwungenermaßen fortbestehende Eigentumsherausgabeanspruch des Gläubigers führt dann aber zu einer ungerechtfertigten Besserstellung und einem Verstoß gegen § 281 Abs. 4.

Dem kann auch nicht mit der Überlegung entgegen gewirkt werden, § 281 Abs. 4 könne so interpretiert werden, dass es nicht zu einem Erlöschen des Rückgabeanspruchs kommen müsse, sondern dass der Ausschluss der Durchsetzbarkeit nach § 986 Abs. 1 ausreiche.[1186] Denn nach Abs. 4 soll das Primärschuldverhältnis endgültig abgewickelt werden, der Primäranspruch damit dauerhaft ausgeschlossen sein und nur noch Schadensersatz statt der Primärleistung geschuldet sein. Dazu passt nicht der Fortbestand des Primäranspruchs, auch wenn dieser zurzeit nicht durchsetzbar sein sollte. Denn die Durchsetzbarkeit kann wieder aufleben, so etwa wenn bei § 985 ein nicht besitzberechtigter Dritter die Sache erlangt. Dies würde dann zu einer doppelten Anspruchsinhaberschaft und damit zu einer Besserstellung führen, die § 281 Abs. 4 in jedem Falle ausschließen will.

Neben diesen Kritikpunkten lässt die obige Ansicht auch Zweifel an der Schadensberechnung aufkommen. Zunächst erscheint fraglich, ob wegen des nicht zurückgegebenen Besitzes ein Nutzungsausfall zu ersetzen ist.[1187] Nach einigen kann der Besitz nicht als wirtschaftliche Verkörperung der Nutzungsmöglichkeit angesehen werden, weshalb infolge der unterlassenen Besitzeinräumung auch nicht der Nutzungsausfall zu ersetzen sei. Vielmehr sei der Besitz eine rein fak-

---

1185 Wilhelm, Rn 1102.

1186 So aber wohl Schwab/Novokmet, ZGS 2004, 187 (189).

1187 Dagegen Brauer NotBZ 2002, 402 (406); Katzenstein/Hüftle NZM 2004, 601 (604).

tische Position und vermittle als solcher kein Nutzungsrecht. Dies werde dadurch bestätigt, dass Nutzungsersatz nie allein aufgrund des Besitzes erlangt werden könne, sondern nur aufgrund des Vorhandenseins zumindest einer anderen Rechtsposition.[1188]

Die Richtigkeit dieser Auffassung soll hier dahingestellt bleiben.[1189] Denn der Gläubiger ist jedenfalls auch Eigentümer. Wenn dieser die Sache dauerhaft nicht mehr nutzen darf, so ist ihm der Wert der entgangenen Nutzungen in jedem Fall zu ersetzen. Ob man dies dann über § 281 zulassen will oder es zumindest aus § 823 bzw. §§ 987, 990 wegen des Eigentums des Gläubigers begründet, ändert am Ergebnis nichts. Es liegt damit jedenfalls ein wirtschaftlicher Zwangskauf vor.

Die Schadensbemessung ist aber noch aus einem anderen Grunde fragwürdig. Erlischt der dingliche Rückgabeanspruch nicht, sondern ist wegen des Nutzungsrechts nur gegenüber dem Schuldner nicht durchsetzbar, so fragt es sich, worin der Schaden liegt. Es erscheint inkonsequent, trotz des Fortbestandes der Vindikation einen Schaden für den dauerhaften und endgültigen Ausschluss der Rückerlangung der Nutzung zuzusprechen. Vielmehr müsste nur ein Ersatz für die zeitweilige Nutzungsentziehung zugebilligt werden.[1190] Allein wenn man annimmt, der Nutzungsentzug sei dauerhaft, kommt man zum Ergebnis der obigen Ansicht. Jedoch zeigt gerade der Fortbestand des Primäranspruchs und die mögliche Wiedererlangung von einem nicht besitzberechtigten Dritten, dass der dauerhafte Entzug ex ante nicht sicher erscheinen kann. Soweit hier *Schwab* den besitzenden Dritten durch § 566 Abs. 1 schützen und damit die Wiedererlangung der Sache dauerhaft ausschließen will, ist zu berücksichtigen, dass dieser nur für die Wohnraummiete gilt, das Problem also nicht allgemeingültig zu lösen vermag. Zwar erscheint eine Analogie für Wohnungen und eine Ausweitung des § 566 Abs. 1 auf das Nutzungsrecht als möglich. Es würde jedoch die Grenzen einer Analogie sprengen, wenn § 566 Abs. 1 auf andere Sachen als Wohnraum ausgeweitet werden soll.[1191] Ist damit die Wiedererlangung durch den Eigentümer nicht dauerhaft ausgeschlossen, so kann der Ersatz des vollen Restnutzungswertes nicht überzeugen.

(4) Ergebnis

Auch die Zulassung eines wirtschaftlichen Zwangskaufs durch einen Schadensersatzanspruch auf Zahlung des kapitalisierten Restnutzungswertes gegen Ein-

---

[1188] Näheres bei Katzenstein/Hüftle NZM 2004, 601 (604); vgl. auch Brauer NotBZ 2002, 402 (405) und Wilhelm Rn 480 ff., (484).

[1189] Nach Medicus AcP 165 (1965), 115 (120 ff.); MüKo/Oetker, Band 2a, § 249 Rn 57 ff. (insbesondere Rn 67) soll der Besitz eine Nutzungsmöglichkeit vermitteln.

[1190] So auch Brauer NotBZ 2002, 402 (406 auch mit Fn 43).

[1191] Vgl. zu den begrenzten Möglichkeiten einer Analogie: Schwab/Novokmet, ZGS 2004, 187 (189).

räumung eines dauerhaften obligatorischen Nutzungsrechts kann nicht überzeugen.

b) Zulassung des Zwangskaufs unter bestimmten zusätzlichen Voraussetzungen

Neben der soeben dargelegten generellen Möglichkeit des Zwangskaufs ist es auch denkbar, diesen nur bei Vorliegen bestimmter weiterer Voraussetzungen zuzulassen.

aa) Notwendigkeit eines besonderen Hinweises durch den Gläubiger

Ernst vertritt die Ansicht, der Gläubiger müsse den Schuldner bei der Nachfristsetzung auf die Folge eines Zwangskaufs gesondert hinweisen, sofern der Schuldner mit ihm nicht schon ohnehin rechnen müsse.[1192]

Auch dies stellt keinen gangbaren Lösungsweg dar. Zunächst bleibt schon unklar, woraus sich diese Hinweispflicht ergeben soll. Ein solcher Hinweis wird außerdem für den Schuldner regelmäßig zu abstrakt sein, als dass er wirklich eine Warnfunktion haben könnte. Stellt er zwar sicher, dass der Schuldner jedenfalls im Groben weiß – er kennt ja die Höhe der Schadensersatzforderung noch nicht – worauf er sich einlässt, so ändert er nichts an den schon bei § 242 dargestellten praktischen Unzulänglichkeiten.[1193] Der Schuldner kann sich über die Rechtmäßigkeit der die Rückgabepflicht auslösenden Kündigung ohne hohes Risiko keine Gewissheit verschaffen.[1194] Er muss trotz dieses Hinweises zwischen einer riskanten Überprüfung durch Nichtbefolgung oder einer vorschnellen tatsächlichen Aufgabe seiner Rechtsposition durch Befolgen der Rückgabeforderung wählen. Dabei kann ihm das durch den Hinweis vermittelte Bewusstsein der Tragweite der Entscheidung die möglicherweise katastrophalen Folgen nicht ersparen.

bb) Zwangskauf nur bei Interesseverlust

Denkbar wäre eine Lösung durch Statuierung des Erfordernisses des Interesseverlustes des Gläubigers für einen Zwangskauf über § 281.[1195] Einen dahingehenden ähnlichen Vorschlag hat tatsächlich die Schuldrechtskommission in ihrem Abschlussbericht in § 283 Abs. 1 Satz 2 gemacht.[1196]

Dieser wurde von den Gesetzesverfassern aber explizit abgelehnt. Sie machten geltend,[1197] „mit der von der Schuldrechtskommission vorgeschlagenen Formulierung ergeben sich jedoch Probleme in Fällen, in denen von einem fortbestehenden Interesse des Gläubigers an der Rückgewähr auszugehen ist (...).

1192 MüKo/Ernst, Band 2a, 4. Auflage, § 281 Rn 116.

1193 Siehe dazu oben, S. 247 ff.

1194 So wohl auch Schwab/Novokmet ZGS 2004, 187 (193), wonach dieser Schutz zu spät komme.

1195 Ähnliches denkt Jost, FS Otte, S. 145 (151 ff.) an.

1196 Abschlussbericht, S. 135.

1197 BGB-DiskE, S. 324.; zustimmend Huber, in: Ernst/Zimmermann, S. 31 (42 in Fn 29).

Zum Beispiel kann der Verleiher eines Buches an dessen Rückgabe in höchstem Maße interessiert sein. Auch wenn er wegen dieses Interesses mehrere Versuche, vielleicht auch im Wege der Zwangsvollstreckung, unternimmt, das Buch zurückzubekommen, und damit erfolglos bleibt, kann weiter von einem fortbestehenden Interesse an der Rückgabe ausgegangen werden. Dennoch muss dem Verleiher schließlich die Möglichkeit gegeben werden, zum Schadensersatz überzugehen. Nach dem Vorschlag der Schuldrechtskommission (...) wäre ihm dies unmöglich."

Hierzu ist zunächst kritisch anzumerken, dass meines Erachtens die Möglichkeit des Gläubigers, nach mehrfacher erfolgloser Zwangsvollstreckung Schadensersatz in voller Höhe zu erlangen, kaum fraglich sein kann. Denn führt der Gläubiger die Zwangsvollstreckung durch, so wird dies regelmäßig im Rahmen der Herausgabevollstreckung gemäß §§ 883 ff. ZPO erfolgen. Lässt sich dabei eine bewegliche Sache nicht auffinden, so muss der Schuldner nach § 883 Abs. 2 an Eides Statt versichern, dass er die Sache nicht besitze und auch nicht wisse, wo sich die Sache befinde. In diesem Falle kann der Gläubiger schon eine Unmöglichkeit geltend machen und ohne weiteres nach §§ 283, 280 Abs. 1 und 3 Schadensersatz statt der Leistung verlangen. Der Schuldner wäre aufgrund seiner vorherigen Erklärung daran gehindert, den Vortrag der Unmöglichkeit seitens des Gläubigers zu bestreiten.

Die explizite Ablehnung des Interesseerfordernisses durch den Gesetzgeber ist aber zu akzeptieren, für eine Anknüpfung fehlt es demgemäß an Anhaltspunkten im Gesetz.[1198] Der Gesetzgeber wollte die Regelung des § 286 Abs. 2 a.F. gerade abschaffen, die obige Ansicht würde aber einen teilweisen Rückgriff auf das alte Recht bedeuten. Der Übergang sollte im Vergleich zum alten Recht, insbesondere zu § 283 a.F. erleichtert und nicht erschwert werden. Dies spricht gegen das Erfordernis eines Interessefortfalls, da es im Vergleich zu § 283 a.F. sogar die schwerer zu erfüllende Voraussetzung ist.

cc) Erfordernis eines vollstreckbaren Titels zum Zwangskauf

(1) Darstellung der Ansicht

Nach *Gsell* soll beim Streit um die Räumung von Immobilien der bloße Fristenmechanismus des § 281 nicht ausreichen.[1199] Bei fortbestehendem Gläubigerinteresse sei dieser aus Treu und Glauben gehalten, erst nach einem vollstreckbaren Primärleistungsurteil die Nachfrist zu setzen. Diese strengeren Voraussetzungen seien gerechtfertigt und zumutbar, da es bei Immobilien typischerweise

---

[1198] So auch Jost, FS Otte, S. 145 (151/152).

[1199] Gsell JZ 2004, 110 (112); der Ausschluss des § 283 BGB a.F. bei Grundstücken wurde auch schon im alten Recht von Planck/Siber, § 283 Anm. 2b) vertreten. Dies geschah jedoch nicht aus den obigen Gründen, sondern dem lagen Überlegungen zur Ratio des § 283 BGB a.F. zu Grunde, die hier nicht mehr interessieren. Flach, S. 24 in Fn 43 wollte aufgrund von Übertragungsschwierigkeiten § 283 BGB a.F. nicht anwenden, dagegen Horstmann, S. 55.

um hohe, den Schuldner besonders belastende Werte gehe und auch nicht die Gefahr bestehe, dass der Gläubiger nach langem Bemühen um die Primärleistung diese doch nicht vorfinde und nur Schadensersatz erlangen könne.

Ähnlich fordern einige ein vollstreckbares Räumungsurteil beim Zwangskauf von Wohnraum.[1200] Dem liegt die Überlegung zugrunde, der Zwangskauf entfalte faktische Vollstreckungswirkung, da er den Schuldner dazu zwinge, seine eventuell berechtigte Rechtsposition kampflos aufzugeben, um nicht der Gefahr hoher Schadensersatzansprüche ausgesetzt zu sein. Des Weiteren dürfe § 721 ZPO nicht überspielt werden, der nur eingreifen könne, wenn ein erstes Urteil vorliege.

(2) Kritik

Gegen diese Ansicht spricht, dass sie, wenn auch nicht an ein rechtskräftiges, so doch an ein vollstreckbares Urteil anknüpft und sich damit ähnlicher Voraussetzungen wie § 283 a.F. bedient. Diese wurden jedoch vom Gesetzgeber absichtlich nicht weiter verwendet, da ihre Herbeiführung umständlich, langwierig und kostspielig sei.[1201] Demgemäß kennt der Wortlaut des § 281 dieses zusätzliche Merkmal des vollstreckbaren Urteils nicht. Die faktische Vollstreckungswirkung eines drohenden Zwangskaufs liegt zwar vor, dies allein stellt die Sachlage aber nicht der Möglichkeit einer formellen Zwangsvollstreckung gleich. Da sich der Gläubiger nicht der staatlichen Zwangsvollstreckungsmöglichkeiten bedient, überzeugt die Übertragung von deren Voraussetzungen nicht restlos. Zudem beruht § 721 ZPO auf einer Sonderregelung für die Räumung von Wohnraum und ist daher nicht zur allgemeinen Lösung des Problems geeignet. Auch die Unterscheidung anhand des Immobilienkriteriums erscheint als willkürlich. Zwar lassen sich Immobilien klar abgrenzen und verkörpern auch typischerweise hohe wirtschaftliche Werte, jedoch können auch Mobilien hohe wirtschaftliche Werte haben, man denke beispielsweise an das Maschinenleasing. Bei diesen würde dieser Vorschlag keine Lösung bringen.

Soweit *Gsell* meint, nur bei Immobilien sei ein Festhalten an der Primärleistung bis zu einem vollstreckbaren Primärleistungstitel wegen der dauerhaften guten Vollstreckungsmöglichkeiten zumutbar, so geht auch dies in zweifacher Hinsicht fehl. Es kann nämlich durchaus sein, dass der Schuldner wertrelevante Änderungen an dem Grundstück vornimmt. Diese können eine spätere erfolgreiche Räumungsvollstreckung ebenso als „Phyrrus-Sieg“ erscheinen lassen, wie die Erlangung eines Titels auf Herausgabe einer beweglichen Sache bei anschließender erfolgloser Vollstreckung. Insoweit ähnelt eine Rückgabeforderung

---

1200 Schwab NZM 2003, 50 (54/55); Schwab/Novokmet, ZGS 2004, 187 (188 und 194).

1201 BT-Drucks. 14/6040, S. 137. Die Beibehaltung des Urteilserfordernisses haben nach der Veröffentlichung des BGB-DiskE de lege ferenda namentlich Huber, in: Ernst/Zimmermann, S. 31 (42 in Fn 29) und Dauner-Lieb/Arnold/Dötsch/Kitz, Anmerkungen und Fragen, S. 32 gefordert.

von Immobilien einer solchen von beweglichen Sachen, die auch durch den Schuldner zunichte gemacht werden kann.

Zum anderen kann nicht pauschal unterstellt werden, es werde bei beweglichen Sachen häufiger zu einer Vollstreckungsvereitelung kommen. Denn davor schützt den Gläubiger schon das Gesetz durch den Straftatbestand der Vollstreckungsvereitelung nach § 288 Abs. 1 StGB, der selbst nicht hinsichtlich der Beweglichkeit unterscheidet. Daher erscheint es als unangemessen, die Schuldner beweglicher Sachen pauschal zu verdächtigen und daher die Beweglichkeit zum Anknüpfungspunkt für eine Differenzierung hinsichtlich der Voraussetzungen eines Übergangs auf einen Schadensersatzanspruch zu wählen. Den Schuldner beweglicher Sachen insofern weniger zu schützen, geht nicht an. Auch die ZPO macht keinen pauschalen Unterschied zwischen der Sicherung von Ansprüchen auf bewegliche oder unbewegliche Sachen, wie die einheitliche Geltung der §§ 916 ff. ZPO für beide Ansprüche zeigt.

dd) Lösung durch das Zusatzmerkmal der Erheblichkeit nach § 281 Abs. 1 Satz 3

Auch aus § 281 Abs. 1 Satz 3 lässt sich für das Problem keine Lösung finden. Er greift für den Fall der Nichtleistung seinem Wortlaut nach nicht ein. Selbst bei einer analogen Anwendung ist der Fall der völligen Nichtleistung eine erhebliche Pflichtverletzung.[1202] Dies zeigt schon, dass eine Abstufung nach Unerheblichkeit nur im Falle der Schlechtleistung Sinn macht.

c) Genereller Ausschluss eines Zwangskaufs durch Modifikation des Schadensersatzes statt der Leistung

aa) Die Ansicht von *Heinrichs*

Heinrichs möchte einen Zwangskauf durch eine veränderte Schadensberechnung vollständig ausschließen.[1203] Ist die geschuldete Sache noch beim Schuldner vorhanden, bestehe der Schadensersatzanspruch nur wegen der zeitweisen Vorenthaltung des Besitzes. Der sich als Schadensersatz statt der Leistung nach §§ 280 Abs. 1 und 3, 281 ergebende Anspruch sei dann der Höhe nach mit dem Verzögerungsschaden aus §§ 280 Abs. 1 und 2, 286 identisch, ein Anspruch auf Ersatz des vollen Sachwertes gegen Übereignung bestehe nicht. Daher könne § 281 nicht zu einem Zwangskauf führen. Nur wenn der Schuldner zur Rückgabe außerstande ist oder er eine Unmöglichkeit behauptet, dürfe der Gläubiger das volle Interesse liquidieren. Der Schuldner könne dann bei einem berechtigten Interesse – etwa bei einer abhanden gekommenen Sache – die Ersatzleistung analog § 255 von der Übereignung der geschuldeten Sache abhängig machen.

[1202] Hau JuS 2003, 130 (135/136).

[1203] Palandt/Heinrichs, 63. Auflage, § 281 Rn 4, anders jedoch Palandt/Heinrichs in der 64. Und 65. Auflage, § 281 Rn 4; eine Lösung über den Schadensbegriff denkt auch Hau JuS 2003, 129 (136) an. Brauer NotBZ 2002, 402 (406) denkt ebenfalls einen „zinsmäßigen" Schadensersatzanspruch des Gläubigers wegen entgangener Nutzungsmöglichkeit an.

bb) Unterstützende Gesichtspunkte

Für diese Ansicht spricht zunächst, dass sich dadurch ein Zwangskauf vermeiden lässt. Ihr Ansatz bei der Schadensberechnung ist auch gut mit den Besonderheiten der Rückgabeansprüche in Einklang zu bringen. Geht man davon aus, dass kein Schadensersatz in Höhe des Sachwertes geschuldet ist, da der Gläubiger immer Eigentümer geblieben ist, so kann sich der Schaden nur auf den Nutzungswert beziehen. Eine Übereignung ist dann nicht notwendig. Geht man dann weiter davon aus, dass wegen der Untrennbarkeit von Eigentum und Vindikation der Anspruch auf Rückgabe nach § 985 entgegen § 281 Abs. 4 erhalten bleibt, so ist nicht recht einzusehen, worin der Schaden in Höhe des vollen Nutzungsinteresses liegen soll. Bei dem nach der Differenzmethode notwendigen Vergleich der Vermögenslagen vor und nach der Pflichtverletzung – also der Nichtrückgabe trotz Möglichkeit – ergibt sich ein Unterschied allein darin, dass der Anspruch auf Rückgabe des Besitzes zurzeit noch nicht erfüllt worden ist. Wegen Fortbestandes des Eigentumsherausgabeanspruchs ist die Sache selbst für den Gläubiger noch nicht endgültig verloren. Der Schaden des Gläubigers liegt folglich allein in der zeitweisen Vorenthaltung des ihm gebührenden Besitzes und damit der Nutzungsmöglichkeit.

Der Höhe nach kann sich der Schaden nach dem marktüblichen Wert dieser entgangenen Nutzungsmöglichkeit für die Zeit der Nichtrückgabe richten. Nach der Rechtsprechung gibt es Nutzungsersatz aber nur, wenn der Gläubiger die Sache tatsächlich nutzen wollte und die Sache für den Gläubiger von zentraler Bedeutung war.[1204] Dem müsste auch *Heinrichs* folgen und nur in diesen Fällen den Wert des vorübergehenden Nutzungsausfalls als ersetzbar ansehen. Jedenfalls gibt die Vorenthaltung des Besitzes und der Nutzungsmöglichkeit grundsätzlich keinen Anspruch auf Ersatz des vollen Substanzwertes.[1205]

Die vorgeschlagene Differenzierung hinsichtlich des Schadensersatzanspruchs kann sich insoweit auch auf eine ähnliche Entscheidung des BGH stützen.[1206] Diese erging zu § 283 a.F. und sprach in den Gründen aus, dass der Gläubiger in bestimmten Situationen seinen Schaden liquidieren könne, ohne sein Eigentum und seinen dinglichen Herausgabeanspruch aufgeben zu müssen. Dem lag folgender Sachverhalt zugrunde:

Die Klägerin war Vermieterin eines Grundstücks, der Beklagte Mieter. Dieser hatte das Grundstück als Vertreter der Klägerin ohne Vertretungsmacht an Dritte weitervermietet. Die Klägerin genehmigte die Verträge nicht, so dass ein Mietvertrag zwischen der Klägerin und den Dritten nach § 177 Abs. 1 nicht zustande kam. Der BGH verurteilte den Beklagten nach § 556 a.F. (heute: § 546 Abs. 1) zur Herausgabe. Unerheblich war der Einwand des Beklagten, dass er weder

---

1204 BGHZ GS 98, 212 (216/217); BGH NJW 1987, 771; Staudinger/Löwisch, Neubearbeitung 2004, § 286 Rn 234.

1205 Vgl. auch OLG Düsseldorf MDR 1998, 844; Palandt/Heinrichs, § 249 Rn 45.

1206 BGHZ 56, 308 ff.

unmittelbarer noch mittelbarer Besitzer sei und zur Herausgabe unvermögend sei.[1207] Ein Unvermögen wurde richtigerweise nicht angenommen, da nicht ausgeschlossen war, dass die Dritten dem Beklagten das Grundstück auch ohne rechtlichen Anspruch zurückgeben würden. Ein Rechtsschutzbedürfnis für das Herausgabeurteil nahm der BGH trotz der mangels Besitzes nicht möglichen Zwangsvollstreckung nach §§ 883, 886 ZPO an, da das Räumungsurteil für die Klägerin wegen § 283 a.F. noch von Vorteil sein konnte. Dabei führte der BGH aus, dass die Klägerin gegen den Beklagten nach § 283 a.F. vorgehen könne. Das Erlöschen des Primäranspruchs nach § 283 Abs. 1 Satz 2 a.F. stünde dem nicht entgegen, die Klägerin gebe nur ihren schuldrechtlichen Herausgabeanspruch gegen den Beklagten auf, erfasst sei hingegen nicht ihr dinglicher Anspruch gegen die Dritten als unmittelbare Besitzer.[1208] Sollte damit die Klägerin Eigentümerin bleiben, so versteht es sich von selbst, dass insoweit der Schadensersatzanspruch gegen den Beklagten nur auf Ersatz des Nutzungsausfallschadens lauten könnte, nicht aber auf den Substanzwert.

Dies stützt den Vorschlag von *Heinrichs*. Zwar ist gegenüber der Entscheidung auch Kritik geübt worden. So ist dem BGH vorgeworfen worden, seine Ansicht führe zu unüberwindlichen Schwierigkeiten bei der Schadensbestimmung, da nicht feststehe, ob und wann der Eigentümer die Sache von den unmittelbaren Besitzern wiedererlange. Deshalb sei der Eigentümer vor die Wahl zu stellen, entweder seinen Primäranspruch zu verfolgen oder vollen Schadensersatz gegen Übereignung an den Beklagten zu verlangen.[1209] Dem ist jedoch entgegen zu halten, dass die Ansicht des BGH den Besonderheiten des § 283, insbesondere der Erlöschensanordnung in § 283 Abs. 1 Satz 2 a.F. Rechnung trug und im Ergebnis einen Zwangskauf vermied. Soweit geltend gemacht wurde, dies führe zu Problemen bei der Schadensberechnung, so sind dies allein tatsächliche Schwierigkeiten, die keinen Aussagegehalt über die dogmatische Richtigkeit besitzen. Tatsächlichen Schwierigkeiten bei der Schadensbemessung kann notfalls auch durch eine Schadensschätzung nach § 287 ZPO bzw. durch eine Feststellungsklage abgeholfen werden.[1210]

cc) Kritik

Die Bestimmung des Schadensbegriffs nach *Heinrichs* begegnet aber anderen durchgreifenden konstruktiven Bedenken. Die danach dem Gläubiger zustehenden Schadenspositionen sind allesamt schon als Verzögerungsschäden nach

---

[1207] Staudinger/Löwisch, Neubearbeitung 2001, § 283 Rn 12; Soergel/Wiedemann, 12. Auflage, § 283 Rn 10 nehmen mittelbaren Besitz des Beklagten an, der BGH verneint hingegen mittelbaren Besitz, BGHZ 56, 308 (311); ebenso K. Schmidt ZZP 87 (1974), 49 (71).

[1208] BGHZ 56, 308 (312).

[1209] Staudinger/Löwisch, Neubearbeitung 2001, § 283 Rn 12.

[1210] Auch K. Schmidt ZZP 87 (1974), 49, (71) und Soergel/Wiedemann, 12. Auflage, § 283 Rn 10 wollen eine veränderte Schadensberechnung zulassen.

§§ 280 Abs. 1 und 2, 286 ersetzbar.[1211] Obige Konstruktion würde daher unter dem Begriff Schadensersatz statt der Leistung nur Schadensersatz neben der Leistung gewähren. Der Anspruch aus §§ 280 Abs. 1 und 3, 281 würde dem des §§ 280 Abs. 1 und 2, 286 angeglichen. Dies widerspräche aber der klaren gesetzlichen Trennung von Schadensersatzansprüchen statt und neben der Leistung.

Versagt man mit *Heinrichs* dem Gläubiger die Totalliquidation, so muss er zugleich Eigentümer und Inhaber seines Herausgabeanspruchs bleiben. Dies führt *Heinrichs* zwar nicht explizit aus, es liegt aber allein in der Konsequenz seiner Ansicht.[1212] Diese Folge stößt sich jedoch mit der Anordnung des § 281 Abs. 4, wonach der Primäranspruch mit dem Schadensersatzverlangen erlischt.[1213] Demgegenüber würde hier keine Liquidation des Primärschuldverhältnisses stattfinden, es würde vielmehr nur ein Ersatz des zeitweisen Nutzungswertes zugesprochen, ohne aber eine endgültige Entscheidung herbeizuführen. Nicht weiter hilft in diesem Zusammenhang die Annahme eines bloß partiellen zeitlichen Erlöschens des Herausgabeanspruchs für die Zeit des Nutzungsausfallersatzes. Zwar spricht einiges dafür, dass der Schuldner, der der Rückgabeforderung nicht nachkommt, den zugrunde liegenden Überlassungsvertrag noch als wirksam behandelt. Dies ist jedoch nur einseitig. Außerdem fordert § 281 Abs. 4, dass die Primärverpflichtungen sofort und vollständig erlöschen. Ein zeitweises Erlöschen ist dem Gesetz fremd. Obige Ansicht würde also zur Ignorierung des § 281 Abs. 4 zwingen.

Betrachtet man daraufhin erneut obige BGH-Entscheidung, so würde wohl auch der BGH den Weg von *Heinrichs* regelmäßig versagen. Dort heißt es ausdrücklich, die Preisgabe des Erfüllungsanspruchs sei „Voraussetzung" des Ersatzanspruchs aus § 283 a.F.[1214] Dies war beim zu entscheidenden Fall möglich, da gegen den Schuldner mangels Besitzes nur ein schuldrechtlicher Anspruch bestand. Beim üblichen Zweipersonenverhältnis des Zwangskaufs besteht aber zudem noch die Vindikation, die nicht ohne Eigentumsübertragung erlöschen kann. Überträgt man dann die Ausführungen des BGH, so hieße dies, ein Schadensersatzanspruch käme dann nicht, auch nicht in Höhe des Nutzungsausfalls, in Betracht, wenn der Primäranspruch nicht erlöschen könnte, also keine Preisgabe des Erfüllungsanspruchs möglich sei.

dd) Zwischenergebnis

Ein zeitweiser Ersatz des Nutzungsausfalls kann daher wegen Widersprüchen zu § 281 Abs. 4 und § 280 Abs. 1 und 2, 286 nicht überzeugen. Die Ansicht von *Heinrichs* ist abzulehnen.

[1211] So auch jurisPK-BGB/Alpmann, 2. Auflage, § 281 Rn 7; Jost, FS Otte, S. 145 (147); vgl. dazu auch schon oben, S. 225 und S. 257.

[1212] So auch Gursky JURA 2004, 433 (436).

[1213] Vgl. dazu schon oben, S. 245 f.

[1214] BGHZ 56, 308 (312).

d) Eigene Lösung

aa) Die Schwierigkeiten einer Lösung

Anhand der vorstehenden Erörterungen werden nun insgesamt die Schwierigkeiten einer Lösung für den Zwangskauf deutlich, die sich aus den verschiedenen Anforderungen des Schadensrechts, des § 281 Abs. 4 und des § 985 ergeben.

Geht man zunächst von § 281 Abs. 4 aus, so muss jeglicher Anspruch erlöschen. Zusammen mit dem Untrennbarkeitsdogma ergibt sich daraus das Erfordernis, dem Schuldner das Eigentum an der ursprünglich geschuldeten Sache zu übertragen. Eine automatische Übertragung zeitgleich mit dem Ersatzverlangen scheitert an dessen fehlender Konstruierbarkeit. Wird eine Übertragung bei der Schadensersatzleistung erwogen, so fehlt es an einem geeigneten Anspruch seitens des Schuldners und führt daneben zu einer ungerechtfertigten Besserstellung des Gläubigers. Dies verletzt darüber hinaus auch das schadensrechtliche Bereicherungsverbot. Des Weiteren entspricht die Zuerkennung des vollen Sachwertersatzes nicht den anerkannten Kriterien der Schadensbestimmung, da der Schuldner dem Gläubiger niemals das Eigentum vorenthalten hat.

Entschließt man sich daher im Wege einer alternativen Schadensbestimmung dazu, dem Schuldner nur den Ersatz des vollen Restnutzungswertes abzuverlangen, so muss eine Übertragung des Eigentums nicht vorgenommen werden. Dies hat aber zur Folge, dass auch die Vindikation weiter besteht, und stößt sich damit an § 281 Abs. 4, der ein Erlöschen aller Ansprüche fordert.

Der Fortbestand der Vindikation erfordert dann eigentlich wieder eine andere Schadensbestimmung, da die Sache für den Gläubiger nicht für immer verloren erscheint. Jedoch kann auch ein Anspruch auf Ersatz des zeitlichen Nutzungswertes nicht überzeugen. Zwar verhindert dies einen Zwangskauf und wird vor allem der gewünschten nur zeitweisen Einräumung der Sache durch den Gläubiger gerecht, jedoch verstößt die mangelnde Totalliquidation gegen § 281 Abs. 4 und es liegt auch kein Schadensersatz statt der Leistung mehr vor.

bb) Konsequenzen und zu beachtende Gesichtspunkte

Die gegenseitigen, sich widersprechenden Anforderungen auszugleichen, erscheint nicht möglich. Die aufgezeigten Missstimmigkeiten bei der Anwendung des § 281 auf Rückgabeansprüche fordern dazu auf, das gesamte Problem neu zu überdenken. Dabei scheint mir der Blick auf eine Lösung dadurch verstellt zu sein, dass von vornherein die Möglichkeit des Zwangskaufs bejaht wird. Dies mag unter Geltung des § 283 a.F. noch vertretbar gewesen sein, die bedenkenlose Übertragung auf den neuen § 281 führt jedoch zu vielfältigen und schwerwiegenden Problemen. Daher sollen zunächst vier Prinzipien dargestellt werden, die sich aus obigen Erörterungen ergeben haben:

Erstens ist die Möglichkeit eines Zwangskaufs zu vermeiden, da sie den Gläubiger unangemessen bevorzugt und den Schuldner gravierenden Nachteilen aussetzt. Zweitens widerspricht sich die Anordnung des Erlöschens des Primäranspruchs in § 281 Abs. 4 und der Fortbestand der Vindikation aufgrund des

Untrennbarkeitsdogmas, wenn und solange der Gläubiger noch Eigentümer ist. Drittens kann die Vindikation nicht durch Zuerkennung eines Anspruchs des Schuldners auf Eigentumsübertragung gleichsam ausgeglichen werden, was zu einer schadensrechtlich verbotenen Besserstellung und einem Widerspruch zu § 281 Abs. 4 bei voller Schadensersatzleistung führt. Viertens kann andererseits die Zuerkennung eines dauerhaften oder vorübergehenden Ersatzes des Nutzungswertes wegen des dann notwendigen Fortbestandes der Vindikation nicht mit § 281 Abs. 4 vereinbart werden.

cc) Lösung: Nichtanwendbarkeit des § 281 auf Rückgabeansprüche des Eigentümers und Vertragsgläubigers

Bei Beachtung dieser Prinzipien wird deutlich, dass eine Lösung für das Problem des Zwangskaufs bei Rückgabeforderungen des Eigentümers und Vertragsgläubigers im Rahmen des § 281 nicht gefunden werden kann. Jedem Lösungsvorschlag stehen gewichtige Bedenken entgegen. Die Folgen des § 281 und die Anforderungen der berührten Prinzipien können nicht harmonisch miteinander ausgeglichen werden. Es liegt ein unauflöslicher Widerspruch zwischen § 281 Abs. 4, dem Fortbestand der Vindikation sowie dem Bereicherungsverbot des Schadensrechts vor.

Daher bleibt meines Erachtens nur eine Lösung: § 281 kann auf den schuldrechtlichen und dinglichen Rückgabeanspruch des Eigentümers gegen den Schuldner nicht angewandt werden.[1215] Vielmehr ist der nach dem Wortlaut zu weite Anwendungsbereich des § 281 teleologisch zu reduzieren.

Der BGH hat zu § 283 a.F. angeführt, dass das Erlöschen des Primäranspruchs mit Entstehung des Schadensersatzanspruchs die „Voraussetzung" für die Anwendbarkeit der Norm sei.[1216] Nicht viel anders verhält es sich bei § 281. Kann der Primäranspruch nicht erlöschen, kann es keinen Schadensersatzanspruch statt der Leistung geben. Aus dem Fortbestand der Vindikation würde also schon die Nichtanwendbarkeit des § 281 folgen.

Wie gesehen ist eine Lösung, die ohne unerwünschte Konsequenzen jedem der berührten Prinzipien Geltung verschaffen könnte, nicht möglich. Es liegt eine Inkompatibilität vor. In methodischer Hinsicht muss für die Folgen von sich widersprechenden gesetzlichen Normen oder Prinzipien zunächst der Vorrang untereinander geklärt werden.[1217] Ergibt sich ein solcher, so tritt die unterlegene Norm oder das Prinzip zurück. Begründet wird dies durch eine teleologische Reduktion, die im Ergebnis auch eine Güter- und Folgenabwägung beinhaltet.

1215 Dazu kommen auch jurisPK-BGB/Alpmann, 2. Auflage, § 281 Rn 7; Oechsler NZM 2004, 881 (889).

1216 BGHZ 56, 308 (312).

1217 Vgl. zum Folgenden: Larenz, Methodenlehre, S. 266 ff.; Enneccerus/Nipperdey, § 60; Lehmann/Hübner, § 8 IV.

Vorrang hat die Norm oder das Prinzip mit dem größeren Gewicht und den insgesamt gerechteren und passenderen Folgen.[1218]

Hier lässt sich ein Vorrang eines der berührten Prinzipien, welches die Außerachtlassung der jeweils anderen Prinzipien rechtfertigen könnte, nicht begründen. Jede Art von Zwangskauf ist im Ergebnis unerwünscht, wobei der Ersatz des vollen Sachwertes auch in Konflikt mit dem schadensrechtlichen Bereicherungsverbot kommt. Ein Zwangskauf stößt sich dabei zudem entweder mit dem Untrennbarkeitsgrundsatz oder mit der Erlöschensanordnung des § 281 Abs. 4. Keines dieser beiden Prinzipien kann dabei als so bedeutend gewichtet werden, dass dem anderen nur ein geringes, zu vernachlässigendes Gewicht beizumessen wäre. Der Untrennbarkeitsgrundsatz ist einer der zentralen sachenrechtlichen Grundsätze und maßgeblicher Inhalt des Eigentumsbegriffs.[1219] Eigentum ohne Rechtsverwirklichungsanspruch kann es nicht geben.[1220] Würde man ein Erlöschen der Vindikation aus § 985 vertreten wollen, so würde sich eine Bereicherung des Gläubigers dennoch dadurch ergeben, dass er die Sache bei Erlangung durch einen Dritten von diesem trotz vollen Schadensersatzes herausverlangen könnte.[1221]

Auch ein Zurücktreten der Anordnung des § 281 Abs. 4 könnte nicht überzeugen. Dadurch soll gerade eine Bereicherung und Besserstellung des Gläubigers verhindert werden.[1222] Der Gläubiger würde sonst neben dem durchsetzbaren Primäranspruch auch noch den Schadensersatzanspruch erhalten. Diese zusätzliche Rechtsmacht stünde ihm aber nicht zu, soll doch der Schadensersatz statt der Leistung an die Stelle des Primäranspruchs treten. Das gesetzlich vorgesehene Verhältnis zwischen Fortbestand des Primäranspruchs und Bestand eines durchsetzbaren Schadensersatzanspruchs würde zulasten des Schuldners verschoben. Dies kann vor dem Hintergrund, dass auch schon im Normalfall der Schadensersatzanspruch mit Fristablauf sehr früh neben dem Primäranspruch entsteht, was die schon aufgeführten problematischen Wahlmöglichkeiten des Gläubigers nach sich zieht,[1223] nicht überzeugen.

Ist somit jede der denkbaren Lösungen Einwendungen ausgesetzt und ein Vorrang eines der Prinzipien nicht zu begründen, so bleibt nur, § 281 auf jedwede Rückgabeansprüche des Eigentümers nicht anzuwenden und ihn insoweit teleologisch zu reduzieren. Dadurch kann ein Zwangskauf verhindert, dem Prinzip der Untrennbarkeit von Eigentum und Vindikation und dem Bereicherungsverbot des Schadensrechts Genüge getan werden und § 281 Abs. 4 uneingeschränkte Beachtung finden.

1218 Lehmann/Hübner, § 8 IV.
1219 Vgl. dazu oben, S. 234 f.
1220 Viehweg/Werner, S. 205; Werner JuS 1987, 855 (857).
1221 Vgl. dazu oben, S. 252.
1222 Vgl. dazu oben, S. 245 ff.
1223 Vgl. dazu oben, S. 103 ff.

dd) Begründung einer teleologischen Reduktion des § 281

Der Anwendungsbereich des § 281 ist durch die Schuldrechtsreform auch auf nicht-synallagmatische Pflichtenverhältnisse ausgeweitet worden. Die dadurch ermöglichte Anwendbarkeit auf nicht-synallagmatische Rückgabeansprüche ist aber sachlich zu weitgehend. Nach seinem Wortlaut ermöglicht § 281 sonst einen Zwangskauf, der aus vielen, zuvor bereits dargestellten dogmatischen Erwägungen nicht überzeugen kann und der zugleich im praktischen Ergebnis Bedenken hervorruft, gibt er doch dem Gläubiger eine ihm nicht gebührende Drohmöglichkeit. Die zu weite Fassung des § 281 ist daher teleologisch zu reduzieren, denn die nach dem Wortlaut mögliche Anwendbarkeit im Rahmen eines Zwangskaufs widerspricht der ratio des § 281.[1224] Dieser soll über einen Schadensersatzanspruch das ursprüngliche Primärschuldverhältnis in eine andere Richtung abwickeln. Statt der Primärleistung soll der Gläubiger die Möglichkeit erhalten, sich über den Schadensersatzanspruch die Sache anderswo zu besorgen bzw. sein Interesse anderweitig zu befriedigen.[1225] Dem wird indes der Zwangskauf nicht gerecht, denn durch ihn würde der Gläubiger in die Lage versetzt, ein „Mehr“ an Rechtsfolgen zu schaffen.[1226] Aus einer zeitlichen Nutzungsüberlassung im Rahmen einer Miete könnte ein dauerhafter Austauschvertrag im Rahmen eines Zwangskaufs generiert werden. Dies lässt erkennen, dass die in § 281 Abs. 1 und 4 miteinander verknüpfte Anordnung eines dauerhaften Erlöschens der Primärforderung und eines zum Ausgleich dafür bestehenden Schadensersatzanspruchs auf nicht-synallagmatische Rückgabeansprüche, denen naturgemäß nur eine zeitliche Überlassung zugrunde liegt, nicht passt.

ee) Der gesetzgeberische Wille als Hindernis

Die hier vertretene Konsequenz aus der bestehenden Unstimmigkeit ist insgesamt ehrlicher und führt zu gerechteren Konsequenzen als die Aushebelung der maßgeblichen Wertungen.[1227] Dabei soll nicht verkannt werden, dass eine Nichtanwendung des § 281 wegen eines drohenden Zwangskaufs dem Willen des Gesetzgebers widerspricht, der, wie auch der Gesetzeswortlaut es nahe legt, von einer allgemeinen Anwendbarkeit des § 281 ausging. Dies wirft die Frage auf, welcher Rang dem Willen des Gesetzgebers bei der Auslegung und Anwendung einer Norm zukommt. Zunächst lässt sich eine starre Rangordnung der

---

[1224] Zu den Voraussetzungen einer teleologischen Reduktion vergleiche schon oben, S. 78; ferner allgemein BVerfG NJW 1997, 2230 (2231); Brox, Allgemeiner Teil, Rn 68; F. Bydlinski, S. 475 ff.; Larenz, Methodenlehre, 5. Auflage, S. 375 ff.; Larenz/Wolf, § 4 Rn 81; Palandt/Heinrichs, Einleitung Rn 49; Pawlowski, § 11 Rn 493 ff.

[1225] Vgl. BT-Drucks. 14/6040, S. 137; Keuk, S. 111/112; Palandt/Heinrichs, Vorbemerkung zu § 281 Rn 1.

[1226] Ebenso nun Katzenstein AcP 206 (2006), 96 (124/125) im Rahmen der Anwendbarkeit des § 281 auf § 985.

[1227] Ebenso, allerdings allein auf den dinglichen Anspruch aus § 985 bezogen: Gursky JURA 2004, 433 (438). Zu den beim Zwangskauf betroffenen Interessen siehe oben, S. 222 ff.

einzelnen Auslegungsarten nicht feststellen.[1228] Vielmehr muss den einzelnen Auslegungskriterien jeweils ein individuelles sachliches Gewicht beigemessen werden und ihre Bedeutung am Einzelfall begründet werden.[1229] Dabei ist hier zu beachten, dass der Wille des Gesetzgebers bei neuen Gesetzen grundsätzlich eine besonders bedeutende Stellung hat, da sich die tatsächlichen Umstände noch nicht geändert haben.[1230] Inwieweit dies auch für die Begründungen in den hier einschlägigen BT-Drucksachen gilt, kann im Rahmen dieser Arbeit nicht vertieft geklärt werden. Zweifel ergeben sich indes aus der Tatsache, dass die Qualität der BT-Drucksachen mit der der Motive und Protokolle zum BGB von 1900 nicht verglichen werden kann.[1231] Dies verwundert angesichts der Zeitnot bei den Arbeiten zur Schuldrechtsreform nicht. Fraglich ist auch, inwieweit bei den Begründungen in den BT-Drucksachen überhaupt vom Willen des Gesetzgebers gesprochen werden kann, waren sie doch zu den allergrößten Teilen das Ergebnis der Beratungen von Kommissionen und spiegeln in vielen Fällen sogar die persönliche Ansicht der Kommissionsmitglieder wider.[1232]

Für das hiesige Problem genügt zunächst die Feststellung, dass jedenfalls der gesetzgeberische Wille nur eines von vier allgemein anerkannten Auslegungskriterien ist. Sein Gewicht ist insbesondere dann geschmälert, wenn die genaue Absicht des Gesetzgebers zweifelhaft bleibt.[1233] Dies ist hinsichtlich der Zulässigkeit eines Zwangskaufs zu bejahen, denn der Gesetzgeber hat ausgeführt, dass „solche Fälle tatsächlich vermieden werden sollten", gleichzeitig aber andererseits auch eine Lösung über § 242 empfohlen.[1234] Des Weiteren ist anerkannt, dass unzutreffenden Wertungen in Gesetzesmaterialien dann keine abschließende Bedeutung zukommen kann, wenn sie anderweitig gewonnenen eindeutigen Auslegungsergebnissen widersprechen.[1235] Dies kann hier, wie schon dargelegt, bejaht werden, da ein Zwangskauf zu tatsächlich unerwünschten Fol-

---

[1228] F. Bydlinski, S. 555; Larenz, Methodenlehre, S. 345; Larenz/Wolf, § 4 Rn 50; Schulze, Jahrbuch Junger Zivilrechtswissenschaftler 2001, 167 (181).

[1229] F. Bydlinski, S. 555; Köhler, § 4 Rn 19; Larenz, Methodenlehre, S. 345/346; Larenz/Wolf, § 4 Rn 50; Schulze, Jahrbuch Junger Zivilrechtswissenschaftler 2001, 167 (181); Zippelius, FS Larenz, S. 739 (747 f.).

[1230] Larenz/Wolf, § 4 Rn 50; Wank, S. 65; vgl. auch Larenz, Methodenlehre, S. 328 und 344.

[1231] Ehmann/Sutschet, S. 10; vgl. auch Helm, S. 42; Schulze, Jahrbuch Junger Zivilrechtswissenschaftler 2001, 167 (178).

[1232] Vgl. dazu etwa Dauner-Lieb, in: Dauner-Lieb/Konzen/Schmidt, S. 3 (21); Larenz, Methodenlehre, S. 328/329; So sind große Teil des BT-Drucks. 14/6040 wörtlich auf den BGB-DiskE zurückzuführen. Ebenso finden sich in den BT-Drucks. 14/6040 wortwörtliche Übernahmen von Literaturansichten, vgl. dazu etwa BT-Drucks. 14/6040, S. 128 mit Canaris JZ 2001, 499 (500).

[1233] Larenz/Wolf, § 4 Rn 50.

[1234] Erstmals BGB-DiskE, S. 324; wortgleich BT-Drucks. 14/6040, S. 138/139.

[1235] BGHZ 139, 36 (42); Larenz/Wolf, § 4 Rn 42.

gen und zahlreichen dogmatischen Problemen führen würde, die nur durch eine Nichtzulassung des Zwangskaufs behebbar sind.[1236]

Außerdem ist eine Abweichung vom gesetzgeberischen Willen bei unvorhergesehenen Anwendungsfällen und Folgen des Gesetzes möglich, wenn diese bei Kenntnis der Sachlage vermutlich nicht gewollt sein würden.[1237] In dieser Hinsicht muss für den Zwangskauf durchaus bezweifelt werden, ob sich der Gesetzgeber aller Implikationen der Ausweitung des § 281 bewusst war. Erst bei genauer Analyse und Berücksichtigung der Folgen hat sich gezeigt, dass es für den kleinen Kreis der nicht-synallagmatischen Rückgabeansprüche zu unpassenden Ergebnissen kommt. Daher ist der Anwendungsbereich des § 281 Abs. 1 teleologisch zu reduzieren. Zwar soll eine solche teleologische Reduktion nicht möglich sein, wenn sich der Gesetzgeber über die problematischen Fälle bewusst war,[1238] dies kann aber nur dann gelten, wenn der Gesetzgeber selbst das Problem als gelöst ansah und seine Vorstellungen in sich widerspruchslos sind. Eben dies ist aber für den Zwangskauf nicht der Fall.[1239] Denn der Gesetzgeber scheint sich über die dogmatischen Probleme nicht klar gewesen zu sein; zumindest die vorgeschlagene Lösung über § 242 ist als solche unpraktikabel und stellt eher eine Ausflucht denn eine Problemlösung dar.[1240] Dass die Ausführungen zum Zwangskauf auch in sich widersprüchlich sind, wurde bereits ausgeführt.

Der Wille des Gesetzgebers steht damit dem hier befürworteten Ergebnis einer Nichtanwendbarkeit des § 281 bei nicht-synallagmatischen Rückgabeansprüchen nicht entgegen.

ff) Systematische Erwägungen zur Absicherung der teleologischen Reduktion

Nun mag die fehlende Anwendbarkeit des § 281 vor allem deshalb verwundern, weil dem Gläubiger neben der Vindikation auch noch ein schuldrechtlicher Rückgabeanspruch zusteht. Denn schließlich sollte § 281 als schuldrechtliche Norm prima facie zumindest auf alle schuldrechtlichen Ansprüche anwendbar sein. Jedoch könnte dies selbst nach der herrschenden Meinung vom Zwangskauf gegen Übereignung analog § 255 nicht gewährleistet werden. Denn die Anwendbarkeit des § 281 müsste, wie auch schon zu § 283 a.F. mehrheitlich vertreten wurde, jedenfalls dann ausscheiden, wenn der Gläubiger dem Schuldner mangels rechtlicher Selbständigkeit das Eigentum an der Sache nicht über-

---

[1236] Vgl. dazu im Einzelnen oben, S. 222 ff., S. 236 ff., S. 261 ff.

[1237] Enneccerus/Nipperdey, § 59 I; vgl. auch Larenz/Wolf, § 4 Rn 50.

[1238] Vgl. zu den Voraussetzungen der teleologischen Reduktion: BVerfG NJW 1997, 2230 (2231); Brox, Allgemeiner Teil, Rn 68; F. Bydlinski, S. 475 ff.; Enneccerus/Nipperdey, § 59 II; Larenz, Methodenlehre, 5. Auflage, S. 375 ff.; Larenz/Wolf, § 4 Rn 81; Palandt/Heinrichs, Einleitung Rn 49; Pawlowski, § 11 Rn 493 ff.

[1239] Auch Schwab/Novokmet ZGS 2004, 187 (190) gehen davon aus, dass die Ansicht des Gesetzgebers mangels Bewusstseins der Folgeprobleme nicht bindet.

[1240] So auch Hau JuS 2003, 130 (136); Schwab/Novokmet ZGS 2004, 187 (190).

tragen kann. Denn dann ließe sich eine Bereicherung nicht verhindern. Dies wird etwa der Fall sein bei Rückgabeansprüchen bezüglich einzelner Grundstücks- oder Gebäudeteile.[1241] Auch die Lösung von *Heinrichs* würde § 281 zwar vordergründig anwenden, im Ergebnis beruht aber auch sie auf einer Nichtanwendung des § 281, da der danach mögliche Schadensersatz schon aus §§ 280 Abs. 1 und 2, 286 folgt.[1242] *Heinrichs* muss die Differenzierung nach Rückgabe- und anderen Leistungsansprüchen dann bei der Bemessung des Schadensersatzes statt der Leistung treffen. Dabei werden aber die maßgeblichen Unterschiede eher verwischt, was nicht zur Verständlichkeit beiträgt.

In dieser Untersuchung wurde auf die Unterschiede zwischen schuldrechtlichen und dinglichen Herausgabeansprüchen nicht gesondert eingegangen. Es sei aber daran erinnert, dass gerade die Anwendbarkeit des § 281 auf den dinglichen Anspruch aus § 985 immer noch, wie auch schon bei § 283 a.F., stark umstritten ist.[1243] Gerade aus den Verflechtungen des § 985 mit den Eigentümer-Besitzer-Regeln und der großen Vereinfachung des Übergangs nach § 281 gegenüber § 283 a.F. gibt es weitere, hier nicht darzustellende Bedenken gegen eine Anwendbarkeit auf dingliche Ansprüche. Hier ist allein noch auf einen Nebeneffekt dieser Lösung hinzuweisen. Nach der hier vertretenen Ansicht wäre § 281 sowohl auf schuldrechtliche als auch auf dingliche Rückgabeansprüche des Eigentümers unanwendbar.[1244] Dadurch kann in diesen Fällen ein einheitliches Ergebnis erzielt werden.

In der Begründung fehl geht *Oechsler*, der § 281 nicht anwenden möchte, da der Schadensersatzanspruch statt der Leistung aufgrund des Zwangskaufs dem aus dem Kaufrecht bekannten „großen" Schadensersatz ähnlich sei.[1245] Dieser sei aber im Grunde nichts anderes als eine Kombination aus Rücktritt und Schadensersatz.[1246] Da aber ein Rücktritt bei Dauerschuldverhältnissen, wie etwa Mietverträgen nach Gefahrübergang überhaupt nicht möglich sei, müsse dann auch eine Anwendbarkeit des § 281 ausscheiden. Dieser Argumentation ist nicht zu folgen, denn es wird übersehen, dass die Anwendbarkeit des § 281 auch auf nicht-synallagmatische Pflichten ausgeweitet wurde. Bei diesen ist ein Rücktritt

---

[1241] Dazu schon oben, S. 232/233. Dies gilt jedenfalls solange keine Sonderrechtsfähigkeit nach dem WEG vorliegt, vgl. auch Arnold, in: Dauner-Lieb/Konzen/Schmidt, S. 589 (598 in Fn 59).

[1242] So auch Gursky JURA 2004, 433 (436/437).

[1243] Vgl. dazu zum neuen Recht: Gursky JURA 2004, 433 ff.; Katzenstein AcP 206 (2006), 96 ff.; zum alten Recht: Staudinger/Löwisch, Neubearbeitung 2001, § 283 Rn 11 ff.; Picker, FG 50 Jahre BGH, S. 693 (723 ff.).

[1244] Die Anwendbarkeit des § 281 auf § 985 verneinen: AnwKomm/Schanbacher, § 985 Rn 47 und 60; Gursky JURA 2004, 433 (437); Jauernig/Stadler, § 281 Rn 3/4; Katzenstein AcP 206 (2006), 96 (99); Wilhelm, Rn 1086; Zweifel auch bei AnwKomm/Dauner-Lieb, § 281 Rn 8 und Schapp/Schur, Rn 84 in Fn 78.

[1245] Oechsler NZM 2004, 881 (889).

[1246] Vgl. zum großen Schadensersatz nur MüKo/Ernst, Band 2a, 4. Auflage, § 281 Rn 138.

schon per se ausgeschlossen, so dass bei den hier interessierenden nichtsynallagmatischen Rückgabepflichten der angestellte Vergleich zu den Rücktrittswirkungen nicht überzeugen kann.

gg) Akzeptable Ergebnisse durch verbleibende Möglichkeiten der Totalliquidation in der Praxis

Die hier vertretene Lösung führt auch in der Praxis zu durchaus akzeptablen Ergebnissen, die in vielen Fällen der von *Heinrichs* geäußerten Ansicht entsprechen. Der Unterschied besteht nur darin, dass hier klar gesagt wird, dass sich die Rechtsfolgen nicht aus § 281 ergeben können, während dort § 281 scheinbar noch anwendbar ist.

Macht der Gläubiger die Rückgabe einer ihm gehörenden Sache geltend und äußert sich der Schuldner nicht zu einer Unmöglichkeit, die ihm jedenfalls ein Vorgehen nach § 283 erlauben würde, so kann der Gläubiger nach hiesiger Ansicht nicht nach § 281 Schadensersatz statt der ganzen Leistung verlangen. Er kann aber natürlich seinen Verzögerungsschaden als Schadensersatz neben der Leistung über §§ 280 Abs. 1 und 2, 286 einfordern, wodurch die meisten der auftretenden Schadenspositionen abgedeckt sein werden. So ist der Ersatz von aufgrund der Leistungsverspätung frustrierten Aufwendungen auch vom Verzögerungsschaden umfasst.[1247] Daneben kann der Verzögerungsschaden in Einzelfällen sogar das ganze Interesse oder mehr umfassen. Es kann Situationen geben, in denen dem Gläubiger aufgrund der Leistungsverspätung ein sehr hoher Schaden droht. In diesen Fällen ist er schon aus § 254 gehalten, ein Deckungsgeschäft zu tätigen und dadurch den hohen Schaden abzuwenden. Dann kann er aber auch aus §§ 280 Abs. 1 und 2, 286 den Ersatz des Deckungsgeschäfts fordern.[1248] Dadurch wird in Extremfällen eine Totalliquidation erlaubt, wenn sonst die Entstehung eines großen Schadens droht und § 254 zum Handeln verpflichtet. Dass es in diesen seltenen Fällen zu einem Zwangskauf kommen kann, ist zu akzeptieren.[1249] Schließlich wird der Schuldner dadurch vor dem Regress eines sehr hohen Verzögerungsschaden bewahrt, der Zwangskauf ist also in seinem Interesse. Die Anwendbarkeit der §§ 280 Abs. 1 und 2, 286 ermöglicht auch eine flexible Lösung nach dem Gläubigerinteresse. So kann er den Schuldner alternativ an seinem Primäranspruch festhalten und mittels des Schadensersatzanspruchs nur die Mehrkosten des Deckungskaufs gegenüber dem marktüblichen Preis geltend machen.

[1247] Palandt/Heinrichs, § 280 Rn 32.

[1248] Palandt/Heinrichs, § 286 Rn 44; Staudinger/Löwisch, Neubearbeitung 2004, § 286 Rn 173; zum insofern identischen alten Recht: Palandt/Heinrichs, 61. Auflage, § 286 a.F. Rn 4; Peters NJW 1979, 688 (691).

[1249] Hinsichtlich der Übertragung des Eigentums ist anzunehmen, dass der Gläubiger dieses Zug-um-Zug gegen Ersatzleistung dem Schuldner übertragen muss. Die dadurch erfolgte zeitweilige Besserstellung ist in diesem Falle hinzunehmen, da der Gläubiger zur Schadensminderung verpflichtet war und im Interesse des Schuldners tätig wurde.

Liegt kein Fall eines durch § 254 erforderlichen Deckungskaufs vor, so kann der Gläubiger grundsätzlich keine Totalliquidation herbeiführen. Es gibt jedoch außerhalb der gesetzlichen Vorschriften Spielraum für vertragliche Lösungen. So ist es dem Gläubiger unbenommen, den ganzen Schadensersatz zu fordern und dafür dem Schuldner die Übertragung des Eigentums Zug-um-Zug gegen Ersatzleistung anzubieten. Nimmt der Schuldner das Erbieten an und zahlt den vollen Schadensersatz, so ist dies kein Zwangskauf mehr, sondern neben dem Ersatz des sonst noch bestehenden Verzögerungsschadens ein normaler Kaufvertrag.[1250] Mit § 281 hat dies nichts mehr zu tun, sondern dies beruht dann auf einer vertraglichen Vereinbarung der Parteien.

Verweigert der Schuldner die Zahlung des ganzen Schadensersatzes und möchte er das Eigentum nicht erwerben, so hat der Gläubiger keinen Anspruch auf einen Schadensersatz statt der Leistung. Er ist darauf verwiesen, an der Primärleistungspflicht festzuhalten, kann jedoch den Verzögerungsschaden liquidieren.

Klagt der Gläubiger auf Rückgabe und macht der Schuldner im Prozess keine Unmöglichkeit geltend, wird ein Herausgabeurteil ergehen. Mit diesem kann dann der Gläubiger seine Primärforderung durchsetzen. Diese Lösung hat für den Gläubiger keine unzumutbaren Nachteile. Es steht nicht zu befürchten, dass er niemals das volle Interesse liquidieren kann.[1251] Denn wird die Sache nach einem Primärleistungstitel im Wege der Zwangsvollstreckung nicht aufgefunden, so muss der Schuldner – wie bereits erwähnt[1252] – an Eides Statt versichern, dass er sie nicht besitze und nicht wisse, wo sie sich befinde, § 883 Abs. 2 ZPO. Gibt der Schuldner diese Erklärung ab, so kann der Gläubiger nach §§ 280 Abs. 1 und 3, 283 und auch §§ 989, 990 vorgehen, der Schuldner kann dann nichts anderes mehr behaupten.[1253] Anzumerken bleibt, dass sich der Schuldner, ist er wirklich noch leistungsfähig, schon zur Vermeidung von Verzögerungsschäden um baldige Leistung bemühen wird. Ist er aber nicht leistungsfähig, so wird er dies darlegen, und dem Gläubiger steht der Weg über §§ 280 Abs. 1 und 3, 283 offen. Es entspricht nicht dem Regelfall, dass der Schuldner vorsätzlich eine ihm

---

[1250] Da der Gläubiger keinen Anspruch auf die Totalliquidation hat, wird man fordern müssen, dass er den Angebotscharakter seiner Erklärung deutlich zum Ausdruck bringt. Andernfalls kann die Zahlung des Schuldners nicht als konkludente Annahmeerklärung gewertet werden, da er dann für den Gläubiger erkennbar keinen Vertrag abschließen wollte, sondern den vermeintlichen Anspruch des Gläubigers erfüllen wollte. Mangels Rechtsgrundes würde eine Rückabwicklung über das Bereicherungsrecht erfolgen.

[1251] Zum berechtigten Interesse des Gläubigers, bei Ausbleiben der Leistung selbst nach einem Primärurteil auf das gesamte Vermögen des Schuldners im Wege der Geldvollstreckung zuzugreifen, vgl. Huber, in: Ernst/Zimmermann, S. 31 (151).

[1252] Siehe oben, S. 255.

[1253] Er würde sich wegen einer falschen eidesstattlichen Versicherung nach den §§ 156, 163 StGB strafbar machen.

mögliche Leistung zurückhält und die fortlaufende Entstehung von Verzögerungsschäden in Kauf nimmt.

Äußert sich der Schuldner überhaupt nicht, so hat der Gläubiger doch die Möglichkeit, sofort Schadensersatz in voller Höhe zu fordern, wenn er Grund zur Annahme hat, dass der Schuldner zur Leistung unvermögend sei. Bestreitet der Schuldner dies dann substantiiert im Prozess, so muss der Gläubiger seine Klage auf Primärerfüllung ändern. Dies wird jedoch gemäß § 263 ZPO immer möglich sein, da es als sachdienlich anzusehen ist. Die Nichtanwendbarkeit des § 281 führt also auch bei fehlender Gewissheit des Gläubigers über den Grund der unterlassenen Rückgabe zu keinen unzumutbaren Ergebnissen.[1254]

Hat der Gläubiger das Interesse an der Leistung infolge der nicht rechtzeitigen Leistung verloren, so fehlt ihm nun im Gegensatz zu § 286 Abs. 2 a.F. eine Übergangsmöglichkeit auf einen Schadensersatzanspruch. Er ist gehalten, seinen Primäranspruch zu verfolgen. Dies stellt den Gläubiger aber nicht viel schlechter als im alten Recht. So wird bei den nicht-synallagmatischen Rückgabeansprüchen oftmals schon kein Interesseverlust gerade aufgrund der nicht rechtzeitigen Leistung denkbar sein. Des Weiteren hat er während der Zeit der Verfolgung der Primärleistung einen fortlaufenden Anspruch auf den Verzögerungsschaden, unter den auch Schäden durch entgangene anderweitige Geschäfte fallen. Schon dies wird den Eintritt eines Interesseverlusts selten machen. Der Gläubiger kann sich auch durch die Vereinbarung von Fixgeschäften schützen. Schlussendlich folgt die Notwendigkeit einer Verfolgung des Primäranspruchs aus einer sogleich darzulegenden Stärkung der Primärebene.

hh) Stärkung der Primärebene

Die hier vorgeschlagene Beschränkung des Anwendungsbereichs des § 281 gilt einheitlich für alle Rückgabeansprüche des Eigentümers,[1255] so dass Abgrenzungsschwierigkeiten nicht zu befürchten sind. Dem § 281 bleibt auch noch ein weiter Anwendungsbereich erhalten, denn sein Hauptanwendungsbereich liegt außerhalb der Nichterfüllung von nicht-synallagmatischen Rückgabepflichten.

Vor allem bewirkt die Nichtanwendbarkeit des § 281 und damit das Fehlen einer Übergangsnorm bei nicht-synallagmatischen Forderungen eine Stärkung der Primärebene. Dies ist ein gut vertretbares Ergebnis, denn der Gläubiger durfte nicht erwarten, seinen Rückgabeanspruch zugunsten eines seinen Rechtskreis erweiternden Zwangskaufs aufgeben zu können. Letztendlich wird so auch die Erfüllung der Primärleistungspflicht gefördert und damit nicht zuletzt dem Grundgedanken unseres Schadensrechts von der Naturalrestitution Rechnung

---

[1254] So auch Gursky JURA 2004, 433 (438) für die Anwendbarkeit des § 281 auf dingliche Ansprüche.

[1255] Vgl. zu den übrigen Fallgruppen sogleich. Es wird sich dort zeigen, dass eine Anwendbarkeit des § 281 bei einseitigen Rückgabeansprüchen immer ausscheidet, während er bei Rückgewähransprüchen anwendbar ist.

getragen.[1256] Der Gläubiger wird so dazu angehalten, sich nicht voreilig auf den Schadensersatz zu stützen, solange er die Leistung auch in Natur erhalten kann.

Die Stärkung der Primärebene war auch eines der Hauptanliegen der Schuldrechtsmodernisierung, wie sich am durchgängigen Erfordernis einer Fristsetzung und der damit zusammenhängenden zweiten Chance zur Leistungserbringung in Natur zeigt. Zwar geht diese Stärkung der Primärebene mit einer Einschränkung der Übergangsmöglichkeiten bei nicht-synallagmatischen Pflichten einher, es können aber nur so die negativen und vom Gesetzgeber nicht erwünschten Folgen eines Zwangskaufs verhindert werden. Es sei hier noch einmal daran erinnert, dass dem Gläubiger einer nicht-synallagmatischen Pflicht ein Festhalten an der Primärforderung mangels eigener Verpflichtung eher zuzumuten ist.[1257]

Die nun nach dem Gesetzeswortlaut bestehende, allumfassende Übergangsmöglichkeit nach Fristablauf stellt den Abschluss einer rechtsgeschichtlichen Entwicklung dar, die hinsichtlich der Absenkung der Übergangsvoraussetzungen zuletzt zu weit ging, so dass es zu dem hiesigen Problem des Zwangskaufs kam. § 281 hatte hinsichtlich des Fristenerfordernisses seinen Vorläufer in § 326 a.F., der wiederum sein Vorbild in Art. 356 AHGB hatte. Die ursprünglich nur für Kaufleute gedachte, besonders schneidige Übergangsmöglichkeit wurde also zunächst auf jedermann für synallagmatische Pflichtenverhältnisse und schließlich vom Reformgesetzgeber auch auf nicht-synallagmatische Pflichten ausgeweitet. Es sollten keine Bedenken bestehen, diese schuldnerfeindliche Ausuferung bei Vorliegen dogmatischer Gründe einzugrenzen.[1258]

ii) Übereinstimmung mit dem Wesen der Vindikation und den Wertungen des Eigentümer-Besitzer-Verhältnisses

Nur kurz soll darauf hingewiesen werden, dass sich die ergebende Notwendigkeit zur Verfolgung des Primäranspruchs auch dem Wesen der Vindikation entspricht, die in den allermeisten Fällen neben dem vertraglichen Rückgabeanspruch bestehen wird. Diese zeichnet aus, dass sie auf die Beseitigung eines störenden, da der rechtlichen Sachlage widersprechenden, tatsächlichen Zustandes gerichtet ist.[1259] Gegenüber dem konkreten Anspruchsgegner erlischt sie nicht

---

1256 Vgl. zu diesem Grundsatz Soergel/Mertens, 12. Auflage, § 249 Rn 2 und 4. Aus ähnlichen Erwägungen folgert Brauer NotBZ 2002, 402 (406), dass sich der Anspruch aus § 281 nur auf Naturalrestitution gemäß § 249 Abs. 1 richtet. Der Gläubiger könne also auch nach einem Übergang nach § 281 nur die Herausgabe der geschuldeten Sache fordern. Dies wird indes der Betitelung als Schadensersatz statt der Leistung und der Erlöschensanordnung des § 281 Abs. 4 nicht gerecht. Klarer erscheint demgegenüber die hiesige Lösung, die zu einem im Wesentlichen ähnlichen Ergebnis kommt.

1257 Huber, in: Ernst/Zimmermann, S. 31 (150/151).

1258 Vgl. dazu auch Stoll JZ 2001, 589 (594), der zudem darauf hinweist, dass es im europäischen Ausland vielfach an einer Möglichkeit zur Totalliquidation bei nicht-synallagmatischen Pflichten fehlt.

1259 Katzenstein AcP 206 (2006), 96 (101); Picker, FG 50 Jahre BGH, S. 693 (703).

erst mit der Erfüllung der geschuldeten Leistung, sondern schon dann, wenn dieser mit dem Besitz seine störende Stellung aufgibt.[1260] Der Sinn der Vindikation ist damit nicht eine Restitution, es reicht allein die Beendigung der Störung durch den konkreten Schuldner.[1261] Daher passt es zu ihr nicht, wenn der Eigentümer auf ihrer Grundlage einen Schadensersatzanspruch verfolgt, der immer auf Restitution gerichtet ist.

Die Übergangsmöglichkeit nach § 281 passt auch aus einem anderen Grund nicht zur Vindikation. Denn wie die Schadensersatzansprüche der §§ 989, 990 beim Eigentümer-Besitzer-Verhältnis zeigen, soll ein Ersatz nur dann zu leisten sein, wenn die geschuldete Sache verschlechtert, untergegangen oder aus einem sonstigen Grunde nicht herausgegeben werden kann. Eine Übergangsmöglichkeit nach bloßem Fristablauf ist eben nicht vorgesehen. Zwar wird dies von einigen als Manko und etwa durch analoge Anwendung des § 281 oder § 283 a.F. als ergänzungsbedüftig angesehen, da der Gläubiger bei bloßer Nichtherausgabe ebenfalls schutzwürdig sei.[1262] Jedoch verkennt dies die Eigenart der Vindikation. Sie ist ein bloßer Störungsbeseitigungsanspruch, sie entsteht und besteht deshalb immer gegenüber dem jeweiligen Besitzer, ein Erlöschen und eine Ersetzung durch eine Ersatzpflicht nach bloßem Fristablauf trotz Fortbestandes des Besitzes sind ihr fremd. Eine Ergänzung über § 281 würde die spezielle Regelung des Eigentümer-Besitzer-Verhältnisses ignorieren und nicht zuletzt wegen des Widerspruchs zwischen § 281 Abs. 4 und dem Untrennbarkeitsgrundsatz schwere konstruktive Probleme ergeben. Der Gläubiger soll vielmehr seinen Anspruch aus § 985 in Natur verfolgen, weshalb die Anwendbarkeit des § 281 auch aus diesem Grunde abzulehnen ist.

e) Ergebnis

Für die Problematik des Zwangskaufs bei Rückgabeansprüchen des Vertrags- und Vindikationsgläubigers gibt es keine in jeder Hinsicht zufrieden stellende Lösung. Wegen zahlreicher Schwierigkeiten ist davon auszugehen, dass § 281 bei Bestehen von schuldrechtlichen und dinglichen Rückgabeansprüchen des Gläubigers nicht angewendet werden kann und insoweit teleologisch zu reduzieren ist. Damit werden Sinn und Zweck des § 281 sowie die gesetzlichen Wertungen beachtet und man gelangt zu vorhersehbaren und auch in der Praxis tauglichen Ergebnissen. Es wird dadurch ein Stück Rechtssicherheit wieder gewonnen, die durch die vorschnelle Abschaffung des § 283 a.F. verloren gegangen ist.

[1260] Katzenstein AcP 206 (2006), 96 (103); Picker, FG 50 Jahre BGH, S. 693 (704); Picker, FS Bydlinski, S. 269 (287); Wilhelm, Rn 1086.

[1261] Vgl. Picker, FG 50 Jahre BGH, S. 693 (701/702); Gursky JURA 2004, 433 (434) spricht von einer „Rechtsverwirklichungsfunktion" des § 985.

[1262] Vgl. etwa Bamberger/Roth/Fritzsche, § 989 Rn 29; Gebauer/Huber ZGS 2005, 103; MüKo/Medicus, Band 6, 4. Auflage, § 985 Rn 11.

6) Sonstige Fallgruppen des Zwangskaufs

a) Zwangskauf bei Bestehen eines schuldrechtlichen Rückgabeanspruchs gegen den Schuldner und einer Vindikation gegen einen Dritten

Aus der oben dargelegten Lösung ergibt sich nun auch eine sachgerechte Behandlung anderer verwandter Konstellationen. Ist der Gläubiger Eigentümer, steht ihm aber gegen den Schuldner nur ein vertraglicher Rückgabeanspruch zu, da sich die Sache im alleinigen Besitz eines Dritten befindet, so kommt nach hiesiger Ansicht auch hier kein Zwangskauf über § 281 in Betracht.[1263]

Zunächst ist die Interessenlage die gleiche, weshalb ein Zwangskauf nicht wünschenswert erscheint. Die Zuerkennung eines vollen Sachwertanspruchs kann wiederum nicht überzeugen, da der Schuldner dem Gläubiger nicht das Eigentum vorenthält. Jedoch könnte man hier einen Übereignungsanspruch analog § 255 wegen des Dreipersonenverhältnisses eher zuerkennen.[1264] Vordergründig könnte sogar der Anordnung des § 281 Abs. 4 Genüge getan werden, da der schuldrechtliche Anspruch gegen den Schuldner selbst natürlich mit dem Ersatzverlangen erlöschen kann. Es bleibt aber immer noch eine Besserstellung des Gläubigers, der durch den Fortbestand des Eigentumsherausgabeanspruchs trotz Ersatzerlangung noch auf die Sache gegenüber dem Dritten zugreifen kann. Dies ist so von § 281 Abs. 4 für den Regelfall auch nicht gewollt, der Gläubiger soll jegliche Beziehung zur geschuldeten Sache verlieren. Des Weiteren liegt noch eine Benachteiligung des Schuldners vor, der einen Anspruch auf Übereignung nur Zug-um-Zug gegen Schadensersatzzahlung haben soll, welches § 281 Abs. 4 widerspricht. Ein echter Zwangskauf ist damit abzulehnen.

Würde man einen Schadensersatzanspruch in Höhe des kapitalisierten Restnutzungswertes zubilligen, ohne dass der Gläubiger sein Eigentum übertragen müsste, so könnte auch hier prima facie der Erlöschensanordnung des § 281 Abs. 4 nachgekommen werden. Jedoch bliebe es dauerhaft beim Fortbestand der Vindikation gegen den Dritten, was den Gläubiger bevorzugen würde, der gegenüber dem Dritten trotz Ersatzleistung des Schuldners in Höhe des Wertes einer dauerhaften Nutzungsentziehung auf die Sache zugreifen könnte. Gerade wegen des Fortbestandes des Primäranspruchs kann die Zuerkennung eines Schadens in Höhe des gesamten Restnutzungswertes nicht überzeugen.

Auch eine Modifikation des § 281 dergestalt, dass nur der zeitweilige Nutzungswert zu ersetzen ist, ist abzulehnen, da dies kein Schadensersatz statt der Leistung ist.

1263 Es findet kein Unmöglichkeitsrecht Anwendung, wenn für den Schuldner kein Unvermögen vorliegt, da er etwa die Sache noch von dem Dritten wiedererlangen könnte.

1264 Immerhin steht dem Gläubiger nicht nur gegen den Schuldner, sondern auch gegen den besitzenden Dritten ein Anspruch zu. Dieser Eigentumsherausgabeanspruch kann aber nicht selbständig abgetreten werden, so dass der Gläubiger dem Schuldner das Eigentum verschaffen müsste. Insoweit erscheint eine Analogie zu § 255 als nicht ganz fern liegend.

Die Haupteinwendungen gegen die Konstruktion eines Zwangskaufs bleiben also bestehen, und es ergibt sich damit keine gegenüber den obigen Ausführungen veränderte Rechtslage. Damit ist auch hier eine Anwendbarkeit des § 281 auf den vertraglichen Rückgabeanspruch des Gläubigers abzulehnen.

Die hier vorgeschlagene Lösung steht damit jedoch in einem gewissen Widerspruch zur schon dargestellten Entscheidung des BGH in BGHZ 56, 308 ff. Der BGH hat dort ein Primärurteil unter Hinweis auf eine später mögliche Anwendung des § 283 a.F für einen Fall zugelassen, in dem der Schuldner nicht mittelbarer Besitzer war, gegen ihn also nur ein schuldrechtlicher Anspruch des Eigentümers auf Rückgabe bestand.[1265] Das Urteil erging aber noch zum alten Recht. Infolge der Ausweitung des § 281 auf jegliche Pflichtenverhältnisse und der radikalen Vereinfachung der Übergangsvoraussetzungen kann aber nicht sicher vom Fortbestand der Rechtsprechung ausgegangen werden. Ein Zwangskauf war zwar auch früher möglich, jedoch sehr viel seltener, und der Schuldner war ausreichend gewarnt. Diese Problematik stellte sich auch nicht explizit im zitierten Verfahren, kam es doch der Klägerin gerade auf die Primärleistung an und forderte sie gerade keinen Schadensersatz statt der Leistung, obwohl der Beklagte ein Unvermögen geltend machte. Die Gefahr eines Zwangskaufs bestand schon deshalb nicht. Heute fehlt eine vorgängige Klärung des Primärverhältnisses wie bei § 283 a.F. Daher kann eine Voraussage über die heutige Meinung des BGH nicht im Rekurs auf die alte Entscheidung getroffen werden. Zudem führte der BGH aus, durch eine Geltendmachung des Schadensersatzes nach § 283 a.F. müsse der Gläubiger nicht seinen Eigentumsherausgabeanspruch aufgeben. Dies konnte dann nur bedeuten, dass nicht der volle Schadensersatz geleistet werden musste. Im Ergebnis wäre dann aber der zu leistende Schaden als zeitweiliger Nutzungsersatz auch als Verzögerungsschaden zu ersetzen gewesen, was einer Nichtanwendung des § 283 a.F. gleich gekommen wäre. Die alte BGH-Entscheidung vermag das hiesige Ergebnis also nicht zu verhindern. Auch in den Fällen eines vertraglichen Rückgabeanspruchs gegen den Schuldner ist bei vorhandenem anderweitigem Eigentumsherausgabeanspruch des Gläubigers eine Anwendbarkeit des § 281 abzulehnen.

b) Zwangskauf beim Bestehen eines schuldrechtlichen Rückgabeanspruchs durch den Gläubiger als Nicht-Eigentümer

Ist der Gläubiger nicht Eigentümer, so kann ihm gegen den Schuldner nur ein schuldrechtlicher Rückgabeanspruch zustehen. Auch in diesem Falle vermag eine Anwendung des § 281 zur Herbeiführung eines Zwangskaufs nicht zu überzeugen. Diese Fälle sind häufiger, als sie auf den ersten Blick erscheinen mögen. So kann etwa der Fuhrpark einer Autovermietung an eine Bank sicherungsüber-

[1265] Darauf weist auch K. Schmidt ZZP 87 (1974), 49 (71) hin.

eignet sein. Das Unternehmen hat dann gegen die Mieter nur schuldrechtliche Ansprüche.

Zunächst scheidet ein echter Zwangskauf durch Verlangen des vollen Wertersatzes schon deshalb aus, da der Gläubiger dem Schuldner das Eigentum in aller Regel überhaupt nicht verschaffen kann und darf. So würde etwa die sichernde Bank ihr Eigentum und ihre Sicherheit verlieren, ohne an dem Ersatz durch die Schadensersatzzahlung Eigentum zu erlangen. Zudem enthält der Schuldner auch hier dem Gläubiger wiederum nur den Besitz vor. Ein echter Zwangskauf würde also den Schuldner benachteiligen und den Gläubiger ungerechtfertigt bereichern, da er einen monetären Eigentumsersatz bekäme, ohne solches aufgegeben zu haben.[1266]

Aber auch zum Ersatz des gesamten Restnutzungswertes darf es nicht kommen. Denn der Schuldner erhielte dadurch ein dauerhaftes Nutzungsrecht, was den Vereinbarungen zwischen dem Gläubiger und dem Eigentümer zuwiderlaufen dürfte. Der Gläubiger selbst wird in aller Regel nicht den endgültigen Verlust der geschuldeten Sache herbeiführen dürfen, da diese grundsätzlichen Dispositionsbefugnisse nur dem Eigentümer zustehen. Der Gläubiger muss versuchen, sich selbst wieder in den Besitz der Sache zu bringen, um eventuellen Herausgabeansprüchen des Eigentümers nachkommen zu können. Schließlich könnte das dem Schuldner eingeräumte dauerhafte Nutzungsrecht nicht überzeugen, da es als obligatorisches Recht nicht gegenüber dem Eigentümer gelten würde. Der Schuldner liefe also Gefahr, trotz vollen Nutzungsersatzes die Sache wieder zu verlieren. Dies zeigt, dass der volle Nutzungsersatz dem Gläubiger in diesen Fällen nicht gebührt, da er selbst nur vom Eigentümer sein Recht ableitet und dieses begrenzt ist. Auch hier passt § 281 nicht. Schließlich scheidet der Ersatz des zeitweiligen Nutzungswertes aus systematischen Gründen aus, da er zugleich im Verzögerungsschadensersatz enthalten ist.

Auch bei Vorliegen nur eines vertraglichen Rückgabeanspruchs kann es also nicht zu einem Zwangskauf kommen, die Anwendbarkeit des § 281 ist abzulehnen.

c) Zwangskauf bei alleinigem Bestehen einer Vindikation

In den Fällen, in denen dem Gläubiger allein eine Vindikation aus § 985 zusteht, kann es nach § 281 auch zu einem Zwangskauf kommen. Daneben spielt aber auch die Problematik der Anwendbarkeit schuldrechtlicher Normen auf sachenrechtliche Ansprüche und insbesondere des § 281 auf § 985 eine maßgebliche Rolle. Diese Problematik ist äußerst umstritten,[1267] aber nicht Thema dieser Arbeit. Sie soll daher nicht weiter verfolgt werden. Es hat sich aber in den vorge-

---

[1266] So ausdrücklich auch Brauer NotBZ 2002, 402 (403) für den hier vorliegenden Fall.

[1267] Dazu zum neuen Recht: Gursky JURA 2004, 433 ff.; Katzenstein AcP 206 (2006), 96 ff.; zum alten Recht: Staudinger/Löwisch, Neubearbeitung 2001, § 283 Rn 11 ff.; Picker, FG 50 Jahre BGH, S. 693 (723 ff.).

henden Erörterungen gezeigt, dass der Zwangskauf zu einer Vielzahl von Problemen führt. Diese stellen sich hier genauso, so dass auch das Ergebnis das gleiche sein muss. § 281 ist also auf § 985 nicht anwendbar.[1268]

d) Problematik des Zwangskaufs bei Rückgewähransprüchen

Als letzte Fallgruppe soll der Zwangskauf bei den Rückgewähransprüchen behandelt werden. Es gibt Fälle, in denen der Schuldner vom Gläubiger das Eigentum erlangt hat und dem Gläubiger nunmehr nur noch ein schuldrechtlicher Rückgewähranspruch zusteht. Dies kann etwa beim Sachdarlehen, § 607, dem Herausgabeanspruch gegen den Beauftragten, § 667 oder bei einem Bereicherungsanspruch infolge eines nichtigen Kaufvertrages der Fall sein.[1269] Durch die Anwendung des § 281 kann es nun nach erfolglosem Fristablauf und einem Ersatzverlangen dazu kommen, dass die Sache aufgrund des Erlöschens des Rückgewähranspruchs dauerhaft beim Schuldner verbleibt und eine Schadensersatzpflicht an die Stelle des Rückgewähranspruchs tritt. Dieser Zwangskauf hat jedoch anders als die zuvor behandelten Fälle keine Übereignung zur Folge.

Meines Erachtens kann sich der Gläubiger hier der Norm des § 281 in der vorgenannten Weise bedienen. Die gegen die Anwendbarkeit bei Rückgabeansprüchen ins Feld geführten Bedenken überwiegen hier nicht derart, dass eine Anwendbarkeit auszuschließen wäre.

aa) Fehlen konstruktiver Bedenken

Zunächst ergeben sich keine konstruktiven Schwierigkeiten bei der Anwendung des § 281. So kann der Anordnung des § 281 Abs. 4 Genüge getan werden, da der schuldrechtliche Rückgewähranspruch problemlos mit dem Ersatzverlangen erlöschen kann. Ein Eigentumsherausgabeanspruch und die Notwendigkeit einer Übereignung der geschuldeten Sache bestehen nicht. Deshalb kann es auch nicht zu einer Besserstellung des Gläubigers durch Innehabung von Schadensersatz- und Rückgewähranspruch kommen. Da der Schuldner dem Gläubiger das Eigentum vorenthält und er dauerhaft seinen Anspruch auf Rückübereignung verliert, ist auch das Schadensersatzbegehren in Höhe des vollen Sachwertes gerechtfertigt.

[1268] So auch AnwKomm/Schanbacher, § 985 Rn 47 und 60; Gursky JURA 2004, 433 (437); Jauernig/Stadler, § 281 Rn 3/4; Katzenstein AcP 206 (2006), 96 (99); Wilhelm, Rn 1086; Zweifel auch bei AnwKomm/Dauner-Lieb, § 281 Rn 8 und Schapp/Schur, Rn 84 in Fn 78.

[1269] Eine Nichtigkeit des Kaufvertrages etwa wegen einer Anfechtung schlägt aufgrund des Abstraktionsprinzips grundsätzlich nicht auf das dingliche Übereignungsgeschäft durch. Daher kann ein Rückübereignungsanspruch aus Bereicherungsrecht bestehen. Zwar wäre dieser mit dem Anspruch auf Rückgewähr des Kaufpreises synallagmatisch verknüpft, jedoch gilt dies nicht, wenn es zur Entstehung der anderen Forderung mangels Kaufpreiszahlung noch nicht gekommen ist. Sind die Bereicherungsansprüche synallagmatisch verknüpft, stellt sich das Problem des Zwangskaufs nicht, da es im Ergebnis bei der ursprünglich gewollten Lage bleiben wird.

bb) Folgen

Der Zwangskauf kann nur in zweierlei Hinsicht Anlass zu Kritik bieten. Zum einen wegen des endgültigen Verbleibs des Eigentums beim Schuldner, zum anderen wegen der entsprechend hohen, den vollen Sachwert umfassenden Schadensersatzpflicht des Schuldners.

Hinsichtlich des dauerhaften Verbleibs der Sache beim Schuldner wird in der Mehrzahl der Rückgewähransprüche gerade dieser Verbleib schon von den Parteien vereinbart worden sein. So ist es etwa bei einem Bereicherungsanspruch infolge eines nichtigen Kaufvertrages oder beim Sachdarlehen, bei dem der Darlehensnehmer typischerweise das Eigentum erhält, um die Substanz der Sache zu verwerten.[1270] Zurückgeben muss der Darlehensnehmer dann eine andere vergleichbare Sache. In diesen Fällen kann der mittels des Zwangskaufs herbeigeführte dauerhafte Verbleib der Sache beim Schuldner keinen Anlass zur Kritik bieten.

In den übrigen Fällen, in denen nur eine zeitweise Überlassung des Eigentums vereinbart wurde, bringt es das nach § 281 Abs. 4 eintretende Erlöschen des Primäranspruchs mit sich, dass eine dauerhafte Lage geschaffen wird. Dies mag den ursprünglichen Interessen des Schuldners widersprechen, muss jedoch dem Gläubiger zwecks Herbeiführung klarer Verhältnisse nach dem Gesetz zugestanden werden.[1271] Die Interessenlage ist auch nicht vergleichbar mit der beim Zwangskauf bei Rückgabeansprüchen. Während dort dem Schuldner nicht nur die geschuldete Sache dauerhaft aufgedrängt wird, sondern er nach der herrschenden Meinung auch noch das Eigentum an der Sache erlangen würde, ist das letztere hier nicht der Fall. Denn bei den Rückgewähransprüchen ist er schon aufgrund der ursprünglichen Vereinbarungen Eigentümer geworden. Es findet nur eine Umwandelung von schuldrechtlich gebundenem zu schuldrechtlich ungebundenem Eigentum statt. Dies wird in vielen Fällen auch dem aktuellen Interesse des Schuldners entsprechen. Er hatte mit dem Gläubiger gerade einen Vertrag geschlossen, der ihm wenigstens vorübergehend das Eigentum an der Sache verschaffen sollte. Dies geschah typischerweise, damit er auf die Sache an sich zugreifen konnte.[1272] Kommt nun der Schuldner der Rückgewährpflicht nicht nach und liegt auch keine Unmöglichkeit vor, die in jedem Fall zur Totalliquidation führt, so wird der Grund der Nichtleistung in aller Regel darin liegen, dass der Schuldner weiterhin das Eigentum behalten und nutzen möchte. Dies indiziert aber auch eine fortbestehende Verwendbarkeit seitens des Schuldners, so dass der mögliche Zwangskauf nur eine Lage schafft, die dem zumeist

---

[1270] Palandt/Weidenkaff, § 607 Rn 6.

[1271] Zu den Überlegungen, ob es die Interessenlage des Gläubigers bei einseitigen Forderungen wirklich erfordert, diesem ein einfaches Lösungsrecht über einen Schadensersatzanspruch, wie nun in § 281 geschehen, zuzusprechen schon oben, S. 225; ferner Huber, in: Ernst/Zimmermann, S. 31 (150/151).

[1272] Andernfalls hätte sich eine Miete oder Pacht angeboten.

wirtschaftlich orientierten Willen des Schuldners entspricht. In den allermeisten Fällen wird damit der endgültige Verbleib der Sache beim Schuldner dessen Interessen entsprechen.

Hinsichtlich des Schadensersatzanspruchs in Höhe des vollen Sachwertes stellt sich dieser als Korrelat zum endgültigen Erlöschen des Rückgewähranspruchs dar. Er kann nach obigen Ausführungen keinen Anlass zu Kritik bieten, wenn man annimmt, dass der Schuldner die Sache behält, da er sie günstig nutzen kann. Es wird darüber hinaus oft so sein, dass der Schuldner durch eine Weiterveräußerung zumindest einen Großteil der gezahlten Schadenssumme wieder erlangen kann. Zumindest ist die Höhe des Schadensersatzes nicht überraschend, entspricht sie doch genau dem Wert der vom Schuldner zurückbehaltenen Sache. Anders ist es nach herrschender Meinung bei den Rückgabeansprüchen, da der Schuldner nur den Besitz und die Nutzbarkeit innehatte, ihm jedoch durch den Zwangskauf auch ein den Wert des Eigentums umfassender voller Schadensersatzanspruch drohen soll.

Selbst wenn man die Folgen des § 281 wegen der außerordentlichen Höhe des Schadensersatzanspruchs kritisieren wollte, besteht keine Rechtfertigung, diese de lege lata zu verhindern. Denn anders als bei den Rückgabeansprüchen führt die Anwendung des § 281 auf die Rückgewähransprüche zu keinerlei dogmatischen Unstimmigkeiten. Die Totalliquidation und die daraus resultierende hohe Schadensersatzforderung sind durch die Ausweitung des § 281 auch auf nichtsynallagmatische Pflichten bedingt und damit ausdrücklich gesetzgeberisch gewollt.[1273] Ohne ausreichenden Grund kann dies nicht geändert werden und ist daher hinzunehmen.

cc) Zwischenergebnis

Damit ist § 281 auf die Rückgewähransprüche uneingeschränkt anwendbar.

7) Gesamtergebnis

Insgesamt ergibt sich, dass § 281 nicht auf Rückgabeansprüche, wohl aber auf Rückgewähransprüche Anwendung findet. Damit ist ein Zwangskauf nur in dem letzteren Falle möglich. Es liegt dadurch ein für die Praxis leicht handhabbares Unterscheidungskriterium vor, ohne dass hinsichtlich der Rückgabeansprüche nach der Art der Gläubigeransprüche unterschieden werden müsste.

[1273] Nach dem Entwurf der Schuldrechtskommission sollten Rückgabe- und Rückgewähransprüche gleich behandelt werden und volle Ersatzleistung nur bei Interessewegfall möglich sein, vgl. Abschlussbericht, S. 135. Die Unterschiede der dogmatischen Konstruktionsmöglichkeit und der Interessenlage wurden dabei zu wenig beachtet.

C. Die Folgen der veränderten prozessualen Übergangsvoraussetzungen des § 281

Durch die neu geschaffene, vereinfachte Übergangsmöglichkeit nach § 281 auf einen Schadensersatzanspruch stellen sich neben den oben erörterten materiellrechtlichen Fragen auch einige prozessuale Fragestellungen. Dies ist bedingt durch die Abschaffung des § 283 a.F. Während danach der Übergang von dem Vorliegen eines rechtskräftigen Titels über die Primärforderung abhängig war, fehlt es beim nun möglichen einheitlichen Übergang nach § 281 an jeglichem prozessualen Erfordernis. Damit müssen aber auch alle Ergebnisse oder Begründungen, die sich im alten Recht gerade aus dieser prozessualen Dimension der Übergangsmöglichkeit ergaben, neu überdacht werden.

So stand § 283 a.F. im Zusammenhang mit der Frage, ob der streitige Einwand des Schuldners, es liege eine zu vertretende Unmöglichkeit vor, im Primärleistungsprozess beweiserheblich ist oder ob ein Primärurteil ungeachtet des Einwandes ohne Beweiserhebung ergehen kann. Bei § 283 a.F. wurde ferner wegen des rechtskräftigen Primärurteils und der Regelung des § 283 Abs. 1 Satz 3 a.F. die Geltendmachung alter schuldnerischer Einwendungen gegenüber dem Schadensersatzanspruch stark eingeschränkt. Außerdem maß man § 283 a.F. eine günstige Auswirkung auf die Darlegungs- und Beweislast des Gläubigers für einen Schadensersatzanspruch und damit auf sein Prozessrisiko zu. Schließlich wurde dem Gläubiger aus § 283 a.F. ein Rechtsschutzbedürfnis auch für solche Primärleistungsklagen zugesprochen, bei denen die Vollstreckungsaussichten von vornherein zweifelhaft waren. Im Folgenden soll untersucht werden, ob sich nun unter § 281 andere Ergebnisse ergeben.

I. Erheblichkeit des Einwandes bestrittener, jedenfalls zu vertretender Unmöglichkeit

1) Einführung

Macht der Schuldner gegenüber der Primärleistungsklage geltend, die Leistung sei ihm unmöglich, so kann der Gläubiger dies zum Anlass nehmen, die Unmöglichkeit zuzugestehen und auf einen Schadensersatzanspruch nach §§ 283, 280 Abs. 1 und 2 zu wechseln. Liegt dem Gläubiger aber daran, gerade die Primärleistung zu erlangen, so kann er auch an seinem Primärleistungsantrag festhalten und das Vorliegen der Unmöglichkeit bestreiten. Da eine Unmöglichkeit nach § 275 Abs. 1 zum Erlöschen der Primärforderung führt, ist über diese erhebliche Tatsache grundsätzlich Beweis zu erheben. Davon wurde im alten Recht von der herrschenden Meinung eine Ausnahme gemacht, wenn der Schuldner nicht zugleich mit der Unmöglichkeit eine Exkulpation von der Verschuldensvermutung nach § 282 a.F. vorbrachte. Dann sollte ein Primärurteil unabhängig vom bestrittenen, aber jedenfalls zu vertretenden Unmöglichkeitseinwand ergehen können. Begründet wurde dies unter anderem durch einen Hinweis auf § 283 a.F.

Dies lässt die Frage aufkommen, inwieweit daran im neuen Recht noch festgehalten werden kann. Nachfolgend soll der Meinungsstand im alten Recht dargestellt werden, dem eine ausführliche Erläuterung der neuen Rechtslage folgt.

2) Meinungsstand zur Unerheblichkeit des bestrittenen Unmöglichkeitseinwandes bei jedenfalls feststehendem Vertretenmüssen im alten Recht

Im alten Recht schied nach allgemeiner Ansicht eine Primärverurteilung jedenfalls dann aus, wenn die objektive Unmöglichkeit unstreitig vorlag.[1274] Daneben war in der Rechtsprechung und ganz herrschenden Lehre anerkannt, dass der bestrittene Einwand objektiver Unmöglichkeit dann unbeachtlich ist, wenn der Schuldner diese jedenfalls zu vertreten hatte.[1275] Es wurde dann ohne Beweiserhebung über die streitige Unmöglichkeit zur Primärleistung verurteilt. Dieser von der Rechtsprechung für das BGB seit RGZ 54, 28 (33) geübten Praxis standen nur wenige kritisch gegenüber und forderten eine Beweiserhebung über die Unmöglichkeit.[1276]

In Einzelfragen gab es noch viele weitere Differenzierungen. So nahmen einige generell die Möglichkeit zur Primärleistungsverurteilung trotz Vorliegens ei-

---

[1274] BGH NJW 1999, 2034 (2035); BGH DB 1976, 573; BGHZ 97, 178 (181); RGZ 88, 76 (78); RG SeuffArch 67, S. 131; Blomeyer, § 28 I 5 b; Brehm JZ 1974, 573 (575): Erman/Battes, 10. Auflage, § 275 Rn 13; Huber, Band II, S. 779; MüKo/Emmerich, Band 2, 4. Auflage, § 275 Rn 84; Rabel, GesAufs. I, S. 1 (7); RGRK/Alff, § 275 Rn 32; Schlechtriem, Rn 293; Schopp JuS 1984, 281; Staudinger/Löwisch, Neubearbeitung 2001, § 275 Rn 61; Wittig NJW 1993, 635 (637).

[1275] Grundlegend zum BGB: RGZ 54, 28 (33); schon zum gemeinen Recht: RGZ 32, 131 (133); vgl. ferner RG, Gruchot 53 (1909), 920, Nr. 57; RG SeuffArch 67, S. 131 (131/132); RGZ 88, 76 (77/78); RGZ 109, 234 (235); OLG Koblenz NJW 1960, 1253 (1255); OLG Düsseldorf NJW-RR 1991, 137 (138); OLG Karlsruhe NJW-RR 1998, 1761; OLG Oldenburg, MDR 1998, 1406 (1407); OLG Hamm JZ 2001, 764 (767); Blomeyer, § 28 I 5 b; Erman/Battes, 10. Auflage, § 280 Rn 5 a; Gürtler, S. 60; Hk-BGB/Schulze, 1. Auflage, § 275 Rn 19; Huber, Band II, S. 774/775; Jakobs, S. 233/234; Jauernig/Vollkommer, 9. Auflage, § 275 Rn 8; Kohler JuS 1991, 943, (943/944); MüKo/Emmerich, Band 2, 4. Auflage, § 275 Rn 85; Palandt/Heinrichs, 61. Auflage, § 275 a.F. Rn 25; Rabel, GesAufs. I S. 1 (8); RGRK/Alff, § 275 Rn 32; K. Schmidt ZZP 87 (1974), 49 (57 und 61); Schopp JuS 1984, 281; Staudinger/Löwisch, Neubearbeitung 2001, § 275 Rn 62; Stoll JZ 2001, 589 (590); Wilhelm JZ 2001, 861 (866); Wilhelm/Deeg JZ 2001, 223 (226 in Fn 33).

[1276] Ehmann/Kley JuS 1998, 481 (490); Fikentscher, Rn 340; Gebauer, S. 78/79; Grunsky, S. 204; Heck, Schuldrecht, § 33, 9; Meincke AcP 171 (1971), 19 (22ff.); Oertmann, § 275 Anm. 4 a); Planck/Siber, § 280 Anm. 2 b); R. Schulz JW 1919, 188; Soergel/Wiedemann, 12. Auflage, § 280 Rn 30; Wittig NJW 1993, 635 (638); auch Brehm JZ 1974, 573 (575), für die objektive Unmöglichkeit.

nes nachträglichen Unvermögens an.[1277] Viele wollten diese zumindest dann zulassen, wenn sie bestritten war und der Schuldner diese jedenfalls zu vertreten hatte.[1278] Auch ein anfängliches Unvermögen sollte nach Ansicht einiger die Entstehung einer Primärleistungspflicht des Schuldners nicht ausschließen. Der Gläubiger könne auf die Primärleistung klagen, und allein die Zwangsvollstreckung des Titels sei in der Regel ausgeschlossen.[1279] Damit wäre dieser Einwand generell unbeachtlich. Diese Einzelheiten interessieren heute wegen der Angleichung der Folgen einer Unmöglichkeit in § 275 Abs. 1 nicht mehr und sollen nicht weiter behandelt werden.

3) Rechtslage im neuen Recht

a) Meinungsstand

Ist die Unmöglichkeit unstreitig, so scheidet auch heute nach § 275 Abs. 1 jedenfalls eine Primärverurteilung aus.[1280] Auf ein Vertretenmüssen kommt es nicht an. Nach nunmehr herrschender Meinung muss im neuen Recht auch im Falle der streitigen Unmöglichkeit trotz eines feststehenden Vertretenmüssens des Schuldners Beweis über die streitige Unmöglichkeit erhoben werden.[1281] Nur wenige sind anderer Ansicht und sehen den Einwand wie im alten Recht als

---

[1277] Brehm JZ 1974, 573 (576); Huber, Band II, S. 805 ff.; MüKo/Emmerich, Band 2, 4. Auflage, § 275 Rn 86; wohl auch Planck/Siber, § 280 Anm. 2 b) β. Davon sollten aber Ausnahmen gelten, wenn das Unvermögen offensichtlich unbehebbar war oder wenn die Behebung mit unverhältnismäßigen Aufwendungen verbunden wäre, Huber, Band II, S. 811 ff.; MüKo/Emmerich, Band 2, 4. Auflage, § 275 Rn 86.

[1278] Vgl. RG Gruchot 53 (1909), 920, Nr. 57; OLG Hamm WM 1998, 1949 (1950); OLG Oldenburg MDR 1998, 1406 (1407); OLG Karlsruhe NJW-RR 1998, 1761; Blomeyer, § 28 I 5 b; Brehm JZ 1974, 573 (576); MüKo/Emmerich, Band 2, 4. Auflage, § 275 Rn 86; Zweigert, Recht 1908, S. 416.

[1279] RGZ 80, 247 (250); RGZ 69, 355 (357); Huber, Band II, S. 826; Soergel/Wolf, 12. Auflage, § 306 Rn 25; Staudinger/Löwisch, Neubearbeitung 2001, § 306 Rn 55.

[1280] Vgl. nur Staudinger/Löwisch, Neubearbeitung 2004, § 275 Rn 100; Kohler AcP 205 (2005), 93 (113 in Fn 56).

[1281] AnwKomm/Dauner-Lieb, § 281 Rn 71; Bamberger/Roth/Grüneberg, § 275 Rn 50; Helm, S. 135; Christian Knütel JR 2001, 353 (355); Dauner-Lieb, Fallbuch, S. 73/74; Dedek, in: Dauner-Lieb/Konzen/Schmidt, S. 183 (196); Ehmann/Sutschet, S. 47; Fehre, S. 83; Gsell JZ 2004, 110 (117); Fritzsche, S. 45; Hk-BGB/Schulze, § 275 Rn 26; Jauernig/Stadler, § 275 Rn 33; Knütel JR 2001, 353 (355); Christian Knütel AcP 202 (2002), 555 (580 in Fn 108); MüKo/Ernst, Band 2a, 4. Auflage, § 275 Rn 165; Palandt/Heinrichs, 275 Rn 5 und 34; Rüfner JZ 2001, 768 (769); Schur NJW 2002, 2518; Staudinger/Löwisch, Neubearbeitung 2004, § 275 Rn 101; Stoll JZ 2001, 589 (590); Wilhelm JZ 2001, 861 (866) zum BGB-DiskE; Zimmer NJW 2002, 1 (2); vgl. auch Huber, Band II, S. 785 zum Abschlussbericht. Ebenso neuerdings Kohler AcP 205 (2005), 93 (122) für die objektive Unmöglichkeit.

nicht erheblich an, so dass eine Primärverurteilung ohne Beweiserhebung erfolgen könnte.[1282]

b) Diskussion

aa) Abhängigkeit der prozessualen Erheblichkeit vom materiellen Recht

(1) Grundsätzliches zur prozessualen Erheblichkeit

Kernfrage des Streits ist, ob über die vom Schuldner vorgebrachte, vom Gläubiger bestrittene Unmöglichkeit Beweis zu erheben ist. Der Beweisantrag über eine Tatsache, wie etwa die Zerstörung der geschuldeten Sache, kann vom Gericht nur aus bestimmten Gründen abgelehnt werden. Als ein solcher Grund wird allgemein die mangelnde Entscheidungserheblichkeit der Tatsache angesehen.[1283] Hat eine Tatsache eine Auswirkung auf den im Rechtsstreit zu entscheidenden Sachverhalt und ist sie damit entscheidungserheblich, so muss also grundsätzlich Beweis erhoben werden. Es besteht damit ein enger Zusammenhang zwischen materiell-rechtlicher Erheblichkeit – also der Relevanz der Tatsache für die materielle Rechtslage – und prozessualer Erheblichkeit – also die Frage, ob über die bestrittene Tatsache Beweis zu ihrer Klärung erhoben werden muss. Ausnahmen können sich indes aus prozessualen Gesichtspunkten ergeben. So können Tatsachen nicht berücksichtigungsfähig sein, wenn sie präkludiert sind, §§ 296, 767 Abs. 2 ZPO, oder wenn beim Vortrag gegen die prozessuale Wahrheitspflicht aus § 138 ZPO verstoßen wurde.[1284] Geht man von dem allgemeinen Grundsatz aus, so ist jede materiell-rechtlich erhebliche Tatsache auch prozessual erheblich, weshalb über sie eine Beweisaufnahme stattfinden muss. Dies spricht dafür, auch über den bestrittenen Unmöglichkeitseinwand Beweis zu erheben, da dieser nach § 275 Abs. 1 unabhängig vom Vertretenmüssen zu einem Erlöschen der materiell-rechtlichen Primärforderung führt.[1285]

(2) Abweichende Ansicht von *Klausch*

Demgegenüber will *Klausch* den Begriff der prozessualen Unerheblichkeit nicht nur an einer fehlenden materiell-rechtlichen Erheblichkeit ausrichten, sondern ihn, da auf der Prozessökonomie beruhend, auf die Fälle erweitern, in denen für den Einwand ein schützenswertes prozessuales Interesse an der Geltendmachung der Tatsache fehle.[1286] So sei es, wenn die Auswirkungen der Entscheidung für den Schuldner in jedem Falle „nahezu identisch" blieben. Dazu zählt er auch den Einwand der zu vertretenden Unmöglichkeit, da der Schuldner selbst

---

1282 Anders/Gehle, Rn 493; J. Kaiser MDR 2004, 311 (312); Klausch, S. 181 ff.; Maier-Reimer, in: Dauner-Lieb/Konzen/Schmidt, S. 291 (310); Pantle/Kreissl, Rn 100. AnwKomm/Schanbacher, § 985 Rn 61/62 für die bestrittene Behauptung des zu vertretenden Besitzverlustes im Rahmen des § 985. Neuerdings auch Kohler AcP 205 (2005), 93 (112 ff.) für das Unvermögen.

1283 Baumbach/Lauterbach/Albers/Hartmann, § 286 Rn 29; Oberheim, § 7 Rn 7; Zöller/Greger, Vor § 284 Rn 1 und 9.

1284 Oberheim, § 7 Rn 11.

1285 Siehe dazu genauer unten, S. 284 ff.

1286 Klausch, S. 174/175.

bei erfolgreicher Darlegung und Beweis den Prozess verlieren würde, weil der Gläubiger in diesem Fall nach § 264 Nr. 3 ZPO auf Schadensersatz umstellen würde.[1287]

Diese Definition wäre nun nichts Neues, wenn man von der alleinigen Abhängigkeit der prozessualen Erheblichkeit vom materiellen Recht ausgeht. Dann wird in aller Regel bei fehlender Auswirkung auf die Entscheidung schon eine materiell-rechtliche Erheblichkeit des Einwandes fehlen. *Klausch* meint aber etwas anderes. Er sieht eine fehlende Auswirkung schon dann als gegeben an, wenn jedenfalls eine Verurteilung des Schuldners erfolgt, sei es nun zur Primärleistung oder aufgrund einer Klageumstellung zu Schadensersatz. Die Entscheidungserheblichkeit macht er an dem gleichen generellen Ausgang des Prozesses fest, also am Verlust oder Gewinn des Prozesses, nicht aber an der einzelnen Entscheidung über den zunächst gestellten Antrag. Die Gründe für eine Unerheblichkeit sind damit nicht allein materiell-rechtlicher Natur, sondern sollen auch aus der Prozessökonomie folgen können. Damit würde zugleich dem Prozessrecht eine spezifische Eigenwirkung zugemessen.

(3) Einwände gegen die Ansicht von *Klausch*

Gegen diese Ansicht sprechen mehrere Gesichtspunkte. Zunächst haben der Prozess und das Prozessrecht nur eine dienende Funktion.[1288] Deshalb muss der Prozess die Auswirkungen materieller Einwendungen möglichst genau abbilden. Die oben angeführten Ausnahmen bei prozessualer Präklusion und Verstoß gegen die Wahrheitspflicht sind nicht verallgemeinerungsfähig, da sie eine Sanktion gegen prozessuale Pflichtenverstöße darstellen.

Nach dem – wegen der nur dienenden Funktion des Prozesses – maßgeblichen materiellen Recht ist eine Verpflichtung zur Sach- oder zur Geldleistung etwas anderes. Dies erkennt auch das Prozessrecht an, denn ohne Antragsumstellung müsste die Klage abgewiesen werden. Dies ergibt sich aus der Dispositionsmaxime und der Bindung des Gerichts an die gestellten Anträge, § 308 Abs. 1 Satz 1 ZPO. Die Qualifizierung als unerheblicher Einwand nimmt vorweg, dass der Gläubiger die Klage bei negativem Beweisergebnis umstellen würde. Dies ist zwar wahrscheinlich, jedoch allein Sache des Gläubigers. Nimmt das Gericht dieses wahrscheinliche Verhalten zum Anlass, schon die Beweiserheblichkeit wegen des nach erwarteter Klageumstellung jedenfalls eintretenden Prozessverlustes abzulehnen, so greift es damit der Entscheidung des Gläubigers voraus, legt sie seiner Entscheidung über die Erheblichkeit zugrunde und verstößt gegen § 308 ZPO. Die Erheblichkeit kann immer nur hinsichtlich des konkreten Streitgegenstandes und des konkreten Antrags beurteilt werden. Es kann daher nicht auf eine „Gesamterheblichkeit" abgestellt werden. Damit ist die Ansicht von *Klausch* abzulehnen. Selbst wenn man ihm im Ausgangspunkt folgen wollte,

---

[1287] Vgl. Klausch, S. 173.

[1288] Vgl. Schumann, FS für Larenz, S. 571 (572); Wieczorek/Schütze/Prütting, Erster Band, Einl. Rn 111; Zöller/Vollkommer, Einl. Rn 92.

würde die Erheblichkeit oder Unerheblichkeit des Einwandes nicht zu den von ihm angenommenen „nahezu identischen Auswirkungen“ führen. Dies soll später gezeigt werden.[1289] Zunächst wird aber die materiell-rechtliche Erheblichkeit des bestrittenen Einwandes jedenfalls zu vertretender Unmöglichkeit dargelegt. Im Anschluss soll begründet werden, dass es auch keine spezifisch prozessualen Gründe für eine Behandlung des Einwandes als unerheblich gibt.

bb) Wortlaut des § 275 und materiell-rechtliche Erheblichkeit des Unmöglichkeitseinwandes

Aus Vorstehendem ergibt sich also, dass ein materiell-rechtlich erheblicher Einwand grundsätzlich auch prozessual erheblich ist. Dies muss dann auch für den Einwand der Unmöglichkeit gelten, da er nach seiner Neufassung unabhängig vom Vertretenmüssen als materiell-rechtlich erheblich anzusehen ist. Dies ergibt sich vor allem aus dem geänderten Wortlaut des § 275, aber auch aus der Gesetzeshistorie.[1290] § 275 ist nur Befreiungs-, nicht aber auch Haftungsnorm.[1291] Der Schuldner soll nach der Neukonzeption in keinem Falle zu einer ihm unmöglichen Leistung verpflichtet sein, weshalb der Unmöglichkeitseinwand immer materiell-rechtlich erheblich ist.

Im Gegensatz zu dieser klaren materiell-rechtlichen Lage war dies im alten Recht bei der zu vertretenden Unmöglichkeit sehr umstritten. Nahm man den Wortlaut des § 275 a.F. Ernst, so konnte man gut zu einer Unerheblichkeit gelangen. Dies taten jedoch nur die Anhänger einer von *Jakobs* und *Huber* maßgeblich erneuerten Ansicht, wonach nur die nicht zu vertretende Unmöglichkeit befreite.[1292] Bei zu vertretender Unmöglichkeit sollte die Primärpflicht bestehen bleiben, so dass eine sofortige Primärverurteilung trotz des Einwandes der streitigen, jedenfalls aber zu vertretenden Unmöglichkeit grundsätzlich ergehen konnte. Nur bei jedenfalls unstrittiger Unmöglichkeit sollte in jedem Falle eine Verurteilung mangels Rechtsschutzbedürfnisses ausscheiden. Hingegen wollte die wohl herrschende Meinung eine Befreiung bei jedweder Unmöglichkeit ge-

---

1289 Siehe unten, S. 290 ff.

1290 BT-Drucks. 14/6040, S. 128; ferner AnwKomm/Dauner-Lieb, § 281 Rn 71; Palandt/Heinrichs, 275 Rn 34; Dedek, in: Dauner-Lieb/Konzen/Schmidt, S. 183 (196); Gsell JZ 2004, 110 (117); Schur NJW 2003, 2518.

1291 Selbst Lobinger, der eine Befreiung bei § 275 Abs. 1 von einem fehlenden Vertretenmüssen abhängig machen möchte und somit auf den alten Rechtszustand des § 275 a.F. zurückgreift (S. 252 und S. 361) kommt zu keinem anderen Ergebnis. Denn er lehnt die Lehre von der prozessualen Unerheblichkeit des strittigen zu vertretenden Unmöglichkeitseinwandes ab, S. 223 ff.

1292 Blomeyer, § 28 I 5 b; Huber, Band I, S. 73; Band II, S. 772 und S. 807; Huber in Ernst/Zimmermann, S. 31 (53 in Fn 59); Jakobs, S. 74 und 232 ff.; Kohler JuS 1991, 943 (945); Rabel, GesAufs. I S. 1 (8 und 11); K. Schmidt ZZP 87 (1974), 49 (61); Stoll JZ 2001, 589 (590/591); Wahl, S. 100 und 118; Wilhelm/Deeg JZ 2001, 223 (225/226); Zweigert, Recht 1908, S. 416.

währen.[1293] Der materielle Anspruch sollte also immer erlöschen. Dann fand aber die angenommene prozessuale Unbeachtlichkeit keine materiell-rechtliche Stütze. Es kam dadurch zu einer Abkoppelung des materiellen Rechts von dem diesem dienenden Prozessrecht. Dies wurde schon im alten Recht von vielen kritisiert, so bezeichnete *Blomeyer* dies als „monströs".[1294] Auch im neuen Recht würde diese Inkonsequenz bei der Annahme einer Unerheblichkeit des Einwandes zu vertretender Unmöglichkeit drohen. Nur bei unbedingter prozessualer Erheblichkeit des Einwandes kann demgegenüber ein Gleichlauf mit der unbedingten materiell-rechtlichen Erheblichkeit hergestellt werden.

Spricht also das materielle Recht für eine Berücksichtigung des Einwandes, so kann die prozessuale Unerheblichkeit nur aus zwingenden prozessualen Gründen angenommen werden. Eben solche mussten schon im alten Recht all diejenigen bejahen, die entgegen dem Wortlaut des § 275 a.F. immer von einer materiell-rechtlichen Befreiung ausgingen, den Einwand aber trotzdem prozessual als unerheblich behandeln wollten. Ganz mehrheitlich nehmen die Vertreter dieser Ansicht aber nun die Schuldrechtsmodernisierung als Anlass für eine Meinungsänderung und billigen nun dem Unmöglichkeitseinwand eine unbedingte Erheblichkeit zu.[1295] Dies ist inkonsequent, denn an den für diese Ansicht allein maßgeblichen prozessualen Erwägungen hat sich durch die Reform nichts Grundlegendes verändert.[1296] Die Meinungsänderung zeigt damit aber, dass sich die alte Ansicht nicht wirklich auf das Vorliegen von prozessualen Gründen stützen ließ. Richtigerweise konnte die zum alten Recht vertretene Ansicht nur vor dem Hintergrund eines streng am Wortlaut des § 275 a.F. orientierten Verständnisses der Befreiung nur bei nicht zu vertretender Unmöglichkeit überzeugen, wie es namentlich von *Jakobs* und *Huber* vertreten wurde.[1297]

Jedenfalls ist nach neuem Recht eine Unterscheidung nach dem Vertretenmüssen wegen des materiellen Rechts nicht mehr angezeigt.[1298] Fraglich ist aber, ob es nicht überzeugende prozessuale Gründe als Rechtfertigung für eine den-

---

[1293] Brox, Allgemeines Schuldrecht, Rn 248; Ehmann/Kley JuS 1998, 481 (490); Fikentscher Rn 337; Gebauer, S. 77 ff.; Grunsky, S. 205; Gürtler, S. 40; Hk-BGB/Schulze, 1. Auflage, § 275 Rn 1; Heck, Schuldrecht, § 33, 5; Larenz, § 22 I; Lopau, AcP 174 (1974), 78 (80); Oertmann, § 275 Anm. 4 a); Planck/Siber, § 280 Anm. 2 b); RGRK/Alff, § 275 Rn 30; Schlechtriem, Rn 293; Schopp JuS 1984, 281; Soergel/Wiedemann, 12. Auflage, § 280 Rn 30; Staudinger/Löwisch, Neubearbeitung 2001, § 275 Rn 58; auch Brehm JZ 1974, 573 (575) für die objektive Unmöglichkeit.

[1294] Blomeyer, § 28 I 5 b; kritisch ferner Brehm JuS 1988, 957 (958); Fehre, S. 82; Jakobs, S. 237/238; Kohler JuS 1991, 943 (945); Soergel/Wiedemann, 12. Auflage, § 275 Rn 86; dagegen auch Grunsky, S. 203 ff.

[1295] Vgl. etwa: Hk-BGB/Schulze, § 275 Rn 26; Jauernig/Stadler, § 275 Rn 33; Palandt/Heinrichs, 275 Rn 5 und 34; Staudinger/Löwisch, Neubearbeitung 2004, § 275 Rn 101.

[1296] So auch J. Kaiser MDR 2004, 311 (312); Klausch, S. 173 ff.

[1297] Siehe oben, S. 9 und S. 284.

[1298] Siehe oben, S. 284.

noch vorzunehmende Abkoppelung der prozessualen Behandlung des bestrittenen Unmöglichkeitseinwandes von der materiellen Rechtslage gibt. Das Vorliegen solcher prozessualer Gründe wird nachfolgend untersucht.

cc) Erleichterte Rechtsdurchsetzung, Ratio des § 283 a.F.

(1) Zweck des § 283 a.F. und dessen Vorteile

Zum alten Recht wurde die Unerheblichkeit damit begründet, es entspreche dem Zweck des § 283 a.F., wenn der Schuldner die Erlangung eines Primärleistungsurteils nicht unnötig durch eine für seine Haftung unerhebliche Beweiserhebung verzögern und erschweren könne.[1299] Denn durch § 283 a.F. solle dem Gläubiger eine einfache Möglichkeit gegeben werden, trotz des vorläufigen Festhaltens am Primäranspruch zu einem Sekundäranspruch zu gelangen. Dem würde es widersprechen, wenn der Schuldner den Gläubiger durch sein Beweisangebot, das den Gläubiger der Gefahr eines Prozessverlusts aussetzt, zum sofortigen Überwechseln auf den Sekundäranspruch zwingen könnte. Ferner gewähre § 283 a.F. ihm einen zweifachen Beweisvorteil, da der Gläubiger die Unmöglichkeit nicht beweisen müsse und außerdem die Beweislast gerade dem Schuldner aufdrängen könne.[1300] Dazu müsse aber die Erlangung eines Primärleistungsurteils ermöglicht werden. Selbst wenn dann wirklich die behauptete Unmöglichkeit vorliege, sei das Primärleistungsurteil nicht sinnlos, da der Gläubiger dieses zur Grundlage seines Schadensersatzbegehrens gemäß § 283 a.F. machen könne.[1301]

(2) Fehlende Übernahme der diesbezüglichen Auswirkungen ins neue Recht

Gegen diese Begründung spricht im neuen Recht, dass § 275 Abs. 1 nunmehr zeigt, dass der Unmöglichkeitseinwand stets als erheblich angesehen wird. Die aus § 283 a.F. hergeleiteten Argumente sind nach dessen Abschaffung obsolet.[1302] Dem § 281 fehlt jeglicher prozessualer Bezug und damit auch eine diesbezügliche Beschleunigungs- und Vereinfachungsfunktion. Eine formale Anknüpfung an ein Ersturteil, die als Argument für dessen erleichterte Erlangung dienen könnte, findet sich nicht mehr. Dem kann auch nicht entgegen gehalten werden, dass § 281 nach einem Primärleistungsurteil ähnliche Wirkungen wie § 283 a.F. entfalten kann.[1303] Denn dies ist nicht der Sinn des § 281, sondern allein Nebenfolge der prozessualen Ausschlusswirkungen eines Ersturteils.[1304] Die

[1299] RG Gruchot, 53 (1909), 920, Nr. 57; RG SeuffArch 67, S. 131 (132); OLG Koblenz NJW 1960, 1253 (1255); Huber, Band II, S. 776; Jakobs, S. 241; Rüfner JZ 2001, 768 (769); Staudinger/Löwisch, Neubearbeitung 2001, § 283 Rn 3.

[1300] Gürtler, S. 45.

[1301] Jauernig/Vollkommer, 9. Auflage, § 275 Rn 8; Staudinger/Löwisch, Neubearbeitung 2001, § 275 Rn 61.

[1302] Ähnlich Dauner-Lieb, Fallbuch, S. 73; Klausch, S. 179; Staudinger/Löwisch, Neubearbeitung 2004, § 275 Rn 101.

[1303] So aber J. Kaiser MDR 2004, 311 (313).

[1304] Näheres zu den Ausschlusswirkungen eines Ersturteils unten bei S. 298 ff.

Notwendigkeit, die Erlangung eines Primärurteils zu erleichtern, lässt sich daraus nicht ableiten.

(3) Behebung von Beweisschwierigkeiten und Risiken des Prozessverlusts

Etwaigen Beweisschwierigkeiten und dem Risiko des Prozessverlustes bei Erheblichkeit des Unmöglichkeitseinwandes kann der Gläubiger schon durch die Möglichkeit entgehen, die eingewandte Unmöglichkeit eventuell zuzugestehen und jedenfalls seine Klage nach § 264 Nr. 3 ZPO ohne Einwilligung des Schuldners auf Schadensersatz umzustellen.[1305] Diese Klageumstellung ist auch nach einem zeitweiligen Festhalten am Primärleistungsantrag und dem Umstellen erst nach negativer Beweisaufnahme möglich. Denn § 264 ZPO greift auch bei vorherigem Bestehen, aber erst nachträglicher Kenntnis des Umstellungsgrundes ein.[1306]

Indes ist zuzugeben, dass die unbedingte Erheblichkeit den Gläubiger dennoch in die Gefahr einer Kostentragung bringen kann. Hat er an dem Primärantrag festgehalten und deshalb das Gericht Beweis erhoben und ergibt sich dabei die Unmöglichkeit, so kann er zwar den Prozessverlust verhindern, er muss aber die Kosten der nach Klageumstellung sinnlosen Beweisaufnahme nach § 96 ZPO tragen.

(4) Abweichende Ansicht von *Kohler* und Diskussion

Dies nimmt *Kohler* zum Anlass, die Erheblichkeit des Einwandes zu vertretenden Unvermögens zu verneinen.[1307] Er begründet dies damit, dass schon das Institut des Unvermögens nur bei fehlendem Vertretenmüssen vorliege, so dass der Schuldner bei einem Vertretenmüssen mangels Eingreifens eines Unvermögens zur Primärleistung verurteilt werden müsse. Andernfalls werde der Gläubiger durch die unbedingte Erheblichkeit jeglicher Unmöglichkeit zur vorschnellen Aufgabe seines Primäranspruchs gezwungen.[1308] Denn jede Verfolgung seines Primäranspruchs berge die Gefahr einer kostenpflichtigen Klageabweisung oder -umstellung nach für ihn negativer Beweisaufnahme.

Dieser Ansicht stehen mehrere Bedenken entgegen. Zunächst ist es abzulehnen, in den Tatbestand des § 275 Abs. 1 wieder das Merkmal des Vertretenmüssens hineinzulesen. Dies widerspricht dem Wortlaut und der gesetzgeberischen Absicht. Soweit damit Nachteile für den Gläubiger bei einer falschen Entscheidung hinsichtlich des zu verfolgenden Anspruchs verbunden sind, hält sich dessen Risiko innerhalb des normalen Prognoserisikos. Die Neuordnung des § 275 macht deutlich, dass hinsichtlich des Primäranspruchs das Risiko jedweder Un-

[1305] Dedek, in: Dauner-Lieb/Konzen/Schmidt, S. 183 (196); Kohler AcP 205 (2005), 93 (100); MüKo/Ernst, Band 2a, 4. Auflage, § 281 Rn 172; zum alten Recht schon: Brehm JZ 1974, 573 (574); Grunsky, S. 204; Planck/Siber, § 280 Anm. 2 b); Soergel/Wiedemann, 12. Auflage, § 280 Rn 30; Wittig NJW 1993, 635 (637).

[1306] Kohler AcP 205 (2005), 93 (100 in Fn 23); Zöller/Greger, § 264 Rn 5.

[1307] Kohler AcP 205 (2005), 93 (122/123).

[1308] Kohler AcP 205 (2005), 93 (109 ff.).

möglichkeit den Gläubiger treffen soll. Dies ist als grundlegende Wertungsentscheidung zu akzeptieren. Das Prognoserisiko trifft den Gläubiger auch in vielen anderen Fällen. Kostenlasten aus einer falschen Entscheidung treffen ihn dann zu Recht, wobei es aber wegen der Umstellungsmöglichkeit nach § 264 ZPO nicht zu einer unzumutbaren Belastung kommt.

Es erscheint außerdem als unangemessen hart für den Schuldner, eine Berufung auf ein Unvermögen generell dann auszuschließen, wenn ihn auch nur der leichteste Verschuldensvorwurf trifft. Denn es ist auch möglich, dass er das Unvermögen nur leicht fahrlässig herbeigeführt hat. Ihn dann dafür durch Aberkennung eines Unvermögens ohne jegliche Unterscheidung hinsichtlich des Vertretenmüssens und damit in der Folge auch unbegrenzt haften zu lassen, erscheint überzogen. Damit würde auch die keineswegs bedenkenfreie Primärhaftungsregelung des § 275 Abs. 2 übertroffen, deren Abs. 2 Satz 2 zeigt, dass auch bei einer grundsätzlich noch möglichen Leistung und einem Vertretenmüssen des Schuldners eine Befreiung noch in Betracht kommt. Ein nur leicht fahrlässig handelnder Schuldner muss sich zwar mehr um die Behebung des Unvermögens bemühen als wenn ihn kein Vorwurf träfe, andererseits ist er doch schutzwürdiger als der Schuldner, der die geschuldete Sache vorsätzlich zerstört und sich dann auf ein Unvermögen berufen möchte. Die Interpretation des Unvermögens durch *Kohler* erscheint damit als nicht zustimmungswürdig.[1309]

Zu dem Ergebnis, welches sich aus *Kohlers* Ansicht ergibt – nämlich dass eine Primärverurteilung bei einem zu vertretenden subjektiven Leistungshindernis möglich ist – kann es indes trotzdem kommen, wenn auch aus anderen Gründen. Damit kann auch dem Einwand begegnet werden, der Gläubiger werde durch eine durchgehende Erheblichkeit des Unmöglichkeitseinwandes indirekt gezwungen, seinen Primäranspruch voreilig aufzugeben. Dies lässt sich durch eine sachgerechte Auslegung der befreienden Unmöglichkeit nach § 275 Abs. 1 vermeiden. Sollte eine objektive Unmöglichkeit vorliegen, so macht ein Primärurteil keinen Sinn und darf nicht erlassen werden. Hinsichtlich des Unvermögens aber, dass ja per se durch andere behebbar ist, bewirken die gestiegenen Anforderungen an ein Vorliegen des Unvermögens, dass es oft doch zu einer Primärverurteilung kommt. Nach neuem Recht soll ein Unvermögen des Schuldners nicht mehr so leicht wie im alten Recht angenommen werden.[1310] So soll der bloße Verlust der Dispositionsbefugnis nicht mehr befreien,[1311] sondern nur das Fehlen jeglicher Wiederbeschaffungsmöglichkeit.[1312] Kann der Schuldner die

[1309] Eine eingehendere Befassung mit dieser Frage ist im Rahmen dieser Arbeit nicht möglich.

[1310] Dazu schon oben bei S. 19/20.

[1311] So aber einige zum alten Recht: Huber, Band I, S. 68 ff.; Jakobs, S. 156; Wilhelm/Deeg JZ 2001, 223 (226/227).

[1312] BT-Drucks. 14/6040, S. 128/129; AnwKomm/Dauner-Lieb, § 275 Rn 34; Gsell JZ 2004, 110 (118); MüKo/Ernst, Band 2a, 4. Auflage, § 275 Rn 52; Staudinger/Löwisch, Neubearbeigeschuldete Sache wieder besorgen, so muss er sich dazu bis zur Grenze der Unzumutbarkeit nach § 275 Abs. 2 und 3 bemühen.[1313] Bei den zumutbaren Anstrengungen ist dann auch wieder das Vertretenmüssen zu berücksichtigen, denn bei einem verschuldeten Verlust der Dispositionsbefugnis sind die erwarteten Anstrengungen größer. Der Schuldner, der die geschuldete Sache vorsätzlich oder grob fahrlässig zerstört und sich dann auf ein Unvermögen berufen möchte, wird damit kaum je Erfolg haben, da ihm zuzumuten ist, sich durch Besorgung der geschuldeten Sache auf dem freien Markt wieder leistungsfähig zu machen. Liegt nur leichte Fahrlässigkeit vor, sind indes die geschuldeten Anstrengungen zwecks Wiedererlangung der Leistungsfähigkeit geringer, ein Unvermögen wird eher anzunehmen sein. Dabei kommt es sehr auf den Einzelfall an. Soweit danach die Schwelle des Unvermögens wegen der gestiegenen Anforderungen nicht erreicht wird, erfolgt natürlich eine Primärverurteilung.[1314] Es werden dann keine anderen Ergebnisse erreicht als nach der Ansicht von *Kohler* oder nach altem Recht.

dd) Fehlendes Schuldnerinteresse

Im alten Recht wurde die Unerheblichkeit des bestrittenen, aber zu vertretenden Unmöglichkeitseinwandes noch damit gerechtfertigt, dass dem Schuldner wegen der prozessualen Umstellungsmöglichkeit nach § 264 Nr. 3 ZPO, jegliches schutzwürdiges Interesse an einer Beweiserhebung fehle, da er einen Verlust des Prozesses im Ergebnis nicht verhindern könne.[1315] Entweder die Unmöglichkeit lasse sich nicht beweisen, so dass der Schuldner zur Primärleistung verurteilt werde, oder der Gläubiger werde durch Klageumstellung den eigenen Prozessverlust abwenden. Somit könne der einzige Beweggrund für den Beweisantrag sein, den Gläubiger zu einer Antragsänderung zu zwingen und damit von der Durchsetzung seines Primäranspruchs Abstand zu nehmen.[1316]

Diese Argumentation könnte nur überzeugen, wenn die Primär- und Sekundärhaftung im Grunde als Teil einer einheitlichen Gesamtverpflichtung des Schuldners zu verstehen sein sollte. Ein solches Verständnis ist aber heute nicht mehr möglich. Denn die Befreiung von der Primärhaftung hat wegen Unmöglichkeit immer zu erfolgen, wohingegen die Befreiung von der Sekundärhaftung nur bei fehlendem Vertretenmüssen eintritt. Allein wegen des Feststehens der Sekundärhaftung kann damit nicht zugleich ungeachtet der Einzelheiten die

---

tung 2004, § 275 Rn 61. Des Weiteren ist zu berücksichtigen, dass nach Rechtshängigkeit eine Veräußerung des streitbefangenen Gegenstandes schon nach § 265 ZPO keinen Einfluss mehr auf eine Primärverurteilung hat, dazu Anders/Gehle, Rn 488.

[1313] MüKo/Ernst, Band 2a, 4. Auflage, § 275 Rn 52; auch Gsell JZ 2004, 110 (118). Vgl. zum Verhältnis der einzelnen Absätze von § 275: Palandt/Heinrichs, § 275 Rn 23.

[1314] Gsell JZ 2004, 110 (118); Helm, S. 135.

[1315] Huber, Band II, S. 775/776.

[1316] Huber, Band II, S. 774; Rüfner JZ 2001, 768 (769).

Möglichkeit einer Primärverurteilung statuiert werden. Andernfalls würde die Wertung des § 275 Abs. 1, nämlich dass der Schuldner in keinem Falle zu etwas ihm Unmöglichen verurteilt werden dürfe, überspielt werden.

ee) Fehlen von „nahezu identischen Auswirkungen“ bei oder ohne Erheblichkeit des Einwandes

Die Verschiedenartigkeit einer Verurteilung zur Primär- oder zur Sekundärverpflichtung wird auch in den folgenden Ausführungen deutlich. Dabei ist nochmals auf die Ansicht von *Klausch* zurückzukommen, wonach es bei Erheblichkeit oder Unerheblichkeit des Einwandes zu „nahezu identischen Auswirkungen“ kommen soll, weshalb dem Einwand der zu vertretenden Unmöglichkeit im Primärprozess nicht nachgegangen werden müsse.[1317]

Dagegen spricht, dass es für den Schuldner von großer Bedeutung ist, ob er auch zur Primärleistung oder nur zu Schadensersatz verurteilt wird. So wird er den durch eine Verurteilung bestätigten Primäranspruch, wenn denn wirklich Unmöglichkeit vorgelegen hat, niemals, bzw. bei begrenzten Gattungsschulden jedenfalls nicht mit den von ihm versprochenen Anstrengungen erfüllen können. Im Kontext mit den schon erörterten, erweiterten Sekundärbefugnissen des Gläubigers nach § 281 befände sich der Schuldner damit in einer schlechten Position. Er könnte seine Unsicherheit in Bezug auf die Gläubigerrechte niemals durch Erbringung der Primärleistung beenden, und der Gläubiger könnte mit dem Übergang auf den Schadensersatz statt der Leistung grundsätzlich unbegrenzt abwarten. Dem Schuldner droht dann auch die fortdauernde Haftung für künftige Verzögerungsschäden, die der Gesetzgeber auch dem ersatzpflichtigen Unmöglichkeitsschuldner nicht auferlegen wollte, da bei einer Unmöglichkeit die Primärleistungspflicht erlöschen soll.

Auch der Zeitpunkt der Schadensberechnung für den Schadensersatz statt der Leistung ist bei § 281 später gelegen und vom Gläubiger selbst abhängig, denn entweder der Zeitpunkt bestimmt sich beim konkreten Deckungsgeschäft nach dessen Vornahme oder beim abstrakten Deckungsgeschäft nach dem Ersatzverlangen.[1318] Bei der Unmöglichkeit nach § 283 hingegen ist der Schaden zum Zeitpunkt des Eintritts der Unmöglichkeit zu bestimmen.[1319] Alle nach einer Unmöglichkeit eintretenden Schäden gehen grundsätzlich nicht mehr zu Lasten des Schuldners, wenn der Gläubiger sie durch eigene Vorkehrungen hätte vermeiden können. Auf die Primärleistung darf er nicht mehr vertrauen. Anders ist dies bei § 281, wo der Gläubiger mit dem Ersatzverlangen bis zu einem ihm günstigen Zeitpunkt warten darf. Da der Gläubiger nahezu unbegrenzt an seiner Primärforderung festhalten darf, können ihm zwischenzeitlich eingetretene Schäden auch nur in seltenen Fällen im Wege eines Mitverschuldens entgegen

[1317] Siehe oben, S. 282 ff. und Klausch, S. 174/175.
[1318] Siehe dazu Näheres oben bei S. 190 ff.
[1319] Erman/Westermann, § 283 Rn 9; Palandt/Heinrichs, § 283 Rn 6.

gehalten werden.[1320] Denn der Gläubiger darf mangels Befreiungsgrundes in viel größerem Maße auf die noch erfolgende Leistung vertrauen. Es ergeben sich dadurch Spekulationsmöglichkeiten für den Gläubiger.[1321]

Ein bedeutender Unterschied bei der Unerheblichkeit des Unmöglichkeitseinwandes ergibt sich auch für die Kostenhaftung. Bei Unerheblichkeit des Einwandes wird der Schuldner nach § 91 ZPO die Kosten für den Primärleistungsprozess tragen müssen. Diese würden ihm aber bei Zulassung des Beweises erspart bleiben. Denn die Kosten der für den Gläubiger negativen Beweisaufnahme müsste dieser nach § 96 ZPO tragen, und vor den anderen Gerichtskosten wegen der Verfolgung des Schadensersatzinteresses nach § 264 Nr. 3 ZPO könnte sich der Schuldner durch ein sofortiges Anerkenntnis nach § 93 ZPO schützen.

Außerdem kämen bei Unerheblichkeit erfolglose Vollstreckungsversuche in Betracht. Diese fallen dem Schuldner bei einer Verurteilung gemäß § 788 ZPO im schlimmsten Fall für Jahrzehnte immer wieder zur Last, ohne dass er diese wegen der tatsächlich vorliegenden Unmöglichkeit durch Erfüllung vermeiden könnte. Würde die Unmöglichkeit im Prozess aufgeklärt, so wäre überhaupt keine Vollstreckung der Primärforderung möglich. Diese Kostenlast des Schuldners lässt sich auch nicht mit einem Hinweis auf das Vertretenmüssen und die Sekundärhaftung des Schuldners rechtfertigen.[1322] Denn zum einen hält das materielle Recht den Schuldner nach § 275 bei Unmöglichkeit gerade nicht mehr zur Primärleistung verpflichtet, so dass diesbezügliche, aus prozessualen Gründen zulässige, aber erfolglose Anstrengungen auch nicht in seine Haftung fallen dürfen. Zum anderen würde die Kostenhaftung gleichsam eine Strafe für die verschuldete Unmöglichkeit darstellen, wobei dem Kostenrecht eine Straffunktion aber fremd ist.[1323] Abschließend muss beachtet werden, dass eine Verurteilung zu einer Leistung nicht nur rechtliche, sondern immer noch auch gesellschaftliche Konsequenzen hat. Es ist dabei etwas ganz anderes, einer Verurteilung zur Leistung wegen Unmöglichkeit zu entgehen oder aber verurteilt zu werden und danach Gegenstand von im vornhinein schon aussichtslosen Vollstreckungen zu sein.

Alle diese Unterschiede sprechen gegen eine Gleichsetzung der Primärhaftung mit dem auf Geldersatz lautenden und daher immer erbringbaren Schadensersatzanspruch. Sie zeigen auch, dass von „nahezu identischen Auswirkun-

---

[1320] Siehe zu § 254 und einer Obliegenheit zum Übergang auf die Sekundärrechte oben, S. 174 ff.

[1321] Dazu schon Heck, Schuldrecht, § 33, 7 und 8 für die zum alten Recht vertretene Theorie vom Fortbestand der Primärleistungspflicht bei einer zu vertretenden Unmöglichkeit. Diese Kritik greift auch hier ein, da trotz eventuell vorliegender Unmöglichkeit wegen der Rechtskraft des Urteils vom Fortbestand der Primärforderung ausgegangen werden muss.

[1322] So wohl Jakobs, S. 240 in Fn 29 zum alten Recht.

[1323] Dazu Lopau, AcP 174 (1974), 78 (80/81).

gen" bei oder ohne Aufklärung der geltend gemachten Unmöglichkeit keine Rede sein kann. Dies spricht für die Erheblichkeit des Einwandes.

ff) Möglichkeit der Überprüfbarkeit des Schuldnervortrags durch Zwangsvollstreckung

(1) Vorteile durch Nachprüfbarkeit in der Zwangsvollstreckung?

Für die Unerheblichkeit wurde noch angeführt, sie erlaube es dem Gläubiger aufgrund des Primärurteils, die Richtigkeit des Einwandes mit den Mitteln der Zwangsvollstreckung zu überprüfen.[1324] Ihm werde eine „Detektivkompetenz" verliehen.[1325] Dies sei wichtig, da ein bloßer Schadensersatzanspruch oft nicht dem Interesse des Gläubigers entspreche.[1326] So könne man sich den Fall vorstellen, dass der Gläubiger dem Schuldner ein altes Familienfoto geliehen habe und dieser nun einwendet, er habe dieses schuldhaft verloren. Hier könne allein die Wiedererlangung aufgrund eines Primärleistungsurteils und der dann möglichen Zwangsvollstreckung das Gläubigerinteresse befriedigen. Die Aufklärungsmöglichkeiten in der Zwangsvollstreckung seien dabei denen im Prozess überlegen. In Betracht kämen sowohl eine Durchsuchung durch den Gerichtsvollzieher nach § 883 Abs. 1 i.V.m. § 758 ZPO als auch die eidesstattliche Versicherung gemäß § 883 Abs. 2 und 3 ZPO. Dies belaste den Schuldner auch nicht ungebührlich, habe er doch die eventuelle Unmöglichkeit zu vertreten.[1327]

Dem wurde und wird entgegen gehalten, die größere Effektivität der Zwangsvollstreckung sei eine bloße Behauptung und empirisch nicht erwiesen.[1328] Schließlich könne das Gericht den Schuldner als Partei vernehmen und auch selbst die Inaugenscheinnahme gemäß § 144 Abs. 1 ZPO anordnen. Es sei zu erwarten, dass der Schuldner, der im Prozess zu falschen Angaben bereit sei, die Sache auch bei drohender Zwangsvollstreckung dem Zugriffsbereich des Gerichtsvollziehers entziehe. Falsche Angaben des Schuldners im Zuge seiner Parteivernehmung seien mit dem möglichen Prozessbetrug ebenso strafbewehrt wie etwa das Beiseiteschaffen der geschuldeten Sache während der Zwangsvollstreckung oder die Abgabe einer falschen eidesstattlichen Versicherung.[1329]

[1324] Erman/Battes, 10. Auflage, § 280 Rn 5a; Huber, Band II, S. 776; MüKo/Emmerich, Band 2, 4. Auflage, § 275 Rn 85; Rabel, GesAufs. I, S. 1 (8); Rüfner JZ 2001, 768 (769); so jetzt wieder Anders/Gehle, Rn 493; Klausch, S. 182.

[1325] Begriff von Meincke AcP 171 (1971), 19 (24).

[1326] Gürtler, S. 48.

[1327] Huber, Band II, S. 776

[1328] Zum neuen Recht: Palandt/Heinrichs, 275 Rn 5; Fehre, S. 83; Helm, S. 135; zum alten Recht: Brehm JZ 1974, 573 (575); Lopau AcP 174 (1974), 78 (80); Meincke AcP 171 (1971), 19 (24).

[1329] Vgl. dazu § 263 StGB einerseits und §§ 288, 156, 163 StGB andererseits.

(2) Die Maßgeblichkeit des materiellen Rechts für die Zulässigkeit von vollstreckungsrechtlichen Vorteilen

Es soll hier dahingestellt bleiben, ob die Prozessaufklärung wirklich den Möglichkeiten einer Zwangsvollstreckung gleichkommt.[1330] Das Ganze stellt sich als Feststellungsproblem dar. Es fragt sich, ob die geltend gemachte Unmöglichkeit zuverlässiger durch die Beweismittel des Zivilprozesses oder durch die Zwangsvollstreckung verifiziert werden kann. Ersteres scheint mir im Hinblick auf die nur im Wege der Zwangsvollstreckung mögliche – auch wiederholte – Durchsuchung beim Schuldner und dem davon ausgehenden sozialen Druck fraglich.[1331]

Jedenfalls zeigt nun § 275 Abs. 1, dass derartige Feststellungsvorteile eines Primärurteils auch beim Einwand der zu vertretenden Unmöglichkeit nicht mehr zulässig sein sollen. Dies ist zu akzeptieren. Das Zwangsvollstreckungsrecht dient der Durchsetzung materieller Rechte und bestimmt nicht umgekehrt deren Vorliegen.[1332] Daher ist eine Argumentation abzulehnen, wonach eine Verurteilung, und damit die rechtskräftige Feststellung eines materiellen Anspruchs, deshalb zulässig sein soll, weil dies jedenfalls Vorteile in der Zwangsvollstreckung bietet.[1333] Dies würde den bestimmenden Einfluss des materiellen Rechts auf das Prozessrecht in das Gegenteil verkehren. Richtigerweise muss es heißen, dass mangels materiellen Anspruchs weder eine Verurteilung noch eine Zwangsvollstreckung möglich ist.

Ebenso kann es nicht überzeugen, wenn sich die Möglichkeit der Primärverurteilung nach den konkreten Zwangsvollstreckungsmöglichkeiten richten soll. So will *Klausch* den Einwand nicht zu vertretender Unmöglichkeit überall dort als unerheblich behandeln, wo aufgrund der Zwangsvollstreckungsregeln bei wirklichem Vorliegen des Unmöglichkeitseinwandes keine erfolgreiche Zwangsvollstreckung droht bzw. keine anderen Folgen zu erwarten seien als bei Beachtung der Einwandes im Prozess um die Primärleistung.[1334] So könne etwa eine Herausgabepflicht nach § 883 ZPO bei wirklicher Unmöglichkeit nicht durchgesetzt werden und die Möglichkeit der Ersatzvornahme nach § 887 ZPO entspreche nur der materiellen Haftung, wonach der Schuldner auch sonst eine Drittvornahme im Wege des Schadensersatzes ersetzen müsse. Daher sei dort der Einwand unerheblich. Dies übersieht, dass das materielle Recht die Haftung

[1330] Kritisch dazu J. Kaiser MDR 2004, 311 (312); Klausch, S. 182; Kohler AcP 205 (2005), 93 (102); Zimmer NJW 2002, 1 (2); auch Christian Knütel JR 2001, 353 (355).

[1331] So auch J. Kaiser MDR 2004, 311 (312); Klausch, S. 182.

[1332] Ebenso Jakobs, S. 238.

[1333] So wohl J. Kaiser MDR 2004, 311 (312) mit der Feststellung: „Wenn beide Erkenntniswege aber gleichwertig sind, so ist kein Grund ersichtlich, dem Gläubiger, der ein Interesse an der Primärleistung hat, die diesbezügliche Zwangsvollstreckung zu verweigern."

[1334] Klausch, S. 175 ff. und 182. Eine Erheblichkeit nimmt er nur für die Fälle des § 888 Abs. 1 an, soweit § 888 Abs. 3 nicht eingreift. Eine ähnliche Argumentationsrichtung findet sich bei Ehmann/Sutschet, S. 41 ff., und D. Kaiser, FS Hadding, S. 121 (131), die aber nicht auf das hiesige Problem eingehen.

bestimmt und nicht die tatsächlichen Durchsetzungsmöglichkeiten in der Zwangsvollstreckung.[1335] Der Gesetzgeber hat mit seinen Änderungen das Prinzip verfolgt, dass niemand zu etwas Unmöglichem verpflichtet sein dürfe. Diese Grundsatzentscheidung auf materieller Ebene würde aber übergangen, wenn die praktische Umsetzung aus dem Grunde unterbliebe, weil eine Änderung des Zwangsvollstreckungsrechts nicht erfolgt ist und ein eventuelles Urteil dort noch von Nutzen sein könnte. Die korrekte Argumentationsrichtung, wonach das materielle Recht das Verfahrensrecht bestimmt, würde unzulässigerweise umgekehrt.

Würde wirklich das Argument der besseren Nachprüfbarkeit in der Zwangsvollstreckung zählen, so wäre es konsequent, eine prozessuale Unerheblichkeit des Einwandes sogar unabhängig vom Vertretenmüssen anzunehmen.[1336] Denn gerade beim strittigen Einwand der nicht zu vertretenden Unmöglichkeit hat der Gläubiger ein erhöhtes Aufklärungsinteresse, da diese den Schuldner vollständig von der Primär- und Sekundärhaftung befreien würde. Dies erscheint aber unannehmbar, da der Schuldner ohne ein Vertretenmüssen einer Zwangsvollstreckung und den daraus resultierenden Kosten unterliegen würde.[1337]

Zu beachten ist ferner, dass es auch im neuen Recht aufgrund der gestiegenen Anforderungen an ein Vorliegen des praktisch wichtigsten Falles des Unvermögens noch zu einer Art „Detektivkompetenz" kommen kann.[1338] Gelingt dem Schuldner die neuerdings erschwerte Darlegung eines Unvermögens nicht, so wird er zur Primärleistung verurteilt.

[1335] Hinsichtlich der Ansicht von Klausch fragt sich auch, was denn eine Unerheblichkeit des Einwandes überhaupt für praktische Vorteile bringen soll, wenn diese auch dann angenommen werden soll, wenn die Durchsetzung in natura über die Zwangsvollstreckung sowieso ausgeschlossen ist.

[1336] So Lobinger, S. 223/224; Soergel/Wiedemann, 12. Auflage, § 280 Rn 30; Grunsky, S. 204 mit der Feststellung, dass entweder der Einwand materiell-rechtlich erheblich sei und dann Beweis zu erheben ist oder eben nicht.

[1337] Anders sehen dies Ehmann/Sutschet, S. 45 in Fn 17. Es ist aber überhaupt nicht einzusehen, dass selbst der unschuldige Unmöglichkeitsschuldner die Kosten eines Prozesses und fortwährender Zwangsvollstreckungsversuche tragen soll. Denn dieser haftet ja nach dem materiellen Recht wegen der Unmöglichkeit in keiner Weise. Der Vergleich zum unverschuldet zahlungsunfähigen Schuldner überzeugt nicht, da dies äußerst selten sein wird und Zahlungsunfähigkeit grundsätzlich nicht entschuldigt. Lediglich eine Behauptung ist die Äußerung, § 275 wolle nicht vor diesen Kosten schützen. Denn § 275 soll ganz umfassend alle Bemühungen um die Primärleistung entbehrlich machen, dabei anfallende Kosten können dann auch nicht ersetzt werden.

[1338] Siehe oben, S. 289; ferner Gsell JZ 2004, 110 (118); Helm, S. 135.

gg) Ansicht des Gesetzgebers

Auch der Gesetzgeber war sich der Änderung zur alten Rechtslage bewusst, wie folgende Ausführungen zeigen:[1339] „Dass zweifelhaft und streitig sein kann, ob Unmöglichkeit vorliegt (Wilhelm/Deeg, JZ 2001, 225 f.), ändert daran (dass es sinnlos ist, den Schuldner auch bei einem Vertretenmüssen zu einer ihm unmöglichen Leistung zu verpflichten, Anmerkung des Verfassers) nichts. Dies ist ein reines Beweislastproblem, das nach den für diese geltenden allgemeinen Regeln zu lösen ist. Es stattdessen dadurch bewältigen zu wollen, dass man dem Schuldner zusätzlich zu dem Beweis der Unmöglichkeit hier auch noch den Beweis fehlenden Vertretenmüssens auferlegt, vermengt zu Unrecht eine Frage, die ihren Platz im Rahmen der Schadensersatzproblematik hat, mit der Frage nach dem Bestand der primären Leistungspflicht des Schuldners. Zwar mag man versuchen, die Unterscheidung zwischen nicht zu vertretender und zu vertretender Unmöglichkeit in den bisherigen §§ 275 und 280 de lege lata mit Überlegungen über Beweisschwierigkeiten zu legitimieren, weil diese Unterscheidung sich nun einmal aus dem derzeitigen Text des Gesetzes zu ergeben scheint, doch gibt das keine Veranlassung, die Unterscheidung nun auch noch de lege ferenda als ein generelles Abgrenzungskriterium aufrechtzuerhalten."

Diese gesetzgeberische Ablehnung der Unerheblichkeit des Einwandes der bestrittenen zu vertretenden Unmöglichkeit muss beachtet werden. Dadurch wird auch die Position des Gläubigers nicht übermäßig verschlechtert. Denn schon nach der allgemeinen Beweislastverteilung hat der Gläubiger eine gute Stellung, da der Schuldner nach dem Günstigkeitsgrundsatz das Vorliegen der Unmöglichkeit beweisen muss. Erst wenn ihm dies gelingt, gerät der Gläubiger in die Gefahr eines Prozessverlustes. Dies ist aber das allgemeine Risiko, dass ihm nicht abgenommen werden sollte und dem er immer noch durch eine Klageumstellung nach § 264 Nr. 3 ZPO entgehen kann.

c) Ergebnis

Die neue Fassung des § 275 Abs. 1 sieht eine materiell-rechtliche Erheblichkeit der Unmöglichkeit unabhängig vom Vertretenmüssen vor. Es liegen auch keine zwingenden prozessualen Gründe vor, den bestrittenen, aber jedenfalls zu vertretenden Unmöglichkeitseinwand als im Primärleistungsprozess unerheblich zu behandeln. Daher muss das Gericht diesem Einwand im Wege der Beweiserhebung nachgehen, eine sofortige Verurteilung zur Primärleistung, wie im alten Recht üblich, kommt nicht mehr in Betracht. Zu einer Primärverurteilung kann es indes kommen, wenn der Schuldner seiner Darlegungs- und Beweislast hinsichtlich der Unmöglichkeit nicht nachkommt.

[1339] BT-Drucks. 14/6040, S. 128, wobei die Begründung wörtlich aus Canaris JZ 2001, 499 (500) übernommen wurde.

II. Ausschlusswirkungen eines Primärleistungsurteils und Verteidigungsmöglichkeiten des Schuldners gegenüber § 281

1) Einführung

§ 281 soll wie § 283 a.F. den Übergang von der Primärleistungsebene auf die Sekundärleistungsebene ermöglichen. § 283 a.F. erforderte das Vorliegen eines rechtskräftigen Primärleistungsurteils, nach dessen mitunter zeitaufwändigen Erlangung ein Übergang relativ leicht möglich. Denn tatbestandlich wurde an recht formale Kriterien angeknüpft, neben dem rechtskräftigen Ersturteil war nur der erfolglose Nachfristablauf nebst Ablehnungsandrohung nötig. Ein Verschulden des Schuldners musste nicht mehr geprüft werden. Die Voraussetzungen des § 283 a.F. konnten damit kaum Gegenstand eines Streits sein. Dazu trug auch eine allgemein angenommene Ausschlusswirkung hinsichtlich bereits im Erstprozess bestehender Einwendungen des Schuldners bei.[1340] Worauf diese Ausschlusswirkung beruhte, war umstritten. In Betracht kam eine materiell-rechtliche Erklärung anhand der Regelung in § 283 Abs. 1 Satz 3 a.F. oder eine prozessuale Erklärung aufgrund von allgemeinen prozessualen Rechtskraftwirkungen.[1341]

§ 281 fehlt es nun an einem derartigen prozessualen Bezug, er knüpft nur an das Vorliegen eines materiell-rechtlichen Leistungsanspruchs an. Daneben erfordert er ein Vertretenmüssen. Gleichwohl ist es dem Gläubiger selbstverständlich auch heute noch möglich, ein rechtskräftiges Urteil über seine Primärforderung zu erlangen und erst anschließend den Übergang zu bewirken.[1342] Nachfolgend soll untersucht werden, ob sich dann auch Ausschlusswirkungen hinsichtlich einzelner Einwendungen des Schuldners gegen den Schadensersatzanspruch ergeben. Dazu werden zunächst die dogmatischen Grundlagen der Ausschlusswirkung dargelegt, danach soll anhand der einzelnen möglichen Einwendungen ihre genaue Reichweite bestimmt werden.

1340 Allgemeine Ansicht, vgl. für den Ausschluss verschiedener Einwendungen etwa: RGZ 96, 20 (21); 107, 15 (19); 117, 66 (68); BGHZ 53, 29 (33); OLG Hamburg MDR 1968, 666 (667); Huber, Band II, S. 544; Kohler JuS 1992, 58 (60); MüKo/Emmerich, Band 2, 4. Auflage, § 283 Rn 25; K. Schmidt ZZP 87 (1974), 49 (55); Soergel/Wiedemann, 12. Auflage, § 283 Rn 28; Staudinger/Löwisch, Neubearbeitung 2001, § 283 Rn 26.

1341 Dazu Näheres unten, S. 298 ff.

1342 Ganz herrschende Meinung: Anders/Gehle, Rn 479 und 481; AnwKomm/Dauner-Lieb, § 281 Rn 69; Dedek, in: Dauner-Lieb/Konzen/Schmidt, S. 183 (194); Gsell JZ 2004, 110 (115/116); Heinrichs, FS Derleder, S. 87 (106); Henssler/Graf von Westphalen/Dedek, § 281 Rn 62; J. Kaiser MDR 2004, 311 (313); Kohler AcP 205 (2005), 93 (105); Maier-Reimer, in: Dauner-Lieb/Konzen/Schmidt, S. 291 (310); MüKo/Ernst, Band 2a, 4. Auflage, § 281 Rn 179/180; Wieser NJW 2003, 2432.

2) Dogmatische Begründung der Ausschlusswirkungen eines Ersturteils

a) Die Begründung der Ausschlusswirkungen eines Ersturteils nach § 283 a.F.

Unter Geltung des § 283 a.F. war die Begründung des Einwendungsausschlusses umstritten, wobei sich drei Positionen unterscheiden ließen. Zum Teil wurde von einer materiell-rechtlichen Ausschlusswirkung des § 283 a.F. selbst und dort speziell des Abs. 1 Satz 3 ausgegangen.[1343] Aus dessen Wortlaut könne im Umkehrschluss gefolgert werden, dass gegen den Schadensersatzanspruch jegliche Einwendungen außer denen der nachträglichen Erfüllung und des nicht zu vertretenden Unmöglichwerdens ausgeschlossen seien. Andere nahmen eine Ausschlusswirkung durch § 283 a.F. in Verbindung mit der allgemeinen prozessualen Präklusion an.[1344] Die ganz herrschende Meinung wollte allein die prozessualen Rechtskraft- und Präklusionswirkungen des rechtskräftigen Ersturteils anerkennen, versagte also § 283 a.F. jeden dahingehenden speziellen Regelungsgehalt.[1345] Trotz dieser unterschiedlichen Begründungen waren Unterschiede im Ergebnis nicht zu verzeichnen.

Gegen die Ableitung der Ausschlusswirkungen aus § 283 a.F. sprach zunächst dessen Wortlaut. Dieser traf nur eine positive Feststellung dergestalt, dass der Erfüllungseinwand und der Einwand nicht zu vertretenden Unmöglichwerdens zulässig waren. Eine negative Aussage, was der Schuldner nicht geltend machen durfte, wäre allein dem Umkehrschluss zu entnehmen gewesen, der aber nicht zwingend war. Eine alleinige Ableitung der Ausschlusswirkungen aus § 283 Abs. 1 Satz 3 a.F. führte daher zu dessen Überforderung und Überbewertung.[1346] Schließlich ließ sich ihm auch nicht der für die Ausschlusswirkung relevante Zeitpunkt entnehmen, das bloße Erfordernis eines rechtskräftigen Urteils konnte insofern keinen Aufschluss geben. Die Maßgeblichkeit der letzten mündlichen Tatsachenverhandlung ergab sich erst aus allgemeinen prozessualen Grundsätzen, die in § 767 Abs. 2 ZPO ihren Niederschlag gefunden haben.[1347]

Das Abstellen des § 283 Abs. 1 Satz 1 auf das Leistungsurteil statt auf den materiellen Anspruch mochte zwar wegen des so erzielten Ausschlusses aller

---

[1343] Kohler JuS 1992, 58 (60); Medicus, BR, 18. Auflage, Rn 246.

[1344] Emmerich, Leistungsstörungen, 3. Auflage, § 7 IV 1) d); Erman/Battes, 10. Auflage, § 283 Rn 15; Palandt/Heinrichs, 61. Auflage, § 283 a.F. Rn 6; Planck/Siber, § 283 Anm. 1 a) γ); Schlegelberger/Vogels/Weitnauer, § 283 Rn 21; Soergel/Wiedemann, 12. Auflage, § 283 Rn 28.

[1345] RGZ 96, 20 (21); RGZ 107, 15 (19); RGZ 117, 66 (68); BGHZ 53, 29 (33); Dedek, in: Dauner-Lieb/Konzen/Schmidt, S. 192; Derleder NJW 1970, 929 (931); Emmerich, Leistungsstörungen, 4. Auflage, § 7 IV 4 b; Götzmann JR 1931, 43 (46); Gsell JZ 2004, 110 (114); Huber, Band II, S. 553; Larenz, § 22 I; MüKo/Emmerich, Band 2, 4. Auflage, § 283 Rn 25; RGRK/Nastelski, 11. Auflage, § 283 Anm. 1; Schur NJW 2002, 2518 (2519).

[1346] So auch Dedek, in: Dauner-Lieb/Konzen/Schmidt, S. 183 (192).

[1347] Vgl. Dedek, in: Dauner-Lieb/Konzen/Schmidt, S. 183 (192); Rosenberg/Schwab/Gottwald, § 154 Rn 1; K. Schmidt ZZP 87 (1974), 49 (54); Stein/Jonas/Leipold, § 322 Rn 229.

materiellen Einwendungen gegen den Primäranspruch für eine materiellrechtliche Erklärung der Ausschlusswirkung sprechen.[1348] Jedoch bliebe dann unklar, ob sämtliche Einwendungen oder nur solche, die im Erstprozess erheblich gewesen wären, ausgeschlossen sein sollten. Die systematische Erkenntnis, § 283 a.F. sei eine auf der Schnittstelle zwischen materiellem Recht und Prozessrecht liegende Norm,[1349] brachte keine weitere Klärung. Für eine prozessuale Deutung der Ausschlusswirkungen eines Ersturteils sprach aber entscheidend die Gesetzeshistorie. So heißt es in den Motiven dazu:[1350] „Inwieweit der Schuldner gegenüber der Interesseforderung oder dem Rücktritte des Gläubigers sich noch exkulpiren kann, beurtheilt sich nach allgemeinen, insbes. auch prozessualen Grundsätzen."

Folgte man dem, so blieb dem § 283 Abs. 1 Satz 3 a.F. nur eine Klarstellungsfunktion zur Wahrung des Verschuldensprinzips außerhalb einer Haftungsverschärfung nach § 287 Satz 2 a.F.[1351] Es sollte betont werden, dass eine nach dem Erstprozess eingetretene, nicht zu vertretende Unmöglichkeit den Schuldner, wie nach allgemeinen Regeln, von seiner Haftung befreite. Dies stimmte auch mit den Protokollen überein, wo es hieß:[1352] „Daß eine vom Schuldner nicht zu vertretende Unmöglichkeit der Leistung seine Haftung ausschließe, ergebe sich zwar schon aus dem § 237 (§ 275 a.F.); es empfehle sich aber, dies ausdrücklich auszusprechen, um klarzustellen, dass die Vorschrift des § 251 (§ 287 a.F.) auf die Fälle, in welchen die Frist abläuft, ohne dass der Schuldner in Verzug gekommen ist, nicht erstreckt werden dürfe."

Dies alles sprach dafür, die allgemein anerkannte Ausschlusswirkung nicht dem § 283 a.F. selbst, sondern den allgemeinen prozessualen Rechtskraft- und Präklusionsgrundsätzen zu entnehmen.

b) Die prozessuale Erklärung der Ausschlusswirkungen eines Ersturteils nach neuem Recht

Jedenfalls kann nunmehr mangels tatbestandlichen Bezugs des § 281 n.F. auf ein Ersturteil die Ausschlusswirkung eines vorangegangenen rechtskräftigen Primärleistungsurteils nur aufgrund von prozessualen Grundsätzen angenommen werden. Zur Klärung ihres Umfanges sollen die dogmatischen Grundlagen der Ausschlusswirkung eines Urteils näher dargestellt werden.

[1348] So auch K. Schmidt ZZP 87 (1974), 49 (54).

[1349] Kohler JuS 1991, 943; K. Schmidt ZZP 87 (1974), 49; Schur NJW 2002, 2518.

[1350] Motive bei Mugdan, Band II, S. 29.

[1351] Dedek, in: Dauner-Lieb/Konzen/Schmidt, S. 183 (192); auch Huber, Band II, S. 547 und Kohler JuS 1991, 943 (945) wollten eine Schadensersatzhaftung ohne Verschulden ausschließen.

[1352] Protokolle bei Mugdan, Band II, S. 534.

aa) Die Bindungswirkung der materiellen Rechtskraft

Als Abschluss eines Prozesses ist nur der Sachausspruch des Gerichts, der Tenor, der materiellen Rechtskraft fähig. Die Wirkungen der materiellen Rechtskraft sind in § 322 ZPO nur ungenau umschrieben. Sie werden allgemeinhin unterteilt in eine objektive, eine subjektive und in eine zeitliche Komponente.[1353] Dabei meint die objektive Komponente die sachliche Reichweite der Bindungswirkung der Entscheidung. Durch sie wird verbindlich festgestellt, dass z.B. der Gläubiger einen bestimmten Gegenstand X vom Schuldner herausverlangen darf. Die sachliche Reichweite der Bindungswirkung wird durch den Streitgegenstand bestimmt und begrenzt.[1354] Dieser konstituiert sich nach dem herrschenden zweigliedrigen Streitgegenstandsbegriff aus dem Antrag und dem zugrunde liegenden Lebenssachverhalt.[1355] Die Bindungswirkung der materiellen Rechtskraft wurde verschiedentlich erklärt.[1356] Dies interessiert hier nicht weiter. Jedenfalls schließt sie einen weiteren Prozess über denselben Streitgegenstand aus (Identität der Streitgegenstände).[1357] Der Gläubiger kann also nicht genau den gleichen Antrag und den gleichen Lebenssachverhalt erneut vor Gericht bringen, dies ist unzulässig. Die formell und materiell rechtskräftige Entscheidung bindet damit die Parteien endgültig.

Die subjektive Komponente ist in § 325 Abs. 1 ZPO niedergelegt, die Rechtskraft gilt danach grundsätzlich nur für und gegen die beteiligten Parteien.[1358]

Aus § 322 Abs. 1 in Verbindung mit § 767 Abs. 2 ZPO wird schließlich hinsichtlich der zeitlichen Komponente gefolgert, dass die zeitliche Grenze der Rechtskraft grundsätzlich der Schluss der letzten mündlichen Verhandlung in der Tatsacheninstanz ist. Spätere Ereignisse werden also von der Rechtskraft nicht mehr erfasst.

bb) Sperrwirkungen der materiellen Rechtskraft

Daneben erzeugt die materielle Rechtskraft auch weitere Wirkungen für einen Folgeprozess. Aus der materiellen Rechtskraft des Tenors folgt, dass wegen der Verbindlichkeit des positiven Ausspruchs nicht genau das entgegenstehende (echte kontradiktorische) Gegenteil geltend gemacht werden darf.[1359] Steht also rechtskräftig fest, dass der Gläubiger eine Sache vom Schuldner verlangen kann, so ist eine Klage des Schuldners gegen den Gläubiger auf Feststellung des

---

[1353] Vgl. nur Zöller/Vollkommer, Vor § 322 Rn 3.

[1354] Jauernig, S. 258; Rosenberg/Schwab/Gottwald, § 152 Rn 1 und 2; Zöller/Vollkommer, Vor § 322 Rn 30.

[1355] BGHZ 79, 245 (248); 94, 29 (33); 117, 1 (5); Stein/Jonas/Leipold, § 322 Rn 105.

[1356] Vgl. nur Jauernig, S. 251; Otto, S. 81 ff.; Stein/Jonas/Leipold, § 322 Rn 19 ff.

[1357] Vgl. BGH NJW 2003, 3058 (3059); Rimmelspacher, S. 178.

[1358] Jauernig, S. 258; Zöller/Vollkommer, Vor § 322 Rn 52.

[1359] BGH NJW 1993, 2684 (2685); Doderer NJW 1991, 878 (879); Rimmelspacher, S. 178; Stein/Jonas/Leipold, § 322 Rn 197.

Nichtbestehens genau dieser Schuld unzulässig. Es liegt hier eine Identität der Begehren vor.[1360]

Es gibt auch Fälle eines unechten kontradiktorischen Gegenteils, bei dem sich die zweite Aussage nicht in der Verneinung der ersten Aussage erschöpft, sondern darüber hinausgeht.[1361] Dieses liegt vor, wenn der Schuldner selbst Leistungsklage auf Rückgabe der Sache erheben würde. Diese Forderung ist mehr als die bloße Negierung der Forderung des Gläubigers, weil damit nicht nur feststünde, dass der Gläubiger keinen Anspruch hätte, sondern darüber hinaus der Schuldner einen eigenen Anspruch hat. Auch in diesen Fällen kann die erste rechtskräftige Entscheidung beeinträchtigt werden, so dass das spätere Begehren unzulässig ist.[1362]

cc) Grenzen der materiellen Rechtskraft und Präklusion von Tatsachen

Rechtskräftig entschieden wird nicht über einzelne Einwendungen oder Einreden des Beklagten.[1363] Dies würde den Streitgegenstandsbegriff überschreiten. Dementsprechend sieht § 322 Abs. 1 und 2 ZPO die Möglichkeit einer rechtskräftigen Entscheidung über eine Widerklage und Aufrechnung gerade als Ausnahme vor. Ebenfalls nicht der Rechtskraft fähig sind die der Entscheidung zugrunde liegenden Tatsachen.[1364]

Eine besondere Art von Feststellungswirkung wird aber durch das Institut der Präklusion erreicht. Da durch den Tenor eine bestimmte Rechtsfolge verbindlich festgestellt wird, greift hinsichtlich all derjenigen Tatsachen, die entgegenstehende Rechtsgründe ausgefüllt hätten und damit die tenorierte Rechtsfolge verhindert hätten, ein Ausschluss der Geltendmachung ein.[1365] Präklusion bedeutet also einen Ausschluss, um zu verhindern, dass der Sachausspruch durch Anbringen von Einwendungen doch immer wieder erneut in Frage gestellt wird.

Der Präklusion können in dem hiesigen Zusammenhang nur Tatsachen unterfallen.[1366] Im allgemeinen Sprachgebrauch wird demgegenüber auch von der Präklusion von Rechten und Einwendungen gesprochen. Dies ist aber eine sprachliche Verkürzung. Die ZPO kennt das Institut der Präklusion und hat mehrfach Untergruppen derselben ausdrücklich geregelt, so in den §§ 296, 323 Abs. 2 und 767 Abs. 2 ZPO. Jede dieser ausdrücklichen Regelungen bezieht sich auf die Präklusion von Tatsachen. Daher ist die Erklärung, der Beklagte sei mit

---

[1360] Rimmelspacher, S. 178/179.

[1361] Dazu Rimmelspacher, S. 179.

[1362] Rosenberg/Schwab/Gottwald, § 153 Rn 5; Stein/Jonas/Leipold, § 322 Rn 197.

[1363] BGHZ 117, 1 (3); Jauernig, S. 257; Rosenberg/Schwab/Gottwald, § 152 Rn 15; Stein/Jonas/Leipold, § 322 Rn 89; Doderer NJW 1991, 878; Dieckmann, GS Arens, S. 43 (47).

[1364] BGH NJW 1993, 2684 (2685); BGH NJW 1995, 2993; BGH NJW 1995, 967; Jauernig, S. 256; Rosenberg/Schwab/Gottwald, § 152 III 1; Stein/Jonas/Leipold, § 322 Rn 228.

[1365] Jauernig, S. 252.

[1366] BGHZ 98, 353 (358); 117, 1 (6/7); Stein/Jonas/Leipold, § 322 Rn 228/229; Zöller/Vollkommer, Vor § 322 Rn 70.

seinem Unmöglichkeitseinwand präkludiert, ungenau. Vielmehr heißt es richtig, dass der Beklagte mit dem Vorbringen der dem Einwand zugrunde liegenden Tatsachen präkludiert ist. Wegen des allgemeinen Sprachgebrauchs soll aber auch im Folgenden verkürzt z.B. von der Präklusion des Unmöglichkeitseinwandes gesprochen werden.

Die Präklusion hängt eng mit den Grenzen der Rechtskraft zusammen.[1367] Da die Rechtskraft nicht die zugrunde liegenden Tatsachen erfasst, wäre es prinzipiell denkbar, dass gegen die Entscheidung immer wieder Tatsachen geltend gemacht werden, die bei der Entscheidungsfindung schon berücksichtigt worden sind oder dort hätten angebracht werden können.[1368] Die rechtskräftige Entscheidung und ihre Ziele, Rechtsfrieden und Rechtsgewissheit zu schaffen, würden so entwertet.[1369] Daher folgt aus dem Tenor auch eine Präklusion der Tatsachen, die sich in den Grenzen der materiellen Rechtskraft befinden. Damit ist vor allem die zeitliche Grenze der Rechtskraft gemeint, so dass etwa der Einwand einer nach der letzten mündlichen Verhandlung der Tatsacheninstanz entstandenen Tatsache möglich bleibt.[1370] Dies kann aus § 767 Abs. 2 gefolgert werden.[1371] Letzte Tatsacheninstanz ist grundsätzlich die Berufungsinstanz, jedoch ergeben sich nach der letzten ZPO-Reform im Jahre 2001 aus den §§ 529, 531 ZPO wichtige Einschränkungen.

Das Urteil hat also indirekt Feststellungswirkung im Hinblick auf Tatsachen. Dies darf aber nicht so verstanden werden, dass diese zwischen den Parteien verbindlich festgestellt sind, sondern nur in der Weise, dass eine Berücksichtigung dieser Tatsachen gegen den Sachausspruch dauerhaft ausgeschlossen sein kann.

dd) Grenzen der Präklusion

Die Präklusion erfasst sowohl die vorgetragenen als auch die nicht vorgetragenen Einwendungen. Auf die Kenntnis der Partei kommt es grundsätzlich nicht an.[1372] Sie hat aber neben der dargestellten zeitlichen auch eine sachliche Grenze. Sie bezieht sich nur auf solche Tatsachen, die mit dem in Streit stehenden

---

[1367] Jauernig, S. 252; Rosenberg/Schwab/Gottwald, § 154 Rn 1 und 5; Zöller/Vollkommer, Vor § 322 Rn 68.

[1368] BGHZ 98, 353 (359); BGH NJW 1995, 967 (968); BGH NJW 1993, 2684 (2685); Rosenberg/Schwab/Gottwald, § 154 II 1; Stein/Jonas/Leipold, § 322 Rn 228/229.

[1369] Rosenberg/Schwab/Gottwald, § 154 Rn 6.

[1370] Im Folgenden sollen die vor der letzten Tatsachenverhandlung entstandenen Einwendungen als „alte" Einwendungen, die danach entstandenen als „neue" Einwendungen bezeichnet werden.

[1371] BGHZ 83, 278 (280); Dedek, in: Dauner-Lieb/Konzen/Schmidt, S. 183 (192); Rimmelspacher, S. 245; Rosenberg/Schwab/Gottwald, § 154 Rn 1; K. Schmidt ZZP 87 (1974), 49 (54); Stein/Jonas/Leipold, § 322 Rn 229.

[1372] Rosenberg/Schwab/Gottwald, § 154 Rn 7; Stein/Jonas/Leipold, § 322 Rn 234.

Tatsachenkomplex in einem inneren Zusammenhang stehen.[1373] Ausgeschlossen sind nur solche Tatsachen, die bei einer natürlichen, vom Standpunkt der Parteien ausgehenden Betrachtungsweise zu dem durch den Vortrag des Klägers zur Entscheidung gestellten Tatsachenkomplex gehört hätten.[1374] Daraus folgt, dass die Präklusion nur solche Tatsachen erfassen kann, die für die Entscheidung des Prozesses generell erheblich gewesen wären.[1375] Auf diese Beschränkung muss geachtet werden, wird doch andernfalls dem Beklagten ein Vorbringen gegen den ausgeurteilten Anspruch unrechtmäßig verwehrt und sein Recht auf rechtliches Gehör unzulässigerweise beschränkt. Dies kann in der Folge zu einem der materiellen Rechtslage nicht entsprechenden, also falschen Urteil führen.

Aus der Funktion der Präklusion, dem Schutz der materiellen Rechtskraft, ergibt sich auch ihre Grenze. Sie reicht nur so weit wie die materielle Rechtskraft, also nicht über den Streitgegenstand hinaus. Präkludiert sind damit alle alten tatsächlichen Einwendungen gegen die festgestellte Rechtsfolge innerhalb desselben Streitgegenstandes. Werden in einem Zweitprozess andere Rechtsfolgen aus demselben Tatsachenkomplex des Erstprozesses geltend gemacht, liegt ein anderer Streitgegenstand vor, und die Präklusion greift nicht ein.[1376] Die rechtskräftige Zuerkennung eines Werklohnanspruchs steht also einer Schadensersatzklage des Bestellers wegen eines Mangels auch dann nicht entgegen, wenn der Besteller diesen im Wege der Aufrechnung schon im Erstprozess hätte geltend machen können.

ee) Das Institut der Präjudizialität

Durch das Institut der Präjudizialität kann es jedoch zu einer Übertragung der Bindungswirkung des Tenors eines Ersturteils und der damit verbundenen Präklusionswirkung auf einen zweiten Sachverhalt kommen. Präjudizialität heißt Vorgreiflichkeit. Ein Urteil ist präjudiziell, wenn der Inhalt der rechtskräftigen Entscheidung zum Tatbestand der in einem neuen Prozess geltend gemachten Rechtsfolge gehört.[1377] So entfaltet etwa bei einer Schadensersatzklage wegen Vertragsverletzung das Feststellungsurteil über das Bestehen des Vertrages eine Präjudizialität. Das Tatbestandsmerkmal „Bestehen eines Vertrages" liegt wegen der Rechtskraft der im Ersturteil getroffenen Feststellung verbindlich vor. Präkludiert sind auch hier alle der Feststellung zuwiderlaufenden Ein-

---

[1373] Daher zumindest missverständlich MüKo/Emmerich, Band 2, 4. Auflage, § 283 Rn 25, wenn er schreibt, sämtliche Einwendungen seien präkludiert.

[1374] BGH NJW 1992, 1172 (1173); NJW 1995, 967 (968); Stein/Jonas/Leipold, § 322 Rn 230; Zöller/Vollkommer, Vor § 322 Rn 70.

[1375] OLG Zweibrücken DNotZ 88, 193 (194); Baumbach/Lauterbach/Albers/Hartmann, Einf §§ 322 – 327 Rn 13 und 15; Musielak NJW 2000, 3593 (3594); Stein/Jonas/Leipold, § 322 Rn 230; Zöller/Vollkommer, Vor § 322 Rn 70.

[1376] Vgl. BGH NJW 2000, 3492 (3494); und auch Rosenberg/Schwab/Gottwald, § 154 Rn 10; Stein/Jonas/Leipold, § 322 Rn 233a; Zöller/Vollkommer, Vor § 322 Rn 54.

[1377] BGH NJW 2003, 3058 (3059); Jauernig, S. 251; Rimmelspacher, S. 178; Rosenberg/Schwab/Gottwald, § 153 III; Zeuner JuS 1966, 147 (148).

wendungen, die vor der letzten mündlichen Tatsachenverhandlung des Erstprozesses vorgelegen haben. Durch das Institut der Präjudizialität können also die Rechtskraftwirkungen auf andere Sachverhalte ausstrahlen.

c) Folgen eines Ersturteils beim Vorgehen nach § 281

aa) Präjudizialität und Präklusion eines Ersturteils im Rahmen des § 281

Mangels Notwendigkeit eines Primärleistungsurteils hat ein Vorgehen nach § 281 genuin keine Ausschlusswirkungen. Diese sind jedoch bei Vorliegen eines materiell rechtskräftigen Ersturteils aufgrund der allgemeinen prozessualen Rechtskraftwirkungen möglich. Hat der Gläubiger ein Primärleistungsurteil erlangt, so steht aufgrund des Tenors die Verpflichtung des Schuldners zur Leistung fest. Das in § 281 geforderte Bestehen einer fälligen Leistungspflicht ist damit genau Gegenstand der rechtskräftigen Entscheidung des Erstprozesses. Für die Geltendmachung von Schadensersatz und einen eventuellen Zweitprozess ist folglich das Ersturteil präjudiziell,[1378] das Bestehen einer fälligen Leistungspflicht kann innerhalb der zeitlichen Rechtskraftgrenzen nicht mehr angezweifelt werden. Ergänzend schließt das Institut der Präklusion alle alten Einwendungstatsachen gegen den Bestand der festgestellten Leistungspflicht aus.[1379] Wie noch zu zeigen sein wird, gilt dies in weitem Maße auch für Einwendungen gegen ein Vertretenmüssen nach § 280 Abs. 1 Satz 2.

Diese Wirkungen ähneln denen nach § 283 a.F., unterscheiden sich aber in einem Punkte: § 283 a.F. knüpfte tatbestandlich allein an das Vorliegen eines rechtskräftigen Leistungsurteils an, § 281 hingegen erfordert eine fällige materiell-rechtliche Leistungspflicht und ein Vertretenmüssen. Ein Primärleistungsurteil war damit im alten Recht direkter Anknüpfungspunkt, während ihm im neuen Recht nur im Rahmen der Präjudizialität Bedeutung zukommt.

Dieser Unterschied bewirkt die Behebung eines im alten Recht bestehenden, gleichwohl aber soweit ersichtlich nicht behandelten Problems. Es muss sich nämlich ganz grundsätzlich die Frage stellen, wie vor Entstehung eines Schadensersatzanspruchs entstandene primärrechtsbezogene materielle Einwendungen gegenüber dem Schadensersatzverlangen nach § 283 a.F. oder § 281 n.F. erheblich sein können.

bb) Möglichkeiten der Berücksichtigung von Primäreinwendungen gegenüber § 283 a.F.

Dies war im alten Recht eine nicht leicht zu beantwortende Frage. § 283 a.F. erforderte seinem Tatbestand nach nur ein Leistungsurteil, nicht aber den Bestand

[1378] Gsell JZ 2004, 110 (114); MüKo/Ernst, Band 2a, 4. Auflage, § 281 Rn 177.

[1379] Vgl. dazu zum alten Recht: RGZ 96, 20 (21); 107, 15 (19); 117, 66 (68); BGHZ 53, 29 (33); OLG Hamburg MDR 1968, 666 (667); Huber, Band II, S. 544; Kohler JuS 1992, 58 (60); MüKo/Emmerich, Band 2, 4. Auflage, § 283 Rn 25; K. Schmidt ZZP 87 (1974), 49 (55); Soergel/Wiedemann, 12. Auflage, § 283 Rn 28; Staudinger/Löwisch, Neubearbeitung 2001, § 283 Rn 26.

einer materiellen Leistungspflicht.[1380] Damit konnte einem Übergang nach § 283 a.F. eine Einwirkung auf den zugrunde liegenden Primäranspruch nach dem Ersturteil prima facie nicht mehr entgegen gehalten werden. Ausdrücklich erheblich waren nur die Erfüllung und ein nachträgliches nicht zu vertretendes Unmöglichwerden nach § 283 Abs. 1 Satz 2 und 3 a.F. Doch waren noch weitere Fälle denkbar. So konnte nach der Verurteilung und vor Fristablauf[1381] das ursprüngliche Schuldverhältnis durch einen Vergleich oder einen Änderungsvertrag verändert oder durch Ausübung eines vertraglichen Kündigungs- oder Rücktrittsrechts beendet werden.[1382] Bei diesen Einwendungen war es überaus unklar, wie sie materiell-rechtlich dem Anspruch aus § 283 a.F. entgegen gehalten werden konnten. Ein gänzlich fehlender Einfluss wäre jedenfalls ungerecht gewesen. Nur unzureichend konnte das Problem durch Subsumtion der der Erfüllung gleich stehenden Erfüllungssurrogate unter § 283 Abs. 1 Satz 2 a.F. oder Auslegung etwa des Aufhebungsvertrages oder des Erlasses dahin, dass damit zugleich jegliches Vorgehen nach § 283 a.F. ausgeschlossen sein sollte, gelöst werden. In vielen Fällen musste diese Lösung zur reinen Fiktion geraten oder scheiterte etwa beim nachträglichen Abschluss eines Vergleichs oder Änderungsvertrages.

Versuche, dem § 283 a.F. seine aus dem Abstellen auf das Leistungsurteil folgende Abstraktheit zu nehmen, konnten nicht recht überzeugen. Dies gilt etwa für den Vorschlag, eine Klage auf Feststellung des Nichtbestehens der Primärleistungspflicht zu erheben.[1383] Denn selbst ein solches – im Übrigen bei alten Einwendungen wegen des kontradiktorischen Begehrens gar nicht zulässiges – Feststellungsurteil, konnte nichts am Bestand des Ersturteils ändern. Der Gläubiger hätte also weiter nach § 283 a.F. vorgehen können. Einer Klage nach § 767 ZPO stand entgegen, dass ein Vorgehen nach § 283 a.F. formal keinen Akt der Zwangsvollstreckung darstellte, mag er auch eine andere Art von Exekution des Leistungsurteils gewesen sein. Auch hätte sich durch eine erfolgrei-

---

1380 § 283 Abs. 1 Satz 1 a.F. bezog sich zunächst aus gutem Grund nicht auf einen zugrunde liegenden materiellen Anspruch, denn wie allgemein anerkannt war, konnte es auch Fälle geben, in denen ein Leistungsurteil erging, ohne dass der geltend gemachte materielle Anspruch noch bestand, vgl. OLG Hamburg MDR 1968, 666; Erman/Battes, 10. Auflage, § 283 Rn 2; Kuttner, S. 57; Staudinger/Löwisch, Neubearbeitung 2001, § 283 Rn 2; Soergel/Wiedemann, 12. Auflage, § 283 Rn 2.

1381 Der Fristablauf war die äußerste zeitliche Grenze für die Entstehung neuer Einwendungen gegen die Primärforderung, da diese dann erlosch; vgl. § 283 Abs. 1 Satz 2 a.F. und Erman/Battes, 9. Auflage, § 283 Rn 15; Huber, Band II, S. 545; Staudinger/Löwisch, Neubearbeitung 2001, § 283 Rn 23.

1382 Auf das Problem, ob es hinsichtlich der Präklusion durch das erste Urteil auf die Gestaltungslage oder die Gestaltungserklärung ankommt, soll hier nicht eingegangen werden.

1383 So Götzmann JR 1931, 43 (46).

che Klage nach § 767 ZPO nichts am Vorliegen eines rechtskräftigen Titels geändert.[1384]

Richtigerweise erlaubte allein das Tatbestandsmerkmal des Schadens eine Koppelung des Leistungsurteils an das materielle Recht. Denn nur wenn der Gläubiger noch einen materiell-rechtlichen Anspruch hatte, konnte ihm im Rahmen der Differenzhypothese aus der Nichtleistung ein Schaden entstehen.[1385] Machte also der Schuldner geltend, der Primäranspruch sei nach dem Ersturteil durch einen Vergleich oder Änderungsvertrag aufgehoben oder geändert worden, so bewirkte dies eine Veränderung des Schadens.[1386] Die Ausschlusswirkung des Ersturteils stellte dabei sicher, dass jedenfalls bis zum Zeitpunkt der letzten mündlichen Tatsachenverhandlung als zeitliche Grenze der Rechtskraft eine Leistungspflicht und damit ein Schaden angenommen wurden. Hinsichtlich später entstandener Einwendungen, die von der Rechtskraft des Ersturteils nicht mehr erfasst werden konnten, kam es dann auf den materiell-rechtlichen Bestand der Leistungspflicht an, wodurch Veränderungen berücksichtigt werden konnten. Im Ergebnis erlaubte also das Merkmal des Schadens die notwendige Berücksichtigung der materiellen Rechtslage.

cc) Möglichkeiten der Berücksichtigung von Primäreinwendungen gegenüber § 281

Im neuen Recht ist die Darlegung des Einflusses materiell-rechtlicher Veränderungen auf die Schadensersatzberechtigung nach § 281 sehr viel einfacher geworden. Diese erfordert bis zum Schadensersatzverlangen das Vorliegen der Übergangsvoraussetzungen des § 281.[1387] Ein Wegfall oder eine Veränderung des Primäranspruchs wirkt sich also sofort auf § 281 aus. Soweit ein Ersturteil ergangen ist, mag zwar dessen Rechtskraft das Bestehen der Leistungspflicht im Rahmen der Präjudizialität feststellen, dies gilt jedoch nur innerhalb der zeitlichen Grenzen der Rechtskraft. Somit ist nunmehr die Befugnis des Schuldners, nach der letzten mündlichen Tatsachenverhandlung entstandene Einwendungen gegen die Primärpflicht auch dem § 281 entgegenzuhalten, leicht erklärbar. Äußerste zeitliche Grenze für die Neuentstehung ist dabei das Ersatzverlangen, da damit die Primärforderung erlischt.

Trotz im Ergebnis gleich bleibender Begründung der Ausschlusswirkungen eines Ersturteils zeigen vorstehende Ausführungen, dass die Berücksichtigung neuer Einwendungen bei § 281 konstruktiv wesentlich erleichtert wurde. Dies trägt zu einem klareren Rechtsverständnis bei.

[1384] Stein/Jonas/Münzberg, 22. Auflage, § 767 Rn 7.

[1385] Auch Huber, Band II, S. 553 meinte: „Nicht die Nichterfüllung des im Urteil ausgesprochenen Leistungsbefehls, sondern die Nichterfüllung des im Urteil festgestellten materiell-rechtlichen Anspruchs ist also die Grundlage der Schadensberechnung.

[1386] Diese Schadensverringerung musste nach Treu und Glauben immer Berücksichtigung finden, resultierte sie doch gerade auch aus einem Verhalten des Gläubigers.

[1387] Vgl. dazu schon ausführlich oben bei S. 143 ff.

d) Anforderungen an den Titel für die Ausschlusswirkungen

Im Folgenden sollen kurz die Anforderungen an den Primärtitel für die Ausschlusswirkungen dargestellt werden. Zunächst bedarf der Titel der materiellen Rechtskraft, die nicht vor der formellen Rechtskraft eintritt.[1388] Da die prozessuale Begründung der Ausschlusswirkung auch schon nach altem Recht ganz herrschende Meinung war, kann auf die damals vertretenen Auffassungen zur erforderlichen Titelqualität zurückgegriffen werden.

Als rechtskräftige Verurteilung kommen danach unbedingte Endurteile nach § 704 Abs. 1 ZPO in Betracht. Es muss dabei immer eine Verurteilung zur Leistung vorliegen, Feststellungs- oder Gestaltungsurteile genügen nicht. Ein Versäumnisurteil und ein vollstreckbarer Schiedsspruch reichen ebenfalls aus, sofern sie unanfechtbar bzw. formell rechtskräftig sind. Denn das Versäumnisurteil wird nach Ablauf der Einspruchsfrist rechtskräftig und steht einem normalen Endurteil gleich. Ebenso verhält es sich mit dem vollstreckbaren Schiedsspruch, der gemäß § 1055 ZPO die Wirkung eines rechtskräftigen gerichtlichen Urteils hat.

Auch ein Vollstreckungsbescheid kommt als Grundlage in Betracht. Zwar können seit der Vereinfachungsnovelle im Jahre 1977 im Mahnverfahren gemäß § 688 Abs. 1 ZPO nur noch Zahlungsansprüche geltend gemacht werden.[1389] Jedoch ist § 281 auch bei einem Zahlungsanspruch anwendbar, soweit damit bei synallagmatischen Pflichtenverhältnissen das Gegenseitigkeitsverhältnis aufgelöst werden kann. Ein Vollstreckungsbescheid kann dann ein für die Ausschlusswirkungen ausreichender Titel sein, da er nach § 700 Abs. 1 einem Versäumnisurteil gleich steht. Nach Ablauf der Einspruchsfrist ist der Vollstreckungsbescheid formell und materiell rechtskräftig.

Im alten Recht war es umstritten, ob Vorbehaltsurteile im Wechsel- und Scheckprozess für den § 283 a.F. genügten. Zum Teil wurden sie für ausreichend befunden, da auch sie der formellen Rechtskraft fähig sind,[1390] zum Teil wurde dies aber mit dem Argument bestritten, dass sie erst mit rechtskräftigem Abschluss des Nachverfahrens auch materiell rechtskräftig würden.[1391] Somit bestünde bis dahin die Gefahr, dass es im Nachverfahren, in welchem dem Beklagten gemäß §§ 599 Abs. 1, 600 ZPO die Verteidigung in weiterem Umfang möglich ist, zu einem abweichenden Ergebnis komme.[1392] Dies könne zu einer Aufhebung des Vorbehaltsurteils führen und damit zum Wegfall der Voraussetzungen

---

[1388] Zöller/Vollkommer, Vor § 322 Rn 6.

[1389] Wieczorek/Schütze/Olzen, Dritter Band, § 688 Rn 9.

[1390] Erman/Battes, 10. Auflage, § 283 Rn 5; MüKo/Emmerich, Band 2, 4. Auflage, § 283 Rn 14; Schlegelberger/Vogels/Weitnauer, § 283 Rn 5; Soergel/Wiedemann, 12. Auflage, § 283 Rn 13; Staudinger/Löwisch, Neubearbeitung 2001, § 283 Rn 16.

[1391] Hallermann JW 1920, 1018; Huber, Band II, S. 536 in Fn 9a; Jauernig/Vollkommer, 9. Auflage, § 283 Rn 4; K. Schmidt ZZP 87 (1974), 49, (51).

[1392] Diese Gefahr sieht auch Kohler JuS 1992, 58 (60).

zungen des § 283 a.F. Zudem zeige § 283 Abs. 1 Satz 2, 2. Halbsatz a.F., dass nach Fristablauf der Erfüllungsanspruch erlösche, was jedoch ein Nachverfahren sinnlos und damit unmöglich machen müsste.[1393]

Unter Geltung des neuen Rechts kann nunmehr kein Zweifel mehr bestehen, dass ein Vorbehaltsurteil mangels materieller Rechtskraft zur Bewirkung der Ausschlusswirkungen nicht genügt. Erst das Urteil im Nachverfahren, welches das Vorbehaltsurteil für vorbehaltlos erklärt, ist der materiellen Rechtskraft fähig.[1394] Nicht ausreichend ist dann auch ein Vergleich, da auch ihm die materielle Rechtskraft fehlt.[1395]

3) Reichweite der Ausschlusswirkungen eines Ersturteils bezüglich einzelner Einwendungen

Im Anschluss sollen die Ausschlusswirkungen eines Ersturteils anhand verschiedener einzelner Einwendungen untersucht werden. Dabei muss zur Vermeidung ungerechter Ergebnisse eine mangelnde materiell-rechtliche Erheblichkeit im Erstprozess mit einem Fehlen von Ausschlusswirkungen einhergehen. Andernfalls könnte ein schuldnerischer Einwand im Erstprozess zwar vorgebracht werden, hätte dort aber keine materiell-rechtlichen Auswirkungen. Im Zweitprozess wäre er dann trotz erstmaliger Erheblichkeit ausgeschlossen. Bei der Untersuchung ist nach alten und neuen, d.h. vor oder nach der letzten mündlichen Tatsachenverhandlung des Erstprozesses entstandenen Einwendungen sowie nach dauerhaften und vorübergehenden Einwendungen zu unterscheiden.

a) Behandlung von vor der letzten mündlichen Tatsachenverhandlung bestehenden, dauerhaften Einwendungen

aa) Allgemeines

Als dauerhafte Einwendungen kommen sowohl solche gegen die Primärverpflichtung als auch solche gegen die künftige Sekundärverpflichtung in Betracht. Da es im Erstprozess allein um die Primärleistungspflicht geht, hat ein Einwand gegen die Sekundärverpflichtung, wie etwa ein vereinbarter Ausschluss der Schadensersatzhaftung, keinen Einfluss auf dessen Ausgang. Ein solcher Einwand richtet sich bei Geltendmachung der Schadensersatzhaftung nach § 281 auch nicht direkt gegen das im Erstprozess behandelte Bestehen einer fälligen Leistungspflicht. Deshalb tritt mangels Erheblichkeit im Erstprozess auch keine Präklusion ein. Denn präkludiert sind nur solche Einwendungen, die auch mit Erfolg einer Erstverurteilung entgegengesetzt hätten werden kön-

---

[1393] Hallermann JW 1920, 1018 (1019).

[1394] Vgl. zur fehlenden materiellen Rechtskraft des Vorbehaltsurteils: RGZ 47, 186 (190); Jauernig, S. 359; Rosenberg/Schwab/Gottwald, § 151 Rn 7; Zöller/Greger, § 599 Rn 18.

[1395] Kohler JuS 1992, 58 (60); Soergel/Wiedemann, 12. Auflage, § 283 Rn 14; K. Schmidt ZZP 87 (1974), 49 (51).

nen.[1396] Der Verzicht auf ein Vorgehen nach § 281, eine Aufrechnung mit Gegenforderungen,[1397] sowie reine Schadensersatzausschlussklauseln können nur im Zweitprozess angeführt werden.[1398] Einwände gegen die Sekundärpflicht allein werden also niemals von den Rechtskraftwirkungen einer Erstverurteilung erfasst. Der Schuldner kann solche unabhängig von dem Zeitpunkt ihres Bestehens dem nachfolgenden Schadensersatzbegehren entgegen halten.

Als hier zu behandelnde alte Einwendungen kommen daher solche des Nichtentstehens oder Erlöschens der Primärleistungspflicht in Betracht. Da nunmehr der Schadensersatzanspruch nach § 281 von einer fälligen Primärforderung abhängt, können solche Einwendungen materiell-rechtlich problemlos auch zugleich gegen die Sekundärforderung wirken. Zur Nichtentstehung der Leistungspflicht kann es beispielsweise durch fehlenden Vertragsschluss, Geschäftsunfähigkeit, Formnichtigkeit, Sittenwidrigkeit, Anfechtung und durch Nichteintritt einer aufschiebenden Bedingung kommen. Zum Erlöschen kann es etwa durch Unmöglichkeit, Aufhebungsvertrag, Eintritt einer auflösenden Bedingung, Erfüllung und Erfüllungssurrogate sowie Erlass kommen. Ein Erlöschen der Primärleistungspflicht gemäß § 389 durch eine Aufrechung ist nicht denkbar, da es dazu an der Gleichartigkeit der Forderungen fehlt.

Jede dieser rechtshindernden oder rechtsvernichtenden Einwendungen ist für den Ausgang des Erstprozesses erheblich. Denn liegen sie unzweifelhaft vor, ist eine Verurteilung des Schuldners ausgeschlossen. Wird der Schuldner im Erstprozess zur Primärleistung verurteilt, so steht damit der Bestand einer fälligen Leistungspflicht fest. Das Urteil ist insoweit für den Schadensersatzanspruch wegen Nichterfüllung präjudiziell.[1399] Der Schuldner ist zugleich aufgrund der Präklusion mit der späteren Geltendmachung derjenigen Tatsachen ausgeschlossen, die Einwendungen gegen die Primärpflicht ausfüllen würden.[1400]

[1396] Zum neuen Recht: Dedek, in: Dauner-Lieb/Konzen/Schmidt, S. 183 (193); Gsell JZ 2004, 110 (114); zum alten Recht: BGH NJW 1975, 1119 (1120); Huber, Band II, S. 558; MüKo/Emmerich, Band 2, 4. Auflage, § 283 Rn 25; K. Schmidt ZZP 87 (1974), 49 (55); Soergel/Wiedemann, 12. Auflage, § 283 Rn 28; Staudinger/Löwisch, Neubearbeitung 2001, § 283 Rn 26.

[1397] BGH NJW 1975, 1119 (1120) zum alten Recht.

[1398] Vgl. MüKo/Emmerich, Band 2, 4. Auflage, § 283 Rn 25 zum alten Recht.

[1399] Gsell JZ 2004, 110 (114); MüKo/Ernst, Band 2a, 4. Auflage, § 281 Rn 177; Stein/Jonas/Leipold, § 322 Rn 205.

[1400] So zum neuen Recht: Allgemein MüKo/Ernst, Band 2a, 4. Auflage, § 281 Rn 177. Bamberger/Roth/Grüneberg, § 275 Rn 50, Erman/Westermann, § 281 Rn 18 und Gsell JZ 2004, 110 (114) speziell für den Unmöglichkeitseinwand. Dedek, in: Dauner-Lieb/Konzen/Schmidt, S. 183 (192/193) und Schur NJW 2002, 2518 (2519) aber einschränkend für Fälle der Leistungsstörungen; zum alten Recht: RG JW 1916, 831 (833); RGZ 96, 20 (21); 107, 15 (19); 117, 66 (68); BGHZ 53, 29 (33); OLG Hamburg MDR 1968, 666 (667); Huber, Band II, S. 544; Kohler JuS 1992, 58 (60); MüKo/Emmerich, Band 2, 4. Auflage, § 283 Rn 25; K. Schmidt ZZP 87 (1974), 49 (55); Soergel/Wiedemann, 12. Auflage, § 283 Rn 28; Staudinger/Löwisch, Neubearbeitung 2001, § 283 Rn 26

Davon isoliert zu betrachten ist das Problem der dauernden Einreden aufgrund der Ausübung von Gestaltungsrechten wie der Anfechtung, die zwar schon vor der letzten Tatsachenverhandlung hätten ausgeübt werden können, jedoch erst danach wirklich ausgeübt werden. Hier stellt sich wie bei der Vollstreckungsgegenklage nach § 767 Abs. 1 ZPO das Problem der Präklusion von Gestaltungsrechten.[1401] Diese bedürfen zur Entfaltung ihrer rückwirkenden Folgen einer Gestaltungslage und der Ausübung des Gestaltungsrechts. Ob hinsichtlich des Wirksamkeitszeitpunktes, der mit der Frage der Präklusion zusammenhängt, auf den Zeitpunkt der Entstehung der Gestaltungslage oder den der tatsächlichen Rechtsausübung abgestellt werden soll, ist bekanntlich äußerst umstritten. Diese von der Vollstreckungsgegenklage bekannte Problematik soll hier nicht dargestellt werden, da es sich nicht um ein spezifisches Problem des Vorgehens nach § 281 handelt.[1402]

In der Rechtsprechung zu § 283 a.F. sind vor allem Fälle schon während des Erstprozesses bestehender Unmöglichkeit aufgetreten, welche für den Schadensersatzprozess als präkludiert angesehen wurden.[1403] Durch das Schuldrechtsmodernisierungsgesetz ist die Struktur des allgemeinen Leistungsstörungsrechts grundlegend verändert worden, weshalb die daraus sich ergebenden Einwendungen näher untersucht werden sollen.

bb) Unmöglichkeit nach § 275 Abs. 1

(1) Folgen des Unmöglichkeitseinwandes für den Erstprozess und Ausschluss im Zweitprozess

Nach § 275 Abs. 1 erlischt der Primäranspruch bei jedweder Unmöglichkeit. Auf die Unterscheidungen im alten Recht kommt es nicht mehr an, dies gilt insbesondere für ein Vertretenmüssen des Schuldners.[1404] Damit ist der Unmöglichkeitseinwand gegenüber der Primärforderung in jedem Falle erheblich, und es ist über ihn nötigenfalls Beweis zu erheben. Dies gilt nach nun herrschender und richtiger Ansicht zum neuen Recht auch für den Fall der streitigen Unmöglichkeit, wenn diese jedenfalls vom Schuldner zu vertreten ist.[1405] Die Unmög-

---

[1401] So auch Kohler JuS 92, 58 (61) zum alten Recht.

[1402] Grundsätzlich kann mit der Rechtsprechung auf die Entstehung der Gestaltungslage oder mit Teilen der Literatur auf die Ausübung des Gestaltungsrechts abgestellt werden. Eine dritte Ansicht will das Gestaltungsrecht in Missbrauchsfällen als präkludiert ansehen, vgl. dazu ausführlich Stein/Jonas/Münzberg, 22. Auflage, § 767 Rn 30 ff.

[1403] RGZ 96, 20 (21) (nachträgliche Unmöglichkeit); RGZ 107, 15 (19) (nachträgliche Unmöglichkeit); OLG Hamburg MDR 1968, 666 (667) (anfängliche Unmöglichkeit).

[1404] Anders aber Lobinger, S. 252 und S. 361, der eine Befreiung von der Primärleistungspflicht bei zu vertretender Unmöglichkeit versagen will, wenn diese im konkreten Fall, wie etwa bei Gattungsschulden, überwindbar ist und die Leistung nur überhaupt noch mit verhältnismäßigen Mitteln erbracht werden kann. Diese Ansicht widerspricht dem Wortlaut und dem Willen des Gesetzgebers und ist daher abzulehnen, siehe ausführlich schon oben bei S. 24 ff.

[1405] Siehe oben, S. 281 ff.

lichkeit wird von Amts wegen berücksichtigt, dennoch muss der Schuldner die den Einwand ausfüllenden Tatsachen darlegen und nötigenfalls beweisen. Kommt der Schuldner seiner Darlegungslast nicht nach oder gelingt ihm ein Beweis nicht, so wird er zur Primärleistung verurteilt. Ergibt sich das Vorliegen einer Unmöglichkeit, so wird die auf die Primärleistung gerichtete Klage abgewiesen. Wegen dieser Erheblichkeit der Unmöglichkeit im Erstprozess muss eine Berufung hierauf für einen Zweitprozess durch das Ersturteil ausgeschlossen sein.[1406] Dieser Grundsatz ist anerkannt, wenn auch im Einzelnen gleich näher darzustellende Meinungsverschiedenheiten bestehen.

(2) Möglichkeit der Darlegung fehlenden Vertretenmüssens im Zweitprozess bei Beweisfälligkeit hinsichtlich der nicht zu vertretenden Unmöglichkeit im Erstprozess

(a) Literaturansicht – Darlegung des fehlenden Vertretensmüssens zulässig

Zum alten Recht wollte *Battes*[1407] dem Schuldner für den Zweitprozess den Einwand offen halten, er sei schon vor dem Ersturteil von seiner Leistungspflicht gemäß § 275 Abs. 1 wegen nicht zu vertretender Unmöglichkeit befreit worden, wenn dieser Einwand im ersten Prozess als unerheblich abgetan worden war, da der Schuldner schon die Unmöglichkeit der Leistung nicht hat nachweisen können und daher das Vertretenmüssen nicht geprüft wurde. Andernfalls sei eine Verurteilung des Schuldners zu Schadensersatz nach § 283 a.F. möglich, ohne dass je geklärt werde, ob er das Ausbleiben der Leistung zu vertreten habe. Ganz ähnlich möchten nun einige im neuen Recht dem Schuldner noch nach einer rechtskräftigen Erstverurteilung zur Primärleistung die Berufung auf eine nicht zu vertretende Unmöglichkeit erlauben.[1408]

(b) Umfassender Ausschluss des Unmöglichkeitseinwandes durch ein Ersturteil

Der Einwand nicht zu vertretender Unmöglichkeit richtet sich im Grunde gegen zwei Tatbestandsmerkmale des § 281. Die Unmöglichkeit als solche ist relevant gegenüber dem Bestehen des fälligen Leistungsanspruchs,[1409] während der Einwand fehlenden Vertretenmüssens sich gegen das Verschuldenserfordernis des §§ 281 Abs. 1, 280 Abs. 1 Satz 1 und 2 richtet.

Zunächst ist der obigen Ansicht zuzugeben, dass die Prüfung der Leistungspflicht und des Vertretenmüssens innerhalb des Schadensersatzanspruchs nach

---

[1406] Bamberger/Roth/Grüneberg, § 275 Rn 50; Dedek, in: Dauner-Lieb/Konzen/Schmidt, S. 183 (192/193); Erman/Westermann, § 281 Rn 18; Gsell JZ 2004, 110 (114); MüKo/Ernst, Band 2a, 4. Auflage, § 281 Rn 177; Schur NJW 2002, 2518 (2519).

[1407] Erman/Battes, 9. Auflage, § 280 Rn 5a; auch Emmerich, Leistungsstörungen, 3. Auflage, § 7 IV 2 b).

[1408] Staudinger/Löwisch, Neubearbeitung 2004, Vorbem zu §§ 275 – 278 Rn 7; AnwKomm/Schanbacher, § 985 Rn 60.

[1409] Daneben ist sie noch für den Ablauf der Frist zur Leistung relevant, denn falls die Unmöglichkeit währenddessen eintritt, stoppt sie den wirksamen Fristablauf.

§ 281 nunmehr prima facie nicht ungewöhnlich erscheint, da er eine fällige Leistungspflicht und ein – widerleglich vermutetes – Vertretenmüssen des Schuldners voraussetzt.[1410] Insofern unterscheidet sich der Schadensersatztatbestand von § 283 a.F., welcher nach seinem Wortlaut nicht eine Leistungspflicht und ein Vertretenmüssen erforderte, sondern allein an die Verurteilung zur Leistung anknüpfte.

Doch sprechen auch gewichtige Bedenken gegen die Möglichkeit des Schuldners, trotz eines Primärurteils im Zweitprozess noch eine nicht zu vertretende Unmöglichkeit anführen zu können. Mit dem Ersturteil steht der Bestand einer fälligen Leistungspflicht für § 281 präjudiziell fest. Damit sind auch alle der Erstverurteilung entgegenstehenden Einwendungen präkludiert. Eine Berufung auf eine schon bestehende Unmöglichkeit scheidet damit aus, da diese das Ersturteil verhindert hätte.[1411] Des Weiteren verhindert das Ersturteil, dass sich der Schuldner zur Exkulpation von der Verschuldensvermutung des §§ 281, 280 Abs. 1 Satz 2 auf einen Umstand berufen kann, der schon bei der letzten mündlichen Tatsachenverhandlung des Erstprozesses vorlag und für diesen Relevanz hatte. Dies gilt wieder für jeglichen alten Einwand einer Unmöglichkeit, ob diese nun zu vertreten war oder nicht.

Der vollumfängliche Ausschluss des alten Einwandes der zufälligen Unmöglichkeit folgt aus der Zugehörigkeit der diesen begründenden Tatsachen zum Prozessstoff des Erstprozesses. Zum Verständnis muss man sich von der irrigen Vorstellung befreien, dass Vorbringen der nicht zu vertretenden Unmöglichkeit sei je nach dessen Zielrichtung ein anderes Vorbringen. So wäre es falsch, dahingehend zu argumentieren, da es im Erstprozess auf ein fehlendes Vertretenmüssen nicht ankomme, könne dies hinsichtlich des Ersatzanspruchs, bei dem es auf ein Vertretenmüssen ankommt, noch unbeschränkt dargelegt werden.[1412] Dies würde missachten, dass sich die hier einschlägige Präklusion auf die den Einwänden zugrunde liegenden Tatsachen bezieht, nicht auf deren rechtliche Qualifizierung als Ausschlussgrund der Leistungspflicht oder des Vertretenmüssens. Der Schuldner trägt vielmehr nur einen Lebenssachverhalt vor, im hiesigen Falle den der nicht zu vertretenden Nichtleistung. Wurde dieser richtigerweise schon im Erstprozess behandelt oder hätte dort behandelt werden müssen, so ist die erneute Geltendmachung ausgeschlossen. Eine fehlende Leistungspflicht oder ein fehlendes Vertretenmüssen kann also mit einer nicht zu vertretenden Unmöglichkeit nicht mehr begründet werden, da die Geltendmachung der zugrunde liegenden Tatsachen ausgeschlossen ist.

[1410] Darauf stellt AnwKomm/Schanbacher, § 985 Rn 60 ab.

[1411] Bamberger/Roth/Grüneberg, § 275 Rn 50; Erman/Westermann, § 281 Rn 18; Gsell JZ 2004, 110 (114); MüKo/Ernst, Band 2a, 4. Auflage, § 281 Rn 177.

[1412] So aber Dedek, in: Dauner-Lieb/Konzen/Schmidt, S. 183 (193).

(c) Fehlende Gefahr einer Haftung ohne Verschulden

Die der gegenteiligen Ansicht zugrunde liegende Befürchtung einer Schadensersatzhaftung ohne Verschulden ist unbegründet. Es ist praktisch ausgeschlossen, dass der Schuldner zu Schadensersatz im Zweitprozess verurteilt wird, ohne die Ausschlusswirkungen des Ersturteils aber eigentlich erfolgreich ein fehlendes Verschulden hätte vorbringen können. Liegt wirklich kein Vertretenmüssen des Schuldners vor, so hätte schon das Ersturteil unterbleiben müssen, denn jeder erfolgreiche Einwand gegen das Vertretenmüssen führt in aller Regel zugleich zu einem Wegfall der Primärleistungspflicht.[1413] Wie schon dargestellt,[1414] besteht nach dem Gesetz ein Zusammenhang zwischen Primärschuldbefreiung und Vertretenmüssen. Nur wenn dem Schuldner eine zumindest zeitweilige Primärschuldbefreiung zugebilligt wird, hat er seine Nichtleistung auch nicht zu vertreten. Dies können nur Fälle dauerhafter oder vorübergehender Unmöglichkeit oder Unzumutbarkeit sein, bei deren rechtzeitiger Geltendmachung aber schon ein Primärleistungsurteil unterbleibt. Einzige Ausnahmen sind Hindernisse aus der Sphäre des Gläubigers, der entschuldbare Irrtum des Schuldners über die Leistungspflicht und eine vom Gesetz abweichende Modifikation der Schadensersatzhaftung, etwa auf Vorsatz und grobe Fahrlässigkeit.[1415] Ersteres soll nicht weiter verfolgt werden, da es hier um Umstände aus der Sphäre des Schuldners geht, letzteres soll ebenfalls nicht behandelt werden, da es auf einer Abweichung von der gesetzlichen Regel beruht. Der Irrtum über die Leistungspflicht hingegen ändert nichts am Bestand der Primärleistungspflicht, sondern nur an dem Vertretenmüssen der Nichtleistung.[1416] Infolge fehlenden Einflusses auf den Primärleistungsprozess darf der Schuldner sein mangelndes Verschulden auch noch im Zweitprozess vorbringen.[1417] Nach rechtskräftiger Verurteilung ist aber für einen Irrtum kein Raum mehr, so dass zumindest zum Zeitpunkt des Zweiturteils eine zu vertretende Nichtleistung vorliegt.[1418] Der seltene Fall des Irrtums soll im Folgenden vernachlässigt werden, da er nach einem rechtskräftigen Ersturteil die Schadensersatzpflicht nicht mehr verhindert.[1419] Es bleibt also dabei, dass ein Primärurteil bei fehlendem Vertretenmüssen grundsätzlich ausgeschlossen ist. Das Erstgericht wird daher dem Einwand fehlenden Verschuldens immer

---

1413 Ähnlich Helm, S. 138.

1414 Siehe oben bei S. 40 ff.

1415 Dazu schon oben, bei S. 40 ff.

1416 Gsell JZ 2004, 110 (115); Huber, Band I, S. 664; Soergel/Wiedemann, 12. Auflage, § 285 Rn 8.

1417 Siehe dazu genauer unten, S. 323.

1418 Siehe oben, S. 41; ferner Gsell JZ 2004, 110 (115); Huber, Band I, S. 726, Band II, S. 543; vgl. auch Huber, Band I, S. 700, wonach ein Irrtum schon nach einer gerichtlichen Beweisaufnahme ausgeschlossen sei.

1419 Der andere denkbare Fall einer Modifikation der Schadensersatzhaftung hat regelmäßig allein für den Schadensersatzanspruch Relevanz und ist deshalb allein im Zweitprozess anzuführen.

nachgehen. Erfolgt dann dennoch eine Verurteilung, so steht damit aber auch das Fehlen eines Entschuldigungsgrundes mangels Vorliegens eines rechtlich anerkannten Hinderungsgrundes für die Leistung fest. Die Nichtleistung ist grundlos und damit vom Schuldner ganz selbstverständlich zu vertreten. Die Gefahr einer verschuldensunabhängigen Haftung besteht also für den sorgsam handelnden Schuldner nicht.

(d) Ergebnis

Ist damit der Einwand des fehlenden Vertretenmüssens grundsätzlich als Teil des Einwandes fehlender Leistungspflicht auch schon für die Erstverurteilung erheblich, so muss dieser zwingend vollumfänglich ausgeschlossen sein, wenn eine Erstverurteilung ergeht. Der Schuldner kann also im Zweitprozess nicht mehr geltend machen, es läge eine nicht zu vertretende Unmöglichkeit vor.[1420]

(3) Praktische Reichweite des Einwendungsausschlusses gegen ein Vertretenmüssen

Ist gerade schon dem Grunde nach dargestellt worden, dass das Ersturteil aufgrund seiner Ausschlusswirkungen auch Folgen für das Tatbestandsmerkmal des Vertretenmüssens in § 280 Abs. 1 Satz 2 haben kann, so soll dies nun näher erläutert werden. Das Vertretenmüssen im Rahmen des § 280 Abs. 1 Satz 2 bestimmt sich grundsätzlich nach der verschuldeten Nichtleistung bei Nachfristablauf. Deshalb kann danach unterschieden werden, ob zum Zeitpunkt des Erstprozesses die Nachfrist noch nicht lief, schon lief oder gar abgelaufen war.

Mit einem Ersturteil steht fest, dass gegen den Schuldner eine Forderung besteht und ihr keine sie vernichtenden Leistungshindernisse entgegengestanden haben. Daraus folgt das Vorliegen einer grundlosen, also zu vertretenden Nichtleistung des Schuldners zum Zeitpunkt der letzten mündlichen Tatsachenverhandlung. Das Ersturteil ist damit auch für das Merkmal des Vertretenmüssens in gewissem Sinne präjudiziell. Freilich liegt hier keine Präjudizialität im eigentlichen Sinne vor, da der Tenor nur die fällige Leistungspflicht ausspricht, über ein Vertretenmüssen direkt aber nichts aussagt. Jedoch impliziert die Primärleistungsverurteilung eben auch, dass keine relevanten Leistungshindernisse vorgelegen haben. Bindungswirkung erlangt diese Feststellung durch das Institut der Präklusion, welches ein Vorbringen aller Tatsachen ausschließt, die Einwendungen ausgefüllt hätten, die, wie das fehlende Vertretenmüssen, schon die Erstverurteilung und damit die tenorierte Rechtsfolge ausgeschlossen hätten. Somit kann der Schuldner ein fehlendes Vertretenmüssen zum Zeitpunkt der letzten mündlichen Tatsachenverhandlung des Erstprozesses künftig grundsätzlich nicht mehr vortragen.[1421]

[1420] So explizit auch Gsell, JZ 2004, 110 (114); Huber, Band II, S. 545 für das alte Recht.

[1421] Eine Sonderstellung nimmt wiederum das Vorliegen einer Nichtleistung aus vom Gläubiger zu vertretenden Gründen sowie das Bestehen eines entschuldigten Irrtums über die Leistungspflicht ein. Diese sind noch vorbringbar, aber in der Praxis selten.

Dieses besagt nun noch nichts über das für § 280 Abs. 1 Satz 2 relevante Vertretenmüssen während des Nachfristablaufs, welches unabhängig vom Vertretenmüssen der Nichtleistung bei Fälligkeit ist. Darüber hinaus muss, wie oben gezeigt,[1422] ein Vertretenmüssen auch noch beim tatsächlichen Ersatzverlangen als dem endgültigen Übergang auf den Schadensersatzanspruch vorliegen. Es bleibt damit grundsätzlich möglich, dass sich der Schuldner von der Verschuldensvermutung des § 280 Abs. 1 Satz 2 noch exkulpieren kann. Indes wird ihm dies nicht mehr aus Gründen möglich sein, die zeitlich vor der letzten mündlichen Verhandlung des Erstprozesses liegen, da solche Entschuldigungsgründe präkludiert sind. Der Schuldner muss also jedenfalls neue Entschuldigungsgründe vorbringen, da ansonsten eine Exkulpation von der durch das Ersturteil festgestellten verschuldeten Nichtleistung nicht möglich ist.[1423]

Solche neuen Tatsachen werden von den Ausschlusswirkungen des Ersturteils wegen der zeitlichen Grenzen der Rechtskraft nicht berührt. Gleichwohl werden dem Schuldner nur in seltenen Fällen neue Entschuldigungsgründe zustehen. Denn er wird sich regelmäßig spätestens bei der letzten mündlichen Tatsachenverhandlung im Verzug befinden und haftet somit nach § 287 Satz 2 auch für Zufall.[1424] Denn das Ersturteil ergeht nur, wenn bei der letzen mündlichen Tatsachenverhandlung kein Leistungshindernis und kein fehlendes Vertretenmüssen vorliegen. Da der Schuldner jedenfalls verurteilt wird, steht fest, dass bei der letzten mündlichen Tatsachenverhandlung hinsichtlich der Primärleistung grundsätzlich kein Hinderungsgrund bestand, so dass jedenfalls nun von einer zu vertretenden Nichtleistung ausgegangen werden muss. Die daneben erforderliche Mahnung ist spätestens mit Klageerhebung nach § 286 Abs. 1 Satz 2 gegeben. In vielen Fällen wird der Schuldner auch schon vorher, etwa außerprozessual oder mit Klageerhebung in Verzug gekommen sein. Nur in den seltenen Fällen eines entschuldigten Irrtums über die Leistungspflicht liegt bei der letzten mündlichen Tatsachenverhandlung mangels Vertretenmüssens noch kein Verzug vor.[1425] Der Irrtum entfällt dann aber mit Rechtskraft.

Sollte dem Schuldner trotz der Haftungsverschärfung nach § 287 Satz 2 mit einem neuen Vorbringen die Exkulpation für die fehlende Nacherfüllung gelingen, so haftet er nicht auf Schadensersatz nach § 281. Es kann dann auch nicht auf ein vorheriges, während des Erstprozesses bestehendes Vertretenmüssen abgestellt werden. Denn es kommt entscheidend auf ein Vertretenmüssen während des Nachfristablaufs an, da die Nichterfüllung der Nacherfüllungspflicht den entscheidenden Vorwurf bildet. Damit scheidet auch eine Anknüpfung an ein

[1422] Siehe die Ausführungen oben bei S. 159 ff.
[1423] So auch Helm, S. 138.
[1424] Auch MüKo/Ernst, Band 2a, 4. Auflage, § 281 Rn 48 misst § 287 Relevanz zu.
[1425] Ebenso bei vom Gläubiger zu vertretender Nichtleistung, die hier außer Acht gelassen werden soll.

„Vorverschulden“ aus.[1426] Nur ergänzend sei klargestellt, dass ein neues, nicht zu vertretendes Hindernis auch den Ausschluss der notwendigen fälligen Leistungspflicht bewirkt, da dann eine nicht zu vertretende endgültige oder vorübergehende Unmöglichkeit oder Unzumutbarkeit vorliegen muss.

(4) Ergebnis

Insgesamt ergibt sich damit, dass ein Ersturteil aufgrund seiner Ausschlusswirkungen grundsätzlich jede Berufung des Schuldners auf eine schon vorher vorliegende, nicht zu vertretende Unmöglichkeit sowohl in Bezug auf das Bestehen einer fälligen Leistungspflicht als auch hinsichtlich des Merkmals des Vertretenmüssens im Sinne der §§ 281 Abs. 1 und 280 Abs. 1 Satz 2 vereitelt. Der Tenor des Ersturteils ist für die Frage nach der Primärleistungspflicht präjudiziell.

cc) Unzumutbarkeit nach § 275 Abs. 2 und Abs. 3

(1) Inhalt und grundsätzliche Behandlung der Einreden im Zweitprozess

§ 275 Abs. 2 soll die faktische Unmöglichkeit erfassen, wenn also die Leistung allenfalls theoretisch noch möglich erscheint, die zur Überwindung des Hindernisses notwendigen Anstrengungen aber von niemandem erwartet werden können.[1427] Bei der Bestimmung der geschuldeten Anstrengungen soll nach Abs. 2 Satz 2 auch ein Vertretenmüssen des Schuldners erheblich sein. Demgegenüber regelt § 275 Abs. 3 den Sonderfall persönlicher Unzumutbarkeit. Danach kann der Schuldner die persönliche Leistungserbringung verweigern, wenn sie ihm unter Abwägung der entgegenstehenden Hindernisse mit dem Leistungsinteresse des Gläubigers nicht zugemutet werden kann. Eine Relevanz des Vertretenmüssens ist nicht direkt angeordnet, wird aber von einigen als allgemeiner Grundsatz angenommen.[1428]

Beide Tatbestände führen bei ihrem Vorliegen zum Ausschluss der Primärleistungspflicht. Jedoch werden sie nicht von Amts wegen, sondern nur auf Einrede des Schuldners berücksichtigt. Wegen ihrer Erheblichkeit für den Bestand der Primärforderung muss der Schuldner diese nach den allgemeinen Regeln im Erstprozess einführen. Unterlässt er dies, so kann er im nachfolgenden Zweitprozess den aufgrund des Ersturteils feststehenden Leistungsanspruch nicht mehr unter Hinweis auf § 275 Abs. 2 und 3 bestreiten. Der Einwand ist präkludiert, da das Ersturteil für die Frage nach der Leistungspflicht präjudiziell ist und diese rechtskräftig feststellt. Es ist dabei ohne Relevanz, dass das Gericht mangels Einredeerhebung die Unzumutbarkeit überhaupt nicht berücksichtigen durfte und darüber jegliche Entscheidung ausblieb. Denn die Präklusion erfasst nicht nur die wirklich geltend gemachten, sondern alle entscheidungserheblichen Tatsachen, die mit dem zu entscheidenden Lebenssachverhalt zusammenhängen. Da die Unzumutbarkeit zum Ausschluss der Primärverurteilung geführt hätte, ist

---

[1426] Siehe dazu auch schon oben bei S. 72 ff.

[1427] BT-Drucks. 14/6040, S. 129.

[1428] Siehe dazu oben, S. 22.

auch die nicht erhobene Einrede ausgeschlossen. Das gleiche gilt für das Merkmal des Vertretenmüssens in § 280 Abs. 1 Satz 2. Unabhängig davon, ob das Merkmal nur bei § 275 Abs. 2 oder auch bei Abs. 3 Relevanz hat, steht aufgrund des Ersturteils fest, dass der Schuldner die Leistung überhaupt nicht, also auch nicht wegen einer Unzumutbarkeit verweigern durfte. Mithin kann eine solche nicht erneut als Grund der Nichtleistung angeführt werden, so dass auch nicht mehr von einer Exkulpation im Sinne des § 280 Abs. 1 Satz 2 zum Zeitpunkt der letzten mündlichen Tatsachenverhandlung ausgegangen werden kann.[1429] Insofern gilt nichts anderes als bei der Unmöglichkeit.

(2) Abweichungen aufgrund der Nähe der Einreden zum Rechtsmissbrauch
Gegen diese üblichen Ausschlusswirkungen können bei den Einreden nach § 275 Abs. 2 und 3 besondere Bedenken angeführt werden. Die Einredekonstruktion kann zu einer Primärverurteilung des Schuldners trotz Vorliegens der materiellen Voraussetzungen des Abs. 2 oder 3 führen, wenn der Schuldner die Einrede nicht erhebt.[1430] Dies führt dazu, dass der Schuldner zu einer ihm eigentlich unzumutbaren Leistung verurteilt wird. Problematisch ist dabei, dass die Sachlage bei den Einreden nach Abs. 2 und 3 oft in der Nähe eines möglichen Einwandes des Rechtsmissbrauchs liegt.[1431] Denn die Fälle der Unzumutbarkeit sind dadurch gekennzeichnet, dass die Schwere der sachlichen oder persönlichen Hindernisse derart überwiegt, dass die Interessen des Gläubigers billigerweise zurücktreten müssen. Der nahe liegende Einwand des Rechtsmissbrauchs wäre aber grundsätzlich von Amts wegen nach § 242 zu berücksichtigen.[1432] Aus der Primärverurteilung wird auch häufig eine Schadensersatzverpflichtung nach § 281 folgen, da der Schuldner die ihm unzumutbare Primärpflicht nicht erfüllen kann und eine Zwangsvollstreckung fehlschlagen wird.[1433] Der Schadensersatzbetrag wird sich dabei auf einen der Unzumutbarkeit entsprechend hohen Betrag belaufen, der den Schuldner ruinieren kann.

Diese Folgen geben Anlass zu der Überlegung, ob und wie man diese vermeiden kann. Hinsichtlich des Wie sind zwei Lösungen denkbar, bei deren Darstellung auch die Fragen des Ob geklärt werden müssen: Zunächst kann man die Ausschlusswirkungen eines Ersturteils vom allgemeinen Grundsatz abweichend

---

1429 Helm, S. 138. Eine Ausnahme gilt wieder bei dem seltenen entschuldbaren Irrtum über die Leistungspflicht.

1430 Im Abschlussbericht, S. 121 wurden deswegen insbesondere Bedenken beim Versäumnisverfahren erhoben.

1431 AnwKomm/Dauner-Lieb, § 275 Rn 38; Canaris JZ 2001, 499 (504); Helm, S. 135; Löhning ZGS 2005, 459 (461); Looschelders, Rn 475; Medicus, Das neue Schuldrecht, 3. Kapitel, Rn 39; von Wilmowsky, JuS 2002/Beilage Heft 1, S. 8.

1432 BGHZ 3, 94 (103/104); BGH 37, 147 (152); Canaris JZ 2001, 499 (504); Helm, S. 135; MüKo/Roth, Band 2a, 4. Auflage, § 242 Rn 67; Teichmann BB 2001, 1485 (1487).

1433 So etwa in den Fällen des § 887 Abs. 3 ZPO bei Beschaffungsschulden oder im Falle des § 888 Abs. 1 und 3 ZPO.

bestimmen, so dass der Schuldner die Unzumutbarkeit noch im Zweitprozess anführen könnte. Alternativ könnte man schon die Primärverurteilung verhindern, indem man eine Berücksichtigung von Amts wegen befürwortet.

(a) Korrektur der Ausschlusswirkungen bei den Einreden nach § 275 Abs. 2 und 3?

Eine Korrektur der Ausschlusswirkungen dergestalt, dass der Schuldner trotz Verurteilung zur Primärleistung gegenüber dem Schadensersatzanspruch noch seine Leistungspflicht oder sein Vertretenmüssen wegen einer Einrede nach § 275 Abs. 2 oder 3 bestreiten könnte, muss ausscheiden.[1434] Denn dies würde das System der Rechtskraftwirkungen durcheinander bringen und inkonsequente Ergebnisse im Vergleich zu den Ausschlusswirkungen bei der Unmöglichkeit zeitigen. Wenn Ausschlusswirkungen dort zulässig sind, obwohl der Schuldner überhaupt nicht in der Lage ist, die Leistung zu erbringen, so müssen sie erst recht dort zulässig sein, wo die Leistung zwar möglich, aber nur unter erschwerten Bedingungen erbringbar ist.

Durch eine Modifikation der Ausschlusswirkungen könnte auch eine Primärverurteilung nicht verhindert werden. Damit wären aber durch Zwangsvollstreckungsmaßnahmen[1435] entweder die unzumutbaren Leistungen erzwingbar oder es würden dem Schadensersatz vergleichbare monetäre Belastungen des Schuldners ermöglicht. Insoweit käme bei einer Unzumutbarkeit nach § 275 Abs. 2 für Herausgabepflichten eine Vollstreckung nach § 883 ZPO in Betracht, wobei der Gläubiger aber vorher notwendige Beschaffungsbemühungen nicht erzwingen könnte.[1436] Soweit der Schuldner eine Herstellung schuldet, kann der Gläubiger diese bei vertretbaren Handlungen nach § 887 Abs. 1 auf Kosten des Schuldners vornehmen lassen. Hinsichtlich der persönlichen Leistungspflichten nach § 275 Abs. 3 dürfte eine Vollstreckung oftmals nach § 888 Abs. 3 nicht in Betracht kommen. Im Übrigen bleibt nur die Erzwingung durch Zwangsgeld und Zwangshaft. Eine Korrektur der Ausschlusswirkungen kann damit sowohl dogmatisch als auch im Ergebnis nicht befriedigen. Sie wird soweit ersichtlich auch von niemandem vertreten.

[1434] Dagegen auch Helm, S. 138.

[1435] Zu ihnen ausführlich Henssler/Graf von Westphalen/Dedek, § 275 Rn 41 ff.

[1436] Dedek, in: Dauner-Lieb/Konzen/Schmidt, S. 183 (197 mit Fn 89); MüKo/Schilken, ZPO, 883 Rn 10; Stein/Jonas/Brehm, 22. Auflage, § 883 Rn 4; Zöller/Stöber, § 883 Rn 9; W. G. Müller, S. 152. Damit würde der Gläubiger in der Mehrzahl der Fälle des Abs. 2 keinen Erfolg haben, da der Schuldner typischerweise die Sache nicht schon in seinem Gewahrsam hat. Dazu, dass Beschaffungspflichten nicht unter § 887 III fallen, soweit sie nicht selbständig tituliert sind, siehe unten bei S. 366.

(b) Berücksichtigung der Unzumutbarkeit von Amts wegen?

Eine zweite Lösungsmöglichkeit läge in der Verhinderung einer Erstverurteilung bei Unzumutbarkeit. Dazu müsste diese aber schon von Amts wegen berücksichtigt werden.

Teichmann hat die Einredekonstruktion des § 275 Abs. 2 schon in seiner Fassung als BGB-RE kritisiert.[1437] Er möchte eine Einwendung annehmen und hält den Wortlaut unter Hinweis auf § 986 Abs. 1 Satz 1, wo trotz eines „kann" ebenfalls eine Berücksichtigung von Amts wegen angenommen wird, nicht für entscheidend. Die beabsichtigte Zuerkennung einer Möglichkeit des Schuldners, die Leistung aus besonderen Gründen dennoch erbringen zu können, lasse sich auch durch Anwendung des § 242 und damit einem Fortbestand der Primärleistungsmöglichkeit erreichen.[1438] Diese Ansicht würde eine Verurteilung im Versäumnisverfahren ausschließen und brächte eine Angleichung an den von Amts wegen zu berücksichtigenden Rechtsmissbrauch nach § 242.

Gegen diesen Vorschlag bestehen indes einige Bedenken.[1439] Zunächst einmal ist der Wortlaut der Abs. 2 und 3 ein deutlicher Hinweis auf eine Einrede. Dass § 986 Abs. 1 Satz 1 anders qualifiziert wird, besagt zunächst nicht mehr als ein anderes Verständnis bei einer anderen Norm und damit die bloße Möglichkeit eines abweichenden Verständnisses. Schon der systematische Vergleich mit § 275 Abs. 1 zeigt jedoch, dass ein ipso iure-Ausschluss gerade nicht gewollt ist. Alles andere würde die textlichen Unterschiede ignorieren. Es widerspräche zudem der Intention des Gesetzgebers, der bewusst den Einredecharakter gewählt hat, um dem unbedingt leistungsbereiten Schuldner auch in diesen Extremfällen die Leistungsmöglichkeit offen zu halten und so eventuell für Folgegeschäfte seine besonderen Fähigkeiten beweisen zu können.[1440] Eben dies war auch schon im alten Recht der Grund dafür, die faktische Unmöglichkeit nicht der Regelung des § 275 Abs. 1 a.F. zuzuordnen, sondern den flexibleren Regeln über den Wegfall der Geschäftsgrundlage.[1441] Dass über § 242 die gleichen Lösungen erreicht werden könnten, besagt über den Einredecharakter der § 275 Abs. 2 und 3 nichts.

Es ist schon grundsätzlich anfechtbar, anzunehmen, dass dem Schuldner aus der Einredekonstruktion nur Nachteile erwachsen. Denn diese gibt ihm insbe-

---

1437 Teichmann BB 2001, 1485 (1487).

1438 Diese Konstruktion favorisiert auch Canaris JZ 2001, 499 (504) de lege ferenda.

1439 Eine Einrede nehmen unter anderem an: BAG BB 2005, 440 (443); AnwKomm/Dauner-Lieb, § 275 Rn 15; Bamberger/Roth/Grüneberg, § 275 Rn 45; Erman/Westermann, § 275 Rn 34; Helm, S. 135; Henssler/von Westphalen/Dedek, § 275 Rn 1 und 15; Huber, FS Schlechtriem, S. 521 (561); Klausch, S. 160; Lobinger, S. 72; MüKo/Ernst, Band 2a, 4. Auflage, § 275 Rn 97; Palandt/Heinrichs, § 275 Rn 32; M. Schultz, in: Westermann, S. 17 (54 ff.); Staudinger/Löwisch, Neubearbeitung 2004, § 275 Rn 93.

1440 BT-Drucks. 14/6040, S. 129; Klausch, S. 160; M. Schultz, in: Westermann, S. 17 (55).

1441 Dazu RGZ 103, 328 (333); Erman/Battes, 10. Auflage, Vor § 275 Rn 27; Huber, Band I, S. 118/119.

sondere ein Wahlrecht zwischen der Erfüllungsmöglichkeit oder der Befreiung von der Primärleistung.[1442] So kann der Schuldner durch die Nichterhebung der Einrede verhindern, dass dem Gläubiger ein Anspruch auf Herausgabe des Ersatzes oder Abtretung des Ersatzanspruchs nach § 285 zuwächst. Zudem kann er durch Leistung einem Schadensersatzanspruch entgehen, der ihn bei automatischem Erlöschen der Primärpflicht unvermeidbar treffen würde.[1443] Dies spricht schon gegen eine Berücksichtigung der Unzumutbarkeit von Amts wegen. Die Befürchtung, der Schuldner könne so mangels Einredeerhebung zu einer ihm unzumutbaren Leistung verurteilt werden, dürfte zudem ziemlich theoretischer Natur sein.[1444] Dies hat schon der Abschlussbericht ausgesprochen.[1445] Denn der Schuldner wird nach der allgemeinen Lebenserfahrung die Einrede in seinem eigenen Interesse auch tatsächlich erheben, wenn wirklich eine ihn bedrängende, derart große Unzumutbarkeit vorliegt. Soweit der Schuldner dies versäumt, wozu auch der Fall einer Verurteilung im Versäumnisverfahren zu zählen ist, stellt der ihm daraus erwachsende Nachteil nur die übliche Konsequenz einer Nachlässigkeit in eigenen Angelegenheiten dar. Die Gefahr einer Primärleistungsverurteilung ließe sich im Übrigen auch nicht bei Ausgestaltung als Einwendung verhindern, denn jedenfalls obläge dem Schuldner die Darlegungs- und Beweislast, die zumindest einen Tatsachenvortrag seinerseits erforderlich machen würde.

Der mögliche Einwand, es sei widersprüchlich, wenn die Unzumutbarkeit einerseits der Sache nach den von Amts wegen zu berücksichtigenden Einwand des Rechtsmissbrauchs gemäß § 242 ausfüllt, andererseits aber nach § 275 Abs. 2 und 3 nur nach Einredeerhebung zu beachten sei, könnte nicht überzeugen. Denn der Gesetzgeber ist nicht gehindert, einen Einwand ausdrücklich nur im Rahmen einer Einrede zuzulassen.[1446] Dies ist dann eine spezielle Regelung, die einen Rückgriff auf den allgemeinen Missbrauchseinwand nach § 242 ausschließt. Von sich aus darf das Gericht die Einrede nicht berücksichtigen, gebietet dies doch die Bindung an den Wortlaut und den gesetzgeberischen Willen. Für seltene, krasse Fälle bietet § 275 Abs. 1 einen letzten Ausweg, da es nahe liegt, dann wenn eine Leistungsverpflichtung aufgrund einer Unzumutbarkeit schlechthin ausgeschlossen erscheint, eine „wirkliche" Unmöglichkeit anzunehmen.

1442 Emmerich, Leistungsstörungen, 5. Auflage, S. 37; Medicus, Das neue Schuldrecht, 3. Kapitel, Rn 38.

1443 Staudinger/Löwisch, Neubearbeitung 2004, § 275 Rn 93; ähnlich Erman/Westermann, § 275 Rn 35.

1444 Palandt/Heinrichs, § 275 Rn 32; Schlechtriem, FS Sonnenberger, S. 125 (127).

1445 Abschlussbericht, S. 121.

1446 Medicus, Das neue Schuldrecht, 3. Kapitel, Rn 39; ebenso im Ergebnis auch Helm, S. 135-137.

§ 275 Abs. 2 und 3 sind also nur auf eine Einrede des Schuldners zu beachten. Somit muss eine Verurteilung ergehen können, wenn der Schuldner eine vorliegende Unzumutbarkeit nicht geltend macht.

(c) Ergebnis

Insgesamt ist also sowohl an den allgemein anerkannten Ausschlusswirkungen des Ersturteils als auch an der Nichtberücksichtigung einer Unzumutbarkeit ohne Einredeerhebung festzuhalten. Es ergeben sich damit bei § 275 Abs. 2 und 3 keine von den allgemeinen Grundsätzen abweichenden Ausschlusswirkungen.

dd) Rechtslage bei Fortbestand der Leistungspflicht wegen Nichterreichung der Befreiungsschwellen des § 275 Abs. 1 – 3

(1) Das Nichterreichen der Befreiungsschwellen des § 275 Abs. 1 – 3

Es kann Fälle geben, in denen das vom Schuldner geltend gemachte Leistungshindernis nicht die Schwere der Befreiungsgrenze des § 275 Abs. 1 – 3 erreicht. Die Leistungserbringung ist also an sich noch möglich und belastet den Schuldner nicht unzumutbar. Dann bleibt der Schuldner zur Primärleistung verpflichtet und muss zu ihrer Erfüllung unter Umständen erhöhte Belastungen hinnehmen. Welche Anstrengungen nun vom Schuldner erwartet werden können, hängt maßgeblich von seinem Vertretenmüssen ab. Hat er die Gründe für die Unzumutbarkeit zu vertreten, haftet er auch auf Schadensersatz und kann somit unproblematisch auch hinsichtlich der Naturalerfüllung hohen Belastungen ausgesetzt werden. Dies regelt § 275 Abs. 2 Satz 2. Schwieriger ist die Bestimmung des zu leistenden Aufwandes bei fehlendem Vertretenmüssen.[1447] Folgt man der von den Gesetzesverfassern beabsichtigten Deutung der § 275 Abs. 2 und 3, so können auch dann dem Schuldner überobligationsmäßige Anstrengungen abverlangt werden. Er bleibt also auch unter diesen erschwerten Bedingungen zur Primärleistung verpflichtet und kann zu dieser verurteilt werden. Hinsichtlich eines Sekundäranspruchs nach § 281 ist ihm dann der Einwand der Leistungserschwerung gegenüber dem Bestand der Hauptpflicht oder dem Vertretenmüssen durch das Ersturteil abgeschnitten.[1448] Dadurch scheint es auch dann zu einer Schadensersatzpflicht kommen zu können, obwohl dem Schuldner doch ein Verschulden an der Leistungserschwerung fehlt.

(2) Fehlende Primärbefreiung trotz unverschuldeter Leistungserschwerung und daraus resultierende zu vertretende Nichtleistung

Jedoch trügt hier der erste Eindruck, denn in der Schadensersatzpflicht trotz einer unverschuldeten Leistungserschwerung ist keine Haftung ohne Verschulden zu sehen. Zwar liegt kein Vertretenmüssen hinsichtlich der Leistungserschwerung vor, jedoch ein Vertretenmüssen hinsichtlich der Nichtleistung.[1449] Denn

---

1447 Vgl. dazu schon oben, S. 20 ff. und S. 23 ff.

1448 Helm, S. 138.

1449 So auch Helm, S. 138/139; MüKo/Ernst, Band 2a, 4. Auflage, § 275 Rn 10. Ähnlich schon Huber, in: Ernst/Zimmermann, S. 31 (76) zu § 275 BGB-DiskE.

durch das Ersturteil steht fest, dass der Leistungspflicht keine relevanten Hindernisse entgegenstanden. Die unverschuldete Leistungserschwerung hat eben nicht die gesetzlich vorgesehenen Befreiungsgrenzen erreicht. Hat nun der Schuldner dennoch nicht geleistet, so geschah dies ohne Grund, so dass jede Exkulpation nach § 280 Abs. 1 Satz 2 misslingen muss. Damit liegt eine zu vertretende Nichtleistung vor, die eine Schadensersatzpflicht rechtfertigt.[1450]

Irritierend kann hier nur die andersartige Anknüpfung des Vertretenmüssens sein. So könnte man der Ansicht sein, der Schuldner habe die Leistungserbringung nicht für den Fall vertraglich versprochen, dass deren Bewirkung unverschuldet überobligationsmäßig erschwert sei. Dann kann in der Nichtleistung kein Verstoß gegen die vertraglichen Vereinbarungen gesehen werden, da danach ein solcher Aufwand nicht geschuldet war. Ein Vertretenmüssen kann dann nur an die Nichterfüllung der gesetzlichen Anforderungen der § 275 Abs. 2 oder 3 anknüpfen. Akzeptiert man – was nicht Gegenstand dieser Arbeit ist – die gesetzgeberische Wertung in § 275 Abs. 2 und 3 und hält den Schuldner auch ohne ein Vertretenmüssen zu überobligationsmäßigen Anstrengungen verpflichtet, so kann die Schadensersatzpflicht nicht verwundern. Denn der Schuldner hat die Nichtleistung wegen eines Zurückbleibens hinter dem gesetzlich geforderten Mehraufwand zur Primärerfüllung zu vertreten. Die Schadensersatzpflicht ist nicht verschuldensunabhängig und stellt sich auch hier nur als Fortführung des Fortbestandes der primären Leistungspflichten dar. Die erweiterte Primärhaftung schlägt sich so also in einer erweiterten Sekundärhaftung nieder.

(3) Alternativmodell von *Lobinger*

Möchte man hingegen dem Modell von *Lobinger* folgen, so markiert die vertragliche Vereinbarung bei fehlendem Vertretenmüssen zugleich die Grenze der zumutbaren Anstrengungen.[1451] Eine überobligationsmäßige Verpflichtung zur Primärleistung kann es dann nicht geben. So wird ein völliger Gleichlauf zwischen Befreiung aufgrund einer Unzumutbarkeit und einem nachfolgenden Verschulden aufgrund der Nichterfüllung der vertraglichen übernommenen Verpflichtungen erreicht. Muss der Schuldner nach den vertraglichen Vereinbarungen die Leistung wegen der Unzumutbarkeit nicht mehr erbringen, so wird er von der Primärpflicht befreit und schuldet mangels Vertretenmüssens auch keinen Schadensersatz nach §§ 283, 280 Abs. 1 und 3. Schuldet hingegen der Schuldner nach den vertraglichen Vereinbarungen die Leistungserbringung trotz der Leistungserschwerung noch, hat er auch deren Nichterbringung zu vertreten und haftet auf Schadensersatz. Der Vorwurf richtet sich also allein an den ver-

[1450] Natürlich kann der Schuldner darlegen, er sei an der Primärerfüllung mit erhöhtem Aufwand auch nach Ersturteil ohne ein Vertretenmüssen verhindert gewesen, dies wird jedoch nur selten möglich sein und wäre als ein nach dem Erstprozess eingetretener Umstand ein neuer Einwand, vgl. dazu Helm, S. 138; MüKo/Ernst, Band 2a, 4. Auflage, § 275 Rn 10.

[1451] Lobinger, S. 257/258, dazu näher oben, S. 23 ff.

traglichen Vereinbarungen aus, er knüpft nicht an die Nichterfüllung gesetzlich angeordneter, überobligationsmäßiger Leistungspflichten an.

(4) Ergebnis

Unabhängig davon, welcher Konzeption man folgen möchte: Eine Schadensersatzverpflichtung ohne Verschulden droht jedenfalls nicht, auch wenn die Anknüpfungspunkte des Verschuldens durchaus verschieden sind. Zwar kann es zwischen den Ansichten zu Unterschieden in der Reichweite der Haftung des Schuldners für die Primärerfüllung – und damit auch für die Schadensersatzhaftung – kommen, da die Konzeption der § 275 Abs. 2 und 3 des Gesetzgebers auch eine überobligationsmäßige Haftung ohne Verschulden erlaubt, dies ist jedoch nicht Thema dieser Arbeit und dem soll daher auch nicht weiter nachgegangen werden. Wichtig im vorliegenden Zusammenhang ist nur, dass die Ausschlusswirkungen des Ersturteils nicht verändert werden müssen, da die Primärverurteilung sich stets mit einer gerechtfertigen Sekundärhaftung deckt.

ee) Einwand des Wegfalls der Geschäftsgrundlage

Der Einwand des Wegfalls der Geschäftsgrundlage nach § 313 ist ebenfalls eine Einrede. Sie kann zu einer Vertragsanpassung oder -auflösung führen und ist daher im Erstprozess erheblich. Konsequenterweise ist der Einwand im Zweitprozess ausgeschlossen.

b) Behandlung von vor der letzten mündlichen Tatsachenverhandlung bestehenden, vorübergehenden Einwendungen

Neben den dauerhaften Einwendungen sind auch vorübergehende Einwendungen denkbar. Soweit sie sich, wie etwa eine schon vor dem Ersturteil bestehende Stundungsabrede hinsichtlich möglicher Schadensersatzansprüche, allein gegen die Schadensersatzpflicht richten, sind sie im Erstprozess nicht erheblich und folglich durch ein Ersturteil nicht ausgeschlossen. Problematischer ist es bei vorübergehenden Einwendungen gegen die Primärforderung. Als solche kommen Zurückbehaltungsrechte des Schuldners, ein Irrtum über die Leistungspflicht und vorübergehende Leistungshindernisse in Betracht.

aa) Zurückbehaltungsrechte

Zurückbehaltungsrechte, wie etwa nach §§ 273, 320, haben eine Primärleistungsverurteilung Zug-um-Zug zur Folge. Dies ist ein Minus zur unbedingten Verurteilung, so dass sie aufgrund dieser Erheblichkeit Stoff des Erstprozesses sind. Erhebt der Schuldner diese Einreden nicht rechtzeitig, so ist er mit ihnen nach der letzten Tatsachenverhandlung präkludiert.[1452] Dies heißt jedoch nicht,

---

[1452] Vgl. dazu BGH NJW 1992, 1172 (1173) der den Fall behandelt, dass bei einer Verurteilung zur Leistung Zug-um-Zug die Gegenleistungspflicht schon nicht mehr bestand, dies aber nicht geltend gemacht wurde. Das Vorbringen ist bei einer zweiten Klage auf unbedingte Leistung wegen des rechtskräftigen Zug-um-Zug-Urteils präkludiert. Für den hier erörterten umgekehrten Fall kann nichts anderes gelten. Inwieweit einem Schadensersatzanspruch matedass damit die Gegenforderung an sich ausgeschlossen ist.[1453] Der Schuldner kann diese also auch noch im Zweitprozess oder in einem völlig neuen Prozess geltend machen.

bb) Irrtum über die Leistungspflicht

Als weitere, vorübergehende Einwendung kann zunächst an einen Irrtum über die Leistungspflicht gedacht werden. Dieser ändert nichts an dem objektiven Bestand der Leistungspflicht, jedoch schließt der entschuldbare Irrtum das Vertretenmüssen der Nichtleistung aus.[1454] Da sich durch den Irrtum jedenfalls nichts am Bestand der Primärleistungspflicht ändert, wird der Schuldner im Erstprozess zur Leistung verurteilt. Der Einwand ist damit im Primärleistungsprozess unerheblich und im Zweitprozess nicht präkludiert. Der Schuldner kann sich damit grundsätzlich gegenüber dem Schadensersatzanspruch auf seinen entschuldbaren Irrtum und das daraus folgende fehlende Vertretenmüssen gemäß § 280 Abs. 1 Satz 2 berufen.[1455] Jedoch bewirkt spätestens die Rechtskraft des Ersturteils die Behebung des Irrtums, da ab der gerichtlichen Feststellung der Leistungsverpflichtung an ihr kein Zweifel mehr bestehen kann.[1456] Leistet der Schuldner auch dann noch nicht, ohne einen anderen anerkannten Grund dafür vorweisen zu können, so haftet er wegen zu vertretender Nichtleistung wieder auf Schadensersatz.

cc) Vorübergehende Unmöglichkeit oder Unzumutbarkeit zur Zeit der letzten mündlichen Tatsachenverhandlung

(1) Erheblichkeit im Erstprozess und Ausschluss im Zweitprozess gegenüber dem Bestehen der Primärleistungspflicht nach § 281

Als vorübergehende Einwendung kommt außerdem eine vorübergehende Unmöglichkeit oder Unzumutbarkeit in Betracht. Nach dem Grundgedanken des § 275 Abs. 1 bis 3 müssen auch diese vorübergehenden Leistungshindernisse unabhängig von einem Vertretenmüssen zu einer zeitweisen Befreiung des Schuldners führen.[1457] Daher ist eine zur Zeit der letzten mündlichen Tatsachenverhandlung des Erstprozesses vorliegende, vorübergehende Unmöglichkeit oder Unzumutbarkeit für die Erstverurteilung erheblich. Macht der Schuldner

---

riell-rechtlich als Folgeanspruch des Primäranspruchs ein gegen dieses gegebenes Zurückbehaltungsrecht entgegengehalten werden kann, soll hier nicht erörtert werden.

[1453] Stein/Jonas/Leipold, § 322 Rn 95.

[1454] Siehe oben, S. 41 und S. 312; ferner Gsell JZ 2004, 110 (115); Huber, Band I, S. 664; Soergel/Wiedemann, 12. Auflage, § 285 Rn 8.

[1455] Gsell JZ 2004, 110 (115).

[1456] Siehe oben, S. 41; Gsell JZ 2004, 110 (115); Huber, Band I, S. 726, Band II, S. 543; vgl. auch Huber, Band I, S. 700, wonach ein Irrtum schon nach einer gerichtlichen Beweisaufnahme ausgeschlossen sei.

[1457] Siehe oben bei S. 30 ff.

sie geltend, dann scheidet eine Verurteilung aus.[1458] Lediglich bei konkret absehbarem Ende des Hindernisses ist eine Verurteilung zu zukünftiger Leistung nach § 259 ZPO möglich.[1459]

Wegen der Erheblichkeit des Einwandes steht bei erfolgter Verurteilung zu sofortiger Leistung fest, dass keine vorübergehende Unmöglichkeit oder Unzumutbarkeit vorlag oder geltend gemacht wurde.[1460] Dem Schuldner ist es gegenüber dem nachfolgenden Schadensersatzanspruch nach § 281 nicht möglich, den zeitweisen Wegfall der fälligen Leistungspflicht wegen eines alten vorübergehenden Hindernisses geltend zu machen. Aufgrund der Rechtskraft des Primärleistungsurteils steht die fällige Leistungspflicht fest, das Ersturteil ist für den Schadensersatzanspruch präjudiziell. Aufgrund der Präklusionswirkung des Ersturteils ist es dem Schuldner auch verwehrt, sich auf die das vorübergehende Leistungshindernis begründenden Tatsachen zu berufen.

Nach altem Recht war nur der Einwand des nicht zu vertretenden vorübergehenden Leistungshindernisses erheblich, auf den § 275 Abs. 1 a.F. analog oder dem Rechtsgedanken nach angewandt wurde. Beim zu vertretendem vorübergehenden Leistungshindernis wurden hingegen die Verzugsregeln angewandt, so dass sich an der Primärleistungsverpflichtung nichts änderte. Durch die Schuldrechtsreform ist nunmehr der Bereich möglicher Einwendungen um das zu vertretende vorübergehende Leistungshindernis erweitert worden, welches prinzipiell die Primärleistungspflicht ausschließen kann.[1461]

(2) Ausschluss des Einwandes im Zweitprozess gegenüber einem fehlenden Vertretenmüssen nach § 280 Abs. 1 Satz 2

Der Einwand vorübergehender Unmöglichkeit oder Unzumutbarkeit kann in einem Zweitprozess außer gegen den Bestand der Primärleistungspflicht nach § 281 auch gegen das Vorliegen eines Vertretenmüssens im Sinne des § 280 Abs. 1 Satz 2 vorgebracht werden. Insoweit kommt aber nur der Einwand des nicht zu vertretenden vorübergehenden Leistungshindernisses in Betracht, da ein zu vertretendes Hindernis naturgemäß nichts an dem Vertretenmüssen der Nichtleistung und damit an der grundsätzlichen Schadensersatzhaftung ändern kann. Fraglich ist, ob der Schuldner durch das Ersturteil nicht auch mit diesem Einwand ausgeschlossen ist.

[1458] Nicht behandelt werden soll eine Nichtleistung, die aus in der Gläubigersphäre belegenen Gründen nicht erfolgt.

[1459] Zum neuen Recht: MüKo/Ernst, Band 2a, 4. Auflage, § 275 Rn 134; Palandt/Heinrichs, § 275 Rn 10; Wieser MDR 2002, 858 (861); zum insoweit identischen alten Recht: MüKo/Emmerich, Band 2, 4. Auflage, Vor § 275 Rn 28; Planck/Siber, § 283 Anm. 1 c) γ); K. Schmidt ZZP 87 (1974), 49 (62/63).

[1460] Gsell JZ 2004, 110 (114); ähnlich auch Huber, Band II, S. 544 zum alten Recht.

[1461] Es kann sich aber bei einem zu vertretenden vorübergehenden Hindernis eine Schadensersatzpflicht analog § 281 ergeben, siehe dazu schon oben, S. 36 ff.

(a) Bejahung der Einwendungsmöglichkeit durch Vertreter der Literatur
Die Mehrheit der Vertreter der Literatur, die sich zu diesem Thema geäußert haben, will dem Schuldner den Einwand des fehlenden Vertretenmüssens aufgrund eines vorübergehenden Leistungshindernisses auch noch nach einem Ersturteil offen halten.[1462] Begründet wird dies selten, wo dies geschieht, so unter Hinweis darauf, dass es für die Befreiungswirkung des § 275 Abs. 1 nunmehr auf ein Vertretenmüssen nicht mehr ankomme.[1463] Sei das Vertretenmüssen im Erstprozess nicht mehr erheblich, so könne es auch nicht ausgeschlossen sein.
(b) Einheitlichkeit des Einwandes nicht zu vertretender vorübergehender Unmöglichkeit oder Unzumutbarkeit
Gegen diese Ansicht spricht, dass sich die Ausschlusswirkung nicht an der konkreten Einwendung orientiert, sondern den zugrunde liegenden Sachverhalt an sich erfasst, so dass das nicht zu vertretende vorübergehende Hindernis nach einem Ersturteil auch nicht gegen das Merkmal des Vertretenmüssens im Sinne des § 280 Abs. 1 Satz 2 eingewandt werden könnte.[1464]

Zum Verständnis hilft es, den Einwand des Schuldners genauer zu betrachten. Der Schuldner kann sich nicht pauschal damit verteidigen, es liege kein Vertretenmüssen vor. Richtigerweise lautet sein Einwand, er sei an der Leistung auf die fällige Primärforderung aus einem nicht zu vertretenden Grunde gehindert.[1465] Noch genauer muss er im hiesigen Zusammenhang, da hier zunächst nur die alten Einwendungen behandelt werden, darlegen, er sei an der Leistung aus einem schon vor der letzten mündlichen Tatsachenverhandlung im Erstprozess vorliegenden, nicht zu vertretenden Grunde gehindert. Durch das Ersturteil steht aber der Bestand einer fälligen Leistungspflicht fest und ebenso, dass dieser keine vom Recht anerkannten Hinderungsgründe entgegengestanden haben. Zwar mag der Schuldner Gründe für seine Nichtleistung gehabt haben, jedoch waren dies jedenfalls nicht solche, denen das Recht eine Auswirkung auf die Leistungspflicht zubilligt. Dies sind nur die Fälle des § 275 sowie die diesen gleichzustellenden, vorübergehenden Hindernisse.[1466]

1462 Schur NJW 2002, 2518 (2519); ihm folgend J. Kaiser MDR 2004, 311 (312/313); Ehmann/Sutschet, S. 56. Dedek, in: Dauner-Lieb/Konzen/Schmidt, S. 183 (193). AnwKomm/Dauner-Lieb, § 281 Rn 69; Erman/Westermann, § 281 Rn 18 und Heß, in: Dauner-Lieb/Konzen/Schmidt, S. 665 (676) wollen dem Schuldner ganz allgemein die Berufung auf ein fehlendes Vertretenmüssen erlauben.

1463 Ehmann/Sutschet, S. 56; Erman/Westermann, § 281 Rn 18; Dedek, in: Dauner-Lieb/Konzen/Schmidt, S. 183 (193).

1464 So einzig Gsell JZ 2004, 110, (114).

1465 Nicht behandelt werden soll eine Nichtleistung, deren Gründe aus der Sphäre des Gläubigers stammen.

1466 Schon Ernst JZ 1994, 801 (803) führte zum Vorschlag der Schuldrechtskommission im Abschlussbericht kritisch an, dass eine Trennung zwischen Befreiungs- und Haftungsnorm dazu führen würde, dass der gleiche Sachverhalt mitunter zweimal geprüft werden müsse. Indes ist dies für den Fall der Verurteilung – wie gesehen – nicht zutreffend, da damit die Leis-

(c) Fehlende Gefahr einer Schadensersatzhaftung ohne Verschulden

Wie schon oben angesprochen,[1467] droht durch die Bejahung einer Ausschlusswirkung auch keine Garantiehaftung des Schuldners. Denn wenn dieser wirklich die Nichtleistung nicht zu vertreten hat, scheidet auch eine Verurteilung zur Primärleistung aus.[1468] Damit kann auch der Einwand von *Battes* zum alten Recht, es könne zu einer Haftung ohne Verschulden kommen,[1469] widerlegt werden. Bei näherem Hinsehen entpuppt sich die dem Erstprozess folgende Schadensersatzpflicht als normaler Fall der Verschuldenshaftung: Kann der Schuldner eine dauerhafte Unmöglichkeit oder Unzumutbarkeit nach § 275 Abs. 1 bis 3 nicht beweisen oder trägt er sie nicht vor, so muss mangels rechtsvernichtender Einwendung weiterhin vom Fortbestand der vom Gläubiger dargelegten und notfalls bewiesenen Primärleistungsverpflichtung ausgegangen werden. Ergibt sich damit kein anerkanntes dauerhaftes Leistungshindernis, so kann das Vorbringen des Schuldners noch als vorübergehendes Hindernis zu werten sein, welches seine Primärhaftung zumindest zeitweise ausschließen würde. Kann der Schuldner aber auch dessen Vorliegen nicht beweisen oder beruft er sich nicht darauf, so ist der Schuldner so anzusehen, als ob er auf seine fällige Leistungspflicht ohne anerkannten Grund nicht leistet. Wegen der Nichtleistung ohne Grund kann er sich gegenüber der Verschuldensvermutung des § 280 Abs. 1 Satz 2 nicht exkulpieren. Damit ist eine zu vertretende Nichtleistung anzunehmen, so dass jegliche Bedenken gegen die Verurteilung zur Primärleistung schwinden. Das gleiche gilt für die dann mögliche Schadensersatzhaftung des Schuldners nach §§ 280 Abs. 1 und 3, 281 Abs. 1, ohne dass die Möglichkeit bestünde, nochmals sein angeblich mangelndes Vertretenmüssen darlegen zu können. Denn durch das Ersturteil steht fest, dass der Schuldner nicht leistet, obwohl er kann und ihn keine relevanten Gründe hindern. Diese Nichtleistung hat er also zu vertreten, es tritt ein normaler Fall der Verschuldenshaftung ein. Eventuelle Nachteile einer Primär- und Schadensersatzhaftung trotz einer eventuell objektiv vorliegenden, erheblichen Einwendung sind die

---

tungspflicht und meist auch die zu vertretende Nichtleistung feststehen. Allein wenn die Primärleistungsklage abgewiesen wird, kommt es auf ein Vertretenmüssen nicht an, was im Prozess nach §§ 283, 280 Abs. 1 und 3 zu prüfen wäre. Dies scheint mir indes kein wirklicher Nachteil zu sein, da es ein normaler Vorgang ist, dass ein erfolgloses Begehren (die Primärverurteilung) keine Auswirkungen auf andere Rechte (das Schadensersatzverlangen) hat.

[1467] Siehe oben, S. 320 ff.

[1468] Ausgenommen ist der entschuldbare Irrtum über die Leistungspflicht, dieser kann aber nach einem rechtskräftigen Ersturteil auch niemals eine Schadensersatzhaftung verhindern, siehe dazu schon oben, S. 323.

[1469] Erman/Battes, 9. Auflage, § 280 Rn 5a.

normalen Nachteile einer Beweisfälligkeit.[1470] Eine Änderung der Rechtskraftwirkungen ist deswegen nicht angezeigt.[1471]

(d) Verdeutlichung der fehlenden Garantiehaftung anhand einzelner Unmöglichkeitsfälle

Abschließend soll anhand der vorstellbaren Unmöglichkeitskonstellationen nochmals verdeutlicht werden, dass eine Verurteilung zur Primärleistung ohne Prüfung des Einwandes des fehlenden Vertretenmüssens nicht möglich ist. Im Falle anfänglicher Leistungshindernisse ist zu beachten, dass das Verschuldenserfordernis durch Anknüpfung an das Kriterium der Kenntnis oder des Kennenmüssens des Hindernisses gemäß § 311a Abs. 2 Satz 2 modifiziert wird.

Liegt unstreitig objektive oder subjektive, nachträgliche bzw. anfängliche Unmöglichkeit oder Unzumutbarkeit vor, so ergeht kein Primärleistungsurteil. Auf ein Vertretenmüssen oder ein Kennenmüssen des Leistungshindernisses[1472] kommt es nicht an. Eine Garantiehaftung droht nicht, da die §§ 283, 280 Abs. 1 Satz 2 und § 311a Abs. 2 eine Prüfung des Verschuldens bzw. des Kennenmüssens vorschreiben.

Ist der Unmöglichkeitseinwand strittig, so kommen drei Möglichkeiten in Betracht: Hat der Schuldner erstens das Leistungshindernis bei nachträglicher Unmöglichkeit in jedem Fall zu vertreten, so darf nach heute herrschender Ansicht nicht mehr ohne Beweiserhebung zur Primärleistung verurteilt werden.[1473] Das Vorliegen der Unmöglichkeit muss also geprüft werden. Gleiches gilt bei jedenfalls vorliegender Kenntnis oder Kennenmüssen des anfänglichen Leistungshindernisses.[1474] In jedem Falle erscheint eine Schadensersatzpflicht wegen des Vertretenmüssens bzw. des Kennenmüssens nicht befremdlich, die Gefahr einer Garantiehaftung besteht nicht.

1470 Zu den Folgen einer Beweisfälligkeit oder Trägheit in der Verfolgung eigener Rechte auch Helm, S. 138/139; Huber, Band II, S. 544.

1471 Auch Erman/Battes hat seine Ansicht später selbst mit der Begründung aufgegeben, eine Schadensersatzpflicht aus § 283 a.F. unabhängig vom Vertretenmüssen, sei letztlich eine Konsequenz aus der Erstverurteilung zur Leistung und entspreche dem Sinn des § 283 a.F., vgl. Erman/Battes, 10. Auflage, § 280 Rn 5a. Auch diese Begründung ist falsch, steht doch mit der Erstverurteilung fest, dass der Schuldner ohne Grund nicht geleistet hat, so dass seine Haftung nicht unabhängig vom Vertretenmüssen eintritt. Auch Emmerich, Leistungsstörungen, hat die Ansicht von Erman/Battes ab der 4. Auflage nicht mehr vertreten. Siehe auch Staudinger/Löwisch, Neubearbeitung 2001, § 283 Rn 26.

1472 Im hiesigen Zusammenhang ist es unerheblich, ob der Vertrag über eine offensichtlich unmögliche Leistung, etwa den Bau eines perpetuum mobiles, geschlossen wurde. Soweit dann von einigen die Nichtigkeit des Vertrags angenommen wird, scheidet schon aus diesem Grunde eine Primärverurteilung aus. Vgl. dazu Erman/Kindl, § 311a Rn 5.

1473 Siehe oben, S. 279 ff.

1474 Auch wenn dann jedenfalls eine Haftung auf das positive Interesse nach § 311a Abs. 2 im Raume steht, kann eine Verurteilung ohne Beweisaufnahme über die anfängliche Unmöglichkeit ebenso wie bei der nachträglichen Unmöglichkeit nicht überzeugen, da dies § 275 Abs. 1 widerspricht. Die Diskussion ist insoweit die gleiche, vgl. näher zu ihr bei S. 279 ff.

Kann sich der Schuldner zweitens auf jeden Fall nach § 280 Abs. 1 Satz 2 oder § 311a Abs. 2 Satz 2 exkulpieren, so muss Beweis über die geltend gemachte Unmöglichkeit erhoben werden und die Klage eventuell endgültig abgewiesen werden. Erweist sich die dauerhafte Unmöglichkeit nicht, so liegt regelmäßig eine vorübergehende Unmöglichkeit vor, die zur Abweisung als zurzeit unbegründet führt. Dann können Ausschlusswirkungen nicht eintreten und das Verschuldenserfordernis der § 280 Abs. 1 Satz 2 und § 311a Abs. 2 Satz 2 bleibt also gewahrt. Infolge der feststehenden Exkulpation muss grundsätzlich[1475] einer der beiden Gründe für die Nichtleistung vorliegen, da andernfalls eine zu vertretende Nichtleistung gegeben wäre. In diesem Falle würde zur Primärleistung verurteilt, die nachfolgende Schadensersatzpflicht ergäbe sich dann wegen Verzugs aus § 281, da weder eine anfängliche noch eine nachträgliche Unmöglichkeit vorläge. Die Verurteilung selbst würde also auch hier nur bei einem Verschulden erfolgen.

Liegt drittens sowohl streitige Unmöglichkeit als auch streitiges Vertretenmüssen oder Kennenmüssen vor, so muss das Gericht Beweis über die Unmöglichkeit erheben, bei dessen Vorliegen die Klage abzuweisen ist. Ausschlusswirkungen gibt es dann nicht, eine Schadensersatzpflicht erfordert wie üblich ein Verschulden. Liegt eine Unmöglichkeit nicht vor, so ist eine vorübergehende Unmöglichkeit zu prüfen. Erweist sich auch diese nicht, so steht eine zu vertretende, da grundlose Nichtleistung fest und es ist zur Primärleistung zu verurteilen. Eine nachfolgende Schadensersatzpflicht folgt wegen Verzugs aus § 281.

(3) Ergebnis

Es ist damit keine Fallgestaltung denkbar, die zu einer Schadensersatzhaftung des Schuldners ohne Verschulden führen kann, die Ausschlusswirkungen eines Ersturteils sind daher nicht zu relativieren. Dem Schuldner ist es nach einer Erstverurteilung umfassend verwehrt, sich gegenüber der Schadensersatzverpflichtung auf ein dauerhaftes oder vorübergehendes Leistungshindernis zu berufen. Dies gilt auch, soweit sich sein Einwand im Zweitprozess gegen sein Vertretenmüssen richtet.

dd) Vorübergehende Unmöglichkeit oder Unzumutbarkeit nur während eines Teils des Erstprozesses

Liegt eine vorübergehende Unmöglichkeit oder Unzumutbarkeit nur während eines Teils des Erstprozesses vor, ist diese aber zur Zeit der letzten mündlichen Tatsachenverhandlung wieder behoben, so ergeht ein Primärleistungsurteil. Zum maßgeblichen Zeitpunkt war die Leistung wieder möglich, die Primärleistungspflicht damit fällig und durchsetzbar. An den Ausschlusswirkungen ändert sich nichts.

[1475] Eine Ausnahme gibt es jedoch bei dem nicht zu vertretenden entschuldigenden Irrtum über die Leistungspflicht und bei Hinderungsgründen, die aus der Gläubigersphäre stammen, siehe dazu oben, S. 41 und S. 323.

Es ist auch der Fall denkbar, dass der Gläubiger dem Schuldner schon im Erstprozess eine Nachfrist gesetzt hat, jedoch während des Laufs der Nachfrist ein vorübergehendes Leistungshindernis auftrat. Fiel dieses auch vor Fristablauf und zugleich vor der letzten mündlichen Tatsachenverhandlung weg, so kann dennoch die verbleibende gesetzte Frist nicht mehr angemessen sein, so dass der Schuldner keine echte Chance hatte, seiner Nachleistungspflicht Genüge zu tun.[1476] In diesen Fällen kann eine Primärleistungsverurteilung unproblematisch erfolgen, ist eine angemessene Nachfrist doch nur Voraussetzung für den Übergang nach § 281 und war die Primärleistungspflicht jedenfalls nicht mehr suspendiert. Fehlt somit dieser vorübergehenden, aber wieder weggefallenen Unmöglichkeit oder Unzumutbarkeit jeglicher Einfluss auf die Primärhaftung, so ist der Einwand auch nicht von den Ausschlusswirkungen des Ersturteils erfasst. Der Schuldner kann sich demnach in einem Zweitprozess gegenüber dem Schadensersatzverlangen prinzipiell darauf berufen, dass zur Zeit des Fristenlaufs, aber nicht mehr bei letzter mündlicher Tatsachenverhandlung, eine leistungsausschließende vorübergehende Unmöglichkeit oder Unzumutbarkeit vorgelegen habe. Dieser Einwand kann einem Schadensersatzanspruch entgegenstehen, da es an der Voraussetzung einer angemessenen Fristsetzung fehlen kann. Wie § 281 Abs. 1 deutlich macht, muss eine „Frist zur Leistung“ gesetzt werden. Dies fehlt, wenn die Leistungspflicht selbst zur Zeit des Fristenlaufs suspendiert war und der Schuldner an der Nacherfüllung unbehebbar verhindert war. Daher wird anzunehmen sein, dass das vorübergehende Hindernis zu einer Hemmung des Fristenlaufs geführt hat.[1477] Des Weiteren dürfte es an einer zu vertretenden Nichtleistung bei Fristablauf gefehlt haben, wenn der Schuldner zunächst unverschuldet an der Nacherfüllung gehindert war und die danach verbleibende Zeit zur Erfüllung zu knapp war.[1478] Diese Einwendungen gegen die Schadensersatzvoraussetzungen des §§ 281, 280 Abs. 1 und 3 kann der Schuldner noch im Zweitprozess erheben. In der Praxis wird allerdings der Zweitprozess zeitig so weit nach dem Wegfall des Hindernisses stattfinden, dass der Schuldner bis dahin genug Zeit hatte, seiner Nachleistungspflicht nachzukommen. Dann liegen die Voraussetzungen für einen Schadensersatzanspruch wieder vor. Der Einwand wird daher zwar theoretisch möglich, im Ergebnis aber selten wirklich Erfolg versprechend sein.

c) Behandlung von nach der letzten mündlichen Tatsachenverhandlung entstandenen, dauerhaften Einwendungen

Maßgeblicher Beurteilungshorizont des Erstprozesses ist die letzte mündliche Tatsachenverhandlung. Alle danach entstehenden Einwendungen können von

---

1476 Huber/Faust, 3. Kapitel, Rn 153.

1477 Siehe dazu ausführlich oben, S. 133; so im Ergebnis auch Huber, Band II, S. 378 zum alten Recht.

1478 Huber/Faust, 3. Kapitel, Rn 153.

den Ausschlusswirkungen des Ersturteils nicht mehr berührt werden. Dies ergibt sich aus der zeitlichen Grenze der Rechtskraft und erscheint unproblematisch.[1479] Auch zum alten Recht stellte § 283 Abs. 1 Satz 3 a.F. klar, dass sich der Schuldner zumindest auf ein nachträgliches nicht zu vertretendes Unmöglichwerden berufen konnte. Dies schloss aber auch andere erhebliche, nachträgliche Einwendungen als die Unmöglichkeit nicht aus.

Konträr zu diesen Ausführungen hat das Reichsgericht zum alten Recht in einer Entscheidung ausgeführt, dass der Schuldner sich auf einen nachträglichen Umstand nur dann gegenüber dem Schadensersatzanspruch berufen könne, wenn dies zu einem nicht zu vertretenden Unmöglichwerden gemäß § 283 Abs. 1 Satz 3 a.F. führe.[1480] So sei die Berufung auf ein vertragliches Rücktrittsrechts wegen eines nachträglich entstandenen Grundes unzulässig, da der Gläubiger nicht den ursprünglichen Leistungsanspruch geltend mache, sondern aufgrund des Leistungsurteils vorgehe.[1481] Dieser Entscheidung war jedoch nicht zuzustimmen, da sie die Grenzen der Ausschlusswirkungen des Ersturteils verkannte.[1482] Diese beruhte auch schon bei § 283 a.F. richtigerweise auf der allgemeinen prozessualen Rechtskraft eines Urteils. Daher konnte das Ersturteil über die nach der letzten mündlichen Tatsachenverhandlung entstandenen Einreden nichts aussagen. Die materiell-rechtliche Verbindung zum aufgrund eines Rücktritts möglicherweise erloschenen Primäranspruch war über das Tatbestandsmerkmal des Schadens herzustellen, der nur bei Fortbestand der Primärverpflichtung vorlag.[1483] Daher konnte sich der Schuldner prinzipiell auf das nachträgliche Rücktrittsrecht und ein Erlöschen der Primärverpflichtung berufen. Nach dem neuen § 281 würde durch ein nachträglich entstandenes und ausgeübtes Rücktrittsrecht schon der notwendige Primäranspruch erlöschen und so ein Übergang auf Schadensersatz ausgeschlossen.

Neue Einwendungen können sowohl gegen die Sekundär- als auch gegen die Primärforderung entstehen. Die Erheblichkeit dieser Einwendungen folgt aus der Abhängigkeit des Schadensersatzanspruchs aus § 281 von seinen Voraussetzungen. Zwar entsteht der Schadensersatzanspruch an sich mit dem erfolglosen Fristablauf, ein endgültiger Übergang ist aber durch ein Verlangen nach Abs. 4 nur bei weiterem Vorliegen der Übergangsvoraussetzungen des Abs. 1 möglich.

1479 So auch Heß, in: Dauner-Lieb/Konzen/Schmidt, S. 665 (676 mit Fn 90); Gsell JZ 2004, 110 (114); Schur NJW 2002, 2518 (2519).

1480 RGZ 107, 233 (234/235); zustimmend RGRK/Alff, § 283 Rn 6, ferner RGRK/Nastelski, 11. Auflage, § 283 Anm. 3.

1481 RGZ 107, 233 (235).

1482 Schlegelberger/Vogels/Weitnauer, § 283 Rn 22 und 24; K. Schmidt ZZP 87 (1974), 49 (57).

1483 Die Konstruktion der Erheblichkeit materieller Veränderungen auf den Schadensersatzanspruch gemäß § 283 a.F. nach einem Ersturteil aber vor Fristablauf war im alten Recht schwierig, da § 283 a.F. nur auf das Vorliegen eines Urteils, nicht aber auf eine materiell-rechtliche Leistungspflicht abzustellen schien, vgl. dazu oben bei S. 303 ff.

Als erhebliche neue Einwendungen gegen den Schadensersatzanspruch kommen etwa eine Aufrechnung oder der Abschluss eines Erlassvertrages hinsichtlich des Schadensersatzes in Betracht. Wegen der Auswirkungen auf die Primärschuld sind aber auch die Geltendmachung eines Vergleichs oder eines Abänderungsvertrages beachtlich. Als Leistungsstörung kann eine neue Unmöglichkeit oder Unzumutbarkeit nach § 275 Abs. 1 – 3 eintreten. Jedoch gilt zu beachten, dass diese bei einem Vertretenmüssen nichts an der Schadensersatzpflicht ändern, da in diesem Falle eine Haftung aus §§ 280 Abs. 1 und 3, 283 folgt.[1484] Der Eintritt einer allein erheblichen, nicht zu vertretenden Unmöglichkeit oder Unzumutbarkeit ist hingegen nahezu ausgeschlossen, da sich der Schuldner nach einem rechtskräftigen Ersturteil im Verzug befinden wird und daher nach § 287 Satz 2 auch für Zufall haftet.[1485]

Aus ähnlichem Grund war auch das Reichsgerichtsurteil in der Sache durchaus zutreffend. Denn der Schuldner hatte das zum Rücktritt berechtigende vorübergehende Hindernis – einen Streik der Arbeiter – wegen Verzugs nach § 287 Satz 2 zu vertreten, das vertragliche Rücktrittsrecht sollte aber wohl nur bei fehlendem Vertretenmüssen bestehen.[1486] Damit fehlte es an der materiell-rechtlichen Erheblichkeit des Einwandes, nicht jedoch an der prozessualen Berücksichtigungsfähigkeit.

Von einem Ersturteil gehen also hinsichtlich neuer dauerhafter Einwendungen keine Ausschlusswirkungen aus, allein der Prüfung der materiell-rechtlichen Erheblichkeit ist besondere Aufmerksamkeit zu widmen.

d) Behandlung von nach der letzten mündlichen Tatsachenverhandlung entstandenen, vorübergehenden Einwendungen

Nach der letzten mündlichen Tatsachenverhandlung entstandene, vorübergehende Einwendungen können von der Rechtskraft des Ersturteils ebenfalls nicht erfasst werden. Daher sind diese prozessual ungehindert vorbringbar. Eine andere Frage ist die nach der materiell-rechtlichen Erheblichkeit. Insoweit kommen wieder solche gegen die Primär- oder die Sekundärforderung in Betracht. Insoweit dürfte jeweils die Neuentstehung eines Zurückbehaltungsrechts oder eines neuerlichen Irrtums über die Leistungspflichten praktisch kaum von Relevanz sein.[1487] Erheblich kann aber der Eintritt einer neuen vorübergehenden Unmöglichkeit sein, da sie die zeitweilige Suspendierung der Primärpflicht bewirkt. Hat der Schuldner diese nicht zu vertreten, so kann auch das Verschulden nach § 280 Abs. 1 Satz 2 ausgeschlossen sein. Dies wurde schon erläutert. Wegen des

---

[1484] Erman/Westermann, § 281 Rn 21; MüKo/Ernst, Band 2a, 4. Auflage, § 281 Rn 89.

[1485] Eine Ausnahme ist allein bei § 287 Satz 2 a.E. denkbar.

[1486] So auch Schlegelberger/Vogels/Weitnauer, § 283 Rn 22; K. Schmidt ZZP 87 (1974), 49 (57 in Fn 60).

[1487] Ein neuerlicher Irrtum über die Leistungspflicht ist bei einem rechtskräftigen Primärleistungsurteil schlechthin ausgeschlossen.

Vorliegens des Verzugs spätestens nach Rechtskraft des Ersturteils[1488] haftet der Schuldner aber verschärft nach § 287 Satz 2. Damit kommt praktisch nur noch der Einwand zu vertretender vorübergehender Unmöglichkeit in Betracht, die im Ergebnis auch zu einer Schadensersatzpflicht analog § 281 führt.

e) Sonderfall der Verurteilung zu künftiger Leistung im Erstprozess

aa) Allgemeines

Aufgrund einer ZPO-Novelle aus dem Jahre 1898 gestattet die ZPO unter den Voraussetzungen der §§ 257 – 259 ZPO auch die klageweise Geltendmachung erst künftig fälliger Ansprüche. Der Schuldner wird dann zu künftiger Leistung verurteilt.

Hinsichtlich der Ausschlusswirkungen des Urteils ergeben sich in diesen Fällen grundsätzlich keine Unterschiede. Alle alten, für den Erstprozess erheblichen Einwendungen müssen dort vorgebracht werden, gegenüber dem Schadensersatzanspruch sind sie dann präkludiert. Neu entstandene Einwendungen kann der Schuldner dem Anspruch aus § 281 unbeschränkt entgegenhalten. Dabei ist der Eintritt von materiell-rechtlich erheblichen Einwendungen gegenüber dem Normalfall der Verurteilung zu sofortiger Leistung wahrscheinlicher. Denn mangels Fälligkeit befindet sich der Schuldner trotz seiner rechtskräftigen Primärverurteilung noch nicht in Verzug und haftet damit nicht verschärft nach § 287 Satz 2.[1489] Es wird daher öfters zu einem nicht zu vertretenden Einwand kommen können.

bb) Ausschluss des Einwandes fortdauernder vorübergehender Unmöglichkeit oder Unzumutbarkeit?

In den Fällen einer vorübergehenden Unmöglichkeit oder Unzumutbarkeit kann bekanntlich bei konkret absehbarem Ende des Hindernisses eine Verurteilung zu künftiger Leistung nach § 259 ZPO erfolgen. Das Gericht muss also davon ausgehen, dass sich das Hindernis bis zum Zeitpunkt der im Urteil ausgesprochenen Leistungspflicht wieder erledigt haben wird. Nun kann es vorkommen, dass sich die Erwartung des Gerichts nicht erfüllt und das vorübergehende Leistungshindernis nicht zum angenommenen Zeitpunkt entfällt. Der Schuldner ist dann also weiterhin an der Leistung gehindert, könnte dies aber nach obigen Grundsätzen gegenüber dem Schadensersatzanspruch nach § 281 nicht geltend machen, da der Einwand vorübergehender Leistungsverhinderung durch das Ersturteil ausgeschlossen scheint. Denn dort war er erheblich und wäre daher präkludiert.

[1488] Dann ist allerspätestens der das Vertretenmüssen ausschließende entschuldigte Irrtum nicht mehr denkbar, so dass Verzug eintritt.

[1489] Aus diesem Grunde maßen zum alten Recht insbesondere Kohler JuS 1992, 58 (61); MüKo/Emmerich, Band 2, 4. Auflage, § 283 Rn 26 und Planck/Siber, § 283 Anm. 1 a) β der Entlastungsmöglichkeit des § 283 Abs. 1 Satz 3 a.F. für diesen Bereich einen praktischen Anwendungsbereich zu.

Dies kann nicht überzeugen, denn es würde dazu führen, dass der Schuldner auch bei fehlendem Vertretenmüssen für das Hindernis aufgrund einer eventuell unvermeidbaren Fehleinschätzung des Gerichts auf Schadensersatz nach § 281 haften müsste. Außerdem würde es dem Schuldner zum Nachteil gereichen, dass der Gläubiger seinen Anspruch trotz seinerzeitiger Unbegründetheit erfolgreich im Wege der Klage auf künftige Leistung geltend machen durfte. Denn mit einer späteren Klage auf sofortige Leistung zu dem ursprünglich angenommenen Zeitpunkt der Behebung des vorübergehenden Leistungshindernisses hätte er keinen Erfolg haben können. Es ist aber anerkannt, dass der Beklagte durch die verfahrensrechtlichen Möglichkeiten der §§ 257 – 259 ZPO materiell-rechtlich nicht schlechter gestellt werden darf.[1490] Dies hat auch sonst in mehrfacher Hinsicht Abweichungen vom Regelfall zur Folge. So erlaubt etwa die herrschende Meinung dem Schuldner im Prozess nach § 259 ZPO aus Gründen der prozessualen Waffengleichheit auch die Berufung auf Gegenrechte, denen wie dem klägerischen Begehren die Fälligkeit fehlt.[1491] Ebenso wird in einigen Fällen auch die Modifikation der Rechtskraftwirkungen zugelassen.[1492] So ist dem Schuldner auch die Ausübung eines mietrechtlichen Widerspruchsrechts nach §§ 574 – 574b noch nach dem Urteil auf künftige Räumung erlaubt, obwohl die von der Rechtsprechung in anderen Fällen für maßgeblich gehaltene Gestaltungslage schon vorher vorlag.

Daher muss dem Schuldner im Zweitprozess auch der Einwand der vorübergehenden Unmöglichkeit oder Unzumutbarkeit trotz des Ersturteils gestattet sein. Dies muss auch nicht unbedingt in Konflikt mit dem Grundsatz des Ausschlusses aller alten Einwendungen treten. Denn es ist sprachlich nicht ausgeschlossen, den Einwand der fortdauernden, vorübergehenden Unmöglichkeit oder Unzumutbarkeit als neues Tatsachenvorbringen zu begreifen. Dafür spricht, dass das Gericht zum maßgeblichen Zeitpunkt entscheidend von der späteren Behebung des Hindernisses ausgegangen ist. Sieht man richtigerweise die zeitliche Dimension bei der vorübergehenden Unmöglichkeit als eine diese maßgeblich begründende Tatsache an, so stellt die veränderte Dauer eines Hindernisses eine neue Tatsache dar. In einigen Fällen kann das ursprünglich vorübergehende Hindernis nun auch als dauerhafte Unmöglichkeit begriffen werden. Aber selbst wenn man der Qualifizierung als neue Einwendung nicht folgen möchte, dürfte daraus nicht der Ausschluss des Einwandes gegenüber § 281 folgen. Denn es kann im Ergebnis keinen Unterschied machen, ob sich das Leistungshindernis einfach nur länger als vom Gericht erwartet hinzieht oder ob ein

[1490] BGHZ 38, 122 (128); Schumann, FS für Larenz, S. 571 (596); Stein/Jonas/Schumann, § 257 Rn 1; Zöller/Greger, § 257 Rn 7.

[1491] BGHZ 38, 122 (128/129); Schumann, FS für Larenz, S. 571 (596); Zöller/Greger, § 257 Rn 7.

[1492] Herrschende Meinung: Schumann, FS für Larenz, S. 571 (596/597); Stein/Jonas/Schumann, § 259 Rn 14; Zöller/Greger, § 259 Rn 2.

völlig neuer Grund für ein Leistungshindernis eintritt, der unzweifelhaft nicht ausgeschlossen wäre. Dabei ist zu berücksichtigen, dass der Verurteilung zu zukünftiger Leistung eine Prognoseentscheidung des Gerichts über das Ende des vorübergehenden Leistungshindernisses zugrunde liegt, die naturgemäß mit einiger Unsicherheit behaftet ist. Das Prognoserisiko hinsichtlich der Dauer des vorübergehenden Leistungshindernisses muss aber der Gläubiger tragen. Allein dies trägt der materiell-rechtlichen Rechtslage Rechnung, wonach der Schuldner von der Leistungspflicht analog § 275 befreit bleibt. Dem Schuldner kann auch nicht der Vorwurf nachlässiger Prozessführung gemacht werden, denn mehr als den Einwand schon im Erstprozess geltend zu machen, konnte er nicht tun.[1493]

cc) Ergebnis

Der Schuldner kann damit im Zweitprozess noch anführen, dass er weiterhin nicht leisten könne, obwohl er schon aufgrund des ursprünglich angenommenen, begrenzten Hindernisses nur zu künftiger Leistung verurteilt wurde. Den gleichen Einwand kann er gegenüber der Vollstreckung des Primärurteils im Wege des § 767 Abs. 1 ZPO erheben.

f) Behandlung des Einwandes des Mitverschuldens im Erst- oder Zweitprozess

aa) Einführung in die Problematik und die berührten prozessualen Fragen

Der Einwand des Mitverschuldens nach § 254 kann den Gläubiger in vielfältiger Weise treffen.[1494] So kann er etwa seine Pflicht zur Abwendung oder Minderung des Schadens bzw. zum Hinweis auf einen ungewöhnlich hohen Schaden nach § 254 Abs. 1 und 2 verletzt haben. Dies führt zu einer Minderung seines Schadensersatzanspruchs. Der Einwand hat auf die Primärleistungspflicht keinen Einfluss und kann daher erstmals im Zweitprozess angeführt werden.[1495]

Allein für den speziellen Einwand, es liege eine beiderseitig zu vertretende Unmöglichkeit vor, ergeben sich vielschichtige Probleme. Dieser Einwand ist zunächst im Erstprozess gegenüber dem Primäranspruch, aber auch als Einwand gegen die Schadensersatzhöhe nach § 254 im Zweitprozess denkbar. Dies führt zu dem Problem, welche Ausschlusswirkungen sich durch ein Primärleistungsurteil ergeben. Dies war schon im alten Recht umstritten, welches kurz dargestellt werden soll.

Erschwert wird die Lösung durch den Zusammenhang mit dem Streit darüber, ob der Einwand der bestrittenen Unmöglichkeit im Erstprozess erheblich ist,

---

[1493] Insbesondere kann nicht von ihm verlangt werden, gegen die Prognoseentscheidung des Gerichts Berufung einzulegen, da es ihm ebenso wie dem Gericht an zuverlässigen anderen Indizien fehlen dürfte und damit das Kostenrisiko einer Berufung unzumutbar ist.

[1494] Vgl. dazu zum alten Recht ausführlich das Buch von Teubner, Gegenseitige Vertragsuntreue.

[1495] Dedek, in: Dauner-Lieb/Konzen/Schmidt, S. 183 (193 mit Fn 62); zum alten Recht: Huber, Band II, S. 556.

wenn diese jedenfalls vom Schuldner zu vertreten ist. Denn zunächst einmal muss man sich fragen, wie es überhaupt zu einem Primärleistungsurteil kommen kann, wenn der Schuldner geltend macht, die Leistung sei unmöglich. Wenn die Unmöglichkeit an sich schon als erheblich anzusehen ist, oder jedenfalls dann erheblich sein soll, wenn ein Mitverschulden geltend gemacht wird, so muss diese immer vom Gericht des Erstprozesses aufgeklärt werden. Erweist sie sich dann, so scheidet eine Verurteilung und damit auch Ausschlusswirkungen aus.[1496] Erweist sie sich nicht, so ergeht eine Verurteilung zur Primärleistung, und es ist damit auch geklärt, dass der Mitverschuldenseinwand nicht mehr im Zweitprozess vorgebracht werden kann. Denn er beruht ja auf einer Unmöglichkeit, mit deren Vortrag der Schuldner im Zweitprozess präkludiert ist. Soll jedoch ungeachtet der geltend gemachten Unmöglichkeit ein Ersturteil ergehen können, so muss dieser Einwand grundsätzlich auch noch im Zweitprozess vorgebracht werden können. Denn ein dortiger Ausschluss scheidet mangels Erheblichkeit im Erstprozess aus.

Zu beachten ist, dass ein vom Schuldner geltend gemachtes Mitverschulden des Gläubigers das eigene Vertretenmüssen nicht aufhebt.[1497] Es ist also keine Kulpakompensation anzuerkennen. Dies folgt schon aus dem Wortlaut des § 276, der ein Vertretenmüssen des Schuldners nicht von einem fehlenden Mitverschulden des Gläubigers abhängig macht. Des Weiteren zeigt § 254, dass ein Ausgleich nicht auf der Verschuldensebene, sondern auf der Rechtsfolgenebene zu suchen ist. Damit ähnelt der umstrittene Einwand der beiderseitig zu vertretenden Unmöglichkeit grundsätzlich dem Fall, bei dem ein alleiniges Vertretenmüssen des Schuldners feststeht.

Im Folgenden sollen zunächst die zu diesem Problembereich vertretenen Meinungen für das alte Recht dargestellt werden. Danach soll untersucht werden, inwieweit der Einwand der beiderseitig zu vertretenden Unmöglichkeit noch nach neuem Recht Probleme bereitet.

bb) Meinungsstand im alten Recht

Bei den Stellungnahmen zum alten Recht fand sich nur ganz selten eine explizite Behandlung des Einwandes beiderseits zu vertretender Unmöglichkeit.[1498] Regelmäßig wurde jedoch dann der Zusammenhang mit der zuvor dargestellten Problematik der Behandlung des zu vertretenden strittigen Unmöglichkeitseinwandes nicht gesehen. Einige meinten, der Schuldner müsse den Einwand schon im Erstprozess um die Leistungspflicht vorbringen, eine erneute Geltendma-

[1496] Das abweisende Sachurteil hat über die Feststellung hinaus, dass der geltend gemachte Anspruch nicht besteht, keinen Aussagegehalt.

[1497] Huber, Band II, S. 738/739; vgl. auch zu § 254 die Motive bei Mugdan, Band II, S. 13.

[1498] Ausdrücklich bejahend etwa K. Schmidt ZZP 87 (1974), 49 (57); dagegen aber Anders/Gehle, 6. Auflage, Rn 493; Staudinger/Löwisch, Neubearbeitung 2001, § 283 Rn 3/4.

chung im Zweitprozess sei ausgeschlossen.[1499] Dabei variierten die Begründungen,[1500] im Kern wurde aber eine Bindungswirkung des ersten Urteils dahingehend angenommen, dass aufgrund des ergangenen Primärleistungsurteils die Annahme eines Allein- bzw. überwiegenden Vertretenmüssens des Schuldner feststehe, welches den Mitverschuldenseinwand im Zweitprozess ausschließe.[1501] Andere wollten den Mitverschuldenseinwand hinsichtlich einer Unmöglichkeit erst im Zweitprozess bei der Zumessung der Schadensersatzhöhe nach § 254 berücksichtigen.[1502] Gegen einen Ausschluss des Mitverschuldenseinwandes durch den Erstprozess wurde vorgebracht, dass nach herrschender Meinung eine behauptete Unmöglichkeit dann nicht erheblich sein sollte, wenn jedenfalls ein Vertretenmüssen des Schuldners vorliege. Mangels Erheblichkeit im Erstprozess gehöre dann der Mitverschuldenseinwand, der ein Vertretenmüssen des Schuldners selbst nicht ausschließt, nicht zum entscheidungserheblichen Tatsachenkomplex und sei daher nicht präkludiert.[1503]

cc) Rechtslage nach § 281 n.F.

(1) Meinungsstand

Zur heutigen Rechtlage finden sich in der Literatur und Rechtsprechung bisher keine expliziten Stellungnahmen. Allein *Dedek* scheint den Einwand des Mitverschuldens aufgrund einer beiderseits zu vertretenden Unmöglichkeit auch noch nach einem rechtskräftigen Ersturteil gegen den Schadensersatzanspruch aus § 281 zulassen zu wollen. Dabei knüpft er an die inhaltsgleiche zum alten Recht vertretene Ansicht der Literatur an.[1504] Das Mitverschulden sei für den Erstprozess ohne Bedeutung und unterfalle damit nicht der Ausschlusswirkung des Ersturteils. Es könne daher auch in einem Zweitprozess noch vorgebracht werden.

(2) Eigene Ansicht – Ausschluss der Primärverurteilung bei jedweder Unmöglichkeit

Dieser Einschätzung kann meines Erachtens im neuen Recht nicht zugestimmt werden. Vielmehr muss der Einwand schon immer im Primärleistungsprozess

---

[1499] So etwa Soergel/Wiedemann, 12. Auflage, § 283 Rn 28; Staudinger/Löwisch, Neubearbeitung 2001, § 283 Rn 4. RG JW 1916, 831 (833) für den Fall, dass das Erstgericht den Mitverschuldenseinwand abgelehnt hat; ähnlich auch Huber, Band II, S. 556 ff.

[1500] Vgl. RG JW 1916, 831 (833); Huber, Band II, S. 557/558; Staudinger/Löwisch, Neubearbeitung 2001, § 283 Rn 4.

[1501] Genauer Huber, Band II, S. 557.

[1502] So Dedek, in: Dauner-Lieb/Konzen/Schmidt, S. 183 (193 in Fn 62); Kohler JuS 1991, 943 (946); 1992, 58 (61); K. Schmidt ZZP 87 (1974), 49 (57); auch Heck JW 1916, 831.

[1503] Kohler JuS 1991, 943 (946); 1992, 58 (61); K. Schmidt ZZP 87 (1974), 49 (57). Zur Begrenzung der Ausschlusswirkung durch den erheblichen Tatsachenkomplex: BGH NJW 1992, 1172 (1173); NJW 1995, 967 (968); Stein/Jonas/Leipold, § 322 Rn 230; Zöller/Vollkommer, Vor § 322 Rn 70.

[1504] Dedek, in: Dauner-Lieb/Konzen/Schmidt, S. 183 (193 in Fn 62) mit Hinweis auf Kohler JuS 1992, 58 (61); K. Schmidt ZZP 87 (1974), 49 (55 ff.).

vorgebracht werden.[1505] Denn wie oben gezeigt,[1506] schließt die Unmöglichkeit eine Verurteilung zur Primärleistung in jedem Falle aus und bedarf daher immer der Aufklärung. Zu einem Ersturteil darf es deshalb bei einer geltend gemachten Unmöglichkeit nicht kommen, soweit diese unstrittig oder bewiesen ist. Dann stellt sich mangels Ersturteils schon nicht die Frage eines Ausschlusses des Einwandes beiderseitig zu vertretender Unmöglichkeit für einen Zweitprozess. Natürlich ist wegen der potentiellen Erheblichkeit des Unmöglichkeitseinwandes im Erstprozess sein erstmaliges Vorbringen im Zweitprozess ausgeschlossen. Gleiches gilt, wenn ein Ersturteil nur deswegen ergehen konnte, weil die geltend gemachte Unmöglichkeit nicht bewiesen werden konnte.

Von diesen Grundsätzen ist auch wegen des hier vorliegenden Mitverschuldens des Gläubigers keine Ausnahme zu machen. Es finden sich sogar einige Ansichten, die zwar grundsätzlich eine Unerheblichkeit des bestrittenen, jedenfalls zu vertretenden Unmöglichkeitseinwandes annehmen wollen, aber gerade für den hiesigen Fall des Mitverschuldens auch von einer Erheblichkeit des Einwandes ausgehen.[1507]

Es ist auch kein Sachgrund ersichtlich, nach dem Vorliegen eines Mitverschuldens zu differenzieren. Es wäre nicht richtig, eine Primärverurteilung leichter zu ermöglichen, wenn der Schuldner eine auch vom Gläubiger mit zu vertretende Unmöglichkeit vorträgt. Dies würde den Schuldner dann schlechter als bei seinem alleinigen Vertretenmüssen stellen. Der Einwand der beiderseitig zu vertretenden Unmöglichkeit hindert schon eine Erstverurteilung und kann damit allein im Erstprozess angeführt werden.

g) Ausschlusswirkungen des Ersturteils hinsichtlich des Einwandes gesetzlicher oder vertraglicher Modifikationen des Haftungs- und Verschuldensmaßstabes

Zwischen Schuldner und Gläubiger können gesetzliche oder vertragliche Modifikationen des Haftungs- oder Verschuldensmaßstabes eingreifen. Dabei sind grundsätzlich solche hinsichtlich der Primär- oder der Sekundärhaftung denkbar. Liegt eine Haftungsmodifikation vor, so stellt sich deshalb die Frage, ob diese bei der Erst- oder Zweitverurteilung berücksichtigt werden muss. Dies richtet sich maßgeblich nach ihrer Zielrichtung. Nur dann, wenn sie für den Primäranspruch ohne jede Bedeutung ist, kann sie überhaupt noch im Zweitprozess vorgebracht werden, andernfalls ist sie durch das Ersturteil als dort potentiell erheb-

---

[1505] Dabei ist es irrelevant, wie sich eine beiderseitig zu vertretende Unmöglichkeit im Einzelnen auf die materielle Rechtslage auswirkt. Jedenfalls ist die Primärleistungsforderung nach § 275 Abs. 1 erloschen, zu den sonstigen, hier nicht interessierenden und umstrittenen Einzelheiten im neuen Recht umfassend: Staudinger/Otto, Neubearbeitung 2004, § 326 Rn C65; zum alten Recht: Huber, Band II, S. 738 ff.

[1506] Siehe oben, S. 281 ff.

[1507] J. Kaiser MDR 2004, 311 (311-313); Anders/Gehle, Rn 493.

licher Prozessstoff ausgeschlossen. Die damit zusammenhängenden Fragen sollen zunächst bei Vertragsansprüchen und anschließend bei der gesetzlichen Vindikation aus § 985 diskutiert werden.[1508] Stehen dem Gläubiger wie häufig beide Ansprüche gleichzeitig zu, so ergibt sich eine Anspruchskonkurrenz, ohne dass eine Verdrängung eines der Ansprüche eintritt.[1509] Zum Abschluss soll die Ausschlusswirkung bei Rückgewährschulden und im Rahmen der Bereicherungshaftung dargelegt werden.

aa) Ausschlusswirkungen des Ersturteils bei vertraglichen Ansprüchen

(1) Haftungsbeschränkungen hinsichtlich der Primärhaftung

Haftungsbeschränkungen hinsichtlich der Primärhaftung können etwa dergestalt auftreten, dass ein durchsetzbarer Primäranspruch des Gläubigers ganz ausgeschlossen sein soll.[1510] Dieser Einwand muss natürlich im Erstprozess vorgetragen werden.[1511] Daneben ist es denkbar, dass der Haftungsumfang besonders bestimmt wird, z.B. durch Vereinbarung einer Vorratsschuld. Solche Vereinbarungen bewirken eine Relativierung der Primärhaftung des Schuldners, da sich dieser eher auf eine leistungsausschließende Unmöglichkeit berufen kann. Auch diese Einwendungen müssen als Voraussetzung einer Unmöglichkeit im Erstprozess angeführt werden.

(2) Haftungsbeschränkungen hinsichtlich der Sekundärhaftung

Des Weiteren kann es eine Modifikation des Haftungsmaßstabs hinsichtlich der Sekundärhaftung geben. Einfach zu qualifizieren sind Haftungsbeschränkungen hinsichtlich der Höhe des Schadensersatzanspruchs. Da sie allein die höhenmäßige Begrenzung des zu leistenden Ersatzes betreffen, sind sie erst im Zweitprozess geltend zu machen.[1512] Soll insgesamt allein eine Schadensersatz-, nicht aber eine Primärhaftung ausgeschlossen sein, so ist auch dieser Einwand erst gegenüber dem Schadensersatzbegehren im Zweitprozess erheblich.[1513]

(3) Haftungsbeschränkung bezüglich der Primär- und Sekundärhaftung

Besteht eine Haftungsbeschränkung bezüglich der Primär- und Sekundärhaftung, so ist diese gegenüber beiden Ansprüchen erheblich. Daher muss sie zunächst gegenüber dem Primäranspruch im Erstprozess geltend gemacht werden. Es scheidet dann schon eine Primärverurteilung aus, so dass es zu Ausschluss-

---

[1508] Dort ergeben sich aufgrund der von der herrschenden Meinung vertretenen Haftung des mittelbaren Besitzers auch auf den unmittelbaren Besitz besondere Probleme.

[1509] Ganz herrschende Meinung, vgl. dazu Oppermann, S. 100; Staudinger/Gursky, Neubearbeitung 1999, § 985 Rn 31 ff.; Vieweg/Werner, S. 185.

[1510] Dies wäre dann als Naturalobligation oder unvollkommene Verbindlichkeit zu bezeichnen, Palandt/Heinrichs, Einl v § 241 Rn 12.

[1511] Soergel/Wiedemann, 12. Auflage, § 283 Rn 28 zum alten Recht.

[1512] Huber, Band II, S. 558/559 zum alten Recht.

[1513] Zum alten Recht: Erman/Battes, 10. Auflage, § 283 Rn 16; Huber, Band II, S. 558; MüKo/Emmerich, Band 2, 4. Auflage, § 283 Rn 25; K. Schmidt ZZP 87 (1974), 49 (56); Soergel/Wiedemann, 12. Auflage, § 283 Rn 28.

wirkungen nicht kommen kann. Unterlässt der Schuldner die Geltendmachung, so kann er diese Klausel trotz Bezugs zur Schadensersatzhaftung nicht mehr geltend machen, da dies Stoff des Erstprozesses war.

Das Reichsgericht[1514] hat bei einer Klage auf Schadensersatz angenommen, dass sich die Klausel: „unter Ausschluss eines jeglichen Anspruchs" – der Kunde sollte wohl nur die Rückzahlung seines Kaufpreises verlangen können – auf den Primär- und den Schadensersatzanspruch beziehe. Nicht erfasst sei aber ein nach der Erstverurteilung erhobener Schadensersatzanspruch aus § 283 a.F. Dieses Urteil ist kontrovers diskutiert worden.[1515] Gegen das Ergebnis wurde eingewandt, dass so der Gläubiger doch noch zu einem Schadensersatzanspruch kommen konnte.[1516] Dem Reichsgericht kann aber unter der Prämisse, dass die Klausel schon den Primäranspruch ausschließen sollte, zugestimmt werden. Denn erfolgte mangels Geltendmachung des Haftungsausschlusses eine Erstverurteilung, so war die Berufung auf die Klausel im Zweitprozess jedenfalls präkludiert.[1517] Ebenso hat das Reichsgericht in einem anderen Urteil eine Klausel behandelt, die sowohl den Erfüllungs- als auch einen Schadensersatzanspruch ausschließen sollte. Diese Klausel musste schon im Erstprozess angeführt werden.[1518]

(4) Modifikationen des Verschuldensmaßstabes

Einordnungsprobleme können sich beim Vorliegen eines vom Normalfall abweichenden Verschuldensmaßstabes ergeben. Ob man diese Haftungsmodifikationen als Stoff des Primär- oder des Sekundärprozesses behandeln möchte, hängt entscheidend davon ab, ob man ihr Auswirkungen nur auf den Schadensersatzanspruch oder auch auf den Primäranspruch zumisst. Denn ein Erstprozess kann immer nur die für ihn selbst erheblichen Einwendungen ausschließen.

(a) Grundsatz und Ausnahmen der fehlenden Erheblichkeit gegenüber dem Primäranspruch

Grundsätzlich ist davon auszugehen, dass der Verschuldensmaßstab nur Relevanz für den verschuldensabhängigen Schadensersatzanspruch hat. Denn die Primärhaftung ergibt sich regelmäßig aus einer Vereinbarung oder dem Gesetz, ohne dass insoweit ein Verschulden Bedeutung hätte.[1519] So mag man sich den Fall vorstellen, dass die Haftung des Schuldners bei leichter Fahrlässigkeit vertraglich aufgehoben ist. Erbringt dann der Schuldner die mögliche Leistung

---

[1514] RGZ 107, 233 (235).

[1515] Dem Reichsgericht zustimmend: Huber, Band II, S. 558; RGRK/Alff, § 283 Rn 6; Staudinger/Löwisch, Neubearbeitung 2001, § 283 Rn 4; ablehnend: Götzmann JR 1931, 43 (46); Goldmann JW 1924, 463 (464); K. Schmidt ZZP 87 (1974), 49 (56); Soergel/Wiedemann, 12. Auflage, § 283 Rn 28.

[1516] So Goldmann JW 1924, 463 (464).

[1517] Dies erkennen auch K. Schmidt ZZP 87 (1974), 49 (56) und Soergel/Wiedemann, 12. Auflage, § 283 Rn 28 an.

[1518] RGZ 117, 66 (68), zustimmend Soergel/Wiedemann, 12. Auflage, § 283 Rn 28.

[1519] MüKo/Grundmann, Band 2a, 4. Auflage, § 276 Rn 24.

leicht fahrlässig nicht, so ändert dies nichts an seiner Primärhaftung. Gleichwohl haftet er nach § 281 nicht auf Schadensersatz. Nach diesen Grundsätzen gestalten sich die Ausschlusswirkungen. Im Primärleistungsprozess braucht der Schuldner die Milderung des Verschuldensmaßstabs nicht vorzubringen. Wird er dann zur Primärleistung verurteilt und folgt dem ein Schadensersatzprozess, weil der Schuldner auch weiterhin nicht leistet, so kann er sich grundsätzlich damit verteidigen, dass er bei leicht fahrlässiger Nichtbelieferung nicht hafte. Dieser Einwand ist nicht präkludiert. Indes wird diese Verteidigung im Zweitprozess zwar zulässig, jedoch nicht erfolgreich sein. Denn spätestens nach dem Erstprozess weiß der Schuldner positiv von seiner Leistungspflicht, so dass er nunmehr seine Leistung vorsätzlich nicht erbringt. Mit den Ausschlusswirkungen eines Ersturteils hat dies aber nichts zu tun.

Daneben kann es aber auch Fälle geben, in denen die Frage nach der Primärhaftung auch Auswirkungen auf eine Exkulpationsmöglichkeit innerhalb der §§ 281, 280 Abs. 1 Satz 2 aufweist. So ist es, wenn sich der Schuldner im obigen Beispiel auf ein fehlendes Vertretenmüssen berufen möchte, da die Leistung wegen einer leicht fahrlässig verursachten Unmöglichkeit ausgeblieben ist. Die Tatsachenbasis für diesen Einwand hätte zugleich Auswirkungen auf die Primärleistungspflicht gehabt und hätte daher schon im Erstprozess geltend gemacht werden müssen. Dem Schuldner ist damit schon wegen der Ausschlusswirkungen des Ersturteils die Exkulpation zu versagen. Dies beruht jedoch nicht etwa darauf, dass die Haftungsmodifikation selbst schon im Erstprozess hätte geltend gemacht werden müssen. Vielmehr musste die doppelrelevante Tatsache der Unmöglichkeit dort vorgebracht werden. Dieser Fall ist also bloß eine scheinbare Ausnahme des obigen Grundsatzes. Einschränkungen von der alleinigen Relevanz im Zweitprozess ergeben sich damit nur in den Fällen, in denen der Einwand fehlenden Vertretenmüssens einen Bezug zu einem für den Erstprozess erheblichen Tatsachenstoff hat, also Erheblichkeit für den Erst- und Zweitprozess aufweist.

(b) Ergebnis

Modifikationen des Verschuldenserfordernisses sind regelmäßig im Zweitprozess anzuführen. Soweit die zugrunde liegenden Tatsachen aber auch für die Primärhaftung erheblich sind, können diese nur dort angebracht werden und sind auch zur Begründung einer Exkulpation im Zweitprozess ausgeschlossen.

bb) Ausschlusswirkungen des Ersturteils bei der Vindikation

(1) Grundsatz

Bei den obigen Ergebnissen bleibt es grundsätzlich auch dann, wenn dem Gläubiger eine Vindikation zusteht. Eine gesetzliche Verschuldensmodifikation ergibt sich hier insbesondere aus § 993 Abs. 1, 2. Hs. i.V.m. §§ 989, 990. Danach haftet der unrechtmäßige Besitzer für eine Verschlechterung, den Untergang oder eine sonstigen Herausgabeunmöglichkeit nur bei Bösgläubigkeit oder

Rechtshängigkeit auf Schadensersatz. Dem Einwand einer privilegierten Haftung nach §§ 989, 990 fehlt bei einer Verschlechterung der geschuldeten Sache von vornherein jeglicher Einfluss auf die Herausgabeforderung. Dieser muss und kann nach obigem Grundsatz allein im Zweitprozess gegenüber dem Vertretenmüssen nach §§ 281, 280 Abs. 1 Satz 2 vorgebracht werden.[1520] Hingegen muss die für die Haftungsprivilegierung bestehende Tatsachengrundlage des Untergangs der geschuldeten Sache schon gegenüber dem Primäranspruch geltend gemacht werden, da der Anspruch aus § 985 mangels Existenz der Sache bzw. jeglichen Besitzes nicht mehr besteht. Dies gilt grundsätzlich auch für eine sonstige Herausgabeunmöglichkeit.

Probleme können sich nur dann ergeben, wenn die Herausgabeunmöglichkeit vom mittelbaren Besitzer wegen einer Überlassung der geschuldeten Sache an den unmittelbaren Besitzer vorgetragen wird. Diese Sachverhaltsgestaltung soll anhand des Kegelbahn-Falles des BGH[1521] näher dargestellt werden, der das bedeutendste und meist diskutierteste Beispiel für die schwierige Behandlung der gesetzlichen Modifikationen des Verschuldensmaßstabs zum alten Recht war.

(2) Der Kegelbahn-Fall in BGHZ 53, 29 ff.

Der BGH hat unter Geltung des § 283 a.F. entschieden, dass die Haftungsprivilegierung des Eigentümer-Besitzer-Verhältnisses schon im Prozess um die Herausgabepflicht nach § 985 beachtet werden müsse. Im Zweitprozess sei deren Berücksichtigung ausgeschlossen. Zunächst ging er davon aus, dass dem Eigentümer grundsätzlich gemäß § 985 ein unbeschränkter Herausgabeanspruch zusteht, er also auch vom nur mittelbaren Besitzer die Herausgabe des unmittelbaren Besitzes verlangen könne. Er befürwortete zudem die Anwendbarkeit des § 283 a.F. auf den dinglichen Herausgabeanspruch. Dadurch ergab sich die Besorgnis, dass der Schuldner wegen der Nichterfüllung eines so ergangenen Herausgabeurteils nach § 283 a.F. auf Schadensersatz haften könne, ohne dabei seine Haftungsprivilegierung nach § 993 Abs. 1, 2. Hs. und sein fehlendes Verschulden geltend machen zu können. Denn § 283 a.F. sah eine Verschuldensprüfung nicht vor. Im entschiedenen Fall war der Schuldner zur Herausgabe des unmittelbaren Besitzes gutgläubig unvermögend. Nach den EBV-Regeln musste er also nicht haften. Der BGH nahm an, der Einwand der Haftungsprivilegierung sei gegenüber der Klage nach § 283 a.F. durch die Rechtskraft des Herausgabeurteils abgeschnitten.[1522] Die Einwendungsmöglichkeit des § 283 Abs. 1 Satz 3 a.F. gelte nur für neue Einwendungen. Um die Gefahr einer der EBV-Privilegierung widersprechenden Schadensersatzverpflichtung zu bannen, könne

---

[1520] Im Rahmen der Erörterungen zum Zwangskauf (siehe oben, S. 217 ff.) wurde schon die Anwendbarkeit des § 281 auf den dinglichen Anspruch aus § 985 verneint. Zur Illustration der hiesigen Problematik soll aber dennoch nachfolgend mit der herrschenden Meinung von der Anwendbarkeit des § 281 ausgegangen werden.

[1521] BGHZ 53, 29 ff.; bestätigt in BGH NJW 2002, 1574; BGH NJW-RR 2004, 570 (571).

[1522] BGHZ 53, 29 (33); so auch wieder BGH NJW-RR 2004, 570 (571).

daher der mittelbare Besitzer nur dann zur Herausgabe auch des unmittelbaren Besitzes verurteilt werden, wenn bei ihm die Haftungsvoraussetzungen der §§ 989, 990 vorlägen. Diese müssten daher schon im Erstprozess geprüft werden. Bei ihrem Fehlen könne der Gläubiger vom mittelbaren Besitzer nur die Abtretung des Herausgabeanspruchs gegen den unmittelbaren Besitzer verlangen.

Im Ergebnis wie der BGH, aber mit einer anderen dogmatischen Anknüpfung, argumentierte auch *Huber* zum alten Recht.[1523] Er ging zunächst davon aus, dass nur ein nicht zu vertretendes Unvermögen gemäß § 275 Abs. 2 a.F. von der Primärhaftung befreie. Des Weiteren wollte er § 275 a.F., den er als Einheit mit § 283 a.F. sah, auch auf den dinglichen Anspruch aus § 985 anwenden. Er billigte daher dem gutgläubigen oder unverklagten Herausgabeschuldner den Einwand des Unvermögens nach § 275 Abs. 2 a.F. zu, wenn von diesem neben der Abtretung des Herausgabeanspruchs gegen den unmittelbaren Besitzer auch noch direkt die Herausgabe des unmittelbaren Besitzes verlangt wurde.

(3) Übernahme des Ergebnisses ins neue Recht?

Dieses Urteil ist im alten Recht vielfach diskutiert worden und hat dabei sowohl Zustimmung als auch Ablehnung erfahren.[1524] Ein Teil der Diskussion hatte die generelle Anwendbarkeit des § 283 a.F. auf den dinglichen Anspruch des § 985 zum Inhalt. Dies ist nun auch hinsichtlich des neuen § 281 problematisch, jedoch nicht Thema dieser Arbeit und soll daher nicht weiter dargestellt werden.[1525] Untersucht werden soll allein, ob die Ansicht des BGH, die Haftungsmilderung sei Teil des Erstprozesses und im Zweitprozess ausgeschlossen, auch unter Geltung des neuen Rechts aufrechterhalten werden kann. Dies wird in der neuesten Literatur zum Teil befürwortet.[1526] Es gibt aber auch ablehnende Stimmen.[1527]

[1523] Huber, Band II, S. 548/549.

[1524] Zustimmend: Anders/Gehle, Rn 489; Huber, Band II, S. 548; Kohler JuS 1991, 943 (946); Soergel/Mühl, 12. Auflage, § 985 Rn 13. Ablehnend: Derleder NJW 1970, 929 (931); Kühne JZ 1970, 189; MüKo/Medicus, Band 6, 4. Auflage, § 985 Rn 11; Palandt/Bassenge, § 985 Rn 9; Picker, FG 50 Jahre BGH, S. 693 (723 ff.); K. Schmidt ZZP 87 (1974), 49 (64/65); K. Schmidt MDR 1973, 973 (975); Schwerdtner, S. 144; Staudinger/Gursky, Neubearbeitung 1999, § 985 Rn 66; Wieling, § 12 I, 2 c, S. 523.

[1525] Vgl. dazu Gursky JURA 2004, 433 mit weiteren Hinweisen; MüKo/Medicus, Band 6, 4. Auflage, § 985 Rn 11.

[1526] Anders/Gehle, Rn 489; Bamberger/Roth/Grüneberg, § 281 Rn 8; Pantle/Kreissl, Rn 103; Wolf Rn 227; wohl auch Hk-BGB/Eckert, § 985 Rn 6; differenzierend Anw-Komm/Schanbacher, § 985 Rn 45 und 47/60.

[1527] Bamberger/Roth/Fritzsche, § 985 Rn 18; Gursky JURA 2004, 433 (437); Heinrichs, FS Derleder, S. 87 (94); Jauernig/Stadler, § 281 Rn 3/4; Katzenstein AcP 206 (2006), 96 (97 in Fn 2); MüKo/Medicus, Band 6, 4. Auflage, § 985 Rn 11 und 40; Palandt/Heinrichs, § 281 Rn 4; Palandt/Bassenge, § 985 Rn 9; Schapp/Schur, Rn 84 in Fn 78; Schwab/Prütting, Rn 521; Vieweg/Werner, § 7 Rn 36; Wilhelm, Rn 1086.

Die Problemstellung ist dabei vordergründig die gleiche geblieben. Geht man von der grundsätzlichen Möglichkeit eines unbeschränkten Herausgabeanspruchs aus, so könnte der Eigentümer auch dann ein Urteil auf Herausgabe des unmittelbaren Besitzes erlangen, wenn der Schuldner unverschuldet, in diesem Zusammenhang also nach §§ 989, 990 gutgläubig und unverklagt, zur Herausgabe der Sache unvermögend ist. Nimmt man dann zum einen die Anwendbarkeit des § 281 als Nachfolgevorschrift des § 283 a.F. auch auf den Anspruch aus § 985 an, und meint man zum anderen mit dem BGH, dass der Schuldner im Zweitprozess die Haftungsmilderung nicht mehr geltend machen könne, so droht eine zu scharfe Haftung des Schuldners. Vermeidbar wäre diese dann wie im alten Recht durch Berücksichtigung der Voraussetzungen der §§ 989, 990 schon beim Primäranspruch auf Herausgabe des unmittelbaren Besitzes.[1528]

(4) Diskussion

(a) Zulassung des unbeschränkten Herausgabeanspruchs gegen den nur mittelbaren Besitzer

Zunächst ist mit dem BGH und der ganz herrschenden Lehre davon auszugehen, dass der Eigentümer grundsätzlich auch vom nur mittelbaren Besitzer die Herausgabe des unmittelbaren Besitzes verlangen darf.[1529] Dem steht der Wortlaut des § 985 nicht entgegen. Unvoreingenommen betrachtet sagt die Formulierung „vom Besitzer" nicht viel aus, da damit nicht bestimmt wird, ob dies den unmittelbaren und mittelbaren Besitzer betrifft. Zwar wird in § 986 Abs. 1 Satz 1 und 2 der unmittelbare Besitzer als „Besitzer" bezeichnet, während der Begriff des „mittelbaren Besitzers" gesondert benutzt wird. Doch nach der allgemeinen Definition des mittelbaren Besitzes in § 868 ist auch der mittelbare Besitzer noch, wie von § 985 vorausgesetzt, Besitzer der Sache.[1530]

Entscheidend für eine Zulassung spricht, dass es so dem Eigentümer ermöglicht wird, in der Zwangsvollstreckung auch dann noch erfolgreich zu sein, wenn der unmittelbare Besitz mittlerweile an den Beklagten zurückgefallen ist.[1531] Besteht dagegen weiterhin nur ein mittelbarer Besitz des Beklagten, so kann sich der Eigentümer mit einem unbeschränkten Herausgabeurteil nach § 886 ZPO den Herausgabeanspruch des Beklagten gegen den Dritten überweisen lassen. Diese Vorschrift scheint damit also gerade auch von der Möglichkeit

---

[1528] Zur Vergleichbarkeit Dedek, in: Dauner-Lieb/Konzen/Schmidt, S. 183 (200).

[1529] AnwKomm/Schanbacher, § 985 Rn 45; Bamberger/Roth/Fritzsche, § 985 Rn 18; Derleder NJW 1970, 929; Gürtler, S. 110 ff.; Huber, Band II, S. 548; Jauernig/Jauernig, § 985 Rn 5; Kühne JZ 1970, 189; Medicus, BR, Rn 448; MüKo/Medicus, Band 6, 4. Auflage, § 985 Rn 11; Planck/Brodmann, § 985 Anm. 1b); Schapp/Schur, Rn 84; Schwab/Prütting, Rn 521; Soergel/Mühl, 12. Auflage, § 985 Rn 13; Staudinger/Gursky, Neubearbeitung 1999, § 985 Rn 66; Wieling, § 12 I, 2 c, S. 522; Wolf, Rn 227.

[1530] Anders/Gehle, Rn 489.

[1531] AnwKomm/Schanbacher, § 985 Rn 45; Bamberger/Roth/Fritzsche, § 985 Rn 18; Derleder NJW 1970, 929; Kühne JZ 1970, 189; Medicus, BR, Rn 448; MüKo/Medicus, Band 6, 4. Auflage, § 985 Rn 11.

eines unbeschränkten Titels trotz lediglich mittelbaren Besitzes auszugehen.[1532] Andernfalls könnte es dazu kommen, dass der Eigentümer gegen den Besitzer zweimal klagen müsste, zunächst auf Abtretung des Herausgabeanspruchs wegen des mittelbaren Besitzes, dann nach Erlangung des unmittelbaren Besitzes durch den Schuldner auf Herausgabe.[1533] Des Weiteren ermöglicht ein solcher Titel auch die Vollstreckung gegenüber einem Dritten, wenn dieser nach § 809 ZPO herausgabebereit ist.[1534] Die Zulassung der unbeschränkten Herausgabeklage auch gegen den nur mittelbaren Besitzer ermöglicht also ein verfahrensökonomisches Vorgehen des Gläubigers.[1535] Sie entspricht auch der Ansicht des historischen Gesetzgebers.[1536] Die 1. Kommission hatte zunächst die unbeschränkte Herausgabehaftung vorgesehen.[1537] Zwar wurde diese dann zwischenzeitlich durch einen Zusatz in § 899 Abs. 2 des zweiten Entwurfs[1538] vermieden, schließlich wurde diese Beschränkung aber doch wieder gestrichen, so dass wieder zum Ausgangspunkt der 1. Kommission, also zur Zulässigkeit des unbeschränkten Herausgabeanspruchs, zurückgekehrt wurde.[1539]

Die Zulässigkeit des unbeschränkten Herausgabeanspruchs ist vom BGH in den Jahren 2002 und 2003 nochmals bestätigt worden.[1540] Eine Änderung der vor allem praxisbezogen argumentierenden Rechtsprechung ist nicht zu erwarten, so dass weitere, nicht durchgreifende dogmatische Bedenken hier nicht weiter angesprochen werden sollen.[1541] Von der grundsätzlichen Möglichkeit eines unbeschränkten Herausgabeanspruchs soll im Folgenden als Prämisse ausgegangen werden. Damit ist der Einwand der unmöglichen Herausgabe bei noch

---

1532 Huber, Band II, S. 548.

1533 Kühne JZ 1970, 189; Staudinger/Gursky, Neubearbeitung 1999, § 985 Rn 66.

1534 Derleder NJW 1970, 929; Jauernig/Jauernig, § 985 Rn 5.

1535 Für eine rechtsfolgenorientierte Begründung schon Derleder NJW 1970, 929 (931); Kühne JZ 1970, 189 (190); ähnlich: Bamberger/Roth/Fritzsche, § 985 Rn 18.

1536 Vergleiche die eingehende Darlegung der Gesetzesgeschichte bei Planck/Brodmann, § 985 Anm. 1b).

1537 Vgl. Motive bei Mugdan, Band III, S. 221.

1538 Dieser lautete: „Gegenüber einem mittelbaren Besitzer steht dem Eigenthümer ein Anspruch auf Ueberlassung des mittelbaren Besitzes nicht zu", Protokolle bei Mugdan, Band III, S. XXXII und 669.

1539 Vgl. Protokolle bei Mugdan, Band III, S. 670, wo zur Streichung des beschränkenden Zusatzes bemerkt wurde: „Das neuere Recht gewähre die rei vindicatio auch gegenüber dem mittelbaren Besitzer."

1540 BGH NJW 2002, 1574; BGH NJW-RR 2004, 570 (571).

1541 Anderer Ansicht seit je her: Baur/Stürner, § 11 Rn 42; Gerhardt, S. 55; neuestens auch Erman/Ebbing, § 985 Rn 22 und 34 aber ohne Begründung. Gegen die h.M. könnte angeführt werden, dass der Ausschluss des Einwandes dem anerkannten Grundsatz widerspricht, wonach § 985 kein Besitzverschaffungsanspruch ist, er also erlischt, wenn der Schuldner den gesamten Besitz verliert (ganz h.M.: Baur/Stürner, § 11 Rn 46; Erman/Ebbing, § 985 Rn 16; Palandt/Bassenge, § 985 Rn 5). Konsequent müsste dann der Schuldner auch den Teilverlust seiner Besitzbefugnis in Form des unmittelbaren Besitzes einwenden können.

verbleibendem mittelbarem Besitz gegenüber dem Anspruch aus § 985 als nicht erheblich anzusehen. Ist der Vortrag bestritten, so muss darüber kein Beweis erhoben werden. Dieser Unterschied zur nunmehr jedenfalls unbedingten Erheblichkeit des streitigen Einwandes zu vertretender Unmöglichkeit nach § 275 Abs. 1 rechtfertigt sich durch die sprachliche Fassung des § 985 i.V.m. § 868, die Spezialregelung des § 886 ZPO und die praktischen Vorteile.

(b) Mangelnder Anknüpfungspunkt für eine Verschuldensprüfung im Primäranspruch

Neben diesem Ausgangspunkt verdient auch das Bemühen des BGH Zustimmung, eine gemessen an der Privilegierung zu scharfe Haftung des Schuldners zu vermeiden. Fraglich ist indes, ob nicht die Prüfung des Verschuldens und der Haftungsmodifikation im Zweitprozess verortet werden sollte.

Zunächst spricht gegen den BGH, dass nicht recht klar wird, wie es im Erstprozess zu der Berücksichtigung der Haftungsmilderungen kommen kann. Der Wortlaut des Anspruchs aus § 985 sagt darüber nichts aus, so dass die vom BGH geforderte Berücksichtigung keinen tatbestandlichen Anknüpfungspunkt hat. Für die Prüfung des Verschuldens innerhalb des Schadensersatzanspruchs spricht auch eher die Systematik der EBV-Regeln. Denn die §§ 993 Abs. 1, 2. Hs., 989, 990 zeigen, dass es nur für die Folgeansprüche, nicht aber für den Primäranspruch auf die Merkmale der Gutgläubigkeit bzw. Rechtshängigkeit ankommen soll. Des Weiteren schreibt §§ 281 i.V.m. 280 Abs. 1 Satz 2 die Prüfung eines Vertretenmüssens innerhalb des Schadensersatzanspruchs nun ausdrücklich vor.

Aus der Neuregelung des Leistungsstörungsrechts ergibt sich ein weiterer Einwand gegen die Differenzierung des BGH. Der Neuordnung liegt der Gedanke zugrunde, der Schuldner könne Ansprüche, die auf etwas allgemeinhin oder nur ihm Unmögliches gerichtet sind, nicht schulden und zwar unabhängig von einem Vertretenmüssen.[1542] Überträgt man diese Grundentscheidung auf das hiesige Problem, so kann die Berücksichtigung des Unvermögenseinwandes innerhalb des Primäranspruchs allein bei Fehlen der Haftungsvoraussetzungen der §§ 989, 990 nicht überzeugen. Konsequent wäre es allein, den Unvermögenseinwand entweder ganz oder gar nicht zuzulassen. Jedes Unterscheidungskriterium nach dem Vertretenmüssen ist systemwidrig.[1543] Da eine unbeschränkte Berücksichtigung des Unvermögenseinwandes aber den Anwendungsbereich des § 886 ZPO stark einschränken würde und nach obigen Erörterungen nicht gewollt sein kann, muss der Einwand für den Erstprozess ganz, also unabhängig von der Haftungsprivilegierung ausgeschlossen sein.

[1542] BT-Drucks. 14/6040, S. 127.

[1543] Daher kann auch die Anknüpfung Hubers an den Unvermögenseinwand nach § 275 Abs. 2 a.F. nunmehr für § 275 n.F. nicht mehr überzeugen. Denn nun müsste dem Schuldner der Einwand des Unvermögens immer gegenüber dem unbeschränkten Herausgabeanspruch zustehen.

(c) Fehlender Ausschluss des Einwandes nicht zu vertretenden Unvermögens durch das Ersturteil

Entscheidend für die weitere Lösung des Problems ist der Blick auf dessen Entstehungsgrund: Es wird dem Gläubiger zunächst aus Praktikabilitätsgründen auch gegenüber dem nur mittelbaren Besitzer ein unbeschränkter Herausgabeanspruch zugestanden. Damit muss einhergehen, dass dessen Berufung auf ein derzeitiges Unvermögen unerheblich ist. Hat der Schuldner dieses nicht zu vertreten, so drohte ihm im Zweitprozess nach Ansicht des BGH eine Schadensersatzhaftung, da er sich gegenüber § 283 a.F. mangels tatbestandlichem Anknüpfungspunkt für das Kriterium des Vertretenmüssens nicht mehr auf ein vorheriges, nicht zu vertretendes Unvermögen berufen könne.[1544] Der Einwand sollte im Zweitprozess ausgeschlossen sein. Also fügte der BGH das Verschuldenserfordernis in den Anspruch auf unbeschränkte Herausgabe ein, um so den Schuldner vor einer zu scharfen Haftung zu bewahren.

Dazu besteht nun zum einen schon deshalb kein Grund mehr, weil §§ 281 i.V.m. 280 Abs. 1 Satz 2 explizit ein Vertretenmüssen erfordert. Zum anderen kann auch der propagierte Ausschluss des Einwandes nicht zu vertretenden Unvermögens im Zweitprozess nicht überzeugen. Denn akzeptiert man, dass aus Praktikabilitätsgründen der Einwand des Unvermögens gegenüber der unbeschränkten Herausgabeklage allgemein nicht zulässig sein soll, so zeigt sich auch die Frage nach der Ausschlusswirkung des Ersturteils in einem anderen Licht. Denn wenn der Einwand des Schuldners, er sei zur Herausgabe des unmittelbaren Besitzes unvermögend, generell unbeachtlich sein soll, so kann er im Zweitprozess seinen Einwand des fehlenden Vertretenmüssens auf ein Unvermögen stützen. Da dieses im Erstprozess unerheblich war, kann es nicht präkludiert sein.[1545] Auch hier zeigt sich wieder die Spiegelbildlichkeit zwischen genereller Erheblichkeit im Erstprozess und Ausschluss für den Zweitprozess.

Soweit der BGH seine Ansicht noch auf § 283 Abs. 1 Satz 3 a.F. stützte, ist dies für das neue Recht ohne Belang. Darüber hinaus bedeutete schon § 283 Abs. 1 Satz 3 a.F. keine Ausweitung der Ausschlusswirkungen des Ersturteils, da diese nach ganz herrschender und auch von der Rechtsprechung geteilter Meinung allein aus den prozessualen Rechtskraftwirkungen des Ersturteils folgte. Es konnte daher im Umkehrschluss zu § 283 Abs. 1 Satz 3 nicht der Ausschluss aller alten Einwendungen angenommen werden. Der Schuldner kann sich daher allein und erstmals im Zweitprozess gegenüber dem Schadensersatzanspruch aus § 281 damit verteidigen, dass ihn keine Vorwerfbarkeit im Sinne der §§ 989, 990 an seinem Herausgabeunvermögen hinsichtlich des unmittelbaren Besitzes treffe.

[1544] BGHZ 53, 29 (33); BGH NJW-RR 2004, 570 (571).

[1545] So zum alten Recht: Gürtler, S. 117; Kühne JZ 1970, 189 (190); Schwerdtner, S. 144; Staudinger/Gursky, Neubearbeitung 1999, § 985 Rn 68.

Die Prüfung der Verschuldensmodifikation erst im Zweitprozess wird auch der typischen Interessenlage des Gläubigers entsprechen. Denn wenn er zunächst ein Herausgabeurteil erstreitet, wird es ihm gerade und vorrangig auf die Erlangung eines Herausgabetitels ankommen, welcher ihm die Durchführung der Zwangsvollstreckung ermöglicht. An einen Schadensersatzanspruch nach § 281 wird er zu dieser Zeit nicht denken, da er diesen auch einfacher mittels Fristsetzung und ohne vorgängigen Primärtitel erlangen könnte. Es ist daher nicht angezeigt, schon den Erstprozess mit dem Zusatzstoff der §§ 989, 990 zu belasten.[1546]

(d) Praktische Auswirkungen einer Berücksichtigung im Zweitprozess

Dies hat zur Konsequenz, dass auch der Schuldner, den kein Vertretenmüssen nach §§ 989, 990 trifft, dem Herausgabeanspruch auf den unmittelbaren Besitz unterworfen und insoweit auch den Zwangsvollstreckungsmaßnahmen des Gläubigers ausgesetzt ist. Diese werden erfolglos bleiben, soweit sie sich auf die Herausgabe des unmittelbaren Besitzes richten. Dem Schuldner drohen durch sie aber Unannehmlichkeiten und eine Kostenbelastung.

Die zum alten Recht erschienene Literatur hat dies verschiedentlich zu verhindern versucht. So sollte die Verpflichtung zur Herausgabe durch den Schuldner schon dann als erfüllt angesehen werden, wenn er „seinen" Besitz abgegeben habe.[1547] Eine Vollstreckung gegen den nur mittelbaren Besitzer käme also dann von vornherein nicht mehr in Betracht, wenn er diesen auf den Gläubiger nach § 870 übertragen hat. Dafür spricht, dass die unbeschränkte Herausgabehaftung nur deshalb zugelassen wurde, um dem Gläubiger die Vorteile des § 886 ZPO zukommen zu lassen, wenn der ursprünglich mittelbar besitzende Schuldner wieder unmittelbarer Besitzer geworden ist. Liegt dieser Fall (noch) nicht vor, so kann der Gläubiger nur die Herausgabe dessen verlangen, wozu der Schuldner aktuell in der Lage ist.

Selbst wenn man entsprechend dem Tenor des Titels die unbeschränkte Zwangsvollstreckung zulassen wollte, wird sich die Belastung aber in Grenzen halten, da der Schuldner nach erfolgloser Suche des Gerichtsvollziehers nur noch eine eidesstattliche Versicherung nach § 883 Abs. 2 ZPO abgeben muss. Die Vollstreckungskosten belaufen sich dabei regelmäßig nur auf eine geringe Summe,[1548] so dass deswegen keine anderweitige Entscheidung angezeigt er-

---

[1546] So auch Derleder NJW 1970, 929 (931).

[1547] So Staudinger/Gursky, Neubearbeitung 1999, § 985 Rn 67; Staudinger/Löwisch, Neubearbeitung 2001, § 283 Rn 13; Soergel/Wiedemann, 12. Auflage, § 283 Rn 11; ähnlich mittels Auslegung des Klageantrags auch BGHZ 12, 380 (397). Zu Bedenken wegen der Undifferenziertheit des Titels und der mangelnden Berücksichtigungsfähigkeit im Zwangsvollstreckungsverfahren, siehe Gürtler, S. 114 ff.

[1548] Es können anfallen: Für den Gläubigeranwalt eine Verfahrensgebühr von 0,3 nach 3309 RA-VV für den Vollstreckungsauftrag, sowie noch mal 0,3 nach 3310 RA-VV für das Verfahren der eidesstattlichen Versicherung. Als Gerichtsvollzieherkosten für die erfolglose

scheint. Soweit der Schuldner ausreichend glaubhaft macht, dass er zur Herausgabe des unmittelbaren Besitzes unvermögend ist, dürfte sich auch eine Zwangsvollstreckung generell nicht anbieten. Denn durch Zulassung der unbeschränkten Herausgabeklage ist eine Erfolglosigkeit dieser Vollstreckung durchaus wahrscheinlich und wird geradezu in Kauf genommen. Dies erfordert vom Gläubiger ein besonders rücksichtsvolles Vorgehen und senkt die Schwelle zur Missbrauchsgrenze. Zumindest dürften in diesen Fällen die Kosten der Vollstreckung nicht gemäß § 788 Abs. 1 Satz 1 ZPO erstattungsfähig sein, was anerkannt ist, wenn die Vollstreckungsmaßnahme erkennbar überflüssig und aussichtslos war.[1549] Die Prozesskostenlast selbst kann der Schuldner schon durch ein sofortiges Anerkenntnis des Anspruchs auf Herausgabe des unmittelbaren Besitzes gemäß § 93 ZPO vermeiden. Insgesamt wird sich damit eine Kostenbelastung des nach §§ 989, 990 nicht haftenden Schuldners vermeiden lassen.

Haftet also der Schuldner in den meisten Fällen nicht für sinnlose Vollstreckungsmaßnahmen, so müssen deren Kosten vom Gläubiger getragen werden. Dadurch wird es in der Praxis selten zu deren tatsächlichen Durchführung kommen, wodurch auch die Belastungen des Schuldners durch die Verurteilung zur unbeschränkten Herausgabe vermindert werden. Außer durch die abstrakt bestehen bleibende Zwangsvollstreckungsmöglichkeit und eine denkbare Durchführung derselben durch den Gläubiger, bleibt der Schuldner aber natürlich auch durch eventuelle gesellschaftliche Auswirkungen einer Verurteilung beschwert. Diese sind indes unvermeidbar, wenn man, wie oben begründet,[1550] eine unbeschränkte Herausgabepflicht grundsätzlich zulässt. Daraus rechtfertigt sich auch der Unterschied zur neuen Rechtslage bei § 275 Abs. 1, wonach eine sofortige Verurteilung bei bestrittener, jedenfalls aber zu vertretender Unmöglichkeit nicht mehr zulässig ist.[1551] Während insoweit der Wortlaut des § 275 Abs. 1 einer Verurteilung Grenzen setzt, ist dies bei § 985 eben nicht der Fall, da er einen Herausgabeanspruch auch gegenüber dem mittelbaren Besitzer zulässt. Die Möglichkeit zur unbeschränkten Herausgabeverurteilung wird zudem, wie schon dargelegt,[1552] durch die Norm des § 886 ZPO und praktische Erwägungen gestützt. Dies ist ein ausreichender Grund, dem Schuldner solche Belastungen zuzumuten.

Der BGH selbst scheint diese Gesichtspunkte nicht als entscheidend angesehen zu haben. So finden sich in den Urteilsgründen keine Ausführungen zu den drohenden Kostenfolgen oder den Belastungen durch Zwangsvollstreckungsmaßnahmen, sollte man entgegen seiner Ansicht die Voraussetzungen der

---

Vollstreckung nach § 883 ZPO ein Betrag von 20,- Euro (221 KVGv), sowie von 30,- Euro für die eidesstattliche Versicherung (260 KVGv) und Zustellungskosten.

[1549] Stein/Jonas/Münzberg, 22. Auflage, § 788 Rn 26.

[1550] Siehe oben, S. 343 ff.

[1551] Siehe oben, S. 291 f.

[1552] Siehe oben, S. 343 ff.

§§ 989, 990 erst im Zweitprozess prüfen. Er selbst wollte nur eine zu scharfe Haftung ausschließen, was durch Berücksichtigung der Verschuldensmodifikation im Zweitprozess ebenso erreicht wird.

(5) Ergebnis

Unter der Prämisse, dass der Unvermögenseinwand bei fortbestehendem mittelbarem Besitz gegenüber der Vindikation nicht erheblich ist, sind die Haftungsmilderungen nach §§ 989, 990 erst und allein im Zweitprozess gemäß § 281 zu prüfen. Damit unterscheidet sich die Rechtslage gegenüber der bei Vertragsansprüchen, wo der Einwand des nicht zu vertretenden Unvermögens nach § 275 schon im Erstprozess vorgebracht werden muss.[1553]

cc) Ausschlusswirkungen des Ersturteils hinsichtlich der Haftungsmodifikationen bei Rückgewährschulden und der Bereicherungshaftung

Zwei weitere gesetzliche Haftungsmodifikationen finden sich in der Haftung für Rückgewährschulden, §§ 346 Abs. 2 Satz 1 Nr. 3, Abs. 3 Satz 1 Nr. 3, Abs. 4 und der Bereicherungshaftung, §§ 818 Abs. 2 – 4, 819. Dabei unterschied sich die alte Haftungsverfassung bei Rücktritt und Wandelung vom nun geltenden Recht. Die ganz herrschende Meinung ging dabei von der Anwendbarkeit des § 283 a.F. aus.[1554] Fraglich war aber, wo die abweichende Haftung zu berücksichtigen war.[1555] Der BGH und die herrschende Meinung wollten die Besonderheiten schon beim Erstprozess berücksichtigen.[1556] Der Schuldner dürfe nur dann zur Primärpflicht verurteilt werden, wenn feststehe, dass er erfüllen könne oder für eine Unmöglichkeit nach den besonderen Haftungsmodifikationen einzustehen habe.[1557] Durch die Schuldrechtsmodernisierung ist insoweit eine Klärung der Rechtslage eingetreten, da nun in jedem Falle eine Verurteilung bei Unmöglichkeit ausscheidet. Friktionen durch die Anwendung des § 281 nach einem Ersturteil sind nicht mehr zu befürchten.

1553 Diese Ungereimtheit beim parallelen Bestehen von Vertragsanspruch und Vindikation zeigt ebenfalls, dass die Anwendbarkeit des § 281 auf § 985 wegen der anderweitigen Haftungsverfassung nicht recht passen will. Vgl. dazu auch Katzenstein AcP 206 (2006), 96 (101).

1554 Huber, Band II, S. 547 ff.; MüKo/Emmerich, Band 2, 4. Auflage, § 283 Rn 8; K. Schmidt MDR 1973, 973 (975); Staudinger/Löwisch, Neubearbeitung 2001, § 283 Rn 8; Soergel/Wiedemann, 12. Auflage, § 283 Rn 6; speziell für Bereicherungsansprüche: BGH NJW 2000, 1031 (1032); für Rückgewähransprüche: RGZ 66, 61 (66/67).

1555 Vgl. dazu etwa MüKo/Emmerich, Band 2, 4. Auflage, § 283 Rn 8; K. Schmidt MDR 1973, 973 ff.; Staudinger/Löwisch, Neubearbeitung 2001, § 283 Rn 8.

1556 BGH NJW 2000, 1031 (1032); MüKo/Emmerich, Band 2, 4. Auflage, § 283 Rn 8; K. Schmidt MDR 1973, 973 (975); Staudinger/Löwisch, Neubearbeitung 2001, § 283 Rn 8.

1557 BGH NJW 2000, 1031 (1032); zustimmend: MüKo/Emmerich, Band 2, 4. Auflage, § 283 Rn 8; K. Schmidt ZZP 87 (1974), 49 (64); Staudinger/Löwisch, Neubearbeitung 2001, § 283 Rn 8.

(1) Haftung für Rückgewährschulden, §§ 346 Abs. 2 Satz 1 Nr. 3, Abs. 3 Satz 1 Nr. 3, Abs. 4

Macht der Rücktrittsschuldner eine Unmöglichkeit nach § 275 Abs. 1 geltend, so ist bei einem Bestreiten seitens des Gläubigers nun in jedem Falle Beweis zu erheben. Liegt sie vor, scheidet eine Verurteilung zur Rückgewähr aus, der Ersatz des Rücktrittsgläubigers bestimmt sich nach § 346 Abs. 2 Satz 1 Nr. 3 bzw. Abs. 4 i.V.m. § 283. Insoweit ergeben sich keine Besonderheiten. Ergibt sich keine Unmöglichkeit, so wird der Rücktrittsschuldner zur Rückgewähr verurteilt, im Anschluss kann der Gläubiger nach § 281 vorgehen.[1558] Dies sieht schon § 346 Abs. 4 vor. Die Berufung auf eine schon vor der Erstverurteilung vorliegende Unmöglichkeit ist dem Schuldner dann versagt. Eine Exkulpation wird somit nur mit neuen Einwendungen gelingen. Die Haftungserleichterung in § 346 Abs. 3 Satz 1 Nr. 3 kann im Falle eines Untergangs der Sache nicht mehr geltend gemacht werden, da die Unmöglichkeit der Rückgabe schon die Erstverurteilung verhindert hätte. Der Haftungsmilderung kommt also nur bei einem direkten Schadensersatzanspruch Bedeutung zu, wo sie unproblematisch beim Vertretenmüssen nach § 280 Abs. 1 Satz 2 berücksichtigt werden kann.

(2) Bereicherungshaftung, §§ 818 Abs. 2 – 4, 819

Hat der Bereicherungsschuldner die herauszugebende Sache nicht mehr, so wird er von der Primärpflicht schon nach § 818 Abs. 2 frei. Dies gilt unabhängig von einem Vertretenmüssen.[1559] Es muss also Beweis erhoben werden, so dass eine Verurteilung nur bei noch vorhandener Sache möglich ist. Auch wenn der Schuldner nach §§ 818 Abs. 4, 819 verschärft haftet, befreit ihn jedwede eingetretene Unmöglichkeit von der Primärpflicht. Daher kann auch hier nur dann eine Verurteilung erfolgen, wenn keine Unmöglichkeit vorliegt. Erfolgt eine Verurteilung, so ist § 281 anwendbar.[1560] Daraus ergibt sich dann keine andere Haftungsfolge als auch schon nach §§ 818 Abs. 4, 292, 989. Bei einem direkten Vorgehen nach § 281 kann die Haftungsmilderung wiederum im Rahmen nach § 280 Abs. 1 Satz 2 berücksichtigt werden.[1561]

[1558] Zur Anwendbarkeit des § 281 auch MüKo/Gaier, Band 2a, 4. Auflage, § 346 Rn 69.

[1559] Vgl. nur Palandt/Sprau, § 818 Rn 16.

[1560] So auch Bamberger/Roth/Grüneberg, § 281 Rn 6; Erman/Westermann, § 281 Rn 5; Palandt/Heinrichs, § 281 Rn 4. Anderer Ansicht: AnwKomm/Dauner-Lieb, § 281 Rn 9, die § 281 auf den Bereicherungsanspruch nicht anwenden möchte, da sie unzulässigerweise die anders gelagerte Problematik der Anwendbarkeit des § 281 bei § 985 auf die hiesige Sachlage überträgt.

[1561] Vgl. Bamberger/Roth/Grüneberg, § 281 Rn 6.

(3) Ergebnis
Im neuen Recht ergeben sich hinsichtlich der gesetzlichen Haftungsmodifikationen bei Rückgewährschulden, §§ 346 Abs. 2 Satz 1 Nr. 3, Abs. 3 Satz 1 Nr. 3, Abs. 4 und im Rahmen der Bereicherungshaftung, §§ 818 Abs. 2 – 4, 819 keine Besonderheiten. Der Unterschied zum Fall der §§ 989, 990 ergibt sich daraus, dass hier in jedem Falle eine Verurteilung bei fehlendem Vertretenmüssen ausscheidet, da dann zwingend Unmöglichkeit oder Unzumutbarkeit vorliegt. Anders ist dies bei § 985, wo sich der nur mittelbare Besitzer aus Praktikabilitätsgründen nicht auf ein Unvermögen zur Herausgabe des unmittelbaren Besitzes berufen kann.[1562] Daher kann er die Haftungsprivilegierung auch noch im Zweitprozess geltend machen.

h) Gesamtergebnis zu den Ausschlusswirkungen eines Ersturteils
Bei der Untersuchung der Ausschlusswirkungen haben sich keine größeren Änderungen in der Rechtsstellung des Schuldners gegenüber § 283 a.F. ergeben. Dies liegt daran, dass diese auch früher schon aus den Rechtskraftwirkungen des Ersturteils folgten. Bei richtiger Anwendung der Ausschlusswirkungen ergibt sich ein Spiegelbild zwischen materiell-rechtlicher Erheblichkeit und prozessualem Ausschluss. Dadurch wird die Richtigkeit der gefundenen Ergebnisse bestätigt, denn das Prozessrecht sollte als der Durchsetzung des materiellen Rechts dienendes Verfahrensrecht keine eigenständigen Rechtswirkungen entfalten, sondern nur die materiell-rechtliche Rechtslage wiedergeben.

III. Die Prozessrisiken des Gläubigers bei einem Vorgehen nach § 281

1) Einführung

Nach allgemeinen Grundsätzen obliegt die Darlegungs- und Beweislast bei Fehlen einer besonderen gesetzlichen Anordnung demjenigen, der aus dem Vorliegen der Tatsachen ihm günstige Rechtsfolgen ableiten möchte (Günstigkeitsprinzip).[1563] Der Gläubiger muss also die anspruchsbegründenden Tatsachen vortragen und ggf. beweisen. Bei einem Vorgehen nach § 281 scheinen sich dafür keine Besonderheiten zu ergeben, es fehlt ihm ein prozessualer Bezug. Demgegenüber hatte § 283 a.F. vielfache Auswirkungen auf die Prozessrisiken. Denn ihm wurde in verschiedener Hinsicht eine Erleichterung der Darlegungs- und Beweislast für einen Schadensersatzanspruch zugeschrieben.[1564] Dies bezog sich

---

1562 Siehe oben, S. 343 ff.; ferner K. Schmidt MDR 1973, 973 (975); vgl. auch Soergel/Wiedemann, 12. Auflage, § 283 Rn 6.

1563 BGH NJW 199, 353 (354); Jauernig, S. 209; Rosenberg/Schwab/Gottwald, § 114 Rn 10.

1564 Baumgärtel, § 283 Rn 1 und § 325 Rn 3; Emmerich, Leistungsstörungen, 5. Auflage, S. 155; Gürtler, S. 44; Huber, Band II, S. 553; Jakobs, S. 236; Kohler JuS 1992, 58; Kühne JZ 1970, 189 (190); MüKo/Emmerich, Band 2, 4. Auflage, § 283 Rn 2; Planck/Siber, § 283

zum einen auf den Nachweis einer Leistungsstörung, zum anderen auf den Nachweis des Schadens. Daraus ergab sich für den Gläubiger eine Verringerung seiner Prozessrisiken, da er so seiner Darlegungs- und Beweislast eher nachkommen konnte und nicht einen Prozessverlust befürchten musste. Des Weiteren wurde auf § 283 a.F. auch die Unerheblichkeit des bestrittenen, jedoch zu vertretenden Unmöglichkeitseinwandes gestützt.[1565] Dies erlaubte es dem Gläubiger trotz eventuell vorliegender Unmöglichkeit risikolos an seinem Primäranspruch festzuhalten. Die Abschaffung des § 283 a.F. gibt Anlass, die Veränderungen für § 281 zu untersuchen. Denn auch bei § 281 ist noch ein zweistufiges Vorgehen, im Sinne eines Übergangs erst nach Erlangung eines Primärleistungsurteils möglich.[1566] Daneben sollen die Prozessrisiken auch bei der direkten Schadensersatzklage, also einem einstufigen Vorgehen des Gläubigers untersucht werden.

2) Prozessrisiko hinsichtlich des Nachweises einer Leistungsstörung beim zweistufigen Vorgehen

a) Altes Recht

Nach den allgemeinen Grundsätzen zur Darlegungs- und Beweislast muss der Gläubiger die anspruchsbegründenden Tatsachen darlegen und ggf. beweisen. Dies war für einen Schadensersatzanspruch insbesondere die Unmöglichkeit oder der Verzug, also eine der Voraussetzungen der §§ 280 Abs. 1, 325 Abs. 1 bzw. §§ 286 Abs. 2, 326 Abs. 1 a.F. Dies gestaltete sich aber für den Gläubiger mangels Einblickes in die Sphäre des Schuldners oft als schwierig. § 283 a.F. bot ihm hier eine alternative Möglichkeit. In einem ersten Prozess konnte er auf die Primärpflicht klagen, ohne eine Leistungsstörung behaupten und beweisen zu müssen. Mit einem rechtskräftigen Primärleistungsurteil konnte der Gläubiger dann nach erfolgloser Fristsetzung gemäß § 283 a.F. vorgehen und Schadensersatz verlangen. Auch hier war es ohne Belang, von welcher Leistungsstörung der Gläubiger ausging, allein das Vorliegen des Primärurteils war notwendig.[1567] Diese Wirkungsweise des § 283 a.F. beschrieben auch schon die Motive zum BGB:[1568] „Der Gläubiger ist befugt, den Weg des § 243 (späterer § 283 a.F., Anmerkung des Verfassers) auch bei vorliegender Unmöglichkeit (§§ 237, 240, 242) zu beschreiten, was für ihn von praktischer Wichtigkeit sein

Anm. 1b; Popper, S. 23; Schäfer, S. 63; Soergel/Wiedemann, 12. Auflage, § 283 Rn 2; Wieser, § 283 Rn 1 und 2; Wittig NJW 1993, 635 (637).

[1565] Siehe oben, S. 286 ff.

[1566] Siehe oben, S. 297.

[1567] Emmerich, Leistungsstörungen, 5. Auflage, S. 155; Kohler JuS 1992, 58 benutzt den Begriff der „Abschichtungsmöglichkeit des Prozessstoffes." Zunächst musste im Erstprozess nur die Primärforderung belegt werden und dann im Zweitprozess nur die Übergangsvoraussetzungen, also der Fristablauf und die Ablehnungsandrohung, vorgetragen werden.

[1568] Motive bei Mugdan, Band II, S. 30.

kann. Nicht selten weiß der Gläubiger von der Unmöglichkeit nichts oder er kann ihren Eintritt oder die näheren Umstände, von welchen zB. die Vertretbarkeit abhängt, nicht beweisen.“ Mit dem Vorteil war indes auch einen Nachteil verbunden.[1569] § 283 a.F. erforderte ein erstes Urteil, dessen Erlangung Zeit in Anspruch nahm. Kam der Schuldner dann dem Schadensersatzverlangen nicht nach, so musste sogar noch ein zweiter Prozess geführt werden. Eine Beschleunigung konnte dann nur eine Verbindung des Erst- mit dem Zweitprozess schaffen, deren Zulässigkeit aber in der Praxis allgemein anerkannt war.[1570]

Eine besondere Rolle beim zweistufigen Vorgehen spielte außerdem noch die von der ganz herrschenden Meinung zum alten Recht angenommene Unerheblichkeit des bestrittenen Einwandes jedenfalls zu vertretender Unmöglichkeit.[1571] Dieser Einwand konnte eine Primärverurteilung nicht verhindern, so dass dem Gläubiger auch bei einer zu vertretenden Unmöglichkeit, solange diese nicht unstreitig feststand, der Weg über § 283 a.F. nach der erfolgreichen Erlangung des Primärurteils offen stand. Den Prozess um die Primärpflicht konnte er also nur verlieren, wenn der Schuldner eine nicht zu vertretende Unmöglichkeit darlegen und beweisen konnte. In diesem Falle musste er zur Kostenersparnis die Klage zurücknehmen, ein Sekundäranspruch bestand wegen des fehlenden Vertretenmüssens ebenfalls nicht. In allen anderen Fällen war die Erlangung eines Primärurteils und damit auch des Schadensersatzanspruchs nach § 283 a.F. risikolos möglich.[1572] Bestand also überhaupt nur eine Schadensersatzpflicht wegen eines Vertretenmüssens, so gab § 283 a.F. dem Gläubiger die Möglichkeit, zu einem Schadensersatzanspruch zu gelangen, ohne jemals die Leistungsstörung – Unmöglichkeit oder Verzug – darlegen zu müssen.

b) Neues Recht

aa) Möglichkeit des zweistufigen Vorgehens und Vorteile nach einem Primärleistungsurteil

§ 281 setzt kein Primärleistungsurteil voraus, dennoch kann der Gläubiger natürlich zunächst ein solches bewirken.[1573] An den Darlegungs- und Beweisvorteilen dieser Vorgehensweise hinsichtlich eines Überganges hat sich bei Vorliegen ei-

---

[1569] Emmerich, Leistungsstörungen, 5. Auflage, S. 155; MüKo/Emmerich, Band 2, 4. Auflage, § 283 Rn 2; Soergel/Wiedemann, 12. Auflage, § 283 Rn 2.

[1570] BGH NJW 1999, 954 (955); OLG Köln NJW-RR 1998, 1682 (1683); Baumbach/Lauterbach/Albers/Hartmann, § 255 Rn 8; Huber, Band II, S. 551; MüKo/Emmerich, Band 2, 4. Auflage, § 283 Rn 29; MüKo/Lüke, ZPO, § 255 Rn 14; K. Schmidt ZZP 87 (1974), 49 (69); Staudinger/Löwisch, Neubearbeitung 2001, § 283 Rn 36; sehr ausführlich Schäfer, S. 72 ff. (121) mit Hinweisen auf die ältere Rechtsprechung auf S. 72 in Fn 1 und die ältere Literatur auf S. 73 in Fn 2.

[1571] Vgl. dazu oben, S. 280 f.

[1572] Vgl. dazu Kohler AcP 205 (2005), 93 (96/97).

[1573] Siehe oben, S. 297. Ferner nur MüKo/Ernst, Band 2a, 4. Auflage, § 281 Rn 170 und 173; Staudinger/Otto, Neubearbeitung 2004, § 281 Rn B15.

nes Primärurteils nichts geändert.[1574] Mit einem Ersturteil steht der Bestand der fälligen Primärforderung fest, der Gläubiger muss dann im Zweitprozess nur noch den Fristablauf vortragen. Er darf dabei von dem Bestand der Primärforderung ausgehen, ohne die genaue Art der Leistungsstörung beweisen zu müssen. Das Vertretenmüssen wird nach § 280 Abs. 1 Satz 2 vermutet. Dem Schuldner sind nur noch neue Einwendungen gestattet, die er darlegen und beweisen muss. Diese werden aber nur selten materiell-rechtlich erheblich sein, da er in der Regel nach § 287 Satz 2 verschärft haften wird.[1575]

bb) Vergrößertes Risiko eines Scheiterns der Primärleistungsklage

Nach neuem Recht haben sich aber die Risiken eines Scheiterns der Primärleistungsklage vergrößert.[1576] Denn nun ist auch der strittige Einwand der zu vertretenden Unmöglichkeit erheblich. Über ihn muss also Beweis erhoben werden.[1577] Es erfolgt also heute bei jedweder Unmöglichkeit keine Primärverurteilung mehr. Selbst wenn dem Gläubiger im Ergebnis wegen einer zu vertretenden Unmöglichkeit ein Schadensersatzanspruch zusteht, kann es deshalb zu einem Prozessverlust bei einem zweistufigen Vorgehen kommen. Dieses Vorgehen empfiehlt sich also heute weniger als früher.[1578] Im alten Recht war ein Verlust des Erstprozesses nur denkbar, wenn bei nicht zu vertretender Unmöglichkeit sowieso keine Haftung des Schuldners in Betracht kam.

Dieser Unterschied hängt mit der Erheblichkeit jedweden Unmöglichkeitseinwandes und damit mit der Neufassung des § 275 Abs. 1 zusammen. Als Folge einer bewussten Änderung des Gesetzgebers ist er zu akzeptieren. Wie nachfolgend zu zeigen sein wird, wird sich die Unsicherheit des Gläubigers in zumutbaren Grenzen halten. Dies gilt auch für eine drohende Kostenbelastung wegen eines Prozessverlusts.

cc) Denkbare Sach- und Prozesslagen für das vergrößerte Risiko

Bestand die Primärforderung noch zu Beginn des Prozesses, hat der Gläubiger also keine von Anfang an unbegründete Klage erhoben, so trifft ihn kein Kosten- oder Verlustrisiko. Er kann, da der Eintritt der Unmöglichkeit[1579] im Prozess zur Unbegründetheit der Klage führt, den Rechtsstreit für erledigt erklären. Stimmt der beklagte Schuldner dem erwartungsgemäß zu, so richtet sich die Kostenentscheidung gemäß § 91a Abs. 1 ZPO danach, ob die Klage bis zum erledigenden Ereignis an sich zulässig und begründet war. Daher wird der Schuldner die Kosten tragen müssen. Der Gläubiger kann dann bei einem Verschulden erneut Klage nach § 283 erheben. Ebenso kann er den Vortrag der Unmöglich-

[1574] Kohler AcP 205 (2005), 93 (97).
[1575] Siehe oben, S. 314 und S. 331.
[1576] So auch AnwKomm/Dauner-Lieb, § 281 Rn 71; Kohler AcP 205 (2005), 93 (97/98).
[1577] Siehe oben, S. 281 ff.
[1578] Kohler AcP 205 (2005), 93 (98).
[1579] Zu beachten ist dabei noch § 265 ZPO, der die Möglichkeit eines Unvermögens einschränkt.

keit sofort zu einer Antragsänderung nach § 264 Nr. 3 ZPO[1580] nutzen und Schadensersatz nach § 283 verlangen. Allein wenn er die Unmöglichkeit bestreitet und die Beweisaufnahme zu seinen Ungunsten ausgeht, muss er deren Kosten gemäß § 96 ZPO tragen.

Ist hingegen die Unmöglichkeit schon vor der Klageerhebung entstanden, weiß der Gläubiger davon aber nichts, so kann es dazu kommen, dass er eine von Anfang an unbegründete Klage auf die Primärleistung erhebt und deren Kosten tragen muss.[1581] Jedoch macht sich dadurch der Schuldner aufgrund einer Nebenpflichtverletzung schadensersatzpflichtig. Er hat aus § 241 Abs. 2 und dem Vertragsverhältnis die Pflicht, eine Unmöglichkeit dem Gläubiger sofort anzuzeigen.[1582] Bei einer schuldhaften Unterlassung haftet er aus § 280 Abs. 1 für den entstandenen Schaden. Der Gläubiger kann in einem solchen Fall nicht mit der Zustimmung des Beklagten zu einer Erledigterklärung rechnen, da die Klage nicht erst mit Vortrag der Unmöglichkeit unbegründet wurde, sondern schon mit deren tatsächlichen Vorliegen. Der dann wegen einseitig gebliebener Erledigungserklärung anzunehmende Feststellungsantrag wäre unbegründet. Ratenswert erscheint eine Umstellung des Antrags auf Ersatz der bisherigen sinnlosen Rechtsverfolgungskosten aus § 280 Abs. 1 mit § 241 Abs. 2. Die prozessuale Zulässigkeit würde aus § 264 Nr. 3 ZPO folgen, der auch den Fall erfasst, dass die später eingetretene Veränderung die nach der Rechtshängigkeit erfolgte Kenntnis der anfänglichen Unbegründetheit des Begehrens ist.[1583] So könnte der Gläubiger seine unnötigen Kosten liquidieren.

Allein wenn der Schuldner den Gläubiger sofort über die Unmöglichkeit informiert hat, dieser ihm aber nicht glaubt und dennoch die Primärleistungsklage erhebt, geht die Beweisbarkeit seinen Lasten. Es bleibt ihm nur noch übrig, die Klage zurückzunehmen,[1584] bzw. den Klageantrag bei einem Vertretenmüssen auf Schadensersatz umzustellen. Dies ist mit einem Kostenrisiko verbunden.

Lediglich in diesem Fall hat sich also das Risiko im Vergleich zum alten Recht für die Fälle des Vertretenmüssens erhöht. Bei fehlendem Vertretenmüssen traf den Gläubiger aber schon immer das Risiko der Unmöglichkeit. Gerade aber im neuerdings relevanten Falle des Vertretenmüssens ist der Gläubiger nicht schutzlos, da er zwar den Primärprozess verliert, aber immer noch den Schadensersatzanspruch hat. Die Ausweitung erscheint damit auch erträglich, da der Gläubiger in der Regel sein Interesse mittels des Schadensersatzes genauso

---

1580 So zum alten Recht: Gürtler, S. 44; Wittig NJW 1993, 635 (637); allgemein Stein/Jonas/Schumann, § 264 Rn 77.

1581 AnwKomm/Dauner-Lieb, § 281 Rn 71.

1582 MüKo/Ernst, Band 2a, 4. Auflage, § 275 Rn 67; Palandt/Heinrichs, § 275 Rn 31; Staudinger/Löwisch, Neubearbeitung 2004, § 275 Rn 69. Zum alten Recht: BGH NJW 1957, 826.

1583 Stein/Jonas/Bork, 22. Auflage, § 91a Rn 12; Stein/Jonas/Schumann, § 264 Rn 78.

1584 Durch eine Klagerücknahme ließe sich noch eine Reduzierung der Gerichtsgebühren von 3 auf 1 nach § 11 Abs. 1 GKG i.V.m. 1211 Kostenverzeichnis erreichen.

gut befriedigen kann. In der Praxis wird die vom Schuldner schon zuvor geltend gemachte Unmöglichkeit demgemäß oft dazu führen, dass der Gläubiger sofort auf Schadensersatz klagt. Gerade wenn sich die geschuldeten Sachen am Markt besorgen lassen, bietet sich dies an. Der Schuldner wird dann auch nicht mehr im Prozess nach § 283 behaupten können, es liege keine Unmöglichkeit vor. Denn dies wäre zum einen widersprüchlich, zum anderen würde es zu einer nicht erstrebenswerten Verurteilung zu einer nicht erfüllbaren Primärleistung führen, da der Gläubiger dann wieder die Primärleistung verlangen könnte.[1585]

Sollte das Interesse des Gläubigers an der Primärleistung im Einzelfall so groß sein, dass er an ihr festhalten möchte, so muss er nun eben das Risiko einer falschen Entscheidung hinsichtlich des Vorliegens der Unmöglichkeit tragen. Dabei hilft ihm, dass der Schuldner die Beweislast einer Unmöglichkeit bei einer Primärklage trägt und gerade ein Unvermögen nur unter engen Voraussetzungen angenommen werden kann.[1586]

dd) Weiteres Risiko hinsichtlich des Vorliegens eines Vertretenmüssens

Ein Prognoserisiko trifft den Gläubiger auch noch in einem anderen Fall. Denn nur wenn der Gläubiger über das Vertretenmüssen des Schuldners Bescheid weiß, kann er sinnvoll entscheiden, ob er bei Erweislichkeit der Unmöglichkeit auf Schadensersatz umstellen kann oder den gesamten Prozess verliert. Dies erfordert von ihm wiederum eine Prognose, die ihm oft schwer fallen wird, da die Umstände der Unmöglichkeit in der Sphäre des Schuldners liegen. Dem kann auch nicht durch die Annahme entgegengewirkt werden, der Schuldner müsse dem Gläubiger nach § 241 Abs. 2 zusammen mit der Unmöglichkeit die Umstände des Vertretenmüssens mitteilen. Denn insoweit macht § 275 Abs. 1 klar, dass nun jede, also auch die verschuldete Unmöglichkeit befreit. Nur die Unmöglichkeit an sich ist für die Primärpflicht relevant und nur diese muss der Gläubiger mitteilen. Denn die Mitteilungspflicht soll keinen Schadensersatzanspruch des Gläubigers vorbereiten, sondern ihn allein von dem Ausbleiben der Primärleistung unterrichten, ihn vor sinnlosen Bemühungen um die Primärleistung schützen und ihm Gelegenheit zu anderweitiger Disposition geben. Außerdem zeigt § 280 Abs. 1 Satz 2, dass der Vortrag fehlenden Verschuldens Sache des Schuldners ist. Zugunsten des Gläubigers wird ein Vertretenmüssen vermutet, dies ist der vom Gesetzgeber vorgesehene Schutz vor einem unkalkulierbaren Risiko. Eine zusätzliche Informationspflicht gegenüber dem Gläubiger kann nicht angenommen werden.

Dennoch wird sich die Unsicherheit des Gläubigers in der Praxis in engen Grenzen halten. Denn zunächst ist daran zu erinnern, dass der Schuldner ab Verzug verschärft nach § 287 Satz 2 haftet. Eine danach eintretende Unmöglichkeit wird er daher zumeist zu vertreten haben. Oftmals wird es auch so sein, dass der Schuldner bei der Geltendmachung oder Information des Gläubigers

[1585] So auch MüKo/Ernst, Band 2a, 4. Auflage, § 283 Rn 25 für §§ 275 Abs. 2 und 3.
[1586] Siehe dazu oben, S. 19/20 und S. 289.

über die Unmöglichkeit zugleich auch die näheren Umstände ihres Eintritts vortragen wird. Beides hängt als ein Lebenssachverhalt eng miteinander zusammen und bedingt sich oftmals. Dies gilt insbesondere für das Unvermögen, da der Schuldner dort auch darlegen muss, dass die notwendigen Anstrengungen zur Leistung über das zumutbare und geforderte Maß hinausgehen. Dafür ist wiederum die Frage nach dem Vertretenmüssen wichtig.

Unter Berücksichtigung dieser Umstände verbleibt nur eine geringe Unsicherheit des Gläubigers über die vorzunehmende Reaktion. Diese stellt keine Besonderheit des neuen Rechts dar, sondern war auch im alten Recht schon gegeben. Ob den Schuldner ein Vertretenmüssen trifft oder nicht, ist generell bei der Entscheidung über die Geltendmachung von Schadensersatzansprüchen zu beachten. Die Gefahr einer Fehleinschätzung durch den Gläubiger stellt sich damit als ein allgemeines Risiko dar.

ee) Ergebnis

Bei der zweistufigen Geltendmachung hat sich eine Verschlechterung der Position des Gläubigers dadurch ergeben, dass er nun den Primärprozess bei jedweder und nicht nur bei der nicht zu vertretenden Unmöglichkeit verliert. Dadurch ist ein Festhalten am Primäranspruch trotz einer vom Schuldner behaupteten Unmöglichkeit riskanter geworden. Grund dafür ist aber nicht die Abschaffung des § 283 a.F., sondern die Änderung des § 275 Abs. 1.

3) Prozessrisiko hinsichtlich des Nachweises einer Leistungsstörung beim einstufigen Vorgehen

Der oben beschriebene Weg über eine zweistufige Geltendmachung des Gläubigeranspruchs enthält zwar einen Beweisvorteil, da der Gläubiger nicht entscheiden muss, ob Unmöglichkeit oder Verzug vorliegt, jedoch ist er wegen des Erfordernisses eines rechtskräftigen Primärleistungsurteils auch umständlich und langwierig.[1587] Zudem ist er riskant, wenn der Schuldner eine Unmöglichkeit geltend macht, da diese nunmehr in jedem Falle erheblich ist. Daher kann es sich für den Gläubiger anbieten, sofort Schadensersatz zu verlangen. Dies ist nun auch der Regelfall des § 281. Dann muss der Gläubiger aber als anspruchsbegründendes Tatbestandsmerkmal auch die Art der Leistungsstörung vortragen und nötigenfalls beweisen, was ihm wegen mangelnder Einsichtsmöglichkeiten schwer fallen wird.

a) Altes Recht

Aus diesem Grunde war es im alten Recht anerkannt, dass der Gläubiger im synallagmatischen Pflichtenverhältnis bei Unwissenheit über den Grund der Nichtleistung jedenfalls über § 326 a.F. zu einem Schadensersatzanspruch gelangen

[1587] Staudinger/Otto, Neubearbeitung 2001, § 326 Rn 2.

konnte.[1588] Demgegenüber konnte der Schuldner nicht mit Erfolg das Vorliegen einer Unmöglichkeit geltend machen, da auch diese Alternative zu seiner Haftung führte. Insoweit ergab sich für den Gläubiger kein Prozessrisiko. Für die nicht-synallagmatischen Pflichtenverhältnisse ermöglichte hingegen das zweistufige Vorgehen nach § 283 a.F. den einzigen, zwar sicheren, aber umständlichen Übergang trotz einer Unkenntnis über den Grund der Nichtleistung.

b) Neues Recht

aa) Die Auffangfunktion des § 281

Im neuen Recht lässt sich ein ähnliches Ergebnis erzielen. Für den Gläubiger bietet sich bei Ungewissheit über den Grund der Pflichtverletzung ein Vorgehen nach § 281 Abs. 1 an.[1589] Der Gläubiger kann vorsorglich von einem Fortbestand des Primäranspruchs ausgehen, eine angemessene Nachfrist setzen und dann Schadensersatz nach §§ 280 Abs. 1 und 3, 281 Abs. 1 verlangen. Dabei ist es irrelevant, ob nicht in Wirklichkeit die Primärleistung unmöglich geworden ist, Schadensersatz also nach §§ 280 Abs. 1 und 3, 283 hätte verlangt werden können. Denn bei Vorliegen der Voraussetzungen des § 281 sind zugleich alle Voraussetzungen des § 283 erfüllt. Materiell-rechtlich besteht also ein Schadensersatzanspruch des Gläubigers in jedem Falle, entweder aus § 281 oder § 283.[1590]

Die Zulässigkeit eines solchen Vorgehens qualifiziert § 281 als Auffangnorm, die prima facie ein Vorgehen sowohl bei nicht rechtzeitiger Leistung als auch Unmöglichkeit erlaubt. Da § 281 nach seinem Wortlaut nicht an den Verzug anknüpft, sondern nur von einer Nichterbringung der geschuldeten Leistung spricht, können unter ihn auch sprachlich beide Leistungsstörungen gefasst werden.[1591] Erst die Überflüssigkeit der Fristsetzung und das fehlende Wahlrecht nach § 281 Abs. 4 bei Vorliegen einer Unmöglichkeit – zusammen mit dem systematischen Argument der Existenz der Vorschrift des § 283 –, machen deutlich, dass § 281 grundsätzlich nicht für Fälle unmöglicher Leistung gedacht ist. Dies schließt es aber nicht aus, dem Gläubiger bei Unsicherheit über den Grund der Nichtleistung den Rückgriff auf § 281 zu ermöglichen. Denn solange der Spezialfall des § 283 nicht gegeben scheint, kann man es dem Gläubiger nicht ver-

---

1588 Erman/Battes, 10. Auflage, § 326 Rn 1; Planck/Siber, § 326 Vor Anm. 1a); Soergel/Wiedemann, 12. Auflage, § 326 Rn 2 und 8; Staudinger/Otto, Neubearbeitung 2001, § 326 Rn 2.

1589 BT-Drucks. 14/6040, S. 138; Emmerich, Leistungsstörungen, 5. Auflage, S. 156 und 277; Erman/Westermann, § 281 Rn 1; Fritzsche, S. 45; Henssler/Graf von Westphalen/Dedek, § 281 Rn 15; Jauernig/Stadler, § 283 Rn 11; Kohler AcP 205 (2005), 93 (106); Maier-Reimer, in: Dauner-Lieb/Konzen/Schmidt, S. 291 (309); MüKo/Ernst, Band 2a, 4. Auflage, § 283 Rn 12; Palandt/Heinrichs, § 283 Rn 2; Pohlmann, in: Dauner-Lieb/Konzen/Schmidt, S. 273 (278/279); Staudinger/Otto, Neubearbeitung 2004, § 281 Rn A10 und § 283 Rn 44.

1590 Kohler AcP 205 (2005), 93 (106/107).

1591 BT-Drucks. 14/6040, S. 138; AnwKomm/Dauner-Lieb, § 281 Rn 11; Bamberger/Roth/Grüneberg, § 281 Rn 3; Staudinger/Otto, Neubearbeitung 2004, § 281 Rn A27.

wehren, auf den an höhere Anforderungen geknüpften, allgemeinen Tatbestand des § 281 zurückzugreifen. Dabei ist es unschädlich, wenn er dabei vorsorglich eine eventuell überflüssige Frist setzt und ein nicht gegebenes Wahlrecht ausübt. Diese Handlungen gehen bei Vorliegen einer Unmöglichkeit schlicht ins Leere. Nur vordergründig ergeben sich systematische Bedenken daraus, dass § 275 Abs. 4 gerade nicht auf § 281, sondern nur auf § 283 verweist. Das Gesetz beschreibt hier eben nur den Regelfall und schließt nicht ein Vorgehen aus, welches auf § 281 fußt, aber alle Voraussetzungen des § 283 beachtet. Auch sind keine Schuldnerinteressen berührt, wenn der Gläubiger nach der „schonenderen" Vorschrift des § 281 vorgeht. Die hier vertretene Interpretation des § 281 steht auch im Einklang mit den Intentionen des Gesetzgebers. So heißt es in BT-Drucks. 14/6040, S. 138: „Anders als dieser (§ 326 BGB a.F., Anmerkung des Verfassers) verlangt § 281 Abs. 1 Satz 1 RE aber nicht förmlich die Voraussetzungen des Schuldnerverzugs, wie sie in § 286 aufgestellt werden. Davon wurde bewusst abgesehen. Für den Gläubiger ist in aller Regel zunächst nur das Ausbleiben der Leistung selbst, nicht aber der Grund hierfür erkennbar. So kann die Leistung unmöglich geworden sein, was ihn zur sofortigen Geltendmachung von Schadensersatz statt der Leistung gemäß § 283 RE berechtigen würde. Es kann aber auch sein, dass zugunsten des Schuldners lediglich die Voraussetzungen der Einrede aus § 275 Abs. 2 RE erfüllt sind; solange der Schuldner diese Einrede nicht erhebt, braucht der Gläubiger die zugrunde liegenden Umstände nicht zu kennen. Schließlich – und in der Praxis weitaus häufiger – mag der Schuldner auch keinen Grund haben, der ihn zur Verweigerung der Leistung berechtigen würde. Hier verfolgt der Entwurf das Ziel, dem Gläubiger eine Möglichkeit an die Hand zu geben, mit der er in möglichst einfacher Weise Klarheit über den Fortbestand des Leistungsanspruchs bzw. über die Substituierung des Primäranspruchs durch einen Schadensersatzanspruch erlangen kann. Das kann er durch das Setzen einer angemessenen Frist, auf die weiter unten noch einzugehen sein wird, erreichen." Im Bericht des Rechtsausschusses in BT-Drucks 14/7052, S. 183 heißt es außerdem noch: „Die in der Praxis für den Gläubiger häufig bestehende Unsicherheit, aus welchen einzelnen Gründen der Schuldner nicht leistet bzw. ob von diesem vorgebrachte Gründe zutreffen, kann der Gläubiger durch das Setzen einer angemessenen Frist beseitigen: Nach erfolglosem Fristablauf kann er sicher sein, bei Vorliegen der weiteren Voraussetzungen Schadensersatz statt der Leistung verlangen oder zurücktreten zu können. Sollte das Ausbleiben der Leistung auf deren Unmöglichkeit beruhen, so wäre die Fristsetzung ungünstigstenfalls überflüssig gewesen."

Angesichts dieser klaren gesetzgeberischen Aussage kann auch nicht gegen die Anwendung des § 281 mit einem Gegenschluss zum Fehlen einer dem § 326 Abs. 5 vergleichbaren Vorschrift argumentiert werden. Dieser ermöglicht eine Auflösung eines Vertrages nach den Rücktrittsvorschriften, selbst wenn dieser schon aufgrund einer Unmöglichkeit ipso iure keine Leistungspflichten mehr in sich birgt. Grund für diese Regelung war unter anderem, dem Gläubiger eine Auflösung auch bei Unkenntnis über den wahren Grund der Leistungsstörung zu ermöglichen.[1592] Dies geschah über eine Angleichung des § 326 Abs. 5 an § 323 Abs. 1. Da der Gesetzgeber aber bei § 281 schon an sich von dieser Möglichkeit ausging, kann aus dem Fehlen einer ausdrücklichen Regelung nicht auf eine Unzulässigkeit eines derartigen Weges geschlossen werden. Somit kann der Gläubiger bei Unkenntnis über den Grund der Nichtleistung gefahrlos über § 281 vorgehen und so in jedem Falle den Übergang bewirken.

bb) Prozessuale Erfordernisse

Indes sind bei der direkten gerichtlichen Geltendmachung des § 281 noch prozessuale Erfordernisse zu beachten. Der Gläubiger muss als Kläger die seinen Anspruch begründenden Tatsachen vortragen. Er unterliegt insoweit dem Bestimmtheitsgebot, d.h. er muss einen bestimmten Antrag stellen und sein Begehren durch Darlegung von Tatsachen schlüssig machen. Das Gericht selbst darf aufgrund des Beibringungsgrundsatzes grundsätzlich nicht von sich aus andere Tatsachen berücksichtigen. Für die Schlüssigkeit des geltend gemachten Anspruchs ist es auf die unstreitigen oder vom Kläger vorgebrachten Tatsachen beschränkt.

Macht der Schuldner eine Unmöglichkeit geltend, so ist dies gegenüber dem Anspruch aus § 281 für sich genommen ein erhebliches Vorbringen, da dieser den Bestand der Leistungspflicht voraussetzt. Gleichzeitig trägt er aber selbst die anspruchsbegründenden Tatsachen für eine Schadensersatzpflicht nach §§ 280 Abs. 1 und 3, 283 vor.[1593] Dennoch darf das Gericht nicht wahlweise eine der beiden Anspruchsgrundlagen heranziehen. Denn der Vortrag ist nicht nur eine abweichende Rechtsansicht, die für das Gericht nicht bindend wäre, sondern ein anderer Tatsachenvortrag innerhalb des gleichen Streitgegenstandes:[1594] Statt nicht rechtzeitiger, aber möglicher Leistung soll eine unmögliche Leistung vorliegen. Das Gericht muss dieses Vorbringen des Schuldners zu dessen Gunsten berücksichtigen. Solange nicht auch der Gläubiger eine Unmöglichkeit vorträgt, kann diese aber nicht auch als sein Vortrag angesehen werden. Daher liegt ein streitiger Tatsachenvortrag vor und das Gericht muss grundsätzlich über die unterschiedlichen Vorträge Beweis erheben und somit die Richtigkeit einer der Tatsachenversionen herausfinden. Dies gilt, obwohl im Ergebnis der Einwand

---

1592 BT-Drucks. 14/7052, S. 193; BT-Drucks. 14/6857, S. 56; Kohler AcP 205 (2005), 93 (106 in Fn 39); MüKo/Ernst, Band 2a, 4. Auflage, § 326 Rn 104.

1593 Anders ist es nur, wenn der Schuldner sein fehlendes Vertretenmüssen darlegt, da dann eine Schadensersatzhaftung generell ausscheidet. Darüber muss dann Beweis erhoben werden und bei Erweislichkeit wird die Schadensersatzklage abgewiesen; Jauernig/Stadler, § 283 Rn 11.

1594 Die Forderung nach Schadensersatz beruht, unabhängig davon ob sie auf verspäteter Leistung oder Unmöglichkeit gestützt wird, auf dem gleichen einheitlichen Lebenssachverhalt – der Nichtleistung durch den Schuldner. Da der Gläubiger jeweils nur einmal Schadensersatz verlangen kann und will, bleibt es bei einem Streitgegenstand.

des Schuldners selbst bei seiner Erweislichkeit keine Haftungsfreistellung bewirken kann. Denn aufgrund der Beibringungs- und Dispositionsmaxime ist es dem Gericht untersagt, von sich aus die Richtigkeit des allein gegenüber § 281 erheblichen Tatsachenvortrags offen zu lassen.[1595] Daran ändert auch die Tatsache nichts, dass der Vortrag nicht gesamterheblich erscheint. Stellt sich in der Beweisaufnahme wirklich die Unmöglichkeit heraus, so muss dies konsequent zur Abweisung der Klage des Gläubigers führen.[1596]

Die Beweiserhebung und die damit verbundene Gefahr der Abweisung wegen Beweisfälligkeit kann der Gläubiger aber vermeiden, wenn er sich das gegenteilige Tatsachenvorbringen des Schuldners, auch nach Hinweis des Gerichts gemäß § 139 ZPO,[1597] hilfsweise zu Eigen macht. An das Zueigenmachen, welches auch konkludent geschehen kann, sind keine hohen Anforderungen zu stellen. Dann kann das Gericht die Beweiserhebung über die verschiedenen, in der Sache unerheblichen und nun auch vom Kläger vorgebrachten, Sachverhaltsdarstellungen unterlassen.[1598] Über den Einwand der Unmöglichkeit wird dann mangels Erheblichkeit kein Beweis erhoben, da der Schuldner jedenfalls auf Schadensersatz haftet.[1599] Der Kläger wird verurteilt, wobei das Gericht offenlassen kann, ob Verzug oder Unmöglichkeit vorliegt, da jedenfalls eine Schadensersatzpflicht nach §§ 280 Abs. 1 und 3, 281 oder 283 gegeben ist.[1600]

cc) Ergebnis

Der Gläubiger kann bei einer Unsicherheit hinsichtlich der Art der Leistungsstörung sofort auf Schadensersatz nach § 281 klagen. Wendet der Schuldner eine Unmöglichkeit ein, so kann ohne Beweisaufnahme ein Urteil ergehen, wenn sich der Gläubiger dieses neue Vorbringen zumindest hilfsweise zu Eigen gemacht hat.

1595 BGH ZIP 2000, 716; BGH NJW 1989, 2756; BGH NJW-RR 1994, 1405 (1405/1406); Anders/Gehle, Rn 118; Zöller/Greger, § 138 Rn 11, anders die Lehre vom äquipollenten Parteivorbringen, vgl. Schneider, S. 236/237; Siegburg, 2. Auflage, Rn 323, die aber den Beibringungsgrundsatz missachtet.

1596 So im Fall BGH NJW 1989, 2756.

1597 Anders/Gehle, Rn 118; Siegburg, Rn 292.

1598 BGH NJW 1989, 2756; Anders/Gehle, Rn 118.

1599 Jauernig/Stadler, § 283 Rn 11; MüKo/Ernst, Band 2a, 4. Auflage, § 283 Rn 12; Palandt/Heinrichs, § 283 Rn 2; im Grunde wohl auch Staudinger/Otto, Neubearbeitung 2004, § 281 Rn B5.

1600 Vgl. Fritzsche, S. 45; Kohler AcP 205 (2005), 93 (107); MüKo/Ernst, Band 2a, 4. Auflage, § 281 Rn 2; wohl auch Erman/Westermann, § 281 Rn 1; allgemein zur Verurteilung mit alternativer Begründung in diesem Fall: Anders/Gehle, Rn 455; Siegburg, Rn 621.

4) Vermindertes Prozessrisiko durch Erleichterung des Schadensnachweises

§ 283 a.F. sollte auch eine Verringerung des Prozessrisikos durch eine Erleichterung des Schadensnachweises zur Folge haben. Ob dies auch für § 281 gelten kann, soll kurz dargestellt werden.

a) Altes Recht

Das Reichsgericht hat 1903 in seinem ersten Urteil zu § 283 a.F. entschieden, der Gläubiger sei befugt, seinem Schadensersatzverlangen pauschal den Wert der ausgebliebenen Sache zugrunde zu legen.[1601] Es sei Sache des Schuldners, nachzuweisen, der Gläubiger habe keinen oder nur einen geringeren Schaden. Dies sei ein besonderer Vorteil des § 283 a.F.[1602] *Huber* begründete dies mit der Funktion des § 283 a.F., der in Verbindung mit § 893 ZPO dem Gläubiger eines titulierten Anspruchs eine einfache Möglichkeit geben wolle, sein Interesse zu liquidieren.[1603] Dem entspreche es, den gegenwärtigen geschätzten Wert der Leistung als Äquivalent der Leistung in die Schadensrechnung einzusetzen, ohne dem Gläubiger weitere Darlegungsanforderungen aufzuerlegen.

Diese Ansicht hat schon zum alten Recht mehrheitlich Kritik erfahren.[1604] Die Rechtsprechung ist in den Folgeentscheidungen auch nicht mehr auf einen derartigen Vorteil des § 283 a.F. zurückgekommen.[1605] Interessanterweise hat aber schon die vorhergehende Rechtsprechung des Reichsgerichts eine Darlegungserleichterung für den Schaden unabhängig von § 283 a.F. vertreten.[1606] Erst die Entscheidung RGZ 54, 28 ff. sah dann darin fälschlich einen besonderen Vorteil des § 283 a.F.

b) Neues Recht

Im neuen Recht kann nun nicht mehr mit § 283 a.F. argumentiert werden. Denkbar wäre es, eine vereinfachte Schadensdarlegung bei Vorhandensein eines rechtskräftigen Primärleistungsurteils zuzulassen. Dies kann jedoch nicht überzeugen, denn eine Titulierung hat nach allgemeiner Ansicht keine direkten materiell-rechtlichen Auswirkungen. Da die Darlegungs- und Beweislast aber im ma-

---

[1601] RGZ 54, 28 (33); ebenso Klaholt, Gruchot 58 (1903), 778 (791); Marquardt JW 1909, 38 (39); Schäfer, S. 106; R. Schulz JW 1919, 188; unklar Flach, S. 45.

[1602] RGZ 54, 28 (33); Schäfer, S. 106; zustimmend wohl auch noch RGZ 88, 76 (77/78).

[1603] Huber, Band II, S. 555.

[1604] Gsell JZ 2004, 110 (113); Gürtler, S. 42 ff.; Jakobs, S. 235; Keuk, S. 119; Kohler JuS 1991, 943; Planck/Siber, § 283 Anm. 1b; Rabel, GesAufs, I, S. 11 Fn 26; Windscheid/Kipp II, § 264 Zusatz 7.

[1605] Vgl. die Folgeentscheidung RG JW 1911, 807 und die Hinweise bei Jakobs, S. 236 ff.

[1606] Vgl. RGZ 20, 52 (62), wonach, „(...)insoweit der Kläger zu der ihm obliegenden Lieferung nicht imstande sei, ohne daß zutreffende Befreiungsgründe ihm zur Seite ständen, verstehe es sich von selbst, daß der Beklagte ohne weiteres an Stelle der Ware selbst deren Geldwert beanspruchen dürfe als das Minimalmaß seines Interesses an der Lieferung der Ware, ohne daß der Beklagte vorab (wie Kläger verlangt) sein Interesse an der Lieferung bezw. den ihm aus der Nichtlieferung erwachsenen Schaden noch näher darzulegen brauche."

teriellen Recht verankert ist,[1607] kann durch eine nur verfahrensrechtlich wirkende Fixierung der Primärleistungspflicht kein Einfluss auf die Beweislast hinsichtlich des Schadens begründet werden. Durch ein vorgängiges Urteil ändert sich also an der Beweislast nichts, freilich kann ein Beweis bei Einschlägigkeit des Urteils leichter erbracht oder gar obsolet werden. Es ließe sich dadurch also nicht die Beweislast des Schuldners für einen geringeren Schaden erklären. Die Zuerkennung eines Einflusses des Primärleistungsurteils auf den Schadensbeweis stünde auch nicht im Einklang mit den anerkannten Grenzen der Rechtskraft. Diese umfasst für den Erstprozess nur die Frage nach dem Bestehen einer Leistungspflicht, nicht aber die Höhe eines eventuellen Schadens.[1608]

Kann damit nicht an das rechtskräftige Ersturteil angeknüpft werden, so ist doch mit der ganz überwiegenden Meinung anzuerkennen, dass der Gläubiger schon aus allgemeinen Gründen bei seinem Schadensverlangen von dem gemeinen Wert der ausgebliebenen Leistung ausgehen darf.[1609] Es ist dann Sache des Schuldners, eine ausnahmsweise vorliegende geringere Schadenshöhe zu behaupten und zu beweisen.[1610]

Diese Beweiserleichterung rechtfertigt sich zunächst aus dem Regel-Ausnahme-Prinzip. Steht fest, dass der Gläubiger einen Anspruch auf die Sache hat, und wird dieser Anspruch nicht erfüllt, so kann der Gläubiger im Rahmen der konkreten Schadensberechnung zunächst von einem Schaden in Höhe des normalen Schätzwertes der Sache ausgehen. Ihm obliegt es, diesen Schätzwert darzulegen. Möchte der Schuldner demgegenüber geltend machen, es sei dem Gläubiger kein oder nur ein geringerer Schaden als der gemeine Wert der geschuldeten Leistung entstanden, so beruft er sich auf einen Ausnahmefall. Denn dann müsste die Leistung für den Gläubiger auch negative, d.h. verlustreiche Folgen beinhaltet haben. Für diese Abweichung vom Regelfall ist aber dann der Schuldner darlegungs- und beweispflichtig. Die Vermutung für einen Schaden in Höhe des üblichen Schätzwertes stimmt auch mit der neuen Struktur des § 281 überein. Danach erlischt der Primäranspruch des Gläubigers erst mit dem

---

1607 Vgl. BGH NJW 2001, 2096 (2098); Jauernig, S. 210; Rosenberg/Schwab/Gottwald, § 114 Rn 11; Zöller/Greger, § 284 Rn 15.

1608 So auch Schäfer, S. 117 in anderem Zusammenhang. Genauer zu den Rechtskraftwirkungen oben, S. 307 ff.

1609 Zum alten Recht: BGH NJW 1982, 1279 (1280); RGZ 127, 245 (248); Gsell JZ 2004, 110 (113); Gürtler, S. 42 ff.; Huber, Band II, S. 555; Jakobs, S. 235; Keuk, S. 119; Kohler JuS 1991, 943; Planck/Siber, § 283 Anm. 1b; Rabel, GesAufs, I, S. 11 Fn 26; Windscheid/Kipp II, § 264 Zusatz 7.

1610 Vgl. zum neuen Recht: Erman/Westermann, § 281 Rn 39; Gsell JZ 2004, 110 (113); MüKo/Emmerich, Band 2a, 4. Auflage, Vor § 281 Rn 35; Palandt/Heinrichs, § 281 Rn 24; zum alten Recht etwa BGH NJW 2001, 3535 (3537); BGHZ 71, 234 (238/239); RGZ 127, 245 (248/249); Gürtler, S. 43; Huber, Band II, S. 275 und S. 555; dagegen will Keuk, S. 119 immer einen Mindestschaden in Höhe des Wertes annehmen, einen Gegenbeweis also nicht zulassen.

Ersatzverlangen, also dem endgültigen Übergang auf den Schadensersatzanspruch. Hat damit der Gläubiger bis zu diesem Zeitpunkt einen Anspruch auf die Sache selbst, so kann er als Schaden auch deren aktuellen Wert fordern. Diesen Ausgangspunkt seiner Schadensbestimmung muss er nicht gesondert darlegen, vielmehr ist es Sache des Schuldners, eine Abweichung vom Normalfall anzubringen und zu beweisen.

Ganz ähnlich verhält es sich bei synallagmatischen Verträgen. Dort kann der Gläubiger sich bei der Schadensdarlegung an dem Wert der Gegenleistung orientieren.[1611] Hat er schon vorgeleistet, so kann er diesen Wert als seinen Schaden ohne weitere Darlegungen zugrunde legen.[1612] Diese Beweiserleichterung rechtfertigt sich letztendlich aus der allgemeinen Rentabilitätsvermutung.[1613] Es wird danach vermutet, dass der Gläubiger aus dem Abschluss und Vollzug des Vertrages trotz seiner eigenen Leistungspflicht einen Vorteil gezogen hätte. Dem entspricht es, bei Nichtvollzug einen Schaden mindestens in Höhe seiner eigenen Leistung anzunehmen. Ohne weitere Anhaltspunkte kann hingegen nicht davon ausgegangen werden, dass der Gläubiger ein für ihn negatives Geschäft abgeschlossen hat und ihm somit aufgrund des Nichtvollzugs nur ein geringerer Schaden als die Höhe seiner Gegenleistungspflicht entstanden ist.[1614] Solche anderweitigen Verluste stimmen nicht mit dem anzunehmenden Regelfall überein, so dass dieses Abweichen vom Normalfall vom Schuldner dargelegt werden muss.

Die mögliche Zugrundelegung des gemeinen Wertes und die Vermutung der Schadenshöhe kommen in gewisser Weise einer Schadenspauschalierung nahe, ohne aber dem Schuldner einen anderweitigen Beweis abzuschneiden. Man kann insoweit auch von einem Mindestschaden sprechen.[1615] Auf dem gleichen Gedanken beruht zudem § 252 Satz 2, der auch eine Erleichterung des Schadensnachweises enthält, indem er den gewöhnlichen entgangenen Gewinn zu-

---

[1611] BGHZ 71, 234 (238); BGH NJW 1982, 1279 (1280); BGHZ 62, 119 (120); RGZ 127, 245 (248/249); RG JW 1913, 595 (596); Gürtler, S. 43; Palandt/Heinrichs, § 281 Rn 24; Staudinger/Otto, Neubearbeitung 2004, § 281 Rn B151.

[1612] BGH NJW 1982, 1279 (1280); RGZ 127, 245 (248/249); MüKo/Emmerich, Band 2a, 4. Auflage, Vor § 281 Rn 32.

[1613] So auch die Einordnung bei RGZ 127, 245 (248/249); Staudinger/Otto, Neubearbeitung 2004, § 281 Rn B151; Huber, Band II, S. 274; MüKo/Emmerich, Band 2a, 4. Auflage, Vor § 281 Rn 30. Die Neufassung des § 284 hat damit nichts zu tun, da es hier nicht um den Ersatz von Aufwendungen geht. Zur Rentabilitätsvermutung allgemein: Baumgärtel, § 252 Rn 17 ff.

[1614] Gürtler, S. 43.

[1615] BGH NJW 1982, 1279 (1280); BGHZ 62, 119 (120); RGZ 127, 245 (249); RG JW 1913, 595 (596); Gürtler, S. 43; MüKo/Emmerich, Band 2a, 4. Auflage, Vor § 281 Rn 30; Staudinger/Otto, Neubearbeitung 2004, § 281 Rn B151; auch schon Windscheid/Kipp II, § 264 Zusatz 7.

spricht.[1616] Die hier befürwortete Vermutung für einen Schaden in Höhe des Schätzwertes der geschuldeten Leistung findet sich also auch in anderen Bereichen des Schadensrechts.

Der Gläubiger kann damit auch bei § 281 den gemeinen Wert der ausgebliebenen Leistung als Schaden ansetzen, ohne diesen besonders darlegen und beweisen zu müssen. Eine Änderung zur Lage bei § 283 a.F. hat sich nicht ergeben.

IV. Vorliegen eines Rechtsschutzbedürfnisses für die Primärleistungsklage trotz zweifelhafter Vollstreckungsaussichten

Wenig beachtet wurde ein Anwendungsbereich des § 283 a.F., der seine Stellung zwischen dem materiellen Recht und dem Prozessrecht verdeutlichte. § 283 a.F. wurde von der Rechtsprechung wiederholt zur Begründung eines aufgrund aussichtsloser Vollstreckung zweifelhaften Rechtsschutzbedürfnisses einer Primärleistungsklage herangezogen.[1617] Dies wurde damit begründet, dass ein Ersturteil zumindest hinsichtlich des § 283 a.F. von Vorteil sei. Da dem § 281 eine Anknüpfung an ein Ersturteil fehlt, fragt es sich nun, ob in ähnlichen Fällen dennoch ein Rechtsschutzbedürfnis für eine Primärleistungsklage des Gläubigers begründet werden kann.

1) Die Herleitung eines Rechtsschutzbedürfnisses aus § 283 a.F.

Gemeinsam war diesen Fällen der Einwand des verklagten Schuldners, er könne der Primärforderung nicht ohne freiwillige Mitwirkung eines Dritten nachkommen. Meist ging es dabei um Herausgabe- oder Leistungspflichten sowie die Vornahme von unvertretbaren Handlungen.[1618] Dieser Einwand hatte zwei Implikationen.

Zunächst konnte ein befreiendes Unvermögen vorliegen. Dies wurde von der Rechtsprechung verneint. Sie scheint dabei davon ausgegangen zu sein, ein Un-

[1616] Vgl. Huber, Band II, S. 274.

[1617] BGHZ 97, 178 (181); BGHZ 56, 308 (312); BGH NJW 1982, 2552 (2553); BGH NJW 1976, 1500; BGH NJW 1974, 2317 (2317/2318); RGZ 160, 257 (263); ähnlich auch OLG Koblenz NJW 1960, 1253 (1255); Dedek, in: Dauner-Lieb/Konzen/Schmidt, S. 183 (196); Huber, Band II, S. 540; Palandt/Heinrichs, 61. Auflage, § 283 a.F. Rn 1.

[1618] Z.B. wandte der Beklagte in BGH NJW 1982, 2552 gegen seine Pflicht, dem Kläger bei erneuter Jagdpacht ein Mitausübungsrecht einzuräumen, ein, nicht er, sondern seine Ehefrau sei die Pächterin. Da diese nicht mitwirken wolle, liege ein Unvermögen vor. In BGH NJW 1974, 2317 hatte – verkürzt wiedergegeben – der Vermieter mit dem einen Mieter eine Konkurrenzschutzklausel vereinbart, wonach er andere Räume nicht an Konkurrenten vermieten dürfe, dann aber dagegen verstoßend doch an einen Konkurrenten vermietet. Dem Verlangen nach Einstellung der Konkurrenztätigkeit entgegnete der Vermieter mit dem Einwand des fehlenden Rechtsschutzbedürfnisses, da er keine Handhabe gegen den zweiten Mieter habe.

vermögen scheide bei bloßer fremder Rechtszuständigkeit aus.[1619] Damit war insoweit auch nicht an einem Rechtsschutzbedürfnis zu zweifeln, welches nur bei einer Klage auf eine feststehend unmögliche Leistung aberkannt wurde.[1620]

Durch den obigen Einwand konnte aber noch das Rechtsschutzbedürfnis des Klägers deshalb in Frage gestellt werden, da der Erfolg einer Vollstreckung des erstrebten Titels ungewiss war. Damit konnte Sinn und Zweck der begehrten Verurteilung überhaupt angezweifelt werden. Diese konnte nur auf Verurteilung des Schuldners lauten, nicht aber den Dritten mit einbeziehen, von dessen Mitwirkung die Erbringung der Schuld abhing. Soweit es um Herausgabe oder Leistungspflichten im Sinne der §§ 883, 884 ZPO ging, war eine Vollstreckung nicht Erfolg versprechend, wenn der Dritte die Sache in Gewahrsam hatte. Auch der eigentlichen Hauptleistungspflicht vorausgehende Beschaffungs- und Herstellungspflichten sind als unselbständige Nebenpflichten, wenn nicht gesondert tituliert, nicht vollstreckbar.[1621] Eine Durchsetzung nach § 887 scheidet wegen dessen Abs. 3 aus. Ging es um die Erbringung einer unvertretbaren Handlung, so fand § 888 Abs. 1 keine Anwendung, da die geschuldete Handlung gerade auch von dem Willen eines Dritten abhing.[1622] Damit war der Erfolg der Vollstreckung in diesen Fällen insgesamt ausgeschlossen, zumindest aber höchst unsicher.

Aufgrund der mangelnden Vollstreckbarkeit konnte nun das schutzwürdige Interesse des Gläubigers an der Erlangung eines Primärleistungsurteils angezweifelt werden. Denn prima facie brachte dieses dem Gläubiger keinen Vorteil. Für objektiv sinnlose Klagen wird aber ein Rechtsschutzbedürfnis verneint.[1623] Einen geeigneten Ausweg bot dabei § 283 a.F. Die Rechtsprechung bejahte ein Rechtsschutzbedürfnis für die Klage gegen den „unvermögenden" Schuldner, da es keinesfalls ausgeschlossen sei, dass der Dritte die notwendige Mitwirkung vornehme, wenn der Schuldner erst einmal rechtskräftig verurteilt sei. Verweigere er sie aber, so stehe dem Gläubiger anschließend der Weg über § 283 a.F.

1619 BGH ZIP 1999, 790; BGH NJW 1982, 2552 (2553); BGHZ 56, 308 (311); BGH NJW 1976, 1500; BGH NJW 1974, 2317; RG JW 1911, 36 (37); RGZ 88, 76 (77); OLG Koblenz NJW 1960, 1253 (1255); Dedek, in: Dauner-Lieb/Konzen/Schmidt, S. 183 (196); im Grunde auch BGHZ 136, 283 (285/286).

1620 BGH ZIP 1999, 790; BGHZ 97, 178 (181); BGHZ 68, 372 (377); BGH NJW 1974, 2317; OLG Koblenz NJW 1960, 1253 (1255); RGZ 54, 28 (32); RGZ 88, 76 (77); RGZ 160, 257 (263).

1621 Dedek, in: Dauner-Lieb/Konzen/Schmidt, S. 183 (197 mit Fn 89); MüKo/Schilken, ZPO, 883 Rn 10; Stein/Jonas/Brehm, 22. Auflage, § 883 Rn 4; Zöller/Stöber, § 883 Rn 9; W. G. Müller, S. 152.

1622 MüKo/Schilken, ZPO, § 888 Rn 7; Stein/Jonas/Brehm, 22. Auflage, § 888 Rn 9.

1623 Vgl. BGH NJW 1996, 2035 (2037); Rosenberg/Schwab/Gottwald, § 89 Rn 30; Zöller/Greger, Vor § 253 Rn 18.

offen und er könne sein Interesse fordern.[1624] Da dieser eine rechtskräftige Verurteilung voraussetze, sei das erste Urteil nicht sinnlos, sondern werde Grundlage für die Geltendmachung der Interesseforderung. Somit liege ein schutzwürdiges Interesse an seinem Erlass vor. Konsequent musste daher ein Rechtsschutzbedürfnis des Klägers dann verneint werden, wenn der § 283 a.F. selbst keine Anwendung fand. Dies war etwa der Fall, wenn der Primäranspruch auf Abgabe einer Willenserklärung ging. Diese wurde mit Rechtskraft des Urteils nach § 894 ZPO fingiert, womit der Primäranspruch erfüllt war. Eine nachfolgende Fristsetzung nach § 283 a.F. und damit dessen Anwendbarkeit überhaupt schied daher aus.[1625] Dem folgend wies der BGH eine Klage auf Auflassungserklärung für ein schon auf einen Dritten eingetragenes Grundstück ab.[1626] Denn aus der Auflassungserklärung des Schuldners ohne Verfügungsbefugnis konnte der Gläubiger keine Vorteile herleiten.

2) Die Herleitung eines Rechtsschutzbedürfnisses nach neuem Recht

a) Die Befreiung nach § 275 Abs. 1 und das Rechtsschutzbedürfnis bei zweifelhafter Vollstreckungsmöglichkeit

Auch im neuen Recht ist dem Schuldner eine Berufung auf ein Unvermögen zu versagen. Aus der Regelung der § 275 Abs. 1 und 2 ergibt sich, dass nicht schon der bloße Dispositionsverlust zu einem Unvermögen führen soll.[1627] Vielmehr muss sich der Schuldner je nach den Umständen des Einzelfalles darum bemühen, die Leistung zu ermöglichen.[1628] Damit wird er in der Regel allein mit Hinweis auf die Mitwirkungsnotwendigkeit eines Dritten nicht die Befreiung von seiner Verbindlichkeit erreichen können. Diese wird erst dann gewährt, wenn feststeht, dass der Schuldner die Verfügungsmacht nicht wiedererlangen kann.[1629]

[1624] BGH ZIP 1999, 790 (791); BGHZ 56, 308 (312); BGH NJW 1982, 2552 (2553), BGH NJW 1976, 1500; BGH NJW 1974, 2317 (2317/2318); RGZ 160, 257 (263); ähnlich OLG Koblenz NJW 1960, 1253 (1255); Brehm, FG 50 Jahre BGH, S. 89 (97); Dedek, in: Dauner-Lieb/Konzen/Schmidt, S. 183 (196/197); Huber, Band II, S. 540.

[1625] BGH ZIP 1999, 790 (791); BGHZ 53, 29 (34); Huber, Band II, S. 823; MüKo/Emmerich, Band 2, 4. Auflage, § 283 Rn 13; Staudinger/Löwisch, Neubearbeitung 2001, § 283 Rn 9.

[1626] Vgl. BGH ZIP 1999, 790 (791), wobei der BGH materiell-rechtlich anhand des Vorliegens eines Unvermögens argumentiert, richtigerweise musste aber das Rechtsschutzbedürfnis abgesprochen werden, so Huber, Band II, S. 821 ff. Nach neuem Recht scheidet schon ein Unvermögen aus, MüKo/Ernst, Band 2a, 4. Auflage, § 275 Rn 53, dazu sogleich.

[1627] BT-Drucks. 14/6040, S. 129; AnwKomm/Dauner-Lieb, § 275 Rn 34; Dedek, in: Dauner-Lieb/Konzen/Schmidt, S. 183 (197); Gsell JZ 2004, 110 (118); MüKo/Ernst, Band 2a, 4. Auflage, § 275 Rn 52; Staudinger/Löwisch, Neubearbeitung 2004, § 275 Rn 61.

[1628] MüKo/Ernst, Band 2a, 4. Auflage, § 275 Rn 52/53; eine Grenze finden die geforderten Bemühungen dann in § 275 Abs. 2.

[1629] BT-Drucks. 14/6040, S. 128/129; AnwKomm/Dauner-Lieb, § 275 Rn 34; Gsell JZ 2004, 110 (118); MüKo/Ernst, Band 2a, 4. Auflage, § 275 Rn 52; Staudinger/Löwisch, Neubearbeitung 2004, § 275 Rn 61.

Der Einwand bleibt jedoch als Infragestellung des Rechtsschutzbedürfnisses des Klägers erheblich. Denn hinsichtlich der vollstreckungsrechtlichen Vorschriften hat die Schuldrechtsmodernisierung keine Neuerungen gebracht. Damit bleibt es zunächst bei der oben dargestellten unsicheren Vollstreckbarkeit in den hiesigen Fällen.[1630]

b) Begründung eines Rechtsschutzbedürfnisses

Die Begründung eines Rechtsschutzbedürfnisses ist nun schwieriger geworden. Da § 281 keinen Bezug auf ein vorausgegangenes Primärleistungsurteil hat, muss die Frage nach dem Rechtsschutzbedürfnis trotz zweifelhafter oder ausgeschlossener Zwangsvollstreckung grundsätzlich beantwortet werden.

aa) Ausgangspunkt

Als Prämisse ist voranzustellen, dass das Verfahrensrecht der Durchsetzung des materiellen Rechts dient.[1631] Ist also materiell-rechtlich ein Anspruch gegeben, so ist grundsätzlich auch ein Interesse anzuerkennen, diesen einzuklagen. Dies folgt schon aus der Rechtsweggarantie des Art. 19 Abs. 4 GG. Nur ganz ausnahmsweise ist ein Fehlen des Rechtsschutzbedürfnisses und damit eine Versagung des gerichtlichen Rechtsschutzes anzunehmen, wenn dem Begehren jedwedes schutzwürdige Interesse an einer gerichtlichen Entscheidung fehlt.[1632] Damit ist die Ausgangsposition klar: Da dem Gläubiger ein materiell-rechtlicher Anspruch zusteht, kann dieser grundsätzlich auch eingeklagt werden. Da aber nun einmal die normale und zumeist beabsichtigte Folge einer Titulierung die Vollstreckung ist, so fragt es sich dennoch, ob bei ausgeschlossener oder zweifelhafter Vollstreckungsmöglichkeit ein Rechtsschutzbedürfnis fehlt oder ob etwa gleichsam als Ersatz ein anderes schutzwürdiges Interesse vorhanden sein muss.[1633]

bb) Gesetzlich zulässige Klagen trotz ausgeschlossener oder zweifelhafter Zwangsvollstreckung

(1) Die Fälle des § 888 Abs. 3 ZPO

Zunächst scheint das Gesetz selbst das verfahrensmäßige Zustandekommen gerichtlicher Entscheidungen zu kennen, denen die Vollstreckbarkeit vollkommen

---

[1630] Dedek, in: Dauner-Lieb/Konzen/Schmidt, S. 183 (197/198 bei Fn 89) denkt an, die Vollstreckbarkeit von Beschaffungs- und Herstellungspflichten im Rahmen der §§ 883 ff. ZPO zu erweitern. Dies soll im Rahmen dieser Arbeit nicht weiter verfolgt werden.

[1631] Dedek, in: Dauner-Lieb/Konzen/Schmidt, S. 183 (197); Stein/Jonas/Brehm, 22. Auflage, Einl. vor § 1 Rn 5 und 92; Wieczorek/Schütze/Prütting, Band 1, Einl. Rn 111.

[1632] BGH NJW 1996, 2035 (2037); Dedek, in: Dauner-Lieb/Konzen/Schmidt, S. 183 (198); Musielak/Foerste, Vor § 253 Rn 7; Rosenberg/Schwab/Gottwald, § 89 Rn 30. Dies kann vor allem, aber nicht ausschließlich angenommen werden, wenn das Begehren des Klägers von vornherein als offensichtlich unbegründet erscheint. Kritisch gegenüber dem Institut des Rechtsschutzbedürfnisses insgesamt: Brehm, FG 50 Jahre BGH, S. 89 ff., wonach es dadurch zu einer Verlagerung materiell-rechtlicher Probleme auf die prozessualen Ebene kommt (s. 96).

[1633] Dies ist etwa mit dem Feststellungsinteresse bei der Feststellungsklage der Fall.

fehlt. So bestimmt § 888 Abs. 3 ZPO,[1634] dass die Vollstreckung von Verurteilungen zur Eingehung einer Ehe, zur Herstellung des ehelichen Lebens und zur Leistung von Diensten aus einem Dienstvertrag ausgeschlossen ist. Dieser Vollstreckungsausschluss beruht für die ersten beiden Varianten auf der Höchstpersönlichkeit der Pflichten, bei der letzten Variante auf der gesetzgeberischen Ablehnung der Erzwingbarkeit einer Dienstleistung durch Geld- oder Haftstrafe.[1635] Trotzdem sind derartige Klagen nicht schon mangels Rechtsschutzbedürfnisses unzulässig.[1636]

(2) Wandlung in der Funktion der Fälle des § 888 Abs. 3 ZPO

Für den Fall der Verurteilung zur Herstellung des ehelichen Lebens ist freilich zuzugeben, dass sich der Grund für die Zuerkennung eines Rechtsschutzbedürfnisses trotz fehlender Vollstreckbarkeit gewandelt hat. Ursprünglich hatte die Norm ihren Sinn darin, eine Ehepflichtverletzung verbindlich nachzuweisen. Die Nichtbefolgung eines solchermaßen ergangenen Urteils erleichterte bis zur Scheidungsreform am 1. Juli 1977 den Nachweis der notwendigen schuldhaften Pflichtverletzung eines Ehepartners.[1637] Nach der Reform des Scheidungsrechts ist nur noch ein kleiner praktischer Anwendungsbereich geblieben, kann doch über eine solche Klage ein Ausschlusstatbestand hinsichtlich der Unterhaltsberechtigung wegen der Verletzung ehelicher Pflichten nachgewiesen werden.[1638] Was darüber hinaus bleibt, ist der moralische Appell einer Verurteilung, der das Rechtsschutzbedürfnis sichert.[1639] Eine Aberkennung schon des Rechtsschutzbedürfnisses würde auch die gesetzgeberische Entscheidung, den Anspruch samt

[1634] Ebenso der Regelungskomplex der §§ 510b, 888a ZPO.

[1635] Vgl. etwa Staudinger/Hübner/Voppel, Bearbeitung 2000, Einl. zu §§ 1297 ff. Rn 47/48 einerseits und Materialien zur ZPO, S. 789; Lüke, FS E. Wolf, S. 459 (462) andererseits.

[1636] So etwa die ganz h.M. für den Fall der Klage auf Herstellung des ehelichen Lebens: BGH MDR 1957, 540 (543/544); RGZ 160, 250 (252); RGZ 162, 32 (33); OLG Celle NJW 1965, 1918 (1918/1919); OLG Köln NJW 1966, 1864; aus neuerer Zeit: OLG München FamRZ 1986, 807; Gernhuber/Coester-Waltjen, § 23, 4; MüKo/Wacke, Band 7, 4. Auflage, § 1353 Rn 44; Lüderitz Rn 203. Dagegen Stein/Jonas/Schlosser, Vor § 606 Rn 14a.
Für die Verurteilung zu höchstpersönlichen Diensten etwa LAG Berlin DB 1965, 1220; MüKo/Müller-Glöge, Band 4, 4. Auflage, § 611 Rn 1033; Stein/Jonas/Brehm, 22. Auflage, § 888 Rn 42; Lüke, FS E. Wolf, S. 459 (460).

[1637] Vgl. zu dieser Funktion etwa Gernhuber/Coester-Waltjen, § 23, 4; Lüderitz, Rn 203; Musielak/Borth, § 606 Rn 7; Soergel/Lange, 12. Auflage, § 1353 Rn 3; Stake JA 1994, 115 (121); Staudinger/Hübner/Voppel, Bearbeitung 2000, § 1353 Rn 138; Stein/Jonas/Schlosser, Vor § 606 Rn 14; dies galt sowohl für den bis 1938 geltenden Scheidungsgrund der „böslichen Verlassung“ (1567 Abs. 2 Nr. 1 a.F.) als auch für den von 1938-1977 geltenden Scheidungsgrund der „schuldhaften Eheverfehlung“ (§ 43 EheG).

[1638] Musielak/Borth, § 606 Rn 7; Staudinger/Hübner/Voppel, Bearbeitung 2000, § 1353 Rn 139.

[1639] BGH MDR 1957, 540 (543/544); OLG Köln NJW 1966, 1864; OLG Celle NJW 1965, 1918; Gernhuber/Coester-Waltjen, § 23, 4; MüKo/Wacke, Band 7, 4. Auflage, § 1353 Rn 44.

damit verbundener Klagemöglichkeit zuzulassen, missachten. Dies stünde ferner im Widerspruch zur Nennung der Herstellungsklage in § 606 Abs. 1 ZPO.

Für den Fall der Verurteilung zur Eingehung der Ehe wird es meist schon aufgrund der Unklagbarkeit nach § 1297 Abs. 1 nicht zu einer Vollstreckung kommen können.[1640] Dies sollte auch für eventuelle Urteile ausländischer Gerichte auf Eingehung einer Ehe gelten. Deren Anerkennung und Vollstreckbarerklärung stünde gemäß §§ 722 Abs. 1, 723 Abs. 2 Satz 2 ZPO i.V.m. § 328 Abs. 1 Nr. 4 ZPO ein Verstoß gegen den „ordre public" entgegen.[1641] Das Vollstreckungsverbot erscheint damit heute als überflüssig. Es erklärt sich historisch dadurch, dass es schon vor der Schaffung der Unklagbarkeit nach § 1297 Abs. 1 Aufnahme in die ZPO fand und damals einige Partikularrechte und das kanonische Recht in Einzelfällen eine klagbare Pflicht zur Heirat kannten.[1642] Die Frage nach einem Rechtsschutzbedürfnis stellt sich mangels Praxisrelevanz nicht.

Für eine Verurteilung zu höchstpersönlichen Diensten ist ein Rechtsschutzbedürfnis allgemein anerkannt.[1643] Sie rechtfertigt sich trotz fehlender Vollstreckbarkeit durch die moralische Appellwirkung eines Urteils und dessen Grundlage für materielle Folgeansprüche.[1644] Auch die Verfahrensrechte setzen in § 510 b ZPO, § 61 Abs. 2 ArbGG die Zulässigkeit eines Urteils voraus, auf dessen Grundlage dann eine Entschädigung verlangt werden kann.[1645]

(3) Folgerungen

Ist eine Verurteilung demnach auch dann zulässig, wenn von vornherein eine Vollstreckung ausscheidet,[1646] so muss de majore ad minus auch eine Verurteilung zulässig sein, deren Vollstreckung nicht per se ausgeschlossen, dafür aber wahrscheinlich erfolglos sein wird. So wird es in den hier interessierenden Fällen sein, da der Gläubiger zwar vollstrecken darf, diese aber erfolglos bleiben wird. Eine Abhängigkeit der Zulässigkeit der Klage von den späteren Vollstre-

---

[1640] Die Vollstreckung ist zudem auch nicht durch die Fiktion einer Willenserklärung vollstreckbar, vgl. den Ausschluss in § 894 Abs. 2 ZPO

[1641] MüKo/Wacke, Band 7, 4. Auflage, § 1297 Rn 14; Staudinger/Strätz, Bearbeitung 2000, § 1297 Rn 3.

[1642] MüKo/Wacke, Band 7, 4. Auflage, § 1297 Rn 14; Lüderitz, Rn 203.

[1643] Vgl. nur MüKo/Müller-Glöge, Band 4, 4. Auflage, § 611 Rn 1033; Stein/Jonas/Brehm, 22. Auflage, § 888 Rn 42; LAG Berlin DB 1965, 1220; Lüke, FS E. Wolf, S. 459 (460).

[1644] MüKo/Müller-Glöge, Band 4, 4. Auflage, § 611 Rn 1033; Lüke, FS E. Wolf, S. 459 (460); Zöllner/Loritz, § 12 V; daneben ist es irrelevant, ob man die Arbeitsleistung unter § 888 oder § 887 subsumiert, vgl. dazu umfassend Lüke, FS E. Wolf, S. 459 ff.

[1645] Lüke, FS E. Wolf, S. 459 (460). Dabei ist zu beachten, dass die § 510 b ZPO, § 61 Abs. 2 ArbGG nur prozessuale Befugnisnormen sind, sie ersetzen nicht einen Entschädigungsanspruch an sich, der sich allein nach dem materiellen Recht richtet.

[1646] Dies findet sich auch in anderen Rechtsgebieten. So bestimmt etwa § 17 des Bundesverwaltungsvollsteckungsgesetzes und § 76 des Verwaltungsvollsteckungsgesetzes NW, dass Zwangsmittel gegen Behörden und Personen des öffentlichen Rechts unzulässig sind. Dennoch ist aber eine Leistungsklage gegen diese unproblematisch zulässig.

ckungsaussichten hätte zudem den negativen Nebeneffekt, die Zulässigkeitsprüfung um diesen Punkt zu bereichern und somit aufzublähen.[1647] Die Fälle des § 888 Abs. 3 zeigen, dass ein Rechtsschutzbedürfnis jedenfalls dann anzunehmen ist, wenn der Gläubiger, gleichsam als Ausgleich für die zweifelhafte Vollstreckbarkeit, ein anderes schutzwürdiges Interesse vorweisen kann. Dies ist nachfolgend darzulegen.

cc) Rechtsschutzbedürfnis wegen Nützlichkeit der Rechtskraftwirkungen?

Ein anderweitiges schutzwürdiges Interesse könnte hier in der Nützlichkeit der Rechtskraftwirkungen des Primärleistungsurteils bestehen. Zwar verlangt der Tatbestand des § 281 ein solches nicht mehr, jedoch könnten sich dadurch für den Gläubiger andere Vorteile ergeben.[1648] Denn mit Rechtskraft des Primärleistungsurteils ist das Bestehen eines Leistungsanspruchs des Gläubigers verbindlich festgestellt. Damit sind alle erheblichen Einwendungen als präkludiert anzusehen, die dem Urteilsspruch entgegengestanden hätten, d.h. alle zur Zeit der letzten mündlichen Tatsachenverhandlung bestehenden rechtshindernden und rechtsvernichtenden Einwendungen. Der Schuldner kann sich damit im Schadensersatzprozess nicht auf diese berufen. Dies scheint dem Gläubiger den Zweitprozess zu erleichtern, da es die bestreitbaren Tatsachenkomplexe reduziert.

Der Herleitung eines Rechtsschutzbedürfnisses aus diesem angeblichen Vorteil stehen aber zwei Einwendungen entgegen: Zunächst sind die praktischen Vorteile der Rechtskraftwirkungen nicht so klar, wie sie zunächst erscheinen mögen. Des Weiteren käme die Primärklage dann einer Feststellungsklage nahe, da sie nur das zugrunde liegende Rechtsverhältnis klären würde. Die Feststellungsklage ist aber ihrerseits an besondere Voraussetzungen geknüpft.

(1) Vorliegen eines praktischen Vorteils?

Es ist nicht recht ersichtlich, worin der Vorteil eine Ersturteils bei Durchführung des Zweitprozesses in den hiesigen Problemfällen bestehen soll. Zwar hat auch die Rechtsprechung zum alten Recht ein Rechtsschutzbedürfnis immer mit Hinweis auf diesen praktischen Vorteil angenommen,[1649] genauer besehen ist die Rechtskraftwirkung des Ersturteils jedoch nur vordergründig ein echter Vorteil. Sie bewirkt, dass der Schuldner jedenfalls nicht mehr den Bestand seiner Leistungspflicht bestreiten kann. Die Anspruchsgrundlage nach §§ 281, 280 Abs. 1 und 3 ist damit hinsichtlich des Bestehens eines Schuldverhältnisses unbestreitbar erfüllt.

Ein Streit zwischen Gläubiger und Schuldner ist aber in den hiesigen Problemfällen auch ohne ein Primärleistungsurteil nicht zu erwarten. Der Gläubiger macht einen Anspruch aus §§ 281, 280 Abs. 1 und 3 geltend, wohingegen der

[1647] Dedek, in: Dauner-Lieb/Konzen/Schmidt, S. 183 (197).
[1648] So Gsell JZ 2004, 110 (117).
[1649] Vgl. BGH NJW 1982, 2552 (2553); BGH NJW 1976, 1500; BGHZ 56, 308 (310); BGH NJW 1974, 2317 (2317/2318); RGZ 160, 257 (263); RGZ 88, 76 (77).

Gläubiger den Unvermögenseinwand erhebt. Damit würde er aber nach den §§ 283, 280 Abs. 1 und 3 ebenfalls auf Schadensersatz haften. Dieser Einwand ist damit hinsichtlich der begehrten Rechtsfolge des Schadensersatzes unerheblich, da er nichts an der Ersatzverpflichtung an sich ändert. Der Gläubiger kann sich dieses Vorbringen hilfsweise zu Eigen machen.[1650] Eine Beweiserhebung wird dann unterbleiben. Auch ohne ein Ersturteil ist damit ein Streit über die sonst der Rechtskraft unterfallenden Tatsachen nicht zu erwarten, so dass sich aus den Rechtskraftwirkungen eines Ersturteils keine praktischen Vorteile ergeben.

(2) Vergleich zur Feststellungsklage

Der andere Einwand folgt aus einem Vergleich zur Feststellungsklage. Wollte man einen Vorteil eines Primärleistungsurteils für den nachfolgenden Schadensersatzprozess allein wegen der Rechtskraftwirkungen anerkennen, hätte also ein Primärleistungsurteil überhaupt keine anderen Vorteile für den Gläubiger, so wäre die das Ersturteil herbeiführende Leistungsklage im Grunde nichts anderes als eine Feststellungsklage. Es ginge dem Kläger nicht um die Primärleistung und um die mit dem Leistungsurteil mögliche Vollstreckung, sondern allein um die Rechtskraftwirkungen desselben. Funktional käme sein Begehren damit einem Feststellungsbegehren nahe. Für die Zulässigkeit einer derartigen Feststellungsklage bedürfte der Kläger jedoch dann auch eines dem Feststellungsinteresse vergleichbaren besonderen Interesses.[1651] Wie auch bei der Feststellungsklage kann ein solches aber dann nicht anerkannt werden, wenn der Kläger auch sofort sein Endbegehren in zumutbarer Weise geltend machen kann.[1652] Dies wäre dem Kläger durch sofortige Erhebung einer Schadensersatzklage jederzeit möglich und zumutbar. Ein Interesse, einen Teil der für den Schadensersatzanspruch relevanten Fragen schon im Rahmen des Primärleistungsprozesses zu klären, wäre unter diesen Voraussetzungen nicht anzuerkennen. Dem Kläger drohen keine Nachteile, wenn die relevanten Fragen allein im Rahmen des Ersatzprozesses geklärt werden. Auch prozessökonomisch macht die Aufteilung des interessierenden Streitstoffes in zwei Prozesse keinen Sinn. Damit ist die Möglichkeit eines Primärleistungsprozesses allein wegen der Rechtskraftwirkungen eines Ersturteils nicht anzuerkennen. Es würde das notwendige besondere Interesse fehlen, da auch sofort der Schadensersatz eingeklagt werden könnte. Somit kann aus der Rechtskraftwirkung allein kein ausreichendes Rechtsschutzbedürfnis hergeleitet werden.

1650 Siehe dazu oben, S. 360 ff.

1651 Ähnlich Dedek, in: Dauner-Lieb/Konzen/Schmidt, S. 183 (197 in Fn 86).

1652 Dedek, in: Dauner-Lieb/Konzen/Schmidt, S. 183 (197 in Fn 86). Zum Fehlen des Feststellungsinteresses: BGH ZZP 69 (1956), 283; Musielak/Foerste, § 256 Rn 12; Rosenberg/Schwab/Gottwald, § 90 Rn 25; Zöller/Greger, § 256 Rn 7a.

(3) Ergebnis
Aus der Nützlichkeit eines Primärleistungsurteils für einen Zweitprozess allein kann kein für ein Rechtsschutzbedürfnis notwendiges anderweitiges schutzwürdiges Interesse bei ausgeschlossener Zwangsvollstreckung hergeleitet werden.

dd) Rechtsschutzbedürfnis aufgrund rechtlicher Vorteile
Ein Rechtsschutzbedürfnis ist jedoch wegen zahlreicher anderer Vorteile zu bejahen. So wird durch die Zulässigkeit der Klage und ein dadurch mögliches Urteil die Verjährung des Anspruchs gestoppt und mit dem Urteil auf 30 Jahre verlängert. Dies kann dem Gläubiger etwa bei zeitweiliger Überlassung der geschuldeten Sache an einen Dritten von Vorteil sein, da er dann die Sache nach der Rückerlangung durch den Schuldner im Wege der Herausgabevollstreckung bekommen kann.

Weitere entscheidende Vorteile bieten die Vorschriften über die Zwangsvollstreckung. So hat eine nur bei Zuerkennung eines Rechtsschutzbedürfnisses mögliche Zwangsvollstreckung des Primäranspruchs selbst bei ihrer Erfolglosigkeit einen Vorteil. Denn der Schuldner hat nach § 883 Abs. 2 ZPO im Falle einer erfolglosen Herausgabevollstreckung eine eidesstattliche Versicherung abzugeben. Des Weiteren kann sich der Gläubiger bei einem Drittgewahrsam eventuelle Herausgabeansprüche nach § 886 ZPO überweisen lassen, was ihm die Verfolgung seiner Ansprüche Dritten gegenüber ermöglicht. Den gleichen Effekt haben die Regelungen des Anfechtungsgesetzes, die unabhängig von der Vollstreckungsart gelten. Mit der Erlangung eines Primärleistungsurteils und dem Scheitern der Zwangsvollstreckung steht dem Gläubiger über die Regelungen der §§ 1 und 2 AnfG die Möglichkeit offen, seinen Primäranspruch auch dem mitwirkungsunwilligen Dritten gegenüber zu verfolgen. Dies kann etwa im Wege der Vorsatzanfechtung nach § 3 AnfG bei kollusiver Gläubigerbenachteiligung geschehen. Das Primärleistungsurteil führt damit nach einer erfolglosen Zwangsvollstreckung zu einem Bündel an Folgerechten. Dies zeigt auch, dass dem Gesetz selbst das Risiko eines Misserfolgs der Zwangsvollstreckung nicht unbekannt ist. Es nimmt dies vielmehr als Ausgangspunkt für die Zuerkennung weiterer Rechte. Dies steht gerade im Gegensatz zu obigem Ansatz, die Erlangung eines Titels wegen wahrscheinlicher Erfolglosigkeit der Zwangsvollstreckung zu erschweren. Schon deshalb ist damit ein ausreichendes Interesse des Gläubigers für die Zulässigkeit einer Klage trotz unsicherer Vollstreckungsaussichten anzunehmen. Dies hilft, Bestrebungen des Schuldners, sich der Primärleistungspflicht durch Weitergabe der geschuldeten Sache zu entziehen, zu unterbinden.[1653]

Eine solche folgenorientierte Argumentation ist auch sonst verbreitet. So argumentierte etwa der BGH in BGHZ 53, 29 (31) sogar bei der Zuerkennung ei-

[1653] Dazu zum alten Recht Huber, Band II, S. 540.

nes materiellen Anspruchs des Eigentümers aus § 985 gegen den mittelbaren Besitzer auf Herausgabe des unmittelbaren Besitzes in ähnlicher Weise. Neben dem Wortlaut des § 985 führte er an, dass nur so die Vollstreckbarkeit von einer etwaigen Beendigung des Besitzmittlungsverhältnisses unabhängig sei. Denn der Gläubiger könne sich entweder über § 886 ZPO die Rückgabeansprüche zur Einziehung überweisen lassen oder die Herausgabe der zurückerlangten Sache nach § 883 ZPO erzwingen.

ee) Anerkennung des Rechtsschutzbedürfnisses aufgrund tatsächlicher Vorteile

Die Zulässigkeit der Primärleistungsklage wird nicht nur zu den beschriebenen rechtlichen Vorteilen führen, sondern die Erfüllung der Forderung auch im Tatsächlichen wahrscheinlicher machen. Insoweit kann ein von der Rechtsprechung zum alten Recht gebrauchtes Argument weiter gelten. Danach sei es, trotz zweifelhafter Vollstreckungsaussichten, nach einer rechtskräftigen Verurteilung zunächst nicht ausgemacht, ob der Schuldner nicht doch noch leistungsfähig werde, sei es durch erfolgreiche Geltendmachung seines Einflusses auf den Dritten, sei es, dass der Dritte aus freiem Willen mitwirkt.[1654] Diese Annahme erscheint praktisch nicht von vornherein unbegründet zu sein. Die drohende Verurteilung, die danach möglichen Vollstreckungsversuche, ihre Kosten- und sonstigen Folgen werden in vielen Fällen einen zusätzlichen Druck auf den Schuldner ausüben, alles seinerseits Mögliche zur Behebung des Leistungshindernisses zu tun. Hinzu kommt die Appellwirkung der im Tenor liegenden staatlichen Feststellung seiner Leistungsverpflichtung. Dabei muss beachtet werden, dass der Schuldner auch jenseits seiner konkreten Rechtsmacht oftmals Einfluss auf den Dritten ausüben kann. Dies gilt vor allem in den Fällen, in denen der Schuldner die Sache zur Vereitelung der Gläubigerrechte der Form halber auf einen Dritten übertragen hat. Der Dritte wird, da ohne Eigeninteresse, dem Willen des Schuldners regelmäßig entsprechen.

c) Ergebnis

Damit ist ein Rechtsschutzbedürfnis auch in Fällen zweifelhafter Vollstreckungsaussichten aufgrund geltend gemachter notwendiger freiwilliger Mitwirkung Dritter anzunehmen. Der Gläubiger kann so ein Primärurteil erhalten und die daraus folgenden Vorteile nutzen. Durch die Neuregelung des § 281 und das Entfallen des § 283 a.F. hat sich daran nichts geändert.

[1654] BGH NJW 1982, 2552 (2553); BGH NJW 1976, 1500; BGH NJW 1974, 2317; RG JW 1911, 36 (37); so auch Huber, Band II, S. 539; ähnlich OLG Koblenz NJW 1960, 1253 (1255).

D. Ergebnisse der Untersuchung

Die Vereinfachung des Übergangs auf einen Schadensersatzanspruch bei nicht rechtzeitiger Leistung gemäß § 281 hat zu Veränderungen der materiell-rechtlichen und prozessualen Übergangsvoraussetzungen geführt. Daraus haben sich jeweils für das materielle Recht und das Prozessrecht neue Fragestellungen ergeben. Nach der vorstehenden Untersuchung konnten hinsichtlich der materiell-rechtlichen Fragestellungen folgende Antworten gefunden werden:

1) Die Unmöglichkeit der Leistung befreit nach § 275 Abs. 1 unabhängig von einem Vertretenmüssen des Schuldners.[1655] § 275 ist nunmehr nur noch Befreiungs-, nicht aber mehr Haftungsnorm. Eine vorübergehende Unmöglichkeit führt stets und unabhängig vom Vertretenmüssen des Schuldners zu einer zeitweiligen Befreiung von der Primärleistungspflicht.[1656] Ein Schadensersatzanspruch statt der Leistung kann bei vorübergehender Unmöglichkeit nach erfolgloser Fristsetzung analog § 281 gegeben sein.
2) Die Übergangsmöglichkeit auf einen Schadensersatzanspruch statt der Leistung nach § 281 ist gegenüber den Regelungen der §§ 283, 286 Abs. 2, 326 a.F. stark vereinfacht. Trotz der Änderungen kann § 281 noch als Nachfolger der §§ 326, 283 a.F. angesehen werden.[1657]
3) § 281 ist bei auf Naturalrestitution gerichteten Schadensersatzansprüchen nicht anwendbar, da § 250 insoweit wegen des fortbestehenden Erfordernisses der Ablehnungsandrohung lex specialis ist.[1658]
4) Die Verbrauchsgüterkaufrichtlinie enthält keine direkten Vorgaben für den Schadensersatzanspruch aus § 281. Jedoch ist wegen der zu befürwortenden Gleichbehandlung des § 281 zu § 323 eine indirekte Erheblichkeit der Richtlinie anzunehmen. Daher sind Vorgaben, die sich aus einer richtlinienkonformen Auslegung des § 323 ergeben, auch bei § 281 zu beachten.[1659]
5) Der Schadensersatzanspruch nach § 281 Abs. 1 entsteht automatisch mit dem Fristablauf, es bedarf dazu keines gesonderten Verlangens. Bis zu einem Ersatzverlangen nach § 281 Abs. 4 besteht daneben noch der Anspruch auf Primärerfüllung.[1660] Die praktische Geltendmachung des Schadensersatzanspruchs setzt ein Ersatzverlangen nach Abs. 4 voraus. Für die Bestimmung des Vertretenmüssens kommt es auf den Zeitpunkt des Fristablaufs an.[1661] Es kann nicht allein an ein zu vertretendes Verhalten vor der Fristsetzung angeknüpft werden, obwohl

---

1655 Siehe oben, S. 19 und S. 284.
1656 Siehe oben, S. 31 ff.
1657 Siehe oben, S. 61 ff.
1658 Siehe oben, S. 65 ff.
1659 Siehe oben, S. 67 ff.
1660 Siehe oben, S. 83 ff.
1661 Siehe oben, S. 70 ff.

die Leistung innerhalb der Frist selbst aus nicht zu vertretenden Gründen unterblieben ist.

Der Schadensersatzanspruch nach § 281 erfordert stets das Vorliegen des Verzugs bei Fristablauf.[1662] Entgegen der Gesetzesbegründung zu § 281 kann nicht in jedem Fall in der Fristsetzung selbst eine Sofortmahnung gesehen werden. Die Mahnung oder eines ihrer Surrogate muss dann aber bis spätestens zum Zeitpunkt des Fristablaufs vorliegen. Die eventuell notwendigen Mitwirkungshandlungen des Gläubigers und die Durchsetzbarkeit der Forderung müssen indes grundsätzlich schon bei Fristsetzung gegeben sein.

6) Die Abschaffung der Ablehnungsandrohung ist innerhalb des neuen Leistungsstörungsrechts konsequent und führt zu akzeptablen Ergebnissen, einer besonderen Warnung des Schuldners bedarf es nicht.[1663] Der Gläubiger kann schon die Fristsetzung mit einem auf den Fristablauf bedingten Schadensersatzverlangen im Falle nicht pflichtgemäßer Leistungsbemühungen verbinden.[1664]

7) Im Rahmen des § 281 hat der Gläubiger ein sachlich erweitertes Wahlrecht, da er in der Schwebelage auch am Primäranspruch festhalten kann. Ebenso ist das Wahlrecht zeitlich nun unbegrenzt. Daraus ergibt sich eine Unsicherheit des Schuldners über den Zeitpunkt des Übergangs auf die Sekundärrechte und über den Fortbestand des ursprünglichen Schuldinhalts.[1665] Eine generelle zeitliche Einschränkung der Wahlrechtsausübung zur Behebung der Unsicherheit verbietet sich. Insbesondere sind § 350 und § 314 Abs. 3 nicht analog anwendbar, gleiches gilt für § 264 Abs. 2.[1666] Das Verhältnis zwischen dem Primäranspruch und den Rechten aus §§ 281, 323 kann weder als Wahlschuld noch als Ersetzungsbefugnis oder elektive Konkurrenz angesehen werden, vielmehr stellt es ein Verhältnis eigener Art dar.[1667]

8) Zur Erlangung von Planungssicherheit kann der Schuldner den Gläubiger bei einem berechtigten Interesse gemäß § 241 Abs. 2 fragen, ob er die bevorstehende Primärleistung vor einem Übergang noch abwarten wolle. Der Gläubiger muss aufgrund der vertraglichen Rücksichtnahmepflichten darauf antworten und sich über das Ob und Wann eines eventuellen Übergangs klar werden.[1668] Sagt der Gläubiger ein Abwarten zu, so darf er sich nach § 242 gegenüber dem Schuldner nicht auf einen dennoch erklärten Übergang berufen.[1669] Äußert sich der Gläubiger nicht, so kann er sich gemäß §§ 280 Abs. 1, 241 Abs. 2 schadensersatzpflichtig machen. Diese Einschränkung des freien Gläubigerwahlrechts ist auch mit den

---

[1662] Siehe oben, S. 74 ff.
[1663] Siehe oben, S. 91 ff.
[1664] Siehe oben, S. 97 ff.
[1665] Siehe oben, S. 103 ff.
[1666] Siehe oben, S. 109 ff.
[1667] Siehe oben, S. 116 ff.
[1668] Siehe oben, S. 122 ff.
[1669] Siehe oben, S. 124 ff.

Vorgaben der Verbrauchsgüterkaufrichtlinie vereinbar.[1670] Dessen Art. 3 Abs. 5 lässt, anders als eine generelle Einschränkung des Gläubigerwahlrechts, einen einzelfallabhängigen Wegfall des Gläubigerwahlrechts zu.

9) Während des Fristenlaufs sind Einwendungen gegen die Übergangsvoraussetzungen der §§ 281, 323 grundsätzlich erheblich.[1671] So schließt der Wegfall des Primäranspruchs einen Übergang nach §§ 281, 323 aus. Eine eintretende dauernde oder vorübergehende Unmöglichkeit kann anderweitige Schadensersatzpflichten des Schuldners nach § 283 bzw. § 281 analog zur Folge haben.[1672] Ein Vertretenmüssen wird wegen der verschärften Haftung aufgrund Verzugs nach einer Fristsetzung gemäß § 287 Satz 2 zumeist vorliegen.[1673] Im Falle der eigenmächtigen Selbstvornahme des Gläubigers während des Fristenlaufs fehlt es indes an einem Vertretenmüssen des Schuldners, so dass ein Schadensersatzanspruch ausscheidet.[1674] Ein Ausnahmefall ist bei entbehrlicher Fristsetzung gegeben, bei der der Gläubiger den Übergang auch nach der Selbstvornahme erklären kann.[1675]

10) In der Schwebelage zwischen Fristablauf und dem endgültigen Übergang auf die Sekundärrechte können ebenfalls neue Einwendungen zu einem Erlöschen der Rechte aus §§ 281, 323 führen.[1676] Eine neue erhebliche Einwendung kann dabei ein Erfüllungsversuch des Schuldners sein, ein Ablehnungsrecht des Gläubigers ist dabei nicht anzuerkennen.[1677] Die Verbrauchsgüterkaufrichtlinie steht dem sofortigen Erlöschen der Sekundärrechte in der Schwebephase durch das Anbieten der Primärleistung nicht entgegen, da es so zur vorrangigen Abwicklung auf der Primärebene kommt und der Gläubiger in diesem Falle keiner Sanktionsmöglichkeiten mehr bedarf.[1678] Bei Bemühungen um ein Deckungsgeschäft kann der Gläubiger zur Verhinderung eines überraschenden Erfüllungsversuchs, der die Sekundärrechte und damit einen möglichen Kostenerstattungsanspruch entfallen ließe, vom Schuldner eine Erklärung über den voraussichtlichen Erfüllungszeitpunkt verlangen.[1679]

11) Auch sonst müssen in der Schwebelage die Voraussetzungen der §§ 281, 323 für die Sekundärrechte weiter bestehen.[1680] Dies gilt etwa für den Primäranspruch, so dass eine Unmöglichkeit den Übergang auf die Sekundärrechte nach §§ 281, 323 hindert. Unberührt bleibt jedoch eine alternative Haftung wegen

1670 Siehe oben, S. 128 ff.
1671 Siehe oben, S. 132 ff.
1672 Siehe oben, S. 134 ff. und S. 142 ff.
1673 Siehe oben, S. 134.
1674 Siehe oben, S. 135 ff.
1675 Siehe oben, S. 138 ff.
1676 Siehe oben, S. 143 ff.
1677 Siehe oben, S. 144 ff.
1678 Siehe oben, S. 153 ff.
1679 Siehe oben, S. 156 ff.
1680 Siehe oben, S. 159 ff.

dauernder bzw. vorübergehender Unmöglichkeit nach § 283 bzw. analog § 281, falls deren Voraussetzungen vorliegen.[1681] Bei einer vom Gläubiger zu vertretende Unmöglichkeit durch eine Selbstvornahme nach Fristablauf entfällt ein Kostenerstattungsanspruch.[1682]

Die Entstehungsvoraussetzungen der §§ 281, 323 sind damit für die Zeit ab Fristsetzung bis zum endgültigen Übergang als Übergangsvoraussetzungen zu qualifizieren.[1683]

12) Aus dem Fortbestand des Primäranspruchs und dem freien, zeitlich ungebundenen Wahlrecht des Gläubigers ergeben sich Spekulationsmöglichkeiten. Diese können durch eine Obliegenheit des Gläubigers zum Deckungsgeschäft zwecks Abwendung hoher Schäden aufgrund von Marktveränderungen gemäß § 254 Abs. 2 Satz 1 eingeschränkt werden.[1684] Daneben kann sich der Schuldner einer Spekulation jederzeit noch durch Erbringung der Primärleistung entziehen, ferner kann sie im Einzelfall gegen § 242 verstoßen.

13) Für die Schadensberechnung sind verschiedene Zeitpunkte relevant, jedoch ergibt sich nie ein Wahlrecht zwischen mehreren Zeitpunkten.[1685] Die verbleibenden Spekulationsmöglichkeiten folgen hauptsächlich aus dem Wahlrecht zwischen Erfüllung und Schadensersatz und dem Wahlrecht zwischen den verschiedenen Schadensberechnungsmethoden.[1686] Eine Einbeziehung des Verzögerungsschadens in den Schadensersatz statt der Leistung ist nicht mehr möglich, es wird so eine klare Abgrenzung zwischen §§ 280 Abs. 1 und 3, 281 und §§ 280 Abs. 1 und 2, 286 erreicht.[1687]

14) Ein Zwangskauf im Rahmen des § 281 durch Ersatz des vollen Sachwertes der zurückzugebenden Sache gegen Übereignung derselben analog § 255 ist nicht interessengerecht und abzulehnen.[1688] Das gleiche gilt für die Zuerkennung eines Schadensersatzanspruchs in Höhe des kapitalisierten Restnutzungswertes gegen Einräumung eines dauerhaften Nutzungsrechts. Diese Konstruktionen können nicht mit den Grundsätzen der Untrennbarkeit von Eigentum und Vindikation, dem schadensrechtlichen Bereicherungs- und Besserstellungsverbot und der Erlöschensanordnung des § 281 Abs. 4 in Einklang gebracht werden.[1689] Auch andere modifizierte Lösungen zur Zwangskaufsproblematik können nicht überzeugen.[1690]

15) Die Zwangskaufsproblematik lässt sich dogmatisch sauber allein durch eine Nichtanwendung des § 281 auf sämtliche nicht-synallagmatischen Rückgabean-

---

[1681] Siehe oben, S. 160 ff.
[1682] Siehe oben, S. 163 ff.
[1683] Siehe oben, S. 168/169.
[1684] Siehe oben, S. 169 ff.
[1685] Siehe oben, S. 180 ff. und S. 206 ff.
[1686] Siehe oben, S. 211 ff.
[1687] Siehe oben, S. 196 ff.
[1688] Siehe oben, S. 222 ff. und S. 233 ff.
[1689] Siehe oben, S. 261 ff.
[1690] Siehe oben, S. 247 ff. und S. 254 ff.

sprüche im Rahmen einer teleologischen Reduktion lösen.[1691] Dadurch wird der Gläubiger an seiner Primärforderung festgehalten, was jedoch in der Praxis keine unzumutbare Belastung für ihn bedeutet.[1692] Auf Rückgewähransprüche ist § 281 anwendbar.[1693]

Für die verfahrensrechtlichen Fragestellungen hat sich ergeben:
1) Wegen der materiell-rechtlich unbedingten Erheblichkeit jedweden Unmöglichkeitseinwandes nach § 275 Abs. 1 ist auch dem bestrittenen, aber jedenfalls zu vertretenden Unmöglichkeitseinwand des Schuldners im Primärleistungsprozess im Rahmen einer Beweisaufnahme nachzugehen.[1694]
2) Ausschlusswirkungen hinsichtlich schuldnerischer Einwendungen können nach einem Primärleistungsurteil für § 281 allein aus allgemeinen prozessualen Grundsätzen folgen, insbesondere aus den Instituten der Präklusion und Präjudizialität.[1695] Dies war nach richtiger Ansicht auch schon bei § 283 a.F. der Fall.[1696]
3) Nach einem Ersturteil sind alle alten Einwendungen des Schuldners vollumfänglich ausgeschlossen, soweit sie auf die Entscheidung des Erstprozesses Einfluss gehabt hätten. Dies gilt etwa für den Einwand bereits vorliegender, nicht zu vertretender dauerhafter oder vorübergehender Unmöglichkeit.[1697] Der Ausschluss erfasst alle dem Einwand zugrunde liegenden Tatsachen, so dass sich der Schuldner grundsätzlich auch nicht auf ein fehlendes Vertretenmüssen berufen kann.[1698]
4) Neue Einwendungen sind wegen der zeitlichen Grenzen der Rechtskraft nicht ausgeschlossen, sie sind jedoch wegen der regelmäßigen Haftungsverschärfung nach § 287 Satz 2 meist zu vertreten und haben dann eine alternative Schadensersatzhaftung zur Folge.[1699] Neue Einwendungen gegen den Primäranspruch waren gegenüber § 283 a.F. materiell-rechtlich allein über den Schadensbegriff berücksichtigungsfähig, wenn die Erheblichkeit wie bei der Erfüllung und dem Unmöglichwerden nicht schon im Tatbestand selbst vorgesehen war.[1700] Gegenüber § 281 sind neue Einwendungen schon wegen der Voraussetzung einer Primärforderung erheblich.[1701]
5) Unter Zugrundelegung der Ansicht des BGH, dass bei der Verurteilung des mittelbaren Besitzers zur Herausgabe des unmittelbaren Besitzes nach § 985 aus

[1691] Siehe oben, S. 262 ff.
[1692] Siehe oben, S. 268 ff.
[1693] Siehe oben, S. 276 ff.
[1694] Siehe oben, S. 279 ff.
[1695] Siehe oben, S. 298 ff.
[1696] Siehe oben, S. 297 ff.
[1697] Siehe oben, S. 307 ff., insbesondere S. 309 ff. und S. 323 ff.
[1698] Siehe oben, S. 310 ff. und S. 323 ff.
[1699] Siehe oben, S. 330/331.
[1700] Siehe oben, S. 303 ff.
[1701] Siehe oben, S. 305.

Praktikabilitätsgründen im Erstprozess kein unverschuldetes Unvermögen geltend gemacht werden kann, ist dieser Einwand dann auch nicht durch ein Ersturteil ausgeschlossen, sondern Stoff des Zweitprozesses auf Schadensersatz nach § 281.[1702] Insgesamt ergibt sich hinsichtlich der Ausschlusswirkungen eines Ersturteils so ein Spiegelbild zwischen materiell-rechtlicher Erheblichkeit der Einwendung und prozessualem Ausschluss.[1703]

6) Das Prozessrisiko des Gläubigers ist bei einer zweistufigen Geltendmachung seines Schadensersatzanspruchs größer geworden, da ein sofortiges Primärleistungsurteil bei streitiger, jedenfalls aber zu vertretender Unmöglichkeit nicht mehr ergehen kann.[1704] Geht die notwendige Beweisaufnahme zulasten des Gläubigers aus, so drohen ihm negative Kostenfolgen. Grund dafür ist aber nicht die Abschaffung des § 283 a.F., sondern die Änderung des § 275 Abs. 1.

Der Gläubiger kann bei einer Unsicherheit hinsichtlich der Art der Leistungsstörung sofort auf Schadensersatz nach § 281 klagen.[1705] Wendet der Schuldner eine Unmöglichkeit ein und hat er sie zu vertreten, so kann ohne Beweisaufnahme ein Schadensersatzurteil ergehen, wenn sich der Gläubiger das Vorbringen zumindest hilfsweise zu Eigen gemacht hat.[1706]

7) Auch ohne § 283 a.F. ist ein Rechtsschutzbedürfnis des Gläubigers für eine Primärleistungsklage in Fällen zweifelhafter Vollstreckungsaussichten, etwa aufgrund einer vom Schuldner geltend gemachten, notwendigen freiwilligen Mitwirkung eines Dritten, anzuerkennen.[1707]

Nach der vorliegenden Untersuchung kann damit allein im materiellen Recht eine teilweise Verschlechterung der Position des Schuldners im Rahmen der Übergangsmöglichkeit auf Schadensersatz nach § 281 konstatiert werden. Die Untersuchung hat aber gezeigt, dass mit Hilfe der anerkannten juristischen Instrumentarien akzeptable Ergebnisse erzielt werden können. Demgegenüber hat der nun fehlende prozessuale Anknüpfungspunkt des § 281 gegenüber § 283 a.F. keine Verschlechterungen für den Schuldner gebracht. Die zum alten Recht bekannten Ergebnisse bestehen fort, wenn auch z. T. mit veränderter Begründung. Soweit nunmehr – für den Schuldner positiv – die Erheblichkeit auch des zu vertretenden bestrittenen Unmöglichkeitseinwandes anzunehmen ist, ist dies eine Folge der Änderung des § 275 Abs. 1.

1702 Siehe oben, S. 340 ff. und S. 346 ff.

1703 Siehe oben, S. 351.

1704 Siehe oben, S. 353 ff.

1705 Siehe oben, S. 358 ff.

1706 Siehe oben, S. 360 ff.

1707 Siehe oben, S. 365 ff.

Peter Lang · Europäischer Verlag der Wissenschaften

Maia Tacheva

Rechtsbehelfe des Käufers im Warenkaufrecht

Eine rechtsvergleichende Untersuchung des Übereinkommens der Vereinten Nationen über Verträge über den internationalen Warenkauf (CISG), des englischen Sale of Goods Act, des bulgarischen Kaufrechts und des deutschen Kaufrechts vor und nach dem Schuldrechtsmodernisierungsgesetz

Frankfurt am Main, Berlin, Bern, Bruxelles, New York, Oxford, Wien, 2005.
382 S.
Frankfurter wirtschaftsrechtliche Studien.
Verantwortlicher Herausgeber: Theodor Baums. Bd. 69
ISBN 3-631-53738-7 · br. € 56.50*

Täglich werden in Europa mehrere Millionen Warenkaufverträge abgeschlossen. Um die Abwicklung grenzüberschreitender Verträge zu erleichtern, wird seit langem der Bedarf nach einem Europäischen Zivilgesetzbuch diskutiert. Im Kontext dieser Diskussion untersucht die Arbeit fünf Rechtssysteme. Gegenstand ist die Darstellung der wesentlichen Rechtsbehelfe eines Käufers von Waren. Diese werden in Länderberichten dargestellt und einer rechtsvergleichenden Würdigung unterzogen. Die Studie gibt einen Überblick über die grundlegenden schuldrechtlichen Bereiche des Leistungsstörungsrechts und des Gewährleistungsrechts. Sie hebt die Gemeinsamkeiten der untersuchten Rechtsordnungen hervor und formuliert knappe Grundsätze für ein gemeinsames europäisches Schuldrecht.

Aus dem Inhalt: Voraussetzungen und Rechtsfolgen der Rechtsbehelfe des Käufers · Erfüllungsanspruch, Nacherfüllungs- und Nachlieferungsanspruch, Minderung, Rücktritt und Schadensersatz · Änderungen im deutschen Recht nach dem Schuldrechtsmodernisierungsgesetz · Übereinstimmungen und Unterschiede in den untersuchten Rechtsordnungen

Frankfurt am Main · Berlin · Bern · Bruxelles · New York · Oxford · Wien
Auslieferung: Verlag Peter Lang AG
Moosstr. 1, CH-2542 Pieterlen
Telefax 0041 (0)32/376 17 27

*inklusive der in Deutschland gültigen Mehrwertsteuer
Preisänderungen vorbehalten

Homepage http://www.peterlang.de

FSC
www.fsc.org
MIX
Papier | Fördert
gute Waldnutzung
FSC® C083411

Kolibri 360 GmbH
Ferdinand-Jühlke-Straße 7
99095 Erfurt, Deutschland
produktsicherheit@kolibri360.de

Druck:
CPI Druckdienstleistungen GmbH
im Auftrag der
Kolibri 360 GmbH
Ferdinand-Jühlke-Str. 7
99095 Erfurt